8° Le 1 85 10

Paris
1884

Gambetta, léon

Discours et plaidoyers politiques

11vol

DISCOURS

ET

PLAIDOYERS POLITIQUES

DE

M. GAMBETTA

X

PARIS

TYPOGRAPHIE GEORGES CHAMEROT

19, RUE DES SAINTS-PÈRES, 19

DISCOURS

ET

PLAIDOYERS POLITIQUES

DE

M. GAMBETTA

PUBLIÉS PAR M. JOSEPH REINACH

X

HUITIÈME PARTIE

9 Novembre 1881 — 26 Janvier 1882

ÉDITION COMPLÈTE

PARIS

G. CHARPENTIER, ÉDITEUR

13, RUE DE GRENELLE-SAINT-GERMAIN, 13

1884

DISCOURS

SUR

LES INTERPELLATIONS TUNISIENNES

Prononcé le 9 novembre 1881

A LA CHAMBRE DES DÉPUTÉS

Le 9 novembre 1881, après un débat de quatre séances, la Chambre des députés avait prononcé la clôture sur les interpellations tunisiennes. M. Jules Ferry, président du conseil, demanda l'ordre du jour pur et simple. M. Gambetta engagea ses amis à voter cette nouvelle ratification du traité du Bardo. L'ordre du jour pur et simple fut rejeté par 313 voix contre 176.

Alors, pendant deux longues heures, la Chambre donna un spectacle sans précédent dans les annales parlementaires... « Il semblait qu'une sorte de fureur ou de délire s'était emparée de l'Assemblée. Au moment où il lui fallait dire avec quelque netteté ce qu'elle pensait de l'expédition de Tunisie, elle avait comme perdu la possession de soi. Vingt fois, trente fois, elle s'est efforcée de balbutier sa réponse, et toujours ç'a été en vain. Chose singulière, elle paraissait ne point se décourager. Coup sur coup, elle s'écriait : La vérité! je la tiens! la voici! Puis, dans le même instant, elle haussait les épaules, éclatait de rire et, confuse, irritée, avec un dépit exaspéré ou piteux, elle disait : Non, cela est incohérent, fou; cela n'est pas la vérité! Et elle recommençait; et, de minute en minute, elle essayait de rendre des arrêts qu'elle infirmait aussitôt. »

C'est le soir même que l'on écrivait à la *République française* ces lignes attristées et sans illusion pour l'avenir.

Le débat sur la Tunisie avait fait la lumière dans tous les esprits attentifs. Il avait montré, suivant une comparaison fameuse, que la France se reflétait dans la Chambre d'arrondissement comme dans un miroir brisé.

« Quelle était, en effet, sur la nouvelle entreprise africaine, le sentiment exact de la nation? Certainement, cette guerre n'avait jamais été populaire. L'Empire avait donné au pays un si légitime dégoût des aventures, que toute expédition lointaine, toute intervention militaire produisait d'abord un mouvement d'effroi. De toutes manières, la réaction contre la politique extérieure du régime de Décembre avait dépassé le but; la politique de recueillement n'avait pas été traduite du russe en français sans contresens, et de plus, l'affaire de Tunisie avait été mal engagée. Au début, alors qu'il eût fallu être très catégorique, le gouvernement n'avait parlé avec assez de franchise ni au Parlement ni à l'Europe; l'opinion avait été déroutée par ce manque de lumière et une agitation indigne avait pu être organisée dans toute l'étendue du territoire de la République, par la coalition habituelle des monarchistes et des intransigeants. Mais cette part une fois faite à « l'épaisseur des temps », le bon sens français avait fini par reprendre le dessus. Il avait ratifié dans son ensemble l'expédition de Tunisie, et l'on commençait à reconnaître que le protectorat de la Régence était indispensable à la sécurité de l'Algérie, que de plus longs délais eussent été gros de dangers et d'humiliations. On s'apercevait également qu'en tenant compte des difficultés du climat, des hésitations de la diplomatie et des lacunes de la loi militaire, la campagne avait été menée avec beaucoup d'énergie et de prudence. On découvrait peu à peu les conséquences fécondes d'une entreprise qui avait déjà puissamment accru notre influence dans le bassin de la Méditerranée et qui devait relever en Europe le prestige affaibli de notre nom. On jugeait surtout qu'il fallait exécuter le traité du Bardo dans son intégrité et avec d'autant plus de fermeté que l'Angleterre et l'Italie semblaient regarder notre conquête, la première avec quelque jalousie, la seconde avec quelque colère. Puisque le drapeau français a été arboré à Tunis, l'honneur commande de l'y maintenir fièrement. La question du protectorat doit rester au-dessus de toute conteste. Cette rude guerre de sept mois, supportée avec tant de courage par nos jeunes soldats, il faut lui donner la récompense d'une grande sanction nationale.

« Ainsi pensait la vraie France, celle qui travaille et qui lutte, toujours trop modeste, toujours trop disposée à se laisser effacer par l'autre, celle qui s'agite d'autant plus qu'elle est moins nombreuse et pour qui les déclamations remplacent les actes. C'était le sentiment de cette vraie France que M. Jules Ferry avait porté à la tribune de la Chambre dans deux virils discours et qu'il appartenait maintenant à l'Assemblée de proclamer devant l'Europe, au nom du pays. A quoi bon affaiblir cette consécration indispensable du traité du Bardo par des réserves malveillantes sur les fautes qui avaient été commises? La trop longue incertitude de l'opinion, l'intervention notoire du président de la République dans un sens qui n'était pas celui d'une action franche et résolue n'avaient-elles pas leur part dans ces erreurs? Le cabinet du 23 septembre n'avait-il pas annoncé au début des interpellations qu'il se retirerait au lendemain du vote de l'Assemblée, quel que fût ce vote? Le devoir de la Chambre, sans aucune distinction de partis, était donc très simple et très clair : dans cette grande affaire française, elle n'avait qu'à parler français. Or, sans M. Gambetta, elle n'y aurait jamais réussi.

« Pourquoi?... D'abord, hélas! par la raison qui a été donnée par M. Ferry, parce que « certaines cordes ne vibrent plus comme il faudrait [1] ». Ensuite et surtout parce que les députés du 21 août sont issus de l'arrondissement. Certes, tous, tant qu'ils sont, les députés de la réaction et des gauches extrêmes comme les députés de l'ancienne *Union républicaine* ou de l'ancienne *Gauche*, ils comprennent à merveille que le patriotisme leur ordonne de ratifier la campagne entreprise en Afrique au nom de la France, et d'assurer par un vote solennel le développement de cette œuvre nationale. Mais quoi! ont-ils derrière eux de grands collèges électoraux qui les obligent, en raison même de leur étendue, à élever les questions et à voir de haut? Est-ce qu'ils sortent d'un grand courant politique? Se sentent-ils

1. *Les Affaires de Tunisie*, discours de M. Jules Ferry, préface, page 4.

les mandataires de la France? Non. Ils ne sont députés que de petites circonscriptions, et, dans ces circonscriptions, ils se savent les obligés de quelques comités d'autant plus tyranniques et impérieux qu'ils ne tiennent leurs mandats que d'eux-mêmes. Les meneurs de ces comités ont été trop souvent des agitateurs sans scrupule, qui ont profité de l'inexpérience de leurs dupes pour transformer à leurs yeux l'expédition de Tunisie en une abominable spéculation de bourse. Et trop souvent, dans les petits clans d'arrondissements, les candidats ont courbé la tête devant les injonctions de ces démagogues. A quelques exceptions près, ils ne se sont pas joints publiquement à eux. Mais ceux qui ont eu le courage d'engager résolument la lutte contre ces complices de l'étranger n'ont pas été en majorité suffisante, et plus de deux cents députés du 21 août, députés ruraux et députés des grandes villes, se sont prononcés ainsi avec plus ou moins de conviction ou de violence, contre l'expédition de Tunisie. Pouvaient-ils se rétracter maintenant après les révélations des feuilles intransigeantes et bonapartistes, après l'agitation scandaleuse que les Italiens avaient suivie avec joie, après les *meetings* d'indignation? Comment braver le reproche de s'être associés au syndicat des tripoteurs financiers? Un acte pareil, aussi grave, aussi hardi, valait bien la peine d'être pesé et médité. Désavouer ce qui a été fait en Tunisie serait sans doute un acte de mauvaise politique française. Mais à côté de la patrie, il y a l'arrondissement. Mais il n'y a pas seulement le drapeau national : il y a le clocher. Donc les réactionnaires ne songent qu'à obtenir un vote qui leur permette de déclarer le lendemain que la République est incapable de protéger l'honneur de la nation, les intransigeants sont aveuglés par leurs passions étroites et par de basses jalousies, les républicains qui sont républicains avant d'être patriotes ne savent que résoudre. Ces derniers pressés, suppliés avec les plus vives instances par ceux de leurs collègues qui étaient restés fidèles à la tradition républicaine de 92, la tradition patriotique par excellence, n'osaient plus s'interroger eux-mêmes. Quand ils levaient les yeux vers la tribune diplomatique, ils y apercevaient le prince de Hohenlohe, et ils pensaient qu'il conviendrait d'être digne. Quand ils baissaient les yeux vers leurs pupitres, ils voyaient appa-

raître le fantôme de quelque orateur de cabaret, et ils
réfléchissaient qu'il convenait d'être prudent. Et c'est ainsi
qu'ils cherchèrent pendant deux heures à concilier dans une
même formule ce qui était inconciliable : l'honneur du pays
et les prétentions de quelques comités [1]... »

Nous reproduisons, d'après le compte rendu analytique,
la fin de la séance du 9 novembre. M. de Mun avait été le
dernier orateur dans la discussion de l'interpellation et
M. Gambetta, au cours de la violente harangue du député
de Pontivy, avait demandé la parole pour répliquer « à
ce que M. de Mun avait dit de l'impuissance où serait le
gouvernement républicain de faire respecter l'honneur
national ». Le président de la Chambre, M. Henri Brisson,
« ayant fait justice de cette accusation et la Chambre s'étant
« associée à ses paroles, » M. Gambetta avait renoncé à la
réplique.

M. DE BAUDRY D'ASSON. — Après les discours de MM. Le
Faure, Naquet et surtout après celui de M. Clémenceau
(Rires à gauche), je considère l'enquête comme faite sur les
actes du ministère, et je propose l'ordre du jour suivant,
que ma conscience me dicte :

« La Chambre, considérant que le ministère du 23 septembre 1880 est accusé par l'opinion publique d'avoir trompé
les Chambres et le pays, tant sur les vraies origines de
l'expédition tunisienne que sur l'extension qu'il avait eu en
vue de lui donner;

« D'avoir maintenu des fonctionnaires incapables et com-
promettants pour la sécurité de notre colonie algérienne
et pour l'harmonie de nos bonnes relations diplomatiques
internationales;

« D'avoir donné des preuves incessantes d'incurie dans
l'organisation, la direction et l'approvisionnement des
colonnes expéditionnaires;

« D'avoir fait des dépenses qui dépassent de beaucoup
les crédits alloués par les Chambres, et empiété par conséquent sur le pouvoir législatif;

« D'avoir complètement désorganisé l'armée:

« La Chambre, considérant enfin que les grands intérêts

1. Le Ministère Gambetta, p. 2 à 6.

permanents du pays, que la politique nationale et l'honneur
de la France ont été compromis dans l'affaire tunisienne ;
que le sang et l'or de la France ont été inutilement sacrifiés
et que la Constitution a été manifestement violée;

« La Chambre, considérant, en outre, qu'une enquête
sur les actes des ministres et de leurs complices doit se
faire au grand jour d'une cour suprême, et non dans le
secret d'une enquête parlementaire, vote la mise en accusation des ministres du 23 septembre 1880, de tous leurs
complices, et passe à l'ordre du jour. »

M. LE PRÉSIDENT. — J'ai reçu de M. Laroche-Joubert l'ordre
du jour suivant :

« Attendu qu'il est incontestablement établi par les débats
qui viennent de se produire à la Chambre :

« 1° Que le ministère a fait la guerre sans y avoir été
expressément autorisé par les représentants du peuple ;

« 2° Qu'il a prodigué l'or de la France et le sang de ses
enfants sans un vote formel des Chambres ;

« Considérant qu'en agissant ainsi il a outrageusement
violé la Constitution ;

« Nous demandons énergiquement la mise en accusation. »

Viennent ensuite les deux demandes d'enquête de
MM. Clémenceau et Ballue.

Voici maintenant les ordres du jour motivés que j'ai reçus :

Ordre du jour de MM. Naquet, d'Osmoy, Papon et
Lepouzé :

« La Chambre, regrettant que le ministère n'ait pas
appelé plus tôt le Parlement à se prononcer sur la politique
relativement aux événements de Tunisie, passe à l'ordre du
jour. »

Ordre du jour de MM. Chevandier, Couturier et Richard :

« La Chambre, regrettant que l'expédition de Tunisie ait
dépassé, en l'absence du Parlement, les limites primitivement fixées par le gouvernement à notre action militaire,
et sans entendre entraver celle-ci, passe à l'ordre du jour. »

Ordre du jour de MM. Sourigues, Folliet, Poujade et
Gassier :

« La Chambre, convaincue de la loyauté des intentions
du ministère, mais regrettant le développement et la prolongation inattendus de notre intervention armée en Tunisie, exprime le désir que le gouvernement rappelle nos

troupes aussitôt qu'il le pourra (*Exclamations*) sans porter atteinte à l'honneur du drapeau et à la sécurité de notre colonie algérienne, et passe à l'ordre du jour. »

Il est d'usage parlementaire de considérer les demandes d'enquête comme des questions préjudicielles.

Si la demande d'enquête est une question préjudicielle par rapport à un ordre du jour motivé, elle l'est à plus forte raison par rapport à une demande de mise en accusation.

Très bien! très bien!) En conséquence, je consulte d'abord la Chambre sur la priorité à établir entre les deux demandes d'enquête.

La Chambre accorde la priorité à la demande d'enquête de M. Clémenceau, sur laquelle il est procédé au scrutin :

A la majorité de 344 voix contre 168, sur 512 votants, la Chambre n'adopte pas la proposition d'enquête de M. Clémenceau.

A la majorité de 328 voix contre 171, sur 499 votants, la Chambre repousse également la proposition d'enquête de M. Ballue.

M. LE PRÉSIDENT. — J'ai reçu deux nouveaux ordres du jour motivés. Le premier, signé par M. Escarguel, est ainsi conçu : « La Chambre, affirmant sa résolution de ne permettre aucun empiétement sur les droits du Parlement en matière de crédit et de cas de guerre, mais ne voulant entraver ni critiquer les opérations militaires en Tunisie, passe à l'ordre du jour. »

Le second, signé par MM. Mézières, Duvaux, Méline et autres membres, porte :

« La Chambre, résolue à assurer l'exécution du traité du 12 mai 1881 et à remédier aux imperfections que l'expédition de Tunisie a révélées dans notre organisation militaire, passe à l'ordre du jour. »

Voix à droite. — La priorité pour l'ordre du jour de M. Naquet!

Voix diverses. — L'ordre du jour pur et simple!

M. DELAFOSSE. — Avant le vote sur l'ordre du jour pur et simple, il serait bon que ceux qui l'ont proposé nous expliquassent ce qu'il signifie.

Est-ce une approbation de la politique du gouvernement en Tunisie? Qu'on le dise.

Est-ce un déni de responsabilité? Qu'on le dise.

Je demande au gouvernement, qui a réclamé si fièrement la responsabilité de son initiative, s'il accepte d'esquiver la responsabilité qui pèse sur lui.

M. LE PRÉSIDENT. — Le gouvernement ne peut porter aucune atteinte aux droits de ceux de nos collègues qui demandent l'ordre du jour pur et simple.

Voix à droite. — Quels sont-ils?

M. LE PRÉSIDENT. — J'ai entendu M. Langlois et d'autres députés demander l'ordre du jour pur et simple.

Il est procédé au scrutin sur l'ordre du jour pur et simple.

A la majorité de 326 voix contre 205, sur 531 votants, l'ordre du jour pur et simple n'est pas adopté. (*Applaudissements à droite et sur un certain nombre de bancs à gauche.*)

M. LE PRÉSIDENT. — Je reçois de nouveaux ordres du jour ainsi conçus : « La Chambre, convaincue de la loyauté du gouvernement et reconnaissant les difficultés contre lesquelles il a eu à lutter à l'occasion des affaires de Tunisie; regrettant néanmoins qu'il n'ait pas fourni à la Chambre précédente les éclaircissements qu'il fournit aujourd'hui, passe à l'ordre du jour. *Signé :* Duclaud. »

« La Chambre, décidée à assurer l'intégrité et la sécurité de notre frontière algérienne, convaincue d'ailleurs que la convocation moins tardive du Parlement eût été de nature à assurer ce résultat, passe à l'ordre du jour. *Signé :* Lelièvre. »

« La Chambre, prenant acte de la déclaration par laquelle M. le président du conseil a annoncé la démission du cabinet, passe à l'ordre du jour. *Signé :* comte de Roys. »

La Chambre va avoir à se prononcer sur la priorité demandée par les auteurs de ces ordres du jour.

La Chambre, consultée, n'accorde la priorité ni à l'ordre du jour déposé par M. Naquet, ni au projet de résolution de M. de Baudry d'Asson, ni à l'ordre du jour motivé de M. le comte de Roys, ni à celui de M. Escarguel, ni à celui de M. Chevandier.

M. LE PRÉSIDENT. — M. Achard me remet l'ordre du jour suivant :

« La Chambre, regrettant que les stipulations du traité du 12 mai, dont certaines conséquences, dès cette époque certaines et arrêtées, lui ont été dissimulées, aient pu engager la France sans l'assentiment du Parlement dans une guerre générale contre les populations de la Tunisie, passe à l'ordre du jour. »

Je reçois de M. Margaine un ordre du jour ainsi conçu :

« La Chambre, prenant acte des déclarations du gouvernement, passe à l'ordre du jour. »

La priorité n'est pas donnée à cet ordre du jour.

M. LE PRÉSIDENT. — Je donne lecture de l'ordre du jour déposé par MM. Couturier, Chevandier, Richard : « La Chambre, regrettant que l'expédition tunisienne ait dépassé, en l'absence du Parlement, les limites primitivement fixées par le gouvernement à notre action militaire, passe à l'ordre du jour. »

La priorité est demandée pour ces ordres du jour.

La Chambre n'accorde pas la priorité à cet ordre du jour.

M. de Douville-Maillefeu et M. Remoiville déposent l'ordre du jour suivant :

« La Chambre, prenant acte de la démission du ministère, passe à l'ordre du jour. » (*Mouvements divers.*)

M. LE PRÉSIDENT. — Je passe à la lecture de l'ordre du jour de M. Duclaud :

« La Chambre, convaincue de la loyauté du gouvernement, mais comprenant les difficultés contre lesquelles il a eu à lutter à l'occasion des affaires tunisiennes; regrettant néanmoins qu'il n'ait pas fourni à la Chambre précédente les éclaircissements et les explications qu'il produit aujourd'hui, passe à l'ordre du jour. »

J'ai reçu deux autres ordres du jour.

Un nouvel ordre du jour de MM. Naquet et Labuze, ainsi conçu :

· « La Chambre, regrettant que le gouvernement ait engagé les opérations militaires sans l'autorisation du Parlement, passe à l'ordre du jour. »

D'autre part, M. Pénicaud et trois de ses collègues ont déposé l'ordre du jour suivant :

« La Chambre, voulant assurer par tous les moyens la pacification et la sécurité de notre colonie africaine, mais regrettant que le gouvernement n'ait pas saisi la Chambre des mesures militaires et financières employées, passe à l'ordre du jour. »

M. LE PRÉSIDENT. — La priorité a été demandée en faveur de l'ordre du jour de M. Duclaud.

La priorité n'est pas accordée à cet ordre du jour.

M. LE PRÉSIDENT. — M. de Douville-Maillefeu demande la priorité pour l'ordre du jour qu'il a signé avec M. Rémoïville.

La Chambre, consultée, n'accorde pas la priorité à cet ordre du jour. (*Voix diverses : A demain! à demain! — Réclamations sur un grand nombre de bancs.*)

M. LE PRÉSIDENT. — M. Andrieux demande la parole pour un rappel au règlement.

M. ANDRIEUX. — L'article 44 de notre règlement est ainsi conçu : « Si l'ordre du jour pur et simple est écarté, la Chambre peut, sur la demande d'un de ses membres, décider de renvoyer dans les bureaux l'examen des ordres du jour motivés. (*Mouvements divers.*) En cas de renvoi dans les bureaux, la Chambre, sur le rapport d'une commission, statue en matière d'urgence. »

M. FRANCK-CHAUVEAU. — Il me semble que la difficulté où se trouve la Chambre de se mettre d'accord sur un ordre du jour motivé, tient à ce que le ministère ayant déclaré que, quel que soit le résultat de l'interpellation, il ne resterait pas sur ces bancs, l'ordre du jour qu'on peut formuler manque de sanction. (*Mouvements divers.*)

Dans ces conditions, je crois qu'il est permis de se reporter à un point de procédure parlementaire qui a déjà été plusieurs fois mis en usage dans cette Chambre.

Le règlement permet qu'une interpellation ne soit point suivie d'un ordre du jour. Je demande en conséquence la clôture pure et simple sans ordre du jour. (*Très bien! très bien! sur divers bancs. — Réclamations sur d'autres bancs.*)

M. NAQUET. — Je viens combattre la proposition de M. Franck-Chauveau. Selon l'honorable membre, nous ne pouvons avoir aucune sanction à ce débat, le ministère ayant déclaré se retirer.

C'est vrai; mais à côté du ministère qui se retire il y a un ministère qui se reconstitue.

Il est également vrai et de l'intérêt supérieur de la France, de la République, que le nouveau cabinet qui est à la veille de se former, trouve dans cette enceinte une majorité solide.

J'estime qu'un ordre du jour voté par elle, dans un sens ou dans un autre, aura pour effet de dégager la majorité de cette Assemblée et d'assurer d'une manière plus certaine la constitution d'un cabinet homogène.

Voilà pourquoi je demande à la Chambre de repousser la proposition de M. Franck-Chauveau.

Il est procédé au scrutin sur cette proposition.

A la majorité de 285 voix contre 203, la proposition n'est pas adoptée.

M. LE PRÉSIDENT. — Je consulte la Chambre sur la proposition de M. Andrieux, tendant à l'application de l'article 44 du règlement, qui paraît fait pour des cas comme celui qui se présente.

A la majorité de 361 voix contre 96, la proposition n'est pas adoptée.

M. LE PRÉSIDENT. — Je dois donner à la Chambre connaissance de nouveaux ordres du jour qui viennent d'être déposés : le premier, signé de MM. Naquet, Marmottan, Vermond et Alype, est ainsi conçu : « La Chambre, regrettant que le ministère n'ait pas appelé plutôt le Parlement à se prononcer, passe à l'ordre du jour. »

Le second, déposé par MM. Bourgeois et de Baudry d'Asson, est ainsi conçu :

« La Chambre, considérant que tous les ordres du jour présentés contiennent un blâme contre le ministère, passe à l'ordre du jour. » (On rit.)

Le troisième, déposé par M. Cunéo d'Ornano, est ainsi conçu : « La Chambre, considérant que sur l'initiative du ministère la majorité de l'ancienne Chambre avait laissé s'engager la guerre de Tunisie et avait ratifié le traité de protectorat, que le ministère et l'ancienne Chambre ont disparu; que c'est donc devant un nouveau ministère que la Chambre actuelle devra se prononcer sur les suites à donner aux affaires de Tunisie, passe à l'ordre du jour. »

Enfin, le quatrième, déposé par M. Casimir-Perier, est ainsi conçu : « La Chambre, résolue, dans les circonstances actuelles, à ne pas entraver les opérations militaires qui se poursuivent en Tunisie, passe à l'ordre du jour. »

La priorité a été demandée pour ce dernier ordre du jour ; je la mets aux voix.

Après deux épreuves déclarées douteuses, il est procédé au scrutin.

M. LE PRÉSIDENT. — Voici le résultat du scrutin :

Nombre des votants	457
Majorité absolue	229
Pour la priorité	213
Contre	244

La Chambre n'a pas adopté la priorité en faveur de cet ordre du jour.

M. GAMBETTA. — Je demande la parole. *Parlez! parlez!*

M. LE PRÉSIDENT. — M. Gambetta demande la parole sur la position de la question. Je la lui donne.

M. GAMBETTA. — Messieurs, je pense qu'il est de l'intérêt commun de tous les partis, dans cette enceinte, que la discussion qui a lieu devant vous depuis quatre jours ne se termine pas par un aveu d'impuissance. *Très bien! très bien! et applaudissements à gauche et au centre.*

Je n'ai pas jugé devoir intervenir dans ce grand débat. J'avais le ferme propos de ne m'y point mêler si je n'y étais pas provoqué. J'ai attendu patiemment à mon banc qu'une syllabe quelconque autorisât une dérogation à ce ferme propos : elle n'a pas été prononcée.

Le fond a été jugé. Quant à moi je n'ai pas à apporter de jugement ni sur les origines ni sur la conduite de l'expédition ; il serait trop tard pour le faire, et je vous ai donné les raisons de mon abstention tout à l'heure. Mais je me suis associé à ceux de mes collègues qui ont voté l'ordre du jour pur et simple, qui était la solution naturelle de ce débat. *(Vifs applaudissements sur les mêmes bancs.)*

Le spectacle douloureux, permettez-moi l'expression, que nous donnons... *(Marques nombreuses d'assentiment)* justifie suffisamment la justesse de ce vote d'ordre du jour pur et simple.

Mais, Messieurs, après avoir repoussé les diverses

propositions qui vous ont été soumises, il me semble qu'au-dessus des critiques, des griefs et des répliques qu'on a échangées ici, il y a un intérêt supérieur qui s'impose à la Chambre et qui réclame d'elle soit un vote d'approbation et de consécration, soit un vote de rejet.

La France a mis sa signature au pied du traité du Bardo... (*Très bien! très bien! et applaudissements*.), et, sans entrer dans des querelles qui sont des querelles personnelles, je demande que la Chambre, sur un vote clair et de nature à fixer l'opinion au dedans et au dehors, déclare que les obligations qui figurent dans ce traité sous la signature de la France seront loyalement, prudemment, mais intégralement exécutées. (*Applaudissements à gauche et au centre.*)

En conséquence, je propose l'ordre du jour suivant :

« La Chambre, résolue à l'exécution intégrale du traité souscrit par la nation française le 12 mai 1881, passe à l'ordre du jour. » (*Très bien! très bien! et nouveaux applaudissements sur les mêmes bancs.*)

Voix diverses. On demande la priorité.

M. LE PRÉSIDENT. — Ce que demande M. Gambetta est d'autant plus facile, que je suis déjà en possession d'un ordre du jour de M. Mézières à peu près analogue, moins la fin, que M. Mézières a consenti à retrancher.

Voix nombreuses. — Retirez-le.

La priorité est accordée en faveur de l'ordre du jour de M. Gambetta.

Il est procédé au scrutin sur cet ordre du jour.

M. LE PRÉSIDENT. — Voici le résultat du scrutin.

Nombre des votants.	450
Majorité absolue	226
Pour l'adoption.	379
Contre.	71

La séance est levée à huit heures et demie.

DISCOURS

SUR

L'URGENCE DE LA PROPOSITION DE L'EXTRÊME GAUCHE TENDANT A LA REVISION DE LA CONSTITUTION

Prononcé le 15 novembre 1881

A LA CHAMBRE DES DÉPUTÉS

« Le vote qui venait de terminer le débat sur les interpellations tunisiennes avait une double signification. D'abord, par sa formule, il était la consécration définitive du traité du Bardo. Il exprimait ensuite que la Chambre voulait voir passer aux mains de M. Gambetta la succession de M. Jules Ferry. Une demi-heure avant le député de Paris, un député de l'Est, M. Mézières, avait déposé un ordre du jour en termes presque identiques, et la Chambre avait accordé la priorité à vingt autres propositions contraires. Pour la majorité de cette Assemblée, l'ordre du jour de M. Gambetta valait surtout par sa signature.

« Ainsi, ce que la Chambre désirait avec impatience, à la date du 9 novembre, c'était l'avènement de M. Gambetta à la présidence du conseil; les 192 députés qui n'avaient pas voté l'ordre du jour réclamaient cette expérience avec la même ardeur que leur 355 collègues qui l'avaient acclamé. Mais les causes de ce désir unanime étaient très diverses. Si les uns (250 environ) croyaient que M. Gambetta était le plus capable d'organiser dans la démocratie un

gouvernement et de rendre à la politique républicaine la
force et la noblesse d'allures, les autres se proposaient
d'*user* un collègue dont la supériorité les gênait et dont les
titres à la reconnaissance de la nation étaient trop grands.
« On n'appelait M. Gambetta aux affaires que pour le pré-
« cipiter à une chute méritée par ses antécédents, » a avoué
plus tard, avec quelque candeur, M. Camille Pelletan[1]. —
On, c'était la droite, l'extrême gauche, le « parti libéral »,
la coterie de l'Élysée, tout le bataillon du petit scrutin et
de la politique d'abdication. — Tout au plus, on aurait pu
compter, à la Chambre, dix ou douze personnes qui ne
voyaient pas sans un amer regret la tournure que prenaient
les évènements. Qui? Des royalistes, des intransigeants, des
ennemis irréconciliables ? Non pas : les meilleurs amis, les
amis vraiment clairvoyants du grand patriote qui pensaient
en effet que M. Gambetta était appelé au ministère à la fois
trop tard et trop tôt. Trop tard, parce que le vrai moment
auquel il eût fallu lui faire appel était le jour même où,
l'ère des périls étant terminée, l'ère des difficultés commençait. Trop tôt, parce que, ce moment passé, il n'y avait
de succès possible pour la politique d'*Union républicaine*
qu'avec une Assemblée issue du scrutin de liste[2]. »

Nous avons raconté[3] ailleurs comment M. Thiers, pendant
la période do 16 mai, avait préparé, pour le lendemain de la
victoire des 363, un ministère Gambetta, et comment M. Grévy
avait appelé M. Waddington, au lieu de M. Gambetta. à
former le premier cabinet de sa présidence[4]. L'historique

1. *Justice* du 8 août 1882.
2. *Le Ministère Gambetta*, p. 11 à 12.
3. *Ib.*, p. 14 à 18.
4. Le vrai moment où M. Gambetta aurait dû être appelé aux
affaires aurait été le lendemain de l'élection de M. Grévy à la
présidence de la République (30 janvier 1879), alors que M. Dufaure avait sagement expliqué comment à une situation nouvelle
il faut toujours des hommes nouveaux. M. Grévy, arrivant à la
première magistrature de l'État sous les plus favorables auspices.
aurait dû. en effet, comprendre où étaient la logique et la vérité
parlementaires, confier la présidence du conseil au véritable
leader du parti républicain et reprendre ainsi le beau projet que
M. Thiers avait préparé au mois d'août 1877. Nous reproduisons.
d'après notre histoire du *Ministère Gambetta*, l'exposé général de
ce plan et des circonstances qui le firent échouer.
« Ce moment qu'on avait laissé échapper, c'était le lendemain
de la réélection des 363. Choisi comme chef à l'heure du péril.

des trois cabinets qui se sont succédé depuis le 4 février 1877
jusqu'au 14 novembre 1881 ne saurait trouver place dans
ces commentaires. Quant au rôle de M. Gambetta, comme
président de la Chambre des députés, on a vu, dans les
notices du volume précédent, qu'au lieu d'avoir le pouvoir
sans la responsabilité, comme le prétendaient ses adversaires,
il n'eut toujours que la responsabilité sans le pouvoir.
(p. 73-87, 133-157, 221-225, 311-346.)

Notre récit, dans les commentaires du tome IX, s'arrête
au vote du Sénat sur la proposition de M. Bardoux, tendant
au rétablissement du scrutin de liste (7 juin 1881). Nous

c'était M. Gambetta qui avait conduit l'armée républicaine au
triomphe décisif du 14 octobre 1877. Depuis le vote de la Constitution de 1875, la démocratie victorieuse n'avait pas eu de représentant plus autorisé que lui. Cette Constitution, nul plus que lui
n'avait contribué à la faire accepter. Cette démocratie, si terriblement divisée dans le passé, nul plus que lui n'avait travaillé à
en faire un parti de gouvernement. Sa popularité était la plus
belle qui eût jamais récompensé dans un pays libre les services
d'un citoyen. On s'accordait alors de toutes parts à lui reconnaître les qualités politiques les plus rares, un patriotisme sans
limites, la modération dans les idées, la fermeté des principes,
la clairvoyance, l'intelligence rapide et sûre, la chance. L'avènement des nouvelles couches sociales, qu'il avait préparé et conduit avec tant de sagesse après l'avoir annoncé avec tant de foi,
avait fait de lui, à titre égal, l'homme de la bourgeoisie et celui
des classes laborieuses proprement dites. Il n'était pas seulement
le porte-parole le plus éloquent de la République; il semblait
par excellence son homme d'État. Donc, selon toute logique,
c'était à lui que devait revenir, après la victoire, la direction du
parti républicain et des affaires de son pays. L'Europe s'y attendait, et M. Thiers avait tout disposé de son côté pour qu'il en
fût ainsi.

« C'était au mois d'août 1877 : M. Thiers, à cette date, avait
acquis la certitude que le cabinet du 16 mai marchait à une écla-
tante défaite et que les 363 seraient réélus : il avait la juste conviction qu'au lendemain de cette défaite, et lui vivant, le maréchal de Mac-Mahon aurait préféré la démission à la soumission.
Dans ces conditions, c'était lui, sans aucun doute, qui serait
rappelé par les deux Chambres, réunies en Assemblée nationale,
à la présidence de la République. Il convenait d'être prêt à l'a-
vance. M. Thiers se prépara, et il arrêta rapidement quelques
idées sur la composition de son futur ministère et les principaux
articles de son programme. M. Gambetta, dont le caractère et le
talent lui avaient inspiré, après quelques malentendus, l'attache-
ment le plus vif, et qu'il se proposait de « présenter à l'Europe »,
fut informé qu'il recevrait, avec la présidence du conseil, le portefeuille des affaires étrangères. Les autres portefeuilles devaient

reprenons, d'après notre histoire du *Ministère Gambetta*, le résumé des principaux évènements qui suivirent ce vote et qui amenèrent M. Gambetta à prendre les affaires après la chute du ministère présidé par M. Jules Ferry.

« ... Cependant le parti républicain, dans son ensemble ne s'était pas vivement ému (à la suite du vote sénatorial du 9 juin). Il n'avait pas encore compris, — comme il l'a compris dans la suite, mais trop tard, alors que le petit scrutin avait déjà porté ses fruits les plus funestes, — l'impérieuse nécessité de la réforme électorale. Il ne vit que deux choses : d'abord, que M. Gambetta sortait vaincu de la lutte ; ensuite,

être répartis entre le général Campenon, à la guerre ; M. Jules Ferry, à l'intérieur ; M. Léon Say, aux finances ; l'amiral de Gueydon, à la marine ; M. Waddington, à l'instruction publique ; M. Giraud (de l'Institut), à la justice ; M. Teisserenc de Bort, à l'agriculture et au commerce, et M. Krantz aux travaux publics. Le programme politique aurait compris l'amnistie, le scrutin de liste, les traités de commerce, la liberté de la presse, la réforme des lois sur l'état de siège et le colportage, le droit de réunion, l'instruction primaire obligatoire, gratuite et laïque, la suppression des jurys mixtes d'examen, la revision des traités passés avec les grandes compagnies de chemins de fer. Le parti républicain, retrempé par les élections générales, resterait uni pour accomplir, sous ce ministère national, une aussi vaste tâche. Il éviterait de retomber dans la faute grave qu'il avait commise en mars 1876 : la division en groupes, l'émiettement de la majorité de gouvernement.

« Tel était, non pas le rêve, mais le projet très réfléchi de M. Thiers, et ce projet était la sagesse même : il répondait à toutes les nécessités de la situation que les évènements préparaient ; il était une œuvre de concorde patriotique ; réalisé, il eût ouvert à la République une voie aussi large et droite que le chemin suivi plus tard a été souvent étroit et oblique.

« Ce projet disparut fatalement avec son auteur, et le maréchal, qui, de son propre aveu, se serait retiré devant M. Thiers, resta, se croyant une sentinelle, à la présidence de la République. Il aima mieux, dans ces nouvelles conditions, se soumettre que se démettre. Seulement, et personne n'en fut surpris, ce ne fut pas M. Gambetta qu'il appela aux affaires : ce fut M. Dufaure.

« — M. Dufaure, dont la nomination fut accueillie avec une joie profonde parce qu'il succédait au duc de Broglie et au général de Rochebouet, mais qui n'était, au point de vue parlementaire, que le *leader* du centre gauche. Le véritable *leader* de la majorité républicaine resta ainsi en dehors du pouvoir, président de la commission du budget pour la troisième fois, et retrouvant, avec quelques nouvelles difficultés, la situation délicate que les circonstances lui avaient déjà faite sous la Chambre précédente. »

que le Sénat venait encore une fois de s'opposer aux réformes républicaines. D'où ce double résultat qui n'était à l'avantage ni des républicains sensés ni des vrais conservateurs : M. Gambetta perdit de son autorité et de son prestige à l'unique profit du parti intransigeant et révolutionnaire ; le projet de revision, que le vote de la réforme électorale par le Sénat aurait si facilement ajourné à trois ans, devint, dans l'espace de huit jours, le mot d'ordre de presque tous les journaux républicains.

« Cette génération spontanée de revisionnistes remplit d'effroi les amis du ministère et les vainqueurs du 9 juin. La revision, c'était une aventure semée d'embûches, grosse d'innombrables dangers : comment s'en débarrasser? Ne fallait-il pas s'en délivrer à tout prix? Ils se tournèrent vers M. Gambetta et, par ancienne habitude, en présence de ce nouveau péril, ils le supplièrent de jouer encore une fois le rôle de Curtius.

« Mais M. Gambetta n'était nullement d'humeur à sauter dans le gouffre pour le plus grand profit des personnages plus ou moins désintéressés qui venaient de laisser ou faire échouer le scrutin de liste au Sénat. Être outragé, être calomnié sans cesse dans ses intentions les plus droites, M. Gambetta en avait l'habitude et ne s'en émouvait point : il avait tant plu sur son parapluie depuis douze ans, pour parler comme M. Thiers, qu'une ondée de plus ou de moins ne comptait pas. Mais ce qui ne pouvait le laisser indifférent, c'est qu'on venait, par acception de sa personne, de faire avorter une réforme où il estimait que les intérêts vitaux de la République étaient engagés. Cela fut plus fort que son équanimité ordinaire... « Ah! vous n'avez pas voulu de la convention si loyalement proposée à Cahors? Vous avez passé outre, malgré les avis répétés? Eh bien, débrouillez-vous tout seuls maintenant. Vous avez détruit vous-mêmes, et seulement pour me faire pièce, la base stratégique qui m'était nécessaire pour combattre la revision; vous vous êtes amusés ainsi à provoquer les passions et les représailles. A votre aise ! Il ne saurait me convenir de me laisser entraîner et broyer par le torrent que vos fautes ont rendu irrésistible. Et puis, la revision ne m'épouvante point. On peut la limiter sagement. On peut en tirer parti dans l'intérêt de la République, du

Sénat lui-même. Puisque le rejet de la réforme électorale a rapproché cette échéance de trois ans sans que personne au monde puisse utilement s'y opposer, pourquoi ne pas s'y résigner? pourquoi n'en pas profiter pour apporter tout de suite à la constitution du Sénat les deux ou trois rénovations essentielles que nous avons toujours et justement réclamées? L'opération faite, et faite avant tout à l'avantage du Sénat lui-même, on marchera en avant d'un pas léger et plus libre. On pourrait encore profiter de l'occasion pour assurer d'une manière définitive l'avenir du scrutin de liste, pour en inscrire le principe, avec celui de l'élection sénatoriale, dans l'arche, si malaisément accessible, de la Constitution... »

« Et M. Gambetta prononça le discours de Tours sur la revision limitée. Si ce discours fut une erreur, bien qu'il ait répondu sur l'heure aux sentiments profonds de l'immense majorité du parti républicain et que les journaux les plus modérés en aient proclamé hautement et recommandé la grande sagesse, ce fut une erreur inévitable. La revision était le lendemain fatal du rejet de la réforme électorale. Elle était la résultante logique des fautes commises. Loin de donner un mot d'ordre contre le Sénat, comme il en a été accusé, M. Gambetta hésita longtemps et ne se décida qu'après avoir consulté, avec le soin le plus minutieux, l'état réel de l'opinion. « Comme un député qui aspire à influer sur la direction de la chose publique ne peut apparemment rester en l'air, comme c'est une nécessité qu'il s'appuie sur quelqu'un et quelque chose, que pouvait faire M. Gambetta, enfoncé gratuitement d'un côté, si ce n'est se rejeter de l'autre[1]? » Il se rejeta donc de cet autre côté, mais avec une grande modération, et il y trouva une force plus entraînante, un mouvement beaucoup plus large et profond qu'il n'avait supposé.

« C'est qu'en effet la question de la revision n'a pas été seulement[2] affaire de réunions publiques et de journaux. Assurément, ce sont les journaux qui ont commencé la campagne, et c'est dans les réunions publiques qu'on a le plus

1. *La Situation parlementaire*, dans la *Revue politique et littéraire* du 22 octobre 1881.
2. *La Revision*, brochure par M. Scherer. — Paris, 1881.

bruyamment parlé. Mais il en est ainsi, dans tous les pays
libres, pour toutes les questions politiques; il en a été ainsi
pour les décrets contre les congrégations, pour l'article 7,
pour l'amnistie, pour le retour des Chambre à Paris, cette
première revision de la Constitution. Ce qu'il faut donc
rechercher, pour être équitable, c'est l'accueil que le projet
de revision a rencontré dans le pays au lendemain du vote
du 9 juin. A-t-il été imposé au suffrage universel, à supposer qu'on puisse aujourd'hui imposer quelque chose à ce
suffrage? A-t-il, au contraire, été accepté par lui avec satisfaction? Sans faire des cahiers électoraux du scrutin
d'arrondissement plus de cas qu'il ne convient, on peut
consulter ce dossier. On y trouvera trois cent trente et
un cahiers électoraux républicains qui demandent la revision contre douze qui l'ajournent ou la refusent, ce qui
prouve tout au moins que la masse du pays a vu la revision
non seulement sans alarme, mais sans déplaisir. Et cet
accueil favorable était dans la logique des choses. En rejetant coup sur coup le scrutin de liste et la loi sur l'enseignement laïque, le Sénat avait irrité très vivement la démocratie républicaine. Il s'était montré inutilement tracassier
et rétrograde. En outre, les auteurs et les avocats de la
Constitution de 1875 avaient eu beau prodiguer de toutes
parts, depuis six années, les raisonnements les plus sages
et les plus élevés pour démontrer la nécessité d'une seconde
Chambre : ils étaient encore très loin d'avoir persuadé tout
le monde. Beaucoup de républicains pensaient encore de la
Chambre haute en 1881 ce que MM. Louis Blanc, Grévy,
Edgar Quinet et Peyrat en pensaient en 1874. Le grand
nombre se souvenait de la dissolution et en voulait toujours au Sénat de sa participation au 16 mai. Bref, comme
le Sénat n'était pas populaire et comme le sentiment de
la nécessité de son institution n'était pas très répandu, il
devait suffire, pour que la revision fût généralement acceptée, qu'elle ne fût pas sérieusement attaquée. Or, en dehors
de M. Ribot et de M. John Lemoinne, personne, dans la
presse républicaine, ne songea à la combattre sérieusement.

« Moutons de Panurge, dit M. Scherer, les modérés ont
toujours la tactique de la retraite, » et vraiment, plus de
cinquante députés n'ont écrit la revision sur leur programme que pour l'avoir trouvée sur ceux du président de

la Chambre à Tours et du président du conseil des ministres à Nancy. Mais si les meilleurs esprits ne s'étaient pas aperçus que la révision, d'où pouvait aisément sortir pour la République un progrès réel, répondait à un sentiment presque général, est-ce que M. Gambetta l'aurait acceptée, même après le changement radical que le vote du 9 juin avait apporté à la situation? est-ce que M. Jules Ferry, qui a toujours apporté dans la vie publique tant de courage et d'indépendance, y aurait adhéré avec tant d'éclat? est-ce que plus tard le président du Sénat lui-même, dans son ferme bon sens, en eût fait un article du programme de Seine-et-Oise? et après M. Léon Say, M. de Freycinet, M. Teisserenc de Bort, M. Feray (d'Essonnes), vingt autres qui ne passent ni pour des démagogues ni pour des poltrons? est-ce que le tiers du Sénat, tel qu'il a été renouvelé le 8 janvier 1882, eût été élu sur des professions de foi révisionnistes? Sans doute, il eût mieux valu que le mouvement ne se produisît pas ; en d'autres termes, que le Sénat eût voté la réforme électorale. Mais qui donc avait provoqué le mouvement?... La faute une fois commise, et commise avec cette fatalité des fautes très graves, qui est d'en engendrer toute une série, la poussée devint tout à fait irrésistible. On n'y résista pas et l'on fit bien.

« En attendant, l'ère des fautes continua son cours. La Chambre avait eu le tort de ne pas répondre au vote du 9 juin, comme le lui avait conseillé M. Bardoux d'accord avec M. Gambetta, en demandant au président de la République de convoquer les collèges électoraux pour le 17 juillet ; le cabinet ne sut pas avouer au Parlement que l'expédition de Tunisie avait changé de caractère, qu'elle devenait de plus en plus une guerre sérieuse et qu'il fallait, pour la mener à bonne fin, des sacrifices considérables d'hommes et d'argent. On ne pratiqua plus de part et d'autre que la plus détestable des politiques : la politique électorale. Les coalisés du Sénat, un peu effrayés de la besogne qu'ils avaient faite, n'osèrent pas la pousser à bout. Gouverner contre M. Gambetta, voire gouverner sans lui, fut vite reconnu impossible. On se contenta de l'avoir atteint. Après avoir laissé sombrer la réforme sur laquelle M. Gambetta fondait, à tort ou à raison, tout son plan de gouvernement, M. Jules Ferry se déclara prêt à lui servir

désormais de lieutenant. Enfin, les élections, d'abord
ajournées pour faire pièce à M. Gambetta, furent tout à
coup brusquées et fixées au 21 août et au 4 septembre, afin
de pouvoir masquer au corps électoral le véritable état des
choses en Tunisie. Cela a été sévèrement jugé et méritait
de l'être.

« Les élections furent aussi bonnes qu'on pouvait l'espérer
avec le scrutin d'arrondissement. Si le parti révolutionnaire
gagna quelques sièges dans les grandes villes, la réaction
perdit environ le tiers des siens dans les campagnes.
Comme composition, c'était la Chambre du 20 février et du
14 octobre qui était réélue pour la troisième fois. Mais,
comme esprit, elle avait beaucoup changé. L'Assemblée
républicaine du 14 octobre 1877 n'avait pas été ramenée
par le scrutin d'arrondissement : elle était le produit du
scrutin de liste élevé à sa plus haute pression, l'unité de
liste [1], et c'était précisément cette impersonnalité du scrutin
originel qui lui avait permis de mener à bonne fin une part
si importante de son mandat. Elle n'avait commencé à
hésiter, à marcher d'un pas incertain, que le jour où les
liens de l'arrondissement avaient commencé à s'appesantir
sur elle, et sa majorité l'avait si bien senti qu'elle n'avait
guère voté le projet de M. Bardoux que pour éviter dans
l'avenir l'alourdissement de ces chaînes. Au contraire, la
Chambre du 21 août 1881 est, dans toute la force du terme,
une Chambre d'arrondissement. Cela fut manifeste dès les
premiers jours. Cette Chambre n'est évidemment pas l'image
sincère de la France républicaine. Le même homme, député
du scrutin d'arrondissement ou député du scrutin de liste,
n'est pas le même député. C'était le moins bon député
qu'on avait. La période électorale avait été pénible pour
les candidats soucieux encore de garder leur dignité. Si elle
n'avait été marquée que dans deux ou trois grands centres
par des manifestations semblables aux scènes honteuses de
Charonne et du Cirque d'Hiver, elle avait compté pour
chacun bien des capitulations de conscience, tout au moins
bien des luttes attristantes contre la calomnie et le men-
songe. Aussi, au lendemain du 21 août, la plupart des

1. Discours de M. Gambetta à la Chambre des députés, le
19 mai 1881.

députés le reconnaissaient avec amertume, et quelques-uns
de ceux qui avaient été les adversaires les plus violents de
la réforme électorale criaient le plus haut : « Nous sommes
édifiés. Il faut en finir à tout prix avec le scrutin d'arrondissement. La moralité du suffrage universel est perdue si
nous ne revenons pas à la liste. » Mais, après quelques
semaines, un changement s'opéra dans leurs esprits : ayant
médité sur les privilèges positifs du mandat de député, ils
se consolèrent de redevenir les prisonniers de leurs origines. Toute servitude débarrasse du sentiment de la responsabilité qui est le grand mal de notre temps. Quand on
a écarté une bonne fois ces bagages encombrants, — le
souci méticuleux de la dignité personnelle et la préoccupation exclusive de la patrie, — on découvre qu'il est très commode de se conformer purement et simplement aux ukases
des comités de clocher et des clubs directeurs! On a pour
mission de représenter la France : on devient le porte-
parole docile des meneurs les plus violents et les moins
éclairés. Mais qu'importe? Est-ce que les intérêts généraux,
ceux que les naïfs appellent « les intérêts supérieurs » du
pays, ne sont pas autre chose que l'addition de tous les
intérêts particuliers et locaux? Il y eut bientôt près de deux
cents députés républicains, en sus de la minorité réactionnaire, qui raisonnèrent ainsi.

  « Cependant la manifestation électorale du 21 août disait
d'une voix que le petit scrutin n'avait que légèrement affai-
blie : « Ce que veut la France républicaine, c'est un gouvernement — un gouvernement fort, qui dirige sûrement la
France dans la voie de ses destinées historiques ; un gouvernement stable, qui accomplisse enfin les réformes pratiques dont la revision de la Constitution est la clef ; un gouvernement qui ait une volonté. » Et le suffrage universel
ajoutait, en dépit de la campagne personnelle qui avait été
menée avec tant de violence contre M. Gambetta, en dépit
du détachement injuste, mais fatal, qu'elle avait produit
dans un grand nombre d'esprits : « Au début de la nouvelle
législature, c'est M. Gambetta qui doit prendre les affaires. »
D'aucuns, hommes d'expérience et de froid bon sens, eurent
beau dire : « Mais on a rejeté le scrutin de liste : M. Gambetta ne peut pas gouverner sans lui : c'est à ceux qui se
flattent de pouvoir gouverner avec le scrutin d'arrondisse-

ment qu'il faut s'adresser. » On fit semblant de ne pas
comprendre. On trouvait tout naturel que M. Jules Ferry
renonçât au pouvoir dans un état de choses qui n'était si
gravement compromis que par sa faute ou par celle de ses
amis. On eût trouvé tout simple que M. Say, M. Henri
Brisson, M. de Freycinet ou M. Clémenceau eussent refusé
une situation aussi obérée, en alléguant que la situation
était incompatible avec leur manière d'entendre la politique.
Mais si M. Gambetta avait répondu à ceux qui lui offraient
la direction des affaires dans des conditions aussi défavo-
rables, alors qu'au beau temps on s'était bien gardé de lui
faire appel : « Je ne me charge pas de gouverner quand on
m'en a préalablement refusé les moyens. Le pouvoir m'est
offert comme un piège. Je refuse le piège et le pouvoir[1], »
on aurait déclaré, d'une voix presque unanime, que ce refus
était une coupable désertion.

« Donc tous disaient, les uns parce qu'ils étaient animés
de généreuses espérances, les autres parce qu'ils cachaient
des desseins un peu moins nobles : Il faut que M. Gambetta
soit premier ministre. Plus la situation empirait par l'exploitation des fautes commises en Tunisie, par l'odieuse campagne des meetings « d'indignation », par le retard capri-
cieux apporté à la convocation des Chambres, — plus on
proclamait de toutes parts la nécessité d'appeler M. Gambetta. L'opération, savamment menée, réussissait à souhait :
le dictateur était bien « acculé à la porte du conseil[2] ».
M. Clémenceau annonça, comme la bonne nouvelle, que le
moment approchait où l'Anglais verrait enfin dévorer le
dompteur. Et devant cette perspective, tous ces sages républicains tressaillaient de joie.

« M. Gambetta vit parfaitement le jeu de ses adversaires
coalisés; aucune de leurs manœuvres ne lui échappa; il
perça leur plan à jour et il en calcula toutes les conséquences. Mais s'il ne se fit aucune illusion sur les suites que comportait leur projet, il vit surtout que l'immense majorité du
pays comptait sur lui, qu'elle n'attendait réellement que de
lui les garanties de gouvernement qui faisaient défaut.

---

1. *La Situation parlementaire*, article de M. Weiss dans la
Revue politique et littéraire du 22 octobre 1881.
2. Article de M. Henry Maret dans le *Radical* du 22 août 1881.

Qu'il y eût dans cette attente une grande ignorance de la coalition souterraine, cela était certain. Que la bonne politique eût consisté dans le maintien de M. Jules Ferry aux affaires, d'abord parce qu'il était un des auteurs responsables de la défaite du scrutin de liste, ensuite parce que ses qualités personnelles n'avaient pas cessé de grandir au pouvoir, cela également était certain. Mais M. Ferry avait répondu à tous les arguments les plus perspicaces de M. Gambetta par les défaites les plus obstinées : il voulait bien lui promettre, soit comme ministre, soit comme simple député, son concours le plus dévoué et le plus actif; mais il renonçait à la présidence du conseil, il niait qu'il fût devenu le véritable chef de la majorité et qu'il fût plus apte que M. Gambetta, précisément à cause de son attitude lors de la proposition Bardoux, à diriger la Chambre. M. Gambetta pensa alors qu'il est des appels auxquels un patriote ne saurait se dérober, et il prit allègrement son parti.

« Il fit entendre dans son discours du Neubourg, dès le i septembre, et plus tard, vers la fin d'octobre, au Havre, que si la Chambre le désignait au choix du président de la République, il ne déclinerait pas le pouvoir. Il eut une première entrevue avec M. Grévy [1], et il se produisit aussitôt dans tout le pays un immense mouvement de confiance. La Chambre se réunit le 28 octobre, et, le même jour, une majorité aussi imposante qu'hétérogène nomma M. Gambetta président provisoire. M. Gambetta déclara, le lendemain, dans une courte allocution, « qu'il s'efforcerait de se « rendre digne de la manifestation politique que la Chambre « avait voulu faire et qu'il n'en méconnaissait ni le carac- « tère ni la portée ».

« On connaît déjà la séance du 9 novembre. Le lendemain 10, M. Jules Ferry remit entre les mains du président de la République la démission du cabinet, et M. Gambetta, appelé sur l'heure à l'Élysée, accepta la mission de former un nouveau ministère.

« M. Grévy donna carte blanche à M. Gambetta. M. Gambetta prévint M. Grévy que, s'il y avait revision constitutionnelle, il demanderait l'autorisation de défendre le scrutin de liste devant le Congrès[2].... »

1. 13 octobre.
2. *Le Ministère Gambetta*, p. 49 à 60.

Nous devons passer rapidement, dans ces commentaires, sur l'échec de la combinaison dite du *grand ministère* qui avait été inventée, dès le mois de janvier, par la presse de la réaction. « Le ministère Gambetta, avaient annoncé ces journaux, ne sera pas seulement *grand* à cause de son chef et de l'œuvre extraordinaire qu'il accomplira du jour au lendemain, sans être jamais gêné par les Chambres; il sera grand encore et surtout parce que tous les anciens présidents du conseil, le président du Sénat et le président de la commission du budget, toutes les gloires de la République, y tiendront un portefeuille sous la direction suprême du président de la Chambre. » Et cette idée, bien que contraire aux principes les plus certains du régime parlementaire, avait rallié en peu de temps la presque-unanimité des suffrages. Elle séduisait les uns par l'apparence brillante et pompeuse qui exerce toujours une vive séduction sur des imaginations promptes et crédules. Elle apparaissait aux autres, malgré le silence significatif de la *République française*, comme la traduction fidèle de l'une des aspirations les plus impérieuses de la démocratie : l'union de tout le parti républicain sous un gouvernement fort et durable. Enfin, elle était prônée outre mesure par tous les adversaires latents ou déclarés de M. Gambetta, parce que, à supposer que celui-ci se ralliât à cette combinaison et qu'un accident quelconque, un de ces mille accidents qui se produisent presque fatalement au cours de toute les négociations ministérielles, la fît échouer, il y aurait partout déception et désappointement.

Bien que M. Gambetta ne se fit aucune illusion sur la valeur ni sur les chances d'un *grand ministère*, cette combinaison avait rencontré un trop vif succès pour qu'il ne cherchât pas d'abord à le réaliser et il s'y employa en effet, pendant trois jours, avec toute son ardeur et toute sa puissance de persuasion (10-13 novembre). Les *grands ministres* désignés par l'opinion étaient M. Léon Say, président du Sénat, M. de Freycinet, M. Jules Ferry, M. Henri Brisson et M. Challemel-Lacour : M. Gambetta s'adresserait à chacun d'eux avec la moyenne *forte* des revendications du suffrage universel pour programme (le programme dit de *Seine-et-Oise* qui était la traduction des discours de Tours et de Ménilmontant). Mais M. Brisson, avait été nommé président de la

Chambre des députés le 9 novembre, et M. Challemel-Lacour, malade depuis quelque temps et désolé, dans son patriotisme, par les indignités de l'agitation tunisienne, opposa dès le premier jour un refus formel aux propositions qui lui furent adressées [1]; M. Léon Say ne put concilier ses vues économiques et financières avec celles de M. Gambetta [2], et M. de Freycinet, après avoir accepté le 11 novembre le portefeuille des affaires étrangères, le rendit le lendemain matin par une lettre embarrassée et confuse [3].

Nous reproduisons maintenant, d'après notre histoire du *Ministère Gambetta* [4], le récit de la formation du cabinet du 14 novembre et de l'accueil qui lui fut fait par l'opinion et les Chambres.

« Cette fois, après la lettre de M. de Freycinet, le *grand ministère* était condamné sans appel. M. Léon Say s'étant récusé dès la première heure et M. de Freycinet ayant reculé à la dernière minute, il ne pouvait plus être question

1. M. Gambetta ne fit pas de proposition directe à M. Brisson, qui avait fait savoir par avance qu'il était résolu à demeurer au fauteuil présidentiel où il avait été élevé.

2. « Ni émission, ni conversion, ni rachat, disait M. Say, et M. Gambetta refusait d'adopter cette formule. Certes, il était d'avis, lui aussi, qu'il n'y avait pas lieu à de nouvelles émissions de rentes 3 p. 100 amortissables, et que la conversion pouvait être encore retardée de quelques mois. Mais il pensait qu'il n'est jamais habile, pour un ministre des finances, comme pour le plus humble des négociants, de se lier les mains sur quelque question que ce soit; — il eût été maladroit, selon lui, de débuter par une déclaration d'ajournement presque indéfini de la conversion; — et il jugeait que l'intérêt majeur de la démocratie laborieuse, comme le souci jaloux des droits permanents de l'État, interdisent de déposer l'arme du rachat, parce que cette arme, si sagement réservée dans les contrats, est indispensable à qui veut obtenir des grandes compagnies les modifications de tarif et de matériel qui sont réclamées en vain depuis tant d'années. M. Say persista dans l'opinion contraire et les conférences furent interrompues (11 novembre). » (*Le Ministère Gambetta*, p. 75.)

3. M. de Freycinet écrivit à M. Gambetta « qu'après une nuit de réflexions, il ne se sentait pas en état de remplir convenablement le rôle que le futur président du conseil lui destinait, qu'il lui demandait la permission de demeurer à son banc de sénateur, où il resterait toujours un ami sûr et dévoué, qu'il fallait en lui une conviction bien profonde pour le faire résister à un appel comme celui qui lui était adressé. » (*Ib.*, p. 80.)

4. P. 81 à 86.

de M. Jules Ferry [1]. M. Gambetta n'avait plus le choix
qu'entre deux partis : ou bien revenir hardiment à la logique parlementaire, c'est-à-dire à la constitution d'un cabinet
d'*Union républicaine*, et risquer la bataille, malgré le désappointement que causerait l'échec de la combinaison favorite,
malgré les soupçons qu'éveilleraient les refus de M. Say et
de M. de Freycinet, — ou bien renoncer à la mission
qui lui avait été confiée par le président de la République
sur la double et formelle invitation du suffrage universel et
de la Chambre, déclarer à M. Grévy que les scrupules de
M. Say et les réflexions subites de M. de Freycinet le
mettaient dans l'impossibilité de satisfaire à l'attente de
l'opinion, refuser de tomber dans le piège préparé sous
ses pas.

« Le premier parti était très courageux : c'était, suivant
l'expression de Napoléon à Moscou, « le conseil du lion ».
Le second n'était qu'habile. M. Gambetta n'hésita pas.
Renoncer à prendre les affaires parce que la situation était
difficile, c'eût été mettre un intérêt personnel au-dessus de
ce qui passait alors pour un intérêt national; c'était perdre
volontairement une chance de réaliser le gouvernement et
les réformes démocratiques qu'on attendait depuis si longtemps ; c'était, parce que les vétérans lui manquaient par
faiblesse de cœur ou par tout autre motif, manquer à son
tour aux jeunes légions qui ne demandaient qu'à marcher;
c'était enfin l'obligation de dévoiler des menées dont la
révélation eût été une cause d'agitation et de trouble dans

---

1. On a raconté que M. Gambetta n'était allé voir M. Jules
Ferry, après les incidents qui viennent d'être relatés, que pour
lui expliquer « pourquoi il ne pouvait pas lui offrir le département
de l'instruction publique ». L'anecdote, sous cette forme, est
inexacte, et la vérité est beaucoup plus simple. Dans la pensée
de M. Gambetta, M. Jules Ferry ne pouvait rester titulaire du
département où il avait rendu de si éclatants services que dans
l'hypothèse de la combinaison des trois présidents. En dehors de
cette combinaison, l'échec aussi écrasant qu'injuste qui avait été
subi par l'ancien président du conseil, dans la séance du 9 novembre, quand la Chambre avait refusé l'ordre du jour pur et
simple sur l'expédition de Tunisie, ce vote d'ingratitude rendait
impossible son maintien aux affaires. M. Gambetta avait trop le
respect de la vérité constitutionnelle, comme M. Ferry avait trop
celui de sa propre dignité, pour qu'ils aient jamais pu, l'un ou
l'autre hésiter sur ce point.

le pays, en même temps que de discrédit pour la République. Tout cela était très grave, et, dès lors, ce ne fut ni par dépit ni par défi, comme on l'a dit avec injustice, qu'il forma en quarante-huit heures le jeune ministère du 14 novembre.

« Ce que voulait M. Gambetta en prenant ainsi les affaires à la manière anglaise, ce fut poser d'une manière nette et claire devant le pays tout entier les principes de gouvernement qui étaient les siens et qu'on s'obstinait, malgré de nombreux discours, à ignorer. On saurait désormais exactement, quoi qu'il pût lui en coûter, ce qu'il était et ce qu'il voulait. On serait prévenu pour l'avenir. La responsabilité qu'on l'avait si souvent accusé de fuir parce qu'on n'avait pas voulu l'en charger au moment opportun, il la prendrait cette fois pleine et entière. Ce serait bien à un cabinet d'*Union républicaine* qu'on aurait affaire, puisque les *grands* ministres se récusaient et que leur exemple avait été suivi par trois ou quatre autres notabilités parlementaires auprès de qui des démarches avaient été faites à divers moments. Un pareil objet valait bien une bataille perdue et une impopularité passagère. Et puis, il n'était pas certain qu'ayant le bon droit pour soi, on serait vaincu... M. Gambetta avait témoigné encore une fois de sa largeur d'esprit en invitant des représentants de toutes les nuances du parti républicain à se joindre à lui. Un mot d'ordre secret avait arrêté les uns. Le manque de foi avait arrêté les autres. Lui, il avait la conscience nette. En pressant M. de Freycinet après M. Say et M. Germain après M. Ribot, il avait fait tout son devoir. Il s'interrogea une dernière fois : son patriotisme désintéressé lui commanda de marcher, et il franchit hardiment le Rubicon.

« Le lundi 14 novembre, le président de la République signa les décrets qui constituaient le nouveau cabinet. M. Gambetta, président du conseil, prenait le portefeuille des affaires étrangères avec M. Eugène Spuller comme sous-secrétaire d'État. M. Cazot restait, avec M. Martin-Feuillée, à la justice. Le général Campenon allait à la guerre avec un sous-secrétaire d'État civil, M. Blandin; et l'auteur des belles études sur Colbert, l'héroïque soldat du Mans, M. Gougeard, allait à la marine. Le portefeuille de l'intérieur était donné à un jeune député qui avait révélé dans la discussion de la réforme judiciaire des qualités supérieures, et chez qui M. Gambetta avait deviné autant de caractère que de talent, M. Waldeck-Rousseau. M. Paul Bert [1] recevait, en sa qualité de promoteur et de rapporteur de toutes les grandes lois d'éducation nationale, le portefeuille de l'instruction publique, et, comme adversaire résolu de la séparation de l'Église et de l'État, celui des cultes. M. Allain-Targé, qui comptait depuis quinze ans au premier rang de nos économistes, était nommé aux finances; et M. Raynal, grand commerçant de Bordeaux, sous-secrétaire d'État justement remarqué dans le précédent cabinet, aux travaux publics. Le ministère des colonies était réuni au ministère du commerce entre les mains de M. Rouvier, député de Marseille, deux fois rapporteur général du budget, secondé par M. Félix Faure, député du Havre. M. Devès, ancien président de la Gauche républicaine, et M. Antonin Proust devenaient titulaires des deux ministères nouveaux de l'agriculture et des arts. M. Cochery restait ministre des postes et télégraphes. MM. Chalamet, Margue, Lelièvre, Caze et Lesguillier étaient nommés sous-secrétaires d'État à l'instruction publique, à l'intérieur, aux finances, à l'agriculture et aux travaux publics.

« C'était là un ministère d'action, constitué vigoureusement, et selon les principes les plus certains de régime parlementaire. Il avait à sa tête un véritable premier ministre, bien résolu à concentrer et à retenir entre ses mains la direction suprême des affaires politiques de son pays au dedans et au dehors. La plupart de ses collègues étaient jeunes, de trente à quarante-cinq ans, n'ayant pas eu, depuis dix ou quinze ans, d'autre carrière que la politique. Sauf un ou deux, ils étaient tous des spécialistes, dûment préparés par leurs études antérieures au portefeuille qui leur était confié. Ils étaient tous intelligents, laborieux, hardis; les uns déjà renommés dans la démocratie depuis plusieurs années, les autres reconnus par M. Gambetta (avec ce flair prodigieux des capacités qui permettait de dire qu'il n'était pas moins un faiseur d'hommes qu'un défaiseur de sommités) pour devoir être dans un avenir

---

1. Dans la première combinaison de M. Gambetta, M. Bert devait être appelé au ministère de l'intérieur.

prochain l'honneur et la force de la République. Et, au fait, quand il s'est agi plus tard de reformer un gouvernement digne de ce nom, à qui se sont adressés de préférence et M. Duclerc et M. Jules Ferry? A des membres de ce cabinet tant décrié et tant vilipendé du 14 novembre, et précisément aux plus nouveaux dans la politique : à M. Devès, qui fera preuve comme garde des sceaux de tant d'éloquence et de courage, à M. Waldeck-Rousseau, à M. Raynal, à M. Martin-Feuillée, au général Campenon; ils étaient cohérents, tous également pénétrés de la pensée de leur chef, bien disposés à faire descendre dans les divers services publics l'impulsion qu'ils recevraient de lui. Ils étaient tous des républicains de la veille et de l'avant-veille. En somme, ce qui succédait, le 14 novembre, à des cabinets qui étaient de simples collections de ministres, c'était un ministère qui était vraiment un ministère, un gouvernement. Cela fut parfaitement compris à l'étranger, dans tous les pays parlementaires. Ce ne fut bien compris à Paris que par une faible minorité.

« Pour la première fois depuis cinq ans, le président du conseil était un véritable homme de gouvernement : *A la dictature!* crièrent l'extrême gauche, la droite et la bizarre coterie qui, se disant le parti libéral par excellence, n'avait pas encore trouvé d'autre traduction à son amour de la liberté que la haine de M. Gambetta. La solidarité ministérielle faisait sa première apparition dans l'histoire parlementaire de la troisième République : *Ministère des commis!* crièrent les mêmes coalisés. Ce fut pendant quelques jours, sur les boulevards, dans les cafés et dans les couloirs, une explosion d'épigrammes plus ou moins spirituelles, de colères plus ou moins sincères et de prédictions plus ou moins lugubres. Comme beaucoup d'honnêtes bourgeois étaient désappointés de n'avoir pas le feu d'artifice qui avait été annoncé, tous les agités de droite et de gauche, de haut et de bas lieu, purent s'en donner à cœur joie. C'était un dénigrement de tous les instants, des sarcasmes et des invectives sans fin. Les grands hommes de clocher qui n'avaient pas été choisis par M. Gambetta ne tarissaient point contre l'obscurité, la médiocrité et la servilité des collègues qui leur avaient été préférés. Quand M. Gatineau déclarait que M. Paul Bert et le général Campenon man-

quaient de prestige, on applaudissait M. Gatineau qui devint
ainsi un des oracles les plus écoutés de la Chambre. Les
rédacteurs des journaux élyséens se lamentaient sur l'échec,
auquel leurs amis n'étaient apparemment pour rien, du
cabinet des trois présidents. « Un ex-capitaine de vaisseau,
ministre de la marine! » criaient avec horreur deux ou trois
députés incompris qui rêvaient depuis dix ans du sous-
secrétariat de la guerre, et ils trouvaient de l'écho. A
entendre tous les jours ce concert de déclamations variées,
nombre d'esprits indécis finirent par s'inquiéter et par se
demander si décidément M. Gambetta n'était pas devenu
fou, si ses collègues n'étaient pas de simples imbéciles.
« Si MM. Say et Freycinet se sont retirés sur le mont Sacré,
disaient à l'unisson les chefs de la réaction et de l'intransigeance, c'est que M. Gambetta nourrit des projets insensés
et criminels, la dictature à l'intérieur et, à l'extérieur, la
guerre. » Et ces accusations encore plus ineptes qu'odieuses
ne tombaient pas dans des oreilles fermées. Les questions
de personnes ne furent jamais débattues avec plus de passion que par ces terribles ennemis du pouvoir personnel.
Le ministère du 14 novembre est franchement démocratique et progressiste : la réaction financière fit baisser la
rente. C'est un gouvernement décidé à ne tolérer d'anarchie d'aucune sorte : le clan intransigeant jure que César
est aux portes de Rome.

« Telle l'agitation de bon aloi qui fut la réponse de la
coalition, déjà presque formée, au ministère du 14 novembre. Quant à la grande opinion du parti républicain, il est
incontestable qu'elle fut d'abord surprise et quelque peu
déconcertée. Le ministère des trois ou quatre présidents
avait été si formellement annoncé depuis quelques mois,
les idées de gouvernement et la vérité du régime parlementaire avaient subi de si profondes atteintes depuis
quelques années, que le retour à ce qui était la logique et
la bonne pratique du régime représentatif devait nécessairement étonner. Mais comme, en définitive, c'était l'arrivée
de M. Gambetta aux affaires, et non celle de MM. Say, de
Freycinet et Ferry qui avait été réclamée, la majorité des
républicains en prit assez vite son parti. On avait voulu
M. Gambetta premier ministre à cause des services éclatants
qu'il avait rendus à la démocratie et au pays; il l'était.

lique on avait confiance dans l'avenir. Les journaux de province du mois de novembre forment, à cet égard, un très curieux contraste avec ceux de Paris; ici, l'aigreur, le dénigrement, l'écho de toutes les anecdotes controuvées et de toutes les déceptions; là, l'espérance, une vive satisfaction. Les membres du nouveau cabinet, qui s'en aperçurent, se mirent avec ardeur à la besogne. La coalition, qui n'était pas myope, redoubla d'efforts dans le travail souterrain qu'elle avait entrepris. »

Le 15 novembre, la déclaration suivante fut lue à la Chambre des députés par M. Gambetta, et au Sénat par M. Cazot :

MESSIEURS,

Pour la troisième fois depuis 1875 le suffrage universel, dans la plénitude de sa souveraineté, vient de signifier sa double volonté d'affirmer la République et de l'entourer d'institutions démocratiques.

Appelés par la confiance de M. le président de la République à former une administration nouvelle, nous n'avons pas d'autre programme que celui de la France.

Elle a réclamé, comme l'instrument par excellence d'une politique graduellement, mais fermement réformatrice, la constitution d'un gouvernement uni, dégagé de toutes les conditions subalternes de division ou de faiblesse, toujours prêt à débattre les intérêts de la nation devant les élus et à leur rendre compte de ses actes, sachant inspirer à tous les degrés de la hiérarchie des services publics le respect, l'obéissance et le travail.

Elle compte trouver dans les deux Assemblées une majorité confiante et libre pour soutenir le gouvernement, et, pour le servir, une administration disciplinée, intègre et fidèle, soustraite aux influences personnelles comme aux rivalités locales et uniquement inspirée par l'amour du devoir et de l'État.

Elle a marqué, en vue d'assurer les réformes, sa

volonté de mettre, par une revision sagement limitée
des lois constitutionnelles, l'un des pouvoirs essentiels
du pays en harmonie plus complète avec la nature
démocratique de notre société.

Et nous, pour lui obéir, nous vous proposerons de
réorganiser nos institutions judiciaires, de poursuivre
avec persévérance l'œuvre de l'éducation nationale,
si bien commencée par nos devanciers;

De reprendre et de compléter, sans perte de temps,
notre législation militaire; de rechercher, sans porter
atteinte à la puissance défensive de la France, les
meilleurs moyens de réduire dans les armées de terre
et de mer les charges du pays, et d'alléger, sans
compromettre nos finances, celles qui pèsent sur
l'agriculture;

De fixer par des traités le régime économique de
nos diverses industries et de donner à nos moyens de
production; de transport et d'échange, une impulsion
plus active, un développement toujours croissant; de
favoriser avec la sollicitude qui s'impose aux représentants de la démocratie, et dans un esprit vraiment
pratique de justice et de solidarité, les institutions de
prévoyance et d'assistance sociales;

D'assurer par la stricte application du régime concordataire le respect des pouvoirs établis dans les
rapports des Églises avec l'État;

Enfin, en protégeant les libertés publiques, de
maintenir avec fermeté l'ordre au dedans, et avec
dignité la paix au dehors.

MESSIEURS,

Cette série de réformes remplira toute la durée de
la législature. Pour les mener à bonne fin et ne pas
rester au-dessous de la tâche que notre patriotisme
nous a fait un devoir d'assumer, nous avons besoin
de la pleine et entière confiance des républicains de
cette Assemblée.

Nous la réclamons hautement, et nous comptons sur leur concours.

Nous nous présentons aux mandataires du peuple avec la résolution de mettre à son service tout ce que nous avons de force, de courage et d'activité.

Ensemble nous franchirons, selon le vœu du pays, une étape nouvelle dans la voie du progrès sans limite ouverte à la démocratie française.

La déclaration du gouvernement fut accueillie par les deux assemblées avec une même froideur. Elle fut suivie à la Chambre des députés par l'incident suivant :

M. BARODET. — J'avais l'intention de déposer, au nom d'un grand nombre de mes amis et au mien, une proposition tendant à la revision de la Constitution.

La déclaration gouvernementale n'est pas de nature à nous détourner de notre intention; nous y voyons, au contraire, un encouragement et une espérance que la Chambre fera bon accueil à notre proposition.

En voici l'article unique :

« La Chambre, conformément à l'article 8 de la loi constitutionnelle du 25 février 1875 relative à l'organisation des pouvoirs publics, déclare qu'il y a lieu à reviser les lois constitutionnelles, et propose à cet effet de réunir les Chambre en Assemblée nationale à Versailles, le 25 janvier 1882. »

Je prie la Chambre de vouloir bien déclarer l'urgence sur notre proposition. Je rappelle que cette proposition a déjà été très sérieusement discutée dans la précédente Chambre, où elle a réuni un grand nombre de voix; il nous parait donc superflu de la faire passer par la commission d'initiative.

J'ajouterai que la revision de la Constitution est la première des réformes qu'ait réclamées le suffrage universel aux dernières élections. (*Très bien! très bien! sur divers bancs à gauche.*) En déclarant l'urgence, la Chambre accomplira donc un acte de respect envers la nation que nous avons l'honneur de représenter. (*Applaudissements sur un certain nombre de bancs à gauche.*)

M. LE PRÉSIDENT DU CONSEIL. — Messieurs, je viens en quelques mots m'opposer à la déclaration d'urgence demandée en faveur de la proposition qui a été déposée par l'honorable M. Barodet, en son nom et au nom d'un certain nombre de ses collègues. J'en donnerai à la Chambre deux raisons qui me paraissent décisives et que je la prie d'accueillir.

La première, c'est qu'il est impossible de faire de la proposition de revision une arme contre l'existence même de la Chambre haute. On peut modifier, améliorer dans certaines parties notre législation constitutionnelle; mais on ne saurait, — le gouvernement, du moins, ne saurait s'associer à aucun degré à aucune proposition qui n'irait à rien de moins qu'à mettre en question l'existence du Sénat.

Voilà, Messieurs, la première raison que j'avais à présenter.

Quant à la seconde, il est bien certain que l'on ne pourra aborder la question de savoir s'il y a lieu à la réunion de l'Assemblée nationale que lorsqu'on aura examiné séparément, dans chaque Chambre, sur quels points précis et limités doit porter la revision... (*Très bien! au centre et à gauche*), car, Messieurs, on ouvrirait la porte à toutes les aventures en ne fixant pas d'avance les points précis sur lesquels peut se faire l'accord entre les membres de la Chambre des députés et les membres de la Chambre haute. (*Marques d'approbation sur les mêmes bancs.*)

En conséquence, je repousse la demande d'urgence présentée par M. Barodet. Quand cette proposition viendra, soit à l'état d'amendement sur le projet que le gouvernement vous apportera, soit à l'état de rapport rédigé par la commission d'initiative, nous la jugerons au fond. Aujourd'hui, il ne s'agit que de la déclaration d'urgence, et, quant à présent, je pense avoir démontré qu'il y a lieu de la refuser. (*Marques d'assentiment sur un grand nombre de bancs.*)

M. Clémenceau. — Je viens dire en deux mots pourquoi, malgré les observations de M. le président du conseil, nous croyons devoir insister pour la déclaration d'urgence en faveur de la proposition déposée par l'honorable M. Barodet. M. le président du conseil a cru devoir traiter la question de fond. Il vous a dit que le gouvernement ne pouvait pas s'associer à une proposition qui n'aboutirait à rien de moins qu'à mettre l'existence du Sénat en question.

Je ne crois pas que ce soit le moment de traiter la question de fond, mais je ne puis m'empêcher d'élever une protestation énergique contre la théorie d'un constitution-nalisme à mon sens très douteux, qui a été apportée ici par M. le président du conseil. (Très bien! à l'extrême gauche.)

M. le président du conseil a dit que le Congrès ne pouvait se réunir qu'après que les deux Chambres s'étaient mises d'accord sur l'ordre du jour de l'Assemblée nationale.

M. LE PRÉSIDENT DU CONSEIL. — Non, je n'ai pas dit cela!

M. Clémenceau. — Évidemment, c'est ma faute si je n'ai pas compris; mais il me semble que vous aviez dit que les deux Chambres devaient tomber d'accord, avant la réunion du Congrès, sur les questions à débattre dans l'Assemblée nationale.

A droite. — Oui! oui! — C'est cela!

M. LE PRÉSIDENT DU CONSEIL. — J'ai parlé des points à traiter dans le Congrès, je n'ai pas parlé de l'ordre du jour.

M. Clémenceau. — Si ce n'est pas sur son ordre du jour...

M. LE PRÉSIDENT DU CONSEIL. — Sur les points à traiter!...

M. Clémenceau. — Alors nous sommes bien près de nous entendre; car comment peut-on limiter les points à traiter si on ne limite pas l'ordre du jour? (Marques d'assentiment à l'extrême gauche et à droite.)

Nous demandons, nous, la suppression du Sénat; le gouvernement demande la modification de la constitution actuelle de ce même Sénat. C'est donc toujours de l'existence du Sénat, telle que cette Assemblée est instituée par la Constitution, qu'il s'agit, et je ne crois pas que la Chambre puisse décider d'avance que telle partie de l'institution sénatoriale sera discutée et que telle autre ne le sera pas. (Très bien! à l'extrême gauche.)

Contester cela, c'est aboutir, malgré les distinctions si subtiles que faisait tout à l'heure M. le président du conseil, à fixer, à limiter l'ordre du jour de l'Assemblée nationale, ce que personne n'a le droit de faire.

L'Assemblée nationale est maîtresse de ses discussions et par conséquent de son ordre du jour. La Chambre décide s'il y a lieu à revision, mais elle n'a pas, elle ne peut avoir le droit de limiter l'action de l'Assemblée nationale. Le Sénat décide, de son côté, s'il y a lieu à revision, mais il ne peut fixer de limites à la délibération de l'Assemblée nationale : il n'en a pas le droit.

Une fois que les deux Chambres se sont prononcées affirmativement sur la question de revision, elles se réunissent en Assemblée nationale, et cette Assemblée abordera alors la question de fond, c'est-à-dire l'examen de la Constitution et des modifications dont elle lui paraît susceptible. Assurément cette question a, d'avance, été débattue dans les deux Chambres, mais la discussion dans l'une et l'autre Chambre n'engage et ne saurait engager à aucun degré l'Assemblée nationale, maîtresse souveraine de ses résolutions.

Voilà quelle est, à mon avis, la véritable doctrine constitutionnelle sur ce point.

A l'extrême gauche. — C'est cela! Très bien!

M. CLÉMENCEAU. — Mais, si l'on suivait la théorie indiquée par M. le président du conseil, à quoi aboutirait-on?

On en viendrait forcément, en dépit de toutes ses distinctions, à limiter l'ordre du jour de l'Assemblée nationale et à lui dire : « Vous examinerez tel point, vous n'examinerez pas tel autre! » Ce que personne n'a le droit de faire.

M. FERDINAND DREYFUS. — Ce sont les précédents!

M. CLÉMENCEAU. — Monsieur Dreyfus, les précédents ont une valeur que je ne conteste pas; seulement, je vous prierai d'observer que, pour rester dans la vérité, vous devriez parler non pas des précédents, mais du précédent, car il n'y en a qu'un, et rien ne me serait plus aisé que de démontrer que ce précédent que vous invoquez se retourne contre vous.

Mais il me suffira de dire qu'aucune résolution précédente d'une Chambre ou d'un Congrès ne peut lier une Assemblée nationale qui est souveraine. La Constitution est au-dessus de tous les précédents, et jusqu'à nouvel ordre, il n'y a rien au-dessus de la Constitution.

Or, je vous défie de trouver dans la Constitution aucun texte qui, interprété aussi habilement qu'on puisse le faire, vous autorise à dire que la Chambre et le Sénat, consultés séparément, ont le droit d'usurper sur une Assemblée nationale et de limiter à aucun moment le champ de sa discussion.

Je tiens, pour ma part, à protester énergiquement contre cette théorie, car elle aboutit à permettre à la Chambre, consultée séparément, et au Sénat, consulté séparément, de limiter la revision, je devrais dire de la faire avorter, ce que ni la Chambre ni le Sénat n'ont le droit de faire.

Nous affirmons que l'Assemblée nationale est souveraine, qu'elle peut se prononcer librement et souverainement sur la revision partielle ou totale, et que ni le ministère, ni la Chambre, ni le Sénat n'ont le droit de régler son ordre du jour. Nous croyons que la Chambre, issue du suffrage universel, doit, dans l'intérêt même de la souveraineté du suffrage universel, réserver ce qui est le droit même du pays. Nous croyons qu'il importe de maintenir ce droit, qui est contesté aujourd'hui pour la première fois, et nous insistons pour obtenir l'urgence. (*Applaudissements répétés à l'extrême gauche.*)

M. LE PRÉSIDENT DU CONSEIL. — Messieurs, il y a dans l'argumentation de mon honorable collègue, M. Clémenceau, trois points.

Le premier, c'est l'affirmation qu'il n'y a qu'un seul précédent qu'on puisse invoquer. Je soutiens qu'il y a eu deux précédents, et on ne saurait nier que les précédents n'aient leur valeur en matière d'interprétation, surtout quand il s'agit d'une Constitution qui, il faut bien le reconnaître, n'a pas brillé par les commentaires.

Or, Messieurs, on a décidé deux fois que, lorsque le Congrès se réunissait, il ne pouvait mettre en délibération qu'un ordre de matières, que les matières qui avaient été...

M. CLÉMENCEAU. — Je demande la parole...

M. LE PRÉSIDENT DU CONSEIL. — ... qui avaient été soumises au vote de chacune des deux Chambres et qui avaient obtenu le consentement des deux Chambres réunies pour déclarer s'il y avait lieu à revision. Car, en dehors de ce consentement parfaitement précis et déterminé, il n'y a pas lieu à revision, il n'y a pas lieu à réunion du Congrès. (*Murmures et protestations à l'extrême gauche.*)

Oui, Messieurs, c'est ce qui a eu lieu. Deux fois on a porté la question à la Chambre et au Sénat séparément, et les deux fois, — la Constitution n'est pas vieille, et grâce au ciel elle est encore assez solide, — les deux fois qu'est-ce qu'on a dit? On a dit : il y a lieu à revision pour tel ou tel objet. Et on s'est engagé fermement à ne pas dépasser le cercle dans lequel s'étaient renfermées les deux Assemblées pour examiner la question et y répondre. (*Très bien! très bien! au centre et à gauche.*)

Ce n'est pas seulement en France que les choses se passent ainsi. Partout, Messieurs, dans tous les pays, toutes les fois qu'on touche au pacte fondamental, il y a une raison politique, qui éclate à tous les yeux, de ne pas tout remettre en question.

Au centre. — C'est évident!

M. LE PRÉSIDENT DU CONSEIL. — Il y a une nécessité de stabilité gouvernementale qui ne permet pas de remettre en question, à propos d'une modification, d'une amélioration, jugée nécessaire, l'existence des pouvoirs publics, l'existence et les attributions de telle ou telle Chambre, l'existence de la présidence, de ses attributions, et de transformer illégitimement, au grand détriment même de l'avenir des institutions que le pays s'est données, une question de procédure parlementaire en une immense agitation politique. (*Applaudissements au centre et à gauche.*)

Voilà pour le fond; d'ailleurs, nous le discuterons quand vous viendrez ici demander à la Chambre que la proposition de revision de la partie des lois consti-

tutionnelles qui touche au Sénat s'étende, s'amplifie
et englobe toutes les institutions du pays ; nous vous
répondrons alors et la Chambre jugera. Mais, aujour-
d'hui, il s'agit seulement de la seconde partie de votre
argumentation, de celle qui concerne l'urgence.

Eh bien, ce n'est pas même une question de procédure, c'est une question politique qui se cache sous
une question de procédure. Pourquoi demander l'urgence, quand le gouvernement vient vous dire qu'il
vous saisira d'une proposition de revision ? C'est pour
faire croire au pays que la Chambre vous a suivis, que
ce n'est pas la proposition du gouvernement, déjà
assez laborieuse en elle-même, qui sera mise en discussion, mais bien la Constitution tout entière. Ce
subterfuge, déguisé sous l'apparence d'une procédure
parlementaire, aura le sort que méritent tous les subterfuges : il échouera. (*Applaudissements au centre et à
gauche.*)

Messieurs, je crois que j'en ai assez dit sur ce point,
et je n'éprouve pas le besoin de prendre à partie le
troisième argument de M. Clémenceau sur la distinction à établir entre l'ordre du jour du Congrès et la
résolution même votée dans chacune des deux Assemblées : ce sont là des subtilités qu'il suffit de signaler
pour qu'il en soit fait justice. (*Très bien! très bien! au
centre et à gauche. — Murmures à l'extrême gauche.*)

M. CLÉMENCEAU. — Messieurs, je vous demanderai la permission de m'en tenir au fond de la discussion qui a été
apportée à cette tribune par M. le président du conseil.

M. Gambetta s'est borné à insister sur son argumentation
première : or, il suffit, pour lui en démontrer l'inutilité,
de faire une simple supposition.

Je suppose l'Assemblée nationale réunie. Elle est souveraine, elle affirme ses droits et prétend les exercer. Si elle
décide qu'elle ne peut être liée par telle ou telle résolution
de la Chambre ou du Sénat, qui se lèvera pour contester
son droit ? Au nom de qui, au nom de quelle autorité inter-

viendrez-vous pour lui limiter son action et lui dire : Tu n'iras pas plus loin ? (*Applaudissements à l'extrême gauche.*)

Comment l'empêcherez-vous d'exercer son droit souverain ? Il suffit d'exposer cette question pour faire crouler toute votre argumentation.

Vous avez dit à cette tribune qu'il y avait des questions sur lesquelles l'Assemblée nationale ne pouvait pas se prononcer...

M. LE PRÉSIDENT DU CONSEIL. — Quand elle n'en était pas saisie !

M. CLÉMENCEAU. — Saisie par qui ?

M. LE PRÉSIDENT DU CONSEIL. — Par les deux Chambres.

M. CLÉMENCEAU. — Eh bien, le texte de la Constitution est formel. L'Assemblée nationale, maîtresse absolue de son ordre du jour, a le droit de se saisir de telle question qu'il lui convient.

L'article 8 de la loi constitutionnelle du 25 février 1875 dit, en effet, textuellement :

« Les Chambres auront le droit, par délibérations séparées prises dans chacune à la majorité absolue des voix, de déclarer qu'il a lieu de reviser la loi constitutionnelle. »

Vous entendez bien. Les Chambres consultées séparément ne doivent se prononcer que sur un seul point : la question de savoir s'il y a lieu de reviser les lois constitutionnelles. Ce point résolu, l'Assemblée nationale se réunit et décide souverainement dans quelle mesure et comment cette revision doit s'accomplir.

Sans doute le gouvernement peut aujourd'hui interpréter la Constitution dans un sens qui lui paraît favorable à sa politique ; sans doute la Chambre peut sanctionner cette interprétation ; mais le droit de l'Assemblée nationale n'en est pas moins entier, car le texte de la Constitution demeure, et rien ne vous autorise à en tirer, pas plus que de la discussion qui a eu lieu à l'Assemblée nationale, une limitation quelconque du droit de l'Assemblée nationale. (*Très bien ! très bien ! à l'extrême gauche.*)

Vous avez prétendu que, par deux fois, des engagements avaient été pris.

Quels engagements ? où les a-t-on pris ? et qui avait qualité pour les prendre ? Est-ce que des engagements publics ont jamais été pris par la Chambre, promettant de ne demander, dans le Congrès, que la revision de telle ou telle partie de la Constitution? Jamais un pareil fait ne s'est produit, et il ne pouvait pas se produire, puisque, le Congrès réuni, la distinction entre la Chambre et le Sénat n'existe plus.

On est venu, à la vérité, nous trouver dans nos groupes et nous dire : Si vous ne demandez aujourd'hui la revision que sur un seul point, si vous vous bornez à demander que les pouvoirs publics rentrent à Paris, le Sénat donnera un avis favorable; mais, si vous réclamez davantage, le Sénat refusera la réunion du Congrès. Choisissez.

Nous étions libres de choisir, et nous avons choisi. Il y a eu là, de notre part, non pas une interprétation de la Constitution à laquelle nous avons donné notre consentement, mais une acceptation de fait. Nous avons consenti à n'exercer qu'une partie de notre droit, et si on nous a demandé d'agir ainsi, c'est apparemment qu'on nous a reconnu ce droit tout entier. Voilà comment le précédent que vous invoquez prouve précisément le contraire de ce que vous prétendez démontrer.

Nous nous sommes engagés personnellement à ne pas venir à la tribune de l'Assemblée nationale pour demander une revision plus complète de la Constitution; mais le seul fait que nous avons pris cet engagement et qu'on nous a demandé de le prendre montre que nous avions le droit de venir à la tribune pour réclamer une revision plus complète sur tel ou tel point qu'il nous aurait plu de mettre en discussion, les droits de l'Assemblée réservés.

M. LE PRÉSIDENT DU CONSEIL. — C'est là le premier précédent.

M. PAUL DE CASSAGNAC. — Vous interrompez toujours.

M. LE PRÉSIDENT DU CONSEIL. — Mais, lors de la nomination de M. Grévy, il y a eu un autre précédent. On avait tenté, du côté droit de l'Assemblée nationale, réunie en Congrès, de traiter d'autres questions que la question de la candidature présidentielle; il a été décidé qu'il n'y avait pas lieu de le faire, et le précédent a été créé.

M. CLÉMENCEAU. — Il m'en souvient, et il est arrivé que l'Assemblée a refusé de suivre l'orateur...

M. LE PRÉSIDENT DU CONSEIL. — Le président lui a donné la parole.

M. CLÉMENCEAU. — L'Assemblée a refusé de se conformer à l'ordre du jour proposé par la minorité, mais à aucun moment la question de droit n'a été soulevée ni résolue.

M. LE PRÉSIDENT DU CONSEIL. — Je vous demande pardon...

A *droite*. — N'interrompez pas !

M. LE PRÉSIDENT DU CONSEIL. — Ce n'est pas pour interrompre, mais pour rectifier une erreur.

M. PAUL DE CASSAGNAC. — Lorsque vous étiez président de la Chambre, vous ne permettiez pas les interruptions.

M. CLÉMENCEAU. — Je ne me plains pas des interruptions.

J'ajouterai un mot seulement. Nous sommes des hommes sérieux qui discutons sérieusement des choses sérieuses. La question que nous discutons à la tribune y a été apportée par M. le président du conseil. Nous croyons qu'elle mérite d'être examinée par la Chambre.

Nous ne saurions donc accepter que M. le président du conseil, avec l'autorité qui s'attache à sa personne et à sa situation, essaye de se tirer d'affaire en disant que ce sont là des subtilités auxquelles la Chambre ne saurait s'arrêter. *Très bien ! à l'extrême gauche.)*

Si la question est indigne de l'attention de la Chambre, pourquoi l'a-t-il soulevée ? (*Très bien ! très bien ! sur les mêmes bancs.*)

Vous avez allégué qu'il y avait sous cette discussion de procédure une question politique. Nous n'avons aucune espèce de raison pour le nier. Sur la question de procédure, nous croyons sincèrement que tout le monde devrait être d'accord avec nous. Sur la question politique il peut n'en pas être de même. Nous concevons la Constitution d'une République d'une façon différente de la vôtre. Le Congrès, si les Chambres décident séparément, comme vous le demandez vous-même, qu'il y a lieu de reviser les lois constitutionnelles, se prononcera, à cet égard, avec toute la latitude que comporte la liberté parlementaire. Ce n'est donc pas la question politique qu'il s'agit de juger aujourd'hui. Il s'agit de réserver le droit du suffrage universel que vous contestez à cette heure.

Voilà pourquoi nous persistons à demander l'urgence en faveur de notre proposition ; non pas que votre décision, Messieurs, ait jamais le pouvoir de lier d'avance l'Assemblée nationale, mais parce que nous avons hâte de voir la Chambre du suffrage universel maintenir les droits de la souveraineté nationale. C'est dans ces termes que nous posons la question devant vous et que nous faisons appel à votre décision. (*Très bien! très bien! et applaudissements à l'extrême gauche.*)

La Chambre procède au scrutin public sur la demande d'urgence qui est repoussée par 345 voix contre 120 sur 465 votants.

DISCOURS

SUR

LE PROJET DE LOI

PORTANT OUVERTURE, A DIVERS MINISTÈRES,
DE CRÉDITS SUPPLÉMENTAIRES SUR L'EXERCICE 1881,

Prononcé le 8 décembre 1881

A LA CHAMBRE DES DÉPUTÉS

L'accueil généralement hostile qui avait été fait au ministère du 14 novembre n'avait point découragé M. Gambetta. Son ministère, par sa composition, son esprit et son entente sous une direction indiscutée, était déjà un gouvernement. Il le fut encore, et sans tarder, par ses paroles et ses actes. « Point de masques, point de détours, point de faux-fuyants. Il dit sans ambages quel il est, ce qu'il entend faire. S'il le dit très haut, — peut-être, en quelques circonstances, trop haut, — ce n'est point par présomption insolente ni par orgueil. C'est parce que la confusion des pouvoirs est telle, à son avènement, qu'il est indispensable, si l'on veut vraiment mettre un terme à tant de désordre, de faire montre, sans tarder, d'une grande vigueur, d'une résolution très forte.

« C'est aux fonctionnaires que le ministère s'adresse d'abord. Chacun de ses membres reprend pour son compte, explique au personnel placé sous ses ordres ce passage de la Déclaration : « Nous voulons, pour servir le gouvernement, une administration disciplinée, intègre et fidèle, soustraite aux influences personnelles comme aux rivalités locales, uniquement inspirée par l'amour du devoir et de

l'État. — — Ici, avec quelque brusquerie, M. Gougeard
réveille des grands dignitaires endormis depuis longtemps
dans une douce routine : « Faire régner l'ordre et la justice, *mettre chacun dans sa place et chaque chose en son lieu*
pour l'honneur de la France, de la marine et de la République, telle est mon intention arrêtée [1]. » Là, M. Paul Bert,
après avoir ainsi défini le rôle d'un bon administrateur :
« Se faire respecter par son énergie, se faire estimer par
sa justice, se faire aimer par sa bienveillance [2], » avertit
en ces termes les mécontents du département des cultes :
« Je ne vous demande pas une approbation secrète pour tout
ce que je pourrai faire ; je ne demande de vous que l'accomplissement des devoirs du fonctionnaire qui n'engagent
point l'intimité de la conscience. La nation, au nom de qui,
si chétif que je sois, j'ai l'honneur de parler ici, m'a donné
les pouvoirs nécessaires pour faire obéir sa volonté souveraine. J'espère que je n'aurai pas besoin de m'en servir [3]. »
— Le général Campenon, M. Allain-Targé, M. Rouvier,
tinrent un langage analogue.

« Mais l'acte, le coup décisif, ce fut la circulaire du
ministre de l'intérieur sur les droits et les devoirs des
préfets. Quand M. Waldeck-Rousseau avait été appelé au département de l'intérieur, il y avait apporté cette conviction
« qu'un système de gouvernement qui reposerait sur cette
idée que l'avis d'un préfet n'est rien et que la recommandation d'un député c'est tout, serait un régime également
funeste à l'indépendance de l'électeur, du député et des
ministres [4] », c'est-à-dire à la dignité de la République et

1. Et encore : « Ne vous dissimulez pas que vous avez besoin
de gagner ma confiance ; je ne la donne jamais légèrement : les
paroles ne sauraient me suffire et il me faut des actes. » (Allocution en recevant le personnel du ministère, 19 novembre.)

2. Allocution en recevant le personnel du ministère de l'instruction publique. 21 novembre.

3. Allocution en recevant le personnel du ministère des cultes.
23 novembre.

4. Discours prononcé à Rennes par M. Waldeck-Rousseau, le
14 juillet 1882. — « La correspondance des députés, non seulement
avec les ministres, mais encore avec les directeurs et les chefs
de tous les services, va tous les jours en augmentant, et les
bureaux les plus occupés sont ceux qui sont chargés de préparer
les réponses et de tenir à jour cette correspondance. » (LÉON SAY,
les Finances de la France, p. 248.)

au service de l'État. Il pensait « qu'en déconsidérant les
agents du pouvoir, c'est le pouvoir lui-même qu'on affaiblit
et qu'on discrédite ». Or, jamais l'abus des recommanda-
tions n'avait été porté si loin que depuis quelques années;
jamais, même sous l'ancien régime, on n'avait cru moins
aux lois, aux règlements, aux scrupules administratifs;
jamais il n'avait été plus difficile de convaincre le public
qu'il y a d'autres chemins que la faveur pour obtenir un
emploi ou un avancement dans son emploi. Comment arrêter cet affaiblissement et ce discrédit? Comment porter
un premier coup à la misérable politique de la démarche
et de l'intrigue? Un seul moyen : affranchir les fonctionnaires de l'intervention abusive des sénateurs et des députés au profit des intérêts privés, c'est-à-dire, dans plus de
la moitié des cas, au détriment des intérêts généraux:
commencer ainsi à « soustraire l'élu à l'intimité par trop
pressante de l'électeur ». Certes, prendre une pareille décision et l'appliquer, c'était soulever bien des colères et bien
des haines parmi les hommes de la politique de clocher.
Mais quoi? est-ce que le bien de l'État ne devait pas primer
toute autre considération? est-ce qu'il est possible à des
Français patriotes et à des démocrates éclairés de tolérer
plus longtemps une pareille source de passe-droits? Il ne
se trouva personne, dans tout le conseil des ministres pour
le penser [1]. »

La déclaration ministérielle du 16 novembre, écrivait M. Waldeck-Rousseau aux préfets, vous a fait connaître la volonté du
gouvernement de constituer une administration forte, indépendante, et dans laquelle chaque fonctionnaire reprit l'autorité qui
lui appartient. Mon premier soin doit être de réclamer de votre
part le concours actif et résolu, nécessaire au prompt accomplissement de cette œuvre.

Le pays a dû lutter longtemps contre une administration où il
rencontrait surtout des adversaires. Il a vécu jusqu'après les élections du 14 octobre dans la défiance vis-à-vis des fonctionnaires
et même dans l'hostilité. Et lorsque les élections eurent amené
au pouvoir des hommes investis de sa confiance, c'est à eux que
l'on s'est adressé, laissant presque complètement de côté les
représentants naturels et hiérarchiques du pouvoir.

Un pareil état de choses doit cesser aujourd'hui parce qu'il n'a
plus raison d'être.

Personne ne peut plus désirer d'affaiblir une autorité placée

1. Le Ministère Gambetta. p. 112 à 114.

dans des mains fidèles, et c'est un devoir que de rendre l'administration forte lorsqu'on a la ferme résolution de la mettre au
service du pays.

Il ne peut donc plus être admis que les sollicitations, les demandes d'emploi ou d'avancement continuent d'arriver au ministre
en passant par-dessus la tête de ses fonctionnaires. Leur autorité en est diminuée sans profit pour personne, et les services
qu'ils peuvent rendre en sont amoindris.

J'ai résolu de retourner sans réponse les requêtes de cette
nature qui me seraient directement adressées et de n'accueillir
aucune recommandation qui ne serait pas transmise par votre
intermédiaire.

« La constitution du ministère du 14 novembre, avait excité
dans l'opinion des déceptions et des regrets. Les premiers
actes de M. Gambetta et de ses collègues soulevèrent dans
la Chambre, sauf sur les bancs de l'ancienne *Union républicaine*, un concert retentissant de plaintes et de récriminations. « A la rigueur, on aurait pu lui pardonner d'avoir
choisi des collaborateurs parmi les partisans avérés de sa
politique; mais ses prétentions gouvernementales étaient
sans excuse. L'impartial rédacteur d'un *Annuaire politique*
a noté très exactement les premiers propos de la coalition :
« Hier, dicter au ministère sa ligne de conduite ; aujourd'hui,
la subir : quelle amertume! Après tout, est-ce bien au gouvernement de gouverner? n'est-ce pas plutôt à chacun de
nous[1]?... » Qu'on calcule l'effet produit par de telles insi-
nuations répétées tous les jours à des députés dont les uns
n'avaient pas eu le temps d'oublier les complaisances des
précédents ministères pendant que les autres étaient encore
tout éblouis par la récente splendeur de leur mandat. Bientôt, au silence qui avait accueilli la Déclaration succéda un
murmure qui n'était pas d'approbation. Même les amis du
ministère, — sans doute parce qu'ils n'avaient pas été suffisamment avertis, — n'étaient pas satisfaits. Quant à la
droite, elle se réjouit de trouver tant d'aveuglement et de
désarroi chez les républicains, et elle se prépara, ce qui
était son droit, si ce n'était pas l'intérêt bien entendu des
conservateurs, à jeter de l'huile sur le feu.

« Il y avait eu d'abord une réunion plénière des gauches,
exception faite de l'extrême gauche, qui s'était déjà recon-

1. André Daniel, *Année politique*, 1881, p. 283.

stituée en groupe distinct (23 novembre). « Le désir général, disaient les signataires de la convocation, nous parait
être de ne pas voir se reconstituer les groupes de l'ancienne
Chambre (la théorie des groupes et sous-groupes avait toujours été combattue avec une véritable passion par M. Gambetta); mais il nous semble qu'il se manifeste en même
temps au sein de la majorité républicaine un besoin unanime de se grouper et de se concerter dans une réunion
extra-parlementaire. » De se concerter à quel effet? Pour
soutenir le cabinet ou pour le combattre? Pour le soutenir
et au besoin, comme l'ancienne garde nationale, pour le
combattre? La liste des promoteurs de l'opération ne fournissait pas sur leurs intentions de vives clartés : si les uns
comptaient parmi les amis du ministère, les autres, au
contraire, brillaient au premier rang des mécontents. Les
lieux communs qui furent débités dans cette réunion ne
furent pas davantage pour édifier les 210 représentants
(sur 400 que comptait la majorité) qui s'étaient rendus dans
la salle des Gardes. La cérémonie terminée, on se trouva
un peu moins avancé qu'auparavant. MM. René Goblet et
Louis Legrand avaient convoqué trop tôt. S'ils avaient eu
pour quarante-huit heures de patience, la réunion plénière
se tenait le lendemain de la circulaire de M. Waldeck-Rousseau [1], et alors, tout de suite, dans le premier accès de
colère des députés d'arrondissement, on eût pu déclarer la
guerre au cabinet.

« Car ce fut parmi ceux-ci, les *vrais*, les *purs* députés
d'arrondissement [2], une terrible colère, — colère funeste
qui fut la cause la plus efficace de la chute du ministère
Gambetta, en attendant qu'elle livrât la Chambre à la politique de défiance et d'abdication [3]. » La circulaire du ministre de l'intérieur substituait, pour les affaires de l'administration, à la politique de scrutin d'arrondissement, la
politique de scrutin de liste : est-ce qu'on pouvait tolérer
une pareille audace? est-ce que de tels préludes n'étaient
pas la préface évidente du pouvoir personnel? La corrup-

1. La circulaire porte la date du 24 novembre.
2. Environ cent cinquante députés, plutôt *plus* que *moins*, la
grande majorité des membres de la gauche radicale et une forte
minorité de l'*Union démocratique* (ancienne *gauche républicaine*).
3. *Le Ministère Gambetta*, p. 150 à 152.

tion du petit scrutin est si rapide et si sûre que beaucoup, même parmi les meilleurs républicains, ne cachèrent pas leur ennui. « Quant aux ennemis déclarés de M. Gambetta, à ceux dont toute la politique ne consistait plus, depuis deux ou trois ans, que dans la haine de ce patriote et dans le violent désir de ruiner sa popularité et son crédit, ceux-là exultèrent. Assurés depuis longtemps du concours de la droite, ils n'avaient besoin que d'une centaine de voix républicaines pour réaliser leur noble rêve, pour renverser le tyran. Or, la circulaire, savamment exploitée, leur donnerait ces voix.

« La seule difficulté, c'est que la circulaire ne pouvait pas être invoquée publiquement comme une raison suffisante, décisive, pour renverser M. Gambetta. Elle serait bien la cause directe de la désertion des Saxons, mais elle ne pouvait pas être un cri de guerre. Les cafés d'arrondissement auraient blâmé eux-mêmes un cynisme aussi maladroit. Donc, à tout prix, il fallait découvrir autre chose, il fallait que les intérêts personnels des députés de clocher comme les jalousies et les haines de meneurs, s'affublassent d'un masque d'intérêt général. Mais quel masque? quel prétexte? » Voilà ce qu'il s'agissait de trouver.

MM. Wilson, Clémenceau et Boysset jugèrent qu'il serait imprudent de chercher à renverser tout de suite M. Gambetta. Il fallait commencer par l'affaiblir dans l'opinion, d'abord en accréditant sous toutes les formes les accusations de pouvoir personnel, ensuite en révélant par des marques certaines, publiques, l'hostilité de la majorité, son mécontentement, ses craintes pour son indépendance, ses défiances d'une politique *autoritaire*. « Pour le précipiter plus sûrement demain, il faut l'ébranler aujourd'hui. On croit que la Chambre redoute encore M. Gambetta; il est nécessaire qu'on sache que la majorité se révolte. »

« L'occasion choisie, non sans habileté, fut la discussion du projet de loi relatif à l'ouverture de crédits supplémentaires pour l'organisation des ministères créés ou transformés (séance du 8 décembre 1881). Ces crédits concernaient le ministère de l'agriculture séparé du ministère du commerce, le ministère des arts et les sous-secrétariats d'État pour la guerre et l'agriculture; ils s'élevaient à 125,000 fr.

et ne correspondaient qu'à la dépense d'une période d'un
mois et demi. La création des nouveaux secrétariats et sous-
secrétariats d'État, la nouvelle régularisation des services
ministériels étaient-elles en elles-mêmes des mesures justes
et utiles ? Cette question, la seule sérieuse, fut écartée tout
de suite pour une raison majeure : si la nécessité d'un ministère des arts ne s'était pas encore imposée à tous les esprits, la création d'un ministère distinct de l'agriculture
avait été trop chaleureusement acclamée par les vingt millions de cultivateurs qui sont les deux tiers de notre population, pour que les députés, même les moins ruraux ou les
plus hostiles à M. Gambetta, eussent osé l'attaquer. S'en
prendre aux titulaires choisis par le président du conseil,
comme on l'avait fait dans la petite presse, discuter les aptitudes, les capacités et les connaissances de M. Devès et de
M. Proust, ce n'était pas pratique, outre que c'eût été trop
incorrect. Il fut résolu, en conséquence, qu'on disputerait
sur les rôles respectifs du pouvoir exécutif et du pouvoir
législatif quand il s'agit de poser ou de modifier les bases
de l'administration générale du pays. On s'arrangerait pour
que le débat fût maintenu sur les terrains vagues de la
théorie. Les innovations, on s'y résignerait de mauvaise
grâce; les crédits, on les voterait après avoir un peu liardé;
les titulaires, on les accepterait après leur avoir décoché
quelques épigrammes. Mais ce qu'on se refuserait à ratifier
sans protestation, ce qu'il était nécessaire de blâmer verte-
ment, c'était l'usurpation commise par M. Gambetta en
faisant créer, par un simple décret du président de la République, de nouveaux ministères et de nouveaux services.

« Assurément, il existait des précédents contraires :
l'Assemblée nationale n'avait pas considéré que le décret
du 18 mai 1873, qui érigeait la direction des cultes en un
ministère séparé à seule fin de pourvoir M. de Fourtou d'un
portefeuille, constituât un empiétement sur les prérogatives de sa souveraineté. Le décret du 5 février 1879, qui
avait créé pour M. Cochery le ministère des postes et télégraphes, avait été vivement approuvé par la Chambre précédente et jugé parfaitement légitime. Mais quoi! le décret
du 18 mai avait été rendu par M. Thiers sur la proposition
de M. Dufaure, et celui du 5 février était le fait de M. Waddington; mais ceux du 14 novembre, bien que signés de

M. Jules Grévy, étaient contresignés par M. Léon Gambetta...

« Donc, en suivant l'exemple de M. Waddington et de M. Dufaure, M. Gambetta avait commis une redoutable usurpation sur les droits de la Chambre ; tout son mépris du régime parlementaire, toute son insolence, toutes ses velléités de pouvoir personnel apparaissaient dans ces quatre décrets. Une vigoureuse riposte était nécessaire ; il fallait montrer qu'on guettait la dictature.

« On le montra, en effet. M. Leroy, le rapporteur de la commission, dit très nettement : « La majorité a émis le vœu qu'à l'avenir aucun ministère ne fût créé sans l'assentiment préalable des Chambres. » M. Franck Chauveau, le premier orateur inscrit, fut encore plus catégorique : « Il importe de ne pas permettre sans protestations qu'on engage la République dans une voie aussi contraire à ses véritables intérêts qu'à ses véritables principes et aux caractères essentiels de ses institutions. » Puis, en terminant, pour qu'il ne pût régner aucun doute : « Il faut repousser de toutes nos forces les théories d'une école qui mérite d'être qualifiée par le mot de Montesquieu, école qui coupe l'arbre pour avoir le fruit. » C'est-à-dire, en se référant à l'*Esprit des lois*, l'école du despotisme et des sauvages. — M. Proust ayant défendu en de fort bons termes la création du ministère des arts, un député intransigeant, M. Beauquier, devint tout à fait agressif ; il interpella directement M. Gambetta, et la bataille s'engagea alors sur toute la ligne : le président offrit hardiment le combat sur le vrai terrain, qui était la confiance en un gouvernement résolu à faire respecter les privilèges de l'État, à conserver intact le dépôt du pouvoir ; M. Ribot lui répondit avec une grande habileté de langage et un merveilleux bonheur d'expressions, mais en esquivant la question de confiance ; il aima mieux découvrir au Parlement des droits inattendus et se faire ainsi saluer par les acclamations des plus jaloux des hommes. Comme tournoi d'éloquence, ce débat fut très remarquable : si M. Gambetta y établit tout d'abord que l'orateur de gouvernement n'était pas moins puissant chez lui que l'orateur d'opposition, M. Ribot s'y éleva au premier rang des dialecticiens politiques. En tant qu'indice d'un prochain avenir, le débat ne fut pas moins curieux : le député du centre gauche, défendant avec d'élégants

sophismes la plus fragile des thèses, fut applaudi à ou-
trance par les trois quarts de l'Assemblée; le président du
conseil, s'attachant avec les arguments les plus sérieux à
une théorie de droit constitutionnel qui était indiscutable,
ne rencontra d'approbation que sur les bancs de l'ancienne
Union républicaine [1]... »

M. LE PRÉSIDENT. — La parole est à M. le président
du conseil.

M. GAMBETTA, *président du conseil, ministre des
affaires étrangères.* — Messieurs, l'honorable orateur
qui descend de cette tribune a bien voulu m'adresser
une interrogation personnelle : il m'a demandé s'il
était vrai que, dans la commission, interpellé sur la
création des deux nouveaux départements ministériels institués par les décrets du 14 novembre, j'avais,
en défendant cette innovation, poussé la témérité jusqu'à dire que peut-être ce ne serait pas la dernière.

Je réponds très nettement que rien n'est plus exact,
et je demande la permission, sans rentrer dans les
diverses considérations qu'on a apportées à cette tribune, de justifier cette parole devant vous.

Dans un grand pays comme la France, avec les
charges, les obligations, les devoirs de tout ordre qui
s'imposent légitimement au gouvernement d'une démocratie réellement maitresse et jalouse de ses affaires et de ses intérêts, je pense que si les questions de
création de départements ministériels n'étaient que
des questions de clientèle, de favoritisme parlementaire, ou bien, comme le disait avec plus d'esprit que
de justesse l'honorable prince de Léon, des moyens
pour le chef du cabinet de s'assurer au jour d'un vote
de confiance le concours de ses collaborateurs, il ne
vaudrait pas la peine de vous en entretenir. (*Très bien!
très bien! sur un grand nombre de bancs.*)

1. *Le Ministère Gambetta*, p. 157 à 161.

D'ailleurs, je déclare, pour calmer ces susceptibilités pleines de prophéties, que le jour où ce cabinet n'aurait, pour faire l'appoint de la majorité, que ses propres voix, il se considérerait comme très légalement prié de se retirer. (*Très bien! très bien!*)

A droite. — Dont acte.

M. Victor Hamille. — Ce sera une innovation.

M. le président du conseil. — Messieurs, dans cette question, comme dans toutes celles qui s'agitent dans ce Parlement, ce n'est pas par les petits côtés, ce n'est pas par des questions, permettez-moi de le dire, indignes de préoccuper des esprits aussi éclairés, aussi éminents que M. Franck Chauveau et M. Louis Legrand, qu'on doit traiter ces affaires. Non ; que vous votiez 30,000 ou 50,000 francs pour empêcher M. le ministre du commerce de rester à la belle étoile, peu importe ; il s'agit de savoir si votre politique s'accommode de la témérité des décrets du 14 novembre. Voilà toute la question, il n'y en a pas d'autres.

Eh bien, Messieurs, je pense qu'en nous dégageant de ces diverses critiques, peut-être plus personnelles que parlementaires et gouvernementales...

M. Louis Legrand. — Vous n'avez pas le droit de nous accuser de cette façon, monsieur le président du conseil !

M. le président du conseil. — Je ne vous accuse pas ; cependant, je puis bien relever que ce n'est pas pour s'adresser à d'autres qu'on invoquait La Fontaine et qu'on disait :

> Tout petit prince a des ambassadeurs,
> Tout marquis veut avoir des pages.

A qui cela s'adressait-il ? (*Applaudissements et rires.*)

Vous souffrirez bien que je vous renvoie votre propre langage et que je vous dise très roturièrement qu'il n'y a ici ni pages, ni ambassadeurs, mais des hommes convaincus qu'on ne fait les affaires de ce pays que par la division du travail, qu'en cherchant à appliquer à chaque fonction une compétence qui soit à la hauteur de cette fonction, et que si on est réellement l'ennemi d'une bureaucratie oiseuse, stérile et coûteuse, on n'y mettra un terme que par la spécialisation des services.

(*Un membre à l'extrême gauche* prononce quelques paroles qui ne parviennent pas jusqu'au bureau.)

M. LE PRÉSIDENT DU CONSEIL. — Laissez-moi parler, Monsieur, vous me répondrez; j'ignore qui vous êtes, mais quand vous serez à cette tribune je vous écouterai, et je vous prie de me faire la même faveur.

M. DE LANESSAN. — C'est vous qui avez donné l'exemple des interruptions!

M. LE PRÉSIDENT DU CONSEIL. — Oui, je sais bien qu'il est de mode de crier contre le fonctionnarisme, et je m'associe à ces récriminations, dans une certaine mesure toutefois, car je ne voudrais pas aboutir à cette théorie qu'on croit novatrice, et qui consisterait à mettre en adjudication toutes les charges publiques : je ne fais pas ici une critique de détail, mais il arrive fort souvent que, tout en croyant aller en avant, on a fait le tour et on copie le passé. (*Très bien! très bien!*) Il n'y a pas de doute que le système de M. Beauquier, qui aurait un très grand succès s'il était développé devant un certain public, nous ramènerait absolument tout ce qu'il y avait de plus misérable, de plus oppressif, de plus impuissant dans l'organisation de la vieille monarchie française : la vénalité des offices et l'exploitation par les fermiers généraux de toutes les branches de l'économie sociale et politique.

M. BEAUQUIER. — Je n'ai pas dit cela!

M. LE PRÉSIDENT DU CONSEIL. — Je pense que vous n'insisterez pas sur cette façon de se débarrasser du fonctionnarisme.

Je veux vous dire, moi aussi, mon sentiment. Je crois bien qu'il y a quelques retouches à faire dans cet appareil si compliqué, servi par un personnel si nombreux, — la centralisation française, — dont je ne médis pas, je n'en ai jamais médit ; j'estime qu'elle correspond à l'histoire et à l'esprit d'unité de la France, et, quand vous la ferez fonctionner, non pas comme un instrument d'oppression, mais comme un instrument de progrès, d'impulsion et d'unité de direction, vous pourrez être sûr que vous serez dans le véritable courant de votre histoire et que vous aurez en main le plus merveilleux outil de progrès, de développement national que vous puissiez trouver. (*Très bien! très bien! à gauche et au centre. — Bruit à l'extrême gauche.*)

Oh! je connais ceux qui m'interrompent ; je sais qu'il existe une théorie nouvelle, qui prône le fédéralisme, l'autonomie parcellaire... (*Applaudissements.*)

M. DE LANESSAN. — Qui prône la liberté!

M. LE PRÉSIDENT DU CONSEIL. — Je connais ces théories : elles ont été jugées à la lumière des plus cruels événements ; et si elles se reproduisaient, elles nous trouveraient ici comme obstacle. (*Très bien! très bien!*)

M. HENRY MARET. — Vous en étiez partisan sous l'Empire!

M. LE PRÉSIDENT DU CONSEIL. — Jamais, Monsieur, jamais je n'ai attaqué la centralisation française ; je l'ai défendue partout. Mais je dis qu'il n'y a pas moyen de confondre la centralisation nationale...

M. DE LANESSAN. — Et les franchises communales. .

A gauche et au centre. — A l'ordre!

M. LE PRÉSIDENT DU CONSEIL. — Messieurs, veuillez ne pas intervenir ; laissez se produire l'interruption ; elle est assez isolée pour être caractéristique.

Je dis que M. le Président de la République, qui nous avait fait l'honneur de nous mander près de lui, — et on m'accordera bien qu'il n'y avait de notre part ni suggestion ni impatience, ceux qui me connaissent le savent, — a été invité à user de sa préro-

gative et qu'il a voulu avec nous, par notre intermédiaire, organiser deux grands nouveaux services
publics dans ce pays. Oui, ces services existaient,
mais ils existaient à l'état rudimentaire, subalternes,
entravés, stériles.

Voyons, Messieurs, est-ce que c'est dans ce pays,
avec ses 25 millions de population qui touchent à la
terre et en vivent, —nous verrons la question de personnes plus tard, et d'ailleurs n'en êtes-vous pas les
juges? — est-ce que c'est dans ce pays que vous pourrez dénier à cette industrie nationale par excellence,
qui fait le fond de la fortune, de la réserve de la
France, sa supériorité toujours vivante et revivante à
travers toutes les douloureuses péripéties de l'histoire? (*Vifs applaudissements.*) Est-ce dans ce pays que
vous pourrez dire que constituant un département
ministériel uniquement couvert par le beau nom de
l'agriculture, on a fait une œuvre oiseuse, stérile,
passagère, et qui ne répond pas aux besoins mêmes de
la nation? Ceux qui le pensent n'ont qu'à prendre la
responsabilité de leur vote et, sans se perdre dans
des équivoques et des mesquineries de calcul, ils
n'ont qu'à dire résolument : Nous votons non seulement contre les crédits, mais contre l'institution elle-
même. Voilà l'attitude qui convient, car il n'y a pas
là seulement une question de chiffres, il y a une
question de politique. (*Très bien! très bien!*)

Un membre à droite. — Elle a toujours existé!

M. LE PRÉSIDENT DU CONSEIL. —L'honorable M. Syriès
de Mériguac, qui représentait le département du Lot
en 1816, réclamait déjà ce ministère de l'agriculture :
vous avouerez que ce n'est pas là une création prématurée. (*On rit.*)

Messieurs, je m'abstiendrai de justifier par de nouveaux arguments et par de nouvelles raisons la création d'un ministère des arts; le chef de ce département l'a fait avec une autorité, une compétence et

une précision que je n'essayerai pas de reproduire.

Mais je tiens à poser la question en présence de la commission, dont le langage est hésitant et, — que l'honorable M. Leroy me permette de le lui dire, — pour ainsi dire conditionnel. La commission nous déclare ceci : Nous vous donnons un douzième, mais nous n'irons pas plus loin; vous serez pour un douzième ministre de l'agriculture, vous serez pour un douzième ministre des colonies; vous serez pour un douzième et demi, — on a franchi cette large mesure, — ministre des arts!

Messieurs, cessez cette vaine querelle. Si la constitution de ces ministères vous déplaît, si elle froisse vos sentiments politiques, si les hommes qui sont à la tête de ces départements ne le méritent pas par leurs services et leur compétence, dites-le, soyez clairs, et tout le monde sera d'accord.

Maintenant, je ne veux dire qu'un simple mot sur une réserve que contient le rapport, réserve que j'admettrais en toute autre circonstance; M. Leroy l'a visée et relevée; je ne saurais la laisser passer sans faiblesse : d'abord, parce que j'ai charge de défendre la prérogative du Président de la République; ensuite, parce que l'occasion fait que l'expression de cette réserve est une critique même de l'exercice qu'il a fait de cette prérogative sous notre responsabilité.

Le rapport, après avoir ainsi, — comment dirais-je, Messieurs! je ne voudrais pas vous froisser, mais vous pardonnerez peut-être au désordre de l'improvisation, — après avoir liardé sur les crédits, le rapport dit : M. le Président de la République ne pourra pas à l'avenir créer de nouveaux départements ministériels sans avoir au préalable obtenu une loi.

Oh! vous êtes les maîtres, — puisque le pouvoir financier de la Chambre, dont je suis le jaloux défenseur, est toujours là, — vous êtes les maîtres de juger la création nouvelle, et de la frapper de nullité en

refusant les voies et moyens. Mais ce qui ne me paraît
pas véritablement à la hauteur de votre rôle, c'est de
faire par une voie oblique ce que vous ne voulez pas
faire directement et en face, c'est de dire : Nous
émettons le vœu... Qu'est-ce qu'un vœu? C'est bien
peu de chose! une timide expression de pensée! C'est
un vœu, vous le prendrez comme vous voudrez; aujourd'hui, ce n'est qu'un vœu, et demain ce sera un
désaveu. (*Rires.*)

Messieurs, je pense que ce n'est pas ainsi qu'il faut
poser les questions. Si ce vœu, qui prend, à raison
même de l'heure où il se produit, une signification et
un caractère qui va directement contre l'exercice de
la prérogative du pouvoir exécutif; si ce vœu n'est
véritablement, de votre part, qu'une sorte de manifestation théorique et doctrinale de vos idées sur la
constitution du pouvoir ministériel, ne pouvez-vous
pas l'ajourner et le réserver pour une proposition
directe? Et alors vous aurez fait disparaître ce qu'il y
a de malicieux, et, dans la malice, de véritablement
dangereux.

C'est là, Messieurs, que je borne mon humble
requête à la commission.

Je crois qu'elle rentrera ainsi dans la rigueur des
principes constitutionnels dont elle ne peut pas vouloir s'écarter, et la réputation bien connue de l'honorable M. Ribot sur la sévérité des principes, m'en est
un gage. (*Sourires sur divers bancs à gauche.*)

En conséquence, Messieurs, je crois que vous devez
poser nettement la question : acceptation ou refus
de ces crédits avec leur signification politique et
gouvernementale, et, dans le premier cas, retrait
de votre vœu... Ah! je sais bien qu'on ne vote
pas sur un vœu; le vôtre ne se trouve ici que dans
l'exposé des motifs du rapport; mais, enfin, il y est.
(*Sourires.*)

Eh bien, je pense qu'on ne pourrait pas l'y laisser

obscurément, et c'est pour cela que j'ai pris la liberté de manifester mon opinion à la tribune. (*Vifs applaudissements sur un grand nombre de bancs.*)

M. Ribot. — Messieurs, la Chambre voudra bien permettre à la commission de repousser, en quelques mots, les reproches que M. le président du conseil, au cours de son improvisation, a cru devoir lui adresser.

M. le président du conseil parlait, tout à l'heure, de certaines objections étroites, secondaires, subalternes, qui embarrassaient le débat, qui le rétrécissaient.

M. le président du conseil rendra, tout au moins, cette justice à la commission, qu'elle a, dès le premier jour, posé la question sur son véritable, sur son large terrain, sur le terrain politique; nous avons cru qu'il ne serait ni de la dignité de la commission, ni de la dignité de la Chambre, d'apporter ici des objections de détail, des critiques minutieuses sur tels crédits, mais, au contraire, qu'il fallait prendre la question tout entière, avec son caractère politique. Certes, si dans la commission nous nous étions sentis absolument libres, si chacun de nous avait pu exprimer son sentiment personnel, nous aurions peut-être eu quelques objections à faire quant à la création des ministères eux-mêmes. Nous aurions pu contester les vues, que M. le président du conseil vient d'apporter à cette tribune, sur ce qui convient au gouvernement de la démocratie, qu'il oppose, sans doute, au gouvernement des monarchies. (*Approbation à l'extrême gauche et au centre.*)

J'ai cru, pour ma part, jusqu'à ce jour, que ce qui est le propre du gouvernement des démocraties, — de celles au moins que nous connaissons, soit en Europe, soit au delà des mers, — c'était la concentration des pouvoirs sur un petit nombre de têtes, et la disparition de tout ce grand luxe de personnel, dans les sphères supérieures du pouvoir, qui a été considéré jusqu'à ce jour comme l'ornement des vieilles monarchies. (*Très bien! très bien! sur plusieurs bancs à gauche.*)

J'ajouterai que je ne suis pas absolument sûr que le véritable moyen de diminuer ce qu'on a appelé la plaie de la bureaucratie soit de multiplier les chefs de service; alors même qu'on leur donnerait un titre et un portefeuille de ministre. Je suis frappé, pour ma part, de voir que depuis quelques années le personnel des ministères, au lieu de se réduire, va sans cesse en s'accroissant. J'ai relevé dans un examen comparatif de nos budgets que, depuis 1874, les seuls traitements des employés des administrations centrales se sont accrus de 4 millions de francs, et le projet actuel ne les diminuera certainement pas.

Mais, Messieurs, je ne veux pas m'attarder sur ces considérations; elles n'ont pas pesé sur notre vote; nous avons placé la question plus haut.

Nous nous sommes dit que des hommes politiques doivent savoir au juste où ils veulent aller et ce qu'ils veulent faire. Eh bien, il n'est douteux pour personne que la question est engagée et tranchée par un acte dont je reconnais la légalité absolue, par un acte du pouvoir exécutif; qu'elle n'est plus entière pour nous, et que si, pour des raisons quelconques d'opportunité, de division de services, d'économie, nous étions venus vous proposer de rejeter les propositions du Gouvernement, c'était la question de confiance qui était posée. (*Mouvement.*)

Je ne veux pas, la Chambre le comprend, entrer dans un débat de politique générale. Je me borne à dire ceci : Nous sommes en face d'un cabinet dont la création remonte à quelques semaines seulement, et je crois pouvoir ajouter que dans cette Chambre, quels que soient les sentiments, peut-être divers, qu'inspirent la composition du cabinet et les tendances que l'on peut soupçonner et qui résultent de cette composition même, il y a, en dehors des partis extrêmes de cette Assemblée, un sentiment très général : c'est qu'il ne faut pas créer d'embarras à ce ministère, c'est qu'il faut au contraire faciliter sa tâche. (*Applaudissements sur un grand nombre de bancs à gauche et au centre.*)

M. le ministre de la marine disait, il y a quelques jours, à son personnel avec une opportunité que vous apprécierez (*Sourires*) :

« Il me faut plus que des paroles; il me faut des actes; je ne vous dissimule pas que vous avez besoin de gagner ma confiance; je ne la donne pas légèrement. »

Quant à moi, Messieurs, je suis moins difficile que M. le ministre de la marine (*On rit*); je donne ma confiance au

cabinet dans les termes que je viens de dire. Je crois qu'il
ne faut pas susciter au Gouvernement des difficultés; il
faut attendre qu'il apporte ici des projets, des réformes qui
répondront, je le désire pour ma part, je l'espère, aux
besoins du pays et à l'attente que le pays a placée dans ce
ministère. (*Applaudissements sur plusieurs bancs au centre et
à gauche.*)

Nous ne pouvions donc faire qu'une chose, c'était de vous
proposer de ratifier ces créations de ministères, d'accepter
tous ces crédits, de les accepter sans critiques de détail,
sans discussions oiseuses, au nom de la raison politique.

Voilà, Messieurs, comment nous avons rempli notre
devoir. — ce que nous avons cru être notre devoir, —
envers le Gouvernement. (*Très bien! très bien!*)

Mais, Messieurs, nous avions aussi un devoir à remplir
envers la Chambre, et M. le président du conseil voudra
bien me permettre de justifier ici ce qu'a fait la commission.

Nous nous sommes demandé si cette pratique, ancienne,
je le reconnais, consacrée par des précédents, non pas par
les textes, mais par des précédents certains, et que, par
conséquent, je ne veux pas contester; nous nous sommes
demandé si cette pratique, qui consiste à créer des ministères par décrets n'avait pas des inconvénients graves,
sérieux, et s'il n'était pas de notre devoir de les signaler
à l'attention de la Chambre et aux méditations du Gouvernement lui-même.

En remontant aux textes nous avons vu que toutes les
fois que les constitutions de notre pays se sont occupées
de cette question, elles l'ont tranchée dans le même sens :
à savoir que la création d'un ministère nouveau est essentiellement une prérogative du pouvoir législatif. (*Très bien!
très bien! à droite et à l'extrême gauche.*)

La Constitution de 1791, celle de l'an III, la Constitution
de 1848, toutes les Constitutions, sans exception, ont posé
ce principe.

Ah! je le reconnais, les constitutions monarchiques, la
Charte de 1814, la Charte de 1830, la Constitution de 1852,
et aussi les lois constitutionnelles de 1875, n'ont pas traité
la question, et je reconnais loyalement, dans le silence des
textes, que la pratique constante a été que le chef du pouvoir exécutif pouvait, *motu proprio*, créer un département

ministériel. Mais nous est-il interdit de nous demander si
cette pratique est bien conforme à l'idée que nous nous
faisons, qu'on doit se faire, du rôle du pouvoir exécutif et
du pouvoir législatif en pareille matière? Nous avons été
frappés d'une chose assurément très grave, et dont M. le
président du conseil saisira toute l'importance : c'est qu'aujourd'hui, en Europe, il n'y a presque pas un État où le
chef du pouvoir exécutif oserait prendre sur lui de créer
un département ministériel par voie de simple décret.

M. LE PRÉSIDENT DU CONSEIL. — C'est une erreur. (*Mouvements divers.*)

M. RIBOT. — Je vous demande pardon, monsieur le président du conseil.

M. LE PRÉSIDENT DU CONSEIL. — C'est une question de fait!

M. RIBOT. — ... et je vais vous le prouver, si vous voulez
bien me le permettre.

Ce n'est pas, Messieurs, que ces constitutions aient été
plus prévoyantes que la nôtre, et qu'elles aient réservé en
termes exprès au pouvoir législatif la solution de cette
question; mais, à côté des textes, à côté de la loi, il y a, —
je n'apprends rien à personne, — il y a les usages, il y a le
sentiment que le Gouvernement a de sa responsabilité, il y
a ces compromis que l'habitude, le temps, les mœurs parlementaires créent entre le Gouvernement et les assemblées.

Voulez-vous, Messieurs, que je vous en cite un exemple
bien frappant? Je le prendrai dans un pays que vous connaissez bien, monsieur le président du conseil, et qui est
voisin de nous, la Prusse. Il y a là un ministre, qui, assurément, n'a jamais passé pour faire litière des droits du
pouvoir exécutif et pour être trop complaisant envers les
théories de l'absolutisme parlementaire. (*Sourires et marques d'approbation sur divers bancs.*)

Eh bien, l'histoire, non pas ancienne, mais celle de ces
dernières années, nous montre qu'en 1878, M. de Bismarck,
président du conseil des ministres, présenta à la Chambre
des députés prussienne, au Landtag, un projet de création
d'un ministère spécial des chemins de fer et un autre projet
distrayant la direction des forêts du ministère des finances
pour la rattacher au ministère de l'agriculture. M. de Bismarck ne présentait pas ces deux projets sous la forme de
crédits dans la loi de finances, sous forme d'articles spéciaux.

La discussion s'est ouverte au Landtag; M. Lasker et tout le parti libéral ont critiqué la proposition de M. de Bismarck; savez-vous pourquoi? Parce que le chancelier avait fait entrer dans une loi de finances, sous la forme d'articles spéciaux, il est vrai, ce qui, d'après eux, aurait dû faire l'objet de lois organiques soumises séparément à la Chambre des députés. Et il s'est trouvé une majorité pour refuser la distraction de la direction des forêts et pour rejeter la création du ministère des chemins de fer. Voilà la pratique prussienne. (*Mouvements divers.*)

Et cependant, si vous vous reportez aux textes, vous verrez que la constitution prussienne est calquée sur la nôtre; le gouvernement de la Prusse, je n'ai pas besoin de le rappeler, est monarchique, et je laisse à la Chambre le soin de tirer les conclusions. (*Sourires et applaudissements sur divers bancs.*)

Mais ce n'est pas seulement en Prusse que la question a été discutée...

M. LE PRÉSIDENT DU CONSEIL. — Elle l'a été également en Italie.

M. RIBOT. — Oui, elle a été soulevée en Italie, comme le fait observer M. le président du conseil, et elle a été discutée avec une ampleur qui peut vous induire à m'accorder encore quelques minutes d'indulgence. Le débat a duré cinq ou six jours, et je vous demande la permission de résumer en quelques mots ce qui s'est passé. (*Parlez! parlez!*)

A la fin de 1877, il y eut une crise ministérielle, et M. Crispi entra dans le ministère Depretis. Le nouveau cabinet, s'appuyant sur les précédents qui existaient en Italie comme en France, — car, en Italie, M. de Cavour et ses prédécesseurs avaient, sans scrupules constitutionnels, longtemps usé du droit dont M. le président vient de se servir; — le nouveau cabinet crut pouvoir diviser le ministère des finances en deux parties et créer un ministère du Trésor à côté du ministère des finances proprement dit...

M. LE PRÉSIDENT DU CONSEIL. — Il y eut aussi une suppression!

M. RIBOT. — Oui, on supprima le ministère de l'agriculture. Il y eut donc une suppression et une création.

Il se produisit alors en Italie un soulèvement d'opinion,

— je parle au point de vue parlementaire, — presque unanime. Vous me direz, monsieur le président du conseil, — car je prévois l'objection que vous allez me faire...

M. LE PRÉSIDENT DU CONSEIL. — Naturellement, puisque je vous l'ai faite! (On rit.)

M. RIBOT. — Je sais bien que vous me l'avez faite. Vous me direz qu'il y a en Italie, comme partout ailleurs, des questions de partis et de tactique parlementaire qui peuvent venir compliquer et parfois expliquer les oppositions de principes. Vous ne me troublerez pas. Je ne fais pas, en ce moment-ci, et j'en ai conscience, un acte d'opposition préconçue; j'appelle l'attention du ministère et celle de la Chambre sur un point très grave de pratique constitutionnelle, et j'espère que cette discussion portera ses fruits. N'y eût-il que ce résultat de fixer pendant quelques minutes, ce qui n'a jamais eu lieu, l'attention du Parlement sur cette grave question et d'en faire mesurer toute la portée, j'estimerais que la commission aurait encore fait œuvre utile. (Applaudissements sur un grand nombre de bancs.)

Eh bien, Messieurs, en Italie, il y eut donc suppression et création de ministères par décret, et tous les partis de la Chambre, sauf une minorité infime, condamnèrent cette pratique. Et quand M. Cairoli a formé ensuite son ministère en 1878, qu'a-t-il fait? Au lieu de rétablir le ministère de l'agriculture par un simple décret, comme il en avait le droit, il apporta un projet de loi et il dit : Savez-vous pourquoi j'apporte ce projet de loi? C'est parce que je ne veux pas entrer dans une voie de représailles; il y aurait trop de danger à ce qu'un président du conseil vînt défaire par décret ce que son prédécesseur aurait fait. Les vues du gouvernement peuvent varier, et s'il appartenait à un président du conseil de détruire ce qu'a fait son prédécesseur, il n'y aurait plus dans l'État, ni ordre, ni organisation permanente, il n'y aurait plus que désordre et anarchie.

M. Cairoli le disait dans des termes très éloquents que je vais vous citer, il n'y a que quelques mots :

« Je crois que tout le monde doit apercevoir combien une telle théorie est redoutable, quelles conséquences périlleuses en découlent, combien elle peut introduire d'instabilité dans l'administration centrale soumise aux caprices de tous les ministres.

« J'ai peur de cette guerre de décrets qui peut s'engager; aujourd'hui, un ministère naît d'un décret; demain,
ce ministère sera détruit par un autre décret. »

M. Cairoli invoquait donc un intérêt supérieur, l'intérêt
de la stabilité, et il avait mille fois raison! (*Applaudissements.*)

Je ne veux pas entamer une discussion en règle sur la
matière; mais, d'un mot, ne puis-je pas faire saisir quelle
différence il y a entre un acte de gouvernement proprement
dit, qu'il faut laisser à l'arbitraire du gouvernement sous
le contrôle postérieur de la Chambre, et ce qui touche à
l'organisation permanente de l'État lui-même, car les
ministres ne peuvent répondre que du temps pendant
lequel ils siègent sur leurs bancs; est-ce qu'un ministre
peut engager son successeur, et ne voyez-vous pas le danger, qu'a signalé M. Cairoli, que des ministres nouveaux
défassent d'un trait de plume ce qui aura été fait d'un trait
de plume? Ne voyez-vous pas combien il est nécessaire que
ces créations soient débattues dans le Parlement pour y
recevoir la sanction, la consécration et le gage de leur
durée? (*Applaudissements sur un grand nombre de bancs.*)

Mais, Messieurs, il y a un autre point de vue encore; il
n'y a pas seulement le danger de l'instabilité, il y a
encore le danger de voir ainsi trancher par les ministres
des questions qui sont du domaine législatif. Supposez que
M. de Bismarck eût créé par décret ce fameux ministère
des chemins de fer : ne voyez-vous pas combien de conséquences et de préjugés s'attachent à la seule création d'un
pareil ministère? Est-ce là une mesure purement gouvernementale? Personne ne peut le soutenir.

M. LE PRÉSIDENT DU CONSEIL. — Je ne l'ai pas soutenu. J'ai
dit que vous restiez les maîtres de rejeter les crédits.

M. RIBOT. — J'attendais l'objection de M. le président du
conseil. Il me dit : Que vous importe? Quel besoin avez-
vous d'être saisis par un projet de loi? N'êtes-vous pas les
maîtres? Ne sommes-nous pas responsables devant vous?
Vous pouvez, soit en rejetant les crédits, soit en interpel-
lant, signifier aux ministres que vous n'approuvez pas la
création des nouveaux ministères.

Mais M. le président du conseil me permettra de lui
répondre, et, en vérité, ma tâche sera bien aisée.

J'ai dit dans quel état d'esprit s'était trouvée la commission : si nous ne pouvions faire connaître notre sentiment au Gouvernement sur une création de ce genre qu'en posant la question de confiance et en renversant le Gouvernement, M. le président du conseil reconnaîtra que notre liberté serait singulièrement réduite. (*Très bien! très bien! — Vifs applaudissements.*)

Mais à ce compte, monsieur le président du conseil, il n'y aurait plus besoin de faire de lois, car je ne sache pas de question qui ne puisse se résoudre, en définitive, en une question de responsabilité ministérielle; seulement toutes les constitutions ont distingué entre l'acte d'autorité. entre l'acte d'exécution, que vous devez accomplir dans le secret de vos délibérations, dont vous êtes responsables, et ce qui est, au contraire, du domaine permanent et législatif.

Comment! dans ce pays, vous ne pouvez pas créer une petite commune de 300 âmes, vous ne pouvez pas créer un sous-préfet ni un magistrat sans la sanction législative, et vous pourriez de votre autorité, — je ne critique nullement ce que vous avez fait dans la question actuelle, je parle pour l'avenir, — et vous pourriez, à votre gré, couper, tailler dans l'administration publique, transporter l'administration des cultes d'un ministère à un autre, créer des ministères; nous verrions alors, comme le disait M. Carroli, se succéder les partisans de tel système qui aboutit à l'idée de M. de Girardin, de réduire le ministère à deux têtes, le ministère des dépenses et le ministère des recettes; et puis ceux qui pensent qu'il faut, au contraire, — et M. le président du conseil est de cette école, — multiplier les fonctions ministérielles, introduire dans le conseil des ministres des éléments abondants, nombreux, pour que la discussion soit d'autant plus sérieuse, ce qui est peut-être contestable, mais enfin ce qui est une théorie comme une autre. (*Sourires sur plusieurs bancs.*)

Non, sur toutes ces questions le Parlement a le droit d'avoir une opinion (*Très bien! très bien!*) et il ne peut avoir une opinion libre et éclairée qu'à la condition d'être saisi par un projet de loi et de n'être pas mis dans l'alternative ou de sacrifier son opinion ou de renverser le cabinet. (*Très bien! très bien!*)

Voilà les considérations que je voulais, au nom de la

commission, soumettre à la Chambre. Et qui donc, dans ce Parlement, a soutenu avec le plus d'autorité la doctrine dont j'apporte ici le faible écho? Nous avions, en 1878, un président de la commission du budget, qui était jaloux de toutes les prérogatives parlementaires, et c'est M. le président du conseil qui aujourd'hui nous reproche d'avoir, en exprimant un vœu, sinon supprimé, tout au moins inquiété, les prérogatives du pouvoir exécutif!

M. le président de la commission du budget, en 1878, n'hésitait pas à user du droit qui appartient à toute commission chargée d'examiner des crédits, — et nous sommes une commission du budget pour le projet en discussion, — et il déclarait qu'on a parfaitement le droit, quand on donne l'argent, de l'accompagner de quelques conseils! *Très bien! très bien! applaudissements et rires sur un certain nombre de bancs.)*

M. le président de la commission du budget revendiquait, en 1878, le droit de la Chambre en ce qui concernait l'organisation de l'Algérie... de l'Algérie, qui a tantôt un gouverneur, tantôt un ministre à sa tête, — et vous voyez bien qu'au fond c'est la même question, M. le président de la commission du budget s'exprimait en ces termes :

« Cette modification, — il s'agissait de la création de trois directeurs, — apportée dans les services généraux de l'Algérie a été faite par un décret, alors cependant que la Chambre et les commissions antérieures du budget, suivant en cela une tradition constante des assemblées et des commissions qui les avaient précédées... »

Nous sommes donc en bien bonne compagnie et, quand nous émettons un vœu, les railleries très fines qu'on nous adresse s'adressent aussi au passé. (*On rit.*)

« ... avaient déclaré que l'on ne pouvait procéder à une organisation nouvelle aussi importante, mettant en question tant d'intérêts, et résoudre d'un trait de plume des problèmes aussi complexes et aussi délicats, sans faire intervenir le pouvoir législatif, parce que devant ce pouvoir seulement pouvaient se débattre la portée, la valeur et les conséquences d'une pareille réorganisation.

. . . .

« Voilà la raison légale, le principe de doctrine, auxquels nous tenons profondément, c'est de substituer en Algérie pour le règlement des questions le régime de la loi au régime des décrets. »

M. LE PRÉSIDENT DU CONSEIL. — Parfaitement! C'est toujours vrai.

M. RIBOT. — Il est vrai que ce vœu émis en 1878 n'a pas encore reçu sa complète exécution.

M. DE DOUVILLE-MAILLEFEU. — Au contraire!

M. LE PRÉSIDENT DU CONSEIL. — Si vous voulez, nous rechercherons à qui est la faute.

M. RIBOT. — Nous vivons encore sous le régime des décrets appliqués à l'Agérie. Cela prouve, — et M. le président du conseil a peut-être raison à ce point de vue, — que les vœux émis par les commissions, fût-ce même par la grande commission du budget, ne suffisent pas toujours à amener immédiatement un changement de pratique. *(Rires approbatifs sur un grand nombre de bancs.)*

Mais, Messieurs, ce n'est pas une raison pour se décourager. *(Vive approbation.)*

Quant à nous, nous n'acceptons pas le dilemme que M. le président du conseil a très habilement voulu nous imposer. Il nous a dit : Vous manquez de courage; vous n'êtes pas des hommes logiques; mais proposez donc le rejet des crédits! Non, Messieurs, nous ne proposons pas le rejet des crédits, je l'ai dit sans aucune réticence, sans aucune arrière-pensée; nous ne voulons pas ouvrir une crise politique, nous croyons que ce serait fâcheux pour le pays, et par conséquent nous voterons les crédits. *(Très bien! très bien!)*

Nous n'avons pas voulu davantage faire ce qu'ont fait quelques commissions du budget, sanctionner notre vœu par une réduction des crédits; parce que, sous une autre forme, c'eût été porter atteinte à la fierté, à la dignité du Gouvernement, et quant à moi, je le dis sans raillerie, je trouve que les gouvernements ont raison d'être fiers et de tenir à leur dignité. *(Très bien! très bien!)*

Si nous avions pensé que l'insertion du vœu que nous avons émis dans le rapport pût diminuer l'autorité morale que le Gouvernement doit toujours conserver, nous nous serions abstenus; mais nous avons émis ce vœu comme l'expression d'une opinion indépendante et réfléchie. Nous ne croyons manquer à aucune convenance en engageant à cette tribune une conversation avec le pouvoir exécutif, conversation qui ne doit pas se terminer par un vote de confiance ou de défiance, mais que le pays écoute, qui peut germer dans les esprits et préparer les progrès de l'avenir. (*Marques nombreuses d'assentiment.*)

Vous jugerez, Messieurs, et vous apprécierez. Je crois que nous n'avons pas perdu notre temps, et que nous n'en avons pas fait perdre à la Chambre en appelant son attention sur ce qui n'est peut-être pas un point de droit constitutionnel mais un point important de pratique gouvernementale, et je me borne, en descendant de cette tribune, à recommander ce sujet aux méditations et à l'excellent esprit de M. le président du conseil. (*Applaudissements prolongés. — L'orateur, en regagnant son banc, est félicité par un grand nombre de ses collègues.*)

M. LE PRÉSIDENT DU CONSEIL. — La parole est à M. le président du conseil.

M. LE PRÉSIDENT DU CONSEIL. — Messieurs, je comprends à merveille que la Chambre ait applaudi une discussion aussi fine, aussi serrée, aussi habile que celle qu'elle vient d'entendre ; je le comprends d'autant mieux que lorsqu'on aborde le sujet toujours si délicat de la limite des pouvoirs, on a tout naturellement un auditoire extrêmement favorable. (*Mouvements divers.*)

Messieurs, si déjà vous m'interrompez, comment voulez-vous que je continue?

Il y a dans ceci... (*Bruit.* Si la Chambre trouve la discussion oiseuse... (*Non! non! — Parlez! parlez!*)

C'est précisément, Messieurs, parce que l'orateur qui m'a précédé à cette tribune a fait une profonde impression sur vos esprits, parce qu'il a mis au service de sa thèse toutes les nuances d'une dialectique consommée, que je vous demande, — sans autre préoccupation que de ne pas créer un précédent suivant moi périlleux, — la permission d'opposer à toute sa logique quelques timides essais de réfutation. (*Parlez! parlez!*)

Je disais, pour commencer, que, dans ce débat, l'honorable M. Ribot avait la partie la plus belle, pourquoi? Parce que j'ai l'air, en défendant les prérogatives du pouvoir exécutif, de vouloir amoindrir le pouvoir parlementaire; parce que je suis accusé de contradiction avec moi-même. Le président du conseil, dit-on, a complètement oublié les théories du président de la commission du budget et les doctrines qu'il défendait en 1878 au bénéfice du pouvoir pécuniaire et du pouvoir législatif de la Chambre; il les renie et les déchire aujourd'hui.

Voyez, ajoute-t-on, comme les ministres sont changeants et que l'on a bien raison de dire qu'un président de la commission du budget ne fait pas toujours la même figure qu'un président du conseil!

Non, Messieurs, il n'en est pas ainsi; je maintiens que je défends la même doctrine, et que ce dont il faut bien se garder, c'est d'entrer à la suite de l'honorable M. Ribot dans la confusion des situations.

Messieurs, quelles étaient mes paroles en 1878?

Je disais que, quelle que fût l'autorité légale du gouverneur général civil de l'Algérie, qui était militaire en même temps à ce moment-là; que quelle que fût sa légitime compétence pour gouverner et modifier, par voie de décrets, l'organisation administrative de l'Algérie, lorsqu'il arrivait devant la commission du budget, il se trouvait en présence d'un pouvoir de contrôle, d'un pouvoir de décision supérieur au sien propre. Je disais aussi que, de même que nous respections ses prérogatives, d'où étaient sorties les créations que nous critiquions, de même nous reprenions, en qualité de mandataires du pays, le droit de lui refuser les crédits.

Mais est-ce que nous émettions un vœu? Non, Messieurs, nous mettions en pratique la doctrine que vous rappeliez, monsieur Ribot, et comme sanction, nous refusions les crédits.

Et qu'est-ce que je vous demande aujourd'hui? Je vous demande de faire deux parts, de délimiter deux pouvoirs parfaitement distincts : d'un côté, le chef du pouvoir exécutif pouvant par décrets modifier l'organisation ministérielle; et de l'autre, vous, ayant droit de raturer ce décret, de l'effacer, parce que vous êtes les juges de sa validité. (*Mouvements divers.*)

Mais, Messieurs, vous protestez; je dis que ce sont là les faits; que les choses se sont toujours passées de la même manière et que c'est ainsi que s'est produit cet exemple du parlement italien qu'on rappelait tout à l'heure. Le ministère italien demandait de créer deux ministères nouveaux et d'en former un troisième. Est-ce que quelqu'un a critiqué, attaqué en quoi que ce soit la prérogative royale? Nullement; on est allé à la commission du budget et on a supprimé les crédits nécessaires pour faire vivre la création.

Et c'est aussi le procédé qui vous reste. Remarquez aussi que ce que je critique dans votre doctrine, c'est le moment que vous choisissez pour la produire, parce qu'il est bien évident que vous avez le droit, comme pouvoir législatif, non seulement de présenter; mais de demander au cabinet de vous présenter une loi réglant cette matière. Et lorsque vous l'aurez réglée et quand vous aurez ainsi démembré la jurisprudence constante qui établit le droit du pouvoir exécutif, car vous reconnaissez que cette jurisprudence est constante, alors je n'aurai rien à objecter, et il faudra prendre préalablement votre avis; il faudra une loi pour constituer ou supprimer un département ministériel.

Mais nous n'en sommes pas là. Vous vous défendez, de la meilleure grâce du monde, de vouloir, en quoi que ce soit, attaquer, même inquiéter dites-vous, cette prérogative du pouvoir exécutif; vous vous feriez un reproche mortel d'entraver, par le moindre obstacle, les premiers pas de ce ministère que vous avez devant vous.

Mais je vous ferai observer que ce vœu que vous émettez dans le rapport va directement contre vos intentions ; et je vous demande, quand vous n'avez pour vous ni le droit constitutionnel, ni les précédents, ni les pratiques de vos devanciers, si vraiment ce vœu est aussi innocent, aussi inoffensif, aussi légitime qu'il vous le paraît, — à moi, il ne me le paraît pas, — je ne crois pas qu'il ait ce caractère aux yeux de tout le monde.

Et alors, interrogeant votre rapport je dis que je suis parfaitement fondé à vous demander de vouloir bien retirer ce vœu, reconnaissant avec vous que tout est dans la circonstance, que vous avez parfaitement le droit dont on vient de parler, que le Gouvernement ne fera aucune opposition à la présentation ultérieure d'un projet devant modifier l'exercice de la prérogative du pouvoir exécutif. Mais jusque-là vous me permettrez de croire, malgré toutes les dénégations que vous avez apportées à cette tribune, que le vœu constitue à un degré quelconque, aussi étroit que vous voudrez, un grief, un blâme, une censure de l'exercice même de cette prérogative. C'est comme si vous disiez à celui qui a présenté les décrets et à celui qui les a signés : Nous ne contestons pas votre droit, mais nous blâmons l'usage que vous en avez fait. (*Dénégations au banc de la commission.*)

Je sais que vous vous en défendez, que vous écartez cette appréciation, qu'elle vous paraît périlleuse, choquante. Mais permettez-moi de vous dire que c'est précisément parce que vous êtes dans la nécessité de vous en défendre, de vous en disculper avec ce luxe de moyens et d'arguments que je suis fondé à dire : En raison même des circonstances politiques où vous présentez votre vœu, il a au plus haut degré le caractère politique.

Est-ce que c'est trop présumer de la sincérité de vos déclarations que de vous dire : Si telles sont vos intentions, qu'est-ce qu'il vous en coûte de reconnaître que le domaine législatif ultérieurement ouvert vous suffit pour vous préserver de cette instabilité dont vous parlez, relativement aux cabinets futurs, et qu'aujourd'hui, en présence de la signification qui serait donnée à votre pensée, il n'y a pas lieu d'insister? C'est la prière que je vous adresse. (*Très bien! très bien!*)

M. LE PRÉSIDENT. — La parole est à M. Ribot, au nom de la commission.

M. RIBOT. — Messieurs, je n'ai qu'un mot à dire à la Chambre; elle comprend que je ne puis pas refuser de répondre à la question que M. le président du conseil m'a adressée d'une manière si courtoise.

M. le président du conseil nous demande si nous ne pouvons pas retirer le vœu émis dans le rapport. Assurément, si nous demandions à la Chambre de sanctionner par un vote une opinion que nous aurions émise, de faire, par conséquent, une manifestation, l'insistance de M. le président du conseil nous ferait un devoir de délibérer de nouveau; je n'engage pas mes collègues, mais je reconnais que la prière adressée par le Gouvernement pourrait peser d'un grand poids sur la décision de la commission. Mais nous n'avons exprimé qu'une opinion, et je demande à M. le président du conseil, comment on peut retirer une opinion à moins de l'abandonner. (*Sourires.*)

Or, M. le président du conseil n'a pas contesté au fond les considérations que j'avais eu l'honneur de présenter à la Chambre, au nom de la commission.

La commission ne parle que pour elle-même; elle ne demande pas un vote de la Chambre, elle est modeste, elle a voulu seulement soumettre au Gouvernement une opinion qu'elle croit sérieuse et fondée; elle la lui a soumise, elle ne peut que prendre acte de ceci, c'est que M. le président du conseil reconnaît lui-même qu'il y a lieu d'examiner.

M. LE PRÉSIDENT DU CONSEIL. — Non, j'ai reconnu votre droit, mais je n'ai pas dit qu'il y avait lieu de l'exercer.

M. RIBOT. — M. le président du conseil a reconnu que

nous pourrions saisir la Chambre de l'examen de cette
question : il a reconnu par conséquent que nous n'avions
pas empiété sur le terrain constitutionnel ; il ne nous a pas
opposé la question préalable. Tout au contraire il a reconnu
qu'il y avait là une question que nous ne pouvions pas sans
doute épuiser en ce moment ni presser jusqu'à sa conclusion. Je consens bien volontiers, pour ma part, à ne pas
pousser plus avant le débat ; mais nous ne pouvons pas
supprimer la question elle-même. Il n'y aura pas de vote,
il n'y aura eu que ce qui se passe dans tous les pays libres
et ce qui est de nature à n'éveiller les susceptibilités de
personne, même du gouvernement le plus jaloux de ses
prérogatives : il n'y aura eu qu'un échange d'observations,
un échange de vues en termes modérés et courtois. Nous
n'avons fait qu'user d'un droit qui appartient au Parlement,
celui de faire connaître notre pensée avec indépendance et
avec déférence vis-à-vis du Gouvernement. (*Vifs applaudissements sur un grand nombre de bancs.*)

M. LE PRÉSIDENT. — Je consulte la Chambre sur la question
de savoir si elle entend passer à la discussion des articles.

La Chambre, consultée, décide qu'elle passe à la discussion des articles.)

Les crédits demandés sont votés par 338 voix contre 101.

On trouvera dans notre histoire du *Ministère Gambetta*,
livres III et IV, le récit des principaux événements qui suivirent
cette séance. Enhardie par le succès éclatant de M. Ribot (car le
vote des crédits n'avait pas diminué l'échec personnel du président du conseil), la coalition parlementaire redoubla d'activité. Les nominations du général de Miribel comme chef de
l'état-major général de la guerre[1], de MM. de Chaudordy et de

1. M. Clovis Hugues, dans la séance du 13 décembre, interrogea le général Campenon, ministre de la guerre, sur cette nomination. « Vous confiez la République, dit le député intransigeant de Marseille, à ceux qui, de tout temps, ont essayé
d'assassiner la République. » Le général Campenon répondit que
s'il avait choisi le général de Miribel comme chef de l'état-
major et nommé le maréchal Canrobert et le général de Galliffet
membres du conseil supérieur de la guerre, c'est que ces officiers
lui apparaissaient comme les plus capables, les plus éclairés et les
plus actifs et que, d'ailleurs, il ne se reconnaissait pas le droit
« de suspecter la droiture et la loyauté d'un officier général

Courcel comme ambassadeurs à Saint-Pétersbourg et à Berlin, de M. J.-J. Weiss comme directeur politique aux affaires étrangères, furent principalement exploitées par la presse intransigeante et les journaux de l'Élysée. M. Gambetta fut dénoncé comme préparant, sinon un coup d'État, du moins une dictature et un pouvoir personnel. En même temps, le renvoi de M. Roustan à Tunis, après le scandale de l'acquittement de ses diffamateurs, et la note identique du 7 janvier sur les affaires d'Égypte furent signalés comme les indices d'une politique belliqueuse. La polémique des agents de la démagogie n'a jamais été plus violente ni plus injurieuse qu'à cette époque et jamais elle ne trouva plus d'écho. La fraction de la presse *libérale*, qui prenait son mot d'ordre chez M. Wilson, accueillit en effet toutes les accusations les plus meurtrières de l'intransigeance contre M. Gambetta et les journaux de la réaction n'arrêtèrent pas d'encourager, dans cette besogne néfaste, les républicains égarés.

français ». — « Prenez Bazaine, alors! » interrompit M. Henry Maret, et M. Clovis Hugues, s'adressant au président du conseil : « Je ferai remarquer à M. Gambetta que si ces hommes (les généraux de Miribel et de Galliffet) l'avaient trouvé au coin d'une rue après la Commune, ils l'auraient fait fusiller. » M. Gambetta riposta : « Vous n'en savez absolument rien, et, dans tous les cas, il importe peu. »

C'est dans la même séance, à la suite du discours du général Campenon, que se produisit l'incident suivant que nous reproduisons d'après le compte rendu des journaux :

« M. Clovis Hugues répond au ministre de la guerre ; le général Campenon se dirige une seconde fois vers la tribune ; M. Gambetta, président du conseil, fait observer au ministre de la guerre que le règlement n'admet pas la réplique en matière de question. M. Maret, s'adressant au général Campenon : « Ne parlez pas : « César le défend!

« M. GAMBETTA. — Parlez donc en français.

« M. MARET. — Soit ; je ne dirai pas César, je dirai Vitellius! » (*Bruit prolongé.*)

« M. Gambetta demande que M. Maret soit rappelé à l'ordre : M. le président Brisson dit que les paroles de M. Maret n'ont pas été entendues, puisqu'elles ne sont pas reproduites. (Le compte rendu officiel dit simplement : « M. Maret prononce quel- « ques paroles au milieu du bruit. »

DISCOURS

SUR

LE PROJET DE LOI

PORTANT OUVERTURE DE CRÉDITS EXTRAORDINAIRES

ET SUPPLÉMENTAIRES

POUR SUBVENIR AUX FRAIS DE L'EXPÉDITION DE TUNISIE

Prononcé le 1er décembre 1881

A LA CHAMBRE DES DÉPUTÉS

Nous avons raconté, (p. 1 à 6), comment la Chambre des députés, dans la séance du 9 novembre, avait déclaré, sur la proposition de M. Gambetta, « que les obligations qui figurent dans le traité du Bardo, sous la signature de la France, seraient loyalement, prudemment, mais intégralement exécutées ». C'était la seule condition que M. Gambetta eût posée à son entrée aux affaires. La majorité républicaine de l'Assemblée lui promet son concours pour l'établissement définitif de notre empire de la Méditerranée ; il se contente de ce vote.

« La situation de la Régence était cependant fort complexe et les difficultés y étaient nombreuses. Si le territoire tunisien est occupé dans toute son étendue par les troupes des généraux Forgemol et Logerot, les tribus pillardes, dont la frontière de l'Est est la base habituelle d'opérations, n'ont pas encore renoncé à leurs razzias chroniques et les Ourghemma, dans la région des Chotts, n'ont pas encore demandé l'aman. Le traité du Bardo a été reconnu par les grandes puissances, mais l'Italie discute encore et la Porte

n'a pas cessé d'entretenir à Tripoli un corps de troupes
de 15,000 hommes, sur le pied de guerre. M. Roustan,
ministre résident de la République auprès du Bey, s'est
installé comme directeur de toutes les affaires extérieures
de la Régence, mais les capitulations ont été maintenues
« comme si la France était une sorte de Turquie incapable
de faire autre chose en Tunisie que ce qu'en auraient fait
les Turcs [1] ». Enfin si l'ordre matériel a été rétabli de Tunis
à Khartoum et de Sousse à Gabès, l'anarchie administrative et financière n'a point diminué. La Tunisie, sous la
domination française, doit devenir un prolongement à
l'Algérie; elle apparaît encore comme une simple province
de l'Empire ottoman.

« Ce qui fait d'ailleurs notre faiblesse dans la Régence,
c'est l'incertitude de la politique française depuis six mois,
beaucoup plus que les menées turques à Tripoli et la per-
sistance des intrigues italiennes. Même l'agitation religieuse
qui remue tout le monde arabe jusque dans ses profon-
deurs n'est qu'un embarras. Le vrai danger n'est pas en
Afrique. Si le cabinet de Rome refuse encore de s'incliner
devant le fait accompli, c'est dans l'espérance obstinée que
le gouvernement de la République ne persistera pas dans
ses résolutions. Si la Turquie poursuit sa campagne panis-
lamique sur le littoral de la Méditerranée, c'est que notre
installation militaire à Tunis ne lui paraît pas irrévocable.
Donc, le premier but qu'il importe d'atteindre est celui-ci :
convaincre tout le monde que la France restera à Tunis.
Ni abandon ni annexion, mais le protectorat avec toutes les
conséquences légitimes et nécessaires, tel est le programme
de M. Gambetta qui saisit la première occasion de le porter
à la connaissance de l'Europe. Comme la réaction ni l'intransigeance ne pouvaient se résigner, malgré les votes
solennels du 20 mai et du 5 novembre, à tenir pour irrévocable le protectorat français sur la Régence, le duc de Broglie au Sénat et les amis de M. Clémenceau à la Chambre
avaient profité de la discussion d'un projet d'ordre purement financier pour livrer un nouvel assaut au traité du
Bardo [2] ». M. Gambetta répondit à ses adversaires sur la

1. G. CHARMES, la Tunisie, p. 145.
2. Le Ministère Gambetta. liv. III, ch. II.

question générale du protectorat français à Tunis et sur la question des crédits.

CHAMBRE DES DÉPUTÉS

Séance du 1er décembre 1881

L'ordre du jour appelle la discussion du projet de loi portant ouverture de crédits supplémentaires sur l'exercice 1881. et de crédits extraordinaires sur l'exercice 1882, à l'effet de subvenir aux frais de l'expédition de Tunisie et du Sud Oranais.

M. MARGAINE dit qu'il n'a pas d'opposition à faire au projet de crédits au point de vue politique, et qu'il est partisan de l'expédition de Tunisie. Il serait trop tard pour élever des critiques au point de vue militaire. Reste la question financière. Le rapport est trop sobre de détails : il ne contient aucun renseignement sur les effectifs, et le contrôle est difficile à cet égard ; en ce qui concerne les explications du Gouvernement sur les anticipations de crédit, on ne saurait les considérer comme acceptables. On ne peut anticiper sans s'exposer à être au dépourvu pour la fin de l'exercice, on doit donc demander des crédits supplémentaires avant d'engager les dépenses.

Il y a des sommes énormes au compte de liquidation pour le matériel de guerre et pour les subsistances. Dans quelles proportions a-t-on mordu sur ces approvisionnements pour l'expédition de Tunisie ? Il est certain qu'on leur a fait de larges emprunts. Comment reconstituera-t-on ces approvisionnements ?

M. Goblet parle, dans son rapport, de 4 à 5 millions pour le matériel. Si la commission déclare que ces 4 ou 5 millions sont uniquement destinés à reconstituer les emprunts faits à nos approvisionnements, je me déclarerai satisfait.

M. GAMBETTA, *président du conseil.* — Le Gouvernement a fait cette déclaration dans la commission.

M. MARGAINE. — On a donc mordu dans ces 60 ou 80 millions destinés aux approvisionnements, et je prends acte de la déclaration qu'on n'y a mordu que pour 4 ou 5 millions. Je ne crois pas que j'aurai perdu mon temps en faisant

déclarer devant la Chambre que le nouveau compte de liquidation ne nous redemandera que ces 4 ou 5 millions. (*Très
bien! très bien!*)

M. LE PRÉSIDENT DU CONSEIL. — Parfaitement!

M. GOBLET, *rapporteur.* — Je viens répondre aux critiques, très courtoises, que M. Margaine a adressées à l'œuvre
du rapporteur.

M. Margaine dit qu'il n'élevait de critique ni au point
de vue politique, étant partisan de l'expédition, ni au point
de vue militaire, les événements étant accomplis. Ses critiques n'ont porté que sur le côté financier de la question.

Il a fait valoir trois griefs : il a reproché à la commission de ne pas avoir mis la Chambre en mesure d'exercer
suffisamment son droit de contrôle ; il a dit que le rapport
était trop sobre de détails ; qu'on n'y indiquait pas l'effectif
des troupes en Tunisie, ce qui empêchait de calculer l'excédent nécessaire pour la solde.

Mais si le chiffre des troupes ne figure pas au rapport, la
Chambre le connaît : on a toujours dit que nous avions
45,000 hommes en Tunisie ; j'ai contrôlé ce chiffre, qui est
exactement de 44,500 hommes sur lesquels 40,500 hommes
de troupes envoyées de France et 4,000 de troupes emprun-
tées à l'Algérie.

Le second grief de M. Margaine a été celui-ci : il a déclaré
qu'il était impossible d'admettre les théories financières du
précédent gouvernement sur les imputations provisoires.

Mais cette critique ne peut être dirigée contre le rapport,
qui exprime le regret que le gouvernement précédent ait
eu recours à ce procédé.

M. Margaine a demandé enfin si on n'a pas fait des
emprunts considérables sur nos approvisionnements, et
dans quelle proportion.

M. le président du conseil a répondu qu'on avait donné
satisfaction à cette demande dans l'exposé des motifs dont
les termes ont été reproduits dans le rapport.

Il a été dit qu'en dehors de 47 millions demandés pour
les frais de l'expédition jusqu'au mois de janvier 1882, l'expédition coûtera encore une certaine somme pour le remplacement du matériel et de l'approvisionnement dont a
parlé M. Margaine.

On m'a dit qu'il avait été fait des emprunts de matériel et d'approvisionnement représentant une somme de 20 et quelques millions; mais tout n'a pas été dépensé d'une façon définitive; il y a une partie du matériel qui ne donnera lieu qu'à des réparations; c'est là un compte qui sera fait plus tard : le rapport l'a prévu.

En résumé, M. Margaine a demandé que la Chambre pût exercer un contrôle absolument efficace.

M. Margaine reconnaîtra que le souci principal de la commission a été non seulement d'exprimer son regret pour le passé, mais aussi de prendre des mesures pour assurer ce contrôle dans l'avenir.

Nous avons demandé que, tous les trois mois, les comptes relatifs à l'expédition de Tunisie fussent présentés à la Chambre.

Ces comptes ne pourront pas être des comptes définitifs; mais, au mois d'avril, nous aurons des comptes approximatifs sérieux des dépenses.

Nous avons donc fait tout ce que nous pouvions, tout ce que nous devions, pour assurer le contrôle parlementaire. Nous demandons à la Chambre de voter les crédits. (*Approbation sur un grand nombre de bancs.*)

M. DELAFOSSE. — Je n'avais pas l'intention d'intervenir (*Interruptions à gauche*) dans cette liquidation du passé diplomatique du précédent cabinet.

De quelque façon qu'on apprécie les dépenses faites à l'occasion de l'expédition de Tunisie, il est certain qu'il faut les payer. Cette obligation s'impose surtout à ceux de nos collègues qui, membres de l'ancienne Chambre, ont approuvé l'expédition.

Mais je suis amené à la tribune par la lecture de certains passages du rapport qui me paraissent appeler des réserves ou des explications.

Il me semble résulter de ces passages que le rapporteur entendait solidariser le vote des crédits avec l'exécution intégrale du traité du Bardo.

En présence de cette connexité qu'on cherche ainsi à établir, je suis obligé de voter contre les crédits demandés.

J'ai été l'adversaire résolu de l'expédition tunisienne, je le suis encore. Je ne crois pas que ce soit le moment de discuter la solution qui doit intervenir en Tunisie, et je n'ai pas le dessein d'ouvrir prématurément un débat qui s'imposera bientôt quand la pacification aura été achevée et qu'il faudra statuer sur les suites à donner à l'entreprise.

A ce moment, je dirai pourquoi ce traité n'est pas exécutable et pourquoi, s'il l'était, il faudrait encore ne pas l'exécuter. (*Bruit.*)

Je considère cette exécution intégrale du traité du Bardo comme aussi téméraire, aussi dangereuse que l'expédition elle-même ; comme il y a une connexité marquée entre les crédits et l'exécution intégrale du traité, je refuse de voter ces crédits. (*Approbation à droite.*)

M. GAMBETTA, *président du conseil, ministre des affaires étrangères.* — Messieurs, l'honorable M. Delafosse, dont les sentiments sur la question tunisienne sont d'ailleurs bien connus de la Chambre, descend de cette tribune après y avoir soulevé incidemment la question de l'exécution intégrale du traité du Bardo. Il a déclaré que ce traité constitue, à ses yeux, une imprudence et une témérité au moins égale, dit-il, à l'expédition elle-même ; mais il s'est réservé de nous démontrer, dans une discussion ultérieure, que ce traité n'est pas exécutable, et, chose plus singulière encore, que, s'il était exécutable, il ne faudrait pas l'exécuter.

M. JULES DELAFOSSE. — Parfaitement !

M. LE PRÉSIDENT DU CONSEIL. — Je ne crois pas qu'on ait souvent traité les questions extérieures avec cette simplicité ; et je m'étonne qu'un esprit aussi distingué que l'honorable M. Delafosse vienne nous dire, alors qu'il connaît la valeur du vote de cette assemblée sur son exécution...

M. CUNEO D'ORNANO. — Je demande la parole.

M. JULES DELAFOSSE. — Je demande la parole.

M. LE PRÉSIDENT DU CONSEIL. — Je m'étonne qu'il vienne nous dire que ce traité n'est pas exécutable et que, le fût-il, il engagerait encore le pays à retirer sa signature...

M. JULES DELAFOSSE. — A le réviser !

M. CUNEO D'ORNANO. — On l'a surprise au pays, sa signature! (*Rumeurs à gauche et au centre.*)

M. LE PRÉSIDENT. — Monsieur Cuneo d'Ornano, veuillez ne pas interrompre : vous êtes inscrit!

M. LE PRÉSIDENT DU CONSEIL. — Monsieur Cuneo d'Ornano, je suis tout prêt à vous écouter avec la plus grande attention quand vous monterez à cette tribune, comme à essayer de vous répondre, si je le peux; pour le moment, je ne sollicite de vous que votre attention.

Eh bien, Messieurs, je retiens l'interruption de M. Delafosse, qui dit : Il ne s'agit pas de ne pas exécuter le traité, même s'il était exécutable; il s'agit de le reviser. Je voudrais bien que la discussion continuât : car si mon honorable contradicteur faisait des progrès aussi rapides, nous finirions par nous entendre *Rires approbatifs.*

Je ne veux pas, moi non plus, à moins que la Chambre ne le désire, que la discussion s'engage, dès aujourd'hui, au risque de devancer l'heure sur les conséquences du traité du Bardo. Ce que je viens dire, parce que cela a été contesté et que cette contestation ne saurait rester sans réponse, c'est que le traité existe; qu'il est adopté par la France dans sa teneur intégrale; que les protestations qui se produisent ne peuvent en infirmer ni le caractère ni la portée, et qu'il est essentiellement opposable aussi bien à ceux qui l'ont signé qu'à ceux qui l'ont consenti. *Très bien! très bien!*

Je n'irai pas au delà; je n'ai pas, en effet, à l'heure où je parle, les éléments suffisants pour dire à la Chambre quelle suite nous entendrons donner, conformément aux directions qu'elle nous fournira elle-même, après délibération, à l'organisation du protectorat et de la garantie qui est établie dans ce traité. Quand les opérations militaires, qui touchent d'ailleurs à leur terme, et qui sont menées, soit dit en passant, avec une vigueur, une célérité, une discipline qui fait honneur à notre armée... (*Vifs applaudissements sur un grand nombre de bancs*), quand ces opérations, qui n'auront exigé que huit mois pour conquérir un territoire aussi vaste que celui de la Régence... *Interruptions à droite.*)

Hé! Messieurs, si vous saviez les difficultés matérielles de tout ordre auxquelles on s'est heurté, vous comprendriez qu'il y a deux sortes d'adversaires dans cette guerre : le climat et l'ennemi, et que ce n'est peut-être pas ce qui convient le mieux à nos soldats, à un capitaine français, que de poursuivre un ennemi qui se dérobe; il préférerait probablement de beaucoup le rencontrer et frapper un grand coup qui serait décisif. (*Très bien! très bien!*)

Quand cette pacification et cette sécurité de la Régence auront été pleinement établies, nous viendrons ici; nous vous apporterons un projet d'exécution du traité du Bardo, parce que ce projet entraînera évidemment, au point de vue administratif, au point de vue que j'appellerai douanier, au point de vue financier, certaines conséquences de voies et moyens que seuls vous avez compétence pour ratifier ou pour rejeter. Nous nous efforcerons, dans les combinaisons qui vous seront soumises, de réduire au minimum de charges militaires et momentanées pour le pays les conséquences de ce traité qui, quoi qu'on en dise, ne permet aucune de ces deux choses : ni l'annexion ni l'abandon.

Je n'en dis pas davantage pour aujourd'hui. (*Applaudissements à gauche et au centre.*)

M. CAMILLE PELLETAN[1]. — Je crois qu'il y a dans les crédits qui sont actuellement demandés deux sortes de crédits

---

1. Pour les discours des orateurs, autres que M. Gambetta, qui sont reproduits dans ce volume, le texte adopté est celui du compte rendu analytique.

bien distincts : les uns pour dépenses déjà faites, les autres pour des dépenses à engager ultérieurement.

Ce sera la première fois que des dépenses relatives à l'expédition de Tunisie vous auront été soumises en temps opportun, pour que vous puissiez vous prononcer utilement.

Je crois donc qu'il y a lieu de discuter sérieusement la manière dont ces crédits seront dépensés, et par conséquent qu'il y a lieu d'examiner la question qui a été indiquée par M. Delafosse.

La Chambre ne peut pas laisser passer une fois de plus la question tunisienne sans savoir si cette entreprise peut satisfaire l'intérêt et l'honneur de la France. (*Très bien! très bien! à l'extrême gauche.*)

Il y a donc lieu d'examiner le traité du Bardo non pour s'en faire une arme d'opposition contre un gouvernement quelconque, l'ancien ou le nouveau, mais uniquement pour se rendre compte de l'intérêt français. Voilà la seule question qu'il y ait à se poser. (*Très bien! très bien! sur les mêmes bancs.*)

Cette question n'a pas été tranchée par l'ordre du jour qui a terminé votre première discussion.

On ne pouvait, en effet, examiner que ce qui avait trait à la responsabilité du ministère expirant.

Il y aurait eu surprise si la Chambre avait entendu résoudre par un ordre du jour des questions qui n'avaient pas été examinées. (*Très bien! très bien!.*)

On a dit que la signature de la France était engagée ; personne ne cherche à protester cette signature. Mais il y a toujours un moyen de revenir sur un traité pour le modifier.

D'ailleurs, les engagements pris l'ont été dans des conditions véritablement singulières.

Nous envahissons la Tunisie malgré les protestations du bey. Nous envoyons un général dans sa capitale.

Ce général est à la tête d'un parti de cavalerie. Il pénètre dans le palais du bey, dans la chambre même du bey, avec ses officiers en armes : il lui lit un projet de traité et lui donne trois heures pour l'accepter ou le refuser.

Le bey est intimidé ; il sait quelles peuvent être pour lui les conséquences d'un refus ; il n'ignore pas qu'en ce cas on lui substituerait un de ses parents qui, lui, est prêt à accepter ; il accepte et signe.

Il pouvait se jeter dans une voiture qui l'attendait tout attelée pour le conduire au domicile d'un des consuls ; mais il manque de cœur au dernier moment, et voilà son acte de soumission signé. Je ne dis pas qu'on ait eu tort d'agir ainsi envers lui (*Exclamations sur divers bancs*), et d'employer vis-à-vis des Orientaux ces moyens de force. Mais enfin voilà les faits, et on a employé la force, et c'est là ce qu'on appelle un engagement.

Si l'expérience en a fait reconnaître les inconvénients et si l'intérêt de la France exige au moins des modifications au traité, je me demande ce qui vous empêcherait de le modifier. (*Très bien! très bien! sur divers bancs à gauche.*)

Si la solution à intervenir relâchait les liens entre la France et la Tunisie, il est évident que le bey lui-même abandonnerait le premier sa signature. Si, au contraire, on resserre ces liens, je me demande quelle légitimité on peut trouver dans le traité actuel.

Il n'y a qu'une question : celle de l'intérêt, de l'honneur de la France, du régime qui peut le mieux les garantir. C'est à ce point de vue seulement qu'il faut examiner le protectorat. Eh bien, je dis que le protectorat est un régime forcément transitoire qui a tous les inconvénients de l'annexion.

En quoi consiste le protectorat? En ceci : on divise en deux parties le gouvernement de Tunisie. Pour le gouvernement intérieur, nous n'y prétendons pas; nous garantissons le pouvoir du bey et le maintien du bon ordre.

Pour le gouvernement extérieur, la France se substitue absolument au gouvernement tunisien, lui interdit d'une part de négocier sans son autorisation, et s'engage d'autre part à protéger ses nationaux à l'étranger.

Voilà le traité. Il n'a pas touché en apparence au gouvernement du bey; seulement il n'y a plus de ministre tunisien des affaires étrangères, il y a un directeur simplement placé sous l'influence d'un ministre français à Tunis.

En résumé, à l'intérieur, le pouvoir du bey vis-à-vis de ses sujets reste le même; à l'extérieur, la Tunisie perd toute indépendance diplomatique.

Mais il y a un deuxième point qui modifie singulièrement cet état de choses : nous avons le droit d'occupation militaire, nous avons actuellement en Tunisie 45,000 hommes de troupes; nous occupons tous les points depuis Tabarka jusqu'à Gabès. Que devient, dans cette situation, l'indépendance du gouvernement intérieur, que le traité paraît respecter? Pouvons-nous nous désintéresser de l'acte de gouvernement le plus simple, quand nous avons à maintenir l'ordre dans la Régence entière?

Croyez-vous que de la part de ces peuples orientaux, qui ne connaissent en fait de droit que la force, il puisse y avoir une résistance quelconque à l'influence de la France? Évidemment non. (Très bien! très bien! à l'extrême gauche.)

Cela est si peu contestable, que nous avons demandé au bey le sacrifice qui pouvait le plus lui coûter : celui de son premier ministre Mustapha-ben-Ismaïl. Depuis ce moment, le bey s'est enfermé à la Goulette, on ne le voit plus rendre la justice, il attend là pour apercevoir plus tôt le bateau qui lui ramènera son ministre.

Et qu'a-t-il fallu pour obtenir ce sacrifice? Une dépêche venue de Paris, où se trouvait à ce moment M. Roustan, une dépêche déclarant que cette satisfaction devait être obtenue dans les vingt-quatre heures.

Voilà le régime établi à l'intérieur. Le traité ne nous donne aucun droit d'administration directe, mais en fait c'est notre ministre à Tunis qui gouverne la Tunisie par l'intermédiaire d'institutions indigènes auxquelles on ne change rien. Voilà le deuxième point du traité.

Il y a un troisième point : l'occupation française, des proportions de laquelle il faut se rendre compte. Tant que nous aurons le protectorat, nous serons obligés d'avoir des troupes en Tunisie, une véritable armée d'occupation.

Cela est si vrai, qu'un de nos collègues, qui approuve l'expédition tunisienne, qui la défend et qui accepte le traité du Bardo, l'honorable M. Journault, représente ce régime comme un régime qui nous oblige à maintenir tout un corps d'armée en Tunisie.

Il est évident, en effet, que tant que nous prétendrons à un droit de suzeraineté, nous serons obligés de le maintenir par la force. Quelques-uns croient qu'il suffirait d'occuper un certain nombre de points sur la côte.

Nous avons vu le danger qu'il y avait à se contenter d'une occupation partielle; nous l'avons bien vu quand une partie de nos troupes a commencé à se retirer. (Très bien! très bien! sur les mêmes bancs.)

Croit-on que la grande espédition qui se poursuit suffira
à dominer les Arabes? Mais l'exemple de l'Algérie suffit à
prouver que l'esprit de révolte, chez les Arabes, survit aux
plus dures leçons. Par cela seul que nous sommes des maîtres, nous sommes des ennemis.

Il y a eu un temps où un Européen pouvait se promener
en Tunisie sans armes, les ingénieurs pouvaient aller à
leurs travaux, à vingt et vingt-cinq lieues de Tunis sans
avoir même un revolver. Eh bien, dans mon voyage récent,
j'ai vu qu'on ne pouvait pas même sortir des portes de
Tunis pour aller à la chasse.

Oui, du moment que vous voulez exercer la suzeraineté,
vous êtes obligés de garder en Tunisie une véritable armée
d'occupation, qu'on pourra réduire sans doute, mais qui
devra être une armée sérieuse.

Par un article du traité nous garantissons le bon ordre
sur toute l'étendue du territoire. Et comment le maintenir
si nous nous contentions d'occuper quelques points sur les
bords? (*Très bien! très bien! à l'extrême gauche.*)

Ainsi le régime du protectorat comprend quatre points:

Indépendance nominale du gouvernement intérieur;
maintien de la dynastie du bey ; mainmise avouée sur le
gouvernement extérieur ; mainmise de fait, forcée, obligée,
sur le gouvernement intérieur lui-même, par l'action que
notre ministre exerce ; enfin occupation par une armée
importante.

Contre ce régime, j'ai une première objection : je ne
comprends pas que la France s'empare d'un pays pour se
contenter de remettre aux mains d'un fonctionnaire français,
sous la responsabilité française, les rouages pourris d'un
gouvernement oriental et musulman.

Un gouvernement oriental ne ressemble en rien à un
gouvernement européen : pas de justice, pas de travaux
publics, pas d'instruction publique, rien, excepté une armée
qui ne se bat pas, qui ne s'est battue ni contre l'insurrection ni contre la France, qui est une armée de recors
chargée d'aller lever les impôts.

Avec cela, une administration, — ce n'est un mystère
pour personne, — dont le seul effet visible est d'acheter
très cher la place de premier ministre, sauf à se rattraper
ensuite sur les populations.

C'est le bachich, le pot-de-vin du haut en bas, à ce point que quatre ministres, arrivés esclaves à Tunis et qui se sont sauvés où sont partis, ont pu, en vingt ans, emporter, comme bénéfices de leur administration, 85 millions pour leur part, sans parler des autres, c'est-à-dire sept fois le revenu de la Tunisie entière pendant un an! Voilà ce que c'est que le gouvernement tunisien. (*Très bien! très bien! sur les mêmes bancs.*)

Voilà ce que produisent ces institutions que vous voulez maintenir et garantir. (*Applaudissements à gauche.*)

M. GAMBETTA, *président du conseil.* — C'est au contraire cela qu'il faut faire cesser, et que l'article 4 nous oblige à faire cesser.

M. FERRY. — Les faits dont vous parlez sont antérieurs à l'existence de la commission financière en Tunisie.

M. CAMILLE PELLETAN. — La commission financière existait au temps de Kereddine. Elle existait au temps du ministre que Paris a eu le plaisir de posséder. Eh bien, les économies de Mustapha ressemblent assez à celles de ses prédécesseurs. La commission financière n'est donc nullement une garantie d'ordre.

A côté de ce monde arabe qui comprend si peu notre morale, il y a une autre population, la population levantine, composée de juifs de toutes races et d'Européens orientalistes, véritable écume de la Méditerranée, population qui brasse toutes les affaires, est mêlée à toutes les intrigues, fait tous les métiers, exploite en un mot l'Orient jusqu'au sang.

Et comme il faut une nationalité quelconque à ces hommes, au moins pour l'étiquette, ils prennent, grâce à la facilité des consulats, toutes les nationalités successivement, suivant l'intérêt d'un procès, d'une affaire, d'une intrigue. Aujourd'hui Tunisiens, ils seront l'année prochaine Anglais ou Français, mais toujours Levantins.

Nous avons encore là devant nous autre chose, les consuls d'Europe, avec leurs droits exorbitants, qui constituent autant d'États dans l'État, qui sont forcément en conflit les uns avec les autres ou avec le bey, qui pèsent du poids de leurs canons dans leur pays, qui ont vécu longtemps dans les mœurs orientales, qui se font dans la population levantine une clientèle, laquelle lutte avec eux, triomphe avec eux et profite avec eux de la victoire commune.

Je le demande, quand la France a engagé son drapeau, son honneur, sa responsabilité dans un tel pays, croit-on que ce qu'elle a à faire soit de prendre un de ses consuls, avec sa clientèle levantine, avec ses habitudes invétérées des mœurs orientales, et de dire : « Nous ne changeons rien aux institutions pourries de l'Orient, nous les remettons entre vos mains. Faites-en ce que vous voudrez. » Je ne pense pas que ce soit là ce que nous devons faire en Tunisie.

M. GAMBETTA, *président du conseil.* — Non, certes.

M. CAMILLE PELLETAN. — C'est cependant ce que vous êtes amenés à faire par le traité qui remet à un ancien consul l'influence française sur le gouvernement du bey, auquel rien n'a été changé. Je crois qu'il y a un élément qu'il est facile de faire disparaître.

Je veux faire comme M. Clémenceau, qui a laissé de côté la conduite de notre consul à Tunis, — non qu'il n'y ait rien à en dire... (*Interruptions.*)

Il n'y a pas là d'insinuation. Mais, pour le moment, il n'y a pas lieu de compliquer par des incidents une question purement politique.

Je me borne à dire que c'était, ou jamais, le cas d'appliquer la formule de M. Dufaure : « A une situation nouvelle il faut des hommes nouveaux. » (*Très bien ! très bien ! à l'extrême gauche.*)

Il fallait, si on le voulait, avancer M. Roustan ailleurs ; mais il fallait l'éloigner de Tunis. D'ailleurs, c'est, je crois, ce que l'on fera. Ma critique tombera donc à bref délai.

Alors même les institutions corrompues et corruptrices de l'Orient sont également mauvaises, et pour les fonctionnaires à qui on les remet, et pour la France.

Pour faire des faveurs personnelles, la machine fonctionnera très bien ; elle est montée pour cela, mais pour faire des réformes elle ne fonctionnera pas parce qu'il faudrait déchirer un morceau de ce voile d'indépendance qui fait seul la différence entre le protectorat et l'annexion. (*Très bien ! très bien ! à l'extrême gauche.*)

On ne pourra pas faire de réformes suffisantes, parce qu'on trouvera devant soi le pouvoir consulaire qui annihile le pouvoir du bey et qui peut tout empêcher. Dans le domaine financier vous serez arrêtés par la commission internationale où figurent des créanciers anglais, italiens, espagnols, aussi bien que des créanciers français du bey.

En outre, le gouvernement arabe opposerait aux réformes sa force d'inertie. Quand on voit quelle est en France la difficulté de faire des réformes, on peut juger de la force de résistance des mœurs séculaires. (*Très bien! très bien! à gauche.*)

Comment pourriez-vous faire des réformes en Tunisie par l'intermédiaire de ceux-là mêmes qui bénéficient des abus? (*Applaudissements à gauche.*)

Au moment où l'on avait le plus d'intérêt à apaiser l'agitation soulevée par le traité du Bardo, on annonçait des améliorations au sort de la population; qu'a-t-on vu?

On soulevait la Tunisie en disant aux Tunisiens qu'ils auraient deux maîtres à payer. Et nous n'avons pas trouvé une promesse à faire aux Arabes! On n'a pas parlé de réduction d'impôts, parce qu'il y avait la commission des finances.

En conservant les institutions tunisiennes, vous succédez à l'impuissance du bey, et il vous est impossible d'accomplir des réformes suffisantes.

Il y a encore autre chose : quelle sécurité nous donne le traité? Il ne supprime pas les difficultés de la frontière ; il les recule, au risque de les aggraver.

Si vous n'avez pas la frontière tunisienne, vous en aurez une autre. Elle sera plus voisine de la Porte, et vous aurez des difficultés européennes si vous avez avec la Porte des difficultés de frontière.

On nous a dit qu'on voulait garder la Tunisie intacte pour ne pas avoir la Porte pour voisine; que si la Tunisie n'existait pas, il faudrait l'inventer.

Ce raisonnement revient à dire que nous n'avons plus de difficultés sur la frontière algérienne parce que la Tunisie est à nous, et que nous n'aurons pas de danger sur la frontière tripolitaine parce que la Tunisie n'est pas à nous.

La vérité est que si un incident se produisait sur la frontière tripolitaine, c'est nous qui serions chargés de le vider, soit par les armes, soit par des négociations. Par les armes? Il faudra donc que nous mettions la main sur l'armée tunisienne, qui ne peut rester indépendante. Par la voie diplomatique? C'est nous qui aurons à agir, le traité interdisant au bey de négocier sans notre autorisation.

Ce traité a, pour nous, les mêmes inconvénients que l'annexion. Et il en présente d'autres spéciaux. Nous gouvernons la Tunisie au moyen de fonctionnaires indigènes qui sont et seront toujours nos ennemis parce qu'ils sont Arabes et mahométans.

Mustapha l'avait été. Nous l'avons fait venir à Paris ; nous lui avons donné le grand-cordon de la Légion d'honneur, qui aurait pu être placé autrement. *(Très bien ! très bien ! sur divers bancs à gauche et à droite)*, puis, après l'avoir gagné, nous l'avons remplacé par un musulman encore plus fanatique et plus ennemi de la France, le Kasnadar !

Nous avons voulu nous servir de l'armée tunisienne. Nous avons été obligés de mettre à sa tête l'héritier du bey, Ali-bey, autre ennemi déclaré de la France. Quel a été le premier résultat ? le massacre de l'Oued-Zargha.

Nous avons marché sur Kairouan. Nous avions le projet d'emmener Ali-bey avec nous, et au jour précis on apprend qu'une insurrection a éclaté dans son camp : il n'est pas allé à Kairouan. Il a fallu licencier son armée et rendre au repos ce grand général auquel l'agence Havas faisait déjà une gloire.

Pouvons-nous espérer de nous servir des indigènes, pour lesquels nous serons toujours des ennemis, étant des étrangers et des chrétiens ? La situation est celle-ci : à une époque normale, ils nous obéiront dans les choses que nous pourrons surveiller; ils nous échapperont partout ailleurs, et si une crise européenne leur faisait croire que la puissance de la France est compromise, ceux que nous aurions mis au pouvoir se tourneraient immédiatement contre nous.

Dans une telle situation, qu'est-ce que le traité du Bardo ? Le protectorat a tous les inconvénients de l'annexion sans en avoir les avantages. Ce n'est pas une solution, ce n'est qu'une transition. Il ne représente que l'embarras d'un gouvernement qui ne voulait pas avouer qu'il cherchait une conquête et qui a fait un compromis avec ses propres hésitations.

Le protectorat établit un équilibre instable qui doit verser du côté de l'annexion. Pour moi, je ne veux de l'annexion à aucun prix. Si, dès le premier moment, on avait parlé à la France d'annexion nouvelle, il y aurait eu un mouvement

unanime d'opinion pour le repousser. (*Très bien! très bien!
sur divers bancs à gauche.*)

C'est pour cela que je demande au Gouvernement ce
qu'il compte faire en Tunisie. Il ne suffit pas de dire qu'on
ne fera rien pendant les vacances de la Chambre. Cette
expédition jusqu'ici a été une expédition de vacances. (*On rit.*)

Je suis persuadé que le Gouvernement a l'intention de
ne rien engager pendant l'absence des Chambres; mais ne
peut-il pas naître un incident qui l'oblige à aller plus loin
qu'il ne voudrait?

D'ailleurs, comment réorganiser ce pays sans indiquer si
on doit en faire un pays indépendant ou une province française? Je demande au Gouvernement quelles conditions
d'avenir il entrevoit.

On lui prête une grande impatience de s'expliquer devant
le pays. Il ne l'a pas fait encore.

M. LE PRÉSIDENT DU CONSEIL. — Vous n'aviez qu'à inter-
peller.

M. PELLETAN. — En effet, si le Gouvernement n'a pas
parlé, cela tient à ce qu'il y a eu une velléité d'interpellation qui a papillonné un peu sur tous les bancs sans se
poser nulle part. (*On rit.*)

Je ne suis pas très désireux d'une interpellation où toutes
les questions seraient effleurées et non résolues. Mais voici
une occasion de nous dire quelle est, sur une question essentielle, la politique du Gouvernement, quels sont ses desseins. Je demande au Gouvernement quelle est sa politique
en Tunisie et où elle tend. (*Applaudissements à l'extrême gauche et à droite.*)

M. LE PRÉSIDENT DU CONSEIL. — Messieurs, l'honorable M. Pelletan, tout en regrettant que l'on ne m'ait
pas adressé plus tôt des interpellations sur la politique générale, soit intérieure, soit extérieure, a demandé à profiter du débat ouvert sur les crédits
extraordinaires pour interroger le Gouvernement sur
ce qu'il pense de la question tunisienne, de son avenir, et des mesures qu'il compte prendre pour assurer cet avenir.

Messieurs, j'ai déjà, dans les explications précédentes apportées par moi en réponse à l'honorable M. Delafosse, dit tout à l'heure à la Chambre ce que nous pensions de la situation qui est faite à la France dans la régence de Tunis ; je ne peux pas pour aujourd'hui dépasser les limites que j'ai indiquées à cette occasion ; mais je n'ai aucune raison de ne pas m'expliquer sur tous les points qui ont été soulevés par l'honorable M. Pelletan.

M. Pelletan nous a présenté le traité de Kassar-Saïd comme engendrant pour la nation française une impossibilité de transformer l'administration intérieure du pays soit au point de vue financier, soit au point de vue administratif, soit enfin au point de vue de la sécurité intérieure ; et, pour établir cette impossibilité de transformer le gouvernement beylical, l'honorable M. Pelletan a présenté, avec son esprit habituel, le tableau, on peut même dire qu'il a fait la physiologie du gouvernement beylical. Il vous a indiqué, avec autant de justesse que de talent dans la forme, le fonctionnement d'un ministère beylical, la succession des déprédations qui s'y commettent, la corruption de ses instruments et, par conséquent, l'impossibilité, si l'on persévérait dans ces errements, de jamais introduire, même avec le concours de la France, l'ordre, la régularité et la probité dans la perception des impôts. Ce n'est pas moi, Messieurs, qui nierai l'exactitude de ces différents portraits. (*Mouvements divers.*)

Mais la question est de savoir précisément s'il n'est pas d'un intérêt commun, non seulement pour la France, mais pour tous les pays qui ont des nationaux et des intérêts en Tunisie, de mettre un terme à ces dilapidations, à ces actes d'oppression, à ces actes d'exploitation scandaleuse dont la Régence ne nous donne que trop d'exemples.

Eh bien, le traité de Kassar-Saïd indique très nettement que le gouvernement français tient maintenant du bey la possibilité de remanier tout le fonctionnement de l'impôt et de la dette, et je ne crois pas qu'il soit plus impossible de réaliser dans la régence de Tunis la réforme financière, qu'il ne l'a été, par exemple, en Égypte.

Je ne vois pas pourquoi on ne pourrait pas appeler du dehors et introduire dans ce pays de bons agents, des administrateurs habiles et éclairés, afin d'y établir un contrôle sérieux en s'assurant de l'exacte probité des préposés, et aux douanes, et à la perception de l'impôt; je ne sais pourquoi l'on ne pourrait pas en même temps soulager ces malheureuses populations comme on a soulagé les malheureux fellahs du Nil, en apportant dans la Régence à la fois la justice pour les contribuables et la prospérité pour le pays. (*Très bien! très bien! à gauche et au centre.*)

Messieurs, je crois que c'est une entreprise qui s'impose à la France, à la France protectrice, non pas annexionniste; et je n'aperçois pas les obstacles qu'elle pourrait rencontrer à ces réformes, soit chez les autres nations, soit chez le bey lui-même. Car le bey, qu'on nous présente comme un ennemi persistant, comme un homme qui conserve au fond de son cœur une rancune inexpiable contre les Français qui sont venus l'opprimer: ce bey, il est, comme tous les souverains musulmans, prêt à accueillir les étrangers quand il touche le bénéfice de la présence, de l'intelligence et de l'action étrangère.

A coup sûr, si nous étions allés à Tunis en conquérants, en oppresseurs des populations pour prendre la succession de ces ministres dont on a entretenu la Chambre, à coup sûr, en effet, nous aurions soulevé des haines inexpiables, et nous ne pourrions jamais compter sur le concours amical du gouvernement du bey. Mais est-ce là ce que nous voulons faire?

Attendez au moins que nous venions vous apporter, — et c'est sur ce point-là que j'attire votre attention, — attendez que nous vous apportions ce projet de

constitution administrative et financière sans laquelle,
en effet, la situation en Tunisie ne serait pas changée.
(*Approbation.*)

L'honorable préopinant a également fait allusion à
ces populations levantines qui grouillent autour des
pouvoirs constitués, de la variété des nationalités
qu'elles représentent, de la facilité avec laquelle elles
changent de pavillon, de la multiplicité des conflits
qu'elles élèvent auprès de tous les consuls : et, à ce
propos, l'honorable collègue auquel je réponds a laissé
échapper un mot que je regrette sur l'abolition des
capitulations. Il a dit que les capitulations devaient
être rapportées par un gouvernement républicain,
qu'un gouvernement républicain devait mettre son
honneur à en poursuivre l'abolition.

Eh bien, je ne pense pas que l'état de la civilisation
des peuples orientaux et de leurs gouvernements soit
arrivé à ce degré de garantie, de sécurité où nous
pourrions renoncer à une protection séculaire qui a
été établie dans l'intérêt de nos nationaux et non pas
dans l'intérêt des pays où ils vont faire le commerce.
(*Très bien! très bien! et applaudissements.*)

M. CAMILLE PELLETAN. — On y a renoncé en Égypte.

M. LE PRÉSIDENT DU CONSEIL. — Cela a eu lieu en
Égypte. Je ne dis pas qu'il n'y ait des pays qui pro-
gressent et que, à mesure que le progrès est constaté,
qu'on a franchi un degré pour échapper à la barbarie
et entrer en contact avec la civilisation, l'Europe ne
puisse, par son action et son intervention, venir aider
à cette progression, à ce développement, en initiant
peu à peu ces populations à des institutions plus modernes, en créant des tribunaux mixtes, par exemple,
et en portant la réforme des capitulations sur un point
particulier, sur celui qui est le plus intéressant pour
les peuples étrangers : la justice.

Je ne verrais aucun obstacle, pour ma part, à ce
qu'on pût étudier dans la Régence, au grand profit

des gouvernements, et surtout pour l'apaisement de ces querelles diplomatiques incessantes qui sont très souvent le résultat d'un amour très fier de chaque consul pour son pavillon, que le goût professionnel entraîne quelquefois au delà de la mesure; je ne serais donc pas fâché de voir introduire là une organisation de tribunaux mixtes, non pas sur le plan de l'Égypte, parce que le pays de la Régence n'est pas assez avancé pour supporter une organisation aussi complète, mais enfin une ébauche de justice mixte.

Oui, Messieurs, cette ébauche de réforme est possible, croyez-le bien, si elle est poursuivie dans un esprit désintéressé, pacifique, dans un esprit d'apaisement des rivalités, dans un esprit de civilisation; si cette réforme est véritablement appliquée à la suite du vote que vous rendrez; car, sans votre vote, elle ne sera pas réalisable, et soyez convaincus que ces revenus qui se perdaient, qui s'égaraient en route, qui, partant de Kairouan, n'arrivaient à Tunis qu'à l'état d'atome impalpable dans les coffres du bey *(On rit)*, je crois qu'ils s'accroîtront et que vous pourrez, en même temps que vous assurerez la protection des créanciers étrangers, développer à l'intérieur les voies et moyens de communication.

Voilà ce que le traité vous autorise à tenter, voilà ce qu'il permet de faire.

Maintenant, il n'est pas douteux qu'il y aura des difficultés. — toutes les solutions ont leurs difficultés, Messieurs, — mais je crois que l'annexion serait la difficulté par excellence; car c'est celle-là qui exigerait le plus grand nombre de troupes. *(Applaudissements.)*

M. PAUL DE CASSAGNAC. — C'est la même chose?

M. LE PRÉSIDENT DU CONSEIL. — C'est votre opinion, cela ne peut pas être la mienne, puisque j'expose en quoi elle en diffère. *(Très bien! très bien! au centre.)*

Je dis que l'annexion me paraîtrait la plus lourde des charges, précisément parce que ce serait la sub-

stitution violente de la France au gouvernement beylical, parce qu'elle supprimerait la dynastie, qu'elle
affronterait les rancunes et les résistances des populations et qu'elle se mettrait en face des autres
puissances sur un pied de *Noli me tangere!* qu'elle
déchirerait tous les traités, toutes les conventions
antérieures et latérales et que, par conséquent, elle
serait pour nous ce qu'est la conquête et l'occupation
de l'Algérie.

Je crois, Messieurs, que cette solution n'est pas
dans les précédents diplomatiques qu'on a exposés,
qu'elle n'est pas dans le traité de Kassar-Saïd, et il
faut rester dans la situation actuelle, sous la garantie
de ce traité, rien que de ce traité.

Oh! il y a une autre solution, beaucoup plus simple,
celle-là, et qui apparaît comme n'apportant aucune
charge, comme ne pouvant entraîner aucune responsabilité, comme mettant fin à toutes les difficultés, à
toutes les ouvertures de crédits, à toutes les nécessités qui, certainement, sont faites pour attirer votre
sollicitude, — et à ce point de vue, Messieurs, je trouve
vos inquiétudes de représentants du pays parfaitement
légitimes; — mais enfin qui s'imposent dans toutes les
solutions; — c'est l'abandon qui se cache derrière
l'argumentation de M. Pelletan. (*Applaudissements à
gauche et au centre.*)

Avec infiniment d'esprit, l'honorable M. Pelletan
nous a fait voir les différentes difficultés des divers
projets qui s'appellent l'annexion, ou l'occupation
temporaire, ou le protectorat purement diplomatique;
toutes ces questions, il les a traitées, mais il s'est bien
gardé de vous dévoiler quelle était la conséquence
fatale, nécessaire, de la politique qu'il apportait à la
tribune. Cette politique, c'est l'abandon! (*Nouveau
mouvement.*)

L'abandon!... Je ne parle pas, — ne voulant soulever
aucune espèce d'émotion dans la Chambre, — je ne

parle pas du discrédit que l'abandon attirerait sur notre politique et sur notre puissance extérieure, non seulement en Europe, mais peut-être dans tout le monde musulman, et partout où vous avez des intérêts et des points de contact avec une puissance commerciale ou coloniale quelconque. (*Applaudissements à gauche et au centre.*) Non, je ne veux pas jeter votre attention dans cette direction. Je me place au point de vue spécial de la Tunisie elle-même, des effroyables responsabilités qui seraient la conséquence d'une évacuation. (*Très bien! très bien! à gauche et au centre.*)... Sortez de la Tunisie sans savoir qui y entrera demain, et vous pouvez être sûrs que les tribus que vous aurez chassées reparaîtront altérées de vengeance, et que si elles rencontrent sur leur chemin, je ne dis pas un Français, mais un Européen quelconque, ce sera par le meurtre, le pillage, le vol, qu'elles se vengeront! (*Applaudissements au centre et à gauche.*) Et, alors, c'est à vous, c'est à la France qu'on demandera légitimement compte de l'abandon que vous avez fait, de la retraite de votre armée, de votre pavillon. (*Nouveaux applaudissements sur les mêmes bancs.*)

M. PAUL DE CASSAGNAC. — Il ne fallait pas y aller! (*Exclamations à gauche.*)

M. PIERRE ALYPE. — Parlez-nous donc de la guerre de 1870, que vous avez votée!

M. LE PRÉSIDENT DU CONSEIL. — Je n'ai pas à répondre sur cette question. Nous sommes en présence d'une situation nette, définie; nous y sommes, que devons-nous faire? (*Interruptions à droite.*)

M. LE PRÉSIDENT. — Je vous prie de ne pas interrompre et de laisser M. le président du conseil s'expliquer au nom du Gouvernement.

M. LE PRÉSIDENT DU CONSEIL. — Je dis que quelle que soit l'opinion des partis sur le point de départ, sur les origines, sur la mise en œuvre de la politique qui nous a conduits à Tunis; je dis que quels que soient l'opinion et le sentiment de chacun, on n'est plus libre, on est lié. (*Très bien! au centre et à gauche.*)

Voix à droite. — Il ne fallait pas nous lier.

M. LE PRÉSIDENT DU CONSEIL. — Mais, Messieurs, vous vous délierez. Vous l'avez déjà fait dans la période électorale ; vous avez déjà rejeté les engagements pris, et le pays vous a jugés, vous a condamnés. (*Applaudissements au centre et à gauche.* — *Murmures à droite.*)

M. PAUL DE CASSAGNAC. — Vos préfets ont menti! (*Exclamations à gauche.*)

M. LE PRÉSIDENT. — Les interruptions ne peuvent continuer, je serai obligé de rappeler à l'ordre leurs auteurs.

M. LE PRÉSIDENT DU CONSEIL. — Je dis que la politique qui s'impose, c'est de restreindre au minimum nécessaire les charges qui découlent de l'expédition de Tunisie (*Très bien! à gauche*); je dis que c'est là une préoccupation constante de votre gouvernement. Mais, à côté de ce besoin de réduire au minimum les sacrifices imposés, sacrifices qui, en définitive, profitent à l'honneur et à la puissance de la France, il y a une question engagée dans ce débat : il s'agit de savoir si, oui ou non, par suite de considérations, de nécessités particulières, par suite de conditions commerciales, même historiques, il s'agit de savoir si vous avez une politique extérieure coloniale; il s'agit de savoir si, sans courir les aventures; si, sans provoquer des contacts peut-être irritants, dangereux même, avec d'autres pays, d'autres puissances, il s'agit de savoir si ce qui vous appartient, si ce qui, de tradition immémoriale dans ce pays, a été le but de tous les gouvernements, il s'agit de savoir si, mis en demeure de le défendre, de le protéger, vous vous déjugerez, si vous trahirez votre histoire! (*Applaudissements au centre et à gauche.*)

Je ne le crois pas, et, Messieurs, voulez-vous toute ma pensée? car je vous parlerai toujours sans réticences, sans réserves : ce qui a manqué aux politiques précédentes, c'est la netteté, c'est la fermeté. Oui, quand on dira au Parlement français, ici ou dans l'autre Chambre, qu'on lui apporte une résolution de nature à conserver le patrimoine colonial de la France, à l'affermir, à l'agrandir, et que la solution qu'on vous propose est suffisamment respectueuse de l'ordre et du concert européen, que l'on peut à travers les difficultés, qu'il faut savoir résoudre tous les jours et au jour le jour, que l'on peut, sans faire œuvre d'annexion, régler dans la Méditerranée, au profit de la France, — car la France, j'imagine, a bien le droit de parler à son profit... (*Très bien! très bien!*) — quand on viendra dire nettement quels sacrifices il faut consentir, à quelles limites ils s'arrêtent, à quelles charges ils répondent, à quels besoins supérieurs ils donnent satisfaction, je suis convaincu que, pourvu qu'on dise sincèrement, nettement, les choses, il y aura toujours un écho dans le pays et dans le Parlement pour juger et approuver cette politique. (*Applaudissements à gauche et au centre.*)

Où en sommes-nous? Je le répète, nous sommes à la fin de l'expédition militaire, en présence d'un gouvernement désorganisé, — qui vous l'a contesté? — d'un gouvernement servi par des agents équivoques, — qui le nie? — C'est précisément ce que nous voulons changer; mais ce que j'affirme, ce qu'on ne peut pas contester, c'est l'intérêt que la France a de voir à la porte orientale de sa grande possession africaine un gardien, un portier vigilant et, j'ajoute, suffisamment sympathique. (*Très bien! très bien! à gauche et au centre.*) Il le faut pour écarter précisément ces inquiétudes que vous ressentez comme nous-mêmes à certains jours, à certaines heures; ces inquiétudes, Messieurs, il faut les écarter avec fermeté, parce que la paix, comme l'ordre, sont les deux passions de notre démocratie. (*Très bien! très bien!*)

Il faut, Messieurs, — et toute la politique est là, — il faut savoir prévoir. Eh bien, une des prévisions qui s'imposent le plus, c'est la difficulté, quand on a une possession très étendue, de la bien garder sur ses flancs. Or, le flanc de la Tunisie est ouvert; je ne dis pas qu'il faille, au risque de charges véritablement excessives, porter notre possession militaire jusqu'à la frontière tripolitaine. Non; et voici pourquoi.

J'estime, comme la plupart de nos politiques, — et M. de Broglie prononçait au Sénat un mot extrêmement juste quand il disait qu'être voisin de la Porte c'était être voisin de tout le monde, — j'estime qu'il ne faut pas être trop voisin de la Porte, non pas que le contact n'ait pas perdu de son danger depuis quelque temps, mais j'estime que le rapprochement doit être le plus éloigné possible.

J'ajoute, Messieurs, que lorsqu'on peut trouver un prince arabe qui n'ait qu'un lien absolument idéal, religieux avec le khalife, quand on peut le faire entrer dans le cercle de la politique française, quand les intérêts sont de nature à l'y lier, je dis qu'il ne faut pas manquer de veiller à ces intérêts.

Cette politique a été la politique constante de tous les gouvernements colonisateurs depuis les Grecs, les Romains, les Carthaginois, jusqu'aux Anglais, qui sont et qui restent nos maîtres dans cette matière; cette politique consiste précisément à agir sur le prince, sur le rajah, et à trouver avec lui des accommodements qui, en même temps qu'ils garantissent la sécurité intérieure de ses États, garantissent le pouvoir protecteur contre les intrigues, les menées, les manœuvres des rivaux. Je dis, Messieurs, qu'il ne faut pas hésiter à suivre cette politique. Le protectorat ainsi compris n'est pas l'annexion déguisée, mais la négation de l'annexion. C'est au jour le jour, je le répète, la présence vigilante, permanente, tangible, d'un agent du Gouvernement, surveillant tous ses intérêts, intervenant à chaque instant et pouvant empêcher des déviations et des compromissions fatales aux intérêts mêmes du pays qu'il représente. (*Très bien! très bien!*)

Messieurs, je n'ai voulu que donner une preuve de ma disposition constante à la discussion en venant répondre à l'interpellation qui s'est glissée dans le débat de la loi sur les crédits. Mais ce que je dis, en descendant de cette tribune, n'est que le résumé des observations que j'ai présentées en répondant à M. Delafosse.

Le traité de Kassar-Saïd, que vous avez ratifié et voté, et dont les stipulations sont parfaitement honnêtes et réalisables, constitue pour nous, à l'heure actuelle, la charte et le contrat qui lient le bey à la France et la France au bey. Et quand nous passerons à l'examen des dispositions des diverses clauses qui ont été conclues et qui, je le répète, sont administratives, diplomatiques et financières, nous viendrons devant vous et nous vous dirons : Voilà le mode d'exécution que nous vous proposons ; nous sommes prêts à le discuter, et nous avons le sentiment de servir la France en le faisant prévaloir. (*Applaudissements répétés à gauche et au centre. — M. le président du conseil, en retournant à son banc, reçoit les félicitations de ses collègues.*)

M. Cuneo d'Ornano. — Je voudrais répondre sur un point de l'argumentation de M. le président du conseil. Répondant à ceux des membres de cette Chambre qui prétendent que le traité du Bardo nous a imposé des liens que les intérêts du pays n'exigeaient peut-être pas, M. le président du conseil a dit : « Vous vous êtes liés devant le pays. »

C'est la suite de cette tactique qui consiste à dire que la France est liée, que la Chambre est liée, et que tout orateur qui condamne le traité du 12 mai essaye de vous amener à rompre un engagement contracté.

Or, il n'en est rien ; l'ancienne Chambre n'est liée que par une équivoque. (*Réclamations à gauche et au centre.*)

M. LE PRÉSIDENT. — Je n'entends pas nier le droit de l'orateur d'inviter le Gouvernement à entrer dans une autre voie politique ; mais je pense que son intention n'est pas de contester la légitimité d'un traité qui a été ratifié par les pouvoirs compétents. (*Très bien! très bien!*)

M. CUNEO D'ORNANO. — En effet, je n'entends pas contester la légitimité du traité : mais je soutiens qu'il y a eu au début de la guerre une grande équivoque.

M. le président du conseil nous a dit : Vous êtes liés devant le pays!

J'affirme qu'aucun des membres de la majorité ne s'est présenté devant le pays en lui disant la vérité sur cette guerre de Tunisie ; aucun d'eux n'a posé la question nettement comme elle est posée aujourd'hui, et ne s'est présenté devant le peuple en disant : La guerre de Tunisie durera longtemps ; elle retiendra 50,000 hommes pendant l'année 1881, elle nous obligera à voter pour 1882 de nouveaux crédits.

Tirer du vote qui a ramené cette majorité sur ces bancs une approbation explicite du traité du 12 mai, c'est ne pas apprécier dans son véritable sens les élections du 21 août et du 4 septembre.

En effet, tous les candidats appartenant à la majorité disaient au pays que l'expédition tunisienne était une simple opération de police essentiellement provisoire, qui n'engageait en rien l'avenir du pays, et dans laquelle la souveraineté nationale serait toujours à même d'arrêter le Gouvernement.

Voilà ce qu'on disait contre nous, ce que la majorité républicaine affirmait devant le pays. J'ai donc le droit de dire que le pays n'a pas été éclairé.

Parlerai-je des déclarations de vos préfets? (*Bruit à gauche. — Voix : A la question!*)

Je suis dans la question. J'ai voulu simplement élever une protestation contre les paroles prononcées à cette tribune par le président du conseil, paroles qu'il avait déjà prononcées le 9 novembre ; j'ai voulu m'élever contre le système qui consiste à dire qu'au mois de mai dernier le pays, par l'intermédiaire de ses représentants, a apposé sa signature sur le traité du Bardo.

On ajoute aujourd'hui que le 9 novembre vous lui avez

donné une consécration nouvelle. Oui, mais dans quelles circonstances ?

Rappelez-vous dans quelles conditions ce vote a été émis; vous aviez repoussé l'ordre du jour pur et simple auquel s'étaient ralliés le président du conseil du ministère démissionnaire et le président du conseil du cabinet actuel.

Vous aviez donc repoussé le bill d'indemnité qu'on vous demandait. Qu'est-il arrivé ? c'est qu'à la suite de propositions d'ordres du jour sur lesquelles vous n'avez pu vous mettre d'accord, M. le président du conseil est venu vous dire: Adoptez ce traité, mettez-y à nouveau votre signature; et vous avez voté cet ordre du jour, permettez-moi l'expression, de guerre lasse! (*Bruit à gauche et au centre.*)

Le traité du Bardo! mais c'est à peine s'il a été lu à cette tribune. Je me souviens de vous en avoir lu quelques articles à la séance du 23 mai, et à cette lecture les critiques incontestables, — et qui demeurent incontestées, — que vient de formuler M. Pelletan ont surgi à tous les esprits.

On vous a dit que le tampon si nécessaire formé par la Tunisie entre nos possessions et les possessions turques de la Tripolitaine, continuerait d'exister : mais on oublie donc l'article 3 du traité qui vous oblige à donner votre assistance et le concours de vos armes au bey dans toute l'étendue de la Tunisie ?

La protection de notre drapeau s'étend, en vertu de cet article, jusqu'à la frontière tripolitaine. Ne dit-il pas, en effet, que la République française garantit et la personne et les États du bey?

Quant à moi, je n'ai ni l'espérance ni l'ambition de persuader la Chambre. Mais je ne peux m'associer par mon vote à ce qu'on vous demande.

Je ne vois pas où est véritablement l'intérêt national dont nous nous sommes faits en Tunisie les champions.

Oh! je n'entends pas refuser les moyens de combattre, à cette armée qu'on a justement louée. Moi aussi j'ai peut-être qualité, autant que qui que ce soit ici, pour la louer!

Cette armée, elle n'est pas l'armée d'une opinion ou d'un parti, elle est l'armée de la France! elle renferme dans ses rangs nos fils et nos amis aux uns comme aux autres. Oui, nos soldats n'ont qu'un devoir, et ce devoir c'est d'obéir.

Si j'étais moi-même soldat français combattant en Tunisie, je n'aurais, moi aussi, qu'un devoir, qui serait de défendre avec courage le drapeau national.

Mais je ne suis pas un soldat combattant en pays ennemi sous le drapeau français, je suis ici un député à la tribune, et comme tel j'ai le droit de demander aux ministres pourquoi ils ont engagé ce drapeau, pourquoi nos soldats combattent et meurent en Tunisie.

Je refuserai donc mon vote aux crédits demandés, et je constate que par ces crédits l'on engage un nouvel exercice.

Cette guerre que, pendant la période électorale, on présentait comme une simple expédition de police, voici qu'elle a rempli 1881, qu'elle entame 1882 !

On vous demande, rien que pour janvier 1882, un crédit de 3 millions, ce qui ferait 36 millions pour l'année entière.

Nous avons donc 36 millions à dépenser annuellement, et une armée de 40,000 hommes à entretenir en Tunisie.

Voilà où le ministère précédent nous a engagés, où le ministère actuel veut nous maintenir.

Nous tenons à répudier hautement toute solidarité avec une pareille aventure. (*Approbation à droite.*)

M. DELAFOSSE. — M. le président du conseil, en me répondant, a mal interprété les observations que j'avais présentées. Je demande à lui répliquer en quelques mots pour formuler une rectification.

Je ne chercherai pas à savoir de M. le président du conseil ce qu'il ne veut et ne peut dire : il nous annonce à bref délai un projet de solution pour la question tunisienne, j'attendrai de le connaître pour le discuter.

M. LE PRÉSIDENT DU CONSEIL. — Non pas de solution, mais d'organisation.

M. DELAFOSSE. — L'organisation sera la solution.

La réponse de M. le président du conseil a d'ailleurs confirmé l'explication que j'avais donnée des termes du rapport, à savoir que le vote du crédit sera la sanction de l'exécution intégrale du traité du Bardo : c'est contre cette exécution intégrale que je crois devoir protester.

M. le président du conseil s'est étonné que je demande la non-exécution d'un traité signé par la France et par ses représentants.

Ce n'est pas cela que j'ai demandé. Non, ce que je veux, ce n'est pas cette sorte de forfaiture ; je ne demande pas

que la France dénonce sa signature. Mais je ferai remarquer
que tous les traités n'ont pas été exécutés intégralement ;
ceux de Paris, de Prague, de Berlin, n'ont pas été exécutés
intégralement.

Il n'y en a qu'un qui ait été exécuté intégralement, c'est
celui de Francfort, et nous n'avons pas à nous en louer.

Quant au traité du Bardo, ce n'a été qu'un *ultimatum*
rédigé à Paris et notifié *ne varietur* au bey.

Si le gouvernement français a pu rédiger seul ce traité,
il a sans doute aussi qualité pour le reviser. Et si je dis que
ce traité est inexécutable, je n'ignore pas qu'il résulte de
la situation des obligations qui s'imposent à nous et, à ce
point de vue, je reconnais le bien fondé des observations
qui ont été présentées par M. le président du conseil.

Mais je signale à la Chambre les articles 3, 4 et 6 du
traité.

Si la Chambre voulait les exécuter intégralement, elle y
trouverait une source de conflits internationaux. J'attends
le projet qu'on nous annonce. Personne ne s'étonnera que
nous voulions le connaître avant de l'approuver. (*Approbation sur divers bancs.*

M. CAMILLE PELLETAN. — Je ne veux faire qu'une rectification : non seulement nous n'avons jamais songé à réclamer
l'abandon immédiat de la Tunisie, mais moi-même, dans la
presse, j'ai indiqué les périls que présenterait cette solution.

Ce que nous demandons, c'est qu'on dirige la politique
de manière à dégager la France de la Tunisie, non d'un
jour à l'autre, mais avec les précautions nécessaires pour
sauvegarder les intérêts nationaux.

Il faut, je le répète, qu'on dise au pays qu'on est résolu
à se dégager de la Tunisie aussitôt que le permettront les
intérêts engagés dans la question. (*Approbation sur divers
bancs à gauche.*)

M. LE PRÉSIDENT DU CONSEIL. — Messieurs, si quelque
chose pouvait prouver l'excellence du régime parlementaire et de la discussion, c'est la conclusion à
laquelle ce débat vient d'aboutir. (*Marques d'approbation.*)

Les déclarations qui viennent d'être apportées à

cette tribune par le protagoniste même de l'opposition
à l'expédition tunisienne prouvent que lorsqu'on approche de la difficulté, lorsqu'on l'envisage en face,
lorsqu'on évoque les intérêts divers qui y sont engagés, et les responsabilités qui pourraient résulter
surtout d'un défaut de suite et de persévérance dans
la politique et dans des engagements pris, on est bien
près de s'entendre; et cela ne m'étonne pas, parce
que c'est le Français qui parle et non l'homme d'opposition. (*Applaudissements.*)

Mais je laisse de côté ce débat parce que je le crois
épuisé. Je voudrais maintenant demander à la commission qui a statué sur la demande de crédits extraordinaires. une simple explication.

Elle a imputé, d'accord avec le Gouvernement, sur
l'exercice 1882, du 1ᵉʳ janvier au 1ᵉʳ février, une somme
de 3 millions et quelques centaines de mille francs,
guerre et marine compris; mais croyant, certainement, répondre à une préoccupation de la Chambre.
à une plus grande rigueur de légalité financière, elle
a supprimé le chapitre xxix sur l'exercice 1881, qui
aurait été le chapitre xxx sur l'exercice 1882, et elle
a porté au budget ordinaire de 1882 le supplément de
ressources nécessaire pour faire face à l'expédition de
Tunisie pendant le mois de janvier.

Messieurs, cette question pourrait donner lieu à de
très grands développements, je pourrais la contester.
Je crois que dans les derniers débats qui ont eu lieu.
on a très victorieusement établi que l'on ne sortait
pas de la légalité par les imputations provisoires. Mais
comme on liait la question parlementaire à la question financière. et que ce qu'on reprochait à l'administration précédente, c'était bien moins les imputations provisoires que les ouvertures de crédit en
dehors de la convocation des Chambres... (*C'est cela!
c'est cela! sur divers bancs à gauche*), il s'est formé sur
cette matière une opinion que j'ose qualifier d'erro-

née. Remarquez bien que je n'y tiens pas; j'accepte très bien la solution de la commission des crédits supplémentaires; seulement, je veux faire remarquer au Parlement que c'est là une précaution mal prise, et que si on a cru par là atteindre un de ces deux buts : lier les mains au ministre de la guerre en matière de dépenses extraordinaires, et ensuite assurer d'une façon plus spéciale et plus distincte le contrôle parlementaire, on s'est trompé sur l'un et l'autre de ces buts.

Je mets de côté, vous l'entendez bien, la question de la convocation nécessaire et préalable du Parlement en matière d'ouverture de dépenses; je ne traite que la question que nous appellerons de comptabilité publique.

Eh bien, sur le premier point : Avez-vous lié le ministre de la guerre et le gouvernement? Vous êtes-vous assurés qu'il ne va pas se glisser un virement qui ne sera pas un mode d'opérer légal? Examinons.

Vous me dites : Dans le mois de janvier, je vous donne 250,000 francs pour la solde des troupes, ou 75,000 francs pour la solde des états-majors, et je les porte au budget ordinaire.

Eh bien, en faisant figurer cette somme dans le budget ordinaire au chapitre de la solde, quelle garantie avez-vous que ce ne sera pas 300 ou 400,000 francs qui seront dépensés, grâce aux facilités que le ministre possède, à l'aide du jeu, et qu'il garde, de se mouvoir dans tout le chapitre de la solde elle-même? Et surtout faites-moi le plaisir de me faire connaître comment la commission des comptes dans cinq ans, et la Cour des comptes dans quatre ans, s'y prendront pour savoir si ces 250,000 francs ont été dépassés dans l'exercice par douzième de 1882.

Messieurs, permettez-moi de vous dire que si vous aviez conservé le chapitre XXIX pour en faire un chapitre XXX, vous auriez localisé la dépense, et vous ne l'auriez pas confondue en la noyant dans des dépenses de même nature au budget ordinaire; vous n'auriez pas un contrôle immédiat, mais vous auriez assuré un contrôle *à posteriori*, un contrôle ultérieur. Car, dans ces conditions, vous confiez au ministre de la guerre une goutte d'eau pour son budget, et vous le mettez dans la situation d'un homme à qui vous feriez jeter cette goutte d'eau dans la Seine au pont des Arts en lui recommandant d'aller la recueillir au Havre. (*Rires et applaudissements à gauche et au centre.*)

Voilà la précaution que vous avez prise.

M. DE DOUVILLE-MAILLEFEU. — C'est la précaution inutile!

M. LE PRÉSIDENT DU CONSEIL. — C'est la précaution inutile, comme le dit M. de Douville-Maillefeu.

On pourrait employer une autre épithète, mais je m'en abstiens. (*Nouveaux rires.*)

Eh bien, si la commission veut véritablement obtenir les deux contrôles d'une manière efficace et certaine, par la division et par la spécialité des crédits... (*C'est cela! c'est cela!*) et surtout, — ce qui est un intérêt politique intéressant pour le Parlement, très intéressant pour le gouvernement, — ce que l'on doit au pays, si l'on veut pouvoir exactement lui dire : Voilà le quotient de la dépense tunisienne; il n'est ni augmenté — ce qui serait le fait de l'amendement de M. Bienvenu — ni diminué, — ce qui serait le résultat de la confusion que vous faites entre la nature des crédits extraordinaires perdus dans les crédits ordinaires, — que faut-il faire?

Voilà la question : je ne tiens pas le moins du monde à ce que le procédé indiqué soit adopté. Car ce que vous proposez, c'est le retour aux pratiques du passé, c'est la pratique même des budgets de l'Empire...

M. GOBLET, *rapporteur*. — C'est la loi de 1879!

M. LE PRÉSIDENT DU CONSEIL. — Oui, je connais votre

distinction; mais je dis qu'en portant au budget ordinaire les crédits extraordinaires, c'est vous qui faites les imputations : seulement, au lieu de les faire provisoires, vous les rendez permanentes.

Remarquez que je ne conteste pas; je ne lutte ici que pour dégager la responsabilité du Gouvernement, car si je ne luttais que pour sa liberté d'action... (*Très bien! très bien! à gauche et au centre*), que pour lui assurer le droit de se mouvoir, même en dehors de votre volonté, c'est votre système que j'adopterais. (*Vifs applaudissements à gauche et au centre.*)

M. WILSON. — La majorité de la commission des crédits m'a chargé de fournir à la Chambre, en réponse à M. le président du conseil, quelques renseignements succincts.

Pour bien faire comprendre le but de la modification introduite, je rappellerai comment on a opéré quand on a présenté le premier crédit afférent à la Tunisie.

On a demandé alors à la Chambre de voter en bloc, au chapitre XXIX du budget de la guerre, une proposition de 4 millions.

La commission du budget a adopté ce système et l'a même étudié, car M. le ministre de la marine ayant demandé un crédit réparti sur les différents chapitres de son budget, la commission, trouvant préférable le système de M. le ministre de la guerre, a réuni dans un bloc les deux crédits.

La même pratique a été suivie quand on est venu vous demander de voter les crédits de 13 millions.

Mais plus tard, quand il s'est agi d'ordonnancer les fonds, on s'est aperçu que ces crédits ne représentaient que des différences : ils représentaient l'excédent des dépenses réelles sur les crédits antérieurement votés.

Comme on ne pouvait pas connaître ces différences et les ordonnancer, on est arrivé à faire des imputations provisoires. Mais ce système, qui a pour but de réparer des erreurs et des fautes, n'est jamais considéré comme un moyen de comptabilité régulière; il a donné lieu à des confusions.

On a dit : « Cela rappelle les anciens virements de l'Empire. » De là des interprétations fâcheuses. Voilà pourquoi

nous vous proposons un système qui n'a pas recours aux
imputations provisoires; nous vous demandons de faire ce
qui a été décidé par la loi de 1879, à savoir que quand on
ouvre un crédit extraordinaire pour la guerre et la marine
et que les dépenses ne peuvent pas être distinguées de
l'ensemble des dépenses identiques, on ne fait pas un chapitre nouveau, mais on inscrit aux chapitres, en addition,
une certaine quantité supplémentaire. (*Très bien! très bien!
sur divers bancs.*)

Voilà pourquoi nous vous proposons d'ajouter une somme
plus ou moins importante à chacun des chapitres des budgets de la guerre et de la marine.

Mais la commission des crédits a voulu en outre donner
à la Chambre les moyens de connaître rapidement la véritable dépense de l'expédition tunisienne.

Voilà pourquoi nous avons introduit un article ayant pour
résultat d'assurer complètement le contrôle du Parlement,
en exigeant que l'on vous apporte, dès le mois d'avril, un
compte de toutes les dépenses afférentes à l'expédition; et
quand nous disons un compte, nous ne parlons plus d'une
prévision; il s'agit d'un chiffre certain.

Cette modification, sur laquelle M. le président du conseil
ne s'est pas arrêté, a une très grande importance.

Elle aura ce résultat de vous faire connaître les sommes
réellement dépensées.

Je crois que ces deux modifications sont heureuses; l'une
mettra fin à une interprétation fâcheuse, l'autre assurera
complètement le contrôle du Parlement. (*Approbation sur
divers bancs. — Mouvements divers.*)

M. LANGLOIS. — Je demande à faire connaître l'opinion de
la minorité de la commission.

La Chambre décidera ce qu'elle voudra; mais la minorité
de la commission a le devoir de dégager sa responsabilité. Ce
n'est qu'à une voix de majorité que la modification a été faite.

Comme nous l'a dit M. le président du conseil, si vous
adoptez le système de M. Wilson vous serez obligés d'ajouter
des suppléments à chaque chapitre.

Voix à gauche. — Reprenez la proposition du gouvernement.

M. LANGLOIS. — Je la reprends comme amendement au
projet de la commission, et si la Chambre est suffisamment
éclairée je renonce à la parole.

Voix diverses. — La clôture !

M. Du Bodan. — Je me bornerai à une simple déclaration.

Je n'ai pas voté l'expédition. Mais je croirais manquer à ce qui est dû à cette vaillante armée qui est exposée sur la terre d'Afrique à tant de dangers si je ne votais pas les crédits. Je fais cette déclaration en mon nom personnel. (*Très bien ! très bien !*)

M. Ballue. — Il n'y a pas plus de garanties dans un système que dans l'autre ; mais celui qui est soutenu par la minorité de la commission aurait l'inconvénient de consacrer une illégalité.

En effet, pour une imputation relative à la solde des troupes en Tunisie, il serait impossible à l'ordonnateur de faire un ordonnancement spécial.

M. le ministre des finances me dit que je commets une erreur. Tous les directeurs de la guerre ont été unanimes à déclarer qu'il était matériellement impossible de faire la distinction.

En effet, lorsque les crédits pour la solde au budget ordinaire auront été épuisés, on continuera à porter à ce budget les dépenses inscrites au chapitre XXIX, et il sera impossible plus tard à la Cour des comptes de retrouver la trace de ces imputations.

Je ne prétends pas que notre système présente une garantie particulière ; mais, je le répète, il empêche le Parlement de sanctionner une illégalité.

La commission demande en outre au Gouvernement de produire tous les trois mois des états des dépenses faites pour la Tunisie.

M. Allain-Targé, *ministre des finances.* — Des états approximatifs.

M. Ballue. — Tous les trois mois, les corps sont obligés de fournir leurs pièces de comptabilité.

En comparant celles des corps de France et celles des corps qui sont en Tunisie, on aura facilement le compte des dépenses afférentes à l'expédition, et le contrôle pourra utilement s'exercer. (*Approbation sur divers bancs.*)

M. Langlois. — Je prends comme amendement le projet du Gouvernement.

M. de Baudry d'Asson. — Je ne voterai pas les crédits demandés. Agir autrement, ce serait me mettre en contra-

diction avec moi-même, car j'ai proposé la mise en accusation
des ministres qui ont engagé cette ténébreuse affaire. (*Rires.*)

La majorité de la Chambre s'est refusée à nous donner
cette satisfaction, qui nous était commandée par l'intérêt
du droit, du patriotisme, du bien national.

Si au moins la politique néfaste du précédent cabinet
avait été sévèrement blâmée! La justice admet les circonstances atténuantes; mais pour que la grâce intervienne, il
faut que le jugement ait été sévère.

Or, ce jugement n'a pas eu lieu, et la Chambre n'a pas
voulu blâmer une entreprise que condamnaient son bon
sens et sa conscience. (*Exclamations à gauche.*)

M. LE PRÉSIDENT. — Vous pouvez dire que votre bon sens
et votre conscience condamnent l'expédition, mais vous ne
pouvez dire que la Chambre a ratifié ce qu'elle condamnait
dans son bon sens et dans sa conscience. (*Très bien! très
bien!*) Je vous engage à changer votre rédaction. (*Rires.*)

M. DE BAUDRY D'ASSON. — Suivant moi, la Chambre aurait
dû avoir la conscience de voter contre l'expédition. Aujour-
d'hui, si nous adoptions le projet de loi qui nous est soumis
nous acquitterions les dettes du passé et nous donnerions
un blanc-seing pour l'avenir.

Or, je condamne les expériences fantaisistes du précédent
cabinet. Que M. Ferry et ses complices payent les frais de
leurs fantaisies guerrières! *Exclamations et bruit. — Cris :
À l'ordre!*

M. LE PRÉSIDENT. — Vous avez proposé la mise en accusation des ministres. Le président a consulté la Chambre.
Cette mise en accusation eût-elle été votée, qu'il faudrait
encore attendre le vote du Sénat avant de savoir si l'expression de *complices* que vous employez serait permise. (*Très
bien! très bien!*) Je vous engage à retirer cette expression.

M. DE BAUDRY D'ASSON. — Je ne retire rien. Cette expression ne dépasse pas mon droit.

M. LE PRÉSIDENT. — Est-il entendu que cette expression ne
s'applique à aucun de vos collègues?

M. DE BAUDRY D'ASSON. — Elle s'applique aux complices.
Je n'ai pas à rechercher s'il en est qui siègent sur les bancs
de cette Chambre.

M. LE PRÉSIDENT. — Encore une fois, appliquez-vous cette
expression à vos collègues?

M. DE BAUDRY D'ASSON. — Je n'ai pas à voir si les complices sont ici ou ailleurs.

M. LE PRÉSIDENT. — M. de Baudry-d'Asson ne voulant pas donner à la Chambre la satisfaction qu'elle réclame et ayant lui même introduit dans le débat le mot de circonstances atténuantes, je le rappelle à l'ordre. (*Très bien! très bien! — Applaudissements.*)

M. DE BAUDRY D'ASSON. — Je m'incline devant le rappel à l'ordre; mais je n'ai employé aucune expression qui dépassât mon droit, et, dès lors, je n'avais rien à retirer.

La discussion générale est close.

La Chambre passe à la discussion des articles.

Les chapitres III, IV, V, VI, XI, XIV, XX et XXIX sont adoptés.

M. LE PRINCE DE LÉON. — Je regrette que les sept premiers chapitres de l'article 1ᵉʳ ne puissent être l'objet d'un vote séparé.

Voix diverses. — On peut demander la division.

M. LE PRINCE DE LÉON. — Je demanderai alors un vote séparé pour les sept premiers chapitres.

Ces sept chapitres sont affectés aux crédits du Sud oranais. Nous les voterons, mais nous sommes décidés à voter contre ceux qui s'appliquent à l'expédition de Tunisie, que nous réprouvons et dont nous ne voulons pas accepter la responsabilité. (*Très bien! très bien! à droite.*)

M. LE PRÉSIDENT. — Alors, je remets aux voix les chapitres qui contiennent ces crédits; ce sont les chapitres XXIX et XXXII.

Ils sont adoptés.

Les crédits demandés pour le service de la marine et des colonies sont adoptés.

M. GEORGES PERIN. — En mon nom et au nom d'un certain nombre de mes amis, je viens déclarer que nous ne voterons pas l'ensemble des crédits demandés. Notre intention est de nous abstenir; nous sommes conséquents avec nous-mêmes, nous étant abstenus de voter le traité de Kassar-Saïd.

Nous avons pressenti ses conséquences et ses dangers, et nous n'avons pas voulu nous associer à une politique téméraire.

Nous ne pensons pas, cependant, qu'il faille quitter immédiatement la Tunisie. (*Exclamations.*)

Un membre. — Eh bien, alors.

M. GEORGES PERIN. — On me dit : Eh bien, alors ? ce qui semble signifier que nous devrions voter les crédits; nous les aurions peut-être votés si, dans la déclaration de M. le président du conseil, nous apercevions un regret de la politique suivie par le précédent cabinet. (*Bruit.*)

Si M. le président du conseil avait répudié la politique des aventures coloniales; s'il avait manifesté l'intention de restreindre autant que possible notre occupation et de préparer pour une date aussi rapprochée que possible l'évacuation de la Tunisie, nous aurions voté le crédit.

Mais qu'a dit M. le président du conseil? Il a fait, en termes très éloquents, appel à votre patriotisme pour vous proposer une politique coloniale encore plus audacieuse que celle qui a été suivie; il vous a montré la France, s'étendant indéfiniment par toute la terre. (*Exclamations.*)

Voix nombreuses. — Il n'a pas dit cela.

M. GEORGES PERIN. — Il l'a si bien dit, qu'il vous a cité l'exemple de l'Angleterre, qu'il a appelée « notre maîtresse en fait de politique coloniale ». C'est assez dire qu'il veut l'extension indéfinie de nos possessions coloniales. (*Exclamations.*)

C'est une politique soutenable, et, tout à l'heure vous l'avez applaudie (*Bruit*), quand M. le président du conseil nous a dit qu'il était nécessaire d'étendre notre frontière jusqu'à la Tripolitaine. (*Dénégations et bruit.*)

Je sais que M. le président du conseil, comme son prédécesseur, a répudié l'annexion; mais il a soutenu le protectorat. Il a dit que le discours de M. Pelletan était l'abandon déguisé. Je dis que le protectorat de M. le président du conseil est l'annexion déguisée. Consultez l'histoire : où voyez-vous un protectorat qui n'ait point abouti à l'annexion? (*Mouvements divers.*) L'annexion, elle a son échéance indiquée : la disparition du bey actuel. (*Bruit.*)

Je dis que le protectorat est une situation précaire et dangereuse ou bien un acheminement vers l'annexion.

M. le président du conseil cite l'exemple de l'Angleterre.

M. LE PRÉSIDENT DU CONSEIL. — Et de bien d'autres.

M. GEORGES PERIN. — Cette politique de l'Angleterre n'est pas, même pour elle, sans dangers. Pour nous, elle en a plus encore. Nous devons, à cette heure, concentrer et non pas éparpiller notre force défensive, surtout quand il s'agit de conquêtes si difficiles.

M. le président du conseil vous a montré la main de la France s'étendant au loin et attirant vers elle les pays les plus prospères. (*Réclamations.*) Il l'a dit avec tant d'éloquence, que vous n'avez pas vu dans quelle voie on vous engageait. *Bruit.*)

Eh bien, je vous dis : Songez à ce que coûte une conquête où le sang de nos soldats se répand non pas seulement sur les champs de bataille, mais surtout, — ce qui est plus triste, — dans les hôpitaux. (*Bruits divers.*)

Vous niez ? Oubliez-vous qu'aujourd'hui même, dans vos bureaux, vous avez examiné un projet sur le service militaire dans les colonies et que, pour rendre le service moins lourd, vous avez recours à l'engagement volontaire ?

Quand on nous montre l'Angleterre si grande par ses colonies, oublie-t-on que dans ces dernières années elle a dû plus d'une fois regretter d'avoir trop marché en avant, étant obligée de revenir en arrière ?

S'il est patriotique de ne pas reculer, il est sage de ne pas s'avancer témérairement. (*Applaudissements sur divers bancs à gauche.*)

M. LAROCHE-JOUBERT. — Je demande la parole, monsieur le président.

M. LE PRÉSIDENT. — M. le président du conseil l'a réclamée.

M. LE PRÉSIDENT DU CONSEIL. — Messieurs, je viens demander à la Chambre de clore ce débat, parce qu'il me semble que les développements auxquels s'est livré mon honorable collègue, M. Perin, sont tout à fait étrangers à la question.

Il s'est attaché, en effet, dans le peu de paroles que j'ai recueillies, mais qui était évidemment, — il le disait lui-même, — la reproduction de la pensée maîtresse de son discours; il s'est attaché à considérer la politique du gouvernement de la République, comme une sorte d'imitation et de plagiat de la politique anglaise.

Je n'ai rien dit de pareil. L'Angleterre est un grand

empire colonial dans le monde, et cet empire s'étend
tous les jours, parce que l'Angleterre est condamnée
à l'étendre, aussi bien par son histoire que par sa
constitution, par sa constitution sociale autant que
par sa constitution géographique. Il y a là un développement nécessaire, une extension fatale, pour
ainsi dire, de la puissance anglaise sur le monde et
sur les mers. Nous n'avons rien esquissé de semblable, et quand je vous parlais d'avoir une politique
française, une politique de conservation, de maintien
de notre patrimoine, — car aux générations qui déjà
vous pressent vous avez le devoir de rendre intact le
patrimoine que vos devanciers vous ont légué, — je
n'entendais que vous associer à une tâche définie et
limitée, et je trouve véritablement singulier qu'on
vienne s'armer des légitimes soucis des représentants
du pays en ce qui touche l'allégement des charges du
service dans l'infanterie de marine, pour s'apitoyer
sur les sacrifices inévitables qu'entraîne notre établissement aux colonies, et, parce qu'il y a quelque
chose à changer là, pour faire appel à votre sensi-
bilité, pour essayer, ce que d'ailleurs je ne redoute
guère, de vous faire renoncer à la politique défensive,
même véritablement nationale, que vous êtes résolus
à soutenir ; car, Messieurs, vous n'avez jamais dit à
ce pays que vous reculeriez devant les mesures nécessaires au cas seulement où il serait question de son
honneur et de sa dignité. Est-ce que vous ne travaillez
pas toute l'année à doter ce pays de chemins de fer,
de voies de transport, de canaux, de ports ? Est-ce que
vous n'excitez pas autant qu'il est en vous l'esprit
d'entreprise et de production ? Est-ce que vous ne
sentez pas que les peuples étouffent sur ce vieux continent ? Est-ce que vous ne cherchez pas à créer au
loin des marchés, des comptoirs, à favoriser partout
une expansion nécessaire ? Et nécessaire à quoi, Messieurs ? nécessaire à l'accroissement de notre prospé-

rité matérielle. (*Applaudissements à gauche et au centre.*)

Et maintenant vous refuseriez de prendre les moyens pratiques indispensables pour ne pas condamner à l'inertie, au dessèchement, et bientôt à l'anéantissement, notre prospérité industrielle et agricole !

M. GEORGES PERIN. — Je demande la parole.

M. LE PRÉSIDENT DU CONSEIL. — Ces grandes questions se lient, et il n'est pas possible, parce qu'on parle d'attaquer ultérieurement la politique du Gouvernement sur les divers points où elle est engagée dans le monde, il n'est pas possible de séparer ces deux idées : ou vous serez un grand pays, défendant ses intérêts partout où ils seront engagés, ou vous y renoncerez.

Quand vous serez à même de faire un choix, ce ne seront pas, j'en suis bien sûr, des conceptions chimérique, des rapprochements mal fondés et mal conçus, qui pourront vous empêcher d'accomplir votre devoir, le devoir d'assurer toujours le développement de la prospérité et de la grandeur nationales. (*Applaudissements à gauche et au centre.*)

Après une courte réplique de M. Perin, la Chambre adopte les articles 1 et 2.

L'amendement de M. Langlois à l'article 3 est combattu par MM. de Douville-Maillefeu et Wilson. L'article 3 est adopté ainsi que les articles 4 et 5 du projet.

L'ensemble du projet est mis aux voix et adopté par 490 voix contre 52.

DISCOURS

SUR

LE PROJET DE LOI

PORTANT OUVERTURE DE CRÉDITS EXTRAORDINAIRES
ET SUPPLÉMENTAIRES
POUR SUBVENIR AUX FRAIS DE L'EXPÉDITION DE TUNISIE

Prononcés les 10 et 12 décembre 1881

AU SÉNAT

Le projet de loi sur les crédits tunisiens, adopté par la Chambre des députés, dans la séance du 1er décembre, fut soumis à l'examen du Sénat dans les séances des 10 et 12 décembre. La franchise des déclarations de M. Gambetta en réponse aux orateurs de la droite, le caractère gouvernemental de ses paroles et le préambule de son premier discours sur la nécessité de l'institution du Sénat produisirent sur la haute assemblée une impression très favorable. La composition du ministère du 14 novembre avait mécontenté le Sénat. Les discours des 10 et 12 décembre le ramenèrent à M. Gambetta.

Séance du 10 décembre 1881

M. Léon Say, *président du Sénat.* — L'ordre du jour appelle la discussion du projet de loi portant : 1° ouverture de crédits supplémentaires au ministre de la guerre et au ministre de la marine et des colonies sur l'exercice 1881, pour subvenir aux frais de l'expédition de Tunisie

et du Sud oranais; 2° ouverture de crédits extraordinaires
au ministre de la guerre et au ministre de la marine, sur
l'exercice 1882, pour subvenir aux frais de l'expédition de
Tunisie et des opérations sur le littoral de la Tunisie pendant le mois de janvier 1882.

M. LE DUC DE BROGLIE. — Messieurs, les observations que
j'ai à présenter au Sénat sont courtes et simples. Les crédits qui vous sont présentés soulèvent une question politique et une question financière, toutes deux de grande
importance; il s'agit d'abord de savoir si le Gouvernement
a la faculté d'engager des dépenses sans le contrôle du
Parlement, et ensuite s'il peut faire la guerre avec un
budget de la paix. (*Approbation à droite.*)

Il s'agit ici de savoir si en France on peut faire la
guerre avec un budget voté pour la paix et si les prérogatives du Parlement ont été respectées; je laisse à l'honorable M. Buffet le soin de traiter ce côté de la question
lorsqu'il développera l'amendement qu'il a présenté.

Je me propose, moi, d'appeler l'attention du Sénat et les
explications du Gouvernement sur l'avenir et l'organisation de l'occupation tunisienne. C'était là un grand débat
qui eût mérité d'être traité par cette Assemblée au moment
où on lui prodigue les outrages et où on l'invite à un véritable suicide. (*Très bien! à droite.*)

Mais M. le président du conseil a, devant la Chambre des
députés, demandé l'ajournement de la discussion. Au fond
il le demanderait certainement ici si je l'interrogeais sur
ces points importants. J'ai un autre motif de ne pas ques-
tionner M. le président du conseil, c'est que nous n'avons
plus ici devant nous le cabinet qui a décidé l'expédition de
Tunisie. Cependant le nouveau cabinet compte deux membres de l'ancien ministère. M. Antonin Proust, le nouveau
ministre des arts, je crois (*Murmures à gauche*), a été rapporteur du projet de loi relatif au traité du Bardo, et
M. Gambetta avait des relations assez intimes avec le
dernier ministère pour qu'il ne puisse décliner complètement
la responsabilité de cette entreprise; ce serait le *summum
jus.*

M. GAMBETTA, *ministre des affaires étrangères, président du
conseil.* — Et aussi *summa injuria.* (*Très bien! à gauche.*)

M. LE DUC DE BROGLIE. — Je suis d'accord sur un point

avec M. le président du conseil, sur ce point qu'il faut exécuter les traités que l'on a conclus et signés.

L'orateur croit que le traité du Bardo pourrait être revisé dans le même sentiment de bienveillante expression pour le bey qui a dicté ces premières stipulations (*On rit à droite*); c'est ce qu'a fait l'Angleterre avec les Boërs, et cette question mérite réflexion, mais enfin le traité existe; en attendant une revision il doit être respecté; il a mis le feu dans toute la Tunisie; nous ne pouvons donc nous retirer et sur ce point M. le président du conseil a parfaitement raison.

Par tous ces motifs je comprends les délais qu'a demandés M. le président du conseil. D'ailleurs, quand on a porté le poids des affaires on est disposé à accorder à ceux qui le portent actuellement le temps de la réflexion. (*Très bien! à droite.*)

Je me permettrai seulement de demander à M. le président du conseil de nous fixer une date à laquelle il pourra accepter la discussion complète qu'il refuse aujourd'hui, ou tout au moins de nous garantir que ce n'est pas un ajournement indéfini. Je lui demande aussi de nous donner quelques explications sur la manière dont il compte organiser l'occupation tunisienne; je lui demande aussi de ne pas nous saisir de questions, quand elles seront déjà engagées et peut-être résolues; car depuis le commencement de cette affaire nous nous trouvons en face d'arrière-pensées qu'on dissimule, ou de faits accomplis qu'il nous faut ratifier. (*Très bien! à droite.*)

Oui, Messieurs, j'ai raison de dire que le jour où l'on nous a apporté le premier crédit on avait des intentions qu'on ne nous a pas dites. Certes, je comprends la réserve diplomatique, toutefois à condition qu'elle aura pour pratique de ne pas tout dire et non de ne pas dire le contraire de ce qui est. Je comprends le secret, je ne comprends pas les allégations qui trompent. (*Très bien! à droite.*)

Ainsi, dès le premier jour nous avons été en face d'intentions qu'on dissimulait. Ensuite on nous a mis en face de faits qu'il nous était impossible de ne pas ratifier. Oui, nous ne pouvions pas ne pas ratifier le traité du Bardo, nous n'avions aucune liberté (*Très bien! à droite.*)

Ainsi, quand mon honorable collègue M. de Gontaut-Biron

a voulu faire quelques réserves, on l'a interrompu à gauche, et s'il avait poussé un peu plus loin on l'eût déclaré traître à l'honneur national. (A droite : Oui! oui!) Dans la seconde phase aussi nous n'étions pas libres.

Est venu le troisième crédit, le crédit de 14 millions; là encore, on ne nous a pas dit toutes ses intentions.

Le rapporteur M. Hébrard nous a tenu un langage qui ne nous permettait pas de prévoir tout ce qu'on nous demanderait par la suite; puis est venue la longue interruption parlementaire durant laquelle, entre deux Chambres, on ne pouvait s'adresser aux représentants du pays.

Enfin est arrivé l'ordre du jour du 9 novembre, voté par la Chambre des députés, ordre du jour qui engage la politique du Gouvernement, cet acte élémentaire que je ne jugerai qu'avec une grande réserve. Est-il intervenu une discussion réfléchie? Est-il possible d'oublier que cet ordre du jour a été voté dans la plus grande confusion et par un acte de désespoir? Est-ce là de la discussion réfléchie?

Quant au projet actuel, le Sénat peut-il le repousser. Les dépenses sont faites, il faut les payer, sinon c'est le budget ordinaire de la guerre qui en souffrirait. Il y a là une contrainte morale. (Très bien! à droite.) Je demande à M. le président du conseil l'engagement qu'à l'avenir les choses ne se passeront pas ainsi. L'orateur cite l'exemple de la discussion qui a eu lieu au Parlement anglais, à propos de l'Afghanistan et du Transvaal et qui est un exemple de véritable patriotisme. (Approbation à droite.)

Si nous étions si impatients, poursuit l'orateur, d'arriver à cette discussion, c'est que nous ne trouvons pas les déclarations que le Gouvernement a faites devant la Chambre des députés claires ni suffisantes; si lors de la discussion sur le traité du Bardo on avait écouté ici nos prévisions, peut-être cette guerre eût-elle été mieux préparée et moins meurtrière, peut-être les services hospitaliers auraient été organisés, peut-être moins de pauvres et nobles enfants de nos campagnes auraient jonché de leurs cadavres cette terre lointaine. (Murmures à gauche. — Approbation à droite.)

M. le président du conseil a condamné l'annexion, et il a eu raison; mais je ne vois pas quels sont les dangers que

présente l'annexion et que ne présenterait pas le protectorat. Au point de vue des difficultés financières, il faudrait
en cas d'annexion garantir la dette tunisienne contractée à
des taux usuraires. Mais il le faudrait faire également dans
l'hypothèse du protectorat. M. le président du conseil nous
dit qu'il faut réorganiser l'impôt; or l'impôt c'est le gage
des créanciers, il faut donc s'engager envers ceux-ci.
Remarquez d'ailleurs, Messieurs, que la dette est sous la
garantie des puissances étrangères. Si vous touchez au
gage, ces puissances vous demanderont à garantir l'état de
la dette. Je passe sur les difficultés militaires. Le traité du
Bardo indiquait une occupation militaire française restreinte et temporaire; or, nous sommes au contraire
menacés d'une occupation permanente assez longue et assez
étendue.

M. LE PRÉSIDENT DU CONSEIL. — L'article 3 du traité du
Bardo, parlant de l'occupation, dit : « aussi longtemps
qu'elle sera jugée nécessaire ».

M. LE DUC DE BROGLIE. — Je parle de nos espérances.
(Mouvements divers.) Or, la réalité, c'est l'occupation française.

L'orateur indique les difficultés qui résultent de cet état
de choses, et il pense que cet état actuel est une véritable
annexion, au point de vue diplomatique; on a assumé
toutes les difficultés, puisqu'on prend la direction des
affaires extérieures de la Tunisie. (Très bien! à droite.)

L'orateur rappelle que le président du conseil a cité à la
Chambre des députés son opinion sur la Porte. Il avait dit,
en effet, qu'il n'interpellait pas avant, qu'il ne fallait pas
avoir la Porte pour voisine parce qu'on était voisin de tout
le monde. J'ai appris, ajoute l'orateur, que M. de Moustier
avait donné à cette pensée une forme plus vive en disant :
Si la Tunisie n'existait pas, il faudrait l'inventer.

Je ne vais pas jusque-là, mais puisqu'elle existait il ne
fallait pas la supprimer. (Rires et approbation à droite.) Or,
à ce point de vue, le protectorat entraîne le même résultat
que l'annexion, car vous avez à votre compte toutes les
relations diplomatiques de Tunis. (Très bien! très bien!)

Toutes ces raisons nous rendent impatients de connaître
le projet de réorganisation financière et militaire de la
Tunisie, et aussi de savoir sous quelle forme ce projet nous

sera apporté. Si c'est sous la forme d'une loi, n'est-ce pas
l'annexion pure et simple? (*Très bien!* à droite.)

Quant aux difficultés diplomatiques avec les puissances
européennes à l'occasion du traité du Bardo, je les laisse
de côté parce que je n'aime pas à traiter ces questions à la
tribune, et ensuite parce qu'elles se sont atténuées à
mesure que notre situation en Tunisie devenait moins brillante, moins enviable.

J'ajouterai que si certaines puissances ne nous ont fait
aucune observation au sujet de notre occupation en Tunisie,
c'est qu'à mon avis elles ont pensé que si la France, qui ne
manque pas de difficultés à résoudre en Europe, voulait
envoyer en Afrique 25 ou 30,000 hommes de plus, c'était
son affaire. C'est là une observation que dans mon patriotisme je me permets de soumettre à M. le président du
conseil au moment où il peut avoir à prendre une décision
d'une haute importance pour l'avenir diplomatique et militaire de notre pays. (*Applaudissements à droite.*)

M. GAMBETTA, *président du conseil, ministre des affaires
étrangères.* — Messieurs, je voudrais essayer de
répondre très simplement aux observations apportées
à cette tribune par l'honorable duc de Broglie, en
cherchant à calmer la double inquiétude qui paraît
assiéger son esprit, tant au sujet de l'importance et
de la nécessité des débats politiques devant le Sénat
qu'au point de vue de l'avenir que réserve, soit à la
fortune militaire de la France, soit à sa situation diplomatique, soit enfin à ses charges financières,
l'exécution du traité du Bardo, du 12 mai 1881.

Sur le premier point, après avoir écarté la question
financière et en avoir laissé les développements à la
compétence incontestée de l'honorable M. Buffet,
l'honorable duc de Broglie a éprouvé le besoin de
protester contre les accusations, contre les outrages
et les injures dont serait menacée, dont serait couverte
cette haute Assemblée, et de relever, pour ainsi dire,
le gant qui lui est jeté du dehors, et non d'ici, Mes-

sieurs, et pas sérieusement, d'ailleurs, par ceux qui rêvent sa mutilation ou qui annoncent son suicide.

Parlant pour la première fois devant vous, Messieurs, je m'honore et je m'estime heureux de pouvoir profiter de ces paroles pour dire bien hautement de quel poids nécessaire pèse l'institution du Sénat dans la fondation et dans le développement du régime républicain. (*Très bien! très bien! — Applaudissements à gauche.*)

Ce ne sont pas les attaques inconsidérées et excessives dont le Sénat peut être l'objet qui peuvent à aucun degré incriminer ni même modifier les intentions des hommes qui, comme celui qui est à la tribune, parlent, non seulement en leur nom personnel, mais au nom d'un gouvernement sincère et loyal tel que vous l'exigez. Or, Messieurs, le gouvernement croit pouvoir dire que ce qu'il recherche aujourd'hui dans les conditions limitées et sagement pondérées de l'institution d'une Chambre haute, c'est son affermissement, c'est l'augmentation de son prestige, en replaçant le Sénat dans des conditions d'harmonie et non plus de conflit avec l'Assemblée issue du suffrage universel. (*Très bien! très bien! à gauche.*)

Messieurs, je n'en dirai pas davantage; nous discuterons un autre jour cette question; mais je tenais à m'associer à la pensée de M. le duc de Broglie sur l'importance et la nécessité des débats politiques dans une Chambre haute et la nécessité de l'existence d'une Chambre haute elle-même. (*Applaudissements sur les mêmes bancs.*)

Cela dit, je vais m'efforcer de répondre aux diverses interrogations que m'a posées l'honorable duc de Broglie. Il a fait deux parts : celle du passé, celle de l'avenir. En ce qui touche le passé, M. le duc de Broglie, faisant appel à ma générosité, m'a demandé de ne décliner aucune sorte de responsabilité dans les origines et la conduite de cette expédition de Tunisie.

Il a même, créant un nouveau système d'hérédité ministérielle (*Sourires à gauche*), affirmé qu'il suffisait de la présence de deux ministres dans un nouveau cabinet pour englober tout le cabinet nouveau, et son chef, bien naturellement, dans la responsabilité d'une politique sur laquelle il n'a jamais été interrogé ni mis à même de s'expliquer. Je pense que, quelque amoureux qu'on soit des solidarités ministérielles successives et indéfinies, il y a lieu de n'accepter cette thèse que sous bénéfice d'inventaire. (*Marque d'approbation à gauche.*) C'est ce que j'ai fait pour la question de Tunisie devant l'autre Chambre. D'autre part, je ne puis laisser s'accréditer, surtout tombant de lèvres aussi autorisées, cette opinion que lorsque je n'avais pas la charge du pouvoir j'en avais tout de même la responsabilité, et que, quelles que fussent les entreprises, les actions et la politique des gouvernements antérieurs, on était sûr de ne pas se tromper en imputant la responsabilité à un député qui n'avait pas plus d'action que sa part légitime dans le Parlement. Non pas que je décline, quand je suis intervenu, quand je me suis expliqué à un degré quelconque, la responsabilité de mes actes ; mais ce que je vous demande pour le passé, et ce que je vous demanderai pour l'avenir, c'est de ne me rendre responsable que de ce que je dirai et de ce que je ferai, et de ne pas me faire supporter le poids des imputations du dehors ou des interprétations du dedans. (*Vive approbation à gauche.*)

Voilà pour le passé ; je veux maintenant répondre de point en point aux diverses demandes qui m'ont été adressées.

On m'a demandé trois choses. Voici la première :

A quelle date pensez-vous pouvoir saisir la Chambre et le Sénat de ces projets d'exécution des garanties de la réorganisation de certains services en Tunisie ?

Est-ce que cette date, qui est peut-être éloignée, est une date d'ajournement sans limites ? Est-ce que cette sorte de rendez-vous que vous avez pris devant le Parlement, vous avez l'intention de le reculer indéfiniment.

Eh bien, non, Messieurs, je coupe court à toutes les interprétations ; j'espère, comme je l'ai dit dans une autre enceinte, que la pacification militaire touchant à son terme nous pourrons, dans un délai que je fixais à peu près à l'expiration même du crédit provisoire, du douzième provisoire qui nous a été accordé par la commission des finances sur l'exercice 1882, être en mesure de soumettre la question au Parlement par la voie d'une demande de crédit aussi restreinte que possible, mais à seule fin d'être en mesure de le saisir, en un mot, de porter la question devant les deux Chambres.

On a dit, et c'était là une des dernières observations de l'honorable duc de Broglie : Mais comment peut-il se faire que ce soit par un projet de loi que vous songiez à nous saisir de cette question ? Vous allez donc légiférer sur la Tunisie ; alors c'est l'annexion, c'est la conquête, c'est l'absorption, et ne tombez-vous pas précisément sous le reproche que vous voulez éviter ?

Messieurs, je remarque d'abord la contradiction, plus apparente que réelle, — je veux le croire, — qui s'est glissée dans le langage de l'honorable duc de Broglie : il réclame un débat, il ne voudrait à aucun prix soustraire à la connaissance et à la discussion des Assemblées les vœux, le programme, les opérations du gouvernement en Tunisie, et quand on lui apporte ou qu'on lui indique les moyens pratiques, purement de procédure, à l'aide desquels nous pourrons interroger vos esprits, prendre vos opinions, récolter vos adhésions, ou voir rejeter les propositions que nous vous soumettrons, il en tire immédiatement et par avance... quoi ? l'impossibilité de le faire.

Eh bien, Messieurs, tout cela ne peut pas résister à la ferme volonté du gouvernement de vous apporter ses projets. Ces projets pourront-ils rencontrer votre adhésion ? C'est là la question que nous traiterons plus tard, et c'est en vain que M. le duc de Broglie a déployé toutes les ressources de son ingénieuse dialectique pour me dire d'abord que probablement je ne répondrais pas, que je ferais ce que j'avais fait à la Chambre, qu'il trouvait qu'il n'y avait d'ailleurs aucune espèce de grief à relever dans le désir de se donner le temps de réunir les éléments des propositions à vous soumettre ; et tout à coup, par un circuit des plus habiles, comme je le disais, il est entré dans le fond de la question et il a passé en revue tous les éléments mêmes qui pouvaient faire la base de ces propositions ultérieures. (*Très bien ! à gauche.*)

En effet, il vous a dit : Vous serez arrêtés par les difficultés financières ; vous serez arrêtés par les difficultés militaires ; vous serez arrêtés par les difficultés internationales et diplomatiques ; vous serez arrêtés par votre conception même du protectorat qui est la négation naïve, inconsciente, de votre propre proposition de non-annexion. (*Mouvement.*)

Voilà bien, je crois, l'ensemble de toute la question et je ne vois pas ce qu'on pourrait y apporter de nouveau dans une discussion ultérieure.

Eh bien, je crois que M. le duc de Broglie s'est laissé aller à une confusion. En effet, de ce qu'on veut réorganiser le service de la dette en Tunisie, il ne s'ensuit nullement qu'il y ait là une annexion partielle ou totale des revenus de la Tunisie. M. le duc de Broglie sait à merveille que la dette, — je n'ai pas à rechercher la moralité de sa constitution ni la probité des porteurs, ce ne sont pas là des choses qui m'intéressent assez pour les approfondir et les scruter. — M. le duc de Broglie sait, dis-je, que la dette existe ; elle a été réglée par des stipulations internationales :

elle a été gagée et dotée sur des revenus spéciaux qui existent, qui fonctionnent dès à présent ; et lorsque nous viendrons devant les Assemblées après avoir vu dis-je, conformément au traité du Bardo, s'il n'est pas possible de s'entendre, de se concerter avec les puissances méditerranéennes, ou même avec celles qui ne sont pas directement intéressées dans le bassin de la Méditerranée, qui ont des traités particuliers avec le bey, on pourra trouver le moyen d'arriver à une combinaison du genre de celle qui a été accomplie, par exemple, en Égypte.

Est-ce qu'on a annexé l'Égypte parce qu'on a consolidé sa dette, parce qu'on a frappé des revenus, parce qu'on les a localisés, parce qu'on a nommé des contrôleurs généraux, parce que la perception se fait par des mains européennes, et que la distribution des recettes s'opère également sous leur surveillance et sous leur contrôle ? Non. Qu'est-ce qui s'exerce en Égypte ? Il s'exerce un protectorat. Est-ce que c'est le gouvernement français qui pourrait élever une prétention sur l'indépendance du khédive ? Est-ce que le khédive est dépouillé de sa prérogative princière ? En aucune façon. Et où cela se passe-t-il ? Dans un pays où, quelque relâchement qui soit résulté des évènements politiques, au point de vue des liens de vassalité entre la Porte et l'Égypte, vous m'accorderez bien que cette vassalité existe à un degré quelconque, tandis qu'à Tunis elle n'existe pas.

Vous avez été, vous le rappeliez excellemment, ambassadeur à Londres ; cela vous fait le plus grand honneur, dans le passé. Vous étiez à cette époque, ambassadeur de la République... (*Sourires à gauche.*)

M. LE DUC DE BROGLIE. — Elle n'était pas définitivement constituée.

M. LE PRÉSIDENT DU CONSEIL. — ...et vous avez fait prévaloir cette théorie, qu'en 1871 il n'y avait pas lieu d'admettre une revendication quelconque de la Porte sur Tunis.

Ce que nous avons fait alors pour Tunis, dit M. le duc de Broglie, nous ne pourrions pas le faire, aujourd'hui que nous occupons toute la Régence, sans tomber du protectorat dans l'annexion.

Messieurs, je ne le pense pas. Je ne vois pas l'assimilation et l'analogie. Je crois que le jour où vous seriez mis en présence d'une combinaison financière de cette nature, il se trouverait certainement une majorité qui n'aurait pas la volonté d'annexer, mais d'administrer, en garantissant, sans distinction de nationalité, les porteurs de la dette tunisienne. (*Approbation à gauche.*)

On me dit : Est-ce que vous allez prendre cette dette à la charge de la France? est-ce que vous allez la garantir? est-ce que vous allez la confondre avec la nôtre? — et ici M. le duc de Broglie, qui n'enfle jamais sa voix, qui ne laisse jamais sa parole dépasser sa pensée, comparait, dans un mouvement que j'ai recueilli parce que je l'admirais (*Sourires à gauche*), cette sorte de promiscuité révoltante entre le fruit des épargnes et de la sueur de la France et le fruit des épargnes qui seraient portées en Tunisie ; et d'avance il protestait contre ce rassemblement d'écus de provenances diverses.

Je ne sais pas, Messieurs, jusqu'à quel point on pourrait établir une distinction lorsqu'il s'agit d'une dette pour laquelle nous figurons pour les neuf dixièmes, qui a été payée par de l'argent français, par l'épargne nationale. Mon Dieu! je regrette, moi aussi, très souvent que cette épargne de France s'en aille s'écoulant si vite au dehors ; mais je m'arrête dans les critiques et les reproches, et le jour où je trouve le moyen très légitime, très légal, à l'aide de l'influence régulière de la France, de protéger même l'épargne qui est allée se promener un peu loin, même l'épargne

d'exportation, je crois être dans les traditions françaises, dans les traditions véritablement parlementaires de ce pays, en rassurant, en protégeant l'épargne de nos nationaux. (*Très bien ! à gauche.*)

Quant aux diverses origines de cette dette, il serait
difficile de les distinguer ; je n'insiste d'ailleurs pas
sur ce point : tout ce que je veux retenir de cette
partie de la discussion, c'est qu'on nous attribue, par
avance, une résolution sur la nature des procédés
que nous pourrons employer pour arriver à dénouer
cette difficulté de la commission financière, pour arriver à résoudre ce problème de la dette tunisienne,
qui est la question épineuse de la Régence.

Mais, Messieurs, c'est précisément pour réfléchir,
c'est pour nous livrer à une enquête, c'est pour recevoir les rapports des agents des finances qui sont là-
bas, des agents de douane qui examinent la question
au point de vue des revenus garantis ; c'est précisément, dis-je, pour arriver à une solution éclairée,
mûrie, que nous avons demandé du temps ; par conséquent, nous ne pouvons pas, dès à présent vous indiquer quel est le meilleur procédé, ni vous dire si
vous laisserez subsister la commission financière ; si,
vous ne serez pas obligés de la laisser subsister, si
vous vous en rapporterez à l'initiative privée pour se
substituer à la commission financière ; si, au contraire,
quand vous examinerez de près la question, en mettant de côté les préjugés, en vous élevant, comme
vous le disiez, au-dessus des déclamations calom-
nieuses et de certains bruits qui ont cours dans certaines réunions populaires, en ne cherchant résolument que l'intérêt public, vous apprécierez que vous
devez substituer votre propre garantie à la garantie
de la commission financière.

Mais, dans tous les cas, vous ne le ferez qu'à bon
escient, quand vous serez assurés que vous ne faites
pas un contrat illusoire, que derrière les obligations

que vous assumez, il y a des recettes assurées ; sinon vous n'accepterez pas nos propositions, mais vous aurez jugé.

Et, Messieurs, quand on disait dans la troisième demande qu'on nous a adressée : Aurons-nous une discussion libre, une discussion loyale ? serons-nous en face d'un gouvernement qui nous dira résolument ce qu'il veut, pour que nous puissions lui répondre ce que nous voulons à notre tour ? Oh ! rassurez-vous : quant à vous dire ma pensée tout entière, sans restriction, sans réserve, vous pouvez y compter ; ce que je sollicite surtout de vous, — et je sais que j'y puis compter, car je connais ce qu'il y a d'expérience, de volonté, de ferme virilité dans cette Assemblée, — ce que je sollicite de vous, c'est la libre et complète discussion sur toutes les affaires de l'État. (*Vive approbation à gauche et au centre.*) Par conséquent, aux demandes que vous nous avez adressées, je crois avoir fait une réponse de nature à satisfaire toutes vos légitimes susceptibilités, qu'elles s'élèvent sur les bancs de la droite ou sur les bancs de la gauche. (*Nouvelle approbation sur les mêmes bancs.*)

Il reste, Messieurs, une autre question. On nous demande de nous expliquer sur les traités, sur les difficultés diplomatiques, et l'on veut bien reconnaître que c'est là une matière délicate ; qu'il n'est pas très bon, surtout quand les questions ne sont pas suffisamment mûres, d'interroger d'une manière trop pressante les dispositions des puissances et de se servir de la tribune comme d'un moyen d'avertissement, de négociation ou de discussion.

Je reconnais là, en effet, la bonne politique et les bonnes traditions de M. le duc de Broglie. Seulement, il y a une chose qui m'a étonné dans sa bouche ; je dis « dans sa bouche », car en vérité ce ne peut-être dans sa mémoire :

Il paraît que du temps où M. de Broglie était aux

affaires, non pas peut-être à l'époque où il tenait lui-même le portefeuille des affaires étrangères, — c'était M. le duc Decazes qui était ministre, — nous ou nos amis, c'est tout un, nous n'avons laissé ni repos ni trêve aux cabinets ; il paraît que nous avons assailli la direction de notre politique extérieure d'interpellations, d'interrogations pressantes, insidieuses ; il paraît aussi que, dans un retour de générosité que je salue parce que je n'y suis pas trop habitué, M. le duc de Broglie se gardera bien, ainsi que ses amis, de nous soumettre à un pareil traitement. Il a trop le souci des charges qui pèsent sur nous et des intérêts nationaux... (*Rires approbatifs à gauche.*)... pour se laisser jamais aller à une critique injustifiée, à une critique pleine d'animosité, ou même à une curiosité qui friserait l'indiscrétion.

Je vous remercie de ces bonnes dispositions ; mais ce n'est pas aujourd'hui que vous les avez justifiées. (*Interruptions à droite.*) Je le dis parce que c'est la vérité, Messieurs. Vous avez dit que nous avions là des obligations extrêmement graves, extrêmement complexes, que nous nous étions complètement substitués au bey, qu'il ne respirait plus sur toute la surface du globe un seul Tunisien dont nous ne devions répondre devant toutes les puissances. (*Dénégations à droite.*) C'est ce que vous avez dit. Vous avez fait allusion aux difficultés qui pouvaient ressortir des traités antérieurs qui liaient, soit l'Angleterre, soit l'Italie à la Régence.

Eh bien, Messieurs, sans entrer dans le fond de cette question, je trouve l'occasion propice pour en dire un mot en passant. L'Angleterre a reconnu le traité du Bardo : elle est, je crois, au point de vue de l'œuvre que nous accomplissons dans la Régence, parfaitement rassurée et parfaitement éclairée ; elle a reçu, — sur votre interpellation (cependant la réponse de l'honorable M. Barthélemy Saint-Hilaire avait pré-

cédé), — les garanties qui pouvaient la toucher au
sujet de la Tripolitaine. Eh bien, je pense que, comme
avec l'Angleterre, on pourra et l'on devra arriver,
avec l'Italie, à une tractation...

A droite. — Tractation ?...

M. LE PRÉSIDENT DU CONSEIL... — Oui, à une tractation.
Est-ce que le mot vous déplairait ?

M. FRESNEAU. — Il est nouveau.

M. LE PRÉSIDENT DU CONSEIL... — Sans cela, je serais
prêt à accepter le vôtre ! (*Rires à gauche.*)... à une
tractation, dis-je, qui pourra permettre de donner aux
intérêts communs, — j'entends aux intérêts de négoce, aux intérêts de navigation, aux intérêts d'affaires
des deux pays, — une satisfaction suffisante, et que,
certains, comme les Italiens doivent l'être de nos intentions cordiales à leur égard ; certains du but que
nous voulons atteindre dans le règlement de nos
affaires partout où elles sont en contact avec celles
de l'Italie, il nous sera, il nous est permis d'espérer
qu'avec de la patience, — on ne résout les difficultés
auxquelles je fais allusion qu'avec de la patience, —
avec de la modération et en causant avec les hommes
qui peuvent faire foi sur notre parole (*Approbation à
gauche*), nous arriverons à dénouer les conflits qui se
sont élevés sur cette question, peut-être, comme vous
le disiez tout à l'heure, — et il ne m'en coûte pas de
vous faire cette concession, car c'est une déclaration
que j'ai déjà faite devant la Chambre des députés, —
peut-être parce qu'il n'a pas été clairement, nettement, suffisamment dit à l'Italie ce qu'on voulait
faire et ce que l'on devait faire dans l'intérêt de la
France, sans chercher aucunement à blesser les susceptibilités et les traditions italiennes. (*Très bien ! sur
les mêmes bancs.*)

C'est donc là, Messieurs, une question qui reste
parfaitement ouverte et à laquelle nous donnerons
toute notre attention et tout notre zèle, mais qu'il est

impossible aujourd'hui de débattre et surtout de résoudre. (*Nouvelle approbation à gauche.*)

Eh bien, que reste-t-il des observations de l'honorable duc de Broglie ?

Un sénateur à droite. — Tout !

M. LE PRÉSIDENT DU CONSEIL. — Il en reste un appel à la modération et même, si je ne me trompe, au courage du chef du cabinet. M. le duc de Broglie m'a dit : Que n'imitez-vous, de loin d'ailleurs, je le reconnais, — que n'imitez-vous la conduite de l'illustre M. Gladstone ?

A lui aussi on avait légué une affaire très difficile, celle du Transvaal, où l'honneur et les intérêts anglais étaient sérieusement, gravement engagés. Eh bien, est-ce qu'il a, en arrivant au pouvoir, reculé devant le mouvement d'humeur qu'il allait provoquer chez ce peuple anglais si fier et si tenace, même et surtout dans l'adversité, en lui proposant une politique de retraite ? En aucune façon, et cela l'honore ; vous l'en avez honoré, et vous avez bien fait.

Mais moi, je me contenterais bien, monsieur le duc de Broglie, du traité qui a terminé la question du Transvaal ; et si vous voulez accepter que, nous modelant sur cet illustre exemple, nous fassions un traité qui soit calqué sur celui que les Anglais ont signé, il y a à peu près un mois, avec les Boërs, je suis prêt à y consentir ; car il y a cela de notable dans ce traité qu'il est, à peu de chose près, semblable au traité du Bardo, du 12 mai. Il contient les mêmes clauses, et je vais vous citer notamment l'article 2.

« ART. 2. — Sa Majesté se réserve pour elle-même, ses héritiers et successeurs :

« Le droit de nommer un résident anglais *dans* et *pour* l'État du Transvaal, avec les devoirs et fonctions ci-joint désignés ;

« Le droit de faire passer des troupes dans ledit État en temps de guerre ou de menace de guerre, dans le cas entre le suzerain et un État étranger ou une tribu indigène de l'Afrique du Sud ;

« Le contrôle des relations extérieures dudit État, y compris la conclusion des traités et la conduite des affaires diplomatiques avec les puissances étrangères, et cela par l'entremise des agents diplomatiques et consulaires de Sa Majesté à l'étranger. »

Je comprends très bien, Messieurs, qu'une opération aussi importante que celle du Transvaal ait trouvé son issue et son dénouement dans un traité comme celui-là ; et je crois que cet acte, qui nous a été communiqué par le cabinet de Saint-James, constitue une sorte de moyen international de nature à affaiblir les griefs qui peuvent être dirigés contre le traité du Bardo ; il y a, en effet, une telle analogie, une telle ressemblance entre les deux instruments, entre les conséquences qu'on en a pu tirer, entre les engagements qui s'y trouvent consignés, que vraiment on serait en droit de se demander ;d'où peut venir une critique dirigée contre l'un qui n'atteindrait pas et ne frapperait pas l'autre. (*Très bien ! très bien ! à gauche.*)

La situation a été grossie à dessein ; on l'a exagérée à tous les points de vue: au point de vue des risques internationaux à courir, comme au point de vue des charges financières de l'avenir; on l'a exagérée surtout au point de vue des pertes, toujours regrettables, que nous avons faites dans les rangs de notre armée, et auxquelles on a donné des proportions contre lesquelles il est nécessaire de protester, car ces exagérations ne tendraient à rien moins qu'à troubler le fond de l'âme de la nation en lui disant qu'il y a là-bas des déserts entiers qui sont jonchés des cadavres des enfants de la France. Il faut que la vérité soit sue : c'est à peine, — ce mot est toujours douloureux à dire, mais il faut bien rapprocher du chiffre de l'effectif celui des pertes que nous avons subies, — c'est à peine si nous avons perdu 1,100 hommes dans la campagne. (*Exclamations à droite.*)

Un sénateur à droite. — Rien que cela !

M. LE PRÉSIDENT DU CONSEIL. — Sans doute, c'est toujours trop; mais, moi, j'ai demandé, tout à l'heure, ces renseignements à M. le ministre de la guerre ; et vous-mêmes, où puisez-vous les documents qui vous permettent de dire que ces pertes, toujours trop grandes, sont énormes, que des milliers de cadavres jonchent le désert ? (*Applaudissements à gauche.*)

Quels sont ceux qui vous renseignent ? Je crains bien, à mon tour, qu'au lieu de puiser vos informations dans des documents sérieux et authentiques, vous n'alliez les chercher, comme vous le disiez tout à l'heure, dans une presse qui paraît vous être plus familière qu'à nous. (*Nouveaux applaudissements à gauche.*)

Cette question, Messieurs, a été posée à coup sûr d'une façon tout à fait latérale, car c'est à propos de crédits qui ont été, comme on l'a très bien dit, engagés, et même en partie dépensés, qu'elle a surgi. Cependant il était nécessaire d'essayer d'apporter ici une réponse aux observations de l'honorable duc de Broglie en maintenant très résolument la politique qui a été développée devant l'autre Chambre et que j'affirme avec confiance devant vous, à savoir que le traité du Bardo nous engage tous et que, s'il n'y a pas de traité irrévocable, et si celui-là porte le titre de perpétuel, comme c'est de style dans tous les documents diplomatiques, il vous lie et vous liera jusqu'au jour où vous aurez trouvé un moyen honorable, digne et conforme à vos intérêts, de vous déjuger à l'égard du bey; et par là, Messieurs, j'entends, non pas que le traité dans son esprit pourra subir une altération où même une transformation telle qu'elle comporterait la négation de cet esprit même, mais que son texte, serré de plus près, et les conséquences que la politique de la France pourra vouloir en faire sortir, seront assurés par des dispositions précises, loyales, dont il vous appartiendra souverainement d'arrêter les termes en les faisant suivre des voies et moyens nécessaires pour l'exécution de ces dispositions nouvelles.

Voilà, Messieurs, ce que, pour aujourd'hui, j'avais à dire sur cette question ; je termine en rappelant à l'honorable duc de Broglie et à ses amis que nous nous trouverons au rendez-vous que nous leur avons promis, et que ce jour-là, comme toujours, tant que nous aurons l'honneur de paraître devant vous en qualité de membres de ce cabinet, nous assurerons, pour ce qui nous concerne, la liberté, la loyauté et la sincérité de la discussion. (*Applaudissements répétés à gauche. — L'orateur, en descendant de la tribune, est vivement félicité par un grand nombre de sénateurs.*)

M. LE DUC DE BROGLIE répond que si le président du conseil a traité le côté financier de la question, il n'a point réfuté les observations politiques qui avaient été présentées. L'orateur l'avait d'ailleurs prévu, et avait même reconnu que c'était son droit.

Cependant, même en ce qui touche le côté financier de la question tunisienne, il convient de relever une erreur de M. le président du conseil, qui a cherché à établir une comparaison entre la commission financière établie en Tunisie et le système des contrôleurs européens qui fonctionne en Égypte.

M. LE PRÉSIDENT DU CONSEIL. — Je n'ai pas parlé d'assimilation.

M. LE DUC DE BROGLIE. — Le khédive est indépendant en ce qui touche la France et l'Angleterre. Les contrôleurs anglais et français fonctionnent sous sa responsabilité, révocables par lui.

Il n'y a donc aucun rapport entre les deux commissions. En Égypte, nous représentons devant le bey les intérêts des créanciers. En Tunisie, nous représentons le bey devant les créanciers. (*Très bien! à droite.*)

M. LE PRÉSIDENT DU CONSEIL. — Je demande la parole.

M. LE DUC DE BROGLIE. — Quant aux susceptibilités et aux menaces des puissances étrangères, dont on a voulu nous effrayer naguère, ce qu'on semble nier aujourd'hui, je rappellerai que ce sont là des moyens d'intimidation dont on s'est déjà servi à une époque qui n'est pas si éloignée. Oui, alors il s'agissait de dissoudre la Chambre, et on a dit : La dissolution c'est la guerre. (*Très bien! très bien! à droite.*)

Je ne dis pas que dans la discussion actuelle on ait eu recours à des arguments pareils. Mais en me félicitant que ce fantôme ait disparu, je puis bien constater qu'on en a usé et même abusé naguère. (*Très bien! très bien! à droite.*)

M. LE PRÉSIDENT DU CONSEIL. — Messieurs, je regrette infiniment de m'être mal exprimé, car il n'est pas possible que ce soit M. le duc de Broglie qui ne m'ait pas compris. En effet, M. le duc de Broglie vient de me répondre sur la question financière exactement comme si j'avais proposé dès aujourd'hui au Parlement de copier l'organisation financière de l'Égypte et d'en faire l'application à la Tunisie.

A *droite.* — Vous avez fait la comparaison!

M. LE PRÉSIDENT DU CONSEIL. — Permettez, Messieurs, je n'ai rien dit de semblable, et pour une excellente raison : c'est que j'avais moi-même expliqué qu'il n'y avait aucune espèce d'analogie, au point de vue du lien de vassalité à l'égard de la Porte, entre la Régence et l'Égypte. Il y a mieux, c'est que j'ai voulu. et j'ai insisté là-dessus, mettre purement et simplement en lumière cette vérité, que l'organisation des services d'une dette n'avait aucune espèce de conséquence au point de vue de l'annexion. Mais je n'ai point dit, puisque c'est la question qui reste réservée pour des projets ultérieurs, que dès à présent nous vous offrions comme modèle le système de contrôle anglo-français appliqué en Égypte. En aucune manière! Et si c'est là ce que vous avez compris, j'éprouve le besoin de dissiper cette erreur. J'ai pris un exemple, non pas pour l'emprunter à l'Égypte, et l'appliquer à la Régence, mais pour prouver que l'on pouvait organiser un service de créanciers nationaux et étrangers dans un pays d'Orient, — que ce fût la Régence, l'Égypte, la Porte, la Turquie d'Europe; — que l'on pouvait organiser un système de perception, de contrôle, sans porter atteinte à l'indépendance du souverain. (*Très bien! à gauche.* — *Rumeurs à droite.*)

Voilà le langage que j'ai tenu; pourquoi voulez-vous que j'aie dit autre chose? quel intérêt y avez-vous? (*Rires à gauche.*)

Je l'ai dit, et c'est un des éléments de cette question que nous traiterons plus tard. On me répond : Mais la commission financière, c'est l'organisation de ce contrôle anglo-français dont vous parlez. Je ne le nie pas, mais je ne me suis pas engagé à faire disparaître la commission financière. Peut-être bien sortira-t-elle triomphante de l'épreuve qu'elle traverse; peut-être suffirait-il pour cela de la modifier, de la composer différemment, de changer ses attributions. Est-ce que j'ai engagé en quelque chose la solution de ce problème? En aucune façon.

Par conséquent, sur cette question financière, il n'y a qu'une chose que je tiens à maintenir et à retenir, c'est qu'il faudra que le Gouvernement français présente aux Chambres une solution du problème financier en Tunisie, mais sans, dès à présent, prendre l'ombre d'un engagement sur le mode même de cette solution. Je pense et j'espère que, cette fois-ci, j'aurai été compris.

Je ne relèverai pas la dénégation que M. le duc de Broglie a opposée à cette sorte de demande que je lui avais adressée sur le jour, l'heure où nous avions assailli d'interpellations sur la politique extérieure le cabinet qu'il dirigeait.

M. le duc de Broglie a bien voulu rappeler les paroles que j'ai prononcées dans une occasion solennelle dont je puis parler aujourd'hui avec un sang-froid absolu, puisque je ne crois pas, — et j'en ai pris la responsabilité, — avoir été étranger à la solution pacifique, et dans le pays, et dans le Parlement (*Bravos à gauche*), du débat qui a été la suite de la dissolution et des élections du 14 octobre. (*Applaudissements répétés à gauche.*) Oui, ce jour-là, en envisageant les conséquences, au dedans et au dehors, d'une politique que je ne caractérise plus, l'ayant fait assez souvent et ayant eu le bonheur de voir ce jugement ratifié par le pays. (*Très bien! très bien! à gauche.*) ; ce jour-là, dénonçant au pays les pensées, les troubles qui sortiraient d'un pareil conflit dans la nation, je déclarai hautement que l'extrême aboutissement de cette politique, c'était la guerre, peut-être même la guerre civile, presque toujours suivie de la guerre étrangère ! (*Bravos et applaudissements à gauche.*)

Le Sénat décide qu'il passera à la discussion des articles.

M. LE PRÉSIDENT. — L'article 1ᵉʳ est ainsi conçu.

ARTICLE PREMIER. — Il est ouvert aux ministres sur l'exercice 1881, au titre du budget ordinaire de l'exercice 1881, au delà des crédits ouverts par la loi de finances du 22 décembre 1880, des crédits supplémentaires montant à la somme de 28,827,659 fr. 20 c., lesquels sont répartis par ministère et par chapitre, ainsi qu'il suit : Ministère de la guerre (1ʳᵉ section), (Service général). — Chap. 3 (Dépôt général de la guerre), 40,000 fr. — Chap. 4 (États-majors), 120,000 fr. — Chap. 5 (Gendarmerie), 10,000 fr. — Chap. 6 (Solde et entretien des troupes), 500,000 fr. — Chap. 11 (Service de marche), 1,470,000 fr. — Chap. 14 (Transports généraux), 1,180,000 fr. — Chap. 20 (Établissements et matériel du génie), 500,007. — Chap. 29 (Opérations militaires en Tunisie), 21,608,705. — Chap. 32 (Avances au gouvernement beylical), 478,954 fr. 20 c. — Ministère de la marine et des colonies, 1ʳᵉ section de la marine et des colonies, 1ʳᵉ section (Service de la marine), chap. 18 *bis* (Opérations militaires, en Tunisie) 2,920,000 fr. — Total des crédits ouverts pour 1881, 28,827,659 fr. 20 c.

ART. 2. — Il sera pourvu aux crédits supplémentaires ci-dessus au moyen des ressources générales du budget ordinaire de l'exercice de 1881.

M. BOCHER. — L'honneur du pays est engagé. Je ne viens donc pas discuter les crédits. Votre commission des finances est unanime à vous proposer de les voter. Je veux vous rappeler seulement que nous avons toujours combattu la conduite suivie par le Gouvernement dans cette affaire, et vous signaler les erreurs, les fautes du dernier cabinet. Il s'agissait, d'abord, seulement d'une expédition destinée à châtier quelques pillards.

Deux mois après on demande de nouveaux crédits, le traité du Bardo a été signé : c'est la guerre, non contre la Tunisie mais en Tunisie. Mais on affirme que l'expédition ne donnera pas lieu à de nouveaux sacrifices.

Le rapporteur M. Hébrard confirmait tout ce qui avait été déclaré par le Gouvernement; on avait tout prévu, excepté ce qui arriverait. Le lendemain les nécessités croissaient, la révolte gagnait les tribus, et il fallait de nouveaux sacrifices; aussi a-t-on été obligé de réclamer de nouveaux crédits.

Aussi, de quatre à cinq millions, prévision primitive, on est arrivé d'abord à vingt-cinq millions, et enfin, à plus de quarante-cinq millions, sans compter la dépréciation de notre matériel de guerre, emprunté aux arsenaux.

L'orateur regrette ces augmentations inattendues et blâme la façon dont les dépenses ont été faites. Il rappelle quelles sont les formes, les règles exigées par notre système financier pour l'introduction des dépenses et des crédits et s'attache à démontrer que ces règles ont été violées pour l'expédition de Tunisie.

L'orateur indique la marche qui aurait dû être suivie. Il rappelle les fâcheux errements de l'Empire dans l'expédition du Mexique; en matière financière il s'attache à démontrer qu'on a agi à peu près de même pour la Tunisie, et il réfute les explications justificatives présentées par M. Jules Ferry devant la Chambre des députés.

L'orateur reconnaît que les difficultés pour procéder autrement étaient grandes, mais qu'on pouvait les surmonter, et qu'en agissant comme on l'a fait on a transgressé deux lois. Pourquoi donc, continue-t-il, n'a-t-on pas procédé d'une façon régulière? C'est en raison de considérations politiques et électorales qu'on est arrivé à ce qu'on appelle l'extrême limite de la légalité, mot que je comprends peu d'ailleurs. (*Très bien! très bien!*) Je conclus et je dis que nos institutions n'ont pas de garanties si l'on peut engager le Parlement malgré lui au delà de ce qu'il a voté; que notre comptabilité est insuffisante si elle ne permet pas de faire la différence entre l'ordinaire et l'extraordinaire. Si le contrôle des Chambres n'est pas préventif il devient inutile. (*Approbation à droite.*)

Une leçon se dégage pour moi des faits que je viens de rappeler : nous soutenions, au mois de juillet, que le budget était en déficit, et nous disions, d'ailleurs, au ministre des finances que, ce budget fût-il en équilibre, il fallait prévoir. Le lendemain on nous a apporté une dépense de 80 millions, peut-être davantage. Et pour une simple expédition militaire. Que serait-ce si les difficultés qui se sont produites avaient été plus considérables?

Le ministre auquel nous donnions ces avertissements n'a plus à s'en soucier dans les nouvelles fonctions où sa chute l'a porté; mais nous les renouvelons et nous espérons que son successeur voudra bien les prendre en considération. (*Applaudissements à droite.*)

M. ALLAIN-TARGÉ, *ministre des finances.* — Je tiens à rassurer tout d'abord le Sénat au sujet des dernières paroles de l'orateur qui descend de cette tribune.

Le budget de l'exercice de 1881 pourra faire face aux dépenses de l'expédition de Tunisie pour une somme de 20 à 30 millions qui lui sont imputés. Notre état financier est des plus prospères, et il fera face, par ses excédents de recettes, à toutes les dépenses et à tous les dégrèvements.

Dans le discours prononcé par l'honorable M. Bocher, il y a deux parties : dans l'une, M. Bocher a critiqué les actes de l'ancienne administration; dans l'autre, il a donné divers conseils au gouvernement actuel relativement à notre système de comptabilité. Sur le premier point, je pourrais répondre ce qu'a répondu M. le président du conseil :

Comment l'aurais-je fait si je n'étais pas né?

M. OSCAR de VALLÉE. — Mais vous avez approuvé ce qui a été fait.

M. LE PRÉSIDENT DU CONSEIL. — Nous l'avons approuvé, et nous sommes prêts à le défendre encore.

M. LE MINISTRE DES FINANCES. — Nous n'avons pas l'intention d'avoir recours aux procédés financiers dont s'est servie la dernière administration. Je ne saurais cependant laisser passer sans protestation certaines expressions qui ont été employées par M. Bocher, celle de virement par exemple.

Il n'est pas bon de laisser croire que des gouvernements réguliers pourraient aussi facilement employer des procédés incorrects et violer la loi. Il y a entre les gouvernements qui se succèdent une solidarité qu'il ne faut pas oublier.

Le gouvernement précédent s'est trouvé dans une situation que je n'ai point à apprécier ici : mais ce qu'on ne saurait prétendre, c'est qu'il y a eu des virements, c'est-à-dire que les crédits destinés à certains chapitres ont été reportés sur d'autres.

Le ministre de la guerre a usé du crédit extraordinaire de provision qui avait été voté par le Parlement. Je ne dis pas que ce crédit ait été tout à fait suffisant, mais il n'est pas moins vrai que ce crédit impliquait l'approbation du Parlement qui avait eu à se prononcer sur l'expédition de Tunisie.

Il n'y a donc pas eu illégalité. Il y a eu recours à des procédés financiers que nous prenons l'engagement de ne pas renouveler. (Bruit à droite.)

M. LE PRÉSIDENT DU CONSEIL. — C'est ce que nous faisons par le projet de loi actuel.

M. LE MINISTRE DES FINANCES. — Nous ne voulons rien faire sans réclamer le contrôle du Parlement à tous les moments de nos actes. Les ministres de la guerre et des finances cherchent tous les moyens de fournir aux Chambres les éclaircissements les plus complets.

C'est ainsi que nous prenons l'engagement de vous soumettre toujours des demandes de crédits avant que les dépenses soient engagées. Nous vous en donnons une preuve immédiate puisque nous venons dès à présent vous demander ce que je pourrais appeler un douzième provisoire pour l'intersession de janvier. (Très bien! à gauche.)

Relativement à la deuxième période, c'est-à-dire celle

pendant laquelle les dépenses s'ouvrent, M. Bocher s'est appliqué à découvrir un moyen de contrôle.

Mais je ne crois pas que cela soit possible et qu'on puisse, par exemple, contrôler, au moment où elle s'effectue, la dépense faite par chaque capitaine pour sa compagnie.

En un mot, je ne crois pas qu'on puisse faire coïncider le contrôle du Parlement avec la dépense elle-même.

Mais ce qui a été décidé, c'est que tous les trois mois le Parlement pourra être renseigné autant que possible. L'article 5 que vous avez dédaigné a été cependant considéré comme une garantie précieuse par la commission dont l'honorable M. Wilson a défendu l'opinion à la tribune.

Ce compte approximatif, mais fait avec la sincérité qui distingue les chefs de notre comptabilité publique et à laquelle vous avez rendu hommage, fournira au Parlement, s'il y a lieu, l'occasion des discussions qu'il jugerait nécessaire. (Très bien! très bien! à gauche.)

Enfin il y a une troisième période : c'est celle de la reddition des comptes; personne n'y échappe. Mais comme il est possible de faire illusion en laissant confondus les crédits ordinaires et extraordinaires, nous y avons pourvu par la création des chapitres XXIX et XXX du ministère de la guerre et XVI bis du ministère de la marine.

Dans ces chapitres nous totalisons toutes les dépenses réparties entre les divers chapitres spéciaux, et nous les inscrivons sous ce titre : *Expédition de Tunisie*. Il sera donc facile d'apprécier ce qui a été fait.

Ce que nous voulons, c'est donc la sincérité, absolue et entière, avant, pendant et après. Mais nous ne pensons pas que, même en adoptant le système que M. Buffet a, je crois, l'intention de défendre, il soit possible de faire mieux que ce que nous proposons.

Aussi le Gouvernement, en vous présentant des comptes aussi loyaux, pense-t-il faire tout ce qu'il doit et mériter votre approbation. (Très bien! très bien! et vive approbation à gauche.)

M. LE PRÉSIDENT. — M. Buffet propose l'amendement suivant, qui deviendrait l'article 1er du projet :

Le chapitre XXIX du budget de la guerre pour l'exercice 1882 comprendra, sous le titre « Opérations militaires en Tunisie », toutes les dépenses ordinaires et extraordinaires de l'expédition. Les dépenses ordinaires seront reportées des chapitres du budget du ministère de la guerre, où elles sont inscrites, au chapitre XXIX. Les crédits de ces chapitres seront aussi réduits d'une somme égale à celle qui aura été reportée au chapitre.

M. BUFFET. — Mon honorable ami M. Bocher et M. le duc de Broglie ont singulièrement simplifié ma tâche. Je crois, cependant, devoir vous indiquer sommairement les motifs qui ont dicté mon amendement : il ne s'agit pas seulement d'améliorer la procédure budgétaire, quoique à ce point de vue seulement il méritât votre attention, mais il a une portée plus haute, celle d'assurer au Parlement un contrôle sérieux, opportun, efficace, sur les expéditions militaires. Ce contrôle existe-t-il aujourd'hui? est-il libre? a-t-il une sanction? La démonstration du contraire ressort du texte même de l'article 1er du projet de loi que nous discutons. Cet article ouvre un crédit de 29 millions, non pour des dépenses futures, mais pour des dépenses actuelles faites et dont une partie est liquidée et même payée.

Que devient donc votre droit de contrôle? Pouvez-vous rejeter ces crédits et laisser protester la signature de la France? Évidemment non. Le vote des crédits s'impose, et vous ne pouvez les discuter.

Il n'y a donc pas dans le vote ou le rejet du crédit un moyen d'exercer un contrôle sérieux; ce moyen se trouve-t-il dans la responsabilité ministérielle? Mais le cabinet actuel déclare, et c'est son droit, qu'il n'a point à supporter cette responsabilité. Le cabinet précédent a disparu. Ce cabinet avait pourtant déclaré que le pays lui avait donné, par les élections, un témoignage éclatant de confiance. Cependant il s'est retiré.

C'est donc qu'il n'a pas eu confiance en lui-même. (Rires.) L'orateur rappelle alors les règles absolues de toute comptabilité régulière et s'attache à démontrer que le cabinet précédent les a violées. On a dépensé 29 millions sans crédits.

L'orateur explique comment ces dépenses, illégalement faites, ont été payées, et il se demande si le Gouvernement a le droit d'accroître des dépenses que la législature n'avait pas prévues en votant les crédits. Non, le Gouvernement n'a pas ce droit, dit-il.

Je reconnais toutefois que le cabinet actuel a demandé un crédit pour les dépenses à venir ; cela me paraît une bonne et utile pratique. Mais j'insiste sur ce fait, qu'il est mauvais qu'un gouvernement puisse changer le caractère d'une expédition autorisée, qu'il puisse augmenter les dépenses prévues et faire ainsi payer forcément les frais d'une politique mauvaise et non approuvée par le Parlement : il y a là une absence réelle de contrôle sérieux. (*Très bien ! à droite.*)

Si l'imputation provisoire que je regarde comme un véritable virement était nécessaire, il faudrait immédiatement présenter une demande de crédit sur lequel on pourrait réimputer les dépenses extraordinaires en fin d'exercice ; c'est ce que l'on a fait aujourd'hui pour le mois de janvier prochain, mais c'est ce que n'a pas fait le dernier cabinet, et cependant il ne s'agissait pas de dépenses imprévues. Pourquoi, au mois de juillet, n'a-t-on pas demandé les crédits nécessaires ? pourquoi s'est-on mis dans l'impossibilité de es réclamer plus tard à la même Chambre, par la convocation anticipée des collèges électoraux. Pourquoi ne les a-t-on pas ouverts par décrets rendus après avis du Conseil d'État ? Par des raisons politiques et électorales, a-t-on pensé dans le public. Dans la commission on nous a dit que l'on avait eu peur de l'opposition du Conseil d'État ; il est vrai que M. le ministre de la marine, qui a fait et qui fait encore partie du Conseil d'État, a déclaré que cette opposition ne se serait pas manifestée. (*Bruits divers.*)

M. LE PRÉSIDENT DU CONSEIL. — Qui vous a parlé de cette opposition possible du Conseil d'État ?

M. BUFFET. — Un commissaire du Gouvernement.

M. LE MINISTRE DES FINANCES. — L'honorable M. Buffet a donné à cette parole une signification trop étendue.

M. LE PRÉSIDENT DU CONSEIL. — D'ailleurs, on ne peut préjuger ainsi l'opinion d'un grand corps constitué.

M. BUFFET. — Je dois ajouter que l'ancien président du conseil nous a dit qu'il n'avait pas demandé ces crédits au Conseil d'État parce qu'un crédit de 17 millions était encore libre ; mais s'il l'était, c'est parce que les réimputations n'avaient pas encore été faites. On voit où pourrait nous conduire une semblable procédure budgétaire. On nous dit que la guerre doit être votée par les Chambres et que c'est la une garantie; mais qu'est-ce que la guerre si l'on peut rester en paix avec un pays qu'on envahit à main armée, dont on prend certaines villes, dont on met à mort certains habitants? (*Bruit et approbation à droite.*) J'ai donc pensé qu'il fallait une garantie plus sérieuse. C'est celle que propose mon amendement : créer pour chaque expédition un budget spécial où l'on inscrit toutes les dépenses ordinaires et extraordinaires se rattachant à cette expédition.

M. LE PRÉSIDENT DU CONSEIL. — Sur quelles bases?

M. BUFFET. — Sur des prévisions évidemment; le budget lui-même n'est-il pas une prévision? De cette manière, si les ressources de ce chapitre spécial étaient épuisées, vous ne pourriez dépenser rien de plus et vous seriez obligés de venir demander de nouveaux crédits au Parlement, qui aurait alors toute liberté d'action.

Quel est l'inconvénient de ce système? il n'y en a qu'un, et il était signalé par M. le président du conseil à la Chambre des députés. L'honorable M. Gambetta disait que ce système grossissait aux yeux du public les dépenses et en accroissait faussement l'apparence.

Or, dit l'orateur, je préfère la fausse apparence d'une dépense à la fausse apparence d'un contrôle. (*Très bien! à droite.*) D'ailleurs, il y a moyen d'enlever cet inconvénient au système dont je parle. Ce moyen, c'est de soustraire les dépenses ordinaires des dépenses extraordinaires. Le public sera ainsi renseigné aussi exactement que possible. (*Approbation à droite.*)

L'orateur termine en disant que la discussion actuelle prouve combien est étroit le lien entre le pouvoir politique et le pouvoir financier d'un Parlement. La destruction du pouvoir financier entraîne l'annihilation du pouvoir politique; c'est là, pour une Chambre, une situation complètement avilie : la suppression vaudrait mieux. (*Applaudissements à droite.*)

M. ALLAIN-TARGÉ, *ministre des finances.* — L'amendement de M. Buffet aurait pour résultat de faire exactement ce que fait le chapitre XXX. Mais il aurait en outre l'inconvénient de créer une situation absolument fausse et de donner aux polémiques une pâture d'inexactitudes. (*Interruptions à droite.*) C'est commencer par l'erreur pour arriver à la sincérité du contrôle. (*Nouvelles interruptions sur les mêmes bancs.*)

Les ministres auraient le devoir de grossir indéfiniment leurs prévisions pour ne pas être arrêtés dans une expédition par le manque de ressources. (*A gauche : Très bien! très bien!*)

Ce n'est plus un droit de contrôle qu'on réclame, c'est un plan de campagne qu'on veut discuter au jour le jour. (*Très bien! à gauche.*) C'est un empiétement sur les droits du pouvoir exécutif. (*Approbation.*)

Il est procédé sur l'amendement de M. Buffet à un scrutin dont voici le résultat :

Nombre des votants. 265
Majorité absolue. 133

Pour 95
Contre 170

Le Sénat n'a pas adopté l'amendement de M. Buffet.

L'article 1er est mis en discussion.

M. LE PRÉSIDENT. — Il y a sur cet article un amendement de M. Fresneau.

De divers côtés. — A lundi! à lundi!

La séance est levée à six heures dix minutes.

Séance du 12 décembre 1881

(Suite et fin de la discussion sur les crédits tunisiens)

PRÉSIDENCE DE M. LÉON SAY

M. FRESNEAU propose un amendement tendant à réduire de 25,000 francs les crédits inscrits à l'article 1er. J'ai, dit-il, voté sans enthousiasme l'amendement de M. Buffet; qu'on me permette de me placer sur un autre terrain, je crois qu'on ne peut gouverner en France ni uniquement par des Assemblées ni sans Assemblées.

Aussi ne suis-je pas de ceux qui voudraient porter atteinte à la liberté du pouvoir exécutif.

Mon amendement n'enlève pas à l'armée un atome de ses ressources; les magasins de l'État, pour lesquels le Gouvernement a un crédit à peu près illimité, pourront facilement pourvoir au vide produit par le retranchement de 25,000 francs ; cela s'est fait assez facilement et assez largement en 1870. M. le président du conseil le sait mieux que personne ; il ne s'agit donc pas de crédits, mais de la manière dont l'affaire tunisienne est conduite actuellement et des remèdes que l'on doit apporter à une situation très délicate. Voilà la cause de mon amendement. On nous dit qu'on exécutera le traité du Bardo ; mais en attendant qu'il soit exécutable on peut l'exécuter de bien des manières.

On ne nous donne qu'une formule vague, vide, qui ne peut nous satisfaire, car le temps de la confiance illimitée est passé ; il n'y a pas que la Tunisie qui soit en feu à l'heure actuelle. A la question de la Tunisie il faut ajouter les questions du Maroc, de Tripoli, de l'Égypte et de la Cochinchine ; mais je reviens en Tunisie, et je regarde ce qui s'y passe. Nous avons là 45,000 hommes qui sillonnent le pays dans tous les sens, à marches forcées, laissant sur les chemins les faibles qui meurent de fatigue, de fièvre et quelquefois faute de service sanitaire et de médicaments. J'espère que M. le président du conseil en nous affirmant qu'il n'avait perdu que..... J'ai l'honneur de m'adresser à vous, monsieur le président du conseil.

M. GAMBETTA, *président du conseil, ministre des affaires étrangères.* — Et moi, j'ai celui de vous écouter. Vous n'avez pas l'air de vous en apercevoir.

M. FRESNEAU. — Si vous aviez bien voulu m'écouter vous auriez mieux compris qu'en causant avec votre voisin ce que je vous demandais de me faire savoir... *(Exclamations et murmures à gauche.)*

M. LE PRÉSIDENT DU CONSEIL. — Je vous ferai observer que je vous écoutais. Un de vos collègues me parlait, mais je vous assure que ce sont deux choses qu'on peut faire à la fois. *(Rires à gauche.)*

M. FRESNEAU. — M. le président du conseil est fort poli, mais je lui ferai...

M. LE PRÉSIDENT DU CONSEIL. — Je vous rends la monnaie de votre pièce, je vous assure que je ne serai jamais en reste avec vous.

M. FRESNEAU. — J'avais besoin, monsieur le président du conseil, d'un renseignement. Je vous demandais si dans la perte de 1,100 hommes dont la vie est au moins aussi intéressante qu'une conversation quelle qu'elle soit, ce chiffre comprenait... (*Interruptions à gauche.*)

M. LE PRÉSIDENT. — Ne continuez pas sur ce ton, monsieur Fresneau, reprenez votre discours.

M. LE PRÉSIDENT DU CONSEIL. — Heureusement que les gens que vous tuez se portent assez bien. (*Nouvelle hilarité.*)

M. FRESNEAU critique le système des razzias, fait pour exaspérer les populations; il se plaint des termes employés par M. le président du conseil pour qualifier les Européens qui résident en Tunisie; c'est comme si, continue l'orateur, on traitait tous les habitants de Belleville d'esclaves ivres (*Bruit à gauche*); c'est confondre les innocents avec les coupables.

A cet élément européen, cependant, ajoute l'orateur, vous êtes obligés d'accorder protection dans toute la Tunisie. Le consul d'Italie vous a déclaré que vous seriez responsable de tous les dommages causés à ses nationaux. Comment feriez-vous pour arriver à ce résultat? Les 45,000 hommes que vous tenez en Tunisie ne suffiraient pas à l'obtenir. Depuis trois siècles nous vivions avec la Porte en des rapports de bonne intelligence, et toute les nations de l'Europe profitaient des capitulations que la France avait obtenues. Aujourd'hui ces capitulations sont devenues un instrument de spoliation.

L'orateur déclare qu'il ne veut pas attaquer les membres de la Chambre des députés, mais il lui est bien permis cependant de faire observer que l'honorable M. Clémenceau, qui a si bien signalé les fautes commises dans la Tunisie, a craint de pousser jusqu'au bout les conséquences de son discours. L'audace des ministres actuels consiste à tout nier. (*Réclamations à gauche.*) Mais il fallait ne pas craindre d'ébranler le cabinet.

L'orateur craint que l'on soulève le fanatisme musulman contre la France; il a peur aussi que l'Angleterre dans la conclusion des traités de commerce ne fasse payer à la France son attitude dans la question de Tunisie. Il n'y a que le parti des myopes qui ne puisse voir toutes ces conséquences.

L'orateur s'attache à démontrer que l'expédition de Tunisie constitue un véritable fait de guerre. Or, il demande qu'on en revienne à l'état antérieur à la guerre.

Mes amis légitimistes de la Chambre, dit l'orateur, ont refusé les crédits pour l'expédition de Tunisie. Les crédits ne seront pas atteints, l'armée n'aura pas un centime de moins; mais il est nécessaire qu'au moment où les électeurs sénatoriaux vont faire un acte on avertisse le pays. C'est pourquoi je suis venu dire ce que j'ai dit. Ce faisant, je n'aurai pas seulement satisfait ma conscience, mais j'aurai accompli mon devoir. (*Applaudissements sur quelques bancs.*)

M. LE PRÉSIDENT. — Je consulte le Sénat...

M. LE VICOMTE DE LORGERIL. — On ne peut rester sans répondre... Le Gouvernement ne répond pas?

M. LE PRÉSIDENT. — Il y a une demande de scrutin, signée par MM. Testelin, Mazeau, Mathey.

M. LE VICOMTE DE LORGERIL. — Je constate que MM. les ministres trouvent impossible de répondre au discours de M. Fresneau! (*Marques d'approbation à droite.*)

M. LE PRÉSIDENT DU CONSEIL. — Je m'associe à la parole de M. de Lorgeril. Il est tout à fait impossible de répondre! *Très bien! et rires à gauche.*)

M. DE GAVARDIE. — Je n'avais pas l'intention de parler; mais, en présence de ce qu'a dit M. le président du conseil, je ne puis garder le silence. M. le président du conseil renie la politique chrétienne qui a fait la grandeur de la France.

Comment le cabinet ose-t-il désavouer ce qu'avait fait le cabinet ancien? N'avait-il pas tout connu, tout approuvé? Il faut avoir le courage de son opinion. Je n'ai aucun sentiment d'animosité contre M. le président du conseil : c'est un homme très prudent, bien qu'il agisse souvent à la légère. (*On rit.*) Il a certainement consulté de hautes autorités avant de laisser le dernier cabinet s'engager dans une telle entreprise et bien que je le défie de me citer quelque grande autorité qui lui ait conseillé l'expédition de Tunisie. Je l'en défie. (*Bruit.*) Dans un bureau de l'Assemblée nationale, bureau dont je ne me rappelle plus le numéro (*Rires*), le président actuel du conseil disait qu'il faut garder les positions et la clientèle catholiques. Il ne se rappelle sans doute pas cette parole.

M. LE PRÉSIDENT DU CONSEIL. — Je ne l'ai pas oubliée non plus.

M. DE GAVARDIE. — Très bien! j'en prends acte. (*Rires à gauche.*)

M. LE PRÉSIDENT DU CONSEIL. — Je l'ai même répétée à la tribune...

M. DE GAVARDIE. — Quant à cela, je n'en suis pas aussi sûr.

M. LE PRÉSIDENT DU CONSEIL. — ... mais je ne sais pas le numéro de l'*Officiel*, comme vous le numéro du bureau. (*Hilarité.*)

M. LE PRÉSIDENT. — N'interrompez pas, Messieurs.

M. DE GAVARDIE. — L'expédition tunisienne est la contradiction la plus absolue de la politique traditionnelle de la France. Voilà pourquoi je ne puis approuver les actes du gouvernement actuel.

D'ailleurs, je ne saurais donner un témoignage de confiance à un gouvernement qui n'a pas encore fait connaître sa politique : il serait temps cependant d'apporter à cet égard des déclarations formelles.

L'amendement de M. Fresneau est mis aux voix et n'est pas adopté.

M. LE PRÉSIDENT. — Je donne lecture de l'article 1er.

« ARTICLE PREMIER. — Il est ouvert aux ministres, sur l'exercice 1881, au titre du budget ordinaire de l'exercice 1881, au delà des crédits ouverts par la loi de finances du 22 décembre 1880, des crédits supplémentaires montant à la somme de 28,827,659 fr. 20 c., lesquels sont répartis par ministère et par chapitres, ainsi qu'il suit.

Avant de mettre l'article aux voix, je donne la parole à M. de Kerdrel, qui l'a demandée pour l'explication de son vote.

M. AUDREN DE KERDREL. — Messieurs, au moment où le Sénat est appelé à se prononcer sur l'article premier, c'est-à-dire sur le principe même de la loi qui lui est soumise, je demande la permission d'expliquer, au nom d'un grand nombre de mes amis, par quel motif nous ne croyons pas pouvoir, eux et moi, nous opposer à l'adoption des crédits qui nous sont demandés.

Plusieurs des orateurs qui ont été entendus ont déjà exprimé nos pensées et nos sentiments. Cependant il nous a paru utile de résumer, de condenser ce qu'ils ont dit avec tant d'autorité, pour que personne ne puisse se méprendre sur la signification et la portée du vote que nous allons émettre.

S'il s'agissait de donner, dans une mesure quelconque, notre approbation, soit aux procédés financiers par lesquels le Gouvernement a cru pouvoir faire face à des dépenses que le Parlement n'avait pas autorisées, soit à l'emploi qu'il a fait des sommes dont il a ainsi disposé, nous serions unanimes pour répondre à la proposition des crédits par un vote négatif.

Après la discussion qui a eu lieu à cette tribune, nous sommes plus convaincus que jamais que rien n'est plus contraire à l'esprit de nos institutions constitutionnelles et militaires, que l'opération qui a consisté à imputer, même à titre provisoire, des dépenses extraordinaires de guerre sur des crédits ouverts au budget ordinaire pour l'entretien normal d'un effectif de paix.

Nous nous refusons à croire que la loi autorise un abus qui permettrait au pouvoir exécutif de porter la désorganisation dans l'armée et d'engager des expéditions de guerre, sans le concours, sans le contrôle et même contre le gré du Parlement.

Nous ne cessons pas, également, de penser que les opérations militaires qui ont eu lieu en Tunisie, suite d'un acte diplomatique dont nous avions, dès le premier jour, prévu le péril, en ont encore aggravé les conséquences. Ne sont-ce pas les fautes de l'administration supérieure et sa complaisance pour de purs intérêts de parti qui ont retardé le succès des efforts habiles de nos généraux et soumis aux plus douloureuses épreuves le courage de nos soldats?

Mais quelque irrégulier et fàcheux que soit le caractère des dépenses qui motivent la demande de crédits, ces dépenses sont faites, et il nous paraît impossible de ne pas les acquitter. Plus on a rendu difficile et pénible la tàche de l'armée... (*Exclamations à gauche.* — *Très bien! très bien! à droite*)... plus elle a droit à nos sympathies et à notre concours.

Pourrait-on même retarder le payement de ces dépenses? Ce serait compromettre l'équilibre du budget de la guerre et l'entretien de l'armée; ce serait accroître le désordre, au lieu d'y porter remède.

Nous ne nous sentons pas libres de repousser les crédits.

En constatant cette impuissance, nous n'y voyons qu'un motif pour protester avec plus d'énergie contre l'emploi dans le passé et contre le retour possible dans l'avenir, de procédés abusifs qui nous y condamnent aujourd'hui. (*Rumeurs à gauche.* — *Vifs applaudissements à droite.*)

M. LE PRÉSIDENT. — La parole est à M. le président du conseil.

M. GAMBETTA, *président du conseil, ministre des affaires étrangères.* — Messieurs, la protestation que vient d'apporter l'honorable M. de Kerdrel à la tribune ne me paraît pas pouvoir se produire sans attirer, tout au moins, une réflexion de la part du Gouvernement.

L'honorable M. de Kerdrel condamne, avec l'autorité qui s'attache à une déclaration collective, dont nous apprécierons au vote, tout à l'heure, l'étendue et l'importance... (*Très bien! très bien! à gauche.*)

Voix à droite. — Nous votons les crédits.

M. LE PRÉSIDENT DU CONSEIL. — Permettez, Messieurs: l'honorable M. de Kerdrel, dis-je, condamne les opérations à la fois militaires et financières comme aussi la politique qui a été suivie en Tunisie; c'est son droit.

Mais que M. de Kerdrel me permette de le dire, quelle que soit sa liberté d'opinion, il a dépassé certainement la mesure... (*Vive approbation à gauche*). lorsqu'il a dit, dans un document délibéré, écrit, qu'on avait augmenté les difficultés de l'exécution des opérations militaires, et que c'était l'armée qui avait eu à souffrir de la politique. (*Très bien et applaudissements à gauche.*)

Plusieurs voix à droite. — C'est vrai!

M. LE PRÉSIDENT DU CONSEIL. — C'est votre opinion, puisque vous l'avez rédigée et que vous voulez en faire un document public pour la France.

Avez-vous, en effet, critiqué les opérations militaires? Aviez-vous à substituer un plan meilleur à celui qui a été suivi? (*Exclamations et rires à droite.*)

L'honorable M. de Broglie sourit! Eh bien, je lui propose de venir nous faire ici la confidence de sa

supériorité stratégique. (*Très bien ! — Rires approbatifs à gauche.*)

Je dis, et je le dis sans crainte d'être démenti, je le
dis après avoir consulté,—comme voulait bien le reconnaître tout à l'heure l'honorable M. de Gavardie,—les
plus autorisés et les plus compétents dans cette matière et, avec la sollicitude qui s'attache pour tout Français à la connaissance de la bonne ou de la mauvaise
direction des opérations, je suis résolu à mettre un
terme aux abus qui seraient signalés, mais aussi à ne
jamais m'associer à une injustice de parti contre les
généraux. (*Bravos et applaudissements à gauche.*)

(M. le comte de Tréveneuc prononce quelques
paroles qui ne parviennent pas jusqu'au bureau.)

M. LE PRÉSIDENT DU CONSEIL. — Monsieur de Tréveneuc, j'attendrai votre réponse ; laissez-moi continuer.

Je dis qu'il n'a été allégué ni ici, ni ailleurs...
(*Exclamations ironiques à droite.*)

Vous riez, Messieurs ? il est plus facile de sourire
que de répondre.

... il n'a jamais, dis-je, été allégué un fait sérieux,
une raison positive contre la façon dont les opérations
ont été engagées et poursuivies. J'ajoute que si vous
étiez moins soucieux de l'esprit de critique, et si le
patriotisme, dont vous parliez tout à l'heure dans un
si beau langage, vous inspirait mieux, vous rendriez
hommage à la manière dont les opérations ont été
conduites. Si vous songiez davantage aux difficultés
qu'elles présentaient, non pas à raison des colonnes
ennemies, qui se dérobaient constamment devant
nous, mais au point de vue de la résistance inerte,
passive qu'opposaient les indigènes, et de la difficulté
qu'on éprouvait à rassembler les éléments de transports dans un pays où l'on ne peut pas marcher avec
les appareils ordinaires, où l'on est forcé de recourir
aux montures que fournit le pays, où il a fallu, pour
ainsi dire, créer les routes à mesure qu'on pénétrait

plus avant dans le pays pour y faire passer les convois d'artillerie, d'ambulances et d'approvisionnement; si vous vouliez vous rendre compte des mille embarras d'organisation, de concentration, de rassemblement contre lesquels ont eu à lutter nos troupes, vous diriez que ces problèmes ont été résolus avec précision, en moins de temps qu'on n'en a jamais mis, entendez-le bien, pour une expédition faite dans un climat pareil. (*Très bien! très bien! à gauche.*) Au lieu de critiquer la conduite des opérations militaires, au lieu de dire qu'elles ont été aggravées, rendues plus lourdes et plus pénibles par la politique, vous rendriez hommage à la vérité, en disant que vous avez lieu d'être contents de la façon dont la politique a permis à l'armée de faire son devoir. (*Bravos et applaudissements sur les mêmes bancs.*)

Je sais bien ce qu'on a dit; j'ai lu comme vous les journaux qui vous renseignent; mais j'ai écouté attentivement, dans l'autre Chambre comme ici, quels étaient les griefs vrais qu'on avait à faire valoir contre l'entreprise militaire elle-même, et j'en suis encore à attendre un argument qui puisse résister à une discussion publique à la tribune.

Que si M. de Kerdrel tient ses arguments en réserve, je le somme, à mon tour, de les apporter ici. (*Approbation générale à gauche.*) Il ne peut justifier sa phrase : elle pourra être reproduite au *Journal Officiel*, mais au moins on saura dans le pays qu'elle n'a aucun fondement ni en fait, ni en droit. (*Applaudissements répétés à gauche.*)

M. LE PRÉSIDENT. — La parole est à M. de Kerdrel.

M. AUDREN DE KERDREL. — Je ne m'attendais pas, Messieurs, à l'honneur toujours périlleux de répondre à l'éloquent président du conseil des ministres. Mais, bien que je fusse l'organe d'un très grand nombre de mes amis....

Plusieurs voix à gauche. — Combien?

Un sénateur à droite. — Vous le verrez tout à l'heure.

M. LE PRÉSIDENT. — N'interrompez pas, Messieurs.

M. AUDREN DE KERDREL. — .... bien que plusieurs se soient
d'avance exprimés sur bien des points qu'on prétend être
restés dans l'ombre, et l'aient fait avec une éloquence dont
je suis incapable, je ne veux pas cependant laisser sans
réponse ce que vient de dire M. le président du conseil.

Il a débuté par une leçon de mesure à mon adresse. Je
le reconnais maître en pareille matière, mais je lui ferai
observer que, si je suis coupable, je le suis au moins en fort
bonne compagnie. (*Exclamations à gauche. — Approbation
à droite.*)

J'aurais dit, — et ce serait là mon grand tort, — que
l'impéritie de l'administration supérieure avait aggravé la
situation en Tunisie, avait rendu les opérations militaires
difficiles.

Je ne le disais pas simplement à titre de critique contre
l'administration supérieure, je le disais aussi, je le disais
surtout à titre d'hommage pour l'armée française, placée
dans des difficultés dont il n'a pas fallu moins que son
dévouement et son héroïsme pour sortir victorieusement.
(*Très bien! et applaudissements à droite.*)

Je ne peux pas venir ici passer en revue toutes les critiques qui ont été formulées contre l'administration supérieure : d'ailleurs, elle n'est pas sur ces bancs. Il est vrai,
et je suis bien aise d'en prendre acte, que M. le président
du conseil a accepté, sous bénéfice d'inventaire, ce qu'il
appelait l'autre jour « l'hérédité ministérielle ». (*Nouvelles
marques d'approbation à droite.*)

Nous saurons désormais que ce ne sont plus ce qu'on
appelle dans un langage un peu trivial « des racontars »
qui prêtaient à M. le président du conseil une solidarité
complète avec ce qui s'est passé avant son arrivée aux
affaires. Nous savons qu'il l'approuvait, qu'il l'approuve
encore et qu'il en accepte la responsabilité. (*Très bien! très
bien! et applaudissements à droite.*)

Si je ne fais pas une revue complète de mes griefs, je
devrais dire des griefs du public, il me sera bien permis de
vous rappeler deux choses que vous n'avez du reste pas
oubliées, j'en suis convaincu. Comment? des troupes sont
envoyées en Afrique, dans le Sud oranais et en Tunisie :
ces troupes ne sont pas suffisamment nombreuses, si elles

sont suffisamment courageuses, et, à la veille des élections, que fait-on? On les rappelle. (*Nouveaux applaudissements sur les mêmes bancs.*) Et on est obligé de les y renvoyer précipitamment. (*Très bien! à droite.*)

Croyez-vous que je ne puisse pas appeler cela l'impéritie de l'administration supérieure et sa complaisance pour des intérêts purement politiques? (*Nouvelle approbation à droite.*) Ce sont les expressions mêmes dont je me suis servi.

L'ancien ministre de la guerre, — à l'égard duquel je suis obligé de garder toute réserve, puisqu'il n'est plus sur ces bancs, — a-t-il dit, oui ou non, que la classe de 1876 lui était indispensable?

Et, quelques jours après, ne prenait-il pas une mesure qui était en contradiction formelle avec ce qu'il avait avancé?

Comment expliquer un changement si subit d'opinion? A quoi l'attribuer, sinon à la pression de ces considérations politiques, de ces intérêts électoraux de parti dont je parlais tout à l'heure?

Le ministre avait simplement oublié que, s'il appartenait à un cabinet politique, il était avant tout le ministre de la guerre et chargé avant tout des intérêts de l'armée et de l'expédition dans laquelle on l'avait engagée. (*Très bien! très bien! sur les mêmes bancs.*)

J'ai saisi une dernière objection dans les quelques paroles que M. le président du conseil m'a fait l'honneur de me consacrer. Pourquoi, m'a-t-il dit, ne vous y êtes-vous pas pris plus tôt? Pourquoi cette tribune n'a-t-elle pas déjà retenti de critiques contre les opérations militaires? Il y a eu pour cela, monsieur le président du conseil, une raison que vous ne pouvez avoir oubliée.

Si cette tribune a été muette sur les actes du Gouvernement, c'est que cette salle elle-même était vide, c'est que le Parlement avait été opportunément congédié au moment même où sa présence était le plus indispensable. (*Très bien! et applaudissements répétés à droite.*)

M. LE PRÉSIDENT. — M. le président du conseil a la parole.

M. LE PRÉSIDENT DU CONSEIL. — Messieurs, M. de Kerdrel ne pense pas, j'imagine, avoir justifié la phrase qui figure dans sa protestation. (*Exclamations à droite.*)

M. LE BARON DE RAVIGNAN. — Il l'a complètement justifiée.

M. LE PRÉSIDENT DU CONSEIL. — Au lieu de répondre à ma question, M. de Kerdrel s'est efforcé de tirer de l'incident la preuve que, quoique étranger à l'ancien cabinet, j'y avais une action prépondérante et que toutes les mesures par lui prises l'ont été absolument d'après mes suggestions. (*Interruptions à droite.*) Permettez-moi, Messieurs, de résumer cette pensée : c'est que, dès lors, on ne pourrait plus traiter, — et ici je lui emprunte son mot, parce qu'on m'a rendu très difficile sur le choix des expressions (*Rires approbatifs à gauche*), — on ne pourrait plus, dis-je, traiter de racontars les inventions plus ou moins innocentes d'une presse qui s'acharne à vouloir me faire supporter la responsabilité des actes d'autrui. (*Murmures à droite.*)

Messieurs, c'est une querelle sur laquelle, — je le vois, à la fréquence de cette répétition, — j'aurai souvent à m'expliquer. Je tiens cependant à marquer dans quelles limites le cabinet qui est devant vous et l'homme qui vous parle acceptent ou déclinent cette prétendue responsabilité.

Quand il s'agit d'un acte de gouvernement pris par l'ancien cabinet, ayant des conséquences ultérieures, se résolvant par des mesures en cours d'exécution, soit mesures militaires, soit mesures financières, cette responsabilité-là, nous la prenons tout entière. (*Très bien! très bien! et applaudissements à gauche.*)

Quand il s'agit, au contraire, de ce que j'appellerais la responsabilité d'intention... (*Oh! oh! à droite*) la responsabilité d'origine... — Messieurs, ce n'est pas tenir un langage qui vous soit étranger que de parler d'intention (*Rires approbatifs à gauche*); — quand on veut, dis-je, m'attribuer ou nous attribuer la responsabilité de l'initiative, de la détermination gouvernementale antérieure, il est contraire à la vérité et à la

justice, non seulement de nous imputer cette responsabilité, mais de vouloir que nous l'assumions. (*Applaudissements à gauche*). Je n'ai pas l'habitude, — et je
crois qu'il y a sur ces bancs (c'est même un des rares
plaisirs de ma situation) assez d'hommes politiques
avec lesquels j'ai été en contact pour le savoir, — je n'ai
pas, dis-je, l'habitude de décliner les responsabilités.

Mais, Messieurs, c'est précisément parce que j'entends rester devant vous toujours directement tenu
par la responsabilité ministérielle que je vous prie de
ne pas la disperser, de ne pas la généraliser, et surtout de ne pas la faire remonter à une époque où je
n'avais pas la liberté de l'action. L'action, c'est le
gage de la responsabilité; mais la responsabilité sans
action, je la décline; et je n'exerce l'action que depuis
le 15 novembre. (*Très bien! très bien! à gauche.*)

Voilà la vérité vraie, et j'espère que les racontars,
comme on a dit, resteront des racontars. (*C'est cela!
très bien! sur les mêmes bancs.*)

Quant aux opérations militaires, est-ce qu'on a
apporté ici une critique qui touche à ces opérations
en elles-mêmes? En aucune façon! On n'a trouvé à
dire qu'une seule chose, qui n'a aucune espèce de
rapport... (*Exclamations à droite.*)... mais, Messieurs,
vous ne savez pas ce que je veux dire! (*Hilarité à
gauche*)... qui n'a aucune espèce de rapport avec la
conduite de ces opérations mêmes. Quel est en effet
le grief relevé par l'honorable M. de Kerdrel contre
l'administration supérieure de la guerre? Le voici; il
n'est pas nouveau, mais il n'est pas plus probant
parce qu'on le reproduit à satiété : « Vous avez commencé par ne pas envoyer assez de troupes. » (*Dénégations à droite.*) Je ne sais pas, en vérité, si l'on avait
bien pesé cet argument avant de le formuler.

M. AUDREN DE KERDREL. — Je n'ai pas dit cela. (*Comment? Si! si! à gauche.*)

M. LE PRÉSIDENT DU CONSEIL. — « Vous avez commencé par ne pas envoyer des troupes assez nombreuses. » C'est textuel.

M. AUDREN DE KERDREL. — Je demande à M. le président du conseil la permission de lui donner un mot d'explication.

M. LE PRÉSIDENT DU CONSEIL. — Je vous écoute.

M. AUDREN DE KERDREL, *de sa place*. — Mon grief n'a pas porté sur l'envoi d'un effectif insuffisant, il a porté sur le rappel d'une partie des troupes. (*Bruit et dénégations à gauche.*)

M. DEMÔLE. — Vous avez dit les deux choses! (*Très bien! c'est vrai! à gauche.*)

M. LE PRÉSIDENT DU CONSEIL. — J'allais arriver à ce second grief; mais vous aviez commencé par dire qu'à l'origine l'effectif n'était pas assez nombreux. (*Oui! oui! sur les mêmes bancs.*) Vous abandonnez ce premier grief et vous faites bien, car je ne crois pas qu'il soit fondé; et le contraire, à mon sens, résulte de la conduite même des opérations militaires.

Je vous prie, Messieurs, de recueillir ici vos souvenirs, de vous reporter au mois de mai ou à la fin du mois d'avril 1881, et de vous rappeler qu'à ce moment où les opérations se poursuivaient depuis Ghardimaou et Sidi-Yousef jusqu'au Bardo, la critique que l'on dirigeait habituellement contre l'administration supérieure de la guerre, c'était d'avoir rassemblé un effectif trop nombreux pour un ennemi aussi disséminé.

M. TOLAIN *et plusieurs sénateurs à gauche.* — C'est vrai !

M. LE PRÉSIDENT DU CONSEIL. — Je me rappelle que l'on raillait alors le ministre de la guerre de ce que, ayant annoncé qu'il pouvait y avoir, dans le massif montagneux occupé par les Kroumirs, 6,000, 7,000 ou 8,000 fusils, — et je connais des généraux expérimentés qui parlaient de 12,000 fusils, — il avait envoyé un contingent qui variait entre 19 et 20,000 hommes ; et

que l'on ajoutait que c'était bien du monde, puisqu'on
n'avait pu découvrir qu'un simple marabout, comme
échantillon des Kroumirs. (*Rires sur un grand nombre
de bancs.*) Le reproche était mal fondé, car il était
évidemment nécessaire de prendre toutes les précautions possibles pour n'être pas surpris. Mais, — je fais
de nouveau appel à vos souvenirs, Messieurs, — en
fait, le reproche, dirigé à cette époque contre l'administration de la guerre, n'était pas de n'avoir pas fait
une concentration suffisante, mais de l'avoir faite
excessive.

Plusieurs sénateurs à droite. — Qui donc a fait ce
reproche?

Voix à gauche. — Ne répondez pas.

M. LE PRÉSIDENT DU CONSEIL. — Qui? Tout le monde.
Je sais bien que vous n'avez pas l'habitude de relire
vos journaux; mais si vous vouliez bien y consacrer
quelques-uns de vos loisirs, vous y trouveriez la
preuve de ce que j'avance. (*Rires approbatifs à gauche.*)

Je passe à la seconde critique : elle porte sur cette
espèce de substitution qui a été faite, dans les rangs
du corps expéditionnaire, d'un contingent nouveau
de 6,500 hommes à la portion égale d'effectif que l'on
a fait revenir de Tunisie. (*Interruption à droite.*)

Un sénateur à droite. — Pourquoi?

M. LE PRÉSIDENT DU CONSEIL. — Si vous vouliez avoir
la patience de m'écouter, Messieurs, je m'efforcerais
de vous le dire. On a fait revenir ce contingent restreint, sans dégarnir les points qu'on avait occupés,
le Kef, Ghardimaou, Mateur, Bizerte, la Manouba. On
l'a fait revenir pour une excellente raison : après
avoir muni les places et les points stratégiques à
l'aide desquels on maintenait l'ordre dans toute la
région qui s'étend depuis la Calle jusqu'à Tebessa,
depuis la rive gauche de la Medjerda jusqu'au littoral
d'une part, et, d'autre part, depuis l'île de Tabarka

jusqu'à la Goulette; après s'être assuré de ces points
et de cette région, qu'a-t-on fait?

On a pris les hommes que le climat avait le plus
fatigués, — et ici je fais une légère critique à mon
tour, — ceux qui manquaient à l'effectif régimentaire,
et on les a remplacés par des soldats appartenant à
ce qu'on a appelé les quatrièmes bataillons; de telle
sorte qu'on opérait, lentement et après coup, le remplacement de ces 6 ou 7,000 hommes. Mais ces troupes, qu'on avait ainsi retirées et rappelées, est-ce
qu'elles ont fait défaut en Tunisie?

Est-ce qu'il s'est produit un évènement militaire,
un incident, une surprise, à l'occasion desquels leur
absence se soit fait sentir? En aucune manière. Savez-
vous ce qui est arrivé, Messieurs? C'est que, dans les
pays d'où l'on a retiré ces 6 ou 7,000 hommes, depuis
le jour où on les en a retirés jusqu'aux opérations
actuelles il n'y a pas eu de soulèvement.

Donc, Messieurs, quelque opinion qu'on ait... (*Interruptions à droite.*)

C'est un fait : si l'on veut le démentir, on est libre ;
la tribune est ici pour la liberté de la discussion et de
la controverse. (*Très bien! à gauche.*)

Il est un point certain : c'est que, au moment de
cette évacuation partielle, après laquelle les troupes
rappelées en France ont été intégralement remplacées; depuis la fin du mois de juin jusqu'au mois de
juillet et d'août, saison pendant laquelle on savait
bien, — tout le monde était d'accord à cet égard, —
qu'il fallait renoncer à toute espèce d'expéditions et
d'incursions aussi bien dans la Régence que dans le
département d'Oran; à ce moment même, dis-je, nous
nous sommes trouvés en présence d'un développement nouveau de l'insurrection dans le sud de la
Tunisie.

Eh bien! à ce moment-là, a-t-on vraiment pris les
mesures nécessaires? Est-ce que les effectifs, le com-

mandement, les approvisionnements, les dispositions
matérielles de toutes sortes ont fait défaut? Messieurs,
vous le savez, on a fait toutes les investigations,
toutes les enquêtes possibles! Des hommes autorisés
et même certains qui ne l'étaient pas trop (*Sourires
approbatifs à gauche*)... se sont mêlés de recueillir des
faits, de les recueillir de toutes mains, de les rapporter, de les grossir, de les répandre. Est-ce qu'il est
sorti de cette frénésie d'enquêtes un fait, un grief,
d'où il résultât, — entendez-le bien, car c'est là ce
qu'il faut prouver, — que la politique avait aggravé
la situation militaire de nos armées? (*Applaudissements à gauche.*)

Nullement! Et qui donc vous renseigne ? Est-ce
que vous accepteriez, par exemple, comme renseignement, le témoignage même d'hommes que vous hono-
rez et que vous ne sauriez trop honorer, des généraux
qui sont à la tête de nos colonnes ? (*Très bien! à gauche.*) Est-ce que vous accepteriez leurs dépositions?
Eh bien! non pas au moment dont je parlais, mais
depuis, j'ai pu voir et j'ai vu par moi-même ce que
disaient ces généraux; les renseignements qu'ils donnaient n'étaient pas destinés à alimenter une presse
qui a constamment besoin de pâture; ils ne devaient
pas non plus être livrés à la publicité, — à moins que
vous n'en exigiez le dépôt: — or, je dis et j'atteste
que, dans cette affaire encore, il est un point fixe,
certain, indéniable : c'est que la responsabilité de
l'administration supérieure de la guerre est absolument à couvert, et qu'il résulte du témoignage autorisé de tous ceux qui ont été chargés de conduire et
de commander nos troupes, que dans aucune expédition précédente il n'y avait eu tant de sollicitude,
tant d'éléments utiles rassemblés... (*Exclamations à
droite. — C'est vrai! Très bien! et applaudissements à
gauche.*)

Jamais il n'y avait eu autant de concours dévoués,

tant de preuves matérielles du bon vouloir et de l'efficacité de ce bon vouloir, de la part de l'administration militaire supérieure. (*Exclamations à droite.*)

M. AUDREN DE KERDREL. — Alors, pourquoi avoir changé le ministre de la guerre?

M. LE PRÉSIDENT DU CONSEIL. — Voilà la vérité. Je sais bien qu'elle peut gêner certains esprits et certains intérêts politiques (*Très bien! à gauche*), mais, toutes les fois qu'elle sera obscurcie, — sans rechercher et sans distinguer si je prends la responsabilité du passé ou si je prends la responsabilité de l'avenir, — sûr que je sers l'intérêt national heureusement d'accord avec la justice et l'honneur, — je viendrai la proclamer et la défendre! (*Applaudissements redoublés à gauche et au centre.*)

M. LE PRÉSIDENT. — La parole est à M. Audren de Kerdrel.

M. AUDREN DE KERDREL. — Messieurs, je ne veux dire qu'un mot et ne toucher que deux points. Je n'ai jamais eu la prétention de soutenir qu'officiellement M. le président du conseil fût responsable de ce qui s'est passé...

M. LE PRÉSIDENT DU CONSEIL. — Je n'ai pas dit cela.

M. AUDREN DE KERDREL. — Permettez-moi d'aller jusqu'au bout. Je ne vous ai pas interrompu une seule fois.

Voix à gauche. — Vos amis ne s'en sont pas gênés.

M. AUDREN DE KERDREL. — On ne répond que de soi-même. Je n'ai pas interrompu.

Je tiens à établir, pour éviter toute confusion, que je n'ai pas voulu faire peser sur M. le président du conseil et sur ses honorables collègues une responsabilité qui, officiellement, ne leur incombe pas.

J'ai dit seulement que M. le président du conseil, peut-être avec plus de générosité que de prudence, avait accepté aujourd'hui à cette tribune, — entendez-le bien, il n'y a pas moyen de se méprendre, — la responsabilité de ce qui s'était fait avant son avénement. (*Approbation à droite.*) Avec beaucoup de générosité encore, il vient de prendre la défense, non pas seulement des opérations militaires de la Tunisie et du Sud oranais, mais du ministre qui les a dirigées; je ferai une seule observation ou plutôt une question : puisque ce ministre dirigeait si bien les opérations militaires, que n'est-il encore au banc ministériel?

Pourquoi l'avez-vous changé et pourquoi son successeur a-t-il changé tous ses sous-ordres? (*Très bien! et applaudissements à droite.*)

M. LE PRÉSIDENT DU CONSEIL. — La réponse serait facile. Si vous tenez à ce que nous fassions dégénérer un débat politique en biographie personnelle, je suis à vos ordres, tout en le regrettant. (*Approbation à gauche.*)

M. AUDREN DE KERDREL. — Je ne vous demanderai jamais. monsieur le ministre, de faire dégénérer ni un débat ni quoi que ce soit, et pour une pareille besogne je ne serai jamais votre collaborateur. (*Très bien! à droite.*)

J'arrive à un second point sur lequel je tiens encore davantage à faire la lumière.

Je n'ai pas blâmé, ainsi qu'on a semblé l'insinuer, les opérations militaires, au point de vue du commandement. C'est tout le contraire que j'ai fait. (*Approbation à droite. — Dénégations à gauche.*) Je n'ai blâmé, et, à cet égard, je crois avoir été l'écho d'une opinion bien répandue dans le pays, je n'ai blâmé que la direction supérieure. Savez-vous qui a accusé les généraux qui étaient à la peine? C'est le ministre de la guerre. (*C'est vrai! à droite.*)

N'avons-nous pas vu des généraux désavoués, rappelés en France, des généraux qui avaient passé leur vie sur les champs de bataille, de vieux Africains (*Applaudissements à droite*)... qui avaient donné des preuves de capacité et de bravoure entre tous; ne les avons-nous pas vus, d'un trait de plume, démontés, dépossédés de leur commandement et traités officiellement d'incapables? (*Très bien! à droite.*) Avoir choisi ces généraux, puis les avoir désavoués, pour en replacer, il est vrai, quelques-uns, n'est-ce pas le signe certain de l'impéritie de la direction? Je croirais plus facilement à l'habileté de ceux qui ont exercé des commandements qu'à celle du ministre qui les a jetés au milieu d'inextricables difficultés, et qui les a rendus responsables de situations plus fortes qu'eux. Ceci, ce n'est pas seulement de l'inhabileté, de l'impéritie, c'est de l'ingratitude. (*Rumeurs à gauche. — Très bien! à droite.*)

J'avais oublié d'articuler ce grief contre l'administration

supérieure; M. le président du conseil, en m'obligeant à répliquer, m'a fourni l'occasion de réparer cet oubli, je l'en remercie. (*Très bien! très bien! à droite.*)

M. LE MARÉCHAL CANROBERT. — Je demande la parole. (*Mouvement d'attention.*)

M. LE PRÉSIDENT. — M. le maréchal Canrobert a la parole.

M. LE MARÉCHAL CANROBERT. — Je ne monte pas à cette tribune, Messieurs, pour venir jeter le moindre blâme, la moindre critique sur la manière dont nos généraux ont dirigé les opérations en Tunisie et dans le Sud oranais, ni sur la manière dont nos soldats ont su affronter les fatigues et les dangers. (*Approbation à droite.*) Je leur rends la justice qui leur est due; mais j'aurais désiré que M. le président du conseil, avec la haute compétence qui lui appartient, ne vînt pas établir ici une comparaison entre ce qui s'est fait jadis par les maîtres des généraux actuels et ce que ces derniers viennent de faire. Ils ne seraient certainement pas eux-mêmes de l'avis de M. le président du conseil. Je le répète, ils ont parfaitement agi...

M. LE PRÉSIDENT DU CONSEIL. — Permettez...

M. LE MARÉCHAL CANROBERT. — Vous avez dit que jamais expéditions, au pluriel, n'avaient été menées comme celle à laquelle on fait allusion. Laissez-moi vous dire que si mon illustre maître Bugeaud et mes anciens camarades et amis, Cavaignac et Lamoricière, sortaient de leur tombe et vous écoutaient, ils protesteraient contre ce que vous avez avancé. (*Bravos et applaudissements à droite.*)

M. LE PRÉSIDENT DU CONSEIL. — Messieurs, vous pouvez applaudir M. le maréchal Canrobert, et je joins mes applaudissements aux vôtres. Qu'il me permette seulement de lui dire que ma pensée a dû être trahie par l'expression. (*Bruit à droite.*) Non, Messieurs, je n'ai jamais dit, et permettez-moi d'ajouter ni voulu dire, qu'il y avait au point de vue de la conduite des troupes sur le terrain, entre les généraux d'aujourd'hui et les généraux du passé, dont vous rappeliez les illustres noms, un parallèle, une lutte, ni un concours quelconque à établir devant le Sénat. Je sais la

gloire qui s'attache aux noms glorieux que vous venez
de rappeler, et certes elle constitue un patrimoine
national assez noble, assez précieux pour que je n'aie
voulu, ni de près, ni de loin, lui porter la moindre
atteinte. (*Très bien! très bien! sur un grand nombre de
bancs.*)

Ce que j'ai voulu dire, monsieur le maréchal Canrobert, c'est qu'au point de vue de la sollicitude matérielle, je n'ai parlé, je n'avais à parler que de la
part qui revient à l'administration supérieure dans la
guerre; je n'ai pas parlé du commandement, de la
valeur tactique et stratégique de ceux qui dirigent
ces opérations. J'ai défendu d'une imputation que je
trouvais à la fois injuste et impolitique l'administration supérieure : celle d'avoir aggravé les difficultés militaires. (*Très bien! très bien! à gauche.*)

Je n'ai donc entendu parler que du soin que l'on
avait apporté à nos jeunes troupes, des ressources
matérielles, dont elles ont plus besoin que ces vieux
Africains que vous avez connus et si bien comman-
dés. (*Très bien!*) Ces colonnes des Bugeaud, des Lamoricière, des Cavaignac, — il n'est pas nécessaire de
le rappeler, — n'avaient pas précisément besoin de
tout ce luxe au point de vue du confortable; vous
savez avec quelle supériorité matérielle et physique
ces vieilles troupes supportaient les privations, les
longues marches sous un soleil accablant...

M. LAMBERT DE SAINTE-CROIX. — Il n'y avait pas le
service de trois ans! (*Exclamations à gauche.*)

M. LE PRÉSIDENT DU CONSEIL. — Monsieur Lambert
de Sainte-Croix, permettez-moi de croire que je peux
répondre à cette objection, si c'en est une; en ce
moment je compare purement et simplement des situations qu'il n'appartient à personne ni de reproduire pour le passé, ni de modifier pour le présent.
(*Très bien! très bien! à gauche.*) Comparant ces deux
situations, je dis que l'administration de la guerre est

aujourd'hui placée en face d'une armée qui comprend
tout le monde, qui compte surtout des jeunes gens
habitués, — et cela est une conséquence du temps, —
à une sorte de régime matériel... comment dirai-je ?
beaucoup plus riche que par le passé.

A gauche. — C'est évident.

M. LE PRÉSIDENT DU CONSEIL. — Il y a, lorsque ces
troupes entrent en campagne, des nécessités de service, d'approvisionnements, de matériel que les anciennes troupes ne connaissaient pas. Par conséquent, quand je défendais l'administration supérieure
et que je prononçais cette phrase qui a éveillé les
légitimes susceptibilités de M. le maréchal Canrobert,
à savoir que jamais on n'avait eu à déployer et que
jamais on n'avait déployé une telle sollicitude pour
le bien-être physique de notre armée, je rappelais un
fait qui est indéniable. (*Vive approbation à gauche.*)

En conséquence, j'estime que M. le maréchal comprendra qu'il n'avait pas à réfuter une opinion que je
n'avais pas émise. (*Très bien ! et applaudissements à
gauche.*)

M. LE MARÉCHAL CANROBERT. — Je me suis permis, monsieur le président du conseil, de prendre la parole, parce
que j'avais cru entendre et entendu que vous parliez de la
direction des opérations militaires.

M. TOLAIN. — C'est une erreur. (*Aux voix ! aux voix !*)

M. LE PRÉSIDENT. — Je consulte le Sénat sur l'article 1er.
(L'article 1er est adopté.)

M. LE PRÉSIDENT. — « Art. 2. — Il sera pourvu aux crédits
supplémentaires ci-dessus au moyen des ressources générales du budget ordinaire de l'exercice 1881. » — (*Adopté.*)

« Art. 3. — Il est ouvert au ministre de la guerre, sur
l'exercice 1882, au titre du budget ordinaire de l'exercice
1882, chapitre XXX, « Opérations militaires en Tunisie »,
au delà des crédits ouverts par la loi du 20 juillet 1881,
un crédit extraordinaire de 3,056,000 fr. » — (*Adopté.*)

« Art. 4. — Il est ouvert au ministre de la marine, sur
l'exercice 1882, au titre du budget ordinaire et au delà des

crédits ouverts par la loi de finances du 29 juillet 1881, un crédit extraordinaire de 390,000 fr., lequel fera l'objet d'un chapitre distinct intitulé : « N° XXIII *bis*, Opérations sur le littoral de la Tunisie. » — (*Adopté.*)

« Art. 5. — Il sera pourvu aux crédits extraordinaires ci-dessus au moyen des ressources générales du budget ordinaire de l'exercice 1882. » — (*Adopté.*)

« Art. 6. — Le compte des dépenses afférentes aux chapitres XXIX du budget de la guerre et XVI *bis* du budget de la marine, pour l'exercice 1881, effectuées avant le 1er janvier 1882, sera soumis à la Chambre des députés, au plus tard le 1er avril suivant. » — (*Adopté.*)

(Il est procédé au scrutin sur l'ensemble de la loi. MM. les secrétaires opèrent le dépouillement des votes.)

M. LE PRÉSIDENT. — Voici le résultat du scrutin :

Nombre des votants. 227
Majorité absolue. 114
    Pour. 227
    Contre 0

Le Sénat a adopté.

PROJET DE RÉSOLUTION

TENDANT

A LA REVISION PARTIELLE DES LOIS CONSTITUTIONNELLES

LU A LA CHAMBRE DES DÉPUTÉS

Le 14 janvier 1882

Les Chambres se séparèrent le 16 décembre pour trois semaines. Pendant ces vacances, le tiers sortant du Sénat fut renouvelé aux élections du 8 janvier[1]; le gouvernement acheva la rédaction des projets de réforme et les ennemis du cabinet mirent la dernière main à leur coalition.

On trouvera dans notre *Histoire du ministère Gambetta* (Livre IV, ch. II) les origines et les péripéties de cette coalition. M. Wilson, gendre du président de la République, en était l'âme. La droite et l'extrême gauche s'étaient déclarées, dès le premier jour, les adversaires irréconciliables du ministère du 14 novembre. La gauche radicale, groupe fondé par M. Chéneau, la fraction du centre gauche qui suivait MM. de Marcère et Horace de Choiseul, et quelques membres de l'ancienne gauche républicaine, députés d'arrondissement par excellence, devaient apporter l'appoint du vote. Les amis de M. Wilson annonçaient de toutes parts que

1. Le scrutin donne 66 républicains et 13 monarchistes. Plusieurs anciens ministres de la réaction, MM. Páris, de Dompierre d'Hornoy, Caillaux, un ancien ambassadeur M. de Gontaut-Biron, furent battus par des candidats républicains. Le département de la Seine nomma MM. Victor Hugo, Tolain, Peyrat, Labordère et de Freycinet. Ce dernier fut également élu dans l'Ariège, le Tarn-et-Garonne et les Indes. La candidature du major Arthur Labordère avait été présentée par MM. Clémenceau, Barodet et Anatole de La Forge comme une protestation contre la nomination du général de Miribel.

le président de la République blâmait la politique de
M. Gambetta et que M. de Freycinet avait promis d'accepter
le pouvoir dès que le cabinet du 14 novembre aurait été
renversé.

Le 10 janvier, le Parlement reprit ses séances et le 11,
M. Gambetta déposa sur la tribune de la Chambre le projet
de résolution tendant à la revision partielle des lois constitutionnelles. Le projet, présenté au nom de M. Grévy, président de la République, était contresigné par MM. Gambetta,
président du conseil, et Cazot, garde des sceaux. — C'était
sur ce texte que le président du conseil posait la question de
cabinet. Réclamée par l'immense majorité du corps électoral
aux élections du 21 août et du 4 septembre 1881, la revision
avait été présentée en effet dans la déclaration de 14 novembre comme la clef de voûte d'une politique résolue de
réforme et de gouvernement, et les élections sénatoriales du
8 janvier avaient encore accentué le caractère d'urgence
de cette mesure. Non seulement les sénateurs appartenant
à l'*Union* et à la *gauche* s'étaient prononcés pour la revision
limitée de la Constitution; mais tous les candidats du centre
gauche s'y étaient ralliés. M. Léon Say, président du Sénat
n'avait pas été moins net dans ses déclarations que M. de
Freycinet, M. Tolain, M. Peyrat, le général Guillemault,
M. Emmanuel Arago, M. Charton ou M. Pin. Le programme
dit de Seine-et-Oise, traduction des programmes de Ménilmontant et de Tours, avait été adopté par tous les collèges
républicains.

Le projet de revision, présenté par M. Gambetta, était
scrupuleusement calqué sur ce programme. La loi constitutionnelle du 24 février comprend trois sortes de dispositions : dispositions relatives au mode de nomination des
sénateurs des départements et des colonies; — dispositions
relatives au mode de nomination des sénateurs inamovibles; — dispositions relatives aux attributions du Sénat.
M. Gambetta proposait de faire porter la revision sur chacun
de ces chapitres et, en outre, pour les raisons dont on
trouvera la justification dans l'exposé des motifs du projet
et le discours du 26 janvier, d'instituer à l'avance le scrutin
de liste en inscrivant le principe de ce mode de vote
dans l'article 1er de la Constitution.

M. Gambetta, dans la séance du 14 janvier, donna lecture

à la Chambre du projet de revision[1] tel qu'il avait été
arrêté par le conseil des ministres et approuvé par le président de la République.

MESSIEURS,

Dans la déclaration que le ministère a présentée
au Parlement dans la séance du 15 novembre dernier,
la nouvelle administration inscrivait en tête de son
programme de réformes la revision des lois constitutionnelles du 24 et du 25 février 1875.

« La France, disions-nous, a marqué, en vue d'assurer les réformes, sa volonté de mettre, par une
revision sagement limitée des lois constitutionnelles,
l'un des pouvoirs essentiels du pays en harmonie plus
complète avec la nature démocratique de notre
société. »

C'est pour obéir à cette volonté de la nation, volonté
qui n'a pas été moins clairement et moins fortement
exprimée aux élections sénatoriales du 8 janvier 1882
qu'aux élections législatives du 21 août et du 4 septembre 1881, que le gouvernement de la République
dépose aujourd'hui une motion de revision partielle
de la loi constitutionnelle.

Conformément à l'article 8 de la loi constitutionnelle du 25 février 1875, conformément aux précédents parlementaires et aux déclarations qui ont été
approuvées par la Chambre des députés dans la séance

---

1. L'exposé des motifs du projet de revision avait été rédigé
par l'éditeur de ces discours en sa qualité de secrétaire de la présidence du conseil des ministres.

Dans le projet primitif de M. Gambetta, la revision des pouvoirs
budgétaires du Sénat avait pour corollaire la limitation de ceux de
la Chambre des députés : l'initiative en matière d'ouverture de
crédits était, comme en Angleterre, réservée au gouvernement.
L'exposé des motifs, qui était très détaillé sur ce point, justifiait
cette innovation par un tableau de la prodigalité périlleuse qui
avait été le fait de la dernière Chambre. Mais le conseil des ministres s'opposa à cette proposition, et M. Gambetta, bien qu'avec
un vif regret, dut céder sur cette question.

du 15 novembre dernier, nous devons rappeler d'abord que si le Parlement décide qu'il y a lieu à revision de la Constitution, le Congrès ne pourra mettre en délibération que les matières qui auront été préalablement discutées dans l'une et l'autre Chambre et sur lesquelles elles se seront exprimées dans un sens conforme à la revision.

Il est superflu de revenir sur les puissants arguments constitutionnels et sur les graves raisons politiques qui imposent cette procédure. Le Parlement les connaît pour les avoir sanctionnés à deux reprises. Il sait, du reste, que c'est en se conformant à la tradition créée par lui et à la vérité constitutionnelle qu'il pourra le plus tôt, sans vains débats et sans discussions stériles, mener à bonne fin l'œuvre de revision telle que le suffrage populaire l'a réclamée.

C'est donc sur les articles et paragraphes visés par le vote des deux Chambres que la revision des lois constitutionnelles devra porter, et seulement sur ces articles et paragraphes, lorsqu'ils auront été déterminés par le vote du Parlement, soit sur l'initiative des membres du Sénat et de la Chambre des députés, soit sur la proposition directe du Gouvernement.

S'inspirant de la volonté de la nation telle qu'elle résulte de la très grande majorité des programmes qui ont été ratifiés par les scrutins du 21 août 1881 et du 8 janvier 1882, le Gouvernement estime que la revision des lois constitutionnelles doit porter, en premier lieu, sur les modes d'élection des deux Chambres; en second lieu, sur la nature des attributions budgétaires du Sénat.

En conséquence, il vous propose de soumettre à la revision :

1° Les paragraphes 2 et 3 de l'article 1er de la loi constitutionnelle du 25 février 1875, relative à l'organisation des pouvoirs publics ;

2° Les articles 4, 7 et 8 de la loi constitutionnelle

du 24 février 1875, relative à l'organisation du Sénat.

La revision des articles précités des lois constitutionnelles des 24 et 25 février 1875 entraîne forcément la revision de la loi organique sur les élections des sénateurs. Mais la loi du 2 août 1875 n'étant pas une loi constitutionnelle, cette revision échappe au Congrès; elle est soumise à la procédure ordinaire de la confection des lois; elle peut porter sur l'ensemble de la loi.

Quant aux textes mêmes des modifications constitutionnelles, c'est au Congrès, et à lui seulement, qu'il appartient de les connaître, soit que les propositions émanent de l'initiative parlementaire, soit qu'elles émanent du Gouvernement. La Chambre des députés et le Sénat n'ont pour mission, dans l'esprit de l'article 8 de la loi constitutionnelle du 24 février, que de préciser les articles et paragraphes sur lesquels devront porter les délibérations du Congrès. Si donc nous croyons devoir indiquer dès à présent dans quel sens le Gouvernement compte inviter le Congrès à faire usage de son pouvoir constituant, c'est uniquement pour faciliter le bon ordre de la discussion et pour que dès aujourd'hui il ne puisse plus planer de doute sur l'attitude que nous comptons prendre devant le Congrès.

I

Loi du 25 février 1875, relative à l'organisation des pouvoirs publics, paragraphes 2 et 3 de l'article 1er.

L'article 1er de la loi constitutionnelle du 25 février 1875 est ainsi conçu :

« Le pouvoir législatif s'exerce par deux Assemblées : la Chambres des députés et le Sénat.

« La Chambre des députés est nommée par le suffrage universel dans les conditions déterminées par la loi électorale.

« La composition, le mode de nomination et les attributions du Sénat seront réglés par une loi spéciale. »

Le Gouvernement vous demande, Messieurs, de ne point faire porter sur le paragraphe 1er de cet article la revision constitutionnelle. Il vous demande de mettre en dehors et au-dessus de toute discussion le principe de l'exercice du pouvoir législatif par deux Assemblées comme étant non seulement le principe constitutif de tout gouvernement parlementaire, mais encore, malgré les errements antérieurs, le principe constitutif de tout gouvernement véritablement démocratique.

Le pouvoir législatif s'exerçant par deux Assemblées, et le pouvoir exécutif s'exerçant par le président de la République, ce sont là, en effet, les bases mêmes de notre Constitution; c'est sur elles que repose, depuis sept années, l'édifice gouvernemental. C'est leur fixité qui fera la stabilité, la durée et la force de la République. Si vous n'admettez pas, Messieurs, que la revision puisse permettre aux débris des anciens partis de remettre en question l'existence de la République, vous ne sauriez admettre davantage que les principes constitutifs de cette République, ceux-là mêmes qui ont assuré son triomphe, puissent être inconsidérément livrés à la discussion. Vous ne toucherez à ces institutions fondamentales que pour les renforcer et les consolider.

Aussi bien, nous estimons inutile de rappeler dans cet exposé de motifs les puissantes considérations qui ont déterminé le parti républicain quand il a inscrit au frontispice de la Constitution du 25 février 1875 que le gouvernement de la République française se compose de deux Chambres et d'un président, chef du pouvoir exécutif. Aujourd'hui, c'est à plusieurs reprises, avec une force nouvelle et toujours croissante que le suffrage universel s'est exprimé en faveur de ces principes, et c'est sur son verdict que, soucieux du respect de la volonté nationale, nous tenons à honneur de nous appuyer. En effet, si, dans son grand ensemble, émue par des votes qui étaient en contradiction avec ses réclamations et ses aspirations les plus légitimes, la nation s'est prononcée, dans les comices électoraux, pour la revision de la Constitution du 25 février, c'est avec un accord encore plus imposant qu'elle s'est prononcée pour le maintien de la présidence de la République et de la division du pouvoir législatif entre deux Chambres. Le Sénat et la Chambre des députés peuvent faire sur ces deux questions le cahier des programmes électoraux que le pays a sanctionnés. Nous attendons ce cahier avec une confiance pleine et entière, car il s'en dégagera lumineusement que le pays ne veut pas qu'on touche ni à la constitution du pouvoir exécutif ni à la division du pouvoir législatif entre deux Chambres.

Ce que le suffrage universel a réclamé, ce que le ministère qui est devant vous réclame avec lui, c'est une réforme du mode électif des deux Assemblées, c'est que l'organisation du Sénat réponde d'une manière plus complète aux principes d'une société démocratique, c'est que la Chambre des députés soit assurée de rester toujours l'interprète le plus direct de la volonté nationale.

En conséquence, nous vous demandons d'abord de faire porter la revision sur les paragraphes 2 et 3 de l'article 1er de la Constitution. Ces paragraphes ne contiennent à l'heure présente que des renvois à trois autres lois, dont la première seulement est constitutionnelle. Nous estimons que ces dispositions sont anormales et illogiques et que, dans la vérité constitutionnelle, l'article 1er doit stipuler d'une manière précise pour la nomination des Assemblées qui exercent le pouvoir législatif, comme l'article 2 stipule en termes exprès les conditions d'élection du chef du pouvoir exécutif. En inscrivant au frontispice de la Constitution l'expression de la volonté populaire sur le mode d'élection des deux Chambres, c'est pour un long avenir que vous placerez nos systèmes de votation à l'abri de toute modification hasardeuse. La loi qui règle la manière d'exprimer les suffrages est aussi essentielle que celle qui fonde les Assemblées dont la nomination appartient à ces suffrages : donc elle doit en être inséparable ; et puisque la loi du 24 février fait du principe de l'élection des sénateurs un principe constitutionnel, il nous semble manifeste qu'il doit en être de même pour celui qui décide du mode d'élection de la Chambre des députés ; il nous paraît que pour bien établir la parité entre eux, ces principes doivent être inscrits l'un et l'autre en tête de notre Constitution.

Quels doivent être ces principes? quels sont les modes électoraux qu'il convient d'inscrire dans l'article 1er de notre Constitution ?

Dans notre pensée, c'est du scrutin de liste qu'il faut, à l'avenir, faire sortir la Chambre des députés, et c'est aux membres et aux délégués des corps politiques issus du suffrage universel qu'il faut continuer à demander le Sénat ; mais, ainsi que nous l'indiquons ailleurs, à cette double condition que, d'une part, les délégués des conseils municipaux soient proportionnels en nombre aux électeurs politiques des communes, de l'autre, que les 75 sénateurs qui ne sont pas répartis entre les départements et les colonies soient désormais élus par un collège national composé des membres des deux Chambres.

En effet, Messieurs, en ce qui concerne la Chambre des députés, c'est à toutes les époques de notre histoire contemporaine, après la révolution du 4 septembre comme après celle du 24 février, à l'Assemblée nationale, dans la séance du 11 novembre 1875 comme dans la dernière Chambre des députés, c'est dans toutes les circonstances que le parti républicain n'a pas cessé d'estimer que le scrutin de liste est le corollaire naturel du suffrage universel, le procédé qui assure tout ensemble la plus grande moralité de l'élection et la plus grande indépendance de la représentation nationale. La Chambre précédente avait voté le rétablissement du scrutin de liste. Les élus du 21 août et ceux du 8 janvier l'ont en grand nombre inscrit sur leurs programmes, et les électeurs qui les ont nommés ont prouvé par leur vote même que le scrutin de liste est resté dans leur pensée l'expression la plus logique et la plus forte du suffrage universel. Il convient donc de résoudre au plus tôt, non pas dans le détail de l'application, mais dans son principe, cette grande question du mode électoral de la Chambre des députés ; et pour obéir au sentiment politique de la nation, il convient de la résoudre dans le sens de la tradition républicaine. Nous croyons superflu d'en dire davantage : les grandes raisons qui plaident la cause du rétablissement du scrutin de liste sont suffisamment connues. Plus tard, au jour que vous fixerez vous-mêmes, et vers le terme du mandat de la Chambre des députés, vous élaborerez une nouvelle loi organique pour l'élection des députés. Aujourd'hui, nous ne vous proposons que d'établir dans la Constitution le principe du scrutin de liste.

Nous venons, au contraire, vous demander, en ce qui concerne le Sénat, non seulement d'inscrire dans l'article 1er de la loi constitutionnelle du 25 février le principe général de son mode d'élection, mais encore, et simultanément, au cours de la même opération, de procéder à la revision de la loi constitutionnelle du 24 février, relative à l'organisation de la haute Assemblée. Vous savez, en effet, que l'institution de la seconde Chambre est régie actuellement par trois lois différentes, dont les deux premières sont revêtues du caractère constitutionnel. [Dans la loi du 25 février 1875, c'est le principe même de l'institution de la haute Assemblée qui est énoncé. La loi du 24 février indique dans un ensemble général la composition, les attributions et les origines électorales du Sénat. La loi du 12 août, qui n'est pas constitutionnelle, règle dans son détail le procédé électoral des sénateurs. C'est sur certains articles des deux premières de ces lois que devra, à notre avis, porter la revision constitutionnelle. Il ne doit pas vous suffire de formuler un principe dans l'article 1er de la loi du 24 février sur l'organisation des pouvoirs publics ; il faudra en même temps qu'en revisant la loi du 24 février sur l'organisation du Sénat vous déterminiez quelle application large et démocratique ce principe doit recevoir dans l'avenir, tant pour les 225 sénateurs dont la nomination appartient aux départements et aux colonies, que pour les 75 dont la nomination a appartenu jusqu'à présent à la haute Assemblée.

Nous examinerons plus loin dans quelle mesure et dans quel esprit il convient d'élargir les bases électorales du Sénat et d'en modifier le système électif. Dans la loi constitutionnelle du 24 février, ce n'est qu'une formule générale que nous voulons inscrire, formule qui devra indiquer, pour les 225 sénateurs des départements comme pour les 75 autres, quelles doivent être les origines générales du Sénat, et qui permettra de marquer, dès la première page de la Constitution républicaine, que le Sénat doit être le résumé et comme la concentration de tous les corps directement issus du suffrage universel. Après avoir stipulé, dans le paragraphe 2 de l'article 1er de la loi constitutionnelle du 25 février, que la Chambre des députés est nommée par le suffrage universel au scrutin de liste départemental, nous vous demanderons de lire dans le paragraphe 3 du même article que le Sénat est nommé par les membres et les délégués de

tous les corps politiques issus du suffrage universel.
Vous pourrez exprimer ensuite que le mode de nomination et les attributions des deux Chambres seront
réglées par des lois spéciales.

II

Loi constitutionnelle du 24 février 1875, relative à l'organisation du Sénat.

La loi constitutionnelle du 24 février 1875 comprend
trois sortes de dispositions :

Dispositions relatives au mode de nomination des
sénateurs des départements et des colonies ;

Dispositions relatives au mode de nomination des
sénateurs inamovibles ;

Dispositions relatives aux attributions du Sénat, et
particulièrement aux attributions budgétaires du Sénat.

Nous vous proposons de faire porter la revision
constitutionnelle sur chacune de ces dispositions.

L'article 4 de la loi constitutionnelle du 24 février
1875 stipule que les sénateurs des départements et
des colonies sont élus à la majorité absolue par un
collège composé : 1° des députés ; 2° des conseillers
généraux ; 3° des conseillers d'arrondissement ; 4° des
délégués élus, un par chaque conseil municipal,
parmi les électeurs de la commune.

Vous savez, Messieurs, comment les suffrages
populaires du 21 août et ceux du 8 janvier ont jugé
ce système : ils ont demandé le maintien de son principe ; ils ont exprimé que si le Sénat doit continuer
à rester le grand conseil des départements et de la
Chambre des députés, il doit surtout, et de plus en
plus, devenir le grand conseil des communes ; ils ont
réclamé partout que désormais, dans le corps électo-

ral du Sénat, les délégués des conseils municipaux fussent proportionnels en nombre aux électeurs inscrits de la commune.

Nous vous proposons de déférer purement et simplement à cette expression de la volonté nationale. Nous estimons que le suffrage populaire n'a jamais vu plus clair et plus juste que dans cette délicate matière. Le système qu'il vous a indiqué, c'est celui que la majorité du parti républicain a défendu dès 1875 à l'Assemblée nationale. C'est, à notre sens, celui qui fait le plus sûrement de la haute Assemblée ce qu'elle doit vraiment être dans une Constitution républicaine. Non seulement il en fait le corps pondérateur qui est nécessaire, dans un pays de régime parlementaire, à l'équilibre des pouvoirs publics, mais encore, en rapprochant le Sénat de la nation, en l'ouvrant à la démocratie, il doit l'animer du même esprit de liberté et de progrès que la Chambre des députés. Il met l'harmonie entre ces deux Assemblées.

En effet, dans ce système, en dehors des conseils d'arrondissement et des conseils généraux, quelle est la véritable source de la haute Assemblée? C'est l'élément le plus franchement et le plus sincèrement démocratique que nous sachions, celui qui est à la fois le plus sagement conservateur et le plus résolument progressiste; c'est l'esprit communal, ce sont les 36,000 communes de France, et ces 36,000 communes sans exception, car chaque commune de France est un organisme élémentaire et irréductible de notre vie sociale et politique, un être doué d'une vie personnelle et qui doit, par conséquent, le plus petit comme le plus grand, avoir sa représentation assurée. Et ce n'est pas seulement à cause des qualités politiques propres à la commune française que le point de départ de ce système électoral est excellent, c'est encore parce que l'éducation politique de ce pays

ne saurait être plus rapidement et plus sérieusement
développée que par un rouage qui fait pénétrer la
politique dans toutes les élections et en vertu duquel
il ne se fait plus aujourd'hui une seule élection de
conseiller municipal sans que l'électeur s'inquiète
auparavant des opinions politiques de chaque candidat, sans qu'il sache par avance, en prévision du jour
où ce candidat prendra part à une élection de
sénateurs, quels sont son vote, ses tendances, ses
opinions.

Comptez combien ce système a été fécond depuis
six ans; estimez combien il sera plus fécond encore
lorsque le conseil municipal de chaque commune ne
nommera plus un seul délégué, quelle que puisse être
la population de cette commune, mais lorsqu'il en
nommera deux, quatre, dix, vingt, trente, selon le
chiffre de la population politique, c'est-à-dire, en
résumé, lorsque, par le seul fait de cette proportionnalité, que nous voulons la plus parfaite et la plus
harmonieuse, la force politique, l'influence et l'autorité de chaque conseiller municipal se trouveront,
selon les cas, doublées, quadruplées, décuplées;
lorsque les grandes communes, celles qui comptent
50 et 100,000 électeurs, seront aussi intéressées que
les plus humbles à la formation, à la stabilité et au
développement régulier de la haute Assemblée.

Car c'est là, Messieurs, le véritable, le seul vice du
mode électoral actuel des 225 sénateurs des départements et des colonies. Si ce mode n'a donné, en
maintes occasions, que des résultats incomplets et
défectueux, c'est par cette seule raison : la représentation uniforme des communes, quel que soit le chiffre de leur population et de leurs électeurs dans le
corps électoral du Sénat. C'est cette représentation
uniforme qui a créé dans certains grands centres un
courant d'hostilité contre l'institution même du Sénat, car Lyon et Marseille ne pouvaient évidemment

s'y croire représentés quand leurs conseils municipaux ne nommaient qu'un délégué, tout comme la
commune la moins peuplée et la plus humble. C'est
cette représentation uniforme qui, trop souvent,
dans le passé, a fermé la haute Assemblée au puissant esprit de liberté et de progrès qui anime notre
démocratie républicaine et qui a été la vraie cause de
ses votes trop connus contre la Chambre des députés
de 1876 sur les grandes questions de l'enseignement
supérieur, de l'instruction obligatoire et laïque, de la
réforme électorale, des droits de l'État en matière
d'associations religieuses. C'est contre elle qu'ont
porté, pendant les deux périodes électorales que nous
venons de traverser, les plus vives réclamations du
suffrage universel et celles du corps électoral sénatorial lui-même.

Mais c'est aussi en revisant le plus largement cette
disposition que vous assurerez la stabilité politique
du Sénat; c'est par l'établissement de la représentation proportionnelle des communes que les grands
centres seront aussi puissamment intéressés à la constitution politique du Sénat qu'à la composition de la
Chambre des députés; c'est par l'élargissement des
bases électorales du Sénat que vous ferez pénétrer
dans la haute Assemblée le souffle vivifiant de la
démocratie. C'est seulement par cette revision que
vous ferez définitivement entrer dans les mœurs
politiques de la nation, sans qu'aucune secousse
puisse désormais les ébranler, le respect du Sénat et
le sentiment profond de sa nécessité.

Messieurs, l'opinion du pays sur la question de la
représentation proportionnelle des communes dans
le corps électoral du Sénat, cette opinion est pour
ainsi dire unanime. Le suffrage universel estime,
comme nous, qu'une disposition qui accorde une
part égale dans l'élection de la Chambre haute à la
commune de 100 habitants et à celle de 500,000, au

conseil municipal nommé par 45 électeurs et à celui qui est l'élu de 200,000 citoyens, cette loi n'est pas plus une loi conservatrice qu'une loi de réforme; que c'est une loi illogique et funeste. Car s'il s'est trouvé un jour où, dans l'intérêt supérieur de la patrie, le parti républicain a dû accepter toutes les conditions que lui posait le parti monarchique, ce jour est passé. Nous avons dépassé aujourd'hui cette septième année où, de l'avis de l'Assemblée nationale tout entière, la revision de la Constitution devenait de droit commun, et cette revision, nous devons la commencer par l'abrogation d'une disposition que rien ne légitime et que rien n'explique. Car ce que veut le pays, ce que réclament les électeurs qui vous ont envoyés sur ces bancs, c'est, à côté d'une Chambre des députés imbue de l'esprit de progrès et de réforme, un Sénat qui soit aussi accessible aux réclamations de la démocratie que fortement conservateur des conquêtes qui sont l'œuvre de vos prédécesseurs. Or, si l'heureuse intelligence politique de ce pays vient, malgré les entraves que nous vous avons rappelées, de nous donner ce Sénat, ce n'est pas une raison de conserver ces entraves et, en quelque sorte, de défier un avenir où les dispositions vicieuses que vous savez pourraient porter de nouveau, au grand détriment de la République, leurs véritables fruits : la résistance aux mesures démocratiques et libérales votées par la Chambre des députés, la dissolution même de cette Chambre.

Messieurs, pour empêcher un pareil retour, il faut commencer par attribuer aux communes une représentation proportionnée dans le corps électoral sénatorial de chaque département. Plus que jamais, nous vous l'avons dit, nous tenons à conserver aux conseils municipaux de toutes les communes de France le rôle prépondérant dans les élections des sénateurs des départements. Nous avons rappelé combien ce

principe est naturellement fécond en conséquences
heureuses, comment il est l'instrument le plus actif
de l'éducation politique du suffrage universel. Mais,
pour que ce principe soit désormais au-dessus de
toute discussion, pour qu'il soit également accepté
par les petites communes rurales et les grandes communes urbaines, nous vous demandons de donner à
tous les grands intérêts des communes, intérêts politiques, intérêts industriels, intérêt sociaux, une représentation proportionnée, et proportionnée non pas au
nombre des habitants, mais, pour donner à la mesure
son véritable caractère politique, au nombre des
électeurs régulièrement inscrits.

En effet, si, au lieu de considérer ce dernier
nombre, vous vouliez considérer celui des habitants de nos 36,000 communes, vous aboutiriez
nécessairement à une véritable injustice. Le chiffre
de la population comprend, outre celui des femmes
et des enfants de nationalité française, toute une
population flottante d'étrangers; et vous devez être
les premiers à reconnaître avec nous qu'il serait inique, dans une opération d'un caractère politique
aussi important que celle-ci, de tenir compte de cette
population; ce serait une injustice à l'égard des petites
communes où la population flottante existe à peine.

Donc c'est au chiffre des électeurs inscrits dans
chaque commune que vous devez proportionner le
nombre des délégués sénatoriaux, d'abord parce que
c'est justice, ensuite parce que ce régime est le seul
qui vous permette d'établir une proportion absolument exacte, une progression arithmétique.

Nous vous proposerons de prendre pour point
de départ les communes ayant moins de 500
électeurs inscrits, et de décider que chaque conseil municipal élit au scrutin de liste autant de délégués et de suppléants que la commune renferme de
fois 500 électeurs inscrits.

Vous auriez ainsi 32,630 communes ayant moins de 500 électeurs représentées par un délégué :

						Délégués.
2.500	ayant de	501	à	1.000	électeurs inscrits avec	2
470	»	1.001	à	1.500	»	3
153	»	1.501	à	2.000	»	4
78	»	2.001	à	2.500	»	5
31	»	2.501	à	3.000	»	6
41	»	3.001	à	3.500	»	7
22	»	3.501	à	4.000	»	8
25	»	4.001	à	5.000	»	9 à 10
51	»	5.001	à	10.000	»	10 à 20
13	»	10.001	à	15.000	»	20 à 30
8	»	15.001	à	20.000	»	30 à 40
5	»	20.001	à	30.000	»	40 à 60
1	»	31.623 (Toulouse)			»	63
2	»	50.001	à	75.000	»	100 à 150
1	. . . .					161
1	. . . .					885

Les quatre grandes communes qui seraient appelées, par application de la règle de proportionnalité que nous vous soumettions, à être représentées par plus de 100 délégués, sont les communes de Paris (427,143 électeurs inscrits), de Lyon (80,381), de Marseille (64,492) et de Bordeaux (50,268). Est-il possible, ou tout au moins est-il aisé de faire élire ces délégués de nos quatre grandes villes dans la même forme que les délégués des autres communes? Nous nous proposons de réserver cette question, estimant, pour notre part, qu'il y a lieu d'établir une procédure spéciale pour la désignation des délégués de Paris, de Lyon, de Marseille et de Bordeaux, mais estimant aussi que cette procédure a sa place non pas dans la loi constitutionnelle du 24 février, mais dans la loi organique du 2 août 1875 sur l'élection des sénateurs, loi qui n'a aucun caractère constitutionnel. C'est donc à la suite de la réunion du Congrès, après la revision de la Constitution et dans les délibérations séparées des deux Chambres, que vous aurez à déterminer quelle doit être cette procédure.

III

Messieurs, après vous avoir exposé les vues du gouvernement de la République sur les réformes qu'il convient d'apporter au mode d'élection des 225 sénateurs départementaux, nous devons vous exposer quelle doit être, dans notre pensée, la revision des dispositions de la Constitution qui concernent les 75 autres membres du Sénat. On désigne généralement ces sénateurs sous le nom d'*inamovibles*; l'article 1er de la loi du 24 février leur donne un titre bien plus significatif, qui indique leur raison d'être : ce sont les élus de l'Assemblée nationale.

En effet, les auteurs de la Constitution ont eu une idée des plus fécondes : à coté des collèges départementaux, qui représentent les légitimes intérêts d'une fraction du territoire, ils ont institué un autre collège, bien plus vaste, embrassant les questions de bien plus haut, représentant les intérêts du pays dans leur généralité, un collège national, en un mot, et ils ont attribué à ce collège national l'élection d'un quart du Sénat.

Cette création nous paraît excellente, et nous vous demandons de la maintenir, ou plutôt de la rétablir.

Les 75 premiers inamovibles ont été élus par l'Assemblée nationale, qui, représentant à elle seule le pays, était bien le collège national. Par une étrange défaillance, les auteurs de la Constitution ont ordonné ensuite (art. 7 de la loi précitée) que les successeurs de ces premiers 75 sénateurs élus par l'Assemblée nationale seraient élus par le Sénat lui-même. Or, qu'est-ce que le Sénat? C'est une moitié seulement de l'Assemblée nationale, puisque, d'après la Constitution, l'Assemblée nationale se compose du

Sénat et de la Chambre des députés réunis. C'est à
cette réunion qu'il aurait fallu confier la nomination
de ces 75 sénateurs, et c'est à cette réunion que nous
vous proposerons de la confier dans l'avenir. Nous
vous demanderons de substituer au principe de la
cooptation empruntée aux usages des Académies le
principe de l'élection par l'ensemble des représentants de la nation, par un collège composé de tous les
sénateurs et de tous les députés. Mais, dans notre
pensée, ces élections sénatoriales ne devraient pas se
faire dans la forme solennelle établie pour la revision
de la Constitution et pour l'élection du magistrat suprême de la République. Ce n'est pas dans un Congrès réuni au palais de Versailles que vous procé-
deriez à ces élections. Le collège national serait divisé
en deux sections de vote : l'une au Luxembourg,
l'autre au Palais-Bourbon, et ainsi chacune des deux
Chambres pourrait voter à part, le même jour, aux
mêmes heures. Seulement, pour maintenir bien intacte l'unité du collège on ne procéderait point séparément au dépouillement des scrutins ; on confon-
drait les suffrages exprimés au Sénat et dans la
Chambre des députés, et de cette sorte nul ne saurait
si les élus ont obtenu la majorité dans l'une des deux
Assemblées ou dans les deux ; ils seraient les élus du
collège national pris dans sa collectivité.

« Les sénateurs élus par l'Assemblée nationale sont
inamovibles », dit l'article 7 de la loi constitutionnelle du 24 février. La loi néglige de dire si leurs
successeurs nommés par le Sénat jouiront du même
privilège. Ce n'est que tacitement que le mandat
viager leur a été reconnu, et l'opinion publique ne
fait aucune différence entre les uns et les autres : ils
sont tous sénateurs à vie.

Faut-il conserver cette institution d'un mandat législatif viager ? Elle est sans analogie dans nos lois.
Les magistrats sont inamovibles, il est vrai ; mais ils

sont soumis à une limite d'âge. Si l'institution des sénateurs à vie se trouve être une exception unique en France, elle paraît bien difficile à défendre au point de vue des principes démocratiques ; car comment concevoir dans une démocratie un mandat auquel ne répond aucune responsabilité? Les sénateurs départementaux, comme les députés, doivent compte à leurs électeurs de leurs actes et de leurs votes ; les sénateurs inamovibles ne sont justiciables que de leur conscience.

Vous aurez à examiner, Messieurs, s'il faut maintenir cette exception. Quant au Gouvernement, il croit devoir, après mûr examen, la repousser formellement. Il proposera au Congrès de se prononcer contre le mandat viager, et il lui demandera de supprimer l'inamovibilité sénatoriale, mais avec cette restriction que les situations acquises resteront acquises et que les privilèges des sénateurs inamovibles actuels seront respectés. Certes, si vous saisissez le Congrès, comme nous vous le proposons, de la réforme de l'article 7 de la loi du 24 février 1875, le Congrès pourrait supprimer l'inamovibilité, non seulement pour l'avenir mais aussi pour le passé ; mais s'il le faisait, s'il déclarait déchus de leur mandat viager les 75 sénateurs inamovibles actuels, comme il y a parmi ceux-ci des adversaires du gouvernement de la République qui pourraient dans la suite ne pas recevoir du collège national le renouvellement de leur mandat, d'aucuns pourraient voir dans cette disposition une manœuvre uniquement dirigée contre ces sénateurs, et il y aurait là un précédent fâcheux pour le bon renom de notre démocratie. Ce précédent, Messieurs, vous ne le créerez pas, et vous repousserez avec énergie jusqu'à la possibilité du soupçon.

En conséquence, si vous vous prononcez contre l'institution du mandat viager, et si, de plus, comme nous vous le demandons, vous conservez ce mandat viager aux 75 sénateurs qui en sont actuellement revêtus, voici ce que nous proposerons au Congrès.

Le mandat des 75 élus du collège national sera de neuf ans, et ils seront renouvelables par tiers dans la quinzaine qui suivra le renouvellement de chaque tiers des sénateurs départementaux. Le tirage au sort classera chacun des 75 sièges dans une de ces trois séries.

Ces séries seront d'abord purement fictives, puisque les titulaires actuels ne seront jamais soumis à la réélection; mais, en cas de vacance, le successeur du titulaire actuel prendra rang dans la série à laquelle son prédécesseur appartenait nominalement, et il sera par conséquent élu pour une période qui se terminera en 1885, ou en 1888, ou en 1891.

Quand ce nouveau système aura reçu une application complète, 100 membres du Sénat sortiront tous les trois ans, dont 64 retourneront, comme maintenant, devant les électeurs des départements, et 25 devant les électeurs du collège national. Il en résultera un mouvement très suffisant pour rajeunir indéfiniment le Sénat et pour le tenir en communication permanente avec la Chambre des députés et avec le pays.

IV

« Art. 8. — Le Sénat, a concurremment avec la Chambre des députés, l'initiative et la confection des lois. Toutefois les lois de finances doivent être en premier lieu présentées à la Chambre des députés et votées par elle. »

Messieurs, après vous avoir signalé sur quels points doit porter, dans notre pensée, la réforme électorale des deux Chambres, il nous reste à examiner avec vous de quelle manière il convient de modifier les attributions budgétaires du Sénat, pour obéir à la volonté de la nation et pour rentrer ainsi dans la vérité de la loi constitutionnelle du 24 février. Ce n'est pas là la partie la moins délicate de notre tâche; mais ce n'en est pas la moins essentielle, car le pays nous a tracé notre voie en cette matière; partout où il s'est déclaré pour la revision de la Constitution, il s'est, en même temps, nettement et résolument prononcé pour la réforme des attributions budgétaires du Sénat.

Nous vous demandons, Messieurs, d'exprimer en premier lieu, dans un texte dépourvu d'ambiguïté, ce que de tout temps nous avons estimé avoir été la véritable pensée des rédacteurs de l'article 8 de la loi constitutionnelle du 24 février, à savoir que la Chambre haute n'a, en matière de budget, qu'un droit de contrôle; et de décider ensuite qu'elle ne peut en aucun cas rétablir un crédit supprimé par la Chambre des députés, en sorte que, dans toutes les questions de crédits, c'est la Chambre issue directement du suffrage universel qui aura le premier et le dernier mot. Ce système n'est pas une nouveauté. Vous savez, Messieurs, de quelle autorité et de quel prestige est entourée, en Angleterre, la Chambre des pairs : or, la Chambre des pairs ne connaît la loi de finances que pour l'enregistrer.

Messieurs, nous ne vous demandons pas de suivre absolument, en ce qui concerne les pouvoirs budgétaires du Sénat, le système anglais. En effet, la Chambre des lords tient ses privilèges du principe héréditaire et du pouvoir exécutif, et notre Sénat est électif; il émane, d'une manière indirecte il est vrai, mais il émane du suffrage universel ; donc il peut, il doit connaître la loi de finances. Cette loi ne peut échapper à son contrôle; mais il ne peut exercer sur elle qu'un droit de contrôle. Ce que nous demandons, c'est simplement que le pouvoir budgétaire du Sénat soit celui qui, dans ce pays même, a été attribué, tantôt avec des extensions et tantôt avec des restrictions, à toutes les secondes Chambres qui se sont succédé chez nous depuis 1795 jusqu'à 1870 inclusivement; celui, en somme, qui était inscrit dans l'article 8 de la loi constitutionnelle du 24 février.

Car, ce n'était pas un simple ordre de discussion que cet article 8 avait établi lorsqu'il avait stipulé que les lois de finances devaient être, en premier lieu, présentées à la Chambre des députés et votées par elle. Cet article ne stipulait nullement, au contraire de l'article 12 du projet présenté par la deuxième commission des Trente, que la Chambre des députés n'aurait, en matière de budget, qu'une priorité et que le Sénat serait investi, en matière de finances, de la plénitude de la puissance législative. Il décidait, tout au contraire, que le Sénat n'avait pas de force propre, qu'il n'avait pas d'initiative personnelle en matière d'ouverture de crédits; et il le décidait ainsi, parce que c'était là le bon sens et la logique, et parce que toute autre solution, dans un pays démocratique comme le nôtre, eût été la négation du droit le plus précieux, le plus légitime et le plus protecteur que puisse posséder une Assemblée issue du suffrage universel; il le décidait, parce que toutes nos Constitutions antérieures avaient nettement posé en un principe uniforme, malgré des variantes d'importance secondaire, que la Chambre des députés doit posséder seule, concurremment avec le Gouvernement, l'initiative en cette matière, et que la Chambre haute, dans la même matière, d'impôts, ne doit avoir qu'un droit de contrôle. Certes, ce droit de contrôle était variable : tantôt c'était le droit de s'opposer en bloc à la promulgation du budget, lorsque cette promulgation paraissait inconstitutionnelle à la Chambre haute; tantôt ce n'était qu'une sorte de droit de remontrance, d'observation, une espèce de droit figurant à l'état de vœu, le droit de s'opposer à l'établissement d'une mesure frivole qui pouvait compromettre la prospérité, la liberté et la propriété des citoyens. Mais, quoi qu'il en fût, jamais dans une seule de ces Constitutions, jamais ni les textes ni les pratiques n'avaient accordé à la Chambre haute un droit d'initiative, un pouvoir propre en matière de budget.

Messieurs, tel était le sens de nos Constitutions antérieures et tel était encore, selon nous et nos amis, le véritable sens de la Constitution du 24 février. La Chambre des députés de 1876 en a décidé autrement : sur un texte qui ne lui semblait pas suffisamment explicite, elle a renoncé à un droit qu'elle avait reçu entier de l'Assemblée nationale ; elle a sanctionné le principe qui, depuis six ans, a donné au pays, presque à chaque discussion de budget, le spectacle que vous savez. La Chambre des députés rejette un crédit, le Sénat le reprend et l'adopte ; le budget revient à la Chambre, la Chambre retranche une seconde fois le crédit, et c'est ainsi une navette, un va-et-vient incessant qui ne prend fin que parce que l'on arrive au 31 décembre, à une heure où la prolongation du conflit menace de tout arrêter : le payement des coupons de la rente, la solde des troupes, le traitement des fonctionnaires. Alors seulement on transige tant bien que mal, plus souvent mal que bien, toujours avec aigreur et toujours après avoir semé dans le pays d'inutiles alarmes ; et notez que l'on pouvait parfaitement ne pas transiger. C'est cet état de choses qui doit cesser, c'est à cette série d'empiétements, de conflits et de discordes que le pays nous a ordonné de mettre fin.

Puisqu'un texte qui a semblé ambigu a pu être la source de si fâcheux errements, vous déciderez qu'un texte indiscutable doit mettre en pleine lumière ce qui est la vérité de tout régime parlementaire, c'est-à-dire le pouvoir propre de la Chambre des députés en matière de budget et, dans la même matière, le simple droit de contrôle du Sénat. Vous direz que les attributions des deux Chambres, en matière de budget, ne sont pas et ne sauraient être identiques et que si la Constitution a armé le Sénat du droit redoutable de dissolution, c'est bien le moins que la Chambre des députés ait, en matière de finances, le premier et le dernier mot; vous direz que, lorsque la Chambre des députés, la Chambre des contribuables a refusé sa sanction à une disposition de la loi de finances, ce projet n'existe plus, qu'il est mort, que le Sénat est impuissant à lui rendre la vie. Le droit qu'a le Sénat, le seul, — et il importe de le limiter strictement de manière qu'aucune controverse ne puisse plus être élevée sur sa nature particulière, — c'est un droit de contrôle, un droit d'examen. Ce qu'il faut affirmer et mettre au-dessus de toute discussion, c'est que lorsqu'en matière de loi de finances la Chambre des députés a dit son premier mot, le Sénat a bien, par l'organe de son rapporteur, de ses commissions et du cabinet lui-même, le droit de faire des remontrances à la Chambre, de lui dire qu'il trouve tel ou tel impôt, tel crédit, telle suppression de crédit, injuste ou inopportun, de lui indiquer telle ou telle modification sur l'ensemble du budget, mais que le Sénat n'a que ce droit. Les remontrances, les observations du Sénat une fois présentées à la Chambre, le droit du Sénat est épuisé. La Chambre des députés statue en dernier ressort, dit *oui* ou *non*, accepte ou rejette, mais ce vote-là est sans appel et sans cassation.

En résumé, ce que nous vous demandons d'établir par un texte indiscutable dans l'article 8 de la loi constitutionnelle du 24 février, c'est, comme conséquence directe de cette dissolution, que les lois de finances soient présentées en premier lieu à la Chambre des députés et votées par elle; que le Sénat n'a, en matière de budget, qu'un droit de contrôle et qu'il ne peut pas rétablir un crédit supprimé par la Chambre des députés.

V

Loi constitutionnelle du 16 juillet 1875 sur les rapports des pouvoirs publics.

Le paragraphe 3 de l'article 1er de la loi constitutionnelle du 16 juillet 1875 sur les rapports des pouvoirs publics est ainsi conçu :

« Le dimanche qui suivra la rentrée (des Chambres). des prières publiques seront adressées à Dieu dans les églises et dans les temples, pour appeler son secours sur les travaux des Assemblées. »

Estimant que la disposition formulée dans ce paragraphe est, par son caractère, étrangère à une loi constitutionnelle, nous vous proposons de faire porter la revision sur ce paragraphe, qui, à notre sens, doit disparaître du texte de la Constitution.

Signé : LÉON GAMBETTA,

JULES CAZOT.

MESSIEURS,

En conséquence des explications des motifs que nous venons de vous soumettre, et pour obéir aux dispositions de l'article 8 de la loi constitutionnelle du 25 février 1875, nous avons l'honneur, au nom du président de la République, de déposer sur le bureau de la Chambre des députés le projet de résolution suivant :

Conformément à l'article 8 de la loi constitutionnelle du 25 février 1875, et sur la demande du président de la République, la Chambre des députés déclare qu'il y a lieu de reviser :

1° Les paragraphes 2 et 3 de l'article 1er de la loi

constitutionnelle du 25 février 1875 relative à l'organisation des pouvoirs publics;

2° Les articles 4, 7 et 8 de la loi constitutionnelle du 25 février 1875, relative à l'organisation du Sénat;

3° Le paragraphe 3 de l'article 1er de la loi constitutionnelle du 16 juillet sur les rapports des pouvoirs publics.

La lecture de l'exposé des motifs du projet de revision est accueillie par des rumeurs prolongées sur les bancs de la droite, de l'extrême gauche et de la gauche radicale. Le président du conseil prononce les paroles suivantes :

Messieurs, vous avez entendu le résumé, malheureusement encore trop long, que j'ai eu à faire connaître à la Chambre par voie de lecture.

Je demanderai maintenant à la Chambre de vouloir bien, conformément à son règlement et sans aucune espèce de hâte ni de précipitation, examiner ce projet avec la gravité qu'elle apporte dans l'étude des questions qui touchent aux fondements mêmes de l'État.

Je comprends, Messieurs, que quand on lit une série de dispositions, de modifications constitutionnelles, qui sont parfois des questions de procédure parlementaire ou juridique, l'attention puisse être lassée, fatiguée, et que la minutie même des détails puisse amener certaines objections et, je l'ai vu, certains sourires sur les lèvres de ceux qui l'écoutent. Mais j'ai la conviction, Messieurs, que quand vous aurez examiné le projet de résolution dans vos bureaux, et puis quand vous aurez choisi les commissaires chargés d'exprimer votre pensée, vous vous mettrez face à face avec l'importance, l'utilité, le caractère impérieux des réformes que nous vous proposons.

Quand vous les aurez étudiées, nous les discuterons ici complètement, sans arrière-pensée, en allant au fond du débat, et en cherchant à démontrer à vos consciences, toujours loyales, qu'il s'agit d'un intérêt vital pour l'État, pour la République.

Je ne demanderai pas l'urgence, et cela pour deux motifs. On demande généralement l'urgence pour supprimer la formalité de l'examen de la commission d'initiative, et cette formalité n'existe pas pour les projets du Gouvernement.

Le second but qu'on se propose quand on réclame l'urgence, c'est de n'avoir qu'une délibération au lieu de deux. Je ne pense pas que ce soit le moment de décider qu'il n'y aura qu'une délibération.

C'est quand vous aurez examiné le projet de résolution et que vous apporterez ici le résultat de vos méditations, que vous trancherez vous-mêmes la question de savoir s'il y a véritablement intérêt à abréger la discussion publique. Je m'en rapporterai à la décision de la Chambre. (*Applaudissements à gauche et au centre.*)

M. LE PRÉSIDENT. — Le pzojet de résolution sera imprimé, distribué et renvoyé à l'examen des bureaux.

Les bureaux se réunirent le 19 janvier pour nommer la commission de 33 membres chargée d'examiner la proposition. Après une courte et fiévreuse discussion, la commission se trouva ainsi composée :

Trente-deux membres hostiles : MM. Barodet, Clémenceau, Achard, Camille Pelletan, Boysset, Bernard-Lavergne, Andrieux, de Marcère, Horace de Choiseul, Margaine, Louis Legrand, Langlois, Dautresme, Roger, Jullien, Viette, Féau, Ballue, Papon, Remoiville, G. Graux, Frébault, Dréo, Maigne, Berlet, Bernard, Barbedette, Chevandier, Roudier, Noirot et Ribot, ces deux derniers opposés à toute espèce de revision;

Un seul membre favorable : M. Marcellin Pellet.

La discussion générale des bureaux avait été caractérisée par cette parole de M. Renault-Morlière : « M. Gambetta veut être le maître de la Chambre. Il faut choisir entre la Chambre et lui. »

La Commission se constitua aussitôt sous la présidence

de M. Margaine, et M. Gambetta fut invité à venir défendre devant les délégués de l'assemblée le projet du gouvernement (12 janvier). M. Gambetta se rendit le lendemain à cet appel.

Nous reproduisons, d'après la *République française* et le *Temps* le compte rendu de cette séance :

La commission pour la revision des lois constitutionnelles s'est réunie à trois heures, sous la présidence de M. Margaine. Immédiatement M. le président du conseil a été introduit ; il était accompagné de M. Jules Cazot, ministre de la justice, et de M. Waldeck-Rousseau, ministre de l'intérieur.

M. le président de la commission donne la parole à M. Gambetta.

M. LE PRÉSIDENT DU CONSEIL dit qu'il n'a pas l'intention de donner des explications générales, qui feraient double emploi avec l'exposé des motifs ; il répondra aux questions que les membres de la commission voudront lui poser.

M. MARGAINE demande à M. le président du conseil pourquoi on a introduit le scrutin de liste dans le projet de revision de la Constitution, au moment où la Chambre vient d'être élue. Cette réforme semblerait infirmer le mandat des nouveaux députés.

M. LE PRÉSIDENT DU CONSEIL répond que le pays, aux dernières élections, a manifesté la volonté de reviser le pacte constitutionnel au point de vue du Sénat et au point de vue de la Chambre. Le procédé par lequel on consulte le suffrage universel est un des principes primordiaux d'une Constitution. Il a paru utile au gouvernement de protéger d'une manière efficace les lois électorales contre des modifications incessantes. D'où la proposition de les inscrire dans la Constitution. Du moment que la loi électorale du Sénat est inscrite dans la Constitution, il a paru juste d'établir une parité entre les deux Chambres et d'inscrire dans la Constitution le principe constitutif de la Chambre du suffrage universel, à côté du principe constitutif du Sénat.

Chaque fois qu'une Constitution républicaine a été faite dans ce pays, on y a inséré la modalité électorale. En présentant sa proposition, le Gouvernement revient à une tradition sage et garantit l'avenir. Le mandat des élus d'août et de septembre 1881 ne peut être affecté par le retour au scrutin de liste. La Chambre nouvelle est, en réalité, la même que celle qui avait condamné le scrutin d'arrondissement l'année dernière. En votant, à la fin de la législature, la loi électorale dont le principe sera inscrit dans la Constitution revisée, la Chambre pourra dès à présent faire la même politique qu'une Chambre issue du scrutin de liste.

Quant aux menaces de dissolution, la déclaration du Gouvernement est formelle. Si quelque chose pouvait être touché par le vote du scrutin de liste, ce serait précisément le droit de dissolution. On a protesté jusqu'ici contre un danger chimérique. Le Gouvernement aurait pu présenter à la Chambre un texte de revision sommaire, sous cette forme : Il y a lieu à modifier tel ou tel article, ou tel paragraphe de cet article. Le Gouvernement a pensé que, pour enlever toute équivoque et toute obscurité à son projet, il devait faire connaître aux représentants du pays ses vues et ses théories.

Parmi les dispositions gouvernementales, il en est auxquelles le Gouvernement attache plus ou moins d'importance. Il ne pense pas qu'on puisse discuter le suffrage universel, l'institution des deux Chambres et celle de la présidence. Si la Chambre n'adopte pas nos vues, nous ne pourrons présenter le projet au Sénat.

Faut-il ou ne faut-il pas reviser le paragraphe 2 de l'article 1er de la loi constitutionnelle du 24 février? Le Gouvernement propose de le reviser. Il ne demande pas à la Chambre de voter le scrutin de liste, il demande que la question soit présentée entière devant le Congrès. Nous vous demandons de nous autoriser à défendre le scrutin de liste devant le Congrès, parce que nous le considérons comme essentiel. Le Congrès statuera sur le fond.

M. ANDRIEUX demande des explications sur le caractère nouveau que l'inscription du scrutin de liste dans la Constitution pourra donner à la politique de la Chambre.

M. GAMBETTA répond qu'il a traité la question dans ses détails devant la Chambre. Pour lui, il estime que l'inscription du scrutin dans la Constitution est le meilleur moyen de donner son maximum de force et d'autorité à l'Assemblée. Dès que vous pourrez dire : Nous aurons dans quatre ans le scrutin de liste, vous pourrez aussi, dans les questions épineuses, voir de plus haut, par exemple en ce qui regarde la loi de la réforme de la magistrature. Cette décision influera sur la façon d'envisager les affaires de l'État.

M. Gambetta insiste ensuite sur l'impossibilité de la dissolution.

M. Margaine répond qu'il est facile, en quatre ans, de créer un courant dangereux pour l'existence de la Chambre.

M. Gambetta ne croit nullement à ce danger. Suivant lui, les Chambres ne se dissolvent pas sous la pression de l'opinion publique.

M. Louis Legrand. — Vous avez dit que le scrutin de liste est un principe essentiel. Le Gouvernement en fera-t-il une question de confiance ? Pourquoi alors ses amis, lors de la discussion de l'année dernière, disaient-ils que le Gouvernement n'avait pas à se prononcer ?

M. Gambetta répond que le Gouvernement d'alors était divisé sur la question et ne pouvait donc prendre parti.

M. Clémenceau. — M. le président du conseil a paru considérer comme hors de discussion que les deux Chambres avaient le droit de limiter l'ordre du jour du Congrès. Tel n'est pas l'avis de la commission, et le Gouvernement n'a produit aucun argument en faveur de sa thèse.

M. Gambetta. — C'est là une très grave question, sur laquelle j'ai donné tout récemment des explications à la tribune. Il ne peut y avoir ouverture du Congrès sans le consentement des deux Chambres.

M. Bernard (Doubs). — M. le président du Conseil ne pense-t-il pas qu'en laissant le Congrès absolument libre de faire porter la revision sur tel ou tel point déterminé de la loi constitutionnelle on simplifierait considérablement la situation, et ne pourrait-on pas trouver sur ce terrain une solution acceptable, satisfaisante et pour la dignité de la Chambre et pour celle du cabinet, solution qui répondrait au sentiment d'un grand nombre de nos collègues ?

M. le président du conseil. — Je ne crois pas que l'on puisse utilement discuter cette hypothèse, car, à mes yeux, ne pas limiter à l'avance le champ des délibérations du Congrès, c'est rendre le Congrès impossible.

M. Viette. — Le Sénat sait bien ce que pense la Chambre, et qu'elle ne veut supprimer ni le Sénat ni la présidence de la République. Il accepterait le Congrès.

M. Gambetta. — Je pense que M. Viette se trompe.

M. Andrieux. — Le président du conseil a soutenu la nécessité de limiter les pouvoirs du Congrès. Telle n'est pas l'opinion de la commission ni de la Chambre. C'est là une question de droit constitutionnel? Qui la tranchera? Elle n'est de la compétence ni de la Chambre ni du Gouvernement. Le droit d'interpréter la Constitution n'appartient qu'au Congrès.

Dans ces termes, on pourrait réserver au Congrès son ordre du jour. On discuterait les propositions du Gouvernement article par article, et on laisserait au Congrès le droit de les interpréter. Nous n'avons pas à trancher la question.

M. Gambetta répond qu'il ne comprend pas très bien ce que serait un Congrès d'interprétation.

M. Barodet et M. Louis Legrand demandent à M. le président du conseil ce qui se passerait au cas où le Congrès voudrait sortir des matières délimitées par l'accord préalable des deux Chambres.

M. le président du conseil répond que tout ce qui se ferait en dehors de l'accord préalable des deux Chambres serait illégal, et que le Congrès se placerait alors dans une situation révolutionnaire.

M. Louis Legrand demande quelle serait alors la sanction.

M. le président du conseil répond que dans ce cas ce serait au président de la République, gardien né de la Constitution, à aviser.

M. Clémenceau dit alors qu'il faudrait que le président de la République trouvât un ministre pour contresigner.

M. le président du conseil répond qu'à son avis le président de la République ne manquerait pas d'en trouver [1].

M. Margaine. — Le droit d'amendement du Congrès est indéfini.

M. Gambetta. — Oui, en se renfermant dans les articles et les paragraphes inscrits à son ordre du jour.

M. Roger revient à la question de l'inscription du mode électoral de la Chambre dans la Constitution. Puisque l'on

---

1. D'après la *Justice*, dont le compte rendu pour le dialogue précédent ne diffère pas sensiblement des comptes rendus du *Temps* et de la *République française*, M. Gambetta aurait répondu: « On trouverait toujours un ministre. » Sur quoi, M. Louis Legrand : « C'est l'insurrection organisée. »

croit la parité de situation des deux Chambres nécessaire, le mieux serait d'enlever de la Constitution la loi électorale du Sénat.

M. Gambetta répond qu'une pareille mesure serait en dehors de toute l'économie de la Constitution. Elle ne constitue pas du reste, comme semble le croire M. Roger, un moyen de conciliation; ce serait la destruction de la Constitution tout entière.

M. Camille Pelletan demande quels sont les arguments du Gouvernement en faveur de la limitation des pouvoirs du Congrès.

M. Gambetta. — J'ai déjà répondu.

M. Chevandier. — Ainsi, nous ne savons pas quelles sont les attributions exactes du Congrès. Il faudrait laisser au Congrès le soin de trancher la question.

M. Gambetta. — J'ai déjà donné des explications sur ce point en répondant à M. Andrieux.

M. Margaine. — Il n'y a pas lieu d'entrer dans cette discussion; il s'agit seulement de demander des explications au Gouvernement.

M. Barodet. — Le Congrès se compose de deux Chambres. A quoi bon prendre des précautions contre l'une d'elles ?

Plusieurs membres de la commission font remarquer que tous les règlements votés par toutes les Chambres sont des précautions qu'elles prennent contre elles-mêmes.

M. Dréo. — La Chambre est émue à l'idée de s'engager ferme sur la question du scrutin de liste avant la réunion du Congrès. Le Gouvernement ne pourrait-il s'engager à saisir simplement le Congrès de la question ?

M. Louis Legrand. — Le système de la proportionnalité pour les élections sénatoriales est-il applicable à toutes les communes ?

M. Gambetta répond à MM. Dréo et Louis Legrand en se référant à l'exposé des motifs.

M. Barodet. — Le Congrès aura-t-il le droit de se déclarer incompétent et de demander la réunion d'une Assemblée constituante ?

M. Gambetta. — Le Congrès pourra le faire; mais à cette condition que la Chambre et le Sénat auront été préalablement du même avis.

M. Perin. — Le Gouvernement refuse donc à une Assemblée souveraine ce droit qui n'a été contesté à aucune, de fixer elle-même son ordre du jour?

M. GAMBETTA. — Le Gouvernement n'a ni à accorder ni à refuser ce droit. Il interprète le texte de la loi.

La séance est suspendue.

Nous reproduisons d'après notre histoire du *Ministère Gambetta* le récit des incidents qui suivirent cette séance :

« A ces réponses absolument correctes (les réponses de M. Gambetta aux questions de MM. Louis Legrand et Barodet)[1], une légère agitation, calmée tout de suite, se manifeste dans la commission. M. Gambetta et les ministres qui l'accompagnent n'attachent qu'une médiocre importance aux dernières questions de MM. Barodet, Louis Legrand et Clémenceau. C'est de l'argutie juridique où la politique pratique n'a rien à voir. Le président Margaine lève la séance.

« Mais alors, sans tarder d'une minute, les masques tombent et le complot éclate. Pendant que M. Gambetta reste dans les couloirs de la Chambre, cinq des principaux commissaires se précipitent vers la salle des Pas-Perdus qui est encombrée de journalistes et de curieux. M. Jullien[2], qui

---

1. La parfaite légalité du langage de M. Gambetta fut établie par le *Temps* dans l'article suivant : « Il y a d'abord l'art. 7 de la Constitution, qui permet au président de la République de demander aux deux Chambres par un message motivé une nouvelle délibération des lois qu'elles ont votées, des lois constitutionnelles comme des lois ordinaires, et cette délibération ne peut être refusée. Il y a encore le droit de dissolution. Le président de la République n'est pas désarmé du droit de dissoudre la Chambre des députés par le seul fait d'une mise à l'étude des lois constitutionnelles. Sans doute, il n'a pas le droit de dissoudre le Congrès en tant qu'assemblée de revision ; mais il n'en conserve pas moins le droit de dissoudre la Chambre des Députés à toute époque de la législature, si le Sénat y consentait. L'exercice de ce droit, bien qu'il n'atteignît qu'une seule Chambre, atteindrait en même temps le Congrès par le renvoi des deux tiers de ses membres devant les électeurs, et par l'impossibilité où serait l'Assemblée de voter la réforme avant des élections nouvelles. » (N° du 22 janvier.) M. John Lemoinne, dans le *Journal des Débats*, s'exprima encore plus vivement : « Il serait malheureux que le monde politique se laissât prendre par le *delirium tremens* qui a saisi le monde des affaires et pourtant nous ne pouvons nous défendre d'une certaine inquiétude en voyant l'accès auquel s'est livrée la Chambre des députés. La discussion révèle un profond état d'anarchie. »

2. Récit des journaux (réactionnaire et radical) le *Figaro* et la *France* du lendemain, 22 janvier 1882.

sort le premier, ne veut rien dire, « tant il est attristé ». Mais M. Langlois le suit, « la figure effarée, les cheveux en désordre, pâle comme un mort[1], » s'écriant : « Mais c'est « un coup d'État! Mais c'est la révolution dans la rue! où en « sommes-nous? C'est le monde renversé. Je marche sur la « tête[2]. » M. Clémenceau, interrogé, hausse les épaules[3], pendant que M. Camille Pelletan commence un long récit indigné[4]. M. Dréo s'adresse à un groupe de journalistes : « Je vous en prie, au nom de la République, de ne pas trop insister sur cette déplorable attitude du président du conseil[5]. » Et M. Langlois, toujours hors de lui : « C'est l'insurrection organisée[6] ! »

« Ces protestations, cette dispersion précipitée des coalisés dans les couloirs et dans les salles du Palais-Bourbon, les dépêches d'alarmes envoyées aux quatre coins du pays par les agences de M. Wilson, les articles furibonds et menaçants du lendemain, toute cette scène, mal calquée sur les grandes scènes tragiques de la Convention, n'est qu'une comédie vulgaire. Mais, sur l'heure, dans le désarroi général des esprits, elle est décisive. Aucun des meneurs ne croit que M. Gambetta ait vraiment le dessein de faire sauter par les fenêtres les représentants des arrondissements ou de faire avancer les grenadiers de Saint-Cloud. Mais parmi leurs auditeurs et leurs lecteurs, tous ceux, députés et simples citoyens, qui sont ignorants ou crédules, en seront convaincus, et ceux-ci indignés, exaspérés, ceux-là terriblement effrayés. Comment douter, en effet, lorsqu'à côté des feuilles intransigeantes qui redoublent d'outrages contre le premier ministre on lira dans un journal qui passe pour l'organe de M. de Freycinet : « Le maintien de M. Gambetta au pouvoir serait un danger public, » et dans la *Paix*, qui passe pour l'organe de l'Élysée, cette note à laquelle on a donné l'apparence d'une communication officielle : « S'il est vrai qu'il existe un ministre disposé à s'insurger contre

---

1. Récit du journal *la France*. « Affolé », dit le *Figaro* en parlant de M. Langlois, « indigné, dit le *Radical*, et en proie à une grande surexcitation ».
2. *France, Figaro, Radical.*
3. *Figaro.*
4. *Figaro, Radical.*
5. *Radical.*
6. *Figaro.*

le Congrès et à le disperser par la force, le pays n'a pas à s'inquiéter. Car au ministre des coups d'État il faudrait un président de la République qui fût un homme à coups d'État. Et heureusement pour la France, ce n'est pas M. le Président de la République.... »

« Cependant la commission des 33 avait repris séance le jour même, et tout de suite, sans même chercher à déguiser sa pensée, elle aborda la discussion de l'unique question qui l'intéressât : « Quel est le terrain le plus favorable pour livrer bataille et renverser M. Gambetta? » La commission se transforma en un véritable conseil de guerre.

M. Louis Legrand. — Il faut se cantonner sur le meilleur terrain de lutte, à savoir : le refus absolu d'inscrire le scrutin de liste dans la Constitution.

M. Andrieux. — Le scrutin de liste est un moyen de domination et d'opposition entre les mains de M. Gambetta, un moyen de diminuer moralement la Chambre, un subterfuge pour tromper les électeurs et permettre aux députés de ne pas exécuter les promesses qu'ils ont faites. Je partage l'avis de M. Louis Legrand.

M. Clémenceau. — Il faut s'emparer du texte même de l'article 8 de la Constitution et livrer bataille à la fois sur le droit intégral du Congrès et sur le scrutin de liste. Nous avons une majorité sur ces deux points.

M. de Marcère. — S'il y a une majorité pour la revision illimitée, M. Gambetta dira : Eh bien, nous irons devant le Congrès et il y produira sa proposition sur le scrutin de liste. Il faut donc faire voter sur le scrutin de liste pour qu'il ne puisse par reparaître devant le Congrès.

M. Bernard-Lavergne. — Le président du conseil a déclaré qu'il n'y aura pas de gouvernement pour porter le projet pur et simple de revision au Sénat. Le Gouvernement réaliserait simplement son projet et ne se retirerait pas.

M. Ribot. — Il faut adopter la théorie du Gouvernement sur la revision limitée et livrer bataille sur le scrutin de liste. Alors, la victoire est certaine.

M. Margaine. — Je mets aux voix les deux propositions qui ont été déposées. Proposition Ballue : La Chambre décide qu'il y a lieu de reviser les lois constitutionnelles. Proposition Andrieux : Conformément à l'article 8 de la

Constitution du 25 février 1875, et sur la demande du président de la République, la Chambre, considérant qu'il y a nécessité de reviser les articles 4, 7, 8 de la Constitution du 24 février 1875, relative à l'organisation du Sénat; le paragraphe 3, article 5 de la loi constitutionnelle du 26 juillet 1875 sur les rapports des pouvoirs publics, déclare qu'il y a lieu de reviser les lois constitutionnelles[1].

« La proposition de revision intégrale est rejetée par 17 voix contre 15. Celle de M. Andrieux est adoptée par 24 voix contre 4[2] et 5 abstentions[3].

« M. Andrieux est nommé rapporteur[4].

« La formule des 33 était composée d'une allégation inexacte : « Sur la demande du président de la République... » — le chef de l'État n'avait revêtu de sa signature qu'un seul projet de résolution, celui qui était contresigné par M. Gambetta et M. Cazot, — et d'une contradiction grossière : « La Chambre, considérant qu'il y a nécessité de reviser les articles... »; c'est-à-dire la revision limitée, puis, immédiatement : « déclare qu'il y a lieu à revision des lois constitutionnelles, » c'est-à-dire la revision sans limites, la revision ouvrant la porte du Congrès à toute les fantaisies de l'extrême gauche et des droites.

« Mais précisément parce que cette résolution est un monument d'incohérence, elle est un chef-d'œuvre de perfidie et d'adresse. Chacun, parmi les coalisés, peut y prendre ce que bon lui semble, ceux-ci la revision illimitée, ceux-là l'omnipotence du Congrès, tous l'exclusion du scrutin de liste. M. Gambetta seul n'en peut rien accepter. Sans doute, comme M. de Marcère l'a fait remarquer, en reconnaissant au Congrès des droits indéfinis, on permet au cabinet, par cela même, d'y produire tout son projet. Mais, faire entrer le scrutin de liste dans la Constitution par la petite porte, renoncer surtout au principe tutélaire de

1. Compte rendu de l'*Agence Havas,* du *Temps,* de la *République française,* etc.
2. MM. Noirot, Ribot, Dréo et Marcellin Pellet.
3. MM. Perin, Camille Pelletan, Clémenceau, Barodet et Viette.
4. Les membres de l'extrême gauche et de la gauche radicale firent preuve d'une telle précipitation, d'un tel désir d'en finir à tout prix, et dans le plus bref délai, avec M. Gambetta, que M. Ribot s'en indigna dans le *Parlement.*

l'accord préalable des deux Assemblées dans les questions de revision, M. Gambetta ne s'y peut résigner. On le sait trop fier pour abaisser le rôle du Gouvernement à de pareils subterfuges. Et on en profite.

« Pourtant il faut jouer la comédie jusqu'au bout. La gauche radicale, après plusieurs séances agitées, décida d'envoyer cinq délégués au président du Conseil pour lui dire : « Faites aux 33 le sacrifice de vos idées personnelles sur le fond et la forme même de la revision. Nous vous promettons nos suffrages si vous abandonnez vos idées pour les nôtres. » M. Gambetta reçut fort mal ces offres de capitulation. « Je m'expliquerai, dit-il, devant la Chambre, et je ne retrancherai pas une ligne de mon projet. » — Le journal *le Temps* approuva hautement l'attitude de M. Gambetta.

« Il est à croire, dit-il, que si l'on peut aisément trouver
« des Chambres prêtes à instituer cette procédure, on met-
« tra beaucoup plus difficilement la main sur des cabinets
« disposés à s'y rallier. On ne fera jamais admettre au
« pays qu'un gouvernement républicain représente des
« places et non des idées. Ce qu'on demande aux hommes
« qui ont la charge et l'honneur du pouvoir, c'est, au con-
« traire, d'offrir constamment leur place en gage de leurs
« idées. Ils ne sont rien qu'un programme vivant. Et s'ils
« renoncent à ce programme qui est leur raison d'être,
« ils n'auraient pas à attendre de l'opinion d'autres trai-
« tements que le mépris. »

« C'était la pensée même de M. Gambetta. La *République française* écrivit :

« La situation du cabinet est telle que les efforts de la
« mauvaise foi la plus calculée ne l'affaibliront pas. Il n'y
« a point d'équivoque, point de calomnie capable d'entamer
« une situation politique qui s'appuie sur les principes
« mêmes du gouvernement de la France. Renverser un
« homme, un ministère, oui, sans doute, on le peut; mais
« il y a des terrains qui demeurent inattaquables, même
« après l'éloignement de ceux qui les occupaient. Tant que
« le cabinet du 14 novembre se tient sur le programme de
« la revision limitée, de la revision mesurée qu'ont voulu
« le suffrage universel et le suffrage restreint, il remplit le
« véritable office d'un gouvernement démocratique; il est

« le représentant de la prudence, de la sagesse, de la pré-
« voyance nationale. Il est le défenseur du principe de la
   permanence de la constitution et de l'intégrité de l'État.
« Et aussi longtemps qu'il ne sépare point de cette première
« préoccupation le soin de la réforme électorale, qui est
« essentiellement liée à toutes les autres réformes, il se
« montre l'artisan et le promoteur de nos réformes démo-
« cratiques[1]. »

« Le 24 janvier, M. Andrieux donna lecture de son rapport. « Les déclarations que M. le président du conseil
« a bien voulu nous apporter, disait l'ancien préfet de
« police, n'ont pas été de nature à modifier notre opinion,
« et nous avons cru devoir affirmer d'autant plus énergi-
« quement les droits de l'Assemblée nationale que *nous avons*
« *été plus émus par l'exposé inattendu d'une doctrine dont le*
« *caractère serait grave, si nous ne pouvions espérer que nous*
« nous en sommes exagéré la portée... Si la commission
« repousse énergiquement le scrutin de liste, c'est qu'ici
« *une volonté particulière s'est substituée à la volonté na-*
« *tionale...* Le scrutin de liste, dans la Constitution, c'est
« la condamnation de nos origines et de notre principe;
« c'est le crédit et l'autorité morale nécessaires à toute
« Chambre immédiatement compromis; *c'est la campagne*
« *dissolutionniste ouverte et près d'aboutir...* Quelle est donc
« la vertu de ce dogme qu'il suffit de définir pour élever
« aussitôt les intelligences et transformer les députés d'ar-
« rondissement?... On parle de nous rendre indépendants
« vis-à-vis de nos électeurs; *prenez garde qu'à cette dépen-*
« *dance honorable et légitime une autre ne succède aussi-*
« *tôt...*» En résumé, revision illimitée ou limitée, anarchie ou
gouvernement, tout est secondaire, sauf le scrutin de liste. La
Chambre ne doit pas se laisser domestiquer par un homme.

« Les amis du ministère écoutèrent en silence la diatribe
de M. Andrieux, pendant que les coalisés applaudirent
mollement, jugeant sans doute que le rapporteur avait été
trop franc dans l'expression de leurs pensées[2]. »

Le débat sur le rapport de la commission fut fixé d'un
commun accord au 26 janvier.

---

1. N° du 24 janvier 1882.
2. *Le Ministère Gambetta*, liv. IV, ch. II.

DISCOURS

SUR

LE PROJET DE REVISION CONSTITUTIONNELLE

Prononcé le 26 janvier 1882

A LA CHAMBRE DES DÉPUTÉS

La séance du 26 janvier s'ouvrit par la discussion de la proposition de l'extrême gauche : « La Chambre des députés déclare qu'il y a lieu de reviser les lois constitutionnelles... » MM. Ferdinand Dreyfus et Joseph Fabre se prononcèrent contre la théorie de la revision intégrale et des pouvoirs illimités de l'Assemblée nationale : MM. Louis Legrand et Jullien combattirent la doctrine du Gouvernement ; M. Lockroy, en appuyant la proposition de l'extrême gauche, attaqua le projet de la commission des 33. — L'amendement de MM. Barodet et Roque (de Filhol) fut rejeté par 298 votants contre 173.

M. Margaine, au nom de la commission, demande au Gouvernement de s'expliquer sur le contre-projet des 33 qui entre en discussion.

M. GAMBETTA, *président du conseil, ministre des affaires étrangères.* — Messieurs, il me semble que la véritable méthode de discussion indique de commencer par l'examen du projet de revision préparé par la commission des 33. Seulement, avant d'entrer dans l'examen de toutes les questions qui sont soulevées par cet important travail, il me semble que la Chambre me permettra de le juger au point de vue de sa signi-

fication parlementaire, bien que le vote[1] qui vient
d'être rendu à une très forte majorité par la Chambre
sur la proposition de revision illimitée, — car la compétence illimitée du Congrès et la revision illimitée
ne forment qu'une seule et même question...

Plusieurs membres. — Non, pas du tout !

M. LE PRÉSIDENT. — Messieurs, n'interrompez pas :
vous répondrez.

M. LE PRÉSIDENT DU CONSEIL. — Je dis, Messieurs, que
déclarer comme vous venez de le faire, qu'il n'y a pas
lieu à revision complète et intégrale de la Constitution...

Un membre. — C'est absolument différent.

M. LE PRÉSIDENT. — Veuillez écouter, Messieurs.

M. LE PRÉSIDENT DU CONSEIL. — Je ne demande pas
mieux que d'ouvrir la controverse avec mes contradicteurs. Nous sommes ici pour discuter, et je suis
prêt à soutenir la discussion. Je m'engage à respecter
la parole de mes contradicteurs, et je leur demande
en échange de vouloir bien tolérer la mienne. (*Très
bien ! — Parlez !*)

Je dis, Messieurs, qu'il y a une question qui me
paraît à peu près dégagée du débat : c'est la question
de savoir si la Chambre admet ou repousse la théorie
de la souveraineté illimitée du Congrès de revision.

Je ne veux pas forcer les décisions de la Chambre.
Elle vient de rendre un vote sur la proposition de
M. Lockroy, qui ne lui a pas caché la portée et le
sens de sa proposition, puisqu'il a tout mis en question, tout ce qui existe aujourd'hui dans le pacte
constitutionnel.

Il en est de même de l'honorable M. Barodet, qui
ne reconnaît à aucun degré le droit de limiter cette

---

[1]. La proposition de MM. Barodet, Lockroy et Roque (de
Filhol) ainsi conçue : « La Chambre des députés... déclare qu'il
y a lieu de reviser les lois constitutionnelles » venait d'être rejetée par 290 voix contre 172.

autorité du Congrès, qu'il déclare être souveraine. Eh bien, je dis que le fait d'avoir écarté nettement ces deux propositions ne permet pas de croire que la Chambre voudra retenir encore longtemps l'examen de la revision illimitée.

Toutefois, comme je me trouve en présence d'une proposition qui, sous une forme beaucoup plus voilée que la proposition de MM. Lockroy et Barodet, tend au triomphe de la même doctrine; comme il n'est pas douteux qu'il y a, je ne dis pas une contradiction, mais un progrès immense entre le premier paragraphe de la proposition qui vous est soumise et sa conclusion, je dis qu'il faut que la commission vienne nous dire ici quel est le sens qu'elle donne à ces mots : « Il y a lieu à la revision des lois constitutionnelles. » (*Très bien! très bien!*)

Dans le rapport, on met en lumière qu'on a bien voulu dresser une liste indicative des questions à soumettre à l'Assemblée nationale : c'était le moins qu'on pût faire, mais on a expressément indiqué, — je ne conteste pas le droit de la commission, c'est la théorie que je me propose de combattre si elle est maintenue, — on a conclu en disant que ce n'était qu'une sorte de revision incomplète des questions qui devront être déférées à l'appréciation du Congrès, et que le Congrès ne recevait pas les résolutions mêmes de la Chambre, qui doivent être l'objet d'un accord avec la Chambre haute. Ne perdez jamais cela de vue, Messieurs : je crois que dans toute cette discussion on a beaucoup mieux raisonné sur ce qu'il plaisait le mieux de faire ici, sans prendre souci de l'accord qui doit donner naissance à l'Assemblée souveraine en matière de revision. (*Très bien! très bien!*)

Messieurs, puisque la commission maintient, encore bien que ce ne soit plus à l'état de déclaration manifeste et catégorique, le droit pour ainsi dire organique du Congrès de mettre en délibération toutes les matières qu'il peut rencontrer dans l'examen des lois constitutionnelles, je dis que je me trouve en présence d'une théorie au moins aussi étendue, et, — permettez-moi de le dire au point de vue politique, — aussi subversive que les théories que vous venez de condamner. (*Murmures à l'extrême gauche.*)

Oui, je dis subversive, et je ne le dis pas pour jeter le discrédit sur les auteurs de cette proposition; je le dis parce que, dans un pays à peine échappé aux difficultés politiques et sociales, dans un pays qui s'est donné, il y a six ans à peine, les institutions qui abritent sa fortune, assurent sa paix et le développement de toutes ses richesses, il est subversif de remettre tout en question et de livrer à la discussion publique, ardente, des ennemis de toutes nos institutions, ce qui est le fond même de la sécurité publique du pays. (*Applaudissements.*)

Je pense que si vous voulez vous inspirer, — comme c'est votre devoir et le nôtre, — que si vous voulez vous inspirer des volontés du suffrage universel, vous devez examiner cette question de la revision et y apporter le même esprit de sagesse, de modération, de maturité, que la France y a apporté elle-même dans ses dernières assises électorales. (*Mouvement.*)

On parlait tout à l'heure de je ne sais quels désirs qui ne s'étaient pas produits, ni révélés dans les programmes, mais dont on avait la conscience mystique.

On disait que c'était d'après cette espèce d'hypothèse, pour ainsi dire mystérieuse, qu'il convenait de diriger les délibérations des pouvoirs publics. Vous venez de faire justice de cette théorie. Mais ce qui n'est pas plus admissible, c'est que sous le couvert d'une réserve et, comme on le disait tout à l'heure, d'une prétérition, — comme si on faisait pour un pays des lois définitives par prétérition, — comme si on pouvait répondre à l'attitude du pays par des retraits de textes dans les projets soumis à vos délibérations,

— ce qui est inadmissible, c'est qu'on dise : Nous reconnaissons bien la compétence absolue, définitive, complète du Congrès, nous reconnaissons la compétence absolue de chaque membre du Sénat et de la Chambre des députés pour soulever toutes les questions; mais il y a une collection de parias parlementaires à laquelle nous ne reconnaissons ni droits ni qualité pour aborder ces questions : ce sont les ministres. (*Applaudissements.*)

Ce ne sont pas les expressions qui ont été employées, mais ce sont les idées qu'on est venu apporter à cette tribune, avec beaucoup d'autres que je me ferai un devoir de relever tout à l'heure.

Oui, on est venu dire qu'on pouvait tout mettre en question et aborder tous les problèmes, et même se demander si on supprimerait non seulement le mode d'éligibilité des inamovibles, mais encore si on mettrait fin à l'existence du Sénat, à l'existence de la présidence; et on trouvait un argument nouveau dans une opinion ancienne de M. le président de la République. Et l'on ajoutait : Quant aux ministres, quant au Gouvernement, nous allons limiter leur droit de parole; nous allons les rendre prisonniers de nos délibérations; ils pourront bien aller au Congrès, mais ils ne pourront y défendre, y développer que les idées et les points que nous allons confier à leur modération et à leur prudence.

Eh bien, Messieurs, cela pourrait arriver si la Chambre reconnaissait qu'il n'y a de compétence pour le Congrès que sur les points spéciaux que l'accord préalable entre les deux Chambre a fixés et précisés ; mais cela ne peut tomber dans l'esprit des hommes qui, en même temps qu'ils limitent la puissance parlementaire des ministres, déclarent que la porte est ouverte à toutes les entreprises, à toutes les controverses dans le Congrès. Par conséquent, il faudrait ici se mettre d'accord sur le commencement et

sur la fin de votre résolution. Si vous vouliez être
véritablement dans la logique, vous demanderiez, au
moment du vote, qu'on retournât votre proposition
et qu'on vous fît voter d'abord sur le paragraphe final
et qu'on n'abordât la liste des matières à soumettre
au Congrès qu'après qu'on aurait statué sur cette
dernière proposition. (*Mouvement.*)

Mais puisque je me trouve en face d'une doctrine
qui, quoique timide et modeste dans ses allures, ne
tend à rien de moins qu'à prendre à son compte les
théories tout à fait excessives et exagérées que votre
vote vient de repousser, je voudrais en quelques mots
chercher à établir devant la Chambre pourquoi il est
à la fois contraire à la doctrine constitutionnelle, aux
précédents, à la volonté, manifestée à plusieurs reprises, des pouvoirs publics de soutenir que le Congrès
peut avoir *de plano* l'attribution souveraine de toucher
même aux parties de la Constitution dont on ne lui
a pas renvoyé l'examen.

Je ne vous rappellerai pas que dans notre passé,
de 1791 à 1848, on n'a jamais, dans aucune Constitution, prévu la revision d'une Constitution qu'en la
soumettant aux précautions, aux garanties les plus
délicates pour empêcher précisément cette instabilité
constante, si redoutable dans le pacte fondamental
lui-même.

Ainsi, si je voulais faire passer sous les yeux de la
Chambre un ou deux textes, elle verrait avec quelle
énergie les législateurs qui nous ont précédés en
matière républicaine se sont montrés, obéissant en
cela à un sens politique profond, soucieux de contenir, de maintenir dans les règles les plus étroites la
compétence des Assemblées de revision.

Voici, Messieurs, ce que, le 2 septembre 1791, on
votait d'acclamation :

« L'Assemblée de revision prêtera le serment de se
borner à statuer sur les objets qui lui auront été sou-

mis par le vœu uniforme des trois législatures précédentes. » (*Mouvement.*)

Ah ! Messieurs, il est certain que si vous vous trouviez en présence d'un texte comme celui-là, quelle que soit votre témérité, vous n'iriez certainement pas à l'encontre. Non, je ne le pense pas. Seulement, je crois qu'il n'est pas inutile de mettre sous les yeux de la Chambre et du pays la série des mesures de prudence et de garantie qui ont toujours été prises par des législateurs avisés, aussi bien dans notre pays que dans les démocraties qui nous avoisinent, parce que, tout à l'heure, en discutant notre propre interprétation de la Constitution, nous demanderons à quelles considérations nouvelles vous pouvez bien obéir en renversant ainsi toutes les pratiques et toutes les traditions des gouvernements sages.

Messieurs, on lisait dans la Constitution de l'an III, sur le rapport de M. Boissy d'Anglas sur le projet de Constitution de l'an III :

« Je demande que la revision soit bornée aux seuls articles de la Constitution auxquels le Corps législatif aura proposé de faire des changements. »

Et de telles doctrines étaient absolument sanctionnées par l'unanimité des républicains de l'époque.

Plus tard, il fut pris une autre disposition ainsi conçue :

« L'Assemblée de revision n'exerce aucune fonction législative ni de gouvernement. »

Cette disposition est la même que celle de la Constitution de 1875, car, d'après elle, cette Assemblée souveraine ne peut, à aucun degré, ni faire une loi ni délibérer sur une matière quelconque de l'ordre législatif. Ce qui, soit dit en passant, vous permet de voir que ce n'est pas une Assemblée souveraine comme sont les Assemblées souveraines qui ont été constituées dans ce pays.

Et je profiterai de l'occasion pour répondre à une

objection qui m'a été faite dans la commission des 33.
On me disait : « Vous refusez donc à cette Assemblée
souveraine le droit de faire son ordre du jour ? »

Messieurs, on confondait l'ordre du jour avec les
attributions et la compétence des Assemblées. Ce
sont là deux choses parfaitement distinctes. Les Assemblées quelles qu'elles soient, souveraines ou non,
sont toujours maîtresses de leur ordre du jour. (*Très
bien ! très bien ! au centre.*)

Ce sont là des principes certains, Messieurs : et il
faut évidemment avoir grand soin de les rappeler,
puisque l'objection qu'on y fait est le fondement principal des résistances que nous rencontrons.

Donc, pour en revenir à mon exposé, je dis que, en
1848, les mêmes précautions furent prises. Vous savez,
Messieurs, de combien de garanties on avait entouré
la revision de la Constitution, qui malheureusement
n'eut pas lieu.

Dans les pays voisins, que je cite seulement pour
faire une énumération : en Suisse, en Belgique, en
Allemagne, dans la Grande-Bretagne, aux Pays-Bas,
en Prusse, en Autriche, en Danemark, en Suède, en
Grèce, en Portugal, dans tous ces pays la revision
s'exerce de la même manière : là où il y a deux Chambres, il faut l'accord de l'une et de l'autre se ren-
contrant dans les mêmes matières qu'elles veulent
soumettre à l'examen d'une Assemblée de revision.
J'ajoute qu'en dehors de cette compétence précise et
limitée il n'y a rien de possible. (*Mouvement.*)

Et, sans vouloir répondre à ce qui m'a été reproché,
je dirai un mot de l'interprétation si violente qu'on a
donnée aux paroles que j'ai prononcées dans la commission des 33 sur ce qui adviendrait au cas où, par
impossible, par hypothèse, cette Assemblée de revision,
ce Congrès sortant de la limite des compétences qui
lui auraient été attribuées, porterait la main sur une
autre partie de la Constitution. On me demandait

ce qui alors adviendrait, et je répondais avec le texte même d'un des rapports présentés à la Chambre... Mais il paraît que la même chose dite par M. Méline, au nom d'une commission parlementaire, et dite par moi présente tour à tour un aspect tout à fait bienfaisant ou un aspect tout à fait sinistre. (*Rires.*)

C'est là, Messieurs, la seule réponse que je veuille faire à ces interprétations. Je pourrais me laisser aller à protester avec énergie, avec vivacité, contre de pareilles suspicions. J'aime mieux reconnaître que la Chambre, à la simple audition, en a fait l'appréciation qu'il convenait et m'a donné par là dispense d'y répondre. (*Applaudissements au centre.*)

Eh bien, Messieurs, je dis que les précédents, — je viens d'en citer un sur lequel je reviendrai, — sont tout à fait contraires à cette théorie. Mais je voudrais soumettre à la Chambre une argumentation de droit constitutionnel. Elle est un peu aride, mais la Chambre voudra bien me le permettre.

Je dis, Messieurs, que la souveraineté nationale repose uniquement dans la généralité du peuple français. Cette souveraineté se délègue; elle se délègue temporairement; elle se confie passagèrement aux mains de mandataires définis par les lois constitutionnelles. Ces pouvoirs délégataires de la souveraineté nationale sont la Chambre des députés, le Sénat et le président de la République.

Si un étranger demande aujourd'hui où repose la souveraineté nationale, il faut lui répondre : Dans ces trois pouvoirs.

M. JULES MAIGNE. — C'est une erreur!

M. LE PRÉSIDENT DU CONSEIL. — Si c'est une erreur, vous viendrez le démontrer.

M. JULES MAIGNE. — Très volontiers! je demande la parole.

M. LE PRÉSIDENT DU CONSEIL. — Messieurs, lorsque le Sénat et la Chambre, investis de cette délégation de la souveraineté nationale, veulent porter la main, dans un but d'amélioration ou de modification profonde, sur les lois constitutionnelles, qu'est-ce qui se passe? Si les deux pouvoirs ne peuvent se mettre d'accord, rien n'est fait. Une fois d'accord, ils se réunissent, ils délibèrent sur une formule préalablement arrêtée. Cette formule, elle doit porter, — sans cela il n'y aurait pas accord de volontés, — sur des matières précises et déterminées, car il n'y a pas d'accord de volonté sur des matières vagues non précises, indéterminées et contradictoires.

Le premier acte, — permettez-moi le mot, — le premier acte générateur du Congrès, c'est le consentement de ces deux Chambres délégataires de la souveraineté nationale. (*Très bien! très bien!*)

Et il ne faut pas dire que ces deux Chambres sont des pouvoirs inférieurs aux Congrès; elles sont des pouvoirs nécessaires à la création, des parties qui lui sont antérieures et qui ont besoin, pour l'engendrer, de se mettre d'accord sur ce que j'appelle son titre d'existence. Et de même que ces pouvoirs le créent, ils fixent les limites de sa compétence et de ses attributions. Et cela est bien certain, car si cette limite n'était pas fixée au moment où l'accord se fait, comme sans accord préalable, il n'y a pas de Congrès possible, il n'y aurait pas de création de Congrès.

Eh bien, si vous voulez réfléchir à cette situation qui constitue une espèce juridique familière aux esprits qui ont été nourris de théories juridiques, je dis que la Chambre des députés et le Sénat, délibérant sur une formule commune, donnent naissance au Congrès, mais que le Congrès, à ce moment-là, ne reçoit que ce que peuvent lui transmettre et lui donner les deux parties souveraines du pouvoir législatif.

De telle sorte que ce Congrès ne peut délibérer, résoudre, statuer que dans les limites où ceux qui l'ont engendré lui ont donné ses pouvoirs. Et alors, on dit :

S'il sort de ces limites, s'il franchit cette borne légale, qu'est-ce qui arrivera? Il arrivera ce que prévoyait l'honorable M. Méline, rapporteur d'une commission dont faisaient partie un certain nombre de mes contradicteurs.

Il arriverait qu'il aurait fait un acte illégal et que, s'il s'y obstinait, il ferait un acte révolutionnaire; et comme il n'a pas le pouvoir exécutif, il arriverait que sa décision serait caduque, qu'elle ne serait pas promulguée, qu'elle ne prendrait pas la vie extérieure. (*Réclamations sur divers bancs.*)

M. MÉLINE, *se levant de son banc.* — Ma pensée n'allait pas aussi loin! (*Mouvement.*)

M. LE PRÉSIDENT DU CONSEIL. — Je n'ai pas entendu ce qu'a dit M. Méline.

M. MÉLINE. — Je dis que ma pensée n'allait pas aussi loin.

M. LE PRÉSIDENT DU CONSEIL. — Messieurs, permettez-moi de vous mettre sous les yeux l'expression même de la pensée de M. Méline et de celle de ses collaborateurs de la commission. Vous verrez si j'en ai forcé les termes.

Voici ce qu'on lit dans son rapport :

« Je tiens à bien préciser, au nom de votre commission, le caractère du Congrès qu'il s'agit de réunir. »

Puis, après avoir cité l'article 8, M. Méline ajoutait :

« Puisqu'il faut le consentement des deux Chambres pour la réunion du Congrès... » — je n'ai pas dit autre chose — «... la revision ne peut s'opérer que dans la mesure où ce consentement a été donné... » (*Mouvement.*)

« Or, si les deux Chambres ont été d'avis que la revision ne devait se faire qu'en partie, pour un article déterminé, elle ne saurait aller au delà; car, au delà, le consentement requis des deux Chambres ferait manifestement défaut, et le Congrès deviendrait illégal. » (*Sur divers bancs : Ah! ah! — Très bien!*)

Puis le raisonnement se poursuit...

M. BARODET. — C'est le Congrès...

M. LE PRÉSIDENT DU CONSEIL. — Vous croyez que c'est tout. Écoutez la fin, qu'on n'a pas citée et que voici :

« La Constitution opposerait à toute prétention de ce genre une barrière infranchissable. »

M. MÉLINE. — Je demande la parole.

M. BARODET. — C'est le Congrès qu'on condamne aux travaux forcés !

M. LE PRÉSIDENT DU CONSEIL. — Il ne s'agit pas de savoir, monsieur Barodet, ce que vous pensez, mais ce que pensait M. Méline. Je dis que j'ai restitué à ce rapport son véritable caractère.

Ce jour-là, Messieurs, vous exprimiez la vérité politique, la vérité qui a été constamment défendue et pratiquée en matière d'interprétation de la Constitution, comme le jour où l'on a remplacé M. le maréchal de Mac-Mahon par M. Jules Grévy, et où des prétentions analogues se sont produites et ont été écartées par la question préalable ; comme le jour où vous avez voulu rendre les Chambres à Paris et Paris aux Chambres ; enfin, comme le jour où M. Dufaure lui-même, qu'on citait tout à l'heure comme une autorité contraire à la thèse que je soutiens, où M. Dufaure s'expliquait devant le Sénat, en réponse à l'honorable M. Paris, qui l'interpellait avec beaucoup d'habileté et de précision tout ensemble, à propos d'une circulaire de M. Ricard qui avait blâmé une manifestation électorale de l'honorable marquis de Franclieu. Je ne sais si vous vous en souvenez.

M. Ricard, dans une circulaire, avait traité de factieuses certaines espérances, et alors, car il faut bien voir dans quel domaine, sur quelles matières s'expliquait M. Dufaure à ce moment, et alors, l'honorable M. de Marcère, qui, ce jour-là, disait en défendant la circulaire de l'honorable M. Ricard, — du regretté M. Ricard, car déjà il avait quitté la vie et le ministère,

— M. de Marcère disait qu'on avait le droit de traiter de factieuses ces espérances monarchiques parce que la Constitution avait établi la République. Et de ce côté (la droite), on interpellait le ministère et on lui disait : Non, l'article 8 nous protège, l'article 8 réserve notre droit absolu de changer d'un coup, totalement, la forme du gouvernement établi. C'est là-dessus que s'engageait le débat. Vous pouvez relire en entier le discours de M. Dufaure, vous y trouverez ceci : « Je ne demande qu'une chose, c'est de ne pas m'expliquer sur une pareille question ; je vous demande de ne pas la faire juger par le Sénat. » Il renvoyait, à l'expiration des pouvoirs du maréchal de Mac-Mahon, l'interprétation ultérieure qui devait se produire sur l'ensemble de la Constitution ; et il ajoutait : « Oh! alors, vous pourrez peut-être changer la forme du gouvernement ; votre droit a été réservé. » (*Mouvement.*)

Messieurs, nous ne disons pas le contraire, nous ne disons pas que l'article 8 n'a pas réservé absolument la possibilité de changer l'ordre de choses établi, mais à la condition de commencer par obtenir l'accord préalable des deux Chambres. (*Très bien! très bien! au centre et à gauche.*) De telle sorte que ce qu'on a voulu assurer dans la Constitution de 1875, c'est ce qu'avaient voulu assurer toutes les Constitutions antérieures : c'est que, véritablement, il n'y aurait pas de surprise et qu'on n'irait au Congrès qu'après avoir eu l'assentiment, le concours, l'accord préalable des deux Chambres délibérant par avis séparé. (*Mouvement.*)

Et cela s'explique très bien, cela s'explique notamment par la composition numérique différente des deux Assemblées. On parle très légèrement de l'existence ou de la suppression du Sénat : il semblerait que rien n'est plus aisé, mais rien n'est moins juste et moins conforme aux intérêts de ce pays-ci : rien n'est aussi contraire à la volonté des constituants de 1875.

Savez-vous pourquoi on a voulu cet accord préala-

ble? C'est que, Messieurs, quand on va à un Congrès,
si ce Congrès, comme vous le soutenez, n'a absolument ni frein, ni règle, ni limite; s'il peut se mouvoir
dans l'espace et donner à toutes ses entreprises constitutionnelles ou extra-constitutionnelles le développement qu'il lui plaît, évidemment vous me permettrez bien de croire que lorsque vous y convierez une
Assemblée à peu près de moitié inférieure en nombre,
elle refusera de s'y rendre si vous ne l'appelez pas à
délibérer sur des points déterminés, et c'est ce qu'on
fait quand on présente des propositions qui sont vraiment menaçantes quand elles sont aussi peu réglées.

La Constitution l'avait prévu, car le sens de cet
accord préalable, c'était de protéger l'Assemblée qui
était la plus exposée et qui avait la moins grande
force numérique contre les entreprises irréfléchies qui
pouvaient se produire. (*Rumeurs sur plusieurs bancs.*)

Je ne dis pas que cette conclusion vous agrée; je
sais, quoique la conversion du pays républicain se
fasse tous les jours en cette matière, je sais qu'une
Assemblée unique n'ayant ni contrepoids ni frein,
livrée à l'expansion de ses propres mouvements et de
ses propres théories, est une doctrine encore caressée
dans les rangs de la démocratie; mais ce que je sais
aussi, c'est que cette théorie, à la lumière des évènements, à l'expérience de chaque jour, de l'expérience
actuelle, de celle que nous faisons depuis quinze
jours, démontre l'utilité, l'importance capitale dans
une démocratie, de l'existence d'une haute Chambre,
ne fût-ce, Messieurs, que pour donner le temps de la
réflexion à tout le monde. (*Applaudissements au centre
et à gauche.*)

Je dis qu'il y a accord parfait entre les traditions
historiques, les volontés du pays, les intérêts de la
France et l'esprit de la Constitution que je commente
et défends devant vous. Certainement vous pouvez
faire un acte académique, vous pouvez ne tenir aucun

compte ni de ces précédents ni de ces enseignements
du passé; vous pouvez formuler non seulement que
vous vous arrêterez en route, mais indiquer les articles que vous voulez reviser; mais trouvez donc une
Constitution idéale! Vous savez d'avance quel accueil
lui est réservé, — mais reconnaissez franchement que
la revision totale déclarée ou déguisée est l'absence de
revision, et vous vous expliquerez devant le pays.
(*Applaudissements au centre et à gauche.*)

Voilà la vérité, Messieurs; et si aujourd'hui cette
thèse est défendue par moi, c'est que je tiens à en
prendre la responsabilité, — non seulement au point
de vue des intérêts du pays, — cela est déjà fait, —
mais au point de vue des intérêts vitaux de cette
Chambre.

Messieurs, je veux m'expliquer devant cette Chambre, car de toutes les douleurs qu'on peut ressentir
dans la politique, et Dieu sait s'il m'en a été épargné,
il y en a une que je ne peux supporter et subir en
silence : c'est d'être constamment présenté à cette
Chambre, que dis-je? au parti républicain tout entier
comme un homme qui méditerait de se séparer ou de
s'écarter de lui, de ternir sa carrière, de paralyser son
développement, d'affaiblir son autorité dans le pays.
Et par qui donc pourrait-on espérer de remplacer la
force et l'honneur du parti républicain dans la nation?
Est-ce qu'on osera venir à cette tribune et dire que
j'ai, sous la suggestion de je ne sais quelle passion
personnelle, par je ne sais quelle avilissante pensée
qu'on décore du nom de dictature et qui ne serait que
la risée du monde si je pouvais descendre jamais à la
conception d'une pareille et si misérable idée... (*Triple salve d'applaudissements sur un grand nombre de
bancs*)... à qui donc fera-t-on croire que je viens ici,
après que vous m'avez imposé l'honneur, que j'avais
considéré comme une récompense de quelques services que j'ai pu rendre, après, dis-je, que vous m'avez

imposé l'honneur de prendre les affaires, à qui fera-
t-on croire que j'emploie ce que je puis avoir d'autorité morale et intellectuelle à vous nuire, à vous dis-
créditer, à entraver l'œuvre commune, commencée
depuis douze ans, parce que je ne veux plus m'appuyer sur vous pour atteindre autant que possible la
perfection de notre œuvre? (*Nouveaux applaudissements répétés sur les mêmes bancs.*)

J'ai cru, je crois encore que dans tout ce que l'on a
dit il y a bien plus de surprise et bien plus d'égare-
ment que de malice et de méchanceté. Mais, Messieurs,
il y a des heures dans la vie où il faut que tout soit
apporté sous le regard vérificateur de la France. Vous
me connaissez avec mes défauts, et j'ose dire aussi
avec la passion que j'apporte au service de la démocratie. Qu'ai-je fait? J'ai fait ce que j'ai pu...

Un membre à l'extrême gauche prononce quelques
paroles qui ne parviennent pas jusqu'au bureau. (*Exclamations au centre et à gauche.*)

M. LELIÈVRE, *sous-secrétaire d'État des finances.* —
Que l'interrupteur se lève.

M. PAUL BERT, *ministre de l'instruction publique et des
cultes.* — Ce n'est rien.

M. LE PRÉSIDENT. — Veuillez faire silence.

M. LE PRÉSIDENT DU CONSEIL. — Messieurs, j'ai partagé, vous l'avez tous vu, et je puis bien dire que des
adversaires généreux et loyaux qui sont là peuvent
l'attester, j'ai partagé avec vous la lutte au grand
jour contre les adversaires de la République, que j'ai
combattus non à cause de leurs personnes, non à
cause de leurs doctrines, mais parce qu'il m'apparaissait, comme il m'apparaît encore, que leur triomphe
n'était pas compatible avec la liberté, la prospérité et
la grandeur de la France moderne. (*Très bien! très bien!*)

Nous nous sommes débarrassés de nos adversaires :
il nous reste à nous gouverner nous-mêmes (*Profond
mouvement*), à lutter contre les incessantes causes de

division qui nous assiègent, à dépouiller le personnalisme pour ne voir que le pays.

Oui, Messieurs, lorsque je suis monté à ce poste où votre confiance, et je puis dire votre impérieuse confiance, m'a délégué, je me suis mis en présence de la tâche, j'ai examiné qu'elle était la moyenne des vœux du pays, ni au delà ni en deçà.

Et quel est le mot qui m'a accueilli? On a dit que ce serait le cabinet de la revision. On a dit : une revision limitée. Quant à moi, je ne saurais accepter que celle-là, et vous, vous n'en subiriez pas d'autre, je l'espère.

Dans cette question de revision, j'ai abordé non seulement la nomenclature des articles, mais ce qui établit la sincérité et la parfaite loyauté du Gouvernement; nous avons apporté un développement, nous avons apporté une indication, une justification des théories et des doctrines que nous voulions aller défendre devant le Congrès. Nous pouvions nous en abstenir; nous ne l'avons pas fait; nous pouvions, à notre tour, accepter une formule équivoque et ambiguë qui aurait caché la vérité, et attendre le jour du Congrès pour faire surgir ces propositions qui ont excité tant d'émotions et qui, j'espère le prouver tout à l'heure, n'en comportaient pas autant.

Qu'est-il arrivé? Il est arrivé qu'au nombre de ces questions qu'on ne discute presque plus, qu'on discutera plus tard, il en est une, — et c'est là tout le débat, Messieurs, — qui a l'air d'une sorte d'entreprise comme on le disait dans le rapport, qui semble avoir pour objet de substituer une ou des volontés particulières, — les textes ne sont pas d'accord...

Un membre à gauche. — C'est la même chose !

M. ANDRIEUX, *rapporteur.* — La...

M. LE PRÉSIDENT DU CONSEIL. — C'est la même chose; je prends le pluriel pour ce qu'il est, comme un singulier. (*Rires.*)

M. DE DOCVILLE-MAILLEFEU. — C'est un singulier
pluriel!

M. LE PRÉSIDENT DU CONSEIL. — ... de substituer la
volonté d'un homme à la volonté nationale.

Messieurs, ce serait un singulier procédé, vous
l'avouerez. Comment! réclamer pour les Assemblées la
base la plus large, le nombre de suffrages le plus
étendu; chercher dans ce recrutement des mandataires du pays la somme de force qui les élève le plus,
qui met leur intelligence et leurs idées générales au-
dessus de toute espèce d'attache et de difficultés locales; créer ou rêver de créer, — car vous êtes les
maîtres de dire si cette conception naîtra ou si elle
mourra, — chercher à créer des Assemblées fortes,
irrésistibles, grandies pour elles-mêmes, grandies pour
le pays, c'est préparer le gouvernement personnel?
Mais vous n'y avez pas réfléchi! Ce qui est, au contraire, le corollaire du gouvernement personnel, c'est
la petite circonscription, la base la plus étroite de
l'élection, le rétrécissement pour ainsi dire cantonal
du collège, parce qu'alors la force de pression, la force
d'influence de la centralisation administrative s'exerce
d'autant plus. (*Mouvement.*)

Mais, Messieurs, c'est l'histoire que je traduis là en
langage général. Vous n'avez pas manqué de l'observer, toutes les fois que la France s'est réellement ap-
partenue, toutes les fois qu'elle a eu de grandes
Assemblées, toutes les fois que le pouvoir personnel
a été neutralisé et abattu, il avait en face de lui une
Assemblée issue du scrutin de liste; au contraire, le
premier acte de ce pouvoir personnel, aussitôt qu'il
prenait possession du pays, c'était de supprimer le
scrutin de liste et de faire du scrutin d'arrondissement
ou de circonscription la base même de son autorité et
de son influence électorale; c'est ainsi qu'il inscrivait
dans l'acte constitutionnel un article 5 qui portait :
Abolition du scrutin de liste qui fausse l'élection.

Vous entendez ce que le verbe « fausser » pouvait bien vouloir dire.

Ainsi, ce reproche d'avoir favorisé je ne sais quel gouvernement personnel au détriment des Assemblées, vous voyez ce qu'il pèse quand on l'analyse et qu'on l'examine de près.

Mais, Messieurs, on se méprend. Je n'ai pas dit, et je n'avais pas le droit de dire, dans cet exposé que vous avez trouvé long, — moi aussi, mais il paraît qu'il n'était pas encore assez développé, puisqu'on ne l'a pas trouvé suffisamment clair, — je ne vous ai jamais demandé de voter *hic et nunc* par un acte absolument irrégulier, contraire à la Constitution, le rétablissement du scrutin de liste, pas plus que je n'avais à vous demander de voter la suppression des inamovibles ou de telle autre disposition constitutionnelle. Non; je me suis bien gardé d'entrer dans cette voie, d'abord parce que c'eût été illégal, et ensuite parce que, dans une certaine mesure, c'eût été, en effet, blessant pour la Chambre.

Qu'est-ce que j'ai dit? Ce n'a été pour personne une surprise, car rien n'était plus connu, rien n'était plus avéré que cette opinion persistante dont je m'excuse, Messieurs, sur le rétablissement du scrutin de liste. Vous devez bien vous demander d'où peut venir cette sorte de culte exclusif, persévérant, indiscret, que je professe pour le scrutin de liste; croyez-vous que ce soit de gaieté de cœur, pour vous déplaire, pour rendre plus difficile la vie ministérielle, que je m'acharne à en préparer la réalisation? Bien certainement, vous me ferez la charité de croire qu'il faut que je trouve les raisons de cette insistance bien déterminantes pour vous imposer le sacrifice de m'entendre, et à moi-même la douleur de vous contrarier. (*Interruptions sur divers bancs.*)

Mais oui, Messieurs, je n'ai pas l'habitude de dire ce que je ne pense pas. Il m'est très douloureux d'être en dissentiment avec mes amis; mais je crois et je croirai toujours qu'on n'est pas au pouvoir pour ne pas appliquer ses idées. Ce que je demande à la Chambre, c'est de vouloir bien en écouter l'exposé, la défense; c'est elle qui ratifie ou rejette, mais je pense que le pouvoir n'est qu'un jouet absolument sans valeur et sans prix si celui qui le détient n'y met en pratique les idées qu'il professe. (*Très bien! très bien! et applaudissements.*)

Eh bien, l'an dernier, nous avons obtenu un vote dans cette Chambre. Je sais bien que ce n'a pas été sans difficulté; je sais ce qu'il en coûte à plusieurs, et des plus chers, de mes amis; mais enfin, ce vote avait été rendu; il avait une autorité, une valeur; il sortait d'une Chambre qui stipulait sur son propre régime. Et quand on le porta au Sénat, est-ce qu'il entra dans l'esprit de ceux qui l'avaient rendu que ce vote allait être déchiré par une Assemblée qui avait tout intérêt à le maintenir et à le ratifier? Est-ce qu'on n'a pas commis, à ce point de vue, une faute politique qui a porté ses conséquences? Et les élections n'avaient-elles pas ratifié ce vote, répondant à la pensée de l'honorable M. Waddington, qui disait, dans son rapport exclusif et négatif sur le scrutin de liste : « Nous sommes à la veille des élections; attendons le jugement du pays; c'est une coutume des pays libres; si la France se prononce sur le scrutin de liste, vous pourrez venir devant le Sénat, le Sénat le rétablira. »

Le pays a été saisi de la question... (*Dénégations sur divers bancs.*) Le pays ne pouvait pas ne pas être saisi, puisque ses représentants étaient encore tout chauds de la lutte parlementaire dans laquelle le scrutin de liste avait triomphé.

Et d'ailleurs, Messieurs, je ne parle pas de ces choses sans les avoir vérifiées. J'ai, moi aussi, cette collection de programmes et de circulaires électorales dont on parle, et si votre vote ne tient qu'au relevé officiel, arithmétique, de ces circulaires, ah! je déclare qu'il sera rendu! Par conséquent, ne dites pas que le pays n'a pas été consulté et que le pays n'a pas statué. Le suffrage universel a statué sur le scrutin de liste.

Sur divers bancs. — Non! non!

M. CLÉMENCEAU. — Il n'y a pas une circulaire qui en parle.

M. LE COMTE DE DOUVILLE-MAILLEFEU. — Vous avez déclaré qu'on ne devait voter le scrutin de liste qu'à la fin de la législature.

M. GIRAULT (Cher). — J'ai dit dans ma profession de foi que le scrutin de liste serait une atteinte portée au suffrage universel, et le chiffre de ma majorité a triplé. (*On rit.*)

M. LE PRÉSIDENT. — N'interrompez pas, Messieurs!

M. LE PRÉSIDENT DU CONSEIL. — Messieurs, j'ai formé le dessein de ne répondre, pour aujourd'hui, à aucune interruption. (*Ah! ah!*)

Cela peut vous faire sourire, mais je ne répondrai à aucune, d'aucun ordre, d'aucun caractère. C'est peut-être l'embarras que j'éprouve; mais enfin, je subirai encore cette humiliation. (*Sourires.*)

Je disais que le suffrage universel avait prononcé sur cette question, comme le suffrage restreint ou à deux degrés a prononcé sur la question de la réforme électorale du Sénat. Et alors, nous avons calqué, modelé notre projet de revision justement sur les déclarations du pays, du suffrage populaire. (*Réclamations à l'extrême gauche.*)

Et on ne s'y est trompé nulle part. En effet, voyez le Sénat : on lui dit, — et heureusement ce sont des sénateurs autorisés, les élus sénatoriaux des dernières élections qui le disent, ce qui facilite singulièrement ma tâche, — on dit au Sénat : Nous allons reviser partiellement s'il le faut; mais il ne faut reviser que le Sénat.

Je vous ai promis, Messieurs, que je dirai tout; je tiendrai parole. Je pense, — c'est encore un point de vue que je veux jeter dans cette discussion, — que la revision, même partielle, même limitée, ne peut avoir lieu que si la base ou plutôt la modalité électorale de la Chambre est modifiée. (*Mouvements divers.*) Je veux aborder toutes les faces de la question. Je dis donc que le sort de la revision est lié, dans une certaine mesure, à cette considération que le Congrès sera appelé lui-même à statuer sur le régime électoral à l'aide duquel est constituée la Chambre des députés. Vous pouvez le nier, vous pouvez le contester; moi, je le crois, et comme je dois vous faire part de toutes mes prévisions, je vous le dis, l'expérience prononcera entre nous.

Quel est l'argument le plus habituel de ceux qui repoussent l'étude de cette question du scrutin de liste par le Congrès?

Ils disent : Mais comment voulez-vous qu'à quatre ans de distance nous puissions consentir à toucher à un point quelconque de notre régime électoral? Vous n'apercevez donc pas que vous nous amoindrissez, que vous nous faites, de nos propres mains, altérer l'intégrité du mandat que nous venons de recevoir, que par là même vous infirmez notre autorité, et que dès lors nous ne pouvons pas consentir à une requête aussi rigoureuse?

Je prie mes contradicteurs de vouloir bien un moment dépouiller leur qualité de députés, de se transformer en sénateurs, ce qui se voit tous les jours... (*On rit*) et de se demander quelle est la valeur de cet argument; je le crois également probant au Luxembourg et au Palais-Bourbon. (*Très bien!*)

S'il est vrai, il faut en conclure : Ou pas de revision, ou revision pour tous... (*Mouvements divers.*)

Et voici pourquoi : il y a même, au point de vue du Sénat, un argument bien plus fort qu'au point de vue de la Chambre. En effet, en ce qui concerne le Sénat, on touche non seulement à la modalité de ses élections, mais à la base même de son régime électoral. Si votre raisonnement est juste, il le sera également pour les sénateurs qui viennent d'être nommés par un autre procédé que celui, très modéré, très limité, que le Gouvernement se propose de défendre devant le Congrès. Vous vous hâterez alors de dire qu'il faut retremper dans de nouveaux suffrages les anciens membres du Sénat. Je crois que ce serait là une faute, une faute grave; j'estime qu'il n'y a pas là de connexité à établir entre le nouveau mode, — s'il est adopté, — que votera le Congrès pour les élections sénatoriales et celui qui existe; et si cela est vrai pour le Sénat, cela doit l'être tout autant pour la Chambre des députés. (*Dénégations sur divers bancs à gauche et au centre.*)

Ah! j'entends bien! Messieurs, faites bien attention à ceci, parce que le raisonnement est rigoureux : il ne faut pas que ni au Sénat, ni au Congrès, ni dans le pays, on puisse dire qu'on a pu porter la discussion sur certains points de la Constitution, mais qu'il y a une partie réservée sur laquelle il était interdit de jeter même un regard indiscret : à savoir la partie de la législation électorale qui concernait la Chambre. Car, Messieurs, cela ne serait bon ni pour la Chambre ni pour le but que vous poursuivez et qui est la réalisation de la revision partielle.

Messieurs, on fait valoir un autre argument contre la tentative de modifier la loi constitutionnelle en ce qui touche l'organisation de la Chambre des députés. On dit : Mais vous voulez favoriser une campagne dissolutionniste contre la Chambre des députés.

Un membre à gauche, ironiquement. — Au contraire!

M. LE PRÉSIDENT DU CONSEIL. — Au contraire, oui.

Il est nécessaire d'aller au fond de cet argument, car c'est celui dont on a le plus usé et abusé.

Je crois que la dissolution ne peut, ni en droit ni

en fait, être présentée comme autre chose que comme une chimère.

En effet, est-ce que la dissolution est possible, — nous nous plaçons dans l'hypothèse, car c'est la seule que je puisse envisager, où on a proclamé le scrutin de liste, — est-ce que la dissolution est possible sans une loi électorale ? Or, nous vous disons : La loi électorale ne pourra être faite que par vous ; vous serez donc les juges de savoir si vous voulez la faire. (*Interruptions sur divers bancs à droite et à gauche. - Assentiment sur d'autres.*)

Mais enfin, Messieurs, je constate un fait...

M. LE PRÉSIDENT. — Messieurs, n'interrompez pas. La tribune vous est ouverte ; mais n'intervenez pas de cette façon dans la discussion.

M. LE PRÉSIDENT DU CONSEIL. — Messieurs, il faut cependant convenir qu'un régime électoral existe, qu'il ne peut être changé que par la volonté du pouvoir législatif.

Plusieurs membres à gauche. — C'est cela !

M. LE PRÉSIDENT DU CONSEIL. — Ce n'est donc pas une garantie, maintenant, que votre propre volonté ! (*Rumeurs sur divers bancs à gauche.*)

Messieurs, je voudrais bien qu'on me présentât l'argument qui se cache derrière ces protestations, car il m'est impossible de l'apercevoir. Il ne me semble pas possible de soutenir, après l'inscription dans la Constitution du principe du scrutin de liste, qu'on puisse procéder à une dissolution en dehors de ces deux termes : ou une nouvelle législation électorale, ou la législation existante. Est-ce vrai ?

Eh bien, Messieurs, si vous n'avez pas fait la nouvelle loi électorale, vous restez sous l'empire de la loi actuelle et je vous demande alors quel risque peut courir l'existence de l'Assemblée. (*Mouvements divers.*) Mais il y a mieux.

M. CHEVANDIER. — Et la dignité de la Chambre ?

M. LE PRÉSIDENT DU CONSEIL. — Je ne puis répondre à tout, je ne puis traiter tous les arguments en même temps.

M. LE PRÉSIDENT. — Laissez parler, Messieurs.

M. LE PRÉSIDENT DU CONSEIL. — Je dis, Messieurs, qu'il faut aller plus haut et plus loin. Comment! il sera nécessaire, pour vous garantir contre une dissolution... (*Interruptions sur divers bancs à gauche.*)

M. LE PRÉSIDENT. — Messieurs, laissez donc l'orateur exprimer sa pensée, je vous en conjure ; vous lui répondrez! Vous n'avez pas encore suivi son développement jusqu'au bout.

M. LE PRÉSIDENT DU CONSEIL. — Messieurs, permettez-moi de vous dire que j'énonce un fait, et vous m'interrompez avant que j'aie pu dire à la Chambre à quel fait je fais allusion. (*Parlez! parlez!*)

Je reprends. Comment! dis-je, il serait nécessaire, pour garantir la Chambre contre une dissolution imaginaire, de stipuler d'avance par un amendement... (*Nouveaux murmures sur plusieurs bancs à gauche et au centre.*)... Si vous vouliez me laisser parler?

Je n'avance rien qui puisse provoquer vos murmures. J'invoque à l'appui de mon raisonnement, sans porter mon jugement en ce moment, — je le ferai tout à l'heure, — un acte de l'initiative parlementaire qui figure au feuilleton de votre ordre du jour.

Je dis qu'il n'est pas sérieux de prétendre que, pour vous garantir contre un risque imaginaire de dissolution, vous auriez besoin de recourir à une formule législative quelconque. Vous êtes les maîtres, et vous n'avez personne devant vous; à moins que le monde ne s'écroule, à moins que la présidence de la République ne disparaisse, à moins qu'il n'y ait plus de républicains dans l'une et dans l'autre Chambre, vous n'avez qu'à parler et qu'à voter pour mettre à la raison les prétentions factieuses [et] dissolvantes qui pourraient se produire. (*Murmures sur quelques bancs.*) Voilà votre garantie ; c'est celle de tous les pays libres en puissance de Parlements ; vous pouvez, à l'aide d'un simple carton bleu, mettre à la raison et la dictature et le dictateur ; et véritablement vous n'êtes ici que pour mettre absolument hors de concours toutes ces puériles et factieuses pensées. (*Très bien! très bien! sur un grand nombre de bancs.*)

J'adjure la Chambre de ne pas s'arrêter un seul instant à cette considération ; la dissolution ne peut exister ni dans la pensée des hommes qui sont devant vous, ni dans la pensée de ceux qui peuvent leur succéder ; et quoiqu'il ne soit pas de mise, comme le faisait observer tout à l'heure M. le président de la Chambre, de faire intervenir dans ces débats la personne du premier magistrat de la République, je dis que vous avez là aussi une garantie d'une puissance assurée contre de pareils rêves et contre de pareilles doctrines. (*Applaudissements à gauche et au centre.*)

Il faut donc écarter cette objection et se demander maintenant dans quel esprit et pourquoi le Gouvernement introduit l'examen par le Congrès de la question du rétablissement du scrutin de liste. Je vais vous le dire.

Nous avons pensé, mes amis et moi, et j'en avais prévenu le pays dans la période qui a suivi immédiatement les élections, — nous avons pensé que s'il y avait une revision constitutionnelle, il fallait demander le rétablissement du scrutin de liste. On a reproduit dans de nombreux journaux une parole que j'ai prononcée pendant les vacances parlementaires, en Normandie, parole que je suis loin de vouloir affaiblir, mais que je demande à citer dans son intégralité ; car nous sommes arrivés à une époque beaucoup plus dangereuse que celle où vivait le cardinal de Retz ; ce n'est plus avec trois mots qu'on peut, sinon vous pendre, mais vous diffamer, à dire

d'experts : c'est en supprimant ces trois mots. Il y a
progrès de ce côté-là. (*On rit.*)

Eh bien, voici ce que je disais au Neubourg; je le
répète devant la Chambre pour l'unique besoin de
rétablir la vérité. Je disais : « Non, Messieurs, la
question du scrutin de liste, il ne faut pas y renoncer,
mais il faut l'ajourner jusqu'à l'expiration des pouvoirs de cette Assemblée... »

C'est là ce qu'on a cité, mais on n'a pas reproduit
la fin : « ou à une rénovation constitutionnelle, si
elle a lieu. »

Plusieurs membres au centre et à gauche. — Eh bien?

M. ACHARD. — Et le reste? Il y a une phrase après.

M. ANDRIEUX, *rapporteur.* — Parfaitement!

M. LE PRÉSIDENT DU CONSEIL. — Vous avez pris votre
texte de troisième main, et alors vous n'y trouvez
pas la fin; c'est naturel.

M. ACHARD. — Au contraire, c'est la fin qui manque.

M. LE PRÉSIDENT DU CONSEIL. — Eh bien, qu'ai-je
dit? J'ai dit que je respecterais, — et je n'avais pas
qualité pour ne pas la respecter, — la durée du
mandat de la Chambre; j'ai dit que je considérais
que ce serait une folie, après que la France a choisi
ses mandataires, de les changer le lendemain et de
procéder à de nouvelles élections.

Voilà ce que j'ai dit; voilà ce que je répète et ce
que nous avons répété dans l'exposé des motifs; voilà
ce à quoi nous nous sommes engagés loyalement
d'homme à homme, mais par un intérêt supérieur,
celui de respecter les décisions de la volonté nationale.

Mais autre chose est de demander qu'un mandat
soit frappé de précarité, et autre chose est de dire :
Vous allez procéder à une revision de la législation
électorale des deux Chambres. Or, Messieurs, je demande qu'en même temps que vous toucherez à l'organisation électorale de l'une, vous vouliez bien restaurer
pour l'autre ce principe, de tradition républicaine,

du scrutin de liste; je demande que vous donniez autorisation et pouvoir, à nous, Gouvernement, d'aller devant le Sénat, et ensuite devant le Congrès pour y défendre ce que nous croyons être un intérêt de gouvernement de premier ordre, ce que nous considérons comme un retour à la véritable législation du suffrage universel.

Car, Messieurs, nous attachons à un degré évidemment inférieur, mais vital cependant, un intérêt aussi passionné à la forme dans laquelle on consulte la nation qu'au principe même du suffrage universel. *(Interruptions à droite.)*

M. PAUL DE CASSAGNAC. — Vous n'avez pas lu tout le document !

M. LE PRÉSIDENT DU CONSEIL. — Je l'ai lu.

M. PAUL DE CASSAGNAC. — Non, vous ne l'avez pas lu; vous avez omis la fin.

M. LE PRÉSIDENT DU CONSEIL. — Je dis que cette autorisation, nous l'avons demandée dans notre projet de revision. Nous la demandons à nouveau aujourd'hui. Et pourquoi la réclamons-nous? Messieurs, par un sentiment qui est inné chez nous, c'est que nous pensons que le suffrage universel, consulté par ce procédé, met les Assemblées à un niveau plus élevé, non pas, ainsi qu'on l'a dit, comme moralité ou comme indépendance, mais par l'effet même du mode de consultation; entendons-nous bien, je veux dire simplement ceci : c'est sur le régime que portent nos critiques, et non sur les personnes. Et vous le savez bien, vous qui m'avez entendu dans la séance du 19 mai, — et vous ratifiez alors mes paroles, — vous savez bien que ce n'est pas aux mandataires considérés comme individus, dont les noms sont sortis de l'urne, que s'adresse le régime du scrutin de liste, mais au régime électoral lui-même.

Eh bien, j'ai pensé et je pense encore, qu'il est tout à fait avantageux pour le bon ordre dans l'État.

pour le fonctionnement d'une administration véritablement indépendante dans la limite de ses attributions légitimes, que chacun des mandataires du pays
soit en quelque sorte affranchi de ces sollicitations
qui le gênent, qui le fatiguent, qui l'embarrassent; il
faut donc alors recourir à ce procédé électoral... (*Interruptions sur divers bancs*), et je soutiens qu'il faut
l'instituer à l'avance; oui, quatre ans à l'avance, et
non pas tout de suite; avant la séparation de l'Assemblée. Pourquoi? Par cette excellente raison qu'il n'y
aura de sacrifice pour personne, ni pour vous ni
pour les partis. Quand on présente cette idée à la
fin d'une législature, on nous dit qu'il est trop tard.
(*Dénégations sur divers bancs.*)

Je ne veux pas croire, Messieurs, que vous direz
qu'il est trop tard, d'autant plus que je ne vous demande, à aucun degré, de faire une loi, de voter une
disposition qui vous oblige; non! Je pense que nous
avons une politique à faire au point de vue de la
réorganisation de nos services, dans la justice, dans
l'école, dans l'armée, dans les finances. (*Mouvements
sur plusieurs bancs.*)

Messieurs, je parle ainsi parce que c'est la vérité et
parce qu'il faut que vous le sachiez : pendant ces
deux mois, dont on disait que nous avions demandé
le crédit; durant ces deux mois, mes collègues, mes
collaborateurs, qui siègent sur ces bancs, ont préparé
des projets de lois. (*Rumeurs.*)

M. LE PRÉSIDENT. — Ne faites donc pas de ces interruptions.

M. LE BARON DUFOUR. — Vous prépariez votre dictature.

M. LE PRÉSIDENT DU CONSEIL. — Messieurs, la Chambre
peut croire que ce n'est pas une vaine parole que je
lui apporte. J'affirme, parce qu'il est bon de le dire,
que le programme dont nous vous avons donné lecture le 14 novembre et qui commençait par le projet

de revision a été élaboré, étudié, et qu'il est sur les points principaux, arrivé à maturité et à résolution.

Je l'affirme parce que dès demain nous serons en état de prouver que c'est une parole qui correspond à la réalité.

Oui! sur l'organisation judiciaire comme sur l'organisation militaire; sur le remaniement des sièges de tribunaux, sur le remaniement des justices de paix, des tribunaux de première instance et des cours, sur l'organisation nouvelle d'une compétence qui, tout en supprimant les juges, rapproche les justiciables d'une magistrature plus étendue et plus compétente en affaiblissant, au plus grand intérêt du contribuable, et le coût des actes et les frais de déplacement.

A côté de ce service étudié jusque dans ses menus détails, M. le ministre de la guerre a préparé une législation qui correspond aux vœux que vous avez apportés si souvent dans cette enceinte, sur la réduction à trois ans du service militaire, mais entourée des conditions de garanties qui feront que les forces défensives de la France ne seront en rien amoindries par cet immense allégement de nos charges publiques. (*Interruptions.*)

Je prie, Messieurs, si vous voulez m'interrompre, que vous le fassiez à haute voix, ou que vous me laissiez parler.

Oui, Messieurs, à côté de ces projets que j'ai là, — et ils y seront demain, quoi qu'il arrive, — oui, l'on a préparé et mené à fin une législation sur les associations de tout ordre et de toute nature. (*Mouvement.*) C'est une législation qu'on n'attend guère que depuis 1791 et je pense qu'il est de quelque utilité d'annoncer au Parlement et au pays qu'elle est prête. Mais il n'y a pas que ce côté du problème politique qui a été traité. On a envisagé aussi les réformes de notre législation au point de vue des institutions de prévoyance, des institutions d'assistance, au point de vue d'une politique sociale modérée, pondérée de façon à donner, dans la mesure qu'il convient, une protection efficace au travail et à l'invalidité de certaines classes sociales.

On ne s'est pas arrêté là, et on a examiné aussi quel esprit de réformes il fallait porter sur la législation des sociétés que j'appellerai des sociétés financières. Là aussi, on a examiné ce qu'il fallait apporter de revision nécessaire à la loi de 1867. Et, pour le dire en passant, il peut paraître nécessaire qu'un gouvernement d'opinion, de démocratie, c'est-à-dire qui repose sur le monde du travail, ait souci d'une législation qui ne livre pas à toutes les fantaisies de la spéculation l'épargne du pays. (*Applaudissements.*)

On est allé plus loin, Messieurs; on a voulu compléter notre système d'éducation nationale, et les projets sont tout prêts; on a voulu reprendre la législation qui régit les rapports de l'État et des Églises, et les projets sont prêts; on a pensé aussi à notre commerce, à notre industrie, et des projets sont aussi tout préparés, comme ceux qui intéressent l'agriculture et qui ont pour objet de subvenir à son crédit et de diminuer les charges si lourdes qui pèsent sur elle. (*Mouvement.*)

Je pourrais prolonger cette liste, je pourrais demander à chacun de mes collègues, car chacun de mes collègues a dans son portefeuille... (*Rires et bruit sur quelques bancs à gauche.*)

M. LE PRÉSIDENT. — Vous vous apprêtez, Messieurs, à juger un gouvernement, et vous ne voulez pas écoutez l'indication des réformes qu'il s'apprête à vous proposer.

M. LE PRÉSIDENT DU CONSEIL. — Messieurs, je comprends, en effet, que ce mot de portefeuille excite toujours dans une Chambre française, vu l'instabilité et la fragilité des détenteurs, un sourire qui prend sa source dans des sentiments très variés. (*On rit. — Très*

bien! très bien! sur plusieurs bancs.) Mais il est nécessaire, quand on a mis, en deux mois de temps, autre
chose dans ces portefeuilles que des mots retentis-
sants, quand on y a mis des réalisations législatives
pour lesquelles un jour ou l'autre votre volonté, votre
patriotisme ne fera pas défaut, il est bon, dis-je, de
dire, à l'heure où nous sommes, où se portent principalement les préoccupations du Gouvernement. Et,
Messieurs, j'ajoute un mot parce que c'est le mot de
la situation, je dis que pour mener à bien ces diverses
réformes, pour les réaliser sans embarras, sans difficulté, avec promptitude, il est nécessaire pour tout le
monde, pour tout le pays, comme pour vous-mêmes,
de répéter ce que je disais il y a un an ; on me disait :
Changez votre pouvoir occulte en un pouvoir réel, et
je répondais à cette tribune : Changez la législation
électorale, et je suis prêt. (*Mouvement.*) Quand on m'a
fait appeler, j'ai dit à celui qui dispose de l'existence
ministérielle, avant que votre propre prérogative ait
été mise en mouvement : A votre appel je pourrais
répondre que, du moment que la Chambre n'est pas
élue au scrutin de liste, je me récuse. (*Mouvement.*)
J'aurais pu tenir un pareil langage : je ne m'en suis
pas reconnu le droit, Messieurs.

M. PAUL DE CASSAGNAC. — Vous n'y avez pas pensé.

M. LE PRÉSIDENT DU CONSEIL. — J'y ai parfaitement
pensé, Monsieur, et la preuve, c'est que j'ai prévenu
le chef de l'État que, s'il y avait revision constitutionnelle, comme je l'avais déclaré dans le discours prononcé au Neubourg, je demanderais l'autorisation de
défendre le scrutin de liste devant le Congrès. Eh bien,
Messieurs, aujourd'hui, avec ce sentiment profond
des responsabilités que vous m'avez imposées, je vous
dis à vous-mêmes : Je crois, j'estime que si vous êtes
assurés de sortir dans quatre ans d'ici par la porte du
scrutin de liste, de ne relever, à ce moment, que d'un
département tout entier ; je dis que votre politique

changera, et je dis que c'est là la consécration essentielle de notre projet. (*Applaudissements sur plusieurs bancs. — Interruptions.*)

J'entends bien qu'on me dit : Non ! Eh bien, vous verrez, Messieurs, qu'un avenir prochain démontrera la justesse de mes paroles, et cela parce que j'ai la conviction intime et profonde, quand je vous résiste, quand je lutte contre vous, d'avoir le douloureux et impérieux devoir de vous déclarer que c'est une nécessité de gouvernement.

Si quand je vous dis ces choses, si quand j'invoque le vote que vous avez rendu il y a six mois à peine, quand je vous fais voir la nécessité de l'exécution de ces engagements, quand je vous démontre l'utilité de reviser l'article 1er, paragraphe 2, afin d'arriver, avec le concours du Sénat, à une revision partielle, quand je dis cela, si vous ne m'écoutez pas, si vous croyez que je rêve l'amoindrissement et la dissolution prématurée de la Chambre, je ne puis vous convaincre.

Je ne puis mettre en face de vos appréhensions que ma loyauté, que la sincérité de mes paroles, que les projets que nous avons préparés, enfin que mon passé... (*Profond mouvement*), et je fais appel à vos consciences. (*Vifs applaudissements.*)

Oui, je pense que cette légion républicaine avec laquelle j'ai débuté, avec laquelle j'ai passé à travers les luttes et les épreuves, ne nous fera pas plus défaut au jour du succès qu'elle ne nous a fait défaut au jour de la bataille. Dans tous les cas, ce sera sans amertume, surtout sans l'ombre d'un sentiment personnel blessé que je m'inclinerai sous votre verdict. Car, quoi qu'on en ait dit, il y a quelque chose que je place au-dessus de toutes les ambitions, fussent-elles légitimes, c'est la confiance des républicains, sans laquelle je ne pourrais accomplir ce qui est, — j'ai bien quelque droit de le dire — ma tâche dans ce pays : le relèvement de la patrie. (*Vifs applaudissements. — Au moment*

*où M. le président du conseil reprend sa place, une nou-
velle salve d'applaudissements se fait entendre.)*

M. ANDRIEUX, *rapporteur.* — Au milieu de l'émotion si
naturelle qui s'est emparée de cette Chambre, après le
magnifique discours que vous venez d'entendre, je sens
plus que jamais combien la tâche du rapporteur est difficile,
combien sa responsabilité est grande.

J'en sens d'autant plus le poids, que M. Gambetta a
apporté à la tribune non seulement son talent et sa puissance de dialectique, mais le prestige des services rendus
(*Très bien! très bien!*) que pour ma part je n'ai pas oubliés.
(*Très bien! très bien!*)

Ce qui me rassure, c'est précisément la modestie de la
tâche qui m'est dévolue, car la seule question que j'aie à
traiter, la seule que vous ayez à voter, c'est celle de savoir
si le scrutin de liste doit être, à l'heure actuelle, introduit
dans la Constitution. C'est là qu'est tout le débat, il n'y en
a pas d'autre. (*Applaudissements sur divers bancs à gauche.*)

Je ne veux pas me placer sur le terrain des droits qui
appartiennent ou qui n'appartiennent pas au Congrès.

Cette question, vous l'avez tranchée, du moins dans la
limite des attributions de cette Chambre, et sauf possibilité
d'un appel ultérieur au Congrès.

Je suis très heureux que M. Gambetta ait saisi l'occasion
que lui offrait le rapport pour s'expliquer sur les paroles
qu'il a prononcées au sein de la commission des 33, et qui
avaient produit une émotion contre laquelle on peut protester aujourd'hui, mais qui, vu l'état des esprits, trouvait
son expression légitime dans le rapport.

M. Gambetta a rappelé le discours qu'il a prononcé au
Neubourg.

M. le président du conseil a reproché aux journaux
d'avoir passé trois mots d'un de ses discours; eh bien, je
vais ajouter qu'il en a passé lui-même. (*On rit.*)

« Ce qui est certain, disait M. Gambetta récemment, c'est
qu'il serait imprudent et puéril de demander à une Chambre issue hier du suffrage universel de retourner devant le
pays et réclamer de lui une nouvelle consultation. » (*Mouvement.*)

M. LE PRÉSIDENT DU CONSEIL. — Et, en effet, je ne demande des élections que dans quatre ans.

M. PAUL BERT, *ministre de l'instruction publique et des cultes*. — Consulter, c'est bien clair !

M. LE RAPPORTEUR. — M. le président du conseil, avec sa merveilleuse habileté, arrive à mettre d'accord ses paroles du Neubourg et ses projets actuels.

On ne prend pas le pouvoir si l'on se trouve en face d'une Assemblée avec laquelle on ne peut pas gouverner.

Pour en justifier la possession, il faut avoir des vues en harmonie avec celles du Parlement, et M. Gambetta, au Neubourg, réfléchissait sans doute que ce serait une étrange précaution oratoire que de dire à la Chambre : « Vous êtes issue d'un mode de scrutin vicieux; vous n'avez pas été élue pour faire avec moi de la grande politique : il me faut la rénovation de votre mandat pour que je puisse réaliser mes projets! »

Vous supposez que, pendant quatre ans, la Chambre pourra résister au vent de dissolution qu'elle aura elle-même déchaîné.

Mais qu'une question se présente où les sympathies de la presse ne soient pas avec nous, ne voyez-vous pas qu'une campagne de dissolution va commencer; les journaux satiriques ne manqueront pas de demander ce que fait au Palais-Bourbon ce cadavre de suicidé qui devrait depuis longtemps avoir disparu.

Reste une question d'un caractère plus délicat et pour laquelle j'ai besoin tout particulièrement de l'indulgence de la Chambre et du Gouvernement.

Malgré mon désir de n'apporter ici rien de personnel, nous sommes forcés d'aborder des questions de personnes. La franchise que nous nous devons les uns aux autres ne nous permet pas de les écarter.

Le mot de pouvoir personnel avait été prononcé; on a cru voir des allusions dans le rapport, et l'on a porté à la tribune des protestations indignées dont l'accent m'a vivement touché et dont la sincérité ne saurait être mise en doute.

Mais il y a plusieurs manières de confiner au pouvoir personnel. Le pouvoir personnel affecte des formes diverses. Je me souviens encore de l'éloquence avec laquelle M. Gambetta déplorait en d'autres temps que la nation se fût livrée aux mains d'un homme; certes, il n'y a pas de rapprochement à faire, mais j'ai craint que sa conception des relations entre le pouvoir législatif et le pouvoir exécutif et la manière dont il entend l'autorité, ne soient pas absolument concordantes avec l'idée que nous pouvons nous faire nous-mêmes du gouvernement parlementaire et libéral.

M. LE PRÉSIDENT DU CONSEIL. — En quoi?

M. LE RAPPORTEUR. — Je vais essayer de le dire, j'ai crainte que votre gouvernement, je vous en demande pardon, ne soit pas un gouvernement d'opinion publique; que quand vous avez fait appeler vos collègues et distribué ces portefeuilles dont vous parliez tout à l'heure, en en créant de nouveaux, puis, quand plus tard, dans les choix de votre personnel supérieur, vous avez placé dans certaines mains le dépôt partiel de cette puissance... (*Applaudissements sur plusieurs bancs. — Interruptions.*)

... J'ai craint, dis-je, que des préoccupations différentes des nôtres et qu'un soin insuffisant des intérêts du Parlement n'aient pris dans votre esprit une place importante. (*Mouvements divers.*)

Nous ne vous demandons pas de voter la liberté illimitée du Congrès; cette proposition a été repoussée tout à l'heure; libre à chacun de nous de faire ses réserves et de s'expliquer devant le Congrès; le droit des ministres subsiste toujours. Mais la proposition théorique du pouvoir absolu du Congrès est écartée, il y a chose jugée par la Chambre.

La commission s'était prononcée, elle aussi, en repoussant, par 17 voix contre 15, la proposition Barodet, et c'est à tort qu'on a attribué à notre proposition une portée qu'elle n'a pas. (*Mouvements divers.*)

M. VIETTE. — Ce n'est pas le mandat qui vous a été donné. (*Bruit.*)

M. LE RAPPORTEUR. — Vous parlez au nom de la minorité de la commission, vous avez voté contre le rapport. J'exprime l'opinion de la majorité, et je dis que, par 17 voix contre 15, la commission a repoussé la proposition Barodet.

Si vous maintenez la prétention d'aller devant le Sénat et devant le Congrès pour y porter en notre nom le scrutin de liste, nous ne vous suivrons pas. (*Applaudissements.*)

Sur ces résolutions ainsi précisées, il ne restera plus
d'équivoque. Le devoir de chacun sera limité. (*Applaudissements sur un grand nombre de bancs.*)

M. LE PRÉSIDENT. — M. le président du conseil a la parole
sur la position de la question.

M. GAMBETTA, *président du conseil.* — Messieurs,
l'honorable rapporteur s'est efforcé de soutenir devant
la Chambre que la résolution rédigée par la commission des trente-trois n'avait absolument qu'une valeur
d'interprétation. Il nous a dit, notamment, qu'après
le vote de la Chambre, la disposition finale n'avait
plus aucun sens... (*Réclamations sur divers bancs.*)

Permettez, Messieurs, c'est ce qui a été dit que si
l'on donnait son sens évident à cette disposition finale :
« Il y a lieu à revision, » on irait directement contre
le vote rendu par la Chambre.

Dans ces conditions, je viens demander à la commission de supprimer cette partie de son paragraphe.

Lorsqu'elle aura consenti à cette suppression, je lui
demanderai de viser, dans le premier paragraphe de
son dispositif, le paragraphe 2 de l'article premier de
la loi du 25 février 1875.

En un mot, je demande d'une façon positive que
l'on consulte la Chambre ou bien sur la proposition
de la commission, telle que je viens de la modifier,
d'accord avec le rapporteur, — si la commission accepte l'interprétation de son rapporteur... (*Nouvelles
réclamations.*)

Messieurs, vous comprenez combien il est important, dans un pareil débat, de bien poser les questions
pour qu'il n'y ait d'équivoque d'aucun côté.

A mon sens, la proposition de la commission, dans
le texte primitif qui nous a été soumis, porte avec
elle deux caractéristiques: la première, c'est l'impossibilité, devant le Congrès, pour le Gouvernement, de
soutenir le rétablissement du principe du scrutin de

liste; en second lieu, si la rédaction adoptée subsistait en son intégrité, ce serait la reconnaissance, contrairement au vote que la Chambre a rendu il y a quelques heures, de la compétence illimitée du Congrès.

M. CLÉMENCEAU. — La Chambre ne s'est pas prononcée là-dessus.

M. VIETTE. — La commission a entendu déclarer que le Congrès est souverain.

M. LE PRÉSIDENT DU CONSEIL. — Remarquez que, en ce moment-ci, je n'argumente contre personne; je cherche purement et simplement à préciser la question et la méthode d'après laquelle on consultera la Chambre. Or, je dis qu'il résulte clairement des paroles de M. le rapporteur de la commission que le texte primitif n'est plus interprété par lui comme l'interprétait le rapport, puisqu'il vient de nous déclarer à l'instant qu'il considérait que les votes antérieurement rendus par la Chambre ne permettent pas de dire que la revision illimitée et la souveraineté absolue appartiennent au Congrès...(*Interruptions diverses.*)

Un membre à gauche. — C'est bien ce qu'a dit le rapporteur.

M. LE PRÉSIDENT. — N'interrompez pas ! M. le rapporteur s'expliquera.

M. LE PRÉSIDENT DU CONSEIL. — Dans tous les cas, je demande d'une façon positive qu'on mette aux voix par priorité le paragraphe final de la résolution de la commission. (*Mouvements divers.*)

M. LE RAPPORTEUR. — Messieurs, il s'agit de nous expliquer sur la partie du vote et de la résolution que nous vous demandons. (*Parlez! parlez!*)

J'ai dit que je considérais, et je considère encore, que la proposition de M. Barodet...

M. LE PRÉSIDENT DU CONSEIL. — Et celle de M. Lockroy !

M. LE RAPPORTEUR —... et celle de M. Lockroy ayant été repoussées, non seulement dans leur texte, mais aussi dans leur esprit, il n'est pas possible d'y revenir dans cette Chambre.

La commission ne vous propose pas, Messieurs, de remettre en question ce qui est acquis; nous nous inclinons respectueusement devant ce que nous considérons comme la chose jugée par nos collègues, quels que soient nos sentiments particuliers et nos intentions ultérieures. Mais nous déclarons que nous sommes en face d'une question de droit constitutionnel, et qu'il ne nous est pas permis de la trancher.

MM. CLÉMENCEAU et LANGLOIS. — C'est cela! Voilà la question!

M. LE RAPPORTEUR. — C'est en face de cette déclaration claire, bien formelle, absolue, que nous nous plaçons et que nous disons : Nous prenons le texte de l'article 8 de la loi constitutionnelle, et nous vous présentons un tout qu'il n'est pas possible de scinder sans détruire notre pensée même. (Très bien.) Nous avons adopté la forme prévue par le texte constitutionnel, mais nous avons mis la limitation, en fait, dans les dispositions qui précèdent, en évitant de nous prononcer, à raison de notre incompétence, sur la question des droits plus ou moins absolus du Congrès. (Très bien! très bien!)

J'ai donc bien raison de répéter une fois de plus que la question relative au scrutin de liste donne toute sa portée au vote que vous allez émettre. Quand nous vous apportons cette déclaration si nette et si exclusive d'équivoque, il n'est pas possible, sous prétexte qu'il y a matière à interprétation ultérieure, de dire qu'on ne connaîtra pas la portée du vote.

La commission ne m'a pas autorisé à modifier sa rédaction. (Très bien! très bien!)

Sur un grand nombre de bancs. — Aux voix! aux voix!

M. LE PRÉSIDENT. — Messieurs, voulez-vous me permettre?... Je vais faire procéder au vote, mais auparavant j'ai moi-même des explications à donner à la Chambre.

Ce que le Gouvernement demande, en somme, — il demande en plus à poser une question de priorité, — c'est la division de la rédaction de la commission...

M. LE PRÉSIDENT DU CONSEIL. — C'est cela !

M. LE PRÉSIDENT. — ... division qui est de droit, que la Chambre peut d'autant moins lui refuser....

M. LE PRÉSIDENT DU CONSEIL. — Parfaitement!

M. LE PRÉSIDENT. —... qu'elle a rejeté la proposition de l'honorable M. Barodet, laquelle était ainsi conçue : « déclare qu'il y a lieu de reviser les lois constitutionnelles. » et que le texte qui est soumis à la Chambre par la commission, dans la dernière partie de sa rédaction, n'en diffère point, puisqu'il est ainsi rédigé : « déclare qu'il y a lieu à revision des lois constitutionnelles ».

J'aurais donc dû, peut-être, me demander si mon devoir ne serait pas, après le premier vote, de considérer que la Chambre a déjà voté, même sur cette seconde partie de la proposition de la commission, bien que nous ne puissions pas soumettre au vote de pures interprétations.

Mais ce n'est pas ce que le Gouvernement a demandé, et comme tout le monde paraît désirer qu'il n'y ait aucune équivoque...

M. LE PRÉSIDENT DU CONSEIL. — Parfaitement !

M. LE PRÉSIDENT. —... puisque la commission donne à sa rédaction un autre sens que celui que M. Barodet attachait à la sienne, et que d'ailleurs il y a une légère différence dans les termes, je mettrai aux voix la partie finale de la proposition de la commission.

M. LE PRÉSIDENT DU CONSEIL. — C'est cela !

M. LE PRÉSIDENT. — Maintenant, le Gouvernement demande, — afin qu'il soit prononcé une fois pour toutes entre les deux systèmes, et afin que la Chambre ne se trouve plus placée qu'entre les deux questions posées par la divergence existant entre la commission et le Gouvernement sur la série des articles à introduire dans la loi constitutionnelle, — le Gouvernement demande la priorité pour la partie finale de la rédaction de la commission. La disposition que je vais mettre aux voix est donc celle-ci : « La Chambre déclare qu'il y a lieu à revision des lois constitutionnelles. »

M. CANTAGREL. — Nous demandons un vote sur la priorité. (*Exclamations sur un grand nombre de bancs.*)

Plusieurs membres. — Mais c'était bien compris !

M. LE PRÉSIDENT. — La Chambre va être consultée sur la priorité.

La Chambre, consultée, donne la priorité au paragraphe final du projet de la commission.

A la majorité de 282 voix contre 227, sur 509 votants, ce paragraphe est adopté. (*Applaudissements.*)

Toute la droite[1], toute l'extrème gauche[2] et cent trente-sept républicains[3] appartenant aux groupes de la gauche radicale et démocratique avaient voté contre le cabinet. M. Gambetta, battu à cinquante voix, avait vingt-six voix de majorité parmi les républicains[4].

Soixante-deux députés avaient voté successivement contre le projet de l'extrème gauche et pour le projet des 33, contre et pour la revision illimitée[5].

Le président du conseil se lève et monte à la tribune, au milieu d'un profond silence, pour faire la déclaration suivante.

Messieurs, le Gouvernement, en demandant à la Chambre, par la question de priorité, de statuer sur la partie du projet de résolution de la commission portant qu'il y avait lieu à revision des lois constitution-nelles, a fait connaître également à la Chambre que l'interprétation qu'il donnait à cette proposition,

1. Soixante-seize députés.
2. Cinquante-six députés.
3. MM. Wilson, Andrieux, Boysset, Horace de Choiseul, Lan-glois, de Mahy, Duvaux, Gatineau, Anatole de La Forge, Bernard-Lavergne, Lepère, Louis Legrand, Chéneau, Dréo, Logerotte, Mathé, Rivière, Granet, Jullien, Hérisson, de Marcère, Achard, etc.
4. MM. Jules Ferry, Bethmont, Jean Casimir-Perier, Martin Nadaud, Ranc, Greppo, Develle, Ribot, Francis Charmes, Mar-cellin Pellet, Ordinaire, Garrigat, Dreyfus, Hervé-Mangon, Mé-zières, Antonin Dubost, Fallières, Paul Casimir-Perier, Etienne, Guichard, Eugène Ténot, Compayré, Pierre Legrand, Noël Par-fait, Balhaut, Turquet, Frédéric Passy, Bastid, Maze, Journault, Joigneaux, Riotteau, Goblet, Malézieux, Thomson, Arène, Deluns-Montaud, Boissy-d'Anglas, Brice, Cazauvieilh, Delhomes, Henry, de La Porte, Liouville, Lepouzé, d'Osmoy, Philippoteaux, Saint-Romme, Tirard, Frédéric Thomas, Drumel, etc.
5. MM. Bansard des Bois, Barbedette, Belle, Berlet, Bienvenu, Bisseuil, Caduc, Cassou, Chaix, H. de Choiseul, Corentin Guyho, Costes, Debuchy, Deniau, Devade, Donnet, Dreux, Ducroz, Du-pont, Duvaux, H. Faure, Folliet, Ganne, Gaudy, Germain (Haute-Garonne), Gevelot, Girault, G. Graux, Graziani, Joubert, Laffite de Lajoannenque, Lalanne, Langlois, Lasserre, Latour, Bernard Lavergne, Lavieille, Louis Legrand, Arthur Leroy, Logerotte, Lorois, Loubet, Marganne, Mayet, Petitbien, Pradet-Balade, Renault-Morlière, des Rotours, de Roys, Salomon, Sentenac, de Sonnier, Tassin, Theulier, Thiessé, Tiersot, Varambon, Vi-gnancour, Villain, Viox, R. Waddington, Wilson.

c'était l'attribution au Congrès d'une compétence absolue sur toutes les parties de la Constitution; il avait fait connaître également à la Chambre qu'il repoussait formellement cette rédaction.

En conséquence, j'ai l'honneur d'informer la Chambre que le cabinet ne peut plus prendre part à la discussion. (*Applaudissements sur divers bancs. — Exclamations ironiques sur d'autres. — Mouvement prolongé. — Tous les membres du Gouvernement quittent la salle.*)

M. MARGAINE, *président de la commission.* — Je rappelle à la Chambre que M. le rapporteur, s'expliquant sur la pensée de la commission, déclarait que nous réservions au Congrès le droit d'interpréter la Constitution et que nous ne faisions ainsi que nous conformer à l'article 8.

Je demande donc que la Chambre soit appelée à voter sur le reste de notre proposition. On a fait une interversion, que je regrette; mais de ce qu'on a adopté la fin de notre article il n'en résulte pas que le commencement soit supprimé, et je demande qu'on le mette aux voix. (*Approbation sur un grand nombre de bancs.*)

M. LE PRÉSIDENT. — La Chambre a voté la deuxième partie de l'article. Il me reste à la consulter et sur la première partie de l'article et sur les amendements. (*Bruit.*)

Je consulte la Chambre sur le paragraphe 1er du projet de la commission ainsi conçu :

« Conformément à l'article 8 de la loi constitutionnelle du 25 février 1875, la Chambre des députés reconnaît la nécessité de reviser :

« 1° Les articles 4, 7 et 8 de la loi constitutionnelle du 24 février 1875, relative à l'organisation du Sénat. »

La Chambre adopte ce premier paragraphe.

M. LE PRÉSIDENT. — Le second paragraphe du projet de la commission est ainsi conçu :

« 2° Le paragraphe 3 de l'article 1er de la loi constitutionnelle du 16 juillet 1875 sur les rapports des pouvoirs publics. »

M. FREPPEL. — Il y a un amendement tendant à la suppression de ce paragraphe.

M. LE PRÉSIDENT. — M. Freppel demande la remise de la discussion à demain.

Le renvoi n'est pas prononcé.

M. FREPPEL. — Il m'est impossible de laisser dire sans protestation qu'il y a nécessité de supprimer les prières publiques, car voici le texte de la résolution de votre commission : « La Chambre reconnaît la nécessité de reviser le paragraphe 3 de l'article 1er de la loi du 16 juillet 1875. »

M. LE PRÉSIDENT. — Comme on ne vote pas sur une suppression, je mets aux voix le paragraphe 2 de la commission.

Le paragraphe est adopté.

M. MARGAINE. — Je demande à la Chambre, malgré l'interversion qui s'est produite dans le vote, de vouloir bien rétablir dans le vote l'ordre des paragraphes tel que l'a réglé la commission.

M. LE PRÉSIDENT. — Avant de voter sur l'ensemble du projet, je dois consulter la Chambre sur un article additionnel de M. Fourot, qui propose d'ajouter aux articles à reviser l'article 5 de la loi constitutionnelle, relatif à la dissolution de la Chambre.

Cet article additionnel n'est pas adopté.

M. LE PRÉSIDENT. — Il y a aussi une proposition de M. Berlet.

M. BERLET. — Ma proposition tend au rétablissement de la commission de permanence; je la retire pour la représenter devant le Congrès.

M. LE PRÉSIDENT. — Il reste à soumettre au vote de la Chambre la proposition faite par le Gouvernement d'ajouter aux articles à reviser le paragraphe 2 de l'article 1er de la loi du 25 juillet 1875, relatif à l'élection des députés.

Le Gouvernement a déclaré qu'il ne prenait plus part à la discussion, mais sa proposition demeure.

Voix au centre. — Il n'y a plus de gouvernement.

M. LE PRÉSIDENT. — La proposition est-elle appuyée? (*Oui! oui!*)

A la majorité de 305 voix contre 119, sur 424 votants[1], la proposition n'est pas adoptée.

M. LE PRÉSIDENT. — Je vais mettre aux voix l'ensemble de

---

1. Plus de cinquante députés avaient quitté la salle des séances à la suite de M. Gambetta.

l'article. Il y a une demande de scrutin. (*Bruit.*) La demande de scrutin est-elle retirée?

Voix diverses. — Oui! oui!

M. Pierre Legrand *et divers autres membres.* — Non! non! nous ne la retirons pas.

Le scrutin est ouvert.

A la majorité de 262 voix contre 91, sur 353 votants l'ensemble du projet de la commission est adopté.

M. Gambetta remit le soir même au président de la République la démission du ministère.

Le ministère du 14 novembre avait duré soixante-seize jours.

APPENDICE

DÉCRETS

CONSTITUANT LE MINISTÈRE DU 14 NOVEMBRE

Nous reproduisons, d'après le *Journal Officiel* du 15 novembre, les documents suivants :

Le Président de la République française,

Décrète :

ART. PREMIER. — M. Gambetta, député, est nommé ministre des affaires étrangères, en remplacement de M. Barthélemy Saint-Hilaire dont la démission est acceptée.

Art. 2. — Le président du conseil, ministre de l'instruction publique et des beaux-arts, est chargé de l'exécution du présent décret.

Fait à Paris, le 14 novembre 1881.

Jules GRÉVY.

Par le Président de la République :

Le Président du conseil des ministres, ministre de l'instruction publique et des beaux-arts,

Jules FERRY.

Le Président de la République française,

Décrète :

ART. PREMIER. — M. Gambetta, député, ministre des affaires étrangères, est nommé président du conseil des ministres, en remplacement de M. Jules Ferry, dont la démission est acceptée.

Art. 2. — Le président du conseil, ministre de l'instruction publique et des beaux-arts est chargé de l'exécution du présent décret.

Fait à Paris, le 14 novembre 1881.

Jules GRÉVY.

Par le Président de la République :

Le président du conseil des ministres, ministre de l'instruction publique et des beaux-arts.

Jules FERRY.

Le président de la République française,

Décrète :

ART. PREMIER. — M. Cazot, sénateur, est nommé garde des sceaux, ministre de la justice.

Art. 2. — Le président du conseil, ministre des affaires étrangères, est chargé de l'exécution du présent décret.

Fait à Paris, le 14 novembre 1881.

Jules GRÉVY.

Par le Président de la République :

Le président du conseil des ministres, ministre des affaires étrangères,

Léon GAMBETTA.

Un décret décide que l'administration des cultes est détachée du ministère de l'instruction publique.

Dix décrets pourvoient aux divers ministères :

M. Waldeck-Rousseau, député, est nommé ministre de l'intérieur, en remplacement de M. Constans, dont la démission est acceptée.

M. Allain-Targé, député, est nommé ministre des finances, en remplacement de M. Magnin, dont la démission est acceptée.

M. le général de division Campenon est nommé ministre de la guerre, en remplacement de M. le général Farre, dont la démission est acceptée.

M. Gougeard, conseiller d'État, est nommé ministre de la marine, en remplacement de M. le vice-amiral Cloué, dont la démission est acceptée.

M. Paul Bert, député, est nommé ministre de l'instruction publique et des cultes, en remplacement de M. Jules Ferry, dont la démission est acceptée.

M. Raynal, député, est nommé ministre des travaux publics, en remplacement de M. Sadi-Carnot, dont la démission est acceptée.

M. Maurice Rouvier, député, est nommé ministre du commerce et des colonies, en remplacement de M. Tirard, dont la démission est acceptée.

M. Cochery, député, est nommé ministre des postes et des télégraphes.

M. Paul Devès, député, est nommé ministre de l'agriculture, en remplacement de M. Tirard, dont la démission est acceptée.

M. Antonin Proust, député, est nommé ministre des arts.

Huit décrets pourvoient à autant de postes de sous-secrétaire d'État :

M. Spuller, député, est nommé sous-secrétaire d'État au ministère des affaires étrangères, en remplacement de M. de Choiseul, dont la démission est acceptée.

M. Martin-Feuillée, député, est nommé sous-secrétaire d'État au ministère de la justice.

M. Margue, député, est nommé sous-secrétaire d'État au ministère de l'intérieur, en remplacement de M. Fallières, dont la démission est acceptée.

M. Lelièvre, député, est nommé sous-secrétaire d'État des finances, en remplacement de M. Wilson, dont la démission est acceptée.

M. Blandin, député, est nommé sous-secrétaire d'État au ministère de la guerre.

M. Lesguillier, député, est nommé sous-secrétaire d'État au ministère des travaux publics.

M. Félix Faure, député, est nommé sous-secrétaire d'État au ministère du commerce et des colonies.

M. Edmond Caze, député, est nommé sous-secrétaire d'État au ministère de l'agriculture, en remplacement de M. Girerd, dont la démission est acceptée.

CRÉATION D'UN MINISTÈRE DE L'AGRICULTURE

Paris, le 14 novembre 1881.

Monsieur le président,

La création d'un ministère exclusivement affecté à l'étude des questions si vastes et si complexes qui touchent à l'agriculture est depuis longtemps désirée par l'opinion publique.

Il s'agit, en effet, de développer l'élément le plus fécond de la richesse nationale, et la nécessité de donner à ce grand intérêt une représentation spéciale dans les conseils du Gouvernement se justifie par elle-même.

D'importantes améliorations ont été obtenues, d'heureux résultats se sont produits, surtout pendant ces dernières années. Mais il faut reconnaître que les échanges internationaux, le régime douanier et colonial, les traités de commerce, etc., etc., absorberont de plus en plus l'activité du ministre compétent. Les deux grands services de l'agriculture et du commerce ne sauraient rester confondus plus longtemps sans dommage. Chacun d'eux comporte désormais une organisation distincte.

La même nécessité a déterminé déjà plusieurs grandes nations à établir chez elles un département spécial de l'agriculture. Nous voyons cette création réalisée en Allemagne, aux États-Unis d'Amérique après la guerre de la sécession, en Autriche après Sadowa, et récemment enfin en Italie.

Cette réforme prend dans notre pays un véritable caractère d'urgence, si l'on considère la situation difficile que traverse depuis plusieurs années l'agriculture française.

A la concurrence étrangère, aux modifications économiques qui en résultent, sont venues s'ajouter l'insuffisance des récoltes et la désastreuse influence du phylloxera.

Un tel état de choses impose au gouvernement de la République les plus pressants devoirs.

Pour assurer son action dans ce qu'elle peut avoir de légitime et d'efficace, il convient de grouper les services divers qui intéressent l'agriculture dans la nomenclature des budgets de l'État.

En conséquence, ce département ministériel, en outre de ses attributions actuelles déjà si importantes (écoles et services vétérinaires, enseignement professionnel de l'agriculture, inspection de l'agriculture et de la sériciculture, encouragements à l'agriculture et au drainage, phylloxera, doryphora, etc., haras, forêts, établissements et services sanitaires, statistiques, etc.), devrait emprunter au ministère des travaux publics le service des études et subventions pour travaux d'irrigations, de desséchement et de curage, les prêts pour irrigations et desséchements, l'aménagement des eaux et l'assainissement des marais communaux.

Si vous donnez votre approbation aux vues que je viens d'avoir l'honneur de vous soumettre, je vous prie de vouloir bien signer le décret suivant.

Veuillez agréer, monsieur le président, l'hommage de mon profond respect.

Le président du conseil,
ministre des affaires étrangères,

LÉON GAMBETTA.

DÉCRET

Le Président de la République française,
Sur la proposition du président du conseil, ministre des affaires étrangères,

Décrète :

ART. PREMIER. — Il est créé un ministère de l'agriculture.

Art. 2. — Ce ministère a dans ses attributions les services actuels de l'administration de l'agriculture. (Budget ordinaire. 2º partie : Services généraux des ministères. (Chap. 1er, 2, 3, 4, 5, 6, 7, 8, 8 *bis*, 9, 10, 11, 12, 17, 18, 19; 3e partie. Chap. 23, 24, 25, 26, 27; 4e partie. Chap. 28 : Budget sur ressources spéciales, chap. 1er; le service des études et subventions pour travaux d'irrigation, de desséchement et de curage; des travaux d'amélioration agricole, de l'assainissement des marais communaux, des prêts pour irrigations et desséchements, de la garantie d'intérêt aux Compagnies concessionnaires de canaux d'irrigation ou de grandes entreprises d'amélioration agricole, des études et travaux relatifs à l'aménagement des eaux (chap. 19 de la 1re section du budget des travaux publics : chap. 38, 40, 41, 42 de la 2e section; chap. 13 du budget des dépenses sur ressources extraordinaires des travaux publics).

Art. 3. — Le président du conseil, ministre des affaires étrangères, est chargé de l'exécution du présent décret.

Fait à Paris, le 14 novembre 1881.

Jules GRÉVY.

Par le Président de la République :

Le président du conseil des ministres, ministre
des affaires étrangères,

LÉON GAMBETTA.

CRÉATION D'UN MINISTÈRE DES ARTS

Paris, le 14 novembre 1881.

Monsieur le président,

Aucun de nos services publics n'a subi plus de modifications que le service des beaux-arts, soit dans ses attributions, soit dans ses rapports avec les autres services.

Sous l'ancien régime il était compris dans l'administration des bâtiments royaux, et il a longtemps fait partie de l'administration des domaines.

En 1792, il a été rattaché au ministère de l'intérieur, où il fut divisé en trois bureaux, puis en trois sections.

Le premier Empire le réduisit aux proportions d'un seul bureau. La Restauration en fit une division.

La monarchie de 1830 l'attribua d'abord au ministère du commerce et des travaux publics et le partagea plus tard entre le ministère de l'intérieur et le ministère de l'instruction publique.

En 1848, le service des beaux-arts fut placé dans la direction des musées nationaux.

Le second empire le fit entrer, en 1853, au ministère d'État et le plaça, douze ans après, dans les attributions de la maison de l'empereur, où il demeura jusqu'au 27 janvier 1870.

A cette date, un décret constitua un ministère spécial des beaux-arts, qui ajouta aux attributions de la maison de l'empereur la direction des bâtiments civils et la direction des sciences et lettres.

Le 28 août 1870, le ministère spécial des beaux-arts fut supprimé et ses attributions transportées au ministère de l'instruction publique, qui, après le 4 septembre, abandonna au ministère des travaux publics la direction des bâtiments civils.

Dès les premiers mois de la réunion de l'Assemblée nationale, M. Charton, dans un rapport fait au nom de la commission des services administratifs, appela l'attention du Gouvernement sur les inconvénients de cette incessante mobilité du service des beaux-arts.

Et le 1er février 1878, M. Bardoux, ministre de l'instruction publique et des beaux-arts, visant le rapport de M. Charton, forma une commission chargée d'étudier les modifications qui pourraient donner plus de cohésion et de solidité à l'organisation de la 2e section de son département.

L'institution d'un sous-secrétariat ayant dans ses attributions spéciales le service des beaux-arts, permit en 1879 de réaliser quelques-unes des réformes qu'avait proposées la commission de 1878; mais la réunion des services qui intéressent l'enseignement de l'art à tous les degrés et dans toutes ses applications n'a pas été opérée.

Cependant les nations étrangères ont depuis bientôt trente ans multiplié les institutions destinées à favoriser cet enseignement, et nous avons pu constater à l'Exposition universelle de 1878 combien ont été rapides, grâce à la prévoyance de leurs gouvernements, les progrès accomplis dans les industries d'art par des peuples qui n'étaient encore naguère que nos imitateurs et qui sont devenus nos rivaux.

La constatation de cet état de choses a donné lieu en France à un véritable mouvement d'opinion en faveur d'institutions qui ont donné partout de si prompts et de si précieux résultats. Après avoir rappelé que c'est la France qui a, la première, ouvert les conservatoires et les écoles d'arts et métiers; que c'est à l'initiative des hommes de la Révolution que sont dus les musées et les cours spéciaux qui assurent l'alliance de l'art et de l'industrie, on a justement fait remarquer que, dans nos sociétés modernes, il ne suffit pas de développer le goût et la culture des

beaux-arts, mais que l'assistance que l'art peut donner
à l'industrie a une importance considérable au point
de vue économique et social, puisqu'elle transforme
les conditions du travail et exerce une influence décisive sur les forces productives d'une nation.

Pour développer ce large enseignement des principes généraux de l'art que réclament nos grandes
industries, pour fortifier l'enseignement technique
qui ne leur est pas moins nécessaire, j'ai l'honneur,
monsieur le président, de vous proposer la création
d'un ministère des arts.

Ce ministère aurait dans ses attributions l'administration actuelle des beaux-arts, la direction des
bâtiments civils et la construction des édifices diocésains et cathédrales, services qui par leur caractère
se rattachent naturellement au service des beaux-arts.

Il aurait, en outre, la direction de l'enseignement
technique (Conservatoire et écoles d'arts et métiers)
qui est actuellement dans les attributions du ministère
de l'agriculture et du commerce, et enfin l'inspection
et la surveillance de l'enseignement du dessin dans les
écoles normales d'instituteurs et d'institutrices, dans
les écoles primaires, dans les collèges et lycées.

Je m'empressse d'ajouter, monsieur le président,
que la création que j'ai l'honneur de vous proposer
ne me paraît pas devoir amener au budget de l'État
l'accroissement de dépense que justifierait d'ailleurs
le grand intérêt qui s'y attache.

J'estime en effet, que, pour faire une œuvre utile,
vraiment féconde et réellement conforme à nos traditions, à nos aptitudes, à nos tendances, le ministère des arts n'a pas besoin de multiplier les établissements d'État toujours coûteux et souvent stériles.
Mon sentiment est qu'il doit s'attacher à associer
l'action du pouvoir central, dans la mesure où celle-
ci a le devoir de se produire, à l'action des corps ou
associations déjà constitués; qu'il lui faut faire appel

aux départements, aux communes, aux chambres de commerce, aux comités consultatifs des arts et manufactures, aux syndicats professionnels, qui attendent tous du gouvernement de la République le concours que ce gouvernement est tenu plus que tout autre de prêter aux efforts de notre démocratie laborieuse.

J'espère, monsieur le président, que vous voudrez bien accueillir favorablement la proposition que j'ai l'honneur de soumettre à votre haute approbation.

Veuillez agréer, monsieur le président, l'hommage de mon profond respect.

Le président du conseil,
ministre des affaires étrangères,
Léon GAMBETTA.

DÉCRET

Le président de la République française,

Sur le rapport du président du conseil, ministre des affaires étrangères,

Décrète :

ART. PREMIER. — Il est créé un ministère des arts.

Art. 2. — Ce ministère a dans ses attributions les services actuels de l'administration des beaux-arts, qui forment le sous-secrétariat du ministère de l'instruction publique et des beaux-arts, les services des bâtiments civils dépendant du ministère des travaux publics (1re section, chap. 24 à 32; 2e section, chap. 48 à 51); le service des édifices diocésains et cathédrales dépendant du ministère des cultes (chap. 11, 12 et 13); le service de l'enseignement technique dépendant du ministère de l'agriculture et du commerce, et comprenant le Conservatoire des arts et métiers, les écoles d'arts et métiers, l'école spéciale de Cluses et les comités des arts et manufactures, chap. 13 et art. 1er du chap. 14; la surveillance de l'enseignement du dessin dans les écoles normales d'instituteurs et d'institutrices, dans les écoles primaires, dans les collèges et lycées (art. 4 du chap. 29 ; art. 3 du chap. 34).

Art. 3. — Le président du conseil, ministre des affaires étrangères, est chargé de l'exécution du présent décret.

Fait à Paris, le 14 novembre 1881.   Jules GRÉVY.

Pour le Président de la République :

Le président du conseil des ministres, ministre
des affaires étrangères,
Léon GAMBETTA.

PROJETS DE LOI

PRÉPARÉS PAR LE MINISTÈRE DU 14 NOVEMBRE

PROJET DE LOI

SUR L'ENSEIGNEMENT SECONDAIRE PRIVÉ

PRÉSENTÉ AU NOM DE M. JULES GRÉVY

PRÉSIDENT DE LA RÉPUBLIQUE FRANÇAISE

PAR M. PAUL BERT

MINISTRE DE L'INSTRUCTION PUBLIQUE ET DES CULTES

Dans la séance du 9 décembre 1881

EXPOSÉ DES MOTIFS

MESSIEURS,

La loi de 1850 a autorisé la création d'établissements d'enseignement secondaire privé qui ont pris depuis longtemps une trop grande importance pour ne pas éveiller l'attention du gouvernement et provoquer de sa part des mesures de garantie.

D'après la dernière statistique officielle, il y avait en 1876 333 lycées ou collèges communaux donnant l'instruction à

73,000 élèves, et 803 établissements privés en recevant 78,000[1].
Il est possible que la situation se soit un peu modifiée depuis
cinq ans; mais il n'en reste pas moins vrai que la moitié
environ de cette partie de la jeunesse française destinée à
recruter les écoles de l'État, les carrières libérales, à occuper les positions les plus élevées dans l'industrie et le commerce, et par suite à exercer une influence prépondérante
sur la société, échappe de 10 à 18 ans à toute surveillance
officielle, s'élève dans l'ombre et reçoit des leçons dont les
tendances et la portée ne se manifestent que quand il est
trop tard pour y porter remède.

Cet état de choses qui existe depuis trente ans a des
conséquences d'autant plus graves que ces établissements
sont des internats[2], que la majorité des élèves n'a presque
aucun contact avec le dehors et que les influences extérieures ne corrigent pas les effets d'une éducation qui se
donne à huis clos et échappe à tout contrôle.

En aucune circonstance un gouvernement soucieux de
l'avenir de la France ne pourrait rester indifférent devant
une pareille situation. Aujourd'hui, la loi récemment votée
sur les titres de capacité pour l'enseignement primaire

1. Voici les chiffres exacts :
Le nombre total des établissements d'instruction secondaire
était en 1876, de 1,136, savoir :

Lycées.	81	333
Collèges communaux.	252	
Établissements privés laïques.	494	803
— — ecclésiastiques. .	389	
		1136

La population scolaire était en tout de 153,324 élèves ainsi
répartis :

Lycées.	37,477	75,259
Collèges communaux.	37,783	
Établissements privés laïques. . . .	31,249	73,085
— — ecclésiastiques	46,816	
		15,3324

2. En 1876, les établissements
privés laïques renfermaient. . . 16,870 internes, 14,379 externes.
  Les établissements privés ec-
clésiastiques renfermaient. . . 33,092 internes, 13,724 externes.

Total. . . 49,962 internes, 28,103 externes.

donne un caractère d'urgence à une réforme analogue que nous nous proposons d'introduire dans l'enseignement secondaire privé.

Il serait contradictoire en effet, quand il s'agit d'enseigner à des petits enfants les notions les plus élémentaires, d'imposer aux maîtres un certificat de capacité délivré par un jury d'État, et, pour l'Enseignement secondaire, qui reçoit l'enfant pour le garder 8 à 9 ans, le façonne à son gré, le conduit jusqu'à l'âge d'homme, et contribue ainsi plus qu'aucun autre à la formation du caractère et à la direction de l'esprit, de ne prendre aucune précaution et de s'en remettre aveuglément à la fantaisie et à la spéculation.

On peut différer d'opinion sur la nature et l'étendue des garanties à exiger; mais aujourd'hui, après une expérience de trente années, il est impossible d'admettre, comme l'ont fait les législateurs de 1850, que le grade de bachelier et quelques années de stage suffisent à la sécurité de l'État et à la protection des familles.

L'opinion publique ne comprendrait pas qu'on tolérât plus longtemps un état de choses dont elle s'est émue à diverses reprises. A la date du 16 novembre 1880, l'honorable M. Marcou avait saisi la Chambre d'une proposition présentée de nouveau le 1er décembre 1881 et qui a pour but d'imposer les grades aux « directeurs et professeurs des établissements libres d'enseignement secondaire ».

D'autre part, le 11 décembre 1880, M. Jules Ferry, président du conseil et ministre de l'instruction publique, déposait sur le bureau de la Chambre un projet de loi « sur l'enseignement secondaire libre » tendant également à déterminer les garanties que l'État doit exiger de tous ceux qui, en dehors des établissements publics, assument la lourde tâche d'élever la jeunesse.

Ce projet de loi, ainsi que la proposition de M. Marcou, ont été soumis à l'examen d'une Commission qui a étudié la question dans tous ses détails. Son travail était achevé lorsque est arrivée la fin de la législature.

Nous ne faisons donc que reprendre une œuvre interrompue et qui avait été accueillie avec faveur par l'ancienne Chambre.

Notre article premier fixe les conditions à exiger du directeur d'un établissement d'enseignement secondaire. Nous demandons à la fois le diplôme de bachelier et un certificat d'aptitude pédagogique.

Ce certificat n'est pas une innovation. Il est emprunté à la loi du 15 mars 1850, article 60, qui l'a institué sous le titre de « Brevet de capacité ». Seulement ce brevet était destiné, d'après les termes mêmes de la loi, à tenir lieu du diplôme de bachelier. Nous estimons qu'il doit s'ajouter au diplôme et que cette double garantie n'est pas de trop.

En effet, le baccalauréat constate bien un minimum d'instruction générale, mais il ne garantit nullement l'honorabilité ni les aptitudes nécessaires à quiconque aspire à diriger une maison d'éducation. Le certificat est destiné à prouver qu'on possède les qualités d'esprit qui rendent propre à exercer de l'autorité sur la jeunesse. Il aura aussi pour effet d'empêcher qu'un homme, muni du diplôme de bachelier, ne serve de prête-nom à des spéculateurs et à des charlatans[1].

Ce certificat est délivré par un jury spécial qui a été institué par la loi du 16 mars 1850, art. 62. Notre art. 4 n'est que la reproduction de cet article avec quelques modifications de détails qui n'en changent pas le caractère.

Les articles 2 et 3 établissent une distinction toute naturelle entre les maîtres chargés exclusivement de la surveillance et les professeurs. Des surveillants nous n'exigeons que le brevet primaire, c'est-à-dire la constatation qu'ils ne sont pas illettrés.

Les professeurs, au contraire, ceux qui sont chargés des classes de rhétorique et de philosophie ou des cours d'histoire et de sciences correspondant à ces classes, nous leur demandons un diplôme de licencié ou un titre à peu près équivalent. C'est bien le moins qu'on puisse exiger de maîtres qui s'adressent à des jeunes gens de 16 à 20 ans, et qui donnent un enseignement préparant au baccalauréat et aux grandes écoles de l'État.

Pour les autres classes, de la sixième à la seconde inclusivement, et pour les enseignements latéraux qui correspondent à ces classes, nous nous contentons du baccalauréat ou des titres similaires. Le brevet primaire complet nous suffit pour les classes élémentaires.

[1]. Voir le rapport du duc de Broglie à la Chambre des pairs (12 avril 1844).

Les articles 6 et 7 ne font qu'approprier au présent projet de loi les mesures disciplinaires édictées par la loi de 1850.

L'article 8 dit que la présente loi est applicable aux écoles secondaires ecclésiastiques. Cette disposition peut paraître superflue, tant elle va de soi. Mais, comme la loi de 1850 a fait une situation exceptionnelle en décidant, d'une part, qu'elles seraient maintenues sous la seule condition de rester soumises à la surveillance de l'État, de l'autre, qu'il ne pourrait pas en être établi de nouvelles sans l'autorisation du Gouvernement, il nous a paru utile, tout en laissant subsister la réserve relative à la création d'écoles nouvelles, de déclarer que les écoles existantes rentrent désormais dans le droit commun.

Notre projet ne serait pas complet s'il passait sous silence l'enseignement secondaire des jeunes filles.

Pour les directrices des institutions privées nous ne faisons que reproduire les termes de l'article 8 du décret du 31 décembre 1853 (1); mais nous étendons à toutes les institutions indistinctement une disposition qui ne s'appliquait qu'aux institutions laïques.

Ce que nous exigeons au sujet des professeurs est un minimum aussi réduit que possible, le baccalauréat pour les professeurs hommes, le brevet simple pour les femmes. On trouvera peut-être que c'est trop peu, puisque nous ne faisons qu'appliquer à l'enseignement secondaire ce qui existe déjà pour l'enseignement primaire. Mais ce n'est là qu'une disposition provisoire. L'enseignement secondaire des jeunes filles donné au nom de l'État et des communes est en train de s'organiser. Bientôt, conformément à l'article 9 de la loi du 21 décembre 1880, il faudra créer des grades spéciaux pour les femmes qui donneront l'enseignement dans ces établissements nouveaux. Quand ces grades existeront, il y aura lieu de modifier la loi sur ce point.

Quelle que soit l'importance de l'enseignement des lan-

---

1. L'article 8 du décret du 31 décembre 1853 est ainsi conçu :

« Toute institutrice laïque ne peut diriger une maison d'éducation de premier ordre si elle n'est pourvue d'un brevet de capacité délivré après un examen portant sur toutes celles des matières de l'enseignement énumérées aux art. 23 et 48 de la loi du 15 mars 1850, qui sont exigées pour l'éducation des femmes ».

gues vivantes et du dessin, il nous a paru possible de n'assujettir à aucune condition les maîtres qui le donnent.

Les articles 11 et 12 renferment des dispositions transitoires où nous avons essayé de concilier le respect des situations acquises avec les exigences de l'intérêt public.

PROJET DE LOI

Le Président de la République française

Décrète :

Le projet de loi dont la teneur suit sera présenté à la Chambre des députés par le ministre de l'instruction publique, et des cultes, qui est chargé d'en exposer les motifs et d'en soutenir la discussion.

ARTICLE PREMIER. — Tout Français, âgé de 25 ans au moins, et n'ayant encouru aucune des incapacités comprises dans l'art. 16 de la loi du 15 mars 1850, peut former un établissement d'instruction secondaire, à la condition de faire à l'inspecteur d'Académie du département où il se propose de s'établir, les déclarations prescrites par l'art. 27 de la même loi, et, en outre, de produire entre ses mains les pièces suivantes, dont il lui sera donné récépissé :

1° Le diplôme de bachelier ès lettres ou ès sciences, ou bien le diplôme de capacité de l'enseignement secondaire spécial institué par l'art. 6 de la loi du 21 juin 1865 ;

2° Un certificat d'aptitude pédagogique aux fonctions de l'enseignement délivré par le jury organisé à l'article 4.

3° Les noms, titres et grades des collaborateurs qu'il se propose de s'adjoindre, soit comme professeurs, soit comme surveillants ;

4° Le plan du local et le programme de l'enseignement.

ART. 2. — Nul ne peut être employé comme professeur dans un établissement d'enseignement secondaire privé si, indépendamment des conditions exigées par l'article 65 de la loi du 15 mars 1850, il ne produit un des titres suivants :

1° Pour les classes de rhétorique, d'histoire et de philosophie, un des diplômes de la licence ès lettres ;

2° Pour les cours de mathématiques élémentaires et spéciales, le diplôme de licencié ès sciences mathématiques, le titre d'ancien élève de l'École polytechnique ou d'ingénieur diplômé de l'École centrale.

3° Pour les cours de physique correspondant aux classes de rhétorique et de philosophie, le diplôme de licencié ès sciences physiques, le titre d'ancien élève de l'École polytechnique ou d'ingénieur diplômé de l'École centrale.

4° Pour les cours de sciences naturelles correspondant aux classes de rhétorique et de philosophie, le diplôme de licencié ès sciences naturelles, de docteur en médecine ou le brevet de pharmacien de 1re classe.

5° Pour les autres classes, depuis et y compris la sixième jusqu'à la seconde inclusivement, l'un des titres ci-dessus énoncés, le diplôme de bachelier ès lettres ou ès sciences, le brevet de capacité de l'enseignement secondaire spécial, suivant la nature de l'enseignement.

6° Pour les classes élémentaires, l'un des titres ci-dessus énoncés ou le brevet complet de capacité pour l'enseignement primaire.

ART. 3. — Nul ne peut exercer les fonctions de surveillant dans un établissement d'enseignement secondaire privé s'il ne produit au moins le brevet simple de capacité pour l'enseignement primaire.

ART. 4. — Tous les ans le ministre nomme, sur la présentation du Conseil académique, un jury chargé d'examiner les aspirants au certificat d'aptitude pédagogique. Ce jury est composé de sept membres y compris le recteur qui le préside.

L'examen sera public. Le programme et les conditions de l'examen seront fixés par un décret après avis du Conseil supérieur de l'instruction publique.

ART. 5. — Toutes les fois qu'un nouveau maître est appelé dans un établissement d'enseignement secondaire privé, le directeur de l'établissement est tenu d'en faire la déclaration, dans les quinze jours, au secrétariat de l'inspection académique, et de justifier que ce maître satisfait aux prescriptions réglementaires.

ART. 6. — En cas d'infraction aux prescriptions de la présente loi, le directeur reçoit un avertissement de l'inspecteur d'académie, et si, dans le délai de quinze jours, il ne s'est pas mis en règle, il est passible des peines édictées par la loi de 1850 (art. 68).

ART. 7. — L'article 68 de la loi du 15 mars 1850 est applicable, dans le cas de désordre grave occasionné ou toléré par le directeur dans l'intérieur de l'établissement, ou s'il est constaté par l'inspection que l'enseignement est contraire à la morale, à la Constitution et aux lois.

ART. 8. — Les dispositions de la présente loi sont applicables aux écoles secondaires ecclésiastiques.

ART. 9. — Nulle institutrice, laïque ou congréganiste, ne peut diriger un établissement d'enseignement secondaire de jeunes filles si elle n'est pourvue du brevet complet de capacité pour l'enseignement primaire.

Les professeurs femmes qui sont employées dans ces établissements doivent avoir au moins le brevet simple pour l'enseignement primaire.

Les professeurs hommes employés dans ces mêmes établissements doivent être munis au moins du diplôme de bachelier.

ART. 10. — La présente loi est exécutoire à partir du 1er octobre 1882.

ART. 11. — Les chefs d'institution qui auront, au moment de la promulgation de la présente loi, plus de cinq ans d'exercice et plus de quarante ans d'âge, sont dispensés de la production du certificat d'aptitude mentionné à l'article 4.

Les directrices qui se trouvent dans les mêmes conditions jouissent de la même dispense, quant à la production du brevet complet.

Les autres doivent se conformer à la loi dans le laps d'un an à partir de la promulgation.

ART. 12. — Les personnes, hommes ou femmes, actuellement employées comme surveillants ou professeurs dans les établissements d'enseignement secondaire privé, qui sont âgées de quarante ans au moins, peuvent continuer à exercer leurs fonctions actuelles sans produire les titres énumérés aux articles 2, 3 et 9.

Ces titres seront exigés d'elles pour la promotion à des fonctions plus élevées.

Les personnes employées dans ces établissements comme surveillants ou comme professeurs, qui sont âgées de moins

de quarante ans, doivent se procurer les titres exigés dans
le laps d'un an pour les brevets de capacité de l'enseignement primaire et de l'enseignement secondaire spécial et
pour le diplôme de bachelier; dans le laps de trois ans
pour les diplômes d'ordre supérieur.

Art. 13. — Sont abrogés les articles 60, 61, 62, 67 de
la loi du 15 mars 1850.

PROJET DE LOI

POUR LA CONSERVATION

DES MONUMENTS ET OBJETS D'ART AYANT UN INTÉRÊT HISTORIQUE ET ARTISTIQUE

PRÉSENTÉ AU NOM DE M. JULES GRÉVY

PRÉSIDENT DE LA RÉPUBLIQUE FRANÇAISE

PAR M. ANTONIN PROUST

MINISTRE DES ARTS

Dans la séance du 14 janvier 1882

EXPOSÉ DES MOTIFS

MESSIEURS,

Dans la séance du 26 mai 1878, le Gouvernement avait présenté à la Chambre des députés un projet de loi pour la conservation des monuments historiques et des objets d'art.

Ce projet soulevait de graves questions de droit civil et de droit administratif; aussi le Gouvernement, d'accord avec la Commission parlementaire chargée d'examiner la proposition, avait pensé qu'il serait utile de la soumettre au Conseil d'État.

Les nouvelles dispositions contenues dans le projet de loi, dont nous avons l'honneur de vous proposer l'adoption, sont celles qui ont reçu l'approbation du Conseil d'État; elles nous paraissent suffisantes pour donner au Gouvernement les pouvoirs qui lui manquent pour assurer la conservation des monuments historiques et des objets d'art.

Nous nous bornerons à en préciser brièvement le sens et la portée.

Toutefois, avant d'aborder l'examen des articles, il nous

paraît nécessaire de revenir en quelques mots sur les raisons générales qui ont amené le Gouvernement à présenter le projet qui vous est actuellement soumis.

Les monuments de l'antiquité, du moyen âge et de la renaissance, les monuments civils, religieux et militaires, les monuments appartenant à toutes les écoles et principalement à l'architecture française proprement dite, concourent à donner à l'histoire de l'art sur notre sol une importance et un attrait exceptionnels.

La préoccupation d'assurer la conservation des monuments du passé appartient à la société moderne; en France, elle apparaît pour la première fois à la fin du siècle dernier, Il existe des décrets des 15 novembre 1790, 16 septembre et 15 novembre 1792, qui instituent une Commission et autorisent les dépenses en vue de cette conservation. Toutefois le mouvement ne se déclare d'une façon décisive qu'aux derniers jours de la Restauration, alors que les Chateaubriand, les Guizot, les Augustin Thierry, les Victor Hugo, les Vitet, les Mérimée popularisaient par leurs écrits le goût et le respect de nos antiquités nationales, en même temps qu'ils donnaient la notion plus précise de nos origines.

En 1830, les Chambres, s'associant à ce mouvement, votèrent un premier crédit de 80,000 francs pour la conservation des monuments historiques, et tous les ans, depuis cette époque, une allocation de cette nature fut portée au budget.

En 1834, M. Guizot, ministre de l'instruction publique, institua le Comité historique des arts et monuments, en vue de la publication des documents inédits de l'histoire de France et de l'établissement d'un inventaire des monuments d'art et d'archéologie (meubles et immeubles).

Des instructions bien connues furent rédigées à cet effet par MM. Mérimée, Albert Lenoir, Auguste Leprévôt et Charles Lenormant.

Enfin, en 1837, le ministre de l'intérieur institua une Commission spéciale pour la répartition du crédit des monuments historiques et l'examen des projets de restauration soumis à son approbation. Cette Commission dite *des Monuments historiques*, dont une ordonnance royale du 19 février 1839 a consacré l'existence, fut réorganisée à différentes reprises en vertu de décrets dont le dernier remonte à 1879;

elle est aujourd'hui placée dans les attributions du ministre des arts, qui en est le président.

Le premier soin de la Commission des monuments historiques fut de dresser une statistique de tous les monuments sur lesquels devait s'étendre son action. Ce travail a eu pour résultat une liste, qui constitue ce qu'on appelle le *classement* des monuments historiques. Telle qu'elle est constituée, avec les ressources et le pouvoir restreint dont elle dispose, la Commission des monuments historiques a rendu, depuis quarante ans, d'immenses services; mais, n'étant pas armée d'une loi qui la constitue seul juge de l'opportunité des travaux à exécuter dans les monuments classés, il arrive souvent qu'elle n'est pas consultée, ou même que ses avis ne sont pas suivis : bien plus, elle ne peut pas toujours empêcher qu'aucune atteinte ne soit portée aux édifices déjà restaurés et pour lesquels l'État s'est imposé des dépenses importantes. Enfin, il est souvent arrivé que, pour régulariser une place ou aligner une rue, on a démoli des monuments qui avaient une valeur considérable et cela, sans que la Commission chargée de les protéger ait eu seulement connaissance du projet de destruction. Alors même qu'elle est prévenue à temps, ses efforts ne sont pas toujours couronnés de succès. Des destructions et des mutilations se reproduisent chaque année, se continuent chaque jour et mettent ainsi à néant quelque fragment de notre art et de notre histoire.

Il ne suffit pas, pour maintenir intacte une œuvre d'art, d'être possédé de la volonté de la conserver; il faut avoir acquis les conditions nécessaires pour la pouvoir restaurer sans altérer son caractère et sans faire disparaître des traces précieuses aux yeux de l'archéologue, de l'artiste, de l'historien, de l'homme de science et de goût.

Le savoir et l'expérience de l'homme du métier ne sont pas moins nécessaires, quand il s'agit de conduire des fouilles importantes. Cependant, le plus souvent, on ne songe à les signaler à la Commission qu'alors qu'elles sont déjà très avancées. Or, si les déblais n'ont pas été tout d'abord bien dirigés, il faut, sous peine de ne pouvoir continuer ces fouilles, reprendre les terres qui ont été déjà relevées et les porter sur un autre point. De là des dépenses considérables qui auraient pu être évitées.

Enfin, il est très important, s'il s'agit de ruines d'un monument, que chacun des fragments trouvés soit relevé par un artiste exercé, à la place même et dans la situation où il a été découvert; car, en pareil cas, les moindres indices ont une valeur et sont des éléments de restitution.

Il existe encore un autre danger non moins menaçant et contre lequel l'État n'a que des moyens de défense insuffisants. Les églises et certains établissements publics renferment des objets mobiliers ou autres d'un grand intérêt pour l'histoire de l'art, qui sont recherchés, poursuivis par les collectionneurs, les marchands et les brocanteurs de tous les pays du monde. Or, il arrive trop souvent que les municipalités ou les fabriques reçoivent, si elles consentent à se dessaisir de ces objets, des offres qui leur paraissent avantageuses, et très souvent elles aussi se laissent aller à ces tentations. Lorsque l'aliénation a été connue en temps utile, la résiliation en a été quelquefois provoquée et la réintégration de l'objet vendu a pu être obtenue. Mais le plus souvent cette disparition n'a pu être constatée, par suite de l'absence d'un inventaire général, sans lequel la vérification était impossible. La plupart de ces objets précieux s'en vont à l'étranger enrichir à nos dépens les musées publics ou les galeries des particuliers.

Contre des abus si graves, peut-être trouve-t-on dans la législation actuelle quelques remèdes, mais très incertains et très précaires.

Il résulte d'une discussion qui a été soulevée devant les Chambres et qui a précédé le vote de la loi du 3 mai 1841 relative à l'expropriation pour cause d'utilité publique, que l'acquisition des monuments historiques menacés de destruction ou de restauration périlleuse peut constituer un cas d'utilité publique motivant l'expropriation; mais on comprend que ce n'est pas là un remède très pratique ni d'un emploi très facile.

Quant aux objets d'art appartenant aux communes, aux fabriques ou autres établissements publics, l'État n'est pas absolument désarmé, au moins en ce qui touche ceux qui se trouvent dans les églises. En effet, d'après la jurisprudence actuelle, sont considérés comme propriété de l'État tous les objets d'art qui se trouvaient dans les églises au moment où elles furent rendues au culte, lors du Concordat.

Les fabriques sont seulement affectataires de ces objets, comme elles le sont des bâtiments. Enfin, les dons faits aux églises par l'État, les départements ou les communes, sont eux-mêmes considérés comme emportant une affectation et restent dans le domaine public national, départemental ou communal. Mais, si bien fondé qu'il puisse être, le droit de revendication réservé à l'État n'est pas toujours efficace, car souvent l'objet vendu se trouve hors de France avant que la revendication le puisse atteindre.

Il résulte de ce qui précède que l'État n'a que des moyens d'action très limités et tout à fait insuffisants pour protéger les monuments et les objets d'art dont la conservation intéresse le pays tout entier, qu'il ne peut imposer à cet effet son intervention aux départements, aux communes, aux fabriques et autres établissements publics, et qu'il est réduit souvent à voir détruire ou à laisser disparaître beaucoup de ces monuments et de ces objets, sans pouvoir rien faire pour les défendre.

Il y a là une de ces questions qui sont d'un intérêt national. Si l'on veut que celles de nos richesses qui ont échappé jusqu'à ce jour à la ruine ou à la mutilation soient désormais à l'abri du vandalisme, de la cupidité et de l'ignorance; si l'on estime que les sacrifices considérables déjà faits par l'État pour la conservation de ces richesses ne doivent pas être sans cesse exposés à devenir inutiles, il faut donner à l'État les pouvoirs qui lui manquent et assurer la sanction de ses décisions.

Si une loi nouvelle, dans le but de protéger des œuvres d'art dont la conservation est pour la France d'une importance capitale, vient limiter le droit de propriété dans les mains des personnes morales qui les possèdent ou les détiennent, ce ne sera pas une entreprise excessive sur leur indépendance, qui doit toujours demeurer subordonnée aux intérêts généraux de la nation.

D'ailleurs, en édictant cette loi salutaire, les Chambres françaises ne feront que suivre l'exemple donné par plusieurs pays de l'Europe. L'Italie, la Grèce, l'Espagne, la Turquie, la Suède, le Danemark et la Norvège ont depuis longtemps pris des mesures efficaces pour les préserver de toute atteinte. Les Chambres du royaume d'Italie ont été saisies d'un projet de loi qui n'est pas moins sévère que la législation pontificale, sur laquelle il a pris modèle.

Dans la séance du 7 mars 1877, la Chambre des communes, en Angleterre, a favorablement accueilli un bill relatif à la conservation des monuments historiques.

Enfin l'Allemagne et l'Autriche-Hongrie, se préoccupant également de cette question, font rechercher quelles sont les dispositions régissant la matière dans les pays étrangers les plus riches en monuments.

Si la France s'est laissé devancer dans cette voie, elle ne peut pas du moins refuser de suivre les nations qui l'y ont précédée.

Elle n'a malheureusement que trop attendu et n'a déjà que trop laissé détruire ou mutiler ces monuments et ces œuvres d'art dans lesquelles est écrite l'histoire de ses origines, de sa civilisation et de son génie.

Le projet de loi que nous soumettons à votre approbation se divise en deux séries de dispositions : l'une, relative aux immeubles et aux monuments mégalithiques, comprend les sept premiers articles et en partie l'article 11; la seconde, relative aux objets mobiliers, comprend les articles 8, 9, 10 et 12 et aussi l'article 11 en partie.

La conservation des monuments et des objets d'art qu'il s'agit de protéger doit, évidemment, être d'un grand intérêt, d'un intérêt national. C'est ce que déclarent les articles 1 et 8. Ces monuments et objets doivent être choisis avec soin par les personnes les plus compétentes, désignés clairement et mis à part, en quelque sorte en dehors du commerce ordinaire. C'est pourquoi les articles 1 et 8 portent que ces monuments et objets seront classés par les soins du ministre de arts, quel que soit leur propriétaire..

Une fois classés, les immeubles sont soumis à la servitude définie par l'article 4 : ils ne peuvent être détruits, même en partie, ni être l'objet d'un travail quelconque, sans le consentement du ministre ou de ses délégués, et cette servitude suit l'immeuble en quelques mains qu'il passe. De même, les objets mobiliers classés ne peuvent être réparés, restaurés ou aliénés qu'avec l'autorisation du même ministre. Ceux qui appartiennent à l'État sont inaliénables et imprescriptibles.

Lorsqu'il s'est agi de régler les formes du classement et du déclassement, il a fallu considérer en quelles mains se

trouvait l'immeuble ou l'objet mobilier dont il s'agissait.
Si l'immeuble appartenait à l'État, nulle difficulté quant au
droit, puisque l'État a la plénitude de la propriété. Mais
l'immeuble pouvait être placé dans les attributions d'un
autre ministre que celui des arts. Il pouvait s'élever un
conflit, car l'immeuble pouvait être affecté à un usage tel
qu'il fallût y faire des travaux d'appropriation peu conformes à des vues de restauration et de conservation. En
ce cas, le classement serait prononcé par un décret rendu
en la forme des règlements d'administration publique. Le
conflit, s'il s'en élevait un, serait réglé de la même
manière, s'il s'agissait d'un immeuble appartenant à un
département, à une commune, à une fabrique ou à un
établissement public; quant au propriétaire particulier, le
projet n'admet pas que son immeuble puisse être grevé
d'une servitude sans son consentement. Pour lui, le classement s'établit par un contrat, et, s'il y a des difficultés sur
l'exécution, elles sont soumises à la juridiction administrative.

Le classement des objets mobiliers appartenant à l'État,
aux départements, aux communes, aux établissements
publics, a donné lieu à des dispositions analogues contenues dans l'article 9.

Les articles 11 et 12 du projet contiennent les sanctions.
L'article 11 ouvre une action en dommages-intérêts contre
ceux qui auraient ordonné ou fait exécuter des travaux, en
violation des articles 4 et 10. Ces travaux ne pouvaient
donner lieu à une sanction pénale, parce qu'ils sont entrepris, le plus souvent, sans intention de nuire; mais ils
causent un dommage incontestable, et ce dommage doit
être réparé par celui qui l'a causé. De là, l'action ouverte
par l'article 11.

Quant à l'aliénation d'objets mobiliers prévue par l'article 12, elle est déclarée nulle, comme étant consentie par
qui n'a pas le droit d'aliéner. On assimile les objets classés
et irrégulièrement aliénés aux objets perdus ou volés, et
on vous propose de leur appliquer les articles 2279 et 2280
du Code civil.

Nous venons d'indiquer les dispositions principales du
projet de loi. Il en est quelques autres sur lesquelles il
convient de donner des explications.

La dernière ligne du second paragraphe de l'article 4 a

pour objet de soustraire les monuments historiques aux
dispositions un peu sommaires des articles 15 et 16 de la
loi du 21 mai 1836, sur les chemins vicinaux, bien qu'il fût
peu probable qu'un préfet passât jamais outre, malgré
l'opposition du ministre des arts.

Il y a des servitudes qui pourraient empêcher la conservation ou causer la dégradation d'un monument. Telles
sont la servitude d'alignement, la prescription de gratter
périodiquement les façades. Il convenait de protéger les
monuments classés contre les dangers que ces servitudes
pouvaient leur faire courir. C'est cette pensée qui a inspiré
le troisième paragraphe de l'article 4.

Le dernier paragraphe de l'article 5, relatif au déclassement, a eu pour but d'empêcher qu'un immeuble classé
devenant tout à coup, par une aliénation, propriété
particulière, sans que sa situation eût été réglée par un
contrat, pût être déclassé trop facilement contre le gré du
ministre chargé de veiller à sa conservation.

Il est certain que le ministre des arts aurait, dès à présent et sans aucune prescription nouvelle de la loi, le droit
de poursuivre l'expropriation, pour cause d'utilité publique,
d'un immeuble dont il jugerait que la conservation est très
importante et ne peut être assurée par aucun autre moyen.
Toutefois, il a semblé bon d'écarter tous les doutes par une
disposition formelle qui est contenue dans l'article 6. Pour
le même motif, on y a mentionné, dans une disposition
finale, les monuments mégalithiques, considérés comme
immeubles par destination.

Il était indispensable de déterminer la situation des
monuments actuellement classés. En effet, le classement
nouveau impose des charges, tandis que le classement
actuel ne présente que des avantages au propriétaire du
monument. Il n'était pas juste de transformer les effets du
classement sans exiger le concours de volontés qui est nécessaire pour classer un immeuble non classé. Seulement on
suppose le consentement lorsque aucune réclamation ne s'est
élevée dans le délai d'un an, de la part des personnes
civiles. Quant au particulier propriétaire, il peut réclamer
en tout temps, à moins qu'il n'ait obtenu de l'État une subvention pour la conservation du monument. Alors, en
effet, le consentement s'est manifesté par un acte, et les

difficultés qui peuvent s'élever en ce cas doivent être réglées par une autorité supérieure, celle d'un décret rendu en la forme des règlements d'administration publique.

La liste des objets mobiliers mis hors du commerce par le classement devait être portée à la connaissance du public. C'est pour ce motif qu'a été introduit le dernier alinéa de l'article 9; qui, en cas de procès, enlève l'excuse d'ignorance aux acheteurs d'objets classés.

L'article 13, relatif aux découvertes de monuments ou objets intéressants au même titre que les monuments et objets classés, mais à quelque degré que ce soit, a pour but de permettre à l'Administration de reconnaître et d'apprécier les objets découverts, de les préserver provisoirement de l'enlèvement ou de la destruction. Cet article, qui se détache en quelque sorte du reste de loi, s'y rattache cependant par la matière sur laquelle il porte.

Telles sont les dispositions principales du projet de loi que nous soumettons à votre approbation. Ce projet répond aux vœux de tous ceux qui s'intéressent à la conservation de nos monuments historiques et de nos objets d'art : nous pensons qu'il donne à l'État les pouvoirs qui lui manquent, et qui lui sont nécessaires pour exercer une protection efficace sur cette partie si intéressante de nos richesses artistiques et de notre patrimoine national.

PROJET DE LOI

Le Président de la République française

Décrète :

Le projet de loi dont la teneur suit sera présenté à la Chambre des députés par le ministre des arts qui est chargé d'en exposer les motifs et d'en soutenir la discussion.

ARTICLE PREMIER. — Les immeubles par nature ou par destination dont la conservation peut avoir, au point de vue de l'histoire ou de l'art, un intérêt national, seront classés en totalité ou en partie par les soins du ministre des arts.

ART. 2. — L'immeuble appartenant à l'État sera classé par arrêté du ministre des arts, en cas d'accord avec le ministre dans les attributions duquel l'immeuble se trouve placé. Dans le cas contraire, le classement sera prononcé par un décret rendu en la forme des règlements d'administration publique.

L'immeuble appartenant à un département, à une commune, à une fabrique, ou à tout autre établissement public, sera classé par arrêté du ministre des arts, s'il y a consentement de l'établissement propriétaire et avis conforme du ministre sous l'autorité duquel l'établissement est placé. En cas de désaccord, le classement sera prononcé par un décret rendu en la forme des règlements d'administration publique.

ART. 3. — L'immeuble appartenant à un particulier sera classé par arrêté du ministre des arts, mais ne pourra l'être qu'avec le consentement du propriétaire. L'arrêté déterminera les conditions du classement.

S'il y a contestation sur l'exécution de cet acte, il sera statué par le ministre des arts, sauf recours au Conseil d'État statuant au contentieux.

ART. 4. — L'immeuble classé ne pourra être détruit, même en partie, ni être l'objet d'un travail de restauration, de préparation de modification quelconque, si le ministre des arts n'y a donné non consentement.

L'expropriation pour cause d'utilité publique d'un immeuble classé ne pourra être poursuivie qu'après que le ministre des arts aura été appelé à présenter ses observations.

Les servitudes d'alignement et autres qui pourraient causer la dégradation des monuments ne sont pas applicables aux immeubles classés.

Les effets du classement suivront l'immeuble classé en quelques mains qu'il passe.

ART. 5. — Le déclassement total ou partiel pourra être demandé par le ministre dans les attributions duquel se trouve l'immeuble classé par le département, la commune, la fabrique, l'établissement public et le particulier propriétaire de l'immeuble.

Le déclassement aura lieu dans les mêmes formes et sous les mêmes distinctions que le classement.

Toutefois, en cas d'aliénation consentie à un particulier de l'immeuble classé appartenant à un département, à une commune, à une fabrique ou à tout autre établissement public, le déclassement ne pourra avoir lieu que conformément au § 2 de l'art. 2.

Art. 6. — Le ministre des arts pourra, en se conformant aux prescriptions de la loi du 3 mai 1841, poursuivre l'expropriation des monuments classés ou qui seraient de sa part l'objet d'une proposition de classement refusée par le particulier propriétaire.

Il pourra, dans les mêmes conditions, poursuivre l'expropriation des monuments mégalithiques et des terrains sur lesquels ils sont placés.

Art. 7. — Les dispositions de la présente loi sont applicables aux monuments historiques classés avant sa promulgation.

Toutefois, le monument appartenant à un particulier et pour lequel l'État n'a fait aucune dépense, sera déclassé de droit dans le délai de trois mois après la réclamation que le propriétaire pourra adresser au ministre des arts pendant l'année qui suivra la promulgation de la présente loi.

Art. 8. — Il sera fait, par les soins du ministre des arts, un classement des objets mobiliers appartenant à l'État, aux départements, aux communes, aux fabriques et autres établissements publics, dont la conservation présente, au point de vue de l'histoire ou de l'art, un intérêt national.

Art. 9. — Le classement deviendra définitif, si le propriétaire n'a pas réclamé, dans le délai de six mois, à dater de la notification qui lui en sera faite. En cas de réclamation, il sera statué en la forme des règlements d'administration publique.

Le déclassement, s'il y a lieu, sera prononcé par le ministre des arts. En cas de contestation il sera statué comme il vient d'être dit ci-dessus.

Un exemplaire de la liste des objets classés sera déposé au ministère des arts et à la préfecture de chaque département, où le public pourra en prendre connaissance sans déplacement.

Art. 10. — Les objets classés appartenant à l'État seront inaliénables et imprescriptibles.

Les objets classés appartenant aux départements, aux communes, aux fabriques ou autres établissements publics, ne pourront être restaurés, réparés, ni aliénés par vente, don ou échange, qu'avec l'autorisation du ministre des arts.

Art. 11. — Les travaux, de quelque nature qu'ils soient, exécutés en violation des articles 4 et 10 de la présente loi, donneront lieu, au profit de l'État, à une action en dommages-intérêts contre ceux qui les auraient ordonnés ou fait exécuter.

Les infractions seront constatées et les actions intentées et suivies devant les tribunaux civils à la diligence de M. de ministre des arts.

ART. 12.—L'aliénation faite en violation du paragraphe 2 de l'article 10 sera nulle et la nullité en sera poursuivie par le propriétaire vendeur ou par le ministre des arts, sans préjudice des dommages-intérêts qui pourraient être réclamés contre les parties contractantes et contre l'officier public qui aura prêté son concours à l'acte d'aliénation.

Les objets classés qui auraient été aliénés régulièrement, perdus ou volés, pourront être revendiqués pendant dix ans, conformément aux dispositions des articles 2279 et 2280 du Code civil. La revendication pourra être exercée par les propriétaires et, à leur défaut, par le ministre des arts.

ART. 13. — Lorsque, par suite de fouilles, de travaux ou d'accidents quelconques, on aura découvert des monuments, des ruines ou des objets pouvant intéresser l'histoire de l'art sur des terrains appartenant à l'État, à un département, à une commune, à une fabrique ou autre établissement public, le maire de la commune devra assurer la conservation provisoire des objets découverts et aviser immédiatement le préfet du département des mesures qui auront été prises.

Le préfet en référera, dans le plus bref délai, au ministre des arts, qui statuera sur les mesures définitives à prendre.

Si la découverte a eu lieu sur le terrain d'un particulier, le maire en avisera le préfet.

ART. 14. — La présente loi est applicable à l'Algérie.

Dans cette partie de la France, la propriété des objets d'art, mosaïques, bas-reliefs, statues, médailles, qui pourraient exister dans le sol des immeubles concédés par lui à des établissements publics ou à des particuliers, est réservée à l'État.

ART. 15. — Les décisions prises par le ministre des arts en exécution de la présente loi seront rendues après avis de la Commission des monuments historiques.

ART. 16. — Un règlement d'administration publique déterminera les détails d'application de la présente loi.

PROJET DE LOI

PORTANT FIXATION DU BUDGET GÉNÉRAL DE L'EXERCICE 1883

PRÉSENTÉ PAR M. H. ALLAIN-TARGÉ

MINISTRE DES FINANCES

Dans la séance du 23 janvier 1882

———————

EXTRAITS DE L'EXPOSÉ DES MOTIFS

MESSIEURS,

Le projet du budget pour l'exercice 1883 a été préparé avec le parti pris d'assurer à la politique démocratique et progressive une base financière inébranlable.

Vos prédécesseurs avaient tenu à voter et à commencer de grands dégrèvements, à engager des dépenses utiles et considérables. Le projet de budget de 1883 a été établi de manière à remplir toutes les intentions de vos prédécesseurs, à supporter toutes les charges qu'ils nous ont léguées; et cependant il conserve une élasticité qui peut vous permettre, si vous consentez à ménager les ressources qu'il contient en germe, de réaliser les réformes et les progrès nouveaux que le Gouvernement a le dessein de vous proposer d'accomplir, en exécution de vos programmes et du sien.

Comme pour les précédents exercices, ce projet de budget se compose :

Du budget ordinaire;

Du budget des dépenses sur ressources extraordinaires;

Du budget des dépenses sur ressources spéciales;

Des budgets annexes, rattachés pour ordre au budget général.

Nous parlerons d'abord du budget ordinaire, dont l'équilibre importe surtout, et qui commande notre situation financière.

Le budget ordinaire de l'exercice 1883 s'élève :

En recette, à. . . . .   2,976,901,192 fr.
En dépense, à . . . .   2,972,314,861 »
　　　Soit un excédent de recettes de . .   4,586,331 »

Les recettes réalisées en 1881, qui servent à établir les évaluations de recettes de 1883, ont présenté, relativement aux évaluations admises pour 1882, une augmentation de. . . . .   120,365,969 fr.

Les crédits demandés pour 1883 représentent, relativement aux crédits accordés par la loi de finances votée pour 1882, une augmentation de dépenses de. .   118,081,956 fr.

Il importe d'expliquer le sens de ces chiffres, et de dire à quels faits correspondent ces augmentations de recettes et de dépenses, et tout ce qu'elles contiennent de sécurité pour l'exercice 1883.

Nous demandons la permission de commencer par l'augmentation des dépenses : 118,081,956 francs.

De cette augmentation, une bien petite partie est réclamée par les départements ministériels pour des dépenses nouvelles et spéciales à l'exercice 1883. Ces dépenses nouvelles ont été vraiment réduites à leur maximum, elles ne sont comprises dans le total que pour. . . . . .   9,929,660 fr.

Nous aurons l'occasion d'y revenir et de les justifier article par article : on verra qu'elles ont pour objet de satisfaire aux besoins croissants des services, à l'amélioration de petits traitements, à l'exécution même de projets dont le principe se trouve dans les lois votées par nos prédécesseurs; mais tout le reste de l'augmentation portée au projet de budget qui est soumis, c'est-à-dire une augmentation de dépense de 108,152,296 francs, appartient au passé.

Sans doute, il eût été possible de continuer à écarter quelques-unes de ces dépenses du budget ordinaire ou de les omettre, et d'user de certains procédés qu'on a le droit d'employer pour obtenir un résultat important; mais il nous a paru que, au début d'une législature et au moment d'entreprendre une œuvre réformatrice qui réclamera probablement des ressources considérables, le plus nécessaire était d'établir un bilan rigoureusement exact.

On a donc voulu, avant tout, inscrire au budget ordinaire tous les crédits votés dans la dernière session, et qui n'ont pas été compris dans la loi de finances de l'exercice 1882;

Faire rentrer dans le budget ordinaire les crédits ayant un caractère permanent et qui, précédemment, figuraient au budget extraordinaire;

Augmenter la dotation du chapitre 5 de la dette publique, créée en vue de pourvoir à la fois à l'amortissement d'une partie de notre dette et à l'intérêt des emprunts du deuxième compte de liquidation et des travaux publics;

Assurer le fonctionnement de tous les services, et notamment des perceptions de l'impôt ou des manufactures et des monopoles de l'État qui subissent les mêmes lois de développement que la fortune publique;

Et enfin, en dotant suffisamment le budget des dépenses, arrêter l'accroissement annuel des crédits supplémentaires, des crédits votés hors budget, dont nous trouvons un total de près de 72 millions votés ou soumis à votre vote au mois de janvier 1882 sur l'exercice 1882, et qui finiraient par compromettre les excédents de nos budgets, ou tout au moins la régularité de notre comptabilité budgétaire.

Tel est le dessein que nous avons poursuivi et qui nous a conduits à vous demander, pour 1883, un accroissement de 118 millions sur les crédits de 1882.

Il convient d'indiquer ici sommairement, avec des chiffres précis et à l'appui de nos observations, les principales causes de cette augmentation, dont le détail se retrouvera plus loin exposé par ministères et par chapitres :

1° Les lois d'ouverture de crédits votées l'année dernière, hors budget, soit sur l'initiative des membres du Parlement, soit sur les propositions du Gouvernement, cédant parfois à cette initiative, crédits que nous avons dû de toute nécessité reproduire en augmentation dans le projet de budget de 1883, s'élèvent à la somme de 37,686,324 francs.

En voici l'énumération :

Loi du 18 août 1881. — Suppléments de pensions aux anciens militaires et marins et à leurs veuves. 9,325,000
Loi du 2 août 1881. — Augmentation de la dotation de la caisse des lycées, collèges et écoles primaires. 3,356,000
Loi du 29 juillet 1881. — Reconstruction de la cour

À reporter. 12,681,000

Report.	12,681,000
d'appel de Paris et achat des bâtiments de la préfecture de police.	900,000
Loi du 27 juillet 1881. — Reconstruction de l'école centrale des arts et manufactures.	1,545,000
Loi du 22 août 1881. — Reconstruction et agrandissement des bâtiments de la Sorbonne.	1,400,000
Loi du 29 juillet 1881. — Deuxième annuité de l'augmentation accordée au budget de 1882 pour l'amélioration des petits traitements des employés du ministère de l'intérieur.	16,950
Loi du 29 juillet 1881. — Complément de la dépense inscrite au budget de 1882, pour les classes personnelles des préfets et sous-préfets.	50,000
Loi du 29 juillet 1881. — Fonds d'abonnement de la sous-préfecture du Havre.	7,000
Loi du 21 décembre 1881. — Frais d'impression des annales parlementaires.	134,294
Loi du 29 juillet 1881. — Transformation de l'enseignement des sourds-muets (dépense engagée en vertu du crédit supplémentaire accordé sur l'exercice 1881).	41,100
Loi du 21 décembre 1881. — Augmentation du personnel de l'administration civile de l'Algérie (dépense admise en principe par l'ouverture d'un crédit de 90,400 fr. sur l'exercice 1881).	134,720
Loi du 29 juillet 1881. — École nationale de dessin pour les jeunes filles.	10,000
Loi du 8 juillet 1881. — Achat et renouvellement de chevaux pour les capitaines montés de l'infanterie de marine.	26,540
Loi du 23 juillet 1881. — Rengagement des sous-officiers de l'infanterie et de l'artillerie de marine.	660,917
Loi du 29 juillet 1881. — Deuxième annuité des diverses augmentations accordées en principe au budget de 1882 pour le service des Facultés (création ou augmentation de traitements, création de chaires, cours, conférences, laboratoires ou collections, etc.).	143,900
Lois des 20 décembre 1880 et 26 juillet 1881. — Enseignement secondaire des jeunes filles.	1,425,000
Loi du 9 août 1879, qui a mis à la charge de l'État, en cas d'insuffisance des ressources départementales, les dépenses de loyer, de mobilier et d'entretien des bâtiments des écoles normales primaires.	450,000
Loi du 16 juin 1881. — Subvention de l'État pour les écoles primaires publiques en Algérie.	1,400,000
Loi du 21 juillet 1881. — Indemnités aux propriétaires d'animaux abattus.	500,000
Loi du 23 décembre 1881. — Création et transformation des départements ministériels, par suite de la constitution du cabinet du 14 novembre 1881. Le	
A reporter	21,548,421

Report.		21,548,421
crédit supplémentaire voté pour un douzième et demi (141,504 fr. 30 c.) représente une dépense annuelle d'environ.		1,100,000
Lois des 29 juin, 29 et 30 juillet et 21 décembre 1881. — Création d'emplois, amélioration de traitements et dépenses de matériel nécessitées par le développement de l'exploitation postale et télégraphique (voir, pour les détails, le tableau imprimé aux pages 72 à 83 du projet de loi n° 268, déposé le 14 janvier 1882).		4,809,969
Loi du 13 juin 1880. — Création de nouveaux emplois dans l'intendance militaire.	152,540	
Augmentation du cadre des personnels administratifs.	187,803	960,332
Augmentation d'effectifs (sections d'ouvriers.	618,989	
Loi du 29 juin 1880. — Augmentation du personnel des écoles militaires.		19,680
Loi du 7 juillet 1877. — Application de la loi sur l'organisation du service hospitalier, en ce qui concerne les hôpitaux militaires.		171,156
Loi du 23 juillet 1881. — Hautes payes et primes de rengagement accordées par la loi sur les sous-officiers.		1,113,730
Loi du 29 juillet 1881. — Remplacement par des auxiliaires civils des militaires détachés au ministère guerre.	50,000	
Remaniement des cadres des greffiers militaires.	20,500	
Augmentation du cadre des personnels administratifs.	114,462	
Augmentation de la 1re mise des hommes de la 1re portion du contingent. .	271,000	
Unification pour les chevaux de la ration d'hiver et d'été.	1,389,956	3,526,168
Frais de transport des chevaux de remonte.	500,000	
Missions confidentielles	50,000	
Distribution d'une veste de travail aux sous-officiers des écoles de Saint-Maixent et de Saumur.	51,900	
Plaques d'identité aux hommes du contingent.	14,000	
Lits militaires.	225,350	
Recensement de 1883.	839,000	
Loi du 29 juin 1881. — Création de nouvelles brigades de gendarmerie. .	192,340	438,140
Réorganisation du dépôt de la guerre.	245,800	
A reporter.		34,239,596

Report.		34,289,596
Loi du 8 août 1881. — Prime de harnachement et de ferrage aux capitaines d'infanterie montés.	238,860	
Nourriture des chevaux des capitaines d'infanterie.	1,866,901	3,396,728
Achat de chevaux pour la remonte des capitaines d'infanterie.	1,271,000	
Organisation de l'école d'infanterie à Saint-Maixent.	19,967	
		37,686,324

2° Dans ces dernières années, les dépenses extraordinaires de la marine relatives au matériel naval et aux travaux hydrauliques avaient été imputées sur le budget extraordinaire, c'est-à-dire sur les ressources demandées à l'emprunt. Ce sont seulement les lois des 24 et 25 décembre 1881, postérieures au vote des budgets de 1881 et 1882, qui ont modifié cette imputation et reporté à la charge du budget ordinaire cette double catégorie de dépenses. Nous vous proposons de consacrer le principe de cette modification à l'occasion du budget ordinaire de 1883, qui, pour la première fois, comprend le matériel naval et les travaux hydrauliques, ci. 20,775,238

3° Nous avons voulu assurer au chapitre 5 du ministère des finances, affecté à l'intérêt et à l'amortissement des capitaux du budget extraordinaire, une donation de 208 millions, supérieure de 18 millions à celle de 1882, ci. 18,000,000

L'augmentation demandée n'est que de 18 millions, relativement à l'exercice 1882, parce que le remboursement du capital des obligations à court terme échues en 1882 a pour effet de réduire de près de 7 millions les intérêts à payer en 1883 aux porteurs des obligations restant à rembourser.

Mais en réalité, c'est de 25 millions qu'il nous a paru prudent d'augmenter l'article 2 de ce chapitre, destiné aux arrérages et à l'amortissement des emprunts nécessités par les grands travaux publics extraordinaires, car cette somme de 25 millions représente les intérêt des crédits

A reporter. 76,461,562

Report. 76,461,562

nécessaires aux dépenses engagées sur ressources extraordinaires depuis le dernier emprunt jusqu'au moment de la présentation du projet de budget de 1883.

Il est vrai cependant que cet accroissement de donation ne préjuge aucunement l'époque à laquelle il faudra recourir à un nouvel emprunt. Si les crédits votés ou demandés au titre du budget extraordinaire s'élèvent pour 1881 à 573,101,489 francs (voir page 59), et pour 1882 à 599,903,382 francs (voir page 75), il y a lieu de rappeler que, aux termes de la loi, les dépenses sont provisoirement imputées sur les ressources de la dette flottante. L'émission d'un nouvel emprunt est donc subordonnée, tout à la fois, à l'état d'avancement des travaux et à la situation des encaisses du Trésor. Il est dès lors permis de supposer que l'époque de l'emprunt pourra être ajournée. Dans ce cas, la totalité ou une partie de la dotation complémentaire de 25 millions inscrite au chapitre 5 viendra naturellement s'ajouter à celle de 102 millions prévue à l'article 3 du même chapitre et destinée au remboursement du capital des obligations à court terme.

N'oublions pas, en effet, que le montant des obligations à rembourser en 1883 est, comme pour 1882, de 170 millions. Nous vous demandons même, conformément au mode consacré par les deux dernières lois de finances, de décider en principe que la somme nécessaire pour compléter le remboursement intégral de ces obligations sera prélevée sur l'excédent de recette qui ressortira à la clôture de l'exercice 1883, ou, dans le cas d'insuffisance, qu'il y sera pourvu au moyen d'une émission d'obligations de même nature. Mais les conditions du budget que nous vous présentons donnent lieu de penser que nous

A reporter. 76,461,562

Report.   76,461,562

n'aurons pas besoin de recourir à ce dernier
mode de procéder. En effet, ainsi qu'on le verra
ci-après, les recettes de 1883 ont été évaluées
avec la plus grande modération. Les assurances
de paix, la sécurité donnée à tous les intérêts
du pays, conséquence de la consolidation de
notre régime politique, ne peuvent manquer
d'influer sur les impôts de consommation ;
enfin, on doit se rappeler que l'échéance de 1880
(167 millions) et celle de 1881 (124 millions)
ont pu être remboursées avec les ressources
normales du budget ordinaire de ces deux
exercices.

4° Outre la somme de 4,809,969 francs dont
il a été parlé ci-dessus, et qui concerne des
créations d'emplois dans le service des postes
et des télégraphes non prévues au budget
de 1882, les frais de régie, de perception et
d'exploitation des impôts présentent une augmentation en 1883 de   12,326,854
conséquence naturelle de la plus-value de ces
mêmes impôts. Ainsi le produit de la vente des
tabacs, qui était en 1879 de . . . 335,217,000
s'étant élevé, en 1880, à. 343,280,000
et en 1881, à. 353,508,000
l'approvisionnement de nos matières a dû suivre
cette marche ascendante ; c'est pour ce motif
que les achats de tabacs et les salaires des
ouvriers qui les confectionnent figurent, dans le
chiffre ci-contre, pour 5,036,950 francs ;
6,041,274 francs sont applicables au service des
postes et des télégraphes.

5° Les crédits demandés pour la dette publique contiennent certaines augmentations qui
résultent des calculs les plus exacts et qui se
recommandent à l'attention du Parlement :

A reporter.   88,788,416

Report.		88,788,416
Rentes viagères pour la vieillesse. .	6,500,000	
Pensions militaires.	5,999,000	
Pensions civiles.	5,484,000	
Accroissement de subvention à la caisse des invalides de la marine pour faire face aux charges qui lui sont imposées par les lois des 5 août 1879 et 11 avril 1881.	1,020,000	19,363,880
Les dépenses administratives du Sénat et de la Chambre des députés exigent un accroissement de leur dotation de .	360,880	
6° Enfin, une somme de.		9,929,660

se répartit entre les douze ministères pour les besoins particuliers et croissants de leurs services. Vous aurez à apprécier si ces demandes sont exagérées, ou si, au contraire, elles ne sont pas trop modestes.

Total égal.	118,081,956

On voit par ces chiffres et par cet exposé que, si l'on s'est efforcé de tout prévoir et de porter aux crédits du budget ordinaire toutes les dépenses auxquelles il doit être pourvu sur les ressources ordinaires de chaque exercice ; si, en un mot, les calculs ont été faits pour assurer l'exécution des lois et des décisions antérieures du Parlement, les départements ministériels se sont imposé cependant la plus rigoureuse économie.

Quant aux recettes, nous avons dit qu'elles dépassent de 120,363,969 francs les évaluations adoptées pour 1882.

Cette augmentation a pour base solide les faits réalisés de 1881, excepté pour les vins et les sucres, pour lesquels nous avons dû nous conformer aux prescriptions et à la méthode de calcul que la loi du 19 juillet 1880 nous imposait.

Ce sont, du reste, les impôts indirects dont les plus-values considérables ont permis de faire face aux crédits supplémentaires de l'exercice 1881, qui nous fournissent les raisons de cette augmentation des prévisions de recettes et nous permettent encore de donner au projet du budget de 1883 un équilibre stable et une élasticité rassurante.

Nous avons, dans l'établissement des recettes des contributions-indirectes, tenu compte, en déduction, du dégrèvement implicitement prononcé par la loi du 30 juillet 1881, portant abrogation de la surtaxe afférente aux papiers des journaux, et de la suppression de l'impôt de la grande vitesse sur les colis postaux, édictée par la loi du 30 mars 1881. De là, une réduction de 2,662,900 francs sur les prévisions de 1883, concernant ces deux taxes.

Le dégrèvement qui résulte de la réforme postale et télégraphique est désormais acquis, de toute manière, et nous pouvons, de ce côté, espérer des accroissements annuels de produits pour l'État.

En effet, la réforme postale et télégraphique a été inaugurée le 1er mai 1878.

Les produits qui, pour 1867, s'étaient élevés à.   138,685,000
descendent en 1878 (année qui a supporté
8 mois de réduction) à.   123,347,000
En 1879, ils se relèvent à.   127,452,000
En 1880, ils sont de.   138,475,000

Ainsi, en moins de 3 ans, on a recouvré des produits égaux à ceux de l'année qui a précédé la réforme.

Enfin, les produits postaux et télégraphiques atteignent 152,607,000 francs en 1881, soit une augmentation de plus de 14 millions sur 1880.

En constatant ces résultats, que nous sommes heureux de faire connaître au Parlement, il convient de remarquer seulement qu'il sera sage, pour faire face aux besoins de l'administration des postes et des télégraphes, de réserver une portion de ces nouveaux produits, qui sont destinés à s'accroître pour le service du public, d'année en année.

Si, en effet, le bénéfice de ces deux grandes opérations est acquis depuis plus d'une année aux contribuables, il ne faut pas croire qu'elles soient achevées au point de vue budgétaire. Ce sont deux grandes opérations à longue échéance, qui seront supportées par le budget de 1883 et même par celui de 1884, tout autant que par les budgets de 1881 et de 1882, et dans les mêmes proportions.

Les auteurs de la loi du 19 juillet 1880, en prenant la résolution : 1° de dégrever de 33 p. 100 la taxe sur les vins, cidres et poirés, c'est-à-dire d'abandonner 63,300,000 francs.

et 2° d'abaisser le droit sur les sucres de 69 à 40 francs par 100 kilogrammes, c'est-à-dire d'abandonner 59,609,400 francs sur une recette de 195,864,000 francs (chiffre de 1879), — les auteurs de la loi du 19 juillet 1880 n'avaient pas la pensée de demander cette réduction totale de 124,909,400 francs sur l'excédent d'un seul exercice.

Ils ont voulu faire participer à l'opération les exercices antérieurs à 1880 et les exercices futurs, jusqu'en 1884 ou même 1885, et répartir les sacrifices et le dégrèvement d'une façon à peu près égale sur tous ces exercices.

Pour les vins, cidres et poirés d'abord l'évaluation normale ne pouvait plus être, pour 1881, que de 128,496,000 francs au lieu de 193,796,000 francs (chiffre de 1880).

Mais un prélèvement de 21 millions, pris sur les excédents des budgets antérieurs, fut inscrit comme supplément aux recettes de 1881, pour combler une partie de ce déficit, et, d'un autre côté, il fut admis, que, par exception, on escompterait sur cet article de recettes les plus-values probables de l'exercice qui allait s'ouvrir, au lieu de s'en tenir, comme il est de règle, aux faits réalisés de l'exercice courant.

On fixa ces plus-values probables à 15 p. 100 pour deux ans, et nous devons reconnaître que la prévision s'est trouvée dépassée pour 1881 : les recouvrements de cette année ont regagné les 15 p. 100 et montent à plus de 151 millions ; ils monteront certainement à 162 millions en 1882. Nous avons donc le droit de prendre ce dernier chiffre pour base de notre prévision de 1883.

Mais il est évident que ce chiffre est encore très loin des 193,176,000 francs de 1880, et que l'exercice 1883, qui n'aura pas, comme 1881, 21 millions de supplément empruntés aux excédents antérieurs, supportera sa part de l'opération qui ne sera complète qu'au moment où nous aurons retrouvé la recette de 1880, c'est-à-dire à la fin de 1884.

Pour les sucres, on eut recours à une combinaison plus ingénieuse.

Le chiffre des recettes était, en 1879, de 195,864,000 francs, on décida qu'il serait maintenu dans les prévisions de tous les budgets futurs, à la condition de le parfaire avec des prélèvements empruntés aux excédents des exercices antérieurs.

Ce prélèvement fut fixé, pour 1881, à.   59,609,400
Il a été fixé, pour 1882, à.   50,616,000
On avait, en conséquence, évalué la recette
réelle des sucres pour 1881, à.   136,234,000

Mais les calculs établis avant le vote de la loi ne tenaient pas compte de certains déchets de fabrication, non plus que d'une diminution dans les coefficients de réfaction des sucres bruts et raffinés, qui ont été ultérieurement accordés par l'article 18 de la loi. Si cette double modification avait pu être faite dans les évaluations budgétaires de 1881, elles auraient été ramenées à.   132,043,000

C'est donc ce chiffre qui doit être comparé
aux recettes effectives de l'exercice, ci. . . .   135,517,000

Ce qui fait ressortir une plus-value de. . .   3,474,000
On voit que la majoration de 20 p. 100 qui avait été escomptée pour la première année a été en fait de 23 p. 100.

Dans ces conditions, nous ne demandons plus, pour 1883, qu'un prélèvement sur les exercices antérieurs de 31,888,500 et nous espérons qu'avec un prélèvement en 1884 de.   16,000,000
il ne sera plus nécessaire, en 1885, de recourir même à cette ressource exceptionnelle pour retrouver la recette initiale de 1880.

Ainsi, le dégrèvement des sucres pourra être considéré, à la fin de l'exercice 1883, comme une opération achevée, et les ressources de l'impôt sur les sucres, avec leurs plus-values annuelles, contribueront, comme par le passé, à l'équilibre de nos budgets.

Les *contributions directes* présentent une augmentation de près de 3 millions, provenant des constructions nouvelles assujetties à l'impôt et de la progression normale des patentes.

Par suite d'une évaluation plus exacte, basée sur les cinq dernières années, les *produits des forêts* sont réduits de 3.369.700 francs ; cette perte est compensée par une nouvelle recette de 3 millions inscrite aux *produits des domaines* et provenant des matières livrées par la marine. On a ainsi régularisé un point de service souvent critiqué par les Chambres.

L'impôt de 3 pour 100 sur le revenu des valeurs mobilières va toujours en augmentant; il a produit :

En 1879. 36,418,000
En 1880. 40,435,000
En 1881. 44,455,000

C'est cette dernière somme qui figure au budget de 1883.

Le budget des dépenses sur ressources extraordinaires de l'exercice 1883 s'élève à 621,697,800

Soit, par comparaison avec celui de 1882
(lois des 29 juillet, 25 et 29 décembre 1881), ci. <u>559,136,000</u>

une augmentation de 62,561,800

Cette augmentation est due principalement à l'impulsion à donner aux grands travaux publics, qui nécessitent un accroissement de 59,314,500 francs. Ce budget pourra, du reste, être réduit, si un appel est fait au concours de l'industrie privée : mais il convient, dans tous les cas, d'assurer au ministre des travaux publics les moyens de faire exécuter lui-même, s'il est nécessaire, les travaux jugés par vous indispensables.

Comme pour 1881 et 1882, les dépenses extraordinaires de 1883 seront provisoirement imputées sur les ressources de la dette flottante, et une loi ultérieure déterminera le mode d'emprunt destiné à pourvoir définitivement à ces dépenses.

Le budget des dépenses sur ressources spéciales, c'est-à-dire le budget des services départementaux et communaux qui ne figurent que pour ordre dans le budget de l'État, s'élève, en recette et dépense, à la somme de 417,075,229 francs, soit une augmentation de 3,819,272 francs sur le budget de 1882.

Cette augmentation a pour cause principale l'accroissement normal de l'impôt direct, accroissement qui se reflète naturellement sur les centimes additionnels dont profitent les budgets départementaux et communaux.

Enfin, les budgets annexes, rattachés au budget général de 1883, présentent, tant en recette qu'en dépense, un total de 84,572,338 francs, soit 26,973,985 francs de plus qu'en 1882. Dans cette dernière somme figure celle de 26,316,000 francs, afférente à l'exploitation des chemins de fer de l'État, dont nous avons cru devoir, pour la première fois, soumettre le budget au contrôle des Chambres.

En résumé, on voit que, sauf un prélèvement de 31 millions pour le dégrèvement des sucres, le budget ordinaire de 1883 pourvoit, avec les impôts et revenus ordinaires de l'État, à toutes les dépenses des départements ministériels, accrues, par l'effet des lois et des décisions antérieures du Parlement, de près de 90 millions d'un exercice à l'autre, et aux dépenses nouvelles réclamées par les besoins des services; et qu'il pourvoit également, au moyen d'un complément de dotation de 25 millions, au service des arrérages et de l'amortissement des emprunts contractés pour les grands travaux publics : 102 millions sont consacrés à éteindre les obligations à court terme du compte de liquidation, c'est-à-dire à amortir une partie de notre dette et toutes les plus-values des sucres et des vins sont abandonnées pour achever les grands dégrèvements commencés par vos prédécesseurs.

Ajoutons que le règlement des exercices antérieurs nous laisse un disponible de 160 millions, sur lesquels nous vous proposerons de consacrer 67 millions à payer les obligations à court terme à échéance de 1882, qui ne trouvent point de prévision dans les crédits du chapitre 5 de cet exercice.

Nous nous réservons de vous proposer, dans le cours de cette législature, en dehors du budget, des combinaisons financières qui, nous en avons l'espoir, donneront à l'agriculture, que nous ne pouvons oublier, les satisfactions qu'elle attend.

PROPOSITION DE LOI

SUR LA RÉFORME DE L'ORGANISATION JUDICIAIRE

PRÉSENTÉE

PAR M. MARTIN-FEUILLÉE

DÉPUTÉ

Dans la séance du 2 février 1882

EXPOSÉ DES MOTIFS

MESSIEURS,

La question des réformes à introduire dans notre organisation judiciaire est posée depuis longtemps devant l'opinion publique et le Parlement. Elle a été, à diverses reprises, l'objet de propositions et de projets demeurés jusqu'ici sans résultat.

Il est deux réformes toutefois sur lesquelles l'accord paraît s'être fait : la nécessité d'étendre dans une large mesure la compétence des juges de paix et l'institution d'assises correctionnelles.

L'organisation des justices de paix en 1790 a doté la France d'une institution dont l'heureuse influence n'a pas cessé d'être reconnue. Le temps et l'expérience ont montré de quel développement progressif la juridiction des juges de paix était susceptible.

Déjà, en 1838, la loi du 25 mai a étendu et précisé la compétence des magistrats cantonaux.

Depuis cette époque, et dans ces dernières années surtout, l'opinion publique a constamment réclamé une nouvelle revision de la législation. A mesure que la fortune se divise et se répand dans des mains plus nombreuses, à mesure que les patrimoines d'une valeur relativement modique constituent le principal élément de la richesse nationale, la nécessité s'impose de procurer aux petits litiges une solution plus facile et moins coûteuse.

Dès 1864, lorsqu'une revision générale du Code de procédure civile fut examinée par une commission organisée au ministère de la justice, on reconnut que la compétence des juges de paix devait être notablement étendue.

Depuis lors, les Conseils généraux ont fréquemment appelé l'attention du Gouvernement sur l'opportunité d'une réforme. Des pétitions adressées à la Chambre et au Sénat ont été renvoyées au ministère de la justice (1er et 17 mars 1877).

La Chambre des députés a pris en considération, le 1er avril 1878, une proposition sur ce sujet, de MM. Floquet et Parent.

La revision de la loi de 1838 ne nous paraît donc pas devoir être plus longtemps différée. Elle nous semble être la base d'une réorganisation judiciaire durable et raisonnée. Les dispositions que nous soumettons à l'examen du Parlement ont pour but de tenir compte, dans une large mesure, de l'intérêt des justiciables. Elles n'ont pas trait uniquement au jugement des instances civiles; il était nécessaire de faciliter aussi l'expédition des poursuites pénales de peu d'importance.

En matière civile, la compétence est étendue non seulement quant aux chiffres des demandes, mais encore quant à leur nature. En dernier ressort, la compétence des juges de paix est élevée au chiffre de 500 francs. En premier ressort, elle est fixée, tant en matière mobilière qu'immobilière, au taux de la compétence actuelle en dernier ressort des tribunaux de première instance. Les juges de paix connaîtront, en outre, des contestations sur l'exécution de leurs jugements, sur les offres et saisies-arrêts et des questions de servitudes. Les pouvoirs du juge de référé leur sont conférés. Nous avons cherché, en outre, à rappeler les diverses dispositions éparses dans les lois spéciales sur la compétence en matière civile et à refondre dans un ensemble de dispositions les articles de la loi du 25 mai 1838, en les complétant sur les points que la pratique et la jurisprudence avaient signalés comme contenant quelques lacunes.

En matière pénale, la compétence des juges de paix est étendue à un certain nombre de délits actuellement déférés aux tribunaux correctionnels.

Aux questions de compétence et de procédure est intimement lié le mode de recrutement des magistrats. Aussi les conditions d'aptitude et le traitement des juges de paix sont-ils l'objet de dispositions spéciales.

Le chapitre II de notre proposition de loi introduit une réforme considérable dans nos institutions judiciaires. Il supprime les tribunaux correctionnels et institue, à leur place, des tribunaux d'assises. Cette idée n'est pas nouvelle. Elle avait été déposée en germe dans le décret organique sur la police municipale et correctionnelle des 19-22 juillet 1791. Depuis cette époque, elle n'a jamais été entièrement abandonnée. Le rapporteur de la Constitution de 1848 la reprenait pour la recommander aux législateurs de l'avenir, en exprimant le regret qu'elle ne pût être réalisée à cette époque. Vos prédécesseurs, dans la dernière législature, s'en sont préoccupés, à leur tour, et ils ont été saisis, par l'initiative parlementaire, de projets que le temps seul a empêché de soumettre à l'épreuve de la discussion publique.

C'est cette idée que nous voulons faire passer aujourd'hui du domaine de la théorie dans celui de la pratique. Sa réalisation présentait de très sérieuses difficultés. Nous espérons avoir réussi à les résoudre.

Le projet que nous vous présentons attribue à des tribunaux d'assises la plupart des infractions graves punies de peines correctionnelles. Il donne ainsi aux prévenus de simples délits, comme aux accusés de crimes, dans la mesure compatible avec les nécessités qui s'imposent à la juridiction correctionnelle, la garantie souveraine du jury, et il achève de confier à cette magistrature populaire et toute d'équité, l'entière distribution de la justice criminelle.

La réalisation pratique de l'établissement de tribunaux d'assises était subordonnée à un départ préalable d'attributions pour la matière correctionnelle, entre les juges permanents, de première instance ou de paix, et les nouveaux tribunaux d'assises. On ne pouvait songer, en effet, à déférer à ces tribunaux tous les délits sans exception. Le jury n'aurait pas suffi à cette tâche; et il n'y avait d'ailleurs aucun intérêt à lui soumettre les délits les plus légers ou ceux qui reposaient sur des infractions le plus souvent purement matérielles. L'organisation nouvelle à laquelle nous procédons nous obligeait à donner le jugement de ces délits aux juges de paix.

Le principe des tribunaux d'assises admis, il fallait choisir entre deux systèmes. Devait-on établir des assises proprement dites, fonctionnant comme nos cours d'assises actuelles en diminuant seulement le nombre des jurés, ou constituer un tribunal composé d'un juge permanent et de jurés assesseurs. Ces raisons d'uniformité, d'analogie apparente conseilleraient, au premier abord, l'adoption du premier système. Mais, après un examen attentif de la question, nous avons reconnu que c'est incontestablement le second qui doit être préféré. Il présente les plus grands avantages au point de vue de la simplification des formes et de la célérité si nécessaire en cette matière.

Il permet d'ailleurs de donner au jury une participation plus complète au jugement des affaires qui lui sont soumises, en remettant au tribunal tout entier, avec la déclaration de la culpabilité, l'application de la peine, si importante et si variable en matière correctionnelle et l'allocation des dommages-intérêts.

Les dispositions contenues dans les deux premiers titres du projet de loi et qui nous semblent donner satisfaction aux justes réclamations de l'opinion publique et aux préoccupations du Parlement, ont pour conséquence de réduire, dans une forte proportion, le nombre des affaires dont auront à connaître les tribunaux de 1re instance. La connaissance des affaires correctionnelles leur est en effet enlevée pour être donnée soit à des tribunaux d'assises, soit aux juges de paix, en même temps que leur compétence en matière commerciale disparaît. En matière civile, l'extension de la compétence des juges de paix diminue encore dans une large mesure le nombre des affaires soumises à ces tribunaux.

La dernière Chambre des députés, dans le projet qu'elle a adopté, avait reconnu, d'accord avec le Gouvernement, que dans un tribunal, une seule chambre pouvait expédier 400 affaires par année. Or la statistique démontre que pas un seul tribunal siégeant dans un chef-lieu d'arrondissement n'atteindra ce chiffre d'affaires, et à peine 35 dépasseront le chiffre de 200. — Encore devons-nous ajouter que le calcul n'a été fait qu'en tenant compte de la suppression de la compétence des tribunaux de 1re instance en matière correctionnelle et commerciale.

Or combien d'affaires sont encore enlevées à la connais-

sance de ces tribunaux par l'élévation de la compétence des
juges de paix en matière civile. Ce n'est plus seulement une
cinquantaine de tribunaux qui sont absolument inoccupés,
ce sont les neuf dixièmes des tribunaux de 1re instance, siégeant en dehors d'un chef-lieu de département, qui seront
livrés à l'oisiveté la plus complète.

Dans cette situation, la suppression dans une très large
mesure des tribunaux d'arrondissement s'impose comme
conséquence de ces deux réformes si justement et si universellement réclamées, à savoir : l'extension de la compétence
des juges de paix et l'institution d'assises correctionnelles.

Nous avons reconnu, toujours en prenant pour base le
nombre de 400 affaires par chambre, et en faisant le calcul
sur le taux actuel de la compétence des tribunaux de 1re instance en matière civile, que dans 9 départements une seule
chambre était suffisante pour l'expédition des affaires, —
que dans 44 départements, deux suffiraient, — 3 dans 21 départements — et que dans 12 départements seulement plus
de 3 chambres seraient nécessaires. L'examen de la situation
topographique de certains arrondissements et du nombre
des affaires dans certains centres, nous a démontré que
dans 7 arrondissements seulement, il serait utile de [main-
tenir des tribunaux de 1re instance.

Nous avons pensé qu'il serait préférable, pour assurer
l'unité de notre organisation judiciaire, d'établir un seul tribunal par département siégeant au chef-lieu et dont une ou
plusieurs chambres pourraient être détachées en permanence là où les besoins du service l'exigeraient. Le tribunal
civil qui n'aurait plus à connaître des affaires correctionnelles, non plus que des affaires civiles de moindre importance, peut sans inconvénient se trouver plus éloigné des
justiciables. Cette réforme, conséquence naturelle des dispositions du projet qui ont trait aux justices de paix et aux
assises correctionnelles, aura pour résultat de diminuer dans
une proportion considérable le nombre des magistrats. Sur
les 1,621 juges du siège, 1,003 seulement seront maintenus
et les 850 magistrats du parquet seront réduits à 584. Au
lieu de 472 chambres de tribunaux civils actuellement
existantes il n'en resterait plus que 218.

Une réforme analogue était nécessaire dans l'organisation
des cours d'appel. Nous vous proposons la suppression de

8 ressorts de cours d'appel, dans lesquels le nombre restreint des affaires ne justifie pas le maintien de cette haute juridiction et nous substituons à l'organisation actuelle une division nouvelle des cours entre lesquelles les affaires seront plus également réparties. Nous avons pensé aussi qu'il y avait lieu de reproduire une disposition de l'ancien projet du Gouvernement qui avait reçu un accueil favorable de la Chambre des députés et de la Commission du Sénat : le jugement des affaires en appel par cinq conseillers seulement. Ces mesures entraînent une diminution considérable dans le personnel des magistrats de cours. Le nombre des magistrats de siège se trouve réduit de 710 à 384 et celui des membres du parquet de 153 à 116.

Il nous a paru juste, en même temps, de relever dans des proportions sérieuses les traitements actuels de la magistrature. Nous avons pu le faire sans grever sensiblement le budget. Le chiffre affecté au traitement des magistrats d'appel se trouverait en effet réduit de plus de 1,100,000 fr., celui des magistrats de première instance serait élevé d'environ 2 millions, ce qui ne constituerait en définitive qu'une augmentation de moins de 1 million.

Quelques dispositions sont en outre consacrées à coordonner les règles sur la discipline judiciaire. Enfin, des mesures transitoires ont dû vous être proposées, notamment pour indemniser les officiers ministériels dont les charges se trouvent supprimées, et pour assurer le règlement des affaires en cours d'instruction.

Toute réforme judiciaire qui comprend la suppression d'un grand nombre de juridictions comporte nécessairement une réorganisation du personnel.

Le projet voté par la Chambre des députés, dans la dernière législature, avait admis cette conséquence inévitable, dans des termes qui ont été reproduits.

Pour atténuer les inconvénients qui peuvent résulter de cette réorganisation, pour éviter de suspendre le cours de la justice, il nous paraît possible de réduire à trois mois la période transitoire pendant laquelle il sera procédé à la reconstitution du personnel judiciaire.

Un examen détaillé de chacun des articles du projet en fera mieux connaître l'économie.

TITRE PREMIER

DES JUSTICES DE PAIX

ARTICLE PREMIER. — Cet article détermine la compétence ordinaire des juges de paix. Le taux du dernier ressort, fixé à 500 francs, paraît en juste proportion avec la diminution progressive de la valeur monétaire. L'extension du premier ressort au taux de la compétence en dernier ressort des tribunaux de département aurait cet avantage d'assurer dans tous les cas aux parties un double degré de juridiction, de faciliter l'instruction des affaires et d'amener pour beaucoup d'instances l'acquiescement des parties à une première décision, au moment où les frais dégagés ne sont pas considérables. Cette extension avait été proposée devant la Commission de 1865.

La compétence nouvelle en premier ressort aurait pour résultat de rendre inutile une disposition corrélative à l'art. 2 de la loi du 25 mai 1838; qui déterminait ce que l'on appelait la compétence extraordinaire limitée des juges de paix. Cette disposition n'avait, en effet, pour but que d'accroître le taux du premier ressort jusqu'au taux de la compétence des tribunaux de première instance pour certaines contestations spéciales qui rentrent dans la définition des actions personnelles ou mobilières.

ART. 2 et 3. — Ces deux articles réunissent, chacun dans une disposition spéciale, tout ce qui concerne le louage d'immeubles ou le louage de services et constitue sur ces matières la compétence extraordinaire du juge de paix. Ils remplacent les art. 3, 4 et 5 de la loi de 1838.

Les dispositions relatives aux dommages aux champs, et aux actions civiles pour diffamation, injures et voies de faits ont été reportées aux articles suivants.

Dans l'art. 2, la compétence concernant les saisies-gageries a été précisée [1].

Le taux du loyer, pour limiter la compétence des juges

---

1. Voir sur la saisie-gagerie en cas de déplacement de meubles, CHAUVEAU, *Lois de la procédure*, t. VI, p. 609, arrêt de la Cour de Rennes du 7 mars 1816.

de paix, a été élevé de 400 à 1,000 francs. Cette élévation, eu égard aux prix ascendants des locations, ne paraîtra pas excessive. Toutes ces affaires s'instruiront sur les lieux, au grand avantage des parties.

Les actions pour indemnités de non-jouissance et celles pour dégradations, qui étaient prévues dans l'art. 4 de la loi de 1838, celles relatives aux réparations locatives, dont il était question à l'art. 5, ont cessé de faire l'objet d'une disposition spéciale que l'extension de la compétence ordinaire prévue à l'art. 1er du projet rendait inutile.

A l'art. 3 a été ajoutée une disposition relative aux contestations qui peuvent surgir à l'occasion du contrat de cheptel. On a souvent regretté que ces contestations, qui donnent lieu à des demandes indéterminées, mais peu importantes, en général, ne soient pas soumises en premier ressort aux juges de paix.

Art. 4. — Les demandes pour vices rédhibitoires doivent déjà être présentées au juge de paix qui nomme les experts[1]. Le fond même du litige peut lui être soumis; l'intérêt engagé ne dépassera que très rarement le taux des contestations dont ce magistrat connaît en premier ressort.

Le montant annuel des pensions alimentaires (art. 6, § 4 de la loi de 1838) a été élevé; il interviendra souvent devant le tribunal de paix des arrangements de familles que les faits exposés et les débats plus solennels rendent plus difficiles devant le tribunal.

Art. 5. — Les deux premiers paragraphes de l'art. 5 rappellent le § 1er de l'art. 5 de la loi de 1838. Les paragraphes suivants reproduisent les dispositions qui avaient été arrêtées par le Conseil d'État en 1865. Ils reprennent, en grande partie, en le précisant, l'art. 6 de la loi de 1838, actuellement en vigueur; les 4e et 5e ont pour but de rappeler, sans les modifier, l'art. 5 de la loi du 10 juin 1854 et l'art. 19 de la loi du 21 juin 1865.

Art. 6. — Cet article consacre une innovation importante. On reconnaîtra cependant que la compétence immobilière accordée aux juges de paix, à charge d'appel, ne peut que présenter des avantages : les contestations interminables pour un intérêt immobilier des plus minimes sont malheu-

1. Art. 5 de la loi du 20 mai 1838.

reusement fréquentes dans certaines contrées. L'intervention peu onéreuse du juge de paix, dès le début du litige, permettra souvent de les arrêter ; l'instruction de ces actions exige que des renseignements soient recueillis sur place. Devant le juge de paix, les expertises et les visites de lieux dispendieuses seront le plus souvent inutiles.

Les actions concernant les servitudes ont souvent un intérêt minime, mais elles mettent aussi parfois en jeu des intérêts considérables. Leur importance, nécessairement indéterminée, ne peut être évaluée avec précision ; mais il y a un grand intérêt à régler immédiatement et sur les lieux les difficultés multiples auxquelles peut donner lieu l'exercice de ces droits réels. Ajoutons que par suite de la compétence au pétitoire attribuée en premier ressort au juge de paix, le circuit du possessoire et du pétitoire sera évité dans la plupart des cas.

Art. 7 et 8. — L'art. 7 remplace le paragraphe 5 de l'article 5 de la loi de 1838, et précise le sens de la disposition, afin de mettre fin à une controverse qui s'est élevée sur la portée du mot « voies de fait[1]. »

L'art. 8 n'a pour but que de rappeler, sans les modifier, les dispositions des lois antérieures et de réunir ainsi tout ce qui a trait à la compétence civile des juges de paix.

Art. de 9 à 12. — L'art. 9 consacre une règle nouvelle qui a pour objet de mettre en harmonie la compétence sur les demandes principales réunies dans une même instance avec celle sur les demandes reconventionnelles.

L'art. 9 de la loi de 1838 qui évaluait chaque demande principale isolément a d'ailleurs donné lieu à des difficultés d'interprétation à raison des limites de juridictions différentes selon la cause de la demande. Lorsqu'une demande dont le juge de paix peut connaître, à quelque valeur qu'elle puisse s'élever, est jointe à une autre demande pour laquelle la compétence est limitée, quelle règle doit être suivie ? Il est préférable de faciliter la réunion dans une même instance, des demandes distinctes, afin de diminuer les frais. La dernière disposition de l'article a pour but de permettre au juge de se dessaisir dans le cas où les demandes auraient entre elles une véritable connexité.

1. Arrêts de cassation des 26 janv. 1866, 24 mai 1867, 30 avril et 25 juin 1869, 5 nov. 1875, 26 janv. 1877.

L'article 10 consacre une disposition nouvelle. La jurisprudence, d'abord incertaine, a déjà émis presque universellement le principe qui est formulé[1].

En reproduisant l'art. 9 de la loi de 1838, l'art. 11 le complète et répare une omission de la loi du 28 mai 1838,
qu'une proposition de loi déposée le 22 mars 1878 a déjà
signalée à la Chambre des députés.

Dans l'art. 12 sont repris les termes de l'art. 8 de la loi
de 1838.

Art. 13. — On admet déjà que les offres faites au cours
d'une instance constituent un simple incident, un moyen de
défense que le juge de paix a toujours le pouvoir d'apprécier, sans qu'il soit besoin d'un texte spécial. Il n'existe
aucune raison pour ne pas étendre cette compétence au cas
où les demandes en validité ou en nullité sont introduites
par action principale.

Dès que le créancier n'élève pas ses prétentions à un
chiffre supérieur aux limites de la compétence, on ne voit
pas pour quel motif le juge qui aurait connu de la contesta-
tation se trouverait dessaisi par le fait du débiteur qui a
prévenu la citation par des offres. Bien que ces actions
puissent être considérées comme rentrant dans les prévisions
des articles précédents, une disposition spéciale est cependant utile afin de prévenir toute incertitude.

Art. 14. — Malgré l'incompétence du juge de paix relativement aux voies d'exécution, dès 1838 on avait reconnu
nécessaire la disposition reprise par le paragraphe 1er de cet
article. Il paraît juste d'en étendre les prévisions aux saisies-
arrêts et d'appliquer les dispositions de l'article 558 du Code
de procédure, afin que les juges de paix puissent autoriser
les saisies-arrêts sans titre dans la limite de leur compétence.

Art. 15. — Cette disposition permettrait de recourir à la
voie du référé, souvent nécessaire dans les localités éloi-
gnées du siège du tribunal. L'intervention du juge de paix
pour ordonner des mesures purement provisoires ne peut
avoir que des avantages.

Art. 16. — Bien que la loi n'ait pas exclu expressément
les difficultés sur l'exécution des jugements de la compé-

1. Arrêts de cassation des 7 mars 1866, 11 décembre 1867, 25
février 1879.

tence des juges de paix, la doctrine et la jurisprudence sont d'accord pour leur refuser sur ce point toute compétence[1]. Déjà, en 1838, la question a été débattue, et l'extension de la compétence aux questions d'exécution avait été vivement demandée[2]. Cependant les avantages de la juridiction de paix disparaissent lorsque, pour obtenir l'exécution de la sentence, il faut reprendre un procès long et dispendieux.

ART. 17 et 18. — Les articles 17 et 18 sont la reproduction des articles 11, 12 et 13 de la loi du 25 mai 1838.

ART. 19. — Cet article est destiné à remplacer les articles 2 et 3 du Code de procédure civile. Pour que la juridiction des juges de paix puisse avoir toute son efficacité, elle doit s'exercer, soit au lieu même où se trouve l'objet du litige, soit au lieu où se trouvent les principaux intéressés.

ART. 20. — L'art. 20 est la reproduction de l'art. 7 du Code de procédure civile sur la prorogation de compétence. Un dernier paragraphe complète la disposition et consacre une disposition admise par la jurisprudence[3].

ART. 21, 22 et 23. — Les art. 21, 22 et 23 reproduisent les art. 6 et 19 de la loi du 8 mai 1838, ainsi que l'art. 2 de la loi du 8 mai 1855 qui a modifié l'art. 17 de la loi de 1838.

Il n'a pas paru opportun de reprendre l'art. 18 de la loi de 1838.

Jusqu'à présent, la loi a cherché à entraver la formation près des justices de paix d'un corps de mandataires judiciaires. On pensait qu'il fallait, pour ainsi dire, contraindre les parties à ne recourir à aucun intermédiaire. La pratique n'a pas donné raison à la théorie légale. Presque partout des mandataires officieux se sont installés, et les entraves n'ont eu pour effet que d'écarter souvent du prétoire ceux qui auraient pu apporter aux parties une assistance plus éclairée et plus sûre. Si les juges de paix doivent connaître les questions plus nombreuses et plus graves, il est de l'intérêt de la justice que les affaires soient sérieusement instruites. Sans imposer aux parties l'obligation de recourir à des mandataires spéciaux, il est utile de ne pas interdire

1. FAVART, Répertoire, V° justice de paix, § 1er, n° 11. — Arrêts de la cour de Turin des 6 mai et 30 juillet 1813.
2. Discours de M. Persil, garde des sceaux.
3. Voir CHAUVEAU, Lois de procédure, t. 1er, p. 29.

l'intervention d'officiers ministériels dont les aptitudes et le caractère présentent des garanties.

ART. 24. — L'extension de la compétence pénale n'est pas moins utile que l'extension de cette compétence en matière civile. Les délits de peu d'importance seront jugés plus rapidement sur les lieux, leur répression sera moins coûteuse, et la faculté d'appel sera une garantie suffisante pour les prévenus et le ministère public.

Dans l'énumération des délits qui seront déférés au tribunal de paix, il a paru qu'il importait surtout de réserver à son appréciation des faits punissables qui, sans pouvoir être classés dans la catégorie des contraventions, s'en rapprochent cependant en ceci que le juge chargé de les réprimer a plutôt à constater un fait matériel qu'à apprécier les conditions morales dans lesquelles a été commis ce fait. Les délits, au contraire, qui reposent principalement sur l'intention criminelle, et pour lesquels l'appréciation du degré de culpabilité repose sur l'examen même des circonstances accessoires, devaient être réservés pour être soumis aux assises correctionnelles.

Après avoir indiqué un certain nombre des délits déférés aux juges de paix, il a paru impossible d'énumérer dans la loi tous les faits punissables d'après les lois spéciales; il a paru préférable d'adopter une règle générale, en prenant pour base la peine édictée.

En matière de diffamation et d'injures verbales, l'action publique est rarement intéressée. Ces instances ont un caractère qui les rapproche des instances civiles, il a donc paru utile de permettre aux parties de les déférer aux juges de paix.

ART. 25. — L'accroissement de compétence en matière pénale rend nécessaire la suppression des tribunaux de police spéciaux établis dans les villes divisées en plusieurs justices de paix. La centralisation des affaires répressives eût amené un encombrement qui sera évité, en laissant chaque juge de paix statuer dans son prétoire, en matière de police comme en matière civile.

ART. 26. — En attribuant aux tribunaux de simple police la connaissance d'infractions punies de peines correctionnelles, il importe d'assurer la poursuite exacte de ces infractions. Le ministère public près les tribunaux de simple police, tel qu'il a été organisé par la loi du 27 janvier 1873, ne semble pas offrir, à cet égard, toutes les garanties désirables. En l'absence d'un commissaire de police dans le canton, les fonctions du ministère public sont exercées par un suppléant du juge de paix, par un maire ou un adjoint, délégué par le procureur général.

Les personnes revêtues de fonctions gratuites ou électives hésitent souvent à accepter la charge de ministère public. Très souvent les procureurs généraux ont éprouvé les difficultés les plus sérieuses à constituer le ministère public près les tribunaux de simple police; il est arrivé que quelques-uns de ces tribunaux se sont trouvés dans l'impossibilité de fonctionner pendant plusieurs mois. Cette interruption du cours de la justice, déjà fâcheuse lorsqu'il s'agit de la poursuite de simples contraventions de minime importance, présenterait des inconvénients plus sensibles lorsque des infractions plus graves seront attribuées à la juridiction des tribunaux de simple police. En conséquence, il convient de réserver aux magistrats du ministère public le droit de procéder eux-mêmes aux actes de poursuite, pour certains cas. La citation devant le tribunal de simple police pourra être donnée à la requête du procureur de la République.

Il nous a paru nécessaire également d'autoriser le procureur général à désigner, en cas de nécessité, comme ministère public près les tribunaux de police, tout autre représentant de l'autorité que ceux énumérés dans l'art. 144 du Code d'instruction criminelle. Enfin la nécessité de la présence à l'audience écarte souvent ceux qui pourraient accepter les fonctions de ministère public. Nous avons cru qu'elle pouvait sans inconvénient être rendue facultative.

ART. 27. — L'art. 28 modifie l'art. 172 du Code d'instruction criminelle. L'extension de la compétence des juges de paix en matière pénale rendait cette modification nécessaire. D'après la disposition ancienne, les condamnés seuls peuvent appeler des jugements de simple police. En soumettant aux juges de police la connaissance de faits plus graves, il était nécessaire de consacrer le droit d'appel du ministère public. Le taux du dernier ressort, fixé d'après la quotité de l'amende prononcée, a été élevé de 5 à 20 francs.

ART. 28. — L'art. 174 ne fait courir |le délai d'appel, en matière de simple police, que du jour de la signification : il en résulte que cette signification est nécessaire pour rendre les jugements définitifs : la Cour de cassation a même décidé que l'exécution de la sentence ne pouvait avoir cet effet[1]. De là résulte la nécessité de formalités relativement coûteuses, dont le prix excède presque toujours le montant de la condamnation. L'art. 203 du Code d'instruction criminelle relatif à l'appel des jugements rendus par les tribunaux correctionnels, consacre une règle différente; le délai d'appel part du jour de la prononciation, si le condamné a été présent.

Les motifs pour lesquels cette règle n'a pas été étendue aux jugements de police dont l'importance est moindre n'ont jamais été formulés. En cas de jugements par défaut, la modification proposée afin d'autoriser la partie condamnée à arrêter toutes les formalités ultérieures de procédure par l'exécution volontaire de la décision aurait pour résultat une atténuation sensible des frais de justice.

Art. 29. — La modification proposée à l'art. 177 du Code d'instruction criminelle a pour but de combler une lacune. Le délai du recours en cassation, en matière de simple police n'a été formellement déterminé par aucun texte. Il a été, par l'usage, fixé à trois jours. Quelque court que puisse paraître ce délai, il a paru opportun de ne pas modifier une règle qui s'applique à toutes les décisions en matière pénale.

Art. 30. — L'extension de la compétence de police a paru inconciliable avec le maintien des juges de paix au nombre des officiers de police judiciaire auxiliaires du ministère public. Il était utile, au contraire, de leur conserver le droit de procéder à des actes d'instruction urgents.

Art. 31. — L'art. 83 du Code d'instruction criminelle ne prévoit expressément la commission rogatoire adressée au juge de paix qu'au cas où le témoin réside hors du canton du chef-lieu. L'usage des délégations adressées aux juges de paix s'est cependant généralisé; il a l'avantage de diminuer les frais de justice et de ne pas imposer aux témoins des déplacements souvent considérables[2]. La nouvelle dis-

1. Arrêts de cassation des 17 février 1859 et 24 janvier 1862. — Contra, 19 novembre 1835.
2. Répertoire Journal du Palais, v° Instruction criminelle, n° 376 et suivants.

position a pour but de dissiper toute incertitude sur les
pouvoirs de délégation du juge d'instruction; elle étend, en
outre, ses pouvoirs aux cas de perquisitions et de visites de
lieux, afin de faciliter ces modes d'instruction, en évitant
les transports trop fréquents. Appliquées avec discernement,
ces mesures activeront les procédures sans diminuer les
garanties.

ART. 32 et 33. — En étendant la compétence des juges
de paix, il était nécessaire d'assurer le recrutement de ces
magistrats dans des conditions telles que les intérêts des
justiciables fussent aussi bien sauvegardés que par le passé.

Pour atteindre ce but, il paraît utile :

1° D'augmenter le traitement; 2° d'exiger des justifications d'aptitude.

1° En ce qui concerne le traitement, il conviendrait de le
porter à 4,000 francs, somme nécessaire pour assurer une
existence indépendante.

Ce traitement serait accordé sans distinction de classes.
Le système des classes donne naissance à des compétitions
et à des sollicitations; il fait désirer des déplacements fréquents. Il convient seulement d'accorder un supplément de
traitement aux juges de paix en résidence dans les chefs-
lieux d'arrondissement; ils seront appelés à présider les
assises correctionnelles.

Le traitement actuel des juges de paix de Paris a été
maintenu.

2° Les justifications d'aptitude peuvent être cherchées
dans un grade universitaire qui constate les études juridiques dans l'âge qui est, en général, une garantie de
maturité; et enfin dans l'exercice prolongé d'une profession qui aura permis d'apprécier, en fait, le degré de capacité et d'honorabilité du candidat.

ART. 34. — Il y a à Paris un juge de paix par arrondissement, et certains arrondissements dépassent le chiffre de
100,000 habitants. Il est nécessaire, eu égard à l'importance
des nouvelles attributions et surtout à raison du service du
tribunal d'assises correctionnelles, que ce nombre soit augmenté; deux justices de paix devaient être établies dans les
arrondissements qui dépassent 100,000 âmes.

Les ressorts des justices de paix sont, dans certains cas,
trop peu étendus; parfois aussi, il serait utile que des au-

diences pussent être tenues dans d'autres centres populeux
que le chef-lieu de canton [1]. Les circonstances qui rendent
possible la réunion de deux cantons ou exigent la tenue
d'audiences foraines peuvent être temporaires; il serait donc
difficile de fixer par une loi, et d'une façon définitive, les
réunions de cantons et les audiences qui peuvent être tenues
hors du chef-lieu. Il y aurait avantage à ce que ces points
fussent réglés par des décrets qui seraient modifiés selon
les circonstances.

D'après la loi du 16 ventôse an XII, en cas d'empêchement
d'un juge de paix et de ses suppléants, le tribunal de première instance renvoie les parties devant le juge de paix du
canton le plus voisin; mais cette délégation est spéciale et
doit intervenir, pour chaque affaire, à la requête des parties, en leur présence et sur les conclusions du ministère
public [2]. Ces formalités rendent les délégations difficiles; il
serait utiles qu'elles pussent être générales et qu'elles inter-
vinssent sans formalités. Dans ces conditions, la Cour, sur
l es réquisitions du procureur général, exercerait le droit de
délégation.

TITRE II

DES ASSISES CORRECTIONNELLES

ART. 35 et 36. — Nous proposons l'institution d'un tribunal d'assises composé d'un magistrat président et de
quatre jurés assesseurs, qui se tiendrait au chef-lieu judiciaire de l'arrondissement; le magistrat naturellement
désigné pour le présider sera le juge de paix du chef-lieu.

ART. 37. — Le tribunal jugera le fait tout entier, avec
toutes ses circonstances, le juge de paix président jugera
seul, comme la cour au criminel, les exceptions et les incidents de toute nature.

ART. 38. — Le tribunal siégera au moins une fois par
mois dans chaque arrondissement. Mais le plus souvent
deux sessions seront nécessaires. Le garde des sceaux
fixera le nombre des sessions dans chaque arrondissement.
Il pourra, dans les villes où les besoins du service l'exige-

1. Voy. Arrêt de cassation du 26 décembre 1868.
2. Arrêts de cassation des 1er octobre 1830 et 25 mai 1831.

ront, diviser le tribunal en sections de manière que plusieurs assises puissent être tenues simultanément. Cette division sera certainement nécessaire à Paris et peut-être aussi dans quelques autres grandes villes. Le nombre des sessions n'est fixé par le garde des sceaux qu'une fois pour toute l'année. Si des circonstances imprévues se présentent, les présidents de tribunaux de département auront le droit qui appartient aux premiers présidents pour les cours d'assises, d'ordonner la tenue d'assises extraordinaires. Ce sont encore ces magistrats qui fixeront l'époque précise de toutes les sessions dans chacun de leurs arrondissements.

Notre proposition de loi, après avoir organisé l'établissement des tribunaux d'assises, s'occupe de la formation du jury.

ART. 39 à 44. — Les listes annuelles dressées pour la formation des cours d'assises actuelles n'étaient pas suffisantes pour pourvoir, en outre, au service des tribunaux d'assises. Il fallait dresser une liste nouvelle de jurés qui seraient appelés exclusivement à concourir à la formation de ces tribunaux. Voici la base sur laquelle cette liste devra être dressée.

Le nombre des jurés fixé par le projet pour la composition du jury de session des tribunaux d'assises est de dix. On appellera pour chaque session mensuelle dans un arrondissement un nombre de dix jurés. Si l'arrondissement n'a qu'une session par mois, 120 jurés seront appelés dans l'année. Le nombre des jurés nécessaires pour composer les jurys annuels dans cet arrondissement pourra donc être, en tenant compte des éventualités, arrêté au chiffre fixe de 200. Si l'arrondissement a deux sessions au lieu d'une, le service des assises nécessitera un nombre double de jurés; et d'une manière générale, le nombre des jurés nécessaires pour la formation d'une liste d'arrondissement devra comprendre autant de fois 200 jurés qu'il y aura de sessions par mois dans l'arrondissement.

Cette liste ainsi composée pourrait, à la rigueur, suffire au service des tribunaux. Mais nous avons pensé qu'il convenait d'appeler aussi à ce service les jurés qui figurent sur la liste de l'arrondissement pour la formation des cours d'assises, de manière que tous les jurés, sans distinction, puissent participer à la composition des assises correctionnelles. Pour remplir ce but, nous fusionnons la liste déjà dressée pour les jurés de département avec la liste nouvelle, et c'est de la réunion de ces deux listes que nous composons la liste définitive annuelle des jurés d'arrondissement.

La liste des jurés de département conserve, d'ailleurs, sa spécialité nécessaire pour la formation du jury des cours d'assises; et si elle se trouve diminuée par suite de l'appel de l'un ou plusieurs des jurés qui la composent au tribunal d'assises, nous la complétons par l'adjonction des premiers noms de la liste des jurés d'arrondissement.

Cette combinaison a l'avantage de faire participer l'ensemble des jurés à l'administration de la justice en matière correctionnelle, en maintenant, comme il convient, une sélection plus grande pour la manière criminelle qui comprend les affaires les plus graves.

ART. 42 et 43. — On dressera, en outre, une liste spéciale de suppléants résidant dans la ville où se tiennent les assises, ainsi que cela se pratique pour le jury de département.

Après la formation du jury, le projet règle la procédure, les formalités du jugement et les voies de recours.

ART. 44 à 53. — Le jury des jugements se constitue comme celui des cours d'assises et d'après les mêmes principes. Les récusations s'exercent de la même manière. Le nombre des jurés de session est de dix au maximum et de huit au minimum. Le prévenu et le ministère public pourront donc exercer chacun de deux à trois récusations.

Le serment prescrit par la loi est prêté par les jurés, une fois pour toutes, au commencement de la session, à l'ouverture de la première audience.

Le tirage au sort du jury du jugement se fait à l'appel de chaque affaire, auquel tous les jurés de session doivent être présents.

ART. 55. — Le tribunal statuant sur le fait, à la manière des cours d'assises et des conseils de guerre, des questions doivent être posées par le président sur le fait et ses circonstances, sur les excuses et le discernement, si le prévenu est âgé de moins de seize ans.

ART. 56 à 59. — Si le tribunal déclare le prévenu non coupable, il prononce l'acquittement.

Si la culpabilité est déclarée, le tribunal délibère sur

l'admission des circonstances atténuantes, l'application de la peine et sur les dommages-intérêts, s'il y a lieu.

Toutes les décisions sont prises à la majorité des voix du juge de paix président et des jurés assesseurs.

Le tribunal doit délibérer, en principe, dans la chambre du Conseil; mais il est de toute nécessité d'épargner le temps du jury, pour qu'il puisse suffire à sa tâche. C'est dans ce but que le projet autorise le tribunal à délibérer à l'audience même, lorsqu'il le jugera convenable; il usera certainement de cette faculté lorsqu'il se trouvera en présence de certaines infractions sans gravité ou de délits flagrants, ou dans lesquels la culpabilité sera reconnue. Le projet donne, d'ailleurs, toutes les garanties désirables aux jurés et au prévenu, en obligeant le tribunal à se retirer dans la chambre du Conseil, si un membre le demande à un moment quelconque de la délibération.

Après le délibéré, le tribunal rend son jugement qui est prononcé par le président. Les motifs du jugement consistent seulement en ce qui concerne la culpabilité ou la non-culpabilité dans les questions posées et les réponses qui ont été faites.

ART. 60. — Le greffier rédige, séance tenante, le jugement qu'il signe, avec le président et les jurés. Le projet, pour assurer l'exécution de formalités qu'il considère comme substantielles, exige que le jugement contienne, à peine de nullité, les mentions de la composition légale du tribunal, de l'identité du prévenu, de la prestation de serment des témoins, de l'observation des droits de la défense, de la lecture des questions, la reproduction textuelle de ces questions ainsi que des réponses avec la mention que les décisions ont été prises à la majorité, et enfin la mention de la publicité des séances et de la prononciation du jugement. Le jugement doit mentionner, en outre, toutes les décisions que le juge de paix président aura rendues sur les exceptions et les incidents.

ART. 61 à 63. — Si le prévenu ne comparaît pas, il sera jugé par défaut; mais il ne pourra plus faire défaut s'il a été présent à l'appel des jurés. L'opposition sera recevable dans les termes des articles 187 et 188 du Code d'instruction criminelle, dont le projet reproduit à peu près intégralement les termes. Enfin le projet exige, pour déjouer autant

que possible les moyens dilatoires, que les demandes en
renvoi et les incidents soient présentés, à peine de forclusion, avant l'appel des jurés. Ces dispositions ne font, d'ailleurs, que reproduire celles qui ont été introduites dans la
loi sur la presse du 29 juillet 1881, dans un intérêt de célérité qui s'impose.

ART. 64. — Les décisions des tribunaux d'assises, par leur
nature même, ne sont pas susceptibles de subir l'épreuve
d'un second degré de juridiction. Elles ne peuvent donc
être l'objet que d'un recours en cassation.

La même solution s'impose pour d'autres motifs, en ce
qui concerne les décisions rendues par le juge seul sur les
exceptions et sur les incidents. Sans doute, ces décisions
seraient susceptibles par elles-mêmes d'être portées devant
un juge d'appel. Mais ces recours entraveraient entièrement
la marche de l'instruction de l'affaire, qui ne peut subir,
devant un tribunal d'assises, de semblables retards. Le
recours en cassation sera donc aussi seul admis contre ces
décisions, et il ne pourra être introduit qu'après le jugement
définitif et en même temps que le pourvoi contre ce jugement.

ART. 65. — Dans le cas d'acquittement, l'annulation des
jugements du tribunal ne pourra être poursuivie par le
ministère public, comme celle des arrêts de la Cour d'assises, que dans l'intérêt de la loi.

ART. 66. — En dehors des règles spéciales que le projet
édicte, on suivra les règles prescrites par le Code pour les
tribunaux correctionnels qui continueront à être entièrement
observées.

Cette analyse rapide des principales dispositions du projet
en fera suffisamment connaître l'esprit et l'économie. Vous
estimerez sans doute avec nous qu'il donne dans la plus
large mesure, aux prévenus, toutes les garanties du jugement par jurés compatibles avec les nécessités d'une bonne
administration de la justice.

TITRE III

DES TRIBUNAUX DE DÉPARTEMENT

ART. 67. — Cette disposition consacre une des réformes
principales qui motivent le projet, à savoir la diminution

des tribunaux et l'établissement au chef-lieu de chaque
département d'une juridiction unique composée de plusieurs
magistrats et chargée principalement de statuer sur les
affaires civiles d'une réelle importance.

ART. 68 et 69. — Ces articles définissent la compétence
des tribunaux de département. Le premier n'est que la con-
firmation des dispositions précédentes, qui étendent la compétence des juges de paix et organisent les assises correctionnelles. Le second remplace la règle contenue dans
l'art. 2 de la loi du 11 avril 1838.

Cette règle, qui avait été édictée pour les cas nombreux
où les tribunaux d'arrondissement avaient à statuer en premier et en dernier ressort, n'aurait plus aujourd'hui d'application. Les demandes reconventionnelles qui auront été
déférées au juge de paix, conformément aux art. 11 et 12
qui précèdent, seront nécessairement tranchées par une
decisio définitive du tribunal du département. Celles qui
seront formées par un défendeur à des demandes principales de la compétence en premier ressort seulement des
juges du département pourront, comme ces demandes principales elles-mêmes, être soumises à la Cour d'appel.

Toutefois, il est des cas où une demande nouvelle pourra
être produite en défense ou accessoirement à une demande
portée en appel devant le tribunal de département. Cette
demande ne peut être détachée de la demande principale
et un appel aurait ce résultat qu'elle serait isolément portée
devant la Cour d'appel, incompétente, cependant, pour
connaître de l'action même à l'occasion de laquelle elle a
été formée.

ART. 70. — La suppression d'un grand nombre de tribunaux et le maintien des tribunaux de commerce expliquent
cette disposition. Attribuer le jugement des affaires commerciales au tribunal de département alors qu'il existait
dans ce même département, un tribunal spécial de commerce souvent plus rapproché que le tribunal civil eût été
une anomalie.

Dans certains départements il n'existe actuellement aucun
tribunal de commerce: la création d'une juridiction spéciale,
à laquelle seront déférées toutes les affaires commerciales
du département, devient désormais indispensable. La loi
devait contenir, sur ce point, une disposition afin de pré-

venir toute incertitude sur les intentions du Gouvernement auquel il appartient, d'ailleurs, d'instituer les tribunaux de commerce par voie de règlement d'administration publique.

Art. 71. — Cet article reproduit purement et simplement les articles 16 de la loi du 27 ventôse an VIII et 40 de la loi du 20 avril 1810.

Art. 72. — Le nombre des chambres de chaque tribunal est fixé par un tableau annexé. Les indications de ce tableau ont été établies sur cette base qu'une chambre doit être instituée pour 400 affaires civiles contradictoires jugées par les tribunaux d'arrondissement, d'après la moyenne annuelle des cinq dernières années. Ces chiffres se trouveront nécessairement modifiés par les nouvelles règles de compétence adoptées; ils sont évidemment trop élevés. L'extension de la compétence en premier ressort des juges de paix amènera une diminution très sensible dans le nombre des affaires qui seront déférées aux tribunaux de département. Cette diminution ne sera compensée qu'en partie par les appels des décisions en matière pénale rendues par ces magistrats.

Le but du projet est d'ailleurs de faire disparaître des juridictions dont les magistrats ne trouvent dans leurs fonctions qu'un aliment insuffisant à leur activité.

Quatre audiences au moins par semaine peuvent être tenues par chaque Chambre; elles suffiront, sauf des circonstances exceptionnelles auxquelles il sera ultérieurement pourvu, à assurer aux justiciables une bonne et rapide justice.

Art. 73. — Le décret du 18 août 1810, articles 3 et 9, a prévu l'affectation d'une Chambre spéciale au jugement des affaires correctionnelles et de police. Cette règle doit être maintenue. Les appels des décisions rendues en matière de police par les juges de paix seront, sans doute, peu nombreux et n'exigeront, en général, que de courts débats. Aussi les juges qui en connaîtront devront-ils, comme leurs collègues, connaître des litiges en matière civile.

Art. 74. — Cette disposition est la reproduction des articles 17, 2e alinéa, de la loi du 27 ventôse an VII, 9 du décret du 30 mars 1808, 38 et 39 de la loi du 20 avril 1810, 7 de la loi du 11 avril 1838.

Art. 75. — La règle d'un tribunal unique par département comportait quelques rares dérogations. Dans quelques départements, le nombre des affaires, l'importance de certains chefs-lieux d'arrondissement, rend opportun le maintien d'une seconde juridiction siégeant en dehors du chef-lieu. Même dans ces cas, le principe du projet sera respecté : des Chambres détachées en permanence pourvoiront, sans cesser de faire partie intégrante de la juridiction départementale, à des besoins exceptionnels.

Art. 76 à 79. — Les disposition qui concernent les juges suppléants sont éparses dans les lois des 27 ventôse an VII; article 12; du 20 avril 1810, article 41; du 11 avril 1838, articles 8, 9 et 10, et dans le décret du 18 août 1810, article 7.

Il a paru utile de les coordonner sans y apporter, d'ailleurs, aucune autre modification que celle concernant le nombre des suppléants fixé uniformément à deux par Chambre.

Art. 80 et 81. — Les juges d'instruction continueront à être désignés par décret, conformément à l'article 55 du Code d'instruction criminelle. Le nombre a été fixé pour chaque département d'après le nombre des affaires émises à l'instruction pendant les cinq dernières années et en prenant, en général, pour base du calcul l'attribution de 250 affaires en moyenne à chaque magistrat. Le nombre des cabinets d'instruction de Paris a été maintenu tel qu'il existe actuellement. Il sera toujours possible de désigner pour ces fonctions des juges suppléants conformément à l'article 56 du Code d'instruction criminelle, modifié par la loi du 17 juillet 1856. — Les besoins du service rendent indispensable le maintien de cette faculté dont la suppression a été proposée. A Paris, notamment, plusieurs juges suppléants sont appelés en permanence à remplir les fonctions de juge d'instruction et leur participation présente de sérieux avantages.

Le juge d'instruction prendra rarement part aux travaux ordinaires du tribunal; sa présence à l'audience sera exceptionnelle. Aussi, dans les départements étendus où les communications sont lentes, afin d'éviter les transports fréquents, y aura-t-il avantage et économie de frais à ce qu'un des magistrats chargés de l'instruction ne réside pas au chef-lieu, mais soit détaché pour exercer ses fonctions dans les arrondissements les plus éloignés. C'est pour faciliter ces délégations que deux juges d'instruction au moins seront désignés dans chaque tribunal.

ART. 82 et 83. — L'action publique sera centralisée au chef-lieu de chaque département, entre les mains du procureur de la République. Pour exercer cette action avec complète efficacité, ce magistrat pourra distribuer un certain nombre de substituts dans les chefs-lieux actuels d'arrondissement. Sa surveillance pourra ainsi, sans difficulté, s'étendre sur tous les points du territoire du département. En cas de besoin, lorsqu'un substitut délégué sera absent ou empêché, le procureur de la République pourra avoir recours aux juges suppléants, ainsi que l'art. 3 de la loi du 10 décembre 1830 l'autorisait.

ART. 84. — Le service de chaque chambre et de chaque cabinet d'instruction exige un commis-greffier spécial. Lorsqu'un juge d'instruction sera en résidence hors du chef-lieu, un des commis-greffiers sera également détaché pour l'accompagner.

ART. 85. — L'art. 11 de la loi du 11 avril 1838 est reproduit par cette disposition.

ART. 86 et 87. — Les fonctions judiciaires exigent, pour les magistrats du siège surtout, une maturité d'esprit que l'âge et l'expérience font, en général, seuls acquérir. On comprendra aisément que le projet ait reporté à 30 ans l'âge avant lequel nul ne peut être nommé juge ou procureur de la République.

Il est difficile de définir à l'avance les conditions de capacité qui devront être exigées de ceux qui peuvent être appelés à exercer des fonctions de magistrature. C'est l'examen consciencieux et éclairé des antécédents de chaque candidat qui permet seul de juger s'il réunit à l'instruction nécessaire dont justifie l'obtention du diplôme de licencié les qualités intellectuelles et morales qui le rendent digne de prononcer sur l'honneur et la fortune de ses concitoyens. Toutefois, les deux ans de stage exigés par l'art. 64 de la loi du 20 avril 1810 seront, avec avantage, suppléés par l'exercice de fonctions qui sont, pour celui qui en est investi, la meilleure préparation aux fonctions de juge ou de membre du ministère public. En outre, l'agrégation obtenue au concours témoigne de connaissances juridiques étendues et permet de dispenser de la pratique acquise au barreau

ART. 88. — Comme le traitement des juges de paix, celui des magistrats du tribunal de département doit être notablement augmenté. Le bon recrutement de la magistrature, l'indépendance du juge y sont intéressés. C'est là, d'ailleurs, une nécessité si universellement reconnue, qu'il est inutile d'insister.

A l'exception de Paris, placé dans des conditions toutes particulières, il n'existe aucun motif pour diviser en classes les tribunaux de département. Les inconvénients de cette division en catégories nombreuses de magistrats, inégalement rétribués, ont été souvent signalés. Elle excite les sollicitations fréquentes, elle donne lieu à des déplacements trop répétés.

TITRE IV

DES COURS D'APPEL.

ARTICLE 89. — Malgré les raisons graves qui peuvent être invoquées contre la suppression d'un certain nombre de cours d'appel, le projet ne maintient que 18 de ces juridictions au lieu de 26 qui existent actuellement. Quelque intéressantes qu'elles puissent être, les considérations d'intérêt local doivent céder lorsqu'une réforme a pour but l'intérêt général. D'une part, l'article 92 réduit le nombre des magistrats nécessaire pour constituer une chambre; d'autre part, les Cours d'appel n'auront plus à connaître des affaires correctionnelles ni en matière civile des questions de servitude. Dans ces conditions, certaines cours se trouveraient réduites à une seule Chambre. Un nombre de magistrats aussi restreint ne paraît pas compatible avec l'existence d'une juridiction souveraine, centre judiciaire important dont les différents membres doivent trouver dans leur réunion même un surcroît de lumière et d'expérience en même temps qu'une émulation pour leur activité intellectuelle.

ARTICLE 90. — Chaque chambre d'une Cour peut statuer annuellement sur 200 affaires contradictoires. Ce chiffre a servi de point de départ pour déterminer le nombre des chambres. Aucune Cour cependant n'aura moins de deux chambres. L'organisation des chambres d'accusation n'est pas modifiée. Ces chambres composées de magistrats compris dans les autres chambres ne sont pas portées en compte. A Paris, l'ordonnance du 5 août 1774 prévoit l'existence d'une chambre d'accusation spéciale, le maintien de cette chambre ne paraît plus nécessaire si, comme le projet le prétend, l'étendue du ressort de Paris est notablement diminuée. Les magistrats chargés de ce service peuvent d'ailleurs, en vertu du décret de 1880, être tous attachés à une même chambre à laquelle seront distribuées un moins grand nombre d'affaires civiles.

L'organisation des chambres temporaires, prévue déjà par le décret du 6 juillet 1810, article 10, est de nouveau autorisée.

ARTICLE 91. — Le motif de l'article 2 du décret du 6 juillet 1810 qui prescrit une composition différente pour les chambres civiles et pour les chambres correctionnelles n'a jamais été compris. Cette distinction a souvent été critiquée ; à plusieurs reprises on a proposé de réduire à cinq le nombre des conseillers nécessaires pour la validité des arrêts. Le projet adopté par la chambre dans la dernière législature, consacrait dans l'article 1er cette modification aux règles précédemment admises.

ARTICLE 92 et 93. — Le nombre des avocats généraux, des substituts et des commis-greffiers a été fixé d'après le nombre des chambres de chaque Cour.

ARTICLE 94 et 95. — L'article 21 du décret du 6 juillet 1810 soumet à une approbation du Conseil d'État les règlements délibérés par les Cours. En reprenant cette disposition, il a paru qu'il suffisait de soumettre ces règlements à l'approbation du garde des sceaux.

Les assemblées générales, d'après l'ordonnance du 18 janvier 1846, doivent être constituées par le nombre de magistrats nécessaires pour la composition de chaque chambre. Cette règle, à raison de la diminution du nombre des magistrats, deviendrait d'une application difficile. Elle n'est pas maintenue.

ART. 96. — L'âge exigé pour l'exercice des fonctions judiciaires dans les Cours est mis en harmonie avec celui fixé par l'article 87 pour les magistrats et les tribunaux de département.

ART. 97. — Les considérations développées ci-dessus jus-

tifient les traitements proposés pour les magistrats des
Cours d'appel.

TITRE V

DE LA DISCIPLINE

ART. 98. — Cet article n'innove rien, mais il confirme
et consacre des dispositions antérieures en assurant au
droit de blâme reconnu au garde des sceaux une plus
sérieuse efficacité (art. 81 du sénatus-consulte du 16 thermidor an X, art. 57 de la loi du 20 avril 1810).

ART. 99. — La loi du 20 avril 1810, art. 48, prévoit et
réprime les absences prolongées des magistrats. En le
reprenant, il a paru inutile de reproduire la partie du § 1er
relative aux absences de six mois. Dès le premier mois
d'absence irrégulière une réquisition doit intervenir pour
mettre fin à un manquement au devoir de la résidence qui
entraverait presque toujours l'administration de la justice.

ART. 100 et 101. — Les règles sur la discipline contenues dans le sénatus-consulte de l'an X, les articles 48
et suivants de la loi du 20 avril 1810, le décret du 1er mars
1852 sont multiples et leur multiplicité donne naissance à
une certaine confusion. Il était nécessaire de les coordonner,
et l'examen dont elles ont été l'objet a amené à reconnaître qu'elles pouvaient sur certains points être utilement
revisées.

L'avertissement adressé par les présidents aux membres
des tribunaux et des cours n'a pas été conservé. Sans doute
il appartiendra toujours aux chefs de compagnie de reprendre les juges ou conseillers, mais il paraît inutile de
prévoir, dans une disposition légale, l'exercice officieux de
l'autorité qui lui appartient.

L'application de peines disciplinaires aux membres d'une
juridiction par leurs collègues eux-mêmes a toujours été
très rare. Si des mesures de cette nature avaient été
plus fréquemment provoquées, on eût vite reconnu que le
pouvoir disciplinaire exercé dans ces conditions était le
plus souvent inefficace et qu'il pouvait être dangereux.

Le droit de poursuite est disséminé pour ainsi dire, il
doit être concentré entre les mains du garde des sceaux

Par voie de conséquence, les décision des Cours rendues sur la réquisition du ministère public d'ordre du garde des sceaux seront exécutoires sans qu'aucune approbation soit nécessaire.

Les dispositions spéciales concernant les membres du ministère public peuvent être supprimées. Les liens hiérarchiques dans lesquels ils se trouvent permettent d'assurer par la voie administrative une sanction suffisante aux observations auxquelles leur conduite pourrait donner lieu.

Art. 102. — L'art. 103 de la loi du 20 avril 1810 contient deux prescriptions protectrices de la liberté de la défense et devait être maintenu.

Art. 103. — L'art. 58 de la loi de 1810 se justifie par lui-même et toute observation est inutile pour indiquer les motifs qui en rendent la reproduction nécessaire. Toutefois, pour éviter toute confusion entre la suspension, peine disciplinaire, et la mesure qui écarte momentanément le magistrat, les termes mêmes de la disposition ont été modifiés.

Art. 104. — Les règles disciplinaires concernant les greffiers sont contenues dans l'art. 62 de la loi du 20 avril 1810. Cette disposition est trop laconique pour ne pas être incomplète. L'article nouveau établit des peines graduées qui permettront une répression proportionnée aux manquements dans les cas où la destitution constituerait une peine trop rigoureuse. Il n'est rien innové en ce qui concerne les commis-greffiers qui sont nommés par les compagnies auxquelles ils sont attachés.

TITRE VI

DISPOSITIONS TRANSITOIRES ET FINALES

Art. 105 et 106. — La réorganisation, conséquence de la réforme, motive une disposition de faveur pour les magistrats qui ne pourront être maintenus; celle qui est proposée est la reproduction de l'article 9, du projet voté en 1880 par la Chambre des députés.

Art. 107 et 108. — Les mesures à prendre pour indemniser équitablement les officiers ministériels dont les suppressions proposées léseront les intérêts, ont été examinées avec grand soin dans la dernière législature. Les dispositions adoptées par la Commission du Sénat ont paru concilier dans une juste proportion tous les intérêts du Trésor et des greffiers et avoués.

ART. 109. — Les dispositions concernant la compétence n'auront aucun effet rétroactif pour les affaires civiles et commerciales. Toute instance engagée se terminera devant une juridiction de même ordre que celle devant laquelle elle a été formée. Les formalités de procédure pourront ainsi être continuées à l'avantage des parties.

Pour les affaires correctionnelles la même règle ne pourrait être adoptée. Les tribunaux de département n'ont plus de compétence en cette matière, et il aurait été anormal de leur attribuer la connaissance d'une nature d'affaires dont ils ne doivent plus être saisis.

ART. 110. — La loi projetée n'a pas pour but de modifier l'organisation judiciaire de l'Algérie et des colonies. Certaines règles adoptées, notamment celles sur les conditions d'aptitude et les traitements, doivent être étendues à l'Algérie.

ART. 111. — C'est afin de permettre l'abrogation complète de certaines lois, ou de parties importantes de lois antérieures que des développements ont été donnés à certaines parties du projet. On évite ainsi les références de la loi nouvelle aux lois anciennes et la combinaison entre des articles multiples, causes fréquentes d'incertitude et de confusion.

PROPOSITION DE LOI

TITRE PREMIER

DES JUSTICES DE PAIX

§ 1er. — *Compétence civile.*

ARTICLE PREMIER. — Les juges de paix connaissent de toutes actions personnelles ou mobilières, en matière civile, en dernier ressort, jusqu'à la valeur de 500 francs, et à charge d'appel, jusqu'à la valeur de 1,500 francs au principal.

Art. 2. — Les juges de paix connaissent, sans appel, jusqu'à la valeur de 500 francs, et à charge d'appel, à quelque valeur que la demande puisse s'élever : des actions en payement de loyers ou fermages de biens immeubles, des congés, des demandes en résiliation de baux fondés sur le seul défaut de payement des loyers ou fermages, des expulsions de lieux, des demandes en validité et en nullité de saisies-gageries, même lorsqu'elles portent sur des meubles déplacés sans le consentement du propriétaire, dans le cas prévu aux articles 2102, § 1er, du Code civil et 819, 3e alinéa, du Code de procédure civile, le tout, lorsque les locations verbales ou par écrit n'excèdent pas 1,000 francs.

Si le prix principal du bail consiste en denrées ou prestations en nature, appréciables d'après les mercuriales, l'évaluation sera faite sur celle du jour de l'échéance, lorsqu'il s'agira du payement des fermages; dans tous les autres cas, elle aura lieu suivant les mercuriales du mois qui aura précédé la demande.

Si le prix principal du bail consiste en prestations non appréciables d'après les mercuriales, ou s'il s'agit de baux à colons partiaires, le juge de paix déterminera la compétence en prenant pour base du revenu de la propriété le principal de la contribution foncière de l'année courante, multiplié par 5.

Art. 3. — Les juges de paix connaissent, sans appel, jusqu'à la valeur de 500 francs, et à charge d'appel, à quelque valeur que la demande puisse s'élever :

1° Des contestations auxquelles peuvent donner lieu les baux à cheptel simple et les baux à cheptel à moitié, dont les principes sont régis par les articles 1804 à 1820 du Code civil.

2° Des contestations relatives aux engagements respectifs des gens de travail au jour, au mois et à l'année, et de ceux qui les emploient, des maîtres et de leurs employés, domestiques ou gens de services à gages;

3° Des contestations relatives aux engagements respectifs des maîtres et de leurs ouvriers et apprentis; des demandes à fin d'exécution ou de résolution de contrats d'apprentissage et des règlements des indemnités ou restitutions, lorsqu'elles n'ont point été l'objet de stipulations expresses;

des actions en indemnité qui peuvent être dirigées contre les tiers, pour cause de détournement d'apprentis, par application de l'article 13 de la loi du 22 février 1851 ; le tout, sans qu'il soit dérogé aux lois et règlements relatifs à la juridiction des prud'hommes ;

4° Des contestations relatives au payement des nourrices, sauf ce qui est prescrit par les lois et règlements d'administration publique, à l'égard des bureaux de nourrices de la ville de Paris et de toutes les autres villes.

ART. 4. — Les juges de paix connaissent, à charge d'appel :

1° De toutes les demandes en résiliation de ventes formées pour vices rédhibitoires, dans les cas prévus par la loi du 20 mai 1838;

2° Des demandes en pensions alimentaires n'excédant pas 500 francs par an, et formées en vertu des articles 205, 206 et 207 du Code civil.

ART. 5. — Les juges de paix connaissent, mais toujours à charge d'appel :

1° Des actions pour dommages faits aux champs, fruits ou récoltes par l'homme ou par les animaux:

2° Des actions relatives à l'élagage des arbres ou haies et au curage soit des fossés, soit des canaux servant à l'irrigation des propriétés ou au mouvement des usines, lorsque les droits de propriété ou de servitude ne sont pas contestés;

3° Des entreprises commises dans l'année sur les cours d'eau servant à l'irrigation des propriétés et au mouvement des usines et moulins, sans préjudice des attributions de l'autorité administrative, dans les cas déterminés par les lois et par les règlements; des dénonciations de nouvel-œuvre, complaintes, actions en réintégrande et autres actions possessoires fondées sur les faits également commis dans l'année ;

4° Des contestations auxquelles peuvent donner lieu l'établissement et l'exercice de la servitude de libre écoulement des eaux de drainage ou d'assèchement, les indemnités et es frais d'entretien (art. 3, loi du 10 juin 1854);

5° Des contestations relatives à l'établissement des servitudes établies, conformément aux lois, au profit des associations syndicales (loi du 21 juin 1845, art. 19);

6° Des actions en bornage et de celles relatives à la

distance prescrite par la loi, les règlements particuliers et l'usage des lieux, pour la plantation d'arbres ou de haies, lorsque la propriété ou les titres qui l'établissent ne sont pas contestés;

7° Des actions relatives aux constructions et travaux énoncés dans l'article 674 du Code civil, lorsque la propriété ou la mitoyenneté du mur ne sont pas contestées.

ART. 6. — Les juges de paix connaissent, en premier ressort des actions immobilières, jusqu'à 60 francs de revenu, déterminé, soit en rentes, soit par prix de bail.

Ils connaissent également en premier ressort de toutes les contestations relatives aux servitudes.

ART. 7. — Les juges de paix connaissent sans appel, jusqu'à la valeur de 500 francs, et, à charge d'appel à quelque valeur que la demande puisse s'élever, des actions civiles pour diffamation verbale ou pour injures publiques ou non publiques, verbales ou par écrits, autrement que par voie de la presse, des mêmes actions pour rixes et voies de fait qui n'ont occasionné aucune incapacité de travail, le tout, lorsque les parties ne se sont pas pourvues par la voie criminelle.

ART. 8. — Les juges de paix continueront à connaître, conformément aux dispositions des lois en vigueur :

1° Des contestations relatives à l'application des droits d'octroi et à la quotité des droits réclamés (loi du 2 vendémiaire an VIII, art. 1er; loi du 27 frimaire an VIII, art. 13; ordonnance royale du 9 décembre 1814, art. 81);

2° De celles relatives au payement des taxes ou droits de péage, au passage de bacs-bateaux et ponts (loi du 24 ventôse an IX, art. 9);

3° Du règlement des indemnités dues aux propriétaires riverains dont les terrains ont été ou devront être employés à l'élargissement des chemins vicinaux, lorsque le chiffre des indemnités n'aura pas été fixé de gré à gré (loi du 21 mai 1836, art. 15);

4° Des contestations en matière de douanes (lois des 14 fructidor an III, art. 10; 9 floréal an VII, t. IV, art. 6; 17 décembre 1814, t. IV, art. 20; 27 mars, 1817, art. 15; 21 avril 1818, t. VI, art. 36);

5° Des actions intentées par l'administration de l'enregistrement, à raison de dissimulation du prix de vente, de

soulte d'échange ou de partage (art. 13 de la loi du 23 août
1871);

6° Du règlement des indemnités, en cas de réquisitions
militaires (art. 20 de la loi du 3 juillet 1877);

7° Du règlement des indemnités pour pertes de récoltes
détruites à raison des précautions à prendre contre le doryphora et le phylloxera (loi du 15 juillet 1878, art. 11).

Art. 9. — Lorsque plusieurs demandes formées par la
même partie contre le même défendeur seront réunies dans
une même instance, le juge de paix prononcera, sans qu'il
y ait lieu à l'appel, si chacune de ces demandes est placée
dans les limites de sa compétence en dernier ressort. Si
l'une des demandes n'est susceptible d'être jugée qu'à
charge d'appel, le juge de paix ne prononcera sur toutes
qu'en premier ressort. Enfin, si l'une de ces demandes
excède les limites de sa compétence, il pourra soit retenir
le jugement des autres demandes, soit renvoyer sur le
tout les parties à se pourvoir devant le tribunal civil du
département.

Art. 10. — Lorsqu'une ou plusieurs demandes seront
formées par plusieurs demandeurs ou contre plusieurs défendeurs, même collectivement et en vertu d'un titre commun ou d'une cause commune, le juge de paix aura compétence pour en connaître, si la part afférente à chacun
des demandeurs ou à chacun des défendeurs dans la demande n'excède pas les limites de cette compétence.

Il statuera en dernier ressort, si cette part n'excède pas
500 francs, et en premier ressort à l'égard de toutes les
parties, si la part d'un seul des intéressés est supérieure à
ce taux. Enfin, le juge de paix sera incompétent sur le
tout, si cette part excède les limites de sa juridiction.

L'article 153 du Code de procédure civile est applicable
dans la procédure en justice de paix.

Art. 11. — Les juges de paix connaissent de toutes les
demandes reconventionnelles ou en compensation, qui, par
leur nature et leur valeur, sont dans les limites de leur
compétence, alors même que ces demandes réunies à la
demande principale excéderaient les limites de leur juridiction. Ils connaissent, en outre, soit en dernier ressort,
soit à charge d'appel, comme de la demande principale
elle-même, des demandes reconventionnelles en dommages

et intérêts, à quelque somme qu'elles puissent monter, fondées exclusivement sur la demande principale.

Art. 12. — Lorsque chacune des demandes principales, reconventionnelles ou en compensation sera dans les limites de la compétence du juge de paix en dernier ressort, il prononcera sans qu'il y ait lieu à appel.

Si l'une de ces demandes n'est susceptible d'être jugée qu'à charge d'appel, le juge de paix ne prononcera sur toutes qu'en premier ressort,

Si la demande reconventionnelle ou en compensation excède les limites de sa compétence, il pourra soit retenir le jugement de la demande principale, soit renvoyer, sur le tout, les parties à se pourvoir devant le tribunal civil du département.

Art. 13. — Les juges de paix connaissent, dans les limites de leur compétence, des actions en validité et en nullité d'offres réelles.

Art. 14. — 1° Lorsqu'il y a lieu à saisie sur débiteurs forains et lorsque la saisie-gagerie ne peut avoir lieu qu'en vertu d'une permission de justice, la permission de saisir sera accordée par le juge de paix du lieu où la saisie devra être faite, toutes les fois que les causes de la saisie rentreront dans sa compétence. S'il y a opposition de la part des tiers, pour des causes et pour des sommes qui, réunies, excéderaient cette compétence, le jugement sera déféré aux tribunaux de département.

2° Les juges de paix connaissent des demandes en validité ou nullité ou en main-levée des saisies-arrêts ou oppositions lorsque les causes desdites saisies n'excèdent pas le taux de sa compétence.

S'il n'y a pas titre, le juge de paix du domicile du tiers saisi, pourra, sur requête signée de la partie ou de son mandataire, permettre la saisie-arrêt, conformément à l'art. 558 du Code de procédure civile.

La procédure de distribution sera suivie devant le tribunal de département.

Dans tous les cas, le juge de paix ne prononcera qu'en premier ressort, lorsque la valeur du litige excédera 500 francs.

Art. 15. — Dans les cas prévus par l'article 806 du Code de procédure civile, le juge de paix des cantons autres que celui du chef-lieu de département pourra statuer provisoirement sur les difficultés d'exécution d'un titre exécutoire ou d'un jugement.

L'appel de son ordonnance sera porté devant le tribunal de département.

Art. 16. — Les juges de paix connaissent des difficultés qui peuvent s'élever sur l'exécution de leurs jugements.

Art. 17. — L'exécution provisoire des jugements sera ordonnée, dans tous les cas où il y a titre authentique, promesse reconnue ou condamnation précédente, dont il n'y a pas eu appel. Dans tous les autres cas, le juge pourra ordonner l'exécution provisoire, nonobstant appel, sans caution lorsqu'il s'agira de pension alimentaire ou lorsque la somme n'excédera pas 500 francs, et avec caution, au-dessus de cette somme. La caution sera reçue par le juge de paix.

Art. 18. — L'appel des jugements des juges de paix ne sera recevable ni avant les trois jours qui suivront celui de la prononciation des jugements, à moins qu'il n'y ait lieu à l'exécution provisoire, ni après les trente jours qui suivront la signification à l'égard des personnes domiciliées dans le canton. Les personnes domiciliées hors du canton auront, pour interjeter appel, outre le délai de trente jours, le délai réglé par les articles 73 et 1033 du Code de procédure civile.

Art. 19. — L'action sera portée devant le juge de paix du domicile du défendeur, ou, s'il n'a pas de domicile, devant le juge de paix de sa résidence; s'il n'a ni domicile ni résidence connue, devant le juge du domicile du demandeur. Dans les cas prévus par les art. 5 et 6, et en cas de demandes de réparations locatives ou d'indemnités pour dégradations et pour non-jouissance d'immeubles loués, l'action sera portée devant le juge de la situation des lieux. Dans les cas prévus par l'art. 3, paragraphes 1er et 3, elle sera portée devant le juge de paix du domicile du cheptelier ou des ouvriers et apprentis.

En cas de contestations entre les voyageurs et les entrepreneurs de transport, le voyageur pourra choisir, à son gré, le juge du siège principal de l'établissement de l'entrepreneur ou de la compagnie de transport, celui du lieu où le fait qui donne ouverture au procès est arrivé, ou celui du lieu où le voyageur devait être transporté.

ART. 20. — Les parties pourront toujours se présenter volontairement devant un juge de paix, auquel cas il jugera leur différend, soit en dernier ressort, si les lois ou les parties l'y autorisent, soit à charge d'appel, encore qu'il ne soit le juge naturel des parties, ni à raison de la valeur de la demande, ni à raison du domicile du défendeur ni à raison de la situation de l'objet litigieux.

La prorogation de juridiction autorisée par le présent article ne sera valable qu'autant que la déclaration des parties qui demanderont jugement sera faite devant le juge lui-même et constatée par procès-verbal signé par elles, ou contenant mention qu'elles ne savent ou ne peuvent signer.

L'appel des jugements rendus en premier ressort sur prorogation de juridiction sera toujours porté devant le tribunal de département auquel la justice de paix ressortit.

ART. 21. — Tous les huissiers d'un même canton auront le droit de donner toutes les citations et de faire tous les actes devant la justice de paix. Dans les villes où il y a plusieurs justices de paix, les huissiers exploitent concurremment dans le ressort de la juridiction assignée à leur résidence. Tous les huissiers du même canton seront tenus de faire le service des audiences et d'assister le juge de paix, toutes les fois qu'ils en seront requis; les juges de paix choisiront leurs huissiers audienciers.

ART. 22. — Dans toutes les causes, excepté celles qui requièrent célérité et celles dans lesquelles le défendeur serait domicilié hors du canton ou des cantons de la même ville, il est interdit aux huissiers de donner aucune citation en justice, sans qu'au préalable le juge de paix ait appelé les parties devant lui, au moyen d'un avertissement sur papier timbré, rédigé et délivré par le greffier, au nom et sous la surveillance du juge de paix, et expédié par la poste, sous bande simple, scellé du sceau de la justice de paix avec affranchissement. A cet effet il sera tenu par le greffier un registre sur papier non timbré, constatant l'envoi et le résultat des avertissements: ce registre sera coté et paraphé par le juge de paix. Le greffier recevra pour tout droit et pour chaque avertissement une rétribution de 25 centimes, y compris l'affranchissement, qui sera, dans tous les cas, de 10 centimes.

S'il y avait conciliation, le juge de paix, sur la demande de l'une des parties, peut dresser procès-verbal des conditions de l'arrangement; ce procès-verbal aura force d'obligation privée. Dans les cas qui requièrent célérité, il ne sera remis de citation, non précédée d'un avertissement, qu'en vertu d'une permission donnée, sans frais, par le juge de paix, sur l'original de l'exploit. En cas d'infraction aux dispositions ci-dessus de la part de l'huissier, il supportera, sans répétition, les frais de l'exploit.

ART. 23. — En cas d'infraction aux dispositions des art. 22 et 23, le juge de paix pourra défendre aux huissiers de canton de citer devant lui, pendant un délai de quinze jours à trois mois, sans appel, sans préjudice de l'action disciplinaire des tribunaux et des dommages-intérêts des parties, s'il y a lieu.

§ 2. — Compétence en matière pénale.

ART. 24. — L'art. 138 du Code d'instruction criminelle est modifié ainsi qu'il suit :

Les juges de paix connaissent, comme juges de police :

1º Des contraventions de simple police ;

2º Des faits suivants, punis de peines correctionnelles par le Code pénal :

Infraction au ban de surveillance, prévu par l'art. 45 ; vagabondage, prévu par l'art. 271 ; mendicité, prévue par les art. 274-276 ; outrages, prévus par l'art. 224 ; rébellion sans armes, prévue par l'art. 212 ; menaces verbales, prévues par les art. 307 et 308 ; bris de scellés, prévus par l'art. 249 ; bris de clôtures et déplacement de bornes, prévus par l'art. 456 ; dégradation de monuments publics, prévue par l'art. 257 : port illégal de décorations, costumes ou titres, prévu par l'art. 259 ; tromperie sur les choses vendues, prévue par l'article 423 ; émission de fausse monnaie reçue pour bonne, prévue par l'art. 135 ; entraves à la liberté des enchères, prévues par l'art. 412 ; tenue de maisons de jeu de hasard, ou de prêts sur gages, prévues par les art. 411 et 412 ; inondation des propriétés d'autrui, prévue par l'art. 457 ; incendie involontaire, prévu par l'art. 458 ; omissions de déclaration de naissance, prévues par les art. 346 et 347 ; inhumation sans autorisation, prévue par l'art. 358.

3° De toutes contraventions aux lois et règlements sur les douanes, les contributions indirectes, les forêts, la pêche, la chasse, les octrois, les postes, la navigation, les mines, le roulage, actuellement déférées aux tribunaux correctionnels ;

4° De toutes les infractions aux lois spéciales, actuellement déférées aux tribunaux correctionnels, qui sont punies d'une simple amende, quel qu'en soit le chiffre, ou d'une peine ne dépassant pas une année d'emprisonnement, à l'exception de celles prévues par les lois politiques ou de la presse.

Ils connaissent, néanmoins, des délits de diffamation et d'injures verbales prévus par l'art. 32 de la loi sur la presse du 29 juillet 1881, et des infractions relatives au dépôt ou à la déclaration des imprimés ou des journaux, à la gérance, aux rectifications ou réponses, à la vente des journaux étrangers et à la lacération d'affiches, prévues par les art. 9, 10, 11, 12, 13, 14 et 17 de la même loi.

ART. 25. — L'art. 141 du Code d'instruction criminelle est modifié ainsi qu'il suit :

Chaque juge de paix connaît, même dans les communes divisées en plusieurs circonscriptions, de toutes les contraventions et de tous les délits attribués à son tribunal.

Les art. 142 et 143 sont abrogés.

ART. 26. — Le commissaire de police du canton ou celui d'un canton voisin, spécialement désigné par le procureur général, exerce les fonctions de ministère public près le tribunal, sous l'autorité du procureur de la République et de ses substituts, qui peuvent toujours procéder eux-mêmes à tous les actes de poursuites et de réquisition. Au cas où il n'existe pas de commissaire de police qui puisse être désigné, le procureur général pourra désigner les suppléants du juge de paix, les maires et adjoints, ou tous autres représentants de l'autorité publique. Devant le tribunal de paix, la présence du ministère public à l'audience sera facultative.

ART. 27. — L'art. 172 du Code d'instruction criminelle est modifié ainsi qu'il suit :

Les jugements rendus en matière de police pourront, dans les cas prévus par le § 1er de l'art. 25, être attaqués par la voie de l'appel, lorsqu'ils prononceront l'emprisonnement, ou lorsque les amendes, restitutions et autres réparations civiles excéderont la somme de 20 francs, outre les dépens.

Les jugements rendus dans les cas prévus aux § 2, 3 et 4 pourront toujours être l'objet d'un appel de la part soit du procureur de la République, soit de la partie civile, soit des condamnés.

ART. 28. — L'art. 174 du Code d'instruction criminelle est modifié ainsi qu'il suit :

L'appel des jugements rendus par le tribunal de police sera porté au tribunal correctionnel. Cet appel devra être interjeté dans les dix jours de la prononciation du jugement, et, si le jugement est par défaut, dix jours au plus tard après la signification à personne ou à domicile. Il y aura déchéance du droit d'appel après exécution volontaire de la décision pour la partie condamnée.

L'appel du procureur de la République sera formé dans les dix jours de la prononciation.

ART. 29. — L'article 177 du Code d'instruction criminelle est modifié ainsi qu'il suit :

Le ministère public et les parties pourront, s'il y a lieu, se pourvoir en cassation contre les jugements rendus en dernier ressort par les tribunaux de police, ou en appel par les tribunaux correctionnels, dans les trois jours après la prononciation ou la signification, en cas de jugement par défaut.

ART. 30. — Les juges de paix cesseront de remplir les fonctions d'officiers de police judiciaire auxiliaires du procureur de la République. Ils pourront procéder à tous les actes attribués au procureur de la République, dans les cas réputés flagrants délits.

ART. 31. — Alors même qu'un témoin ne serait pas dans l'impossibilité de paraître, s'il réside hors du canton chef-lieu d'arrondissement judiciaire, le juge d'instruction pourra commettre le juge de paix à l'effet de recevoir sa déposition. Le juge d'instruction pourra également commettre le juge de paix à l'effet de procéder à une perquisition ou à une visite de lieux.

§ 3. — *Traitements et organisation.*

ART. 32. — Les juges de paix en résidence dans les chefs-lieux d'arrondissement recevront un traitement de 5,000 francs.

Le traitement des juges de paix en résidence dans les autres cantons est porté à 4,000 francs. A Paris, le traitement des juges de paix sera de 8,000 fr.

ART. 33. — Nul ne pourra être nommé juge de paix, s'il n'est âgé de 30 ans, licencié en droit, ou s'il n'a exercé pendant dix ans la profession de notaire, avoué, greffier ou huissier.

ART. 34. — Le nombre des juges de paix de Paris sera élevé à 27. Les Ve, IXe, X^e, XIe, XVIIe, XVIIIe et XXe arrondissements seront partagés en deux justices de paix, composées chacune de deux quartiers, conformément aux indications du tableau ci-après.

Par décret rendu, le Conseil d'État entendu, le Président de la République peut, soit charger un juge de paix du service de deux cantons limitrophes, soit autoriser un juge de paix à tenir, à certains jours déterminés, audience dans des communes autres que celle du chef-lieu de canton. Le juge de paix chargé du service dans deux cantons aura droit à une indemnité de déplacement, qui sera fixée par le décret. Celui qui devra tenir une ou plusieurs audiences en dehors du chef-lieu aura également droit à une indemnité qui sera supportée par les communes intéressées.

En cas d'empêchement légitime d'un juge de paix et de ses suppléants, la Cour d'appel, sur la réquisition du procureur général, déléguera, pour un temps qui ne pourra excéder quinze jours, le juge de paix du canton le plus voisin.

TITRE II

DES ASSISES CORRECTIONNELLES

§ 1er. — *Établissement des tribunaux d'assises correctionnelles.*

ART. 35. — Des assises correctionnelles seront tenues au chef-lieu judiciaire de chaque arrondissement pour le jugement de tous les délits actuellement déférés aux tribunaux correctionnels, à l'exception de ceux attribués aux juges de paix par l'article 24 et des délits de contrefaçon résultant des infractions aux lois sur la propriété littéraire, artistique et industrielle.

ART. 36. — Le tribunal d'assises correctionnelles sera tenu sous la présidence d'un juge de paix, au chef-lieu d'arrondissement. Il se composera du juge de paix président, et de quatre jurés assesseurs, du procureur de la République ou d'un de ses substituts, et du greffier de la justice de paix.

S'il y a plusieurs juges de paix au chef-lieu, chacun d'eux présidera le tribunal à tour de rôle.

ART. 37. — Le tribunal prononce sur le fait et ses circonstances, l'application de la peine et les demandes en restitution et dommages-intérêts. Le juge de paix, président, statue seul sur les exceptions et les incidents.

ART. 38. — La tenue des assises correctionnelles aura lieu une fois par mois au moins dans chaque arrondissement.

Les tribunaux d'assises pourront être divisés en plusieurs sections siégeant simultanément dans les villes où les besoins du service l'exigeront.

La division des tribunaux en sections et le nombre des sessions dans chaque arrondissement seront fixés par le garde des sceaux. Les présidents des tribunaux de département fixeront les époques d'ouverture des sessions : ils pourront aussi ordonner la tenue de sessions extraordinaires.

§ 2. — *De la formation du jury.*

ART. 39. — Une liste annuelle des jurés appelés à composer les assises correctionnelles sera dressée par les soins des commissions organisées par la loi du 21 novembre 1872, aux époques et selon les formes prescrites par cette loi. La commission d'arrondissement sera présidée par le juge de paix du chef-lieu, ou le plus ancien d'entre eux, dans les villes qui ne seront pas le siège d'un tribunal ou d'une délégation permanente.

ART. 40. — Cette liste comprendra : 1° les jurés figurant sur la liste annuelle de l'arrondissement dressée pour la formation des cours d'assises; 2° un nombre de jurés désignés spécialement pour la formation des tribunaux d'assises égal à autant de fois deux cents jurés qu'il y aura de sessions par mois dans l'arrondissement.

Le nombre des sessions, dans chaque arrondissement, sera fixé conformément à l'article 39, par le garde des sceaux, un mois au moins avant la formation des listes.

La répartition des jurés par canton sera faite conformément à l'article 7 de la loi du 21 novembre 1872 proportionnellement au tableau officiel de la population.

ART. 41. — Les jurés figurant sur la liste annuelle dressée pour la formation des cours d'assises, qui auront été désignés par le sort pour la formation d'un jury d'arrondissement seront remplacés, pour l'année courante sur la liste du jury de département par les premiers jurés de la liste du jury d'arrondissement dans l'ordre de leur inscription.

ART. 42. — Une liste spéciale de jurés suppléants pris parmi les jurés de la ville où se tiennent les assises sera aussi formée, chaque année, en dehors de la liste annuelle, conformément à l'article 15 de la loi du 21 novembre 1872. Elle comprendra neuf cents jurés pour Paris et de vingt à deux cents jurés par arrondissement dans les autres départements.

ART. 43. — Seront dispensés, pour l'année, des fonctions de juré d'arrondissement ceux qui auront rempli une fois lesdites fonctions ou celles de juré de département. Seront dispensés également, pour l'année, des fonctions de juré de département ceux qui auront rempli lesdites fonctions depuis moins de deux ans ou, depuis moins d'un an, les fonctions de juré d'arrondissement.

ART. 44. — Huit jours au moins avant l'ouverture des assises, le président du tribunal de département tirera au sort, en audience publique, sur la liste annuelle, les noms de dix jurés qui formeront la liste de la session. Il tirera, en outre, deux jurés suppléants sur la liste spéciale.

ART. 45. — Si, au jour indiqué pour le jugement, le nombre des jurés est réduit à moins de huit, par suite d'absences ou pour toute autre cause, ce nombre est complété par les jurés suppléants suivant l'ordre de leur inscription.

En cas d'insuffisance, par des jurés tirés au sort, en audience publique, parmi les jurés inscrits sur la liste spéciale.

Subsidiairement, parmi les jurés de la ville inscrits sur la liste annuelle.

Art. 46. — Les jurés seront convoqués au moins cinq jours à l'avance par lettres recommandées signées du greffier. Les jurés désignés conformément au dernier paragraphe de l'article précédent seront convoqués par une réquisition du président qui leur sera transmise par l'huissier d'audience.

Art. 47. — La liste des jurés sera notifiée à chaque prévenu la veille du jour déterminé pour la formation du tableau.

Art. 48. — Tout juré qui, sans excuse valable, ne se sera pas rendu à son poste, qui se sera retiré avant l'expiration de ses fonctions ou qui n'aura pas été présent à l'appel de chaque affaire, sera condamné à une amende qui sera : pour la première fois de 100 francs; pour la deuxième fois de 200 francs; et pour la troisième fois de 300 francs.

Le jugement sera imprimé et affiché à ses frais.

Art. 49. — Tous les jurés de session seront présents à l'appel de chaque affaire.

Il sera procédé immédiatement avant l'ouverture des débats et en audience publique, au tirage au sort du jury du jugement. Le prévenu premièrement ou son conseil et le ministère public récuseront tels jurés qu'ils jugeront à propos, à mesure que les noms sortiront de l'urne.

Le prévenu, son conseil ni le procureur de la République ne pourront exprimer leurs motifs de récusation. Le jury de jugement sera formé à l'instant où il sera sorti de l'urne quatre noms de jurés non récusés.

Art. 50. — Les récusations que pourront faire le prévenu et le procureur de la République s'arrêteront lorsqu'il ne restera que quatre jurés.

Art. 51. — Le prévenu et le procureur de la République pourront exercer un nombre égal de récusations; et cependant, si les jurés sont en nombre impair, les prévenus pourront exercer une récusation de plus que le procureur de la République.

Art. 52. — Dans le cas de pluralité des prévenus, il sera procédé entre eux aux récusations conformément aux articles 402 à 404 du Code d'instruction criminelle.

Art. 53. — Les jurés prêteront une seule fois en audience publique, pour toute la durée de la session, et à l'ouverture de la première audience, le serment prescrit par l'article 312 du Code d'instruction criminelle.

§ 3. — *De la procédure du jugement et des voies de recours.*

Art. 54. — Sont applicables aux tribunaux d'assises correctionnelles les articles 267 à 270 du Code d'instruction criminelle relatifs aux pouvoirs du président.

Art. 55. — Le président posera les questions résultant de la citation, de l'ordonnance ou de l'arrêt de renvoi ainsi que des débats et celles relatives aux faits d'excuse, et au discernement si le prévenu est âgé de moins de seize ans. Il en donnera lecture ainsi que des articles de la loi applicables au prévenu.

Art. 56. — Le président prononce la clôture des débats. Le tribunal se retire alors dans la chambre du conseil pour y délibérer.

Le tribunal pourra néanmoins, du consentement unanime de ses membres, délibérer dans la salle même de l'audience lorsqu'il le jugera convenable; mais il sera tenu de se retirer dans la chambre du conseil, si un membre le demande à un moment quelconque de la délibération.

Art. 57. — Si le prévenu est déclaré non coupable, le tribunal prononce son acquittement.

Art. 58. — Si le prévenu est déclaré coupable, le tribunal délibère sur l'admission des circonstances atténuantes et l'application de la peine, ainsi que sur les restitutions et les dommages-intérêts, s'il y a lieu.

Art. 59. — Le tribunal statue, à la majorité des voix du juge de paix président et des jurés assesseurs, tant sur les questions posées que sur l'admission des circonstances atténuantes, l'application de la peine et les restitutions et dommages-intérêts.

Art. 60. — Le jugement énonce, à peine de nullité :

1° Les noms du juge de paix président et des jurés assesseurs;

2° Les nom, prénoms, âge, profession et domicile du prévenu;

3° La prestation de serment des témoins;

4° Les réquisitions du procureur de la République ;

5° La mention que le prévenu et son conseil, s'il en a, ont été entendus dans la défense et ont eu la parole les derniers ;

6° La lecture des questions ;

7° Les questions et les décisions avec la mention qu'elles ont été prises à la majorité ;

8° Le texte de la loi appliquée ;

9° La publicité des séances ou la décision qui a ordonné le huis clos ;

10° La publicité de la prononciation du jugement par le président.

Le jugement fait en outre mention de toutes les décisions rendues sur les exceptions et les incidents.

Il est écrit par le greffier et signé, sans désemparer, par le président, les jurés assesseurs et le greffier.

ART. 61. — Si le prévenu ne comparaît pas, il sera jugé par défaut.

S'il a été présent à l'appel des jurés, il ne pourra plus faire défaut, quand bien même il se serait retiré pendant le tirage au sort. En conséquence, le jugement qui interviendra sera définitif, quand bien même le prévenu se retirerait de l'audience ou refuserait de se défendre.

ART. 62. — La condamnation par défaut sera comme non avenue, si, dans les cinq jours de la signification qui en aura été faite au prévenu ou à son domicile, outre un jour par cinq myriamètres, celui-ci forme opposition à l'exécution du jugement et notifie son opposition tant au ministère public qu'au plaignant. Toutefois, si la signification n'a pas été faite à personne ou s'il ne résulte pas d'actes d'exécution du jugement que le prévenu en a eu connaissance, l'opposition sera recevable jusqu'à l'expiration des délais de la prescription de la peine. L'opposition vaudra citation à la première audience utile. Les frais de l'expédition, de la signification du jugement, de l'opposition et de la réassignation pourront être laissés à la charge du prévenu.

ART. 63. — Toute demande en renvoi, pour quelque cause que ce soit, tout incident sur la procédure suivie, devront être présentés avant l'appel des jurés à peine de forclusion.

Art. 64. — Les jugements des tribunaux d'assises correctionnelles seront en dernier ressort et ne pourront être l'objet que d'un recours en cassation dans les conditions et les formes prescrites par la loi.

Les jugements rendus par le juge de paix président sur les exceptions et les incidents seront de même en dernier ressort. Aucun pourvoi ne pourra être formé contre ces jugements qu'après le jugement définitif et en même temps que le pourvoi contre le jugement, à peine de nullité.

Art. 65. — Dans le cas d'acquittement ou d'absolution du prévenu, l'annulation du jugement ne pourra être poursuivie que conformément aux articles 409 à 412 du Code d'instruction criminelle, et dans le délai fixé par l'article 374 du même Code.

Art. 66. — Continueront à être observées toutes les dispositions du livre II, titre I, chapitre II du Code d'instruction criminelle, sur les tribunaux en matière correctionnelle, auxquelles il n'est pas dérogé par la présente loi.

TITRE III

DES TRIBUNAUX DE DÉPARTEMENT

Art. 67. — Il sera établi un tribunal au chef-lieu de chaque département

§ 1er. — Compétence.

Art. 68. — Les tribunaux de département connaîtront, en premier ressort : 1° des affaires civiles qui excèdent la compétence en premier ressort des juges de paix ; 2° des poursuites en contrefaçon, en vertu des lois sur la propriété littéraire, artistique et industrielle. En dernier ressort, des appels formés contre les décisions rendues en premier ressort par les juges de paix, tant en matière civile qu'en matière pénale.

Ils continueront à connaître des actions en nullité ou déchéance de brevets d'invention.

Art. 69. — Il sera statué en dernier ressort sur les demandes nouvelles qui peuvent être produites en appel aux termes de l'article 464 du Code de procédure civile.

ART. 70. — Dans les arrondissements où il n'existe pas de tribunal spécial de commerce, les affaires commerciales seront jugées par le tribunal de commerce établi dans l'un des arrondissements les plus voisins, conformément au tableau B ci-annexé.

Dans les départements où il n'existe pas actuellement de tribunal de commerce (Ain, Ariège, Creuse, Hautes-Alpes, Haute-Savoie, Landes, Lozère et Vendée), il sera créé, au chef-lieu du département, un tribunal de commerce dont la compétence s'étendra à tout le département. Il sera également créé un tribunal de commerce à Digne pour toutes les affaires commerciales du département des Basses-Alpes qui ne sont pas attribuées au tribunal de commerce de Manosque.

§ 2. — *Organisation.*

ART. 71. — Les jugements des tribunaux de département ne pourront être rendus par moins de trois juges, y compris le président ou le vice-président.

ART. 72. — Chaque tribunal de département comprendra le nombre de chambres déterminé par le tableau C ci-annexé et sera composé du nombre de magistrats indiqué au même tableau.

ART. 73. — Dans les tribunaux composés de plusieurs chambres, une ou plusieurs chambres seront spécialement affectées aux jugements des appels de justice de paix en matière pénale et des poursuites en matière de contrefaçon. Ces chambres pourront également connaître des affaires civiles.

ART. 74. — L'ordre du service dans chaque tribunal sera établi par un règlement du tribunal soumis à l'approbation du garde des sceaux. Ce règlement fixera dans chaque tribunal le nombre et la durée des audiences et leurs affectations aux différentes natures d'affaires. Si les circonstances exigent qu'il soit formé des chambres temporaires, tant pour les jugements des affaires civiles que des appels de police, ces sections seront instituées par un règlement d'administration publique ; elles seront composées de juges et de juges suppléants.

ART. 75. — Une chambre détachée du tribunal de département et composée d'un vice-président, de deux juges, de deux juges suppléants, d'un substitut et d'un commis greffier, siégera en permanence à Boulogne, pour les arrondissements de Boulogne et de Montreuil ; au Havre, pour les arrondissements du Havre et d'Yvetot ; à Brest, pour les arrondissements de Brest, de Châteaulin et de Morlaix ; à Bastia, pour les arrondissements de Bastia et de Calvi.

Deux chambres, composées chacune d'un vice-président, de deux juges et de deux juges suppléants, de deux substituts et de deux commis-greffiers, siégeront en permanence à Montbrison pour les arrondissements de Montbrison et de Roanne ; à Reims pour les arrondissements de Reims et d'Épernay ; à Valenciennes, pour les arrondissements de Valenciennes et Cambrai.

ART. 76. — Des juges suppléants, au nombre de deux par chambre, seront attachés à chaque tribunal.

ART. 77. — Les juges suppléants dans les tribunaux composés de plusieurs chambres seront attachés spécialement à une chambre et compris dans le roulement. Ils devront remplacer, selon l'ordre de leur nomination, les juges qui seront empêchés de siéger.

Tout juge suppléant qui, sans motif légitime, refuserait le service auquel il est appelé, pourra, après que sa mise en demeure aura été constatée par un procès-verbal, être considéré comme démissionnaire.

ART. 78. — Les juges suppléants pourront assister aux audiences et auront voix consultative ; en cas de partage, le plus ancien des juges suppléants aura voix délibérative.

ART. 79. — Les juges suppléants recevront le traitement de juge, lorsqu'ils seront appelés à remplacer un juge contre lequel une suspension de plus d'un mois aura été prononcée ; ils recevront également ce traitement lorsqu'ils seront appelés à siéger d'une manière permanente comme membre d'une chambre temporaire.

ART. 80. — Des juges d'instruction seront désignés par décret parmi les membres du tribunal. Leur nombre est déterminé pour chaque tribunal, par le tableau C ci-annexé. Des juges suppléants pourront être désignés pour ces fonctions.

ART. 81. — Un juge d'instruction pourra, par arrêté du garde des sceaux, être détaché en permanence dans un chef-lieu d'arrondissement, afin de remplir spécialement ses fonctions dans un ou plusieurs arrondissements.

Art. 82. — Il y aura près de chaque tribunal un procureur de la République et des substituts en nombre déterminé par le tableau C ci-annexé.

Les juges suppléants pourront être appelés à remplir les fonctions du ministère public si le besoin du service l'exige.

Art. 83. — Le procureur de la République pourra déléguer un substitut en résidence dans un chef-lieu d'arrondissement, afin d'exercer, sous son autorité, l'action publique et la police judiciaire dans un arrondissement ou plusieurs arrondissements limitrophes.

Art. 84. — Il y aura près chaque tribunal un greffier et des commis greffiers en nombre égal au nombre des chambres et des juges d'instruction. Le nombre des commis greffiers est fixé à Paris à 36.

Art. 85. — Lorsque les tribunaux de département auront à statuer en assemblée générale, cette assemblée sera composée de la majorité des juges en titre. Les juges suppléants auront voix délibérative, lorsqu'ils remplaceront un juge.

§ 3. — Conditions d'admission et traitement.

Art. 86. — Nul ne pourra être nommé président, vice-président, procureur de la République, juge ou juge suppléant, s'il n'est âgé de 30 ans accomplis. Les substituts devront être âgés de 22 ans; les greffiers et commis greffiers être âgés de 25 ans.

Art. 87. — Les présidents, vice-présidents, procureurs de la République, juges, substituts et juges suppléants devront être licenciés en droit; ils devront, en outre, avoir fait deux ans de stage au barreau. Les agrégés de Facultés de droit, les notaires et avoués, après cinq ans d'exercice, les juges de paix et conseillers de préfecture, après deux ans de fonctions, seront dispensés de justifier de deux années de stage.

Art. 88. — Les traitements des magistrats des tribunaux seront fixés ainsi qu'il suit :

A Paris,

Président et procureur de la République. .	20.000 fr.
Vice-présidents et juges d'instruction . . .	10.000
Juges	9.000
Substituts	8.000

Greffiers 6.000

Commis grefflers { 18 à 5.000
18 à 4.000

Dans les départements,

Président et procureur de la République. . 10.000
Vice-présidents et juges d'instruction. . . 7.000
Juges 6.000
Grefflers et commis grefflers. 3.000

Les substituts seront divisés en trois classes personnelles, en nombre égal dans chacune, et recevront 4,000, 5,000 ou 6,000 francs de traitement. Ils ne pourront être élevés d'une classe à l'autre qu'après deux ans de fonctions dans la classe immédiatement inférieure.

TITRE IV

DES COURS D'APPEL

Art. 89. — Le nombre des Cours d'appel est réduit à 18, conformément aux indications du tableau D ci-annexé.

Art. 90. — Chaque Cour d'appel comprendra le nombre de chambres déterminé par le tableau D ci-annexé, et sera composée, outre le premier président, du nombre de présidents et de conseillers indiqué au même tableau. Outre les chambres dont le nombre est ainsi déterminé, les Cours comprendront une chambre d'accusation, constituée conformément au décret du 12 juin 1880.

Si les besoins du service l'exigent, il pourra être formé, par règlement d'administration publique, une chambre temporaire composée de conseillers pris dans d'autres chambres.

Art. 91. — Les arrêts des Cours d'appel doivent être rendus par cinq juges au moins.

Art. 92. — Il y aura près de chaque cour un procureur général et des avocats généraux et substituts en nombre déterminé au tableau D ci-annexé.

Art. 93. — Il y aura près de chaque cour un greffier en chef et des commis grefflers en nombre déterminé par le même tableau.

Art. 94. — Chaque Cour devra faire un règlement pour

l'ordre du service et la distribution des causes. Ce règlement délibéré en assemblée générale devra être approuvé par le garde des sceaux.

Art. 95. — Les Assemblées générales devront être composées de la majorité des conseillers en fonctions.

Art. 96. — Nul ne pourra être nommé premier président, président de Chambre, conseiller, procureur général ou avocat général s'il n'est âgé de 30 ans. Les susbtituts du procureur général devront être âgés de 27 ans.

Art. 97. — Les traitements des magistrats composant les Cours d'appel seront ainsi fixés :

A Paris,

Premier président et procureur général . .	25.000 fr.
Président	15.000
Avocats généraux	14.000
Conseillers et substituts.	12.000
Greffiers	8.000
Commis greffiers	5.000

Dans les départements,

Premiers présidents et procureurs généraux .	18.000
Présidents.	10.000
Avocats généraux	9.000
Conseillers et substituts.	8.000
Greffiers	5.000
Commis greffiers.	4.000

TITRE V

DE LA DISCIPLINE

Art. 98. — Le garde des sceaux a sur les magistrats de toutes les juridictions civiles et commerciales un pouvoir disciplinaire

Il aura le droit d'infliger un blâme ; ce blâme sera notifié au magistrat qui en sera l'objet en la chambre du conseil et en assemblée générale de la Cour d'appel par le premier président sur les réquisitions du procureur général.

Le garde des sceaux peut mander tout magistrat afin de s'expliquer sur les faits qui pourraient lui être imputés.

ART. 99. — Les juges et officiers du ministère public qui s'absenteront sans un congé régulier seront privés de leur traitement durant le temps de leur absence. Si cette absence se prolonge au delà d'un mois, ils pourront être requis, à leur domicile, par le procureur général, de se rendre à leur poste. Faute par eux d'y revenir dans le délai d'un mois après cette réquisition, ils seront considérés comme démissionnaires.

ART. 100. — Le garde des sceaux pourra charger le procureur général de citer devant la Cour d'appel tout magistrat des tribunaux de paix, de département ou de commerce qui compromettra la dignité de son caractère.

La Cour d'appel saisie pourra prononcer, en chambre de conseil, contre le magistrat cité devant elle, la peine de la censure simple, de la censure avec réprimande ou de la suspension de huit jours à trois mois.

La censure avec réprimande emportera privation de traitement pendant un mois; la suspension emportera privation de traitement pendant sa durée et pendant un mois en plus.

ART. 101. — Le garde des sceaux pourra charger le procureur général de citer devant la Cour de cassation les magistrats des tribunaux de paix, de département ou de commerce, les membres des Cours d'appel et de la Cour de cassation qui compromettraient la dignité de leur caractère.

La Cour de cassation, en chambre du conseil, prononcera, s'il y a lieu, les peines prévues à l'article précédent.

Elle pourra aussi, en cas de faute grave commise par le magistrat, prononcer la peine de déchéance.

ART. 102. — Aucune décision ne pourra être prise sans que le magistrat inculpé n'ait été entendu ou dûment appelé et que le ministère n'ait donné ses conclusions par écrit.

ART. 103. — Tout juge qui se trouvera dans les liens d'un mandat d'arrêt, de dépôt, d'une ordonnance de prise de corps ou d'une condamnation correctionnelle même non définitive, devra s'abstenir provisoirement d'exercer ses fonctions.

ART. 104. — Les greffiers seront avertis et réprimandés par les présidents des cours et tribunaux respectifs. Ils pourront être, par le procureur général, traduits, en cas de manquement plus grave, devant la chambre du Conseil des

tribunaux ou de la Cour. La peine de la censure, de la censure avec réprimande et de la suspension de huit jours à
trois mois pourra être prononcée. Le garde des sceaux
seul pourra prononcer la destitution.

TITRE VI

DISPOSITIONS TRANSITOIRES ET FINALES

Art. 105. — Il sera procédé, dans le délai de trois mois
à partir de la promulgation de la présente loi, à l'organisation du personnel des cours et tribunaux en conformité
des articles qui précèdent.

Art. 106. — Les magistrats qui, dans la nouvelle organisation, n'auraient pas été maintenus et qui auront moins
de six ans de services, recevront un retraite égale au quart
de leur traitement; ceux qui auront plus de six ans de services recevront une retraite égale à la moitié de leur traitement; ceux de ces magistrats qui auront plus de trente
ans de services pourront réclamer une retraite proportionnelle à leurs années de services et calculée sur la
moyenne de leurs traitements pendant les six dernières
années.

Dans l'année qui suivra la promulgation de la présente
loi, les juges de paix pourront être d'office mis à la retraite
dans les mêmes conditions.

Art. 107. — La valeur des offices de greffiers et d'avoués
supprimées sera remboursée par l'État, en prenant pour
base l'état des produits des cinq dernières années et les
derniers prix de cessions d'offices de même nature dans le
ressort.

Pendant douze ans, à compter de la suppression, le produit des affaires provenant des arrondissements ou des ressorts dont les tribunaux ou les cours auront été supprimés
sera soumis, d'après la taxe, à un prélèvement au profit du
Trésor de 50 p. 100 des émoluments accordés aux greffiers
ou avoués par le tarif.

Un règlement d'administration publique déterminera les
formes et délais dans lesquels ce prélèvement sera opéré.

Art. 108. — En cas de désaccord sur le chiffre de l'indemnité, les contestations seront portées devant un jury spécial qui se réunira au chef-lieu de la Cour d'appel, et statuera d'après les mêmes règles d'appréciation.

Ce jury sera composé :

Du premier président ou de son délégué ;

Du procureur général ou de son délégué ;

Du président du tribunal du département ;

Du bâtonnier de l'ordre des avocats près la Cour ;

Des présidents des chambres des avoués près la Cour et près le tribunal ;

Du greffier du tribunal ;

Du directeur de l'enregistrement ou de son délégué.

Le jury peut siéger au nombre de six membres. Le président a voix prépondérante en cas de partage.

ART. 109. — Toutes les affaires civiles et commerciales actuellement pendantes devant les tribunaux d'arrondissement seront jugées par les tribunaux des départements, toutes choses devant demeurer en l'état.

ART. 110. — Aucun changement n'est apporté à l'organisation judiciaire de l'Algérie et des colonies.

Les articles 87, 88, 92, 97, 98, 99 à 105 de la présente loi sont applicables aux juridictions d'Algérie.

ART. 111. — Sont abrogés.

La loi du 10 ventôse an II ;

Les articles 6 à 16, 40 et 41 de la loi du 27 ventôse an VIII ;

Les articles 78 à 84 du sénatus-consulte du 16 thermidor an X ;

Les articles 34 à 44, 48 à 62 de la loi du 20 avril 1810 ;

Les articles 1 à 10 du décret du 18 août 1810 ;

La loi du 10 décembre 1830 ;

La loi du 11 avril 1838 ;

La loi du 25 mai 1838 ;

L'ordonnance du 18 janvier 1846 ;

Les articles 4 et 5 du décret du 1er mars 1852 ;

La loi du 2 mai 1855 ;

Les articles 2, 3 et 7 du Code de procédure civile ;

Et, en général, toutes les dispositions antérieures contraires aux dispositions qui précèdent.

PROPOSITION DE LOI

AYANT POUR OBJET DE RÉGLER

LES RAPPORTS DES COMPAGNIES DE CHEMINS DE FER AVEC LEURS AGENTS COMMISSIONNÉS

PRÉSENTÉE PAR MM. RAYNAL, WALDECK-ROUSSEAU, MARTIN-FEUILLÉE, MARGUE

DÉPUTÉS

Dans la séance du 6 février 1882

EXPOSÉ DES MOTIFS

MESSIEURS,

Les Agents commissionnés des Compagnies de chemins de fer ont, depuis une dizaine d'années, saisi l'Administration et les pouvoirs publics de réclamations puissantes.

Ces réclamations ont motivé plusieurs discussions dans le Parlement : le débat le plus important est celui auquel a donné lieu, l'année dernière, une proposition de loi déposée par un grand nombre de membres de la Chambre des députés, proposition qui ne fut pas adoptée, bien que tout le monde reconnût en principe l'utilité d'une intervention du législateur.

Nous avons pensé que la situation faite aux agents commissionnés des Compagnies de chemins de fer ne saurait se prolonger sans inconvénients et qu'il convient d'y mettre un terme par une loi donnant satisfaction aux demandes des employés dans ce qu'elles ont de fondé et de réalisable, sans porter d'ailleurs la moindre atteinte à la discipline rigoureuse qui est la condition d'une bonne exploitation.

Le droit du législateur d'intervenir toutes les fois qu'un intérêt public est en jeu, ne saurait être sérieusement contesté. En ce qui concerne notamment les chemins de fer, ce droit résulte de l'organisation spéciale de cette industrie qui a pour origine une concession faite par l'État et qui est régie par des cahiers des charges où l'intervention de l'autorité publique est expressément stipulée.

Cette intervention est en outre formellement prévue par la loi du 11 juin 1842 portant que des règlements d'administration publique détermineraient les mesures et les dispositions propres à assurer le bon fonctionnement des chemins de fer.

Le Gouvernement ne s'en est pas tenu à une intervention dans la réglementation des diverses parties du service des chemins de fer. Il a voulu exercer aussi une action directe sur le personnel de l'exploitation. Un décret du 27 mars 1852 dispose en effet que l'Administration aura le droit, les Compagnies entendues, de requérir la révocation d'un agent de ces Compagnies.

Le droit de punir impliquant, en bonne justice, l'obligation de protéger, il nous a paru équitable de soumettre à vos délibérations une proposition de loi tendant à garantir dans les limites de l'article 1142 du Code civil, la possession de leur emploi aux agents qui n'ont pas démérité.

L'organisation de nos grands réseaux de voies ferrées place les agents de l'industrie des chemins de fer en cas de congédiement dans une situation particulièrement défavorable. Il est en effet à peu près impossible à ces agents de trouver un emploi dans les autres Compagnies de chemins de fer et le plus souvent ils auront passé l'âge où l'on peut commencer un carrière nouvelle.

Nous ne venons cependant pas demander d'établir au profit des agents commissionnés des chemins de fer un régime exceptionnel. Notre proposition de loi a au contraire pour but de les faire rentrer dans le droit commun des bénéfices duquel la jurisprudence de la Cour de cassation les a exclus.

Il est en effet universellement admis par les tribunaux de tous ordres que l'une des parties liées par un contrat de louage d'ouvrage, conclu pour une durée indéterminée ne peut rompre brusquement, sans motif, ce contrat qu'en payant à l'autre une indemnité. On est également d'accord pour reconnaître que, dans la fixation de cette indemnité, le juge doit prendre en considération non pas seulement l'importance de la fonction, mais encore l'ancienneté des services rendus, et, si c'est le maître qui rompt l'engagement, les difficultés qu'aura l'employé pour se procurer un nouveau travail. La Cour de cassation elle-même a consacré ce principe général par un arrêt de février 1859, mais elle a cru devoir y faire exception lorsqu'il s'est agi des employés des Compagnies de chemins de fer en décidant (arrêt de 1872) que le louage de services sans détermination de durée peut toujours cesser par la libre volonté de l'une ou l'autre des parties contractantes.

Il n'appartient pas aux pouvoirs publics de critiquer cette doctrine de la Cour suprême, mais ils ont le droit et le devoir de modifier la loi quand elle a cessé d'être en rapport avec les principes qui doivent régir les sociétés modernes.

Il convient de remarquer que la stipulation insérée dans notre proposition de loi au profit des agents commissionnés des chemins de fer ne constitue pas une exception faite en leur faveur.

Il existe déjà pour une certaine catégorie de travailleurs un précédent que nous pouvons invoquer. Le Code de commerce consacre un titre tout entier au louage des matelots, et l'art. 270 du Code de commerce stipule notamment que « Tout matelot qui justifie qu'il est congédié sans cause valable a droit à une indemnité contre le capitaine », et pour qu'on ne puisse pas prétendre qu'il s'agit seulement du congédiement en cours de route, le paragraphe 3 de ce même article dispose que l'indemnité sera du tiers des loyers si le renvoi a lieu avant le voyage commencé.

Les intérêts des employés de chemins de fer n'étant pas moins respectables que ceux des marins, il paraît tout à fait équitable d'accorder à ces deux classes d'hommes dévoués la même sollicitude et la même protection.

Une autre considération nous a amenés à vous proposer de régler par une loi la situation des agents commissionnés des compagnies de chemins de fer.

D'après l'une des clauses de la convention qui intervient entre les Compagnies et leurs agents, il doit être payé à ces derniers une pension de retraite à cinquante ans d'âge et après vingt-cinq ans de service. Dans la plupart des administrations de chemins de fer, les agents contribuent à

la formation de la caisse destinée à payer ces pensions par
un prélèvement opéré d'office sur leur salaire. Il est aussi
de règle à peu près générale que les agents perdent en
quittant leur emploi, même quand ils sont révoqués sans
motifs légitimes, tous les versements qu'ils ont effectués.
N'y a-t-il pas là une raison décisive de faire attribuer à
l'agent révoqué sans motifs légitimes, une indemnité qui
tiendra compte du préjudice si grave qui lui est ainsi causé ?

Il faut en outre tenir compte de ce fait économique, à
savoir que les diverses institutions de prévoyance qui existent au sein d'une entreprise industrielle, ont pour conséquence de rendre les travailleurs, appelés à en bénéficier,
moins exigeants pour le taux de la rémunération. S'il en
est ainsi, n'est-il pas tout à fait conforme à l'équité de poser
ce principe que les sacrifices pécuniaires, faits par les agents
commissionnés, ne pourront être perdus que pour manquement grave au devoir professionnel ? La réponse à cette
question ne saurait être douteuse ?

Telles sont les principales considérations qui nous ont
inspirés dans la proposition de loi que nous avons l'honneur de vous soumettre.

Le paragraphe 1er de l'art. 1er de notre proposition de
loi dispose que la convention, c'est-à-dire le contrat de
louage d'ouvrage entre les Compagnies et leurs agents commissionnés, ne pourra être résiliée sans cause légitime, par
la seule volonté de l'une des parties, que moyennant la
réparation du préjudice causé à l'autre partie contractante.

C'est à la fois la reconnaissance du droit des agents et
de celui des Compagnies et une application de ce principe
consacré par l'art. 1142 du Code civil que tout engagement
peut se résoudre par une indemnité.

L'économie de notre proposition de loi consiste donc
esentiellement dans le droit réservé à chacune des parties
contractantes de résilier le contrat à toute époque moyennant une indemnité représentant le préjudice causé à l'autre
partie. La rupture de l'engagement, comme dans la proposition de loi présentée l'année dernière à la Chambre,
n'est pas en elle-même une sorte de délit portant ouverture
d'une indemnité, il faut comme condition indispensable la
constatation et la démonstration du préjudice causé à la
partie plaignante.

La situation juridique des deux parties se trouve ainsi établie sur le pied d'une parfaite égalité. Il y a lieu toutefois de reconnaître et de proclamer à l'avance que, dans la plupart des cas, il existera une notable différence dans l'importance du préjudice causé, selon qu'il s'agira de la Compagnie ou de l'agent. En effet, lorsqu'un employé de chemin de fer donne sa démission, le préjudice pour la Compagnie est le plus souvent nul ou insignifiant, un autre employé se trouvant toujours prêt à prendre la place devenue vacante. La Compagnie trouvera presque toujours un avantage par la substitution à l'agent démissionnaire, d'un agent d'un rang inférieur dont la rétribution sera moindre que celle accordée au prédécesseur.

La situation est tout autre quand l'agent est révoqué. Nous l'avons expliqué plus haut en rappelant l'impossibilité pour un agent révoqué de trouver un emploi dans une autre Compagnie et tout au moins la difficulté de parcourir une nouvelle carrière. Le juge saura donc bien apprécier la situation si profondément dissemblable des deux parties et il accordera dans chaque cas, selon le vœu du législateur, des indemnités proportionnelles au préjudice causé.

L'art. 1er prévoit aussi, pour faciliter la tâche du juge, un règlement d'administration publique rendu après avis des hommes compétents. Ce règlement d'administration publique viendra faciliter au juge l'appréciation des différends qui lui seront soumis.

Le dernier paragraphe de l'art. 1er a pour but d'empêcher les Compagnies d'imposer à leurs agents comme condition d'admission des conventions annulant les dispositions de la présente loi. Nul ne saurait renoncer à la protection que la loi lui assure.

L'art. 2 porte que les Compagnies soumettront les statuts et règlements des caisses de retraite à l'homologation du ministre des travaux publics.

En droit, cette obligation est justifiée par assimilation à l'art. 66 de la loi du 24 juin 1867 soumettant les Sociétés d'assurances à l'autorisation du Gouvernement. De plus, la participation des Compagnies aux caisses de retraites engage les intérêts financiers de l'État dont l'intervention et le contrôle deviennent à ce titre absolument légitimes.

L'art. 3 autorisant les employés à créer et à administrer des caisses de secours a pour objet de procurer aux employés commissionnés, en dehors de la caisse de retraite, les avantages de la mutualité de prévoyance, il leur fournit l'occasion de faire l'expérience d'institutions établies volontairement et administrées librement. Les employés non commissionnés dont la situation est si digne d'intérêt participeront aux bénéfices de ces caisses.

L'art. 4 s'écarte absolument de la proposition de loi présentée l'an dernier par la Commission en ce qui concerne la juridiction appelée à connaître des litiges auxquels donnera lieu la rupture de l'engagement souscrit.

Le Gouvernement, qui avait adopté le principe de la loi, s'était nettement prononcé contre la juridiction arbitrale. Nous pensons comme lui que la juridiction du juge de paix, dont tout le monde veut étendre la compétence, s'impose. Nous avons admis l'intervention du juge de paix du canton où réside l'agent, afin que la procédure fût rapide et peu coûteuse.

L'art. 5, qui étend la compétence du juge de paix jusqu'à 1.500 francs en dernier ressort, et à charge d'appel à quelque somme que la demande puisse s'élever, est l'application des principes qui ont présidé à la rédaction de l'art. 5 de la loi du 25 mai 1838 et la conséquence de la loi de la réorganisation de la magistrature présentée dernièrement à la Chambre par l'un des signataires de notre proposition de loi.

En résumé, notre proposition de loi a pour but d'accorder aux agents le bénéfice du droit commun que les tribunaux et Cours d'appel leur ont maintes fois reconnu. Il est donc impossible de méconnaître combien nos revendications sont modestes et combien est grande l'autorité de ceux dont nous invoquons le témoignage.

En votant notre proposition de loi, vous accomplirez, Messieurs, un acte de justice envers une intéressante catégorie de travailleurs qui, à toute époque et notamment en 1870, ont donné des preuves éclatantes d'énergie, de courage et de dévouement.

Le moment est certainement venu de resserrer les liens qui unissent les Compagnies à leurs agents, d'assurer le respect des contrats et des situations acquises, de prévenir les abus d'autorité et de faire naître la concorde là où ont régné jusqu'à présent la défiance et l'inquiétude.

Ce sont là assurément des mesures de bonne politique, qui seront fécondes en heureux résultats pour l'avenir, puisqu'elles doivent contribuer au maintien de la paix sociale.

PROPOSITION DE LOI

ARTICLE PREMIER. — En dehors des cas prévus par un règlement d'administration publique rendu dans les trois mois de la promulgation de la présente loi, la convention par laquelle les Compagnies de chemins de fer louent pour une durée non déterminée les services de leurs agents commissionnés, ne peut être révoquée sans motif légitime par la volonté de l'une des parties contractantes que moyennant la réparation du préjudice causé.

Toute stipulation contraire à la précédente disposition est nulle de plein droit.

ART. 2. — Dans le délai de trois mois de la promulgation de la présente loi, les règlements et statuts des caisses de retraite devront être soumis à l'homologation du ministre des travaux publics.

ART. 3. — Les employés d'une même compagnie auront le droit, en soumettant leurs statuts à l'approbation du ministre des travaux publics, de former entre eux des caisses de secours pour eux et leurs familles et de se réserver l'administration exclusive de ces caisses.

ART. 4. — Les contestations auxquelles pourra donner lieu l'application de l'article premier seront portées devant le juge de paix du canton dans lequel est domicilié l'agent.

ART. 5. — Le juge de paix statuera en dernier ressort jusqu'à 1,500 francs, et à charge d'appel à quelque somme que la demande puisse s'élever. Il pourra ordonner l'exécution provisoire nonobstant appel et sans caution.

PROPOSITION DE LOI

SUR L'ORGANISATION DE L'ENSEIGNEMENT PRIMAIRE

(Urgence déclarée)

PRÉSENTÉE PAR M. PAUL BERT

DÉPUTÉ

Dans la séance du 7 février 1882

EXPOSÉ DES MOTIFS

MESSIEURS,

Les importantes lois sur l'instruction primaire récemment votées par les Chambres n'ont que très peu modifié la partie administrative de ce grand service. La fondation d'Écoles normales primaires pour instituteurs et institutrices a été rendue obligatoire, les brevets de capacité ont été exigés de tous les fonctionnaires enseignants, la gratuité de l'école publique a été établie, l'obligation de l'instruction et la neutralisation de ses programmes au point de vue confessionnel ont été acceptées par les deux Chambres, et auront sans doute bientôt force de loi. Mais l'organisation même des services est à peu près restée ce qu'elle était depuis les lois de 1850 et 1854. Les conditions de nomination des instituteurs, la discipline à laquelle ils sont soumis, les attributions et la composition des Conseils départementaux et des délégations cantonales, le rôle des congrégations religieuses dans l'enseignement public, les fonctions des inspecteurs d'Académie n'ont pas changé depuis de longues années. Les traitements des instituteurs, bien qu'améliorés par une série de dispositions législatives, ne sont pas en rapport avec les services immenses rendus par ces fonctionnaires. Tandis que la loi sur l'obligation

augmente la somme de travail qui leur est demandée, la loi
sur la gratuité ne peut que diminuer leurs ressources pécuniaires.

Aussi, la nécessité de régler à nouveau, par une loi d'ensemble, les conditions du fonctionnement de tous les services de l'instruction primaire, s'impose avec un caractère
d'urgence au Gouvernement et aux Chambres. C'est cette
loi que nous venons soumettre à vos délibérations.

Elle améliore dans une proportion notable les conditions
matérielles où se trouvent placés les instituteurs et surtout
les institutrices, et elle permet de les dégager d'occupations
qui empiétaient sur leur temps et sur leur liberté. Elle
remplace les inspecteurs d'Académie par des directeurs départementaux de l'instruction primaire, qui se dévoueront
exclusivement à cette branche du service. Elle modifie dans
un sens libéral la composition des Conseils départementaux, et la met en harmonie avec celles des Conseils académiques et du Conseil supérieur. Elle entoure l'exercice des
fonctions d'instituteur de garanties jusqu'ici inconnues.
L'avancement est déterminé par des règles fixes, et toutes
précautions sont prises pour que la durée des services soit
récompensée, et que le choix lui-même soit à l'abri du
caprice. Les peines disciplinaires ne pourront plus être
prononcées comme à huis clos, mais elles seront la conséquence de débats contradictoires devant les tribunaux universitaires.

Enfin, la laïcisation du personnel enseignant dans les
écoles publiques est proclamée, en principe, et immédiatement appliquée, avec tous les tempéraments qu'imposent
les nécessités du service.

Nous croyons que ces dispositions répondent non seulement aux exigences de la situation, mais aux volontés de
la nation. Quelques-unes d'entre elles exigeront sans doute
des sacrifices budgétaires importants. En vain rédigerait-on
des programmes et proclamerait-on des principes, si l'on
ne préparait aux hommes chargés de les appliquer des
situations dignes de leurs services et de leurs mérites.

Mais dans les questions d'instruction publique, la générosité des Chambres ne s'est jamais lassée depuis plusieurs
années. Nous avons la confiance qu'elle répondra encore à
notre appel.

Ce projet de loi comprend cinq titres.

Le premier renferme des dispositions générales qui sont communes à l'enseignement public et à l'enseignement privé ; le deuxième est relatif à l'enseignement public et au personnel chargé de donner cet enseignement ; le troisième se rapporte à l'enseignement privé ; le quatrième traite des autorités préposées à l'enseignement ; le cinquième enfin contient les dispositions transitoires que tout établissement nouveau comporte.

Sans entrer dans le détail des 81 articles qui composent ce projet de loi, nous nous proposons, en insistant sur les points essentiels, d'en mettre en lumière le caractère général, d'en montrer l'économie et, s'il nous est permis de le dire, d'en faire ressortir la supériorité sur la législation actuelle.

Mais ce serait manquer à l'équité que de ne pas appeler tout spécialement votre attention sur les rapports de ces dispositions avec celles qu'avait rédigées la Commission de l'instruction primaire de la dernière Assemblée. Nous trouvons dans ces rapports à la fois une autorité plus grande et une plus sûre garantie de succès.

TITRE PREMIER

(Articles 1 à 6.)

DISPOSITIONS GÉNÉRALES

Le projet de loi consacre, vous n'en serez pas surpris, le grand principe de la liberté de l'enseignement. Reconnaissant l'existence légale des écoles privées comme des écoles publiques, il devait déterminer et confondre dans un même chapitre les conditions auxquelles ces deux sortes d'écoles peuvent exister ; il devait définir ensuite les divers degrés d'enseignement par où l'enfant doit passer depuis le jour où il quitte, en quelque sorte, les bras de sa mère, jusqu'au jour où l'école le rend à la société ; il devait enfin énumérer les conditions de nationalité, de moralité, d'âge et de capacité auxquelles sont tenus, sans distinction, tous ceux qui prétendent à l'honneur d'enseigner. C'est là l'objet des six articles qui composent le titre Ier.

TITRE II

(Articles 7 à 41.)

Ce titre, le plus considérable du projet, est relatif à l'enseignement public, et comprend cinq chapitres. Il règle les obligations de l'État, des départements et des communes, en ce qui concerne l'établissement des écoles publiques (chapitre Ier), et en ce qui concerne l'entretien de ces écoles une fois fondées (chapitre II) ; il proclame le principe de la laïcité de l'enseignement public et détermine les conditions à remplir pour diriger une quelconque des écoles primaires (chapitre III) ; il fixe la situation des instituteurs publics au point de vue de la nomination, du classement et de l'avancement (chapitre IV); il réglemente enfin la discipline du corps enseignant primaire (chapitre V).

a. Désormais, et sous certaines réserves faites aux articles 73, 74 et 75, le personnel enseignant sera laïque comme l'enseignement lui-même. C'est là le fait considérable qui domine le titre Ier, et l'on peut dire le projet de loi tout entier. Ce principe n'a plus besoin d'être défendu, ni même justifié devant vous ; il a cause gagnée aussi devant l'opinion publique ; nous ne nous y arrêterons donc que pour le signaler et nous féliciter d'avoir été appelé à l'inscrire dans un texte de loi.

b. Jusqu'à ce jour, la loi imposait aux communes le devoir de fonder et d'entretenir des écoles avec le concours du département et de l'État ; nous avons renversé les termes de cette proposition et nous croyons rentrer dans la vérité des faits, en disant que l'État fonde et entretient les écoles avec le concours des départements et des communes. Nous rendons ainsi à l'État une de ses principales prérogatives, qui est de diriger l'enseignement public, et nous lui imposons un de ses devoirs les moins contestables qui est d'assurer à tous le bienfait de l'instruction. C'est la grande tradition de 1792 que nous vous proposons de renouer ; c'est la doctrine de ceux qui pensent que l'État n'a pas d'obligation plus sacrée que de former des hommes pour la société et la patrie, que nous vous convions à adopter. Cette doctrine, vous l'avez d'ailleurs implicitement consacrée en votant la loi du 16 juin 1881 qui, moyennant une imposition fixe de la part des départements et des communes, met à la charge de l'État toutes les dépenses d'ordre scolaire.

Si vous consacrez ce principe, les écoles seront véritablement des établissements publics, soustraits aux influences dont il est superflu de rappeler les dangers, et, par voie de conséquence, les instituteurs seront des fonctionnaires publics relevant exclusivement de l'État et des autorités préposées par la loi à la direction de l'enseignement et du personnel enseignant : les uns et les autres y gagneront en indépendance, en sécurité, en dignité. Avec cette notion de l'école, tout se simplifie et s'éclaire : aux communes, le devoir de suffire, avec le concours du département et de l'État, à toutes les dépenses de construction et d'installation des maisons d'écoles ; à l'État, la charge de pourvoir, avec le concours des communes et des départements, à toutes les dépenses du personnel.

L'article 13 fait cesser la même fiction en ce qui concerne les écoles normales, qui deviennent des établissements de l'État, au même titre et aux mêmes conditions que les écoles primaires.

c. En ce qui concerne le personnel enseignant, les articles 17 à 23 disent à quelles conditions on peut être instituteur public, et établissent une sorte de hiérarchie entre les membres du corps enseignant, suivant la nature des emplois qu'ils occupent et des écoles où ils exercent. Vous remarquerez certainement et vous approuverez, je l'espère, la condition de stage mise à l'entrée de la carrière : pour être définitivement jugé digne d'instruire la jeunesse, il faut offrir, sinon des garanties certaines, du moins des présomptions rassurantes d'aptitude professionnelle, ou, comme on disait autrefois, de vocation. Ce n'est donc pas trop exiger de jeunes gens de 18 ans, que de leur demander de subir cette épreuve avant de les admettre dans les cadres du personnel.

Mais, cette épreuve subie avec succès, il a paru qu'il serait injuste de refuser le titre d'instituteur, et de maintenir, parfois pendant de longues années, dans des situations inférieures, des maîtres qui n'ont d'autre tort que de s'attacher à une école et d'y remplir les fonctions d'auxiliaires du directeur. Ils seront désormais instituteurs au même titre que ceux qui sont placés à la tête d'une école et ils auront droit au même avancement et aux mêmes avantages pécuniaires.

Nous avons cru devoir aussi décharger de la direction d'une classe spéciale, et honorer d'un titre en rapport avec l'importance de leur situation, les instituteurs et les institutrices qui dirigent une école primaire élémentaire considérable. En les assimilant, pour le rang, à leurs collègues de l'enseignement primaire supérieur, nous avons pensé faire acte d'équité d'abord et de sage administration ensuite. C'est en leur offrant de tels avantages que nous parviendrons à retenir dans l'enseignement primaire élémentaire les maîtres d'élite dont nos grandes écoles ont besoin.

Dans le même ordre d'idées, nous avons réservé le titre de professeur pour les maîtres des écoles primaires supérieures qui seront pourvus du certificat d'aptitude à l'enseignement dans les écoles normales et qui offriront ainsi la garantie de capacité la plus haute qu'on puisse exiger des membres du corps enseignant primaire.

Ajoutons que s'inspirant d'une décision déjà prise, le projet de loi (art. 24) a voulu assurer l'indépendance et la dignité des instituteurs publics, en leur interdisant formellement toutes fonctions extra-scolaires, à l'exception de celles de secrétaires de mairie qu'à notre grand regret nous nous voyons obligés de leur laisser remplir encore pendant une période de dix années (art. 78).

d. Une des questions les plus graves et les plus difficiles à résoudre que nous ayons rencontrées dans l'élaboration de ce projet de loi est assurément celle qui se rapporte à la nomination des instituteurs publics. Les termes de ce problème délicat et complexe sont trop connus pour qu'il soit nécessaire de les poser à nouveau. Si nous n'avions eu qu'à tenir compte des vœux du corps enseignant, et si nous avions cru pouvoir suivre notre propre inclination, nous vous aurions proposé de rendre d'ores et déjà la nomination des instituteurs à leurs chefs universitaires. Mais, après un mûr examen de la question et des hésitations que vous comprendrez sans peine, il ne nous a pas semblé que le moment fût encore venu de rompre avec une tradition, vieille de trente années, et qui, après tout, s'explique et se justifie par des considérations de plus d'une sorte.

On peut dire d'abord, au point de vue théorique, que l'investiture gouvernementale, qui fait le fonctionnaire, est toujours donnée dans tous les services publics, soit par les ministres, soit par un préfet (finances, postes, police, etc.). Au point de vue pratique, qui me touche davantage, on ne peut se dissimuler que le personnel de nos futurs directeurs départementaux n'est peut-être pas suffisamment préparé à exercer l'autorité qu'on voudrait leur confier et qu'il n'est pas prouvé qu'ils soient en situation de résister avec autant d'indépendance que le préfet aux influences extra-scolaires qui ne manquent pas de s'exercer sur eux. Sans doute la nomination par le préfet introduit la politique dans l'école; mais la nomination par le directeur départemental l'en excluerait-elle? Il est permis d'en douter.

Ce n'est cependant pas sans de longues hésitations, et une véritable anxiété, que je me décide à renoncer à une solution que j'avais acceptée depuis plusieurs années,

Mais en examinant de très près toutes les réclamations, si justifiées, qui sont élevées depuis plusieurs années contre le pouvoir des préfets sur le personnel de l'instruction primaire, il m'a semblé reconnaître que c'est beaucoup moins la nomination qui est incriminée que les peines disciplinaires et les changements ruineux de résidence. On s'est élevé surtout contre le manque de garantie pour les fonctionnaires d'un système qui permet de les frapper sans les entendre, de les ruiner et de les désespérer soit par la voie brutale de la révocation, soit par la voie hypocrite du déplacement. Il nous a semblé dès lors que la question du personnage chargé de la nomination passait au second plan, lorsque des garanties sérieuses seraient données à ses subordonnés. Ainsi, dans ce projet, nous avons eu soin d'entourer l'application des peines disciplinaires de garanties qui auront pour résultat de rehausser la situation du personnel enseignant, de lui assurer la sécurité dont il a besoin, et cette indépendance sagement limitée qui est la condition indispensable de l'exercice régulier de ses fonctions.

ε. Après la question de la nomination des instituteurs, nul problème ne présentait plus de difficultés que leur rémunération. Il fallait, à la fois, sauvegarder les intérêts

du Trésor public, déjà si lourdement grevé par toutes les
dépenses scolaires généreusement consenties par le Parlement, et assurer enfin aux fonctionnaires de l'enseignement
primaire une rénumération en rapport avec l'importance
de leurs fonctions, et avec les difficultés croissantes de la
vie matérielle. Il fallait, en outre, régler leur avancement
de manière que leurs ressources s'accrussent en même
temps que grandiraient leurs charges de famille, et récom-
penser, d'autre part, le travail et la valeur professionnelle
par une série d'avantages sagement gradués. En d'autres
termes, nous avons pensé qu'il était nécessaire et juste de
faire, dans l'avancement, une part assurée à l'ancienneté
et une part non moins certaine au mérite.

Vous apprécierez, Messieurs, si nous avons suffisamment
résolu ce problème en adoptant les bases suivantes : répartition des instituteurs en cinq classes, avec des traitements
minima différents pour chaque classe et pouvant s'accroître,
d'un côté, par le mérite des fonctionnaires, les résultats de
leur enseignement, les charges que leur impose la résidence, et, d'un autre côté, par la possession des divers
brevets de capacité qui sont proposés à leur juste ambition
et dont l'obtention doit avoir pour résultat l'élévation progressive de l'enseignement primaire; — les trois classes
inférieures accessibles à tous en vertu de la seule ancienneté
des services; — les deux premières ouvertes seulement aux
instituteurs les plus méritants et dans une proportion restreinte; — les directrices des écoles maternelles assimilées
aux autres institutrices; une augmentation de traitement
pouvant s'élever jusqu'à 500 francs pour les fonctionnaires
de l'enseignement primaire supérieur; — le classement à
l'ancienneté remis au directeur départemental et le classement aux choix confié au Conseil départemental; — enfin
une véritable investiture conférée par le ministre aux instituteurs de première classe et les mettant à l'abri de tout
déplacement. Telles sont les principales règles que nous
vous proposons d'adopter pour le classement et l'avancement non seulement des instituteurs, mais encore des
institutrices. Pourvues des mêmes titres, ayant à supporter
les mêmes charges que les instituteurs, il nous a semblé
qu'il n'était ni possible ni juste de retenir plus longtemps
les institutrices dans une situation inférieure : il y a là un

intérêt social et une raison d'équité qui ne vous échapperont pas, et qui vous détermineront à sanctionner de votre vote nos propositions.

f. Quant à la discipline du corps enseignant, nous l'avons remise, suivant les cas, aux mains du directeur départemental, du préfet ou du recteur; mais nous avons toujours pris soin de réserver les droits de la défense. Nous avons supprimé la peine de la suspension telle que l'avait entendue la loi de 1839; cette peine nous a paru une arme trop commode à manier, et par cela même dangereuse : on n'améliore pas un fonctionnaire en le suspendant et en le privant de son traitement; s'il est indigne de rester dans l'enseignement, qu'on le révoque ou qu'on l'interdise; s'il n'a commis qu'une faute professionnelle, il y a d'autres peines à lui appliquer que celle qui détruit sa considération et qui supprime le pain de sa famille. Nous avons maintenu cependant la suspension, non comme une peine, mais comme une mesure préparatoire à une poursuite ou tout au moins à une instruction portant sur un fait grave; mais, dans ce cas, le traitement est maintenu : l'instituteur suspendu est un prévenu qui attend des juges, et non un condamné auquel on enlève tout d'abord ses moyens d'existence.

Nous avons introduit, au contraire, dans l'échelle des pénalités, une mesure répressive qui nous semble devoir produire des effets aussi certains et plus équitables que la suspension : c'est la rétrogradation de classe, qui atteint sûrement l'instituteur négligent, tout en sauvegardant la considération dont il ne peut se passer.

Nous avons pris soin aussi, à mesure que la peine s'élevait d'un degré, de placer plus haut le juge chargé de l'appliquer. C'est d'abord le directeur départemental, puis le préfet en Conseil départemental, puis le retour en Conseil académique. Quel que soit le juge, l'inculpé a toujours le droit d'être entendu, et quel que soit le jugement, il peut toujours en appeler à une juridiction supérieure, du Conseil départemental au Conseil académique, du Conseil académique au Conseil supérieur. Si l'on ajoute à cela qu'un changement de résidence ne peut être imposé à un instituteur appartenant à la première classe que par décision du ministre, et que pour une des quatre dernières classes, il faut l'avis d'une Commission élue du Conseil départemental, on trouvera sans doute qu'il était difficile d'entourer de plus de garanties la situation des membres du personnel enseignant.

TITRE III

(Articles 42 à 51.)

Le titre III est relatif à l'enseignement privé. L'État n'intervient dans cet enseignement que pour le surveiller et assurer l'exécution des dispositions légales qui le régissent. Il ne se reconnaît pas le croit de le diriger, encore moins de l'inspirer, pas plus dans son esprit que dans ses programmes et dans ses méthodes. Mais il se doit à lui-même et il doit à la société de veiller à ce que ceux qui se livrent à cet enseignement remplissent certaines conditions d'âge, de moralité et de capacité que la présente loi définit, et qu'ils se soumettent à l'accomplissement de certaines formalités préalables, destinées à permettre le contrôle de l'État et à assurer l'exécution de la loi. C'est l'objet du titre III, qui n'innove guère d'ailleurs, dans la législation actuellement en vigueur. On remarquera cependant que l'article 51 assimile aux écoles privées et soumet à la même réglementation les écoles ouvertes dans les hôpitaux, les hospices, les colonies agricoles, les ouvroirs, les pénitenciers, etc.; c'était une lacune de l'ancienne législation, et une source de difficultés et de contestations que le projet de loi fait disparaître.

TITRE IV

(Articles 52 à 71.)

Le titre IV dénomme les autorités préposées à l'enseignement. Ces autorités sont les directeurs départementaux assistés des inspecteurs et des inspectrices primaires, le Conseil départemental, les comités cantonaux et les comités locaux institués par la loi sur l'obligation.

a. A la tête d'un service aussi considérable et aussi important que celui de l'enseignement primaire, il fallait placer, dans chaque département, un fonctionnaire investi de pouvoirs étendus, et dont l'autorité accrue lui permit d'exercer librement et efficacement son action sur la direction de l'enseignement et du personnel enseignant. Ce fonctionnaire prend le nom de directeur départemental. Son rôle et ses attributions ont été définis au cours de cet exposé.

b. Il est secondé dans son administration par un personnel rendu plus nombreux d'inspecteurs primaires et par un auxiliaire nouveau, l'inspectrice départementale. La bonne tenue des écoles et les progrès de tout l'enseignement primaire ne peuvent être assurés qu'autant que l'inspection s'exerce fréquemment et qu'elle peut être, en quelque sorte, toujours présente. Aussi n'avons-nous pas hésité à vous proposer d'augmenter dans une proportion notable le nombre des inspecteurs. Nous avons pensé en même temps que l'inspection des écoles maternelles et enfantines, des écoles des filles, pour certaines parties de l'enseignement, et, dans tous les cas, des pensionnats de jeunes filles, ne pouvait se faire utilement que par une femme et nous vous demandons, en conséquence, de placer dans chaque département une inspectrice primaire, cette création devant amener la suppression des inspectrices départementales des salles d'asile.

c. Inspecteurs et inspectrices relèvent du directeur départemental. Mais, à côté d'eux fonctionnent les comités cantonaux, les conseils départementaux et les conseils académiques. Tour à tour tribunaux et conseils consultatifs, ces assemblées prêtent le secours de leurs lumières aux administrateurs chargés du service de l'enseignement primaire, en même temps qu'elles offrent un recours et une garantie au personnel enseignant.

La loi du 27 février 1880 a remis à l'élection la majeure partie des membres des Conseils supérieurs et académiques; nous vous proposons de suivre la même méthode en ce qui concerne les comités cantonaux et les conseils départementaux; il n'est que juste, en effet, que le personnel enseignant ait ses représentants dans ces conseils qui décident sur les choses et les personnes de l'enseignement primaire. Nous espérons que vous approuverez la composition nouvelle de ces assemblées, ainsi que les attributions que le projet de loi confère à chacune d'elles. Nous espérons de même que vous approuverez la création, dans et par le conseil départemental, d'une Commission qui, composée par partie de membres nommés, n'est autre chose qu'une représentation du Conseil départemental lui-même. C'est un rouage nouveau que nous introduisons dans l'administration de l'enseignement primaire, mais dont l'utilité n'échappera à personne : sorte de conseil permanent du directeur départemental, plus facile à réunir et à consulter que le conseil départemental, il prête sa force et son appui au chef du service de l'instruction primaire, en même temps qu'il limite et éclaire son autorité, toutes les fois qu'il s'agit du personnel.

TITRE V

(Articles 73 à 82.)

Le titre V se compose des dispositions transitoires que l'application de toute loi nouvelle entraîne toujours avec elle.

L'une de ces dispositions assigne un délai de deux ans à la laïcisation complète des écoles publiques de garçons actuellement dirigées par des congréganistes. En ce qui concerne les écoles des filles, nous n'avons pas cru utile de fixer un délai pour leur laïcisation; mais pour empêcher l'occupation indéfinie des importantes écoles de filles par les congréganistes, nous vous demandons de décider qu'à partir de la promulgation de la présente loi, il ne sera plus fait de nomination de directrice d'écoles, au sens défini par les articles 19 et 20 du projet de loi. Quant aux instituteurs congréganistes, il ne sera plus fait de nomination dans cette catégorie de maîtres, à partir de la promulgation de la loi.

Une autre des dispositions transitoires du titre V, proroge jusqu'au 31 décembre 1884 le délai accordé aux communes pour se pourvoir de locaux scolaires qui leur appartiennent en propre. Jusque-là, mais jusque-là seulement, l'État pourra intervenir dans les dépenses résultant de la location d'immeubles à usage d'écoles. Ce délai a paru nécessaire pour permettre aux municipalités de construire ou d'approprier des maisons d'écoles; mais il serait inadmissible que l'État consentît à se substituer plus longtemps aux communes dans l'accomplissement d'un devoir qui leur incombe et que leur impose formellement d'ailleurs l'article 12.

Enfin, le projet de loi ne reconnaît plus les donations et legs faits aux communes et qui auraient pour conséquence de leur imposer une catégorie d'instituteurs ou d'institutrices. De telles libéralités sont restrictives du droit des communes et de l'administration; une fois acceptées, elles sont une entrave à l'exercice de ce droit et une source de contestations et de procès qu'il importe de prévenir. Quant aux libéralités conditionnelles dont les communes jouissent aujourd'hui, elles leur demeureront acquises, sauf indemnité à payer par elles aux ayants droit, avec le secours de l'État quand il sera nécessaire. De cette façon, l'avenir ne sera jamais engagé, et les engagements imprudents du passé pourront être légalement dénoués.

Telles sont les principales dispositions du projet de loi que nous soumettons avec confiance à vos délibérations, persuadé que si vous l'amendez et l'améliorez dans quelques-uns de ses articles, vous en retiendrez au moins, pour les sanctionner de votre vote, les parties essentielles et en quelque sorte vitales. Si, comme nous en avons l'espérance, vous votez cette loi, vous aurez comblé les vœux de ce nombreux personnel des instituteurs, auquel vous portez avec raison un si vif intérêt; vous aurez, en tenant des promesses fréquemment renouvelées, mis fin à l'état d'incertitude et de malaise dont ce personnel souffre et dans lequel il s'agite non sans danger pour lui et pour l'instruction elle-même; vous aurez enfin donné satisfaction aux légitimes espérances du pays, qui attend depuis longtemps et avec impatience qu'une constitution définitive et conforme à l'esprit moderne et républicain soit donnée à ce grand service de l'éducation populaire.

PROPOSITION DE LOI

TITRE PREMIER

DISPOSITIONS GÉNÉRALES

ARTICLE PREMIER. — L'enseignement primaire est donné :
1° Dans les écoles maternelles ;

2° Dans les écoles primaires élémentaires;

3° Dans les écoles primaires supérieures et dans les écoles manuelles d'apprentissage, telles que les définit la loi du 11 décembre 1880.

Art. 2. — Les établissements d'enseignement primaire de tout ordre peuvent être publics, c'est-à-dire fondés et entretenus par l'État, les départements ou les communes; ou privés, c'est-à-dire fondés et entretenus par des particuliers ou des associations.

Art. 3. — Des règlements spéciaux délibérés en Conseil supérieur de l'instruction publique détermineront les règles d'après lesquelles seront réparties, entre les diverses sortes d'écoles énumérées à l'article premier, les matières de l'enseignement primaire, telles que les a fixées la loi[1] du   1882, ainsi que les conditions d'admission des élèves dans chacune de ces écoles.

Art. 4. — Nul ne peut exercer les fonctions d'enseignement dans les écoles primaires publiques ou privées, s'il n'est Français et s'il ne remplit, en outre, les conditions fixées par la loi du 16 juin 1881 sur les titres de capacité et les conditions d'âge établies par la présente loi.

Est incapable d'exercer ces fonctions quiconque a encouru une condamnation judiciaire, pour crime ou délit contraire à la probité et aux mœurs, a été interdit par le Conseil *académique* ou a été privé par jugement de tout ou partie des droits mentionnés en l'article 42 du Code pénal.

Art. 5. — L'enseignement est donné par des instituteurs dans les écoles de garçons, par des institutrices dans les écoles de filles, dans les écoles maternelles, les classes enfantines et les écoles mixtes quant au sexe.

Toutefois, le conseil départemental peut, à titre provisoire et par une autorisation toujours révocable, permettre à un instituteur de diriger une école mixte, à la condition qu'il lui soit adjoint une maîtresse de travaux de couture.

Dans les écoles de garçons, les femmes peuvent être admises à enseigner à titre d'adjointes, sous la condition d'être épouse, sœur ou parente en ligne directe du directeur de l'école.

1. C'est la loi sur l'*obligation*, votée par la Chambre, modifiée par le Sénat, modifiée de nouveau par la Chambre et actuellement en instance devant le Sénat.

Art. 6. — Nul ne peut enseigner dans une école primaire de quelque degré que ce soit avant l'âge de 18 ans pour les instituteurs et 17 ans pour les institutrices.

Nul ne peut diriger une école quelconque avant l'âge de 21 ans.

Nul ne peut diriger une école recevant des internes avant l'âge de 25 ans révolus.

TITRE II

DE L'ENSEIGNEMENT PUBLIC

CHAPITRE PREMIER

DE L'ÉTABLISSEMENT DES ÉCOLES PUBLIQUES

Art. 7. — Toute commune doit être pourvue au moins d'une école primaire publique. Toutefois, le conseil départemental peut, sous réserve de l'appprobation du ministre, autoriser une commune à se réunir à une ou plusieurs communes voisines pour l'entretien d'une école.

Lorsque la commune ou la réunion de communes compte 400 habitants et au-dessus, elle doit avoir au moins une école spéciale pour les filles, à moins d'être autorisée par le conseil départemental à remplacer ses écoles spéciales par des écoles mixtes quant au sexe.

Art. 8. — Outre les écoles du chef-lieu, des écoles mixtes quant au sexe devront être établies dans des hameaux, partout où le conseil départemental en aura déclaré la création nécessaire et possible.

La circonscription de ces écoles pourra s'étendre sur plusieurs communes.

Art. 9 — Une école maternelle ou une classe enfantine sera établie dans chaque commune comptant 2,000 âmes de population agglomérée. Le conseil départemental pourra accorder des dispenses de cette obligation, mais seulement à titre provisoire.

Art. 10. — Il sera établi dans chaque canton, pour chaque sexe, une école primaire supérieure qui pourra être professionnelle, ou au moins un cours d'enseignement primaire complémentaire annexé à une école publique.

Le conseil départemental pourra dispenser de cette obligation les communes des cantons où se trouvent des établissements publics d'enseignement secondaire. Il pourra aussi autoriser deux ou plusieurs cantons voisins à se réunir pour la fondation d'une école primaire supérieure.

ART. 11. — Le conseil départemental de l'instruction publique, après avoir pris l'avis des conseils municipaux et celui des comités cantonaux institués par l'art. 68 de la présente loi, détermine, sous réserve de l'approbation du ministre, le nombre, la nature et le siège des écoles primaires publiques de tout degré qu'il y a lieu d'établir ou de maintenir dans chaque commune, ainsi que le nombre des maîtres qui y sont attachés.

Le conseil départemental pourra, après avis du conseil municipal et du comité cantonal, autoriser un instituteur ou une institutrice à recevoir des élèves internes en nombre déterminé et dans des conditions déterminées.

ART. 12. — L'établissement des écoles primaires publiques de tout ordre, le logement de chacun des membres du personnel enseignant attaché à ces écoles, l'entretien ou la location des bâtiments et de leurs dépendances, l'acquisition et l'entretien du mobilier scolaire, le chauffage et l'éclairage des classes, la rémunération des gens de service sont des dépenses obligatoires pour les communes. Elles sont acquittées sur des ressources autres que celles qui proviennent des quatre centimes spéciaux de l'enseignement primaire.

Toutefois, l'État peut intervenir dans les dépenses de construction, d'acquisition et d'appropriation des locaux, ainsi que dans l'acquisition du mobilier scolaire par des subventions réglées conformément aux dispositions de la loi de juillet 1881 sur la Caisse des lycées et écoles.

ART. 13. — L'établissement des écoles normales avec leur école annexe, l'entretien des bâtiments, l'acquisition et l'entretien du mobilier scolaire, le chauffage et l'éclairage des différents services sont des dépenses obligatoires pour les départements. Il y est pourvu à l'aide de ressources départementales autres que les quatre centimes spéciaux de l'enseignement primaire.

Il en est de même pour les dépenses nécessitées par l'installation et le fonctionnement du conseil départemental et du bureau du directeur départemental de l'enseignement primaire.

L'État peut intervenir dans les dépenses d'installation des écoles normales par des subventions qui, à partir de la promulgation de la présente loi, pourront être prises sur la Caisse des lycées et des écoles.

CHAPITRE II

DE L'ENTRETIEN DES ÉCOLES PRIMAIRES PUBLIQUES

ART. 14. — La dépense scolaire annuelle de l'enseignement primaire public à tous les degrés,

Comprend :

1° Les traitements du personnel enseignant de tout ordre ;

2° Le traitement des fonctionnaires chargés de l'inspection et de l'administration ;

3° L'entretien et le renouvellement du matériel d'enseignement.

Un règlement d'administration publique et des arrêtés ministériels rendus, après avis du Conseil supérieur, fixeront, pour chaque catégorie d'écoles publiques, le nombre et la nature des objets formant le matériel obligatoire d'enseignement, ainsi que les conditions dans lesquelles il sera mis à la disposition des écoles, des maîtres et des élèves.

ART. 15. — Il est pourvu aux dépenses ordinaires de l'enseignement primaire public au moyen :

1° Des dons et legs ;

2° Des quatre centimes communaux spéciaux à l'instruction primaire ou d'une somme égale prélevée sur les revenus ordinaires des communes conformément aux dispositions de l'art. 2 de la loi du 16 juin 1881 sur la gratuité ;

3° Des quatre centimes départementaux créés par les art. 40 de la loi du 15 mars 1850 et 7 de la loi du 19 juillet 1875 ;

4° Des fonds de subvention d'État.

ART. 16. — Une délibération du Conseil municipal, approuvée par le préfet, peut créer dans toute commune une caisse des écoles destinée à encourager et à faciliter la fréquentation de l'école par des récompenses aux élèves et par des secours aux parents, à organiser et entretenir des bibliothèques et des musées. Cette caisse est administrée par la commission municipale scolaire établie par la loi du 1882 sur l'obligation.

Le revenu de la caisse se compose de dons et de cotisations des particuliers et de subventions de la commune, du département et de l'État.

Plusieurs communes peuvent être autorisées à se réunir pour la formation et l'entretien d'une seule caisse.

Le service de la caisse des écoles est fait gratuitement par le percepteur.

CHAPITRE III

DU PERSONNEL ENSEIGNANT. — CONDITIONS REQUISES

Art. 17. — L'enseignement dans les écoles publiques est donné conformément aux prescriptions de la loi du 1882 et d'après un plan d'études qui sera délibéré en Conseil supérieur.

Pour chaque département, le Conseil départemental arrêtera l'organisation pédagogique des diverses catégories d'établissements par des règlements spéciaux qui seront soumis au Conseil supérieur de l'instruction publique.

Art. 18. — Dans les écoles publiques de tout ordre, l'enseignement est exclusivement confié à un personnel laïque.

Art. 19. — Les instituteurs et institutrices placés à la tête d'une école publique comptant une ou plusieurs classes sont dits instituteurs ou institutrices titulaires.

A la tête de toute école comptant au moins 250 élèves, il devra être placé un instituteur ou institutrice qui prendra le titre de directeur ou directrice et ne sera pas attaché à l'une des classes, mais les surveillera toutes.

Prennent également le titre de directeurs ou directrices les instituteurs ou institutrices qui dirigent des écoles primaires supérieures.

Art. 20. — Nul ne peut être nommé directeur ou directrice d'école avant l'âge de 25 ans et s'il n'est muni du certificat d'aptitude pédagogique (institué par le décret du 4 janvier 1881). Le brevet supérieur de capacité sera en outre exigé pour la direction d'une école primaire supérieure.

ART. 21. — Les instituteurs et institutrices titulaires sont secondés, dans les écoles à plusieurs classes, par des auxiliaires en nombre déterminé par le conseil départemental.

Ces auxiliaires sont ou des stagiaires ou des titulaires employés en qualités d'adjoints chargés de classe sous la direction du titulaire chargé de l'école.

ART. 22. — Nul ne peut être nommé instituteur stagiaire avant l'âge de 18 ans, institutrice stagiaire avant l'âge de 17 ans.

Les stagiaires sont tenus d'avoir, dans les écoles maternelles, le certificat d'aptitude à la direction des écoles maternelles; dans les écoles élémentaires, le brevet de capacité; dans les classes enfantines, l'un ou l'autre de ces deux brevets.

ART. 23. — Nul ne peut être nommé instituteur titulaire et être chargé de la direction soit d'une classe, soit d'une école, s'il n'a fait un stage de deux ans au moins dans une école publique et s'il n'a été porté sur la liste d'admissibilité aux fonctions d'instituteur dressée par le conseil départemental.

Le titulaire chargé d'une école devra en outre avoir 21 ans révolus au moment de sa nomination.

Le temps passé à l'école normale compte aux élèves maîtres à partir de 18 ans et aux élèves maîtresses à partir de 17, pour l'accomplissement du stage.

Des dispenses de stage peuvent être accordées par le ministre, sur l'avis du conseil départemental.

Les instituteurs adjoints dans les écoles primaires supérieures devront avoir 21 ans et être munis du brevet supérieur. Ils prennent le titre de professeurs s'ils sont pourvus du certificat d'aptitude au professorat des écoles normales institué par le décret du 5 juin 1880.

ART. 24. — Sont interdits aux instituteurs et institutrices de tout ordre : les fonctions administratives, les professions commerciales et industrielles, les emplois rémunérés ou gratuits dans les services ecclésiastiques.

CHAPITRE IV

NOMINATION ET TRAITEMENT DU PERSONNEL ENSEIGNANT

ART. 25. — Les instituteurs ou institutrices stagiaires sont nommés et peuvent être déplacés ou révoqués par le directeur départemental.

Ils reçoivent pendant la durée du stage un traitement annuel de 800 à 900 francs.

ART. 26. Le Conseil départemental dresse chaque année et complète s'il y a lieu au cours de l'année, une liste des instituteurs et institutrices admissibles aux fonctions de titulaire, soit pour être chargés d'une école, soit pour être chargés d'une classe en qualité d'adjoint.

Le directeur départemental, après avis de la commission du personnel dont il est fait mention à l'article 64, arrête d'après cette liste d'admissibilité les présentations aux postes vacants et les soumet au préfet.

La nomination est prononcée par le préfet.

ART. 27. — Les instituteurs et institutrices titulaires, soit qu'ils exercent comme adjoints, soit qu'ils dirigent une école, sont répartis en cinq classes.

La promotion a lieu à l'ancienneté et de cinq en cinq ans jusqu'à la troisième classe inclusivement; elle se fait au choix pour la deuxième et la première, après trois ans au moins de séjour dans la classe précédente.

La proportion des instituteurs et institutrices appartenant aux deux classes supérieures ne dépassera jamais le cinquième du nombre total des fonctionnaires. Cette proportion pourra être différente pour les instituteurs et les institutrices.

Le nombre afférent à chacune de ces deux classes pour chaque département sera fixé annuellement par le ministre de l'instruction publique sur la proposition du conseil départemental et d'après les rapports de l'inspection générale, dans les limites des crédits ouverts chaque année par la loi de finance.

Toutes les promotions peuvent se faire sur place.

ART. 28. — Les droits à l'avancement par ancienneté sont constatés et la promotion est prononcée par le directeur départemental, sur la liste préparée par le Conseil départemental.

En outre, la promotion à la première classe est soumise à l'approbation ministérielle.

ART. 29. — Aucun déplacement ne peut être imposé aux instituteurs et institutrices de première classe, que par décision du ministre.

Pour les autres classes, le changement de résidence, pour nécessités de service, est prononcé par le préfet en la même forme que la nomination, sur la proposition du directeur départemental, après avis de la commission du personnel, et sauf recours de l'instituteur au ministre de l'instruction publique.

Les mêmes règles seront applicables à l'admission à la retraite.

ART. 30. — Le classement au choix dans les deux premières classes sera particulièrement déterminé par la valeur professionnelle des maîtres et par les résultats de leur enseignement. Il sera établi sur le vu de rapports et de propositions émanant des inspecteurs primaires.

Un règlement, délibéré en conseil supérieur, réglera le mode de fonctionnement de l'inspection primaire, ainsi que les procédés de constatation et d'appréciation auxquels elle aura recours.

ART. 31. — Les traitements afférents aux cinq classes d'instituteurs et d'institutrices titulaires sont fixés comme suit :

La 5e classe de 1,000 fr.
4e — de 1,300
3e — de 1,600
2e — de 1,900
1re — de 2,200

Les instituteurs et institutrices chargés d'un cours d'enseignement complémentaire, recevront un supplément de traitement de 300 francs, et les directeurs et directrices d'école primaire supérieure un supplément pouvant varier de 300 à 500 francs; le préfet en fixera le chiffre sur la proposition du Conseil départemental et sous réserve de l'approbation du ministre.

ART. 32. — Des suppléments de traitement pourront être attribués aux instituteurs de chaque classe en raison du mérite, des charges de famille ou de la résidence. Ils seront alloués, chaque année, par le directeur départemental assisté de la Commission instituée par l'art. 64.

Ces suppléments de traitement varieront de 100 à 200 fr. dans les trois dernières classes, de 100 à 400 francs dans les deux premières. Ils seront soumis à la retenue.

Une moitié, au plus, des instituteurs de chaque classe pourront recevoir ces allocations supplémentaires.

ART. 33. — Une indemnité fixée par le ministre de l'instruction publique, après avis du Conseil départemental, sera accordée annuellement aux instituteurs et institutrices dirigeant une classe d'adultes.

Un règlement délibéré en Conseil supérieur déterminera les conditions auxquelles ces classes devront satisfaire.

ART. 34. — Tout instituteur ou institutrice en exercice dans une école publique recevra un supplément de traitement de 100 francs pour l'obtention d'un des titres ci-après désignés :

Brevet supérieur ;

Certificat d'aptitude pédagogique ;

Certificat d'aptitude au professorat des écoles normales ;

Certificat d'aptitude à l'inspection primaire.

Ces diverses allocations pourront se cumuler.

ART. 35. — L'obtention de la médaille d'argent entraînera une allocation supplémentaire et viagère de 100 francs. Cette allocation sera caduque en cas de révocation ou de démission, à moins que la démission ne soit fondée sur des raisons de santé reconnues valables par le Conseil départemental.

ART. 36. — Les indemnités ou allocations attribuées en vertu des quatre articles précédents, ainsi que tous les suppléments de traitement que pourraient allouer les communes à leurs instituteurs, et la prime accordée aux instituteurs algériens pour la connaissance de la langue arabe, seront l'objet de retenues au profit du Trésor public et compteront dans la liquidation de la retraite.

ART. 37. — Le ministre de l'instruction publique peut autoriser le préfet, sur l'avis du Conseil départemental, à nommer un certain nombre d'instituteurs suppléants et d'institutrices suppléantes pour remplacer les titulaires malades.

Les traitements des suppléants sont calculés de la même façon que ceux des autres instituteurs.

Art. 37 *bis*. — A la demande des Conseils municipaux, et par décision du Conseil départemental, il peut être établi dans les écoles publiques des études surveillées en dehors des heures de classes réglementaires.

Ce surcroît de travail ne peut être imposé à aucun maître.

Les maîtres qui s'en chargeront recevront une indemnité annuelle, dont le taux sera fixé par le Conseil départemental.

L'entretien de ces études constitue une dépense facultative qui reste à la charge de la commune.

CHAPITRE V

DES PEINES DISCIPLINAIRES

Art. 38. — Les peines disciplinaires applicables au personnel de l'enseignement primaire public sont :

1° La réprimande simple ;

2° La réprimande devant le Conseil départemental ;

3° La rétrogradation de classe ;

4° La révocation ;

5° L'interdiction absolue.

Art. 39. — La réprimande simple et la réprimande devant le conseil départemental sont prononcées par le directeur départemental.

La rétrogradation de classe est prononcée par le directeur départemental après avis motivé de la Commission permanente du Conseil, le fonctionnaire entendu ou dûment appelé.

La révocation est prononcée par le préfet, après avis motivé du Conseil départemental, le fonctionnaire inculpé ayant le droit de comparaître devant le Conseil et d'obtenir au préalable communication des pièces du dossier.

Le fonctionnaire révoqué peut, dans le délai de dix jours à partir de la signification du jugement, interjeter appel devant le Conseil académique.

Art. 40. — L'interdiction absolue est prononcée par le recteur après jugement du Conseil académique, le fonctionnaire inculpé ayant le droit de comparaître et d'obtenir communication préalable du dossier.

Le fonctionnaire interdit peut, dans le délai de vingt jours, interjeter appel devant le Conseil supérieur de l'instruction publique.

Un décret rendu en la forme des règlements d'administration publique déterminera les règles de la procédure pour l'instruction, le jugement et l'appel.

Art. 41. — Dans les cas graves et urgents, le directeur départemental, s'il juge que l'intérêt d'une école exige cette mesure, a droit de prononcer la suspension provisoire d'un instituteur pendant la durée de l'enquête disciplinaire, à la condition de saisir de l'affaire le Conseil départemental dès sa plus prochaine séance.

Cette suspension ne peut emporter la privation de traitement.

Elle ne peut durer en aucun cas plus de deux mois.

TITRE III

DE L'ENSEIGNEMENT PRIVÉ

Art. 42. — Les directeurs et directrices d'écoles privées sont entièrement libres dans le choix des méthodes, des programmes et des livres, sauf ceux qui auront été interdits par le Conseil supérieur de l'instruction publique.

Art. 43. — Tout directeur, toute directrice d'école privée est libre de donner à son établissement le titre et le caractère qu'il lui convient, sous les réserves ci-après :

Aucune école privée ne pourra prendre le titre d'école primaire supérieure, si le directeur ou la directrice, ou au moins un des membres du personnel enseignant, n'est muni du brevet supérieur.

Aucune école privée ne pourra être mixte quant au sexe, s'il existe dans la commune une école publique ou privée spéciale aux filles. Aucune école privée ne pourra recevoir des enfants au-dessous de six ans, s'il existe dans la commune une école maternelle publique.

Art. 44. — Tout instituteur qui veut ouvrir une école privée doit préalablement déclarer son intention au maire de la commune où il veut s'établir, et lui désigner le local.

Le maire remet immédiatement au postulant un récépissé de sa déclaration et fait afficher celle-ci à la porte de la mairie pendant un mois.

Si le maire juge que le local proposé ne remplit pas les conditions réglementaires, il forme, dans les trois jours, opposition à l'ouverture de l'école, après avoir pris l'avis de la Commission municipale scolaire, et en informe le postulant.

Les mêmes déclarations devront être faites en cas de changement du local de l'école, ou en cas d'admission d'élèves internes.

ART. 45. — La déclaration adressée au maire doit l'être simultanément au directeur départemental; elle est accompagnée, en outre, des diplômes du postulant, de l'extrait de son casier judiciaire, de l'indication des lieux où il a résidé et des professions qu'il a exercées pendant les dix années précédentes, du plan des locaux affectés à l'établissement, et, s'il appartient à une association, d'une copie des statuts de cette association. Le directeur départemental, soit d'office, soit sur la plainte du procureur de la République, peut former opposition à l'ouverture d'une école privée, dans l'intérêt des mœurs publiques ou de l'hygiène.

En outre, lorsqu'il s'agira d'un instituteur public révoqué et voulant s'établir comme instituteur privé dans la commune où il exerçait, l'opposition pourra être faite dans l'intérêt de l'ordre public.

A défaut d'opposition, l'école est ouverte à l'expiration du mois, sans autre formalité.

ART. 46. — Les oppositions à l'ouverture d'une école privée sont jugées contradictoirement par le Conseil départemental dans le plus bref délai possible.

Appel peut être interjeté de la décision du Conseil départemental, soit par le directeur départemental, soit par le postulant, dans les dix jours à partir de la notification de cette décision. Il est soumis au Conseil supérieur dans sa plus prochaine session et jugé contradictoirement dans le plus bref délai possible.

L'instituteur appelant pourra se faire assister d'un conseil ou représenter devant le Conseil départemental et devant le Conseil supérieur.

L'appel est suspensif de l'ouverture de l'école.

Art. 47. — Les écoles ouvertes sans déclaration ou avant l'expiration du délai spécifié par l'art. 44 seront fermées par les soins du maire, soit d'office, soit sur la plainte de l'autorité universitaire.

Art. 48. — Quiconque aura ouvert ou dirigé une école, sans avoir les qualités spécifiées aux art. 4, 5 et 6, ou sans avoir fait les déclarations prescrites par les art. 44 et 45, ou avant l'expiration du délai spécifié en l'art. 45, dernier paragraphe, ou, enfin, en contravention avec les prescriptions de l'art. 43, sera poursuivi devant le tribunal correctionnel du lieu du délit et condamné à une amende de 50 à 300 francs.

L'école sera fermée.

En cas de récidive, le délinquant sera condamné à un emprisonnement de six jours à un mois et à une amende de 100 à 1,000 francs.

Les peines spécifiées au paragraphe précédent seront prononcées contre celui qui, dans le cas d'opposition formée à l'ouverture de son école, l'aura néanmoins ouverte avant qu'il ait été statué sur cette opposition, ou bien au mépris de la décision du Conseil départemental qui aurait accueilli l'opposition.

Art. 49. — Tout instituteur privé pourra, sur la plainte du directeur départemental, être traduit, pour cause de faute grave dans l'exercice de ses fonctions, d'inconduite ou d'immoralité, devant le Conseil départemental, et être censuré ou interdit de l'exercice de la profession, soit dans la commune où il exerce, soit dans le département, selon la gravité de la faute commise.

Il peut enfin être frappé d'interdiction absolue par le Conseil académique, dans la même forme et suivant la même procédure que l'instituteur public.

En cas d'interdiction limitée ou absolue, l'instituteur privé peut faire appel devant le Conseil supérieur dans les formes et selon la procédure indiquée à l'art. 40.

Art. 50. — Tout directeur d'école privée qui refusera de se soumettre à la surveillance et à l'inspection des autorités scolaires dans les conditions établies par la présente loi, sera traduit devant le tribunal correctionnel de l'arrondissement et condamné à une amende de 100 à 1,000 francs.

En cas de récidive, l'amende sera de 500 à 2.000 francs.

Si le refus a donné lieu à deux condamnations dans l'année, la fermeture de l'établissement pourra être ordonnée par le jugement qui prononcera la seconde condamnation.

L'article 463 du Code pénal pourra être appliqué.

Art. 51. — Sont assujetties aux mêmes conditions relativement au programme, au personnel et aux inspections, les écoles ouvertes dans les hôpitaux, hospices, colonies agricoles, ouvroirs, maisons de pénitence, refuge ou autres établissements analogues, administrés par des particuliers.

Les administrateurs pourront être passibles des peines édictées par les articles 48, 49 et 50 de la présente loi.

TITRE IV

DES AUTORITÉS PRÉPOSÉES A L'ENSEIGNEMENT

CHAPITRE PREMIER

DU DIRECTEUR DÉPARTEMENTAL ET DES INSPECTEURS

§ 1er. — *Du directeur départemental.*

Art. 52. — Il est institué dans chaque département, en résidence au chef-lieu, un fonctionnaire chargé de diriger, surveiller et administrer l'enseignement primaire.

Ce fonctionnaire prend le titre de directeur départemental de l'enseignement primaire.

Art. 53. — Le directeur départemental est nommé par le ministre de l'instruction publique.

Art. 54. — Les directeurs départementaux devront être munis du diplôme d'inspecteur primaire et de l'un des diplômes de licencié ès lettres ou licencié ès sciences des Facultés de l'État.

Les proviseurs, les professeurs agrégés des lycées et des Facultés, en exercice depuis plus de cinq ans, seront dispensés de produire le diplôme d'inspecteur primaire.

Art. 55. — Les directeurs départementaux sont divisés en trois classes, la classe étant attachée à la personne et non à la résidence.

L'avancement d'une classe à l'autre ne peut avoir lieu avant trois ans au moins d'exercice dans la classe inférieure.

§ 2. — Des inspecteurs primaires.

ART. 36. — Il y aura dans chaque département un nombre d'inspecteurs primaires suffisant pour que chacun d'eux n'ait que cent écoles publiques au plus à inspecter.

Les circonscriptions d'inspection sont déterminées par arrêtés ministériels.

ART. 57. — Il y aura dans chaque département au moins une inspectrice primaire, spécialement chargée d'inspecter les pensionnats et les écoles de filles. Son service sera réglé par le directeur départemental.

ART. 58. — Nul ne sera nommé aux fonctions d'inspecteur ou d'inspectrice primaire s'il n'a obtenu le certificat d'aptitude à ces fonctions, institué par le décret le 13 juin 1880.

Les inspecteurs et inspectrices primaires sont nommés par le ministre.

ART. 59. — Les inspecteurs et inspectrices sont divisés en trois classes; aucune promotion ne peut avoir lieu qu'après trois ans de grade.

ART. 60. — Toute école publique ou privée devra être inspectée au moins deux fois par an, et trois fois au moins si l'école contient des élèves internes.

ART. 61. — L'inspection générale de l'enseignement primaire sera organisée par des décrets rendus sur la proposition du ministre de l'instruction publique.

Les emplois d'inspectrices départementales des salles d'asile sont supprimés.

CHAPITRE II

DES COMITÉS DE L'ENSEIGNEMENT PRIMAIRE ET DU CONSEIL DÉPARTEMENTAL.

ART. 62. — Il est institué, dans chaque département, un conseil de l'enseignement primaire composé ainsi qu'il suit :

1º Le préfet, président;
2º Le directeur départemental, vice-président:

3° Le directeur de l'école normale d'instituteurs et la directrice de l'école normale d'institutrices.

4° Deux conseillers généraux nommés par le ministre;

5° Un membre nommé par les instituteurs et institutrices titulaires publics dans chaque circonscription d'inspection primaire. Ce membre pourra être pris en dehors du personnel enseignant;

6° Deux inspecteurs de l'enseignement primaire nommés par le ministre.

Les membres élus du Conseil départemental le sont pour trois ans. Ils sont rééligibles.

ART. 63. — Dans le département de la Seine, le nombre des conseillers généraux et des inspecteurs primaires sera de six et celui des membres élus par les instituteurs sera de dix, à raison de un pour deux arrondissements.

ART. 64. — Le Conseil départemental nomme, dans son sein et au scrutin, une Commission chargée de connaître de toutes les questions relatives au personnel, et composée du directeur départemental, président; du directeur de l'école normale d'instituteurs, de la directrice de l'école normale d'institutrices, de deux des membres élus, et d'un inspecteur de l'enseignement primaire, remplissant les fonctions de secrétaire.

ART. 65. — Le Conseil départemental se réunit de droit au moins une fois par trimestre, le directeur départemental pouvant toujours le convoquer, selon les besoins du service.

En outre des attributions qui lui sont conférées par les dispositions de la présente loi, le Conseil départemental :

Veille à l'application des programmes, des méthodes et des règlements édictés par le Conseil supérieur;

Arrête les règlements relatifs au régime intérieur des établissements d'instruction primaire;

Détermine les écoles publiques auxquelles, d'après le nombre des élèves, il doit être attaché un instituteur adjoint;

Délibère sur les rapports et propositions du directeur départemental, des comités cantonaux et des commissions municipales scolaires;

Donne son avis sur les réformes qu'il juge utile d'introduire dans l'enseignement, sur les secours et encouragements à accorder aux écoles primaires;

Entend et discute tous les ans un rapport général du directeur départemental, sur l'état et les besoins des écoles publiques et des écoles normales, et sur l'état des écoles privées; ce rapport et cette discussion sont adressés au ministre de l'instruction publique.

ART. 66. — La présence de la moitié plus un des membres du Conseil est nécessaire pour la validité de ses délibérations.

En cas de partage des voix, celle du président est prépondérante.

Les Conseils départementaux peuvent appeler dans leur sein les membres de l'enseignement et toutes les autres personnes dont l'expérience leur paraîtrait devoir être utilement consultée.

Les personnes ainsi appelées n'ont pas voix délibérative.

ART. 67. — Les membres du Conseil départemental peuvent inspecter tous les établissements d'instruction primaire, publics ou privés, du département.

§ 1. — Des comités cantonaux.

ART. 68. — Il est institué dans chaque canton un comité de l'enseignement primaire composé comme suit :

Le conseiller général, président;

Le ou les conseillers d'arrondissement;

Un directeur et une directrice d'écoles publiques, élus par tous les instituteurs et institutrices titulaires publics du canton;

De délégués des communes du canton, à raison de un par cinq communes, sans que leur nombre puisse être inférieur à trois, nommés par l'ensemble des commissions municipales scolaires du canton.

Les membres élus le sont pour trois ans; ils sont rééligibles.

ART. 69. — Le Comité cantonal se réunit au moins une fois tous les trois mois, dans une commune du canton.

L'inspecteur et l'inspectrice primaires du ressort ont le droit d'assister à ces réunions, avec voix délibérative.

Les membres du comité cantonal ont leur entrée dans les écoles publiques et privées du canton; chaque école devra recevoir au moins une fois tous les trois mois la visite de l'un d'eux.

Art. 70. — Le comité cantonal est appelé à donner son avis :

Sur le nombre des écoles communales à ouvrir et sur l'établissement des écoles de hameau;

Sur la réunion de plusieurs communes pour l'entretien d'une seule école;

Sur l'établissement des écoles primaires supérieures et des écoles maternelles dans les communes où il n'est pas obligatoire;

Sur les autorisations relatives à l'établissement des écoles mixtes quant au sexe;

Sur l'organisation des cours d'adultes;

Sur la fixation de l'heure et la durée des classes, de l'époque et de la durée des vacances;

Sur les améliorations qu'il juge utile d'introduire dans les écoles primaires publiques du canton.

Il rédige, tous les ans, sur l'état des écoles et de l'instruction primaire dans le canton, un rapport qu'il adresse au conseil départemental.

Art. 71. — A Paris, il y aura un comité par arrondissement municipal.

Il sera composé :

Du maire, président;

Des conseillers municipaux de l'arrondissement;

De deux directeurs et de deux directrices d'écoles publiques, élus par les instituteurs et institutrices titulaires publics de l'arrondissement.

TITRE V

DISPOSITIONS TRANSITOIRES

Art. 72. — Les titres I et II de la loi du 15 mars 1850, les lois du 10 avril 1867, du 19 juillet 1875 et du 17 août 1876 et l'article 3 de la loi du 16 juin 1881 sur la gratuité, sont abrogés.

Art. 73. — Chaque année, le ministre de l'instruction publique fera connaître, par un rapport présenté aux Chambres, dans quelles limites les ressources du personnel et du matériel lui auront permis d'assurer l'exécution des diverses prescriptions contenues au titre II, chapitre 1er de la présente loi.

ART. 74. — En ce qui concerne le personnel enseignant des écoles publiques de garçons, aucune nomination nouvelle d'instituteur congréganiste n'aura lieu à partir de la promulgation de la présente loi.

Dans le délai de deux ans, à partir de la même date, toutes les écoles primaires publiques de garçons devront être confiées à un personnel exclusivement laïque.

ART. 75. — En ce qui concerne le personnel enseignant des écoles publiques de filles, il ne sera fait, à partir de la promulgation de la présente loi, aucune nomination d'institutrice congréganiste au poste de directrice d'école, dans le sens où ce titre a été défini par les articles 19 et 20.

Chaque année le ministre fera connaître, par un rapport présenté aux Chambres, dans quelles limites l'article 18 de la présente loi aura reçu son exécution.

ART. 76. — Les directrices d'écoles maternelles publiques, actuellement en exercice, seront assimilées aux institutrices publiques; celles qui exercent sans diplôme de capacité, en bénéficiant des dispenses prévues par la loi du 16 juin sur les titres de capacité, seront rangées dans les 3e et 4e classes.

ART. 77. — Jusqu'au 31 décembre 1881, et pour les communes qui n'auront pu jusque-là se rendre propriétaires des immeubles destinés à leurs écoles, l'État pourra continuer de prendre à sa charge tout ou partie de la dépense résultant de la location des bâtiments servant à la tenue des classes ou au logement des maîtres. Passé ce délai, l'article 12 de la présente loi recevra son entière exécution.

ART. 78. — Tout directeur d'école privée actuellement existante devra, dans les trois mois qui suivront la promulgation de la présente loi, faire savoir au directeur départemental si son école doit être classée parmi les écoles maternelles, primaires ou primaires supérieures. Il lui adressera, en même temps, ses diplômes, son casier judiciaire, et lui indiquera s'il appartient à une association religieuse; les mêmes pièces et indications étant exigées de ses instituteurs-adjoints.

ART. 79. — Pendant le laps de dix années à partir de la promulgation de la présente loi, les instituteurs communaux

pourront être autorisés par le directeur départemental, le
conseil départemental entendu, à exercer les fonctions de
secrétaire de mairie dans les communes où cette dérogation
à l'article 24 aura été reconnue nécessaire.

ART. 80. — Les donations et legs faits sous la condition
que les salles d'asile et écoles seraient dirigées par des
congréganistes, ou auraient un caractère confessionnel,
resteront acquis aux communes, sauf indemnité, s'il y a
lieu, en cas de réclamation dans le délai de six mois à
partir de la promulgation de la présente loi.

L'État pourra intervenir par voie de subvention dans le
payement de cette indemnité.

A l'avenir, les conditions tendant à imposer à une commune le choix d'un personnel enseignant congréganiste ou
ayant un caractère confessionnel, tomberont sous l'application de l'article 900 du Code civil.

ART. 81. — Les conseils départementaux, les comités
cantonaux, les commissions municipales scolaires, seront
organisés dans les trois mois qui suivront la promulgation
de la présente loi. Ne seront admis à prendre part à ces
élections que les instituteurs et institutrices titulaires en
exercice et munis du brevet de capacité.

ART. 82. — Les inspecteurs d'académie actuellement en
fonctions pourront être nommés directeurs départementaux,
sans remplir les conditions exigées par l'article 70 de la
présente loi.

Aucune condition nouvelle ne sera imposée aux directeurs d'écoles normales et aux inspecteurs primaires actuellement en fonctions.

PROPOSITION DE LOI

AYANT POUR OBJET

LA SUPPRESSION DES FACULTÉS DE THÉOLOGIE CATHOLIQUE

PRÉSENTÉE PAR M. PAUL BERT

DÉPUTÉ

Dans la séance du 7 février 1882

EXPOSÉ DES MOTIFS

MESSIEURS,

Il n'est question ni dans le Concordat ni dans les articles organiques d'institutions plus ou moins analogues aux Facultés de théologie. Les séminaires diocésains y sont seuls prévus : « Les évêques, dit l'art. 11 du Concordat, pourront en avoir un dans leur diocèse, sans que le Gouvernement s'engage à les doter. »

La loi du 13 ventôse an XII créa des séminaires métropolitains.

« Art. 1. — Il y aura, par chaque arrondissement métropolitain, et sous le nom de séminaire, une maison d'instruction pour ceux qui se destinent à l'état ecclésiastique.

« Art. 2. — On y enseignera la morale, le dogme, l'histoire ecclésiastique et les maximes de l'Église; on y donnera les règles de l'éloquence sacrée. »

Ces établissements furent remplacés, dans le décret-loi organique du 17 mars 1808 constituant l'Université, par les Facultés de théologie. Celles-ci devaient être établies dans toutes les villes archiépiscopales.

En fait, il en a été créé six. Celle de Toulouse ayant été supprimée, il n'en existe plus aujourd'hui que cinq, à Aix, Bordeaux, Lyon, Paris et Rouen. Elles comprennent,

29 chaires, occupées par 25 professeurs titulaires et 4 chargés de cours, et sont inscrites au budget de 1882 pour une somme de 267,000 francs.

En 1872 la dépense était de 210,000 francs, en 1862 de 162,000 francs, en 1812 de 138,000 francs.

De quelle utilité sont ces institutions? Quels résultats donne leur enseignement? Que rapportent ces sacrifices budgétaires importants? Le plus sûr moyen de répondre à ces questions est de compter le nombre de grades que les Facultés ont décernés depuis leur fondation.

Pendant la période de 1808 à 1880, la moyenne par année de diplômes de bachelier, de licencié et de docteur donne un chiffre inférieur à 10 (9,4), ce qui pour cinq Facultés ne fait pas deux examens par an. Pendant la même période de 73 ans, toutes les Facultés réunies ont conféré en moyenne deux diplômes de docteur par année. Le nombre des années pendant lesquelles ces Facultés n'ont délivré aucun diplôme est pour Paris de 26, pour Aix de 35, pour Bordeaux de 48, pour Lyon de 41, pour Rouen de 68.

Dans les six dernières années, elles ont conféré en 1876 14 grades, 21 en 1877, 19 en 1878, 17 en 1879, 28 en 1880 et 24 en 1881. Je reproduis, du reste, aux annexes, un tableau qui indique le détail de la collation des grades par chacune des cinq Facultés de 1876 à 1881 (annexe A).

On voit, pour tout dire en un mot, que le résultat est à peu près nul et, en tout cas, absolument en disproportion avec les dépenses.

La constance pendant deux tiers de siècle de ce résultat quasi négatif révèle une cause fondamentale et constante elle-même.

Cette cause est facile à trouver.

Le Saint-Siège s'est constamment refusé à reconnaître aucune valeur aux grades décernés par les Facultés de l'État. En vain quelques évêques, — assez rares, il faut bien le dire, — ont-ils témoigné de la bienveillance pour ces établissements et de la considération pour leurs professeurs et leurs élèves, ces marques d'estime n'ont pu compenser le défaut absolu de toute autorité officielle accordée par l'Église catholique. Le plus souvent, du reste, les membres de l'épiscopat se sont montrés hostiles. Déjà, en 1838, M. Dubois disait à la tribune de la Chambre des députés.

« Les élèves des grands séminaires, dans la plupart des diocèses, reçoivent l'injonction formelle des évêques de ne pas assister à l'enseignement de nos Facultés.

« Si l'évêque, plus tolérant et plus habile, est tenté de le permettre, il rencontre des résistances contre lesquelles il est impuissant. » (Séance du 17 mai.)

Et M. de Carné expliquait très sagement cette hostilité :

« Les évêques ont conservé la direction exclusive de l'enseignement de leurs séminaires. Concevez-vous qu'ils soient disposés à soutenir d'une manière très énergique un autre enseignement pour ainsi dire en concurrence avec lui, enseignement dont vous nommez les professeurs sans les consulter, dont vous avez la direction exclusive. Assurément non !...

« Vous n'obtiendrez nulle part pour vos chaires de théologie le concours des sujets distingués que le clergé peut avoir dans son sein. Vous serez d'une part sans élèves et de l'autre sans professeurs. Au lieu de rendre un service au clergé, vous vous créez et vous lui créez des embarras réels et inextricables. » (Séance du 1er juillet 1839.)

Ce n'est pas là ce qu'avait espéré obtenir le fondateur des Facultés de théologie catholique. A ses yeux elles devaient servir à l'instruction et au recrutement des membres les plus importants du clergé. L'art. 4 de la loi du 13 ventôse an XII est formel sur ce point :

« A l'avenir, on ne pourra être nommé évêque, vicaire général, chanoine ou curé de 1re classe, sans avoir soutenu un examen public et rapporté un certificat de capacité sur tous les objets énoncés en l'art. 2.

« Pour toutes les autres places et fonctions ecclésiastiques, il suffira d'avoir soutenu un exercice public sur la morale et sur le dogme, et d'avoir obtenu sur ces objets un certificat de capacité. »

L'ordonnance royale du 25 décembre 1830 contient des dispositions analogues :

« Art. 2. — A dater du 1er janvier 1835, nul ne pourra être nommé archevêque ou évêque, vicaire général, dignitaire ou membre du chapitre, curé dans une ville chef-lieu de département ou d'arrondissement, s'il n'a obtenu le grade de licencié en théologie, ou s'il n'a rempli pendant quinze ans les fonctions de curé ou de desservant.

« Art. 3. — A compter de ladite époque, nul ne pourra être nommé curé de chef-lieu de canton, s'il n'est pourvu du grade de bachelier en théologie, ou s'il n'a rempli pendant dix ans les fonctions de curé ou de desservant. »

Tout cela reste lettre morte ; car, ainsi que le dit avec beaucoup de justesse le cardinal Pie, évêque de Poitiers, dans une remarquable lettre en date du 2 avril 1880, « des grades en théologie qui ne sont pas conférés canoniquement ne sont pas des grades » (annexe B).

Et c'est le cas pour ceux que donnent les Facultés de l'État. En voici une preuve récente et qui ne manque pas de piquant.

M. Roche, professeur de la Faculté de Paris, fut en 1879 nommé évêque de Gap. La bulle d'institution canonique, en date du 22 septembre, dit en commençant : « Ayant l'espoir que vous, qui, *docteur en sacrée théologie* de la Sorbonne de Paris... avez été jusqu'à présent professeur à la Faculté de théologie de l'Université de Sorbonne... »

Mais à la fin : « Bien que vous ne soyez pas pourvu du grade de docteur en théologie ou en droit canonique, néanmoins... nous vous donnons dispense... *malgré le défaut du grade de docteur...* »

Il est impossible de s'exprimer plus clairement, et de nier plus officiellement toute valeur aux grades de nos Facultés.

Non content de refuser de reconnaître les Facultés de l'État, le Saint-Siège a accordé l'institution canonique à des Facultés libres fondées en France, depuis la loi de 1875 sur la liberté de l'enseignement supérieur, à Lille, à Lyon et, croyons-nous, à Angers. Nous publions en annexe, comme document des plus instructifs, la lettre apostolique de Pie IX, portant érection canonique de l'Université catholique de Lille (annexe C). Bien antérieurement, du reste, un établissement assez difficile à définir, établi à Poitiers par l'évêque Pie, avait reçu du pape le droit de conférer les grades de bachelier, licencié et docteur en théologie.

Un pareil état de choses ne pouvait manquer d'éveiller l'attention du Gouvernement. Des négociations avaient été, à plusieurs reprises, entamées avec la Cour de Rome. Elles ont abouti en 1857 et 1858 à une bulle d'institution discutée en dernier lieu en 1874 sous le ministère de M. de Fourtou et en 1875 sous celui de M. Wallon. Mais cette bulle mettait à l'institution canonique une condition parfaitement raisonnable si l'on se place au point de vue du pape, mais absolument inacceptable si l'on se place à celui du Gouvernement (annexe D).

Elle exigeait en effet l'établissement, auprès de chaque Faculté, d'un Conseil suprême, composé des prélats de la circonscription pour laquelle la Faculté serait établie. Ce conseil présenterait les professeurs à la nomination du chef de l'État; il pourrait les conserver, et *aurait seul autorité pour les révoquer*.

Il est clair que, d'une part, de pareils établissements n'auraient plus aucun rapport avec ce qu'on entend en France par une Faculté de l'État, et qu'il n'y aurait aucune différence appréciable entre eux et les Facultés dites libres, sinon que leurs dépenses seraient soldées par le Trésor public. L'État ne saurait se résoudre à ce rôle.

D'autre part, on comprend très bien que le chef de l'Église catholique exige pour donner une valeur canonique aux établissements d'enseignement et à leur grade d'avoir sur eux une autorité absolue et sans partage, qui lui donne toute garantie au point de vue du dogme.

Il y a donc antinomie absolue entre ces deux prétentions contraires et également justifiées de l'Église et de l'État. Il serait donc inutile et peu digne de reprendre des négociations condamnées à un échec certain.

Dans ces conditions, l'État peut-il continuer à décorer du titre de Faculté de théologie catholique des établissements auxquels le chef infaillible de l'Église catholique le dénie absolument (sauf les réserves de la courtoisie)? Quelle idée se peut-on faire d'un enseignement théologique non reconnu par l'Église même dont il a la prétention d'être l'organe? Si les fonctionnaires que l'État charge de professer dans cet établissement hybride se soumettent respectueusement aux exigences dogmatiques de leurs chefs ecclésiastiques, la dénégation persistante de l'Église à leur reconnaître une existence légale rend pour le moins ridicule le rôle de l'État qui paye sans aucun avantage. S'il en est autrement, si cet enseignement cache quelque entreprise secrète et exhale quelque odeur de schisme, la prétention de l'État de le soutenir au nom de l'Église qu'il combattrait joint au ridicule quelque chose de l'odieux qui accompagne toutes les entreprises contre la liberté de conscience.

La dignité de l'État est donc intéressée à se dégager d'une situation fausse, et il ne nous serait pas difficile de montrer, si nous avions le droit de nous intéresser à ce côté de la question, qu'il en est de même pour la dignité de l'Église.

Le pape semble du reste le comprendre ainsi, et nous avons les meilleures raisons pour affirmer que la suppression des Facultés de théologie catholique de l'État ne sera l'objet d'aucune critique de la part de la Cour de Rome.

Il est même des personnes que cet acquiescement tacile du Saint-Siège inquiète et incline à se défier. Ces Facultés dont l'État nomme les professeurs, sont, disent-elles, le dernier refuge d'un enseignement théologique en rapport avec les nécessités sociales de notre temps, respectueux des pouvoirs issus de la volonté nationale, d'un catholicisme libéral pour ne pas dire gallican. En les supprimant, vous faites la joie des ultramontains, vous forcez nos jeunes prêtres à aller prendre leurs grades soit aux universités étrangères de Louvain ou de Rome, soit aux universités ennemies déguisées sous le nom de « libres ». Vous perdez ainsi toute espérance de maintenir dans le haut clergé français un esprit de tolérance religieuse et de modération politique si désirable pour la tranquillité publique.

C'est ce qu'exprimait tout crûment M. Thiers, dans la séance de la Chambre des députés du 2 mai 1845 :

« C'est-à-dire qu'on ne veut pas des écoles dans lesquelles on professe la vieille législation de la France, les quatre propositions de Bossuet : voilà la question. »

Et l'honorable M. Waddington, dans la séance du 29 juillet 1876, disait avec plus de délicatesse :

« Ces Facultés de théologie... sont, en définitive, le refuge des hommes qui sont restés attachés à ce qu'on appelle les libertés gallicanes.

« C'est dans les Facultés de théologie que vous trouvez surtout des esprits attachés aux anciennes traditions de l'Église de France. »

Les personnes qui parlent ainsi prennent évidemment leurs désirs pour des réalités. En fait, d'abord, la statistique nous l'a montré, les jeunes ecclésiastiques ne prennent pas leurs grades dans nos Facultés, dont les cours ne sont suivis, — quand ils ont même des auditeurs, — que par des curieux laïques. Et ce fait prime tout.

Or, c'est précisément l'espèce de crainte vague née dans l'esprit des évêques et du pape que l'enseignement des Facultés de l'État ne puisse présenter quelque allure un peu indépendante, qui a empêché le Saint-Siège de reconnaître ces établissements et a maintenu l'épiscopat dans une attitude plus ou moins hostile. Sans doute les évêques désignent les candidats au professorat, et l'État n'a qu'un choix limité ; mais le professeur une fois nommé prend une certaine liberté, et se trouve revêtu de la même inamovibilité que ses collègues des autres Facultés. De là la condition exigée par le Saint-Siège, pour accorder l'institution canonique, que le professeur soit révocable par le Conseil des évêques.

On pourrait se demander si ces craintes de l'autorité catholique sont justifiées par les événements. Sans doute, au dernier concile du Vatican, l'opposition aux projets ultramontains comptait dans son sein des professeurs et des élèves des Facultés de l'État. Mais il ne serait pas difficile de citer, dans le passé et même dans le présent, des membres de l'épiscopat français qui, élèves ou même professeurs desdites Facultés, ne se sont pas particulièrement caractérisés par la modération de leurs paroles ou de leurs actes ; en telle sorte que si les craintes du Saint-Siège paraissent un peu chimériques, les espérances des amis des Facultés de l'État ne le sont pas moins.

Mais il vaut mieux abandonner ce terrain délicat et se demander si ces espérances sont en elles-mêmes légitimes, et si l'on doit continuer à faire des efforts pour les réaliser. Or, nous n'hésitons pas à dire non. Le dernier concile du Vatican a dû faire tomber toutes les illusions. Sans parler des déclarations de 1682 dont l'énoncé fait aujourd'hui sourire, toute velléité d'indépendance a dû disparaître devant le dogme désormais incontesté dans l'Église de l'infaillibilité papale. Un homme respectable entre tous, et qui, par l'étendue de ses vues, la modération de son esprit, la dignité de son caractère, réalise le type cher aux amis des Facultés théologiques de l'État, M. Maret, doyen de la Faculté de Paris, a dû s'incliner vaincu. Une plus longue résistance eût été une rébellion, une aventure schismatique. Et ce serait là ce que l'État prétendrait encourager? Ses Facultés auraient pour but secret d'entretenir une sorte de sourde révolte, de schisme inavoué, dissimulé derrière les mensongères épithètes de libéral, gallican, national? Mais s'il en était ainsi, les soupçons de l'épiscopat seraient absolument justifiés, et ce ne serait plus seulement l'indifférence dédaigneuse, mais les foudres mêmes de Rome qu'il faudrait redouter.

D'ailleurs, une telle conception est une injure pour la société moderne. Les temps ne sont plus où des rois, oints du Seigneur et fils aînés de l'Église, pouvaient prétendre à avoir une opinion sur la discipline intérieure et les dogmes. L'État moderne envisage la religion comme un organisme dans le fonctionnement intérieur duquel il ne s'ingère pas, se bornant à surveiller, prévenir ou réprimer des empiétements qui menaceraient ses propres droits et la liberté des autres organismes sociaux.

Si donc l'Église demandait à l'État de venir matériellement en aide à des établissements par elle reconnus, où, sous sa garantie et son autorité, seraient enseignées en toute leur pureté ses propres doctrines, l'État n'aurait qu'à examiner s'il est de son intérêt de satisfaire à cette requête. Mais on ne peut comprendre l'État entretenant, en dehors de l'Église et presque malgré elle, des Facultés dites catholiques, dont le but serait de modifier par leur influence l'esprit même de l'orthodoxie catholique.

L'argumentation des défenseurs des Facultés de théologie catholique de l'État n'a donc pas de bases sérieuses.

D'autres personnes, se plaçant au point de vue de la logique absolue, s'étonnent que nous demandions la suppression des Facultés catholiques seules, en conservant les Facultés protestantes. Et il en est qui croient voir là une antithèse voulue, une sorte de prédilection particulière manifestée en faveur des Églises réformées, et la preuve d'une hostilité systématique et inique contre l'Église catholique.

Sans nous expliquer sur le fond même de la question, nous disons que les observations qui précèdent répondent suffisamment au reproche d'injustice par inégalité de traitement.

En effet, les Églises réformées ont accepté et reconnu les Facultés de l'État. Elles attribuent aux grades qui y sont décernés la valeur nécessaire pour l'obtention des fonctions ecclésiastiques. Et la circulaire ministérielle du 30 mai 1820, qui exige le diplôme de bachelier en théologie pour être ministre ou pasteur, est strictement appliquée. De là résulte un mouvement considérable dans ces établissements d'enseignement, qui se traduit par un grand nombre de grades décernés.

Ainsi, tandis que les 5 Facultés de théologie catholique n'ont conféré de 1808 à 1881 que 621 grades, les 2 Facultés protestantes (encore ne datent-elles que de 1811 et 1818, et de 1870 à 1877 il y a eu interruption de service pour celle de Strasbourg, actuellement réinstallée à Paris) en ont décerné 1626. Si l'on compare ce nombre de grades à la population des fidèles de l'une et l'autre religion, on arrive à ce curieux résultat que les protestants prennent cent fois plus de diplômes théologiques que les catholiques.

Ainsi, estime et reconnaissance des religions réformées pour les Facultés de l'État, suspicion et refus d'investiture de la religion catholique : telle est la différence d'attitude qui justifie la différence de traitement.

Ce n'est pas la première fois que la demande de suppression totale ou partielle des Facultés de théologie catholique est présentée aux Chambres.

Sans entrer dans un historique approfondi, et en me bornant à rappeler mon intervention personnelle, je dirai qu'en 1876, la Commission du budget de la Chambre des députés ayant proposé la suppression des Facultés d'Aix et de Bordeaux, j'ai demandé la même solution pour Rouen, et la Chambre a voté la suppression d'Aix et de Rouen. Le Sénat a, du reste, rétabli les crédits relatifs à ces Facultés.

Le 10 mars 1879, j'ai déposé un amendement au budget, « tendant à la suppression des cinq Facultés de théologie catholique ». J'ai retiré cet amendement pour deux raisons. La première, c'est que le Gouvernement avait, au sein de la Commission du budget, laissé entendre que des négociations (dont il ne reste aucune trace aux dossiers) pour l'obtention de l'investiture canonique, étaient sur le point d'aboutir : affirmation qui me laissait absolument sceptique, mais dont je devais cependant tenir compte. L'autre, plus sérieuse, c'est que la suppression d'établissements de cet ordre ne peut, non plus que leur création, être proposé par voie budgétaire : il faut un projet de loi spécial établissant et réglant tous les droits.

Mon amendement comprenait une autre partie, qui a été adoptée par les Chambres. Il demandait la création au Collège de France d'une chaire d'*Histoire des religions*. La présente proposition de loi étend cette disposition, et je vous demande d'indiquer la création, dans diverses Facultés de droit et des lettres, de certains cours qu'il serait fort intéressant de voir faire par des laïques, dans un esprit laïque, devant des auditeurs laïques, c'est-à-dire en dehors de toute préoccupation confessionnelle. L'histoire des religions n'est plus à défendre : elle a pénétré jusque dans les programmes de l'enseignement secondaire, et il devient indispensable qu'une place spéciale lui soit faite dans nos grandes Facultés des lettres. Le droit ecclésiastique présente le plus haut intérêt à tous les points de vue, et il est fâcheux que les étudiants du doctorat en droit lui restent aussi complètement étrangers. Tandis qu'il existe à la Faculté des lettres de Montpellier une chaire de langue arabe, une chaire de sanscrit à Lyon, la langue hébraïque n'est enseignée que dans les Facultés de théologie : il y a là, en tout état de cause, une lacune à combler. D'autres institutions analogues pourront être créées. Des décrets donneront satisfaction à tous ces besoins nouveaux, et il suffisait de poser le principe dans la loi.

Enfin, il était nécessaire de pourvoir au sort des hommes honorables qui occupent actuellement les chaires des Facultés. Je crois avoir indiqué une solution équitable.

En conséquence, j'ai l'honneur de soumettre à vos délibérations la proposition de loi suivante :

PROPOSITION DE LOI

ARTICLE PREMIER. — Les Facultés de théologie catholique d'Aix, Bordeaux, Lyon, Paris, Rouen, seront supprimées à partir du 1er novembre 1882.

ART. 2. — Les professeurs titulaires et chargés de cours, qui rempliront les conditions de l'art. 11, § 4 du décret du

9 novembre 1853, seront mis à la retraite par suppression d'emploi.

Art. 3. — Au montant de la retraite à laquelle ces fonctionnaires auront droit en raison de l'article précédent, sera ajoutée la somme nécessaire pour que chaque professeur titulaire reçoive une pension annuelle qui ne soit pas inférieure à 4,000 francs et chaque chargé de cours, une pension annuelle de 2,500 francs.

Ceux de ces fonctionnaires qui n'auraient droit à aucune retraite recevront une allocation annuelle de 3,000 francs pour les titulaires et 2,000 fr. pour les chargés de cours.

Art. 4. — Ces allocations pourront être diminuées ou même supprimées si les personnes qui en jouissent entrent en possession d'autres fonctions publiques.

Art. 5. — La somme nécessaire pour faire face aux dépenses stipulées par les articles précédents sera inscrite au chapitre VII du budget de l'instruction publique, sous la rubrique : *Indemnité aux anciens professeurs des Facultés de théologie catholique.*

Art. 6. — Le montant des inscriptions et des droits d'examen déjà perçus au compte de l'État sera remboursé immédiatement à la demande des intéressés.

Art. 7. — Il sera créé par décrets, dans un certain nombre de Facultés des lettres ou de droit, des chaires ou des conférences sur l'histoire des religions, la langue hébraïque, le droit ecclésiastique.

PROPOSITION DE LOI

CONCERNANT L'EXERCICE PUBLIC DU CULTE CATHOLIQUE EN FRANCE

PRÉSENTÉE PAR M. PAUL BERT

DÉPUTÉ

Dans la séance du 7 février 1882

EXPOSÉ DES MOTIFS

PREMIÈRE PARTIE

DROITS DE L'ÉTAT EN MATIÈRE DE POLICE DES CULTES

L'article 1er de la Convention passée à Paris le 26 messidor an IX, entre les fondés de pouvoirs du Premier Consul de la République française et ceux du pape Pie VII, est conçu en ces termes :

« *La religion catholique, apostolique et romaine sera librement exercée en France; son culte sera public, en se conformant aux réglements de police que le Gouvernement jugera nécessaires pour la tranquillité publique.* » Dans cette clause qui, selon le récit d'un des plénipotentiaires [1], fut la plus longuement débattue et sur laquelle, plus d'une fois, l'œuvre de la négociation parut devoir se briser, il y a deux choses : l'affirmation précise des droits de l'État en matière de police des cultes, l'engagement pris par l'Église de respecter ces droits. Le gouvernement français accorde au saint-père les deux points qu'on avait regardés à Rome comme « les deux pivots du Concordat » [2] : le libre exercice de la

---

1. Mémoires du cardinal Consalvi, t. I, p. 378 et suivants.
2. Id., ibid., p. 372.

religion catholique et la publicité de son culte. En retour,
l'Église s'engage à se conformer aux règlements de police
que le Gouvernement jugera nécessaires pour la tranquilité
publique. Rien de plus formel que cet engagement, rien qui
prête moins à la controverse. Le texte ne dit pas *les règlements de police nécessaires à la tranquillité publique* : il dit :
*les règlements de police que le Gouvernement jugera néces-
saires.* L'Église n'est point admise à discuter l'usage que
l'État peut et pourra faire de son droit; l'État est souverain
juge, unique appréciateur des mesures que réclame l'ordre
public. C'est à lui de les prescrire, c'est à l'Église de les
observer.

Ce droit supérieur de l'État avait-il besoin d'être con-
signé dans un article du traité et reconnu par la puissance
cosignataire? Nullement. Il aurait été passé sous silence
dans l'acte du 26 messidor an IX, qu'il n'en existerait pas
moins. Il tient, en effet, à la nature des choses et est de
l'essence de tout gouvernement. Un État où la puissance
publique n'aurait pas pour premier devoir et pour premier
droit d'assurer la paix intérieure, serait un État condamné
à une dissolution prochaine. L'ancienne monarchie française
l'avait vite compris. C'était une maxime reçue dans le
royaume et non contestée par l'Église, que le prince avait
le droit de faire les règlements relatifs à l'exercice public
du culte. On allait même jusqu'à lui reconnaître le droit
de toucher à la discipline, comme le montrent les Établissements de Saint-Louis, la Pragmatique de Charles VII, le
Concordat de François Ier, les Ordonnances de Louis XIV.
L'État moderne respecte davantage les susceptibilités de
la conscience : il laisse au clergé la police intérieure du
culte, ce qui a trait aux matières de foi et de discipline.
Mais la police extérieure, c'est-à-dire la surveillance et le
règlement de ce qui tient à l'action publique des corps et
des individus, aux cérémonies, à la prédication, en un mot
à tout ce qui prend une forme sensible dans la cité, il la
revendique comme un droit primordial et nécessaire. Ce
droit, qui ne saurait s'aliéner ni se prescrire, qui, sous-
entendu ou exprimé, existe toujours, il n'était pas inutile,
lorsqu'on traitait avec une puissance comme l'Église catholique, de l'inscrire en tête du pacte débattu. L'État, d'ailleurs, était sollicité, et c'était à lui à poser ses conditions.

L'observation des règlements de police fut la condition *sine qua non* de la publicité des cultes. Les représentants du saint-siège firent tout ce qu'ils purent pour l'éluder, mais ils eurent beau lutter, résister, discuter, ils finirent par s'apercevoir qu'ils avaient affaire à une volonté inflexible, et ils cédèrent. L'article Ier fut la porte par où toutes les dispositions du Concordat passèrent : la nomination des évêques, l'agrément des curés, le serment, le salaire, la reconnaissance de la vente des biens ecclésiastiques.

Comment se traduisit dans la pratique ce droit de police si fermement et si juste revendiqué par les plénipotentiaires français?

Il faut bien le reconnaître, quand on examine les articles organiques édictés pour la mise en œuvre du Concordat et dont on a dit qu'ils étaient le résumé des règlements faits par les anciens rois de France sur l'exercice public du culte, on est très surpris de les trouver dépourvus de sanction. Sans doute, ces articles établissent des formalités, réglementent des points de détail. L'autorisation gouvernementale, notamment, y joue un rôle considérable; on l'exige pour la publication des bulles, la tenue des synodes, les absences des évêques, la fixation des tarifs. Mais, par une contradiction ou par un oubli singulier, rien n'assure l'obéissance à ces prescriptions légales; aucune pénalité n'est attachée à leur violation. Sous l'ancien régime, il y avait une sanction, la saisie du temporel; sous la Révolution, il y avait, pour certains cas déterminés, une sanction, la dégradation civique. Dans le Concordat, il n'y a rien, ou plutôt, il y a une peine qui revient, unique et toujours la même, applicable à tous les cas qui peuvent se présenter : — c'est la déclaration d'abus, — peine toute morale, à laquelle Bonaparte ne paraît pas avoir attaché grande importance, puisqu'on ne cite sous son règne qu'un seul recours d'abus formé à la requête du Gouvernement.

Cette absence de sanction pénale dans une législation de cette importance aurait lieu de surprendre si l'on ne se reportait aux circonstances qui ont accompagné le Concordat.

D'abord Bonaparte goûtait peu les moyens idéaux. Il en avait d'autres plus efficaces à sa disposition. A quoi bon

s'embarrasser d'une longue et délicate procédure, quand
on est le vainqueur de Brumaire et qu'un simple billet
signé de votre nom suffit pour faire arrêter et jeter en
prison tout individu qui résiste ? Il faut lire, à ce point de
vue, la correspondance du grand homme. Elle étonne par
l'audace et la fréquence des attentats commis contre les
prêtres aussi bien que contre les citoyens ordinaires. Ce
que l'on ne sait pas assez, c'est qu'il n'a pas attendu, pour
jouer avec la vie et la liberté de ses semblables, que la fortune eût fait de lui un puissant empereur; il n'était encore
que simple consul, au lendemain du Concordat, que déjà
il ordonnait des arrestations par fournées. Huit prêtres
avaient déposé chez un notaire une protestation contre les
articles organiques : « Le grand juge ne doit pas perdre
un instant à faire arrêter le notaire Petit, faire mettre les
scellés sur ses papiers, faire biffer sa protestation et le faire
conduire au Temple. Les huit curés doivent être sur-le-
champ arrêtés et conduits sous bonne escorte en Italie... »
(Lettre du 31 octobre 1802.) « Je désire que vous lanciez un
mandat d'arrêt contre les prêtres du diocèse de la Rochelle
dont les noms suivent : Remme, Gautier, Croiselière,
Archambaud, François et Coutu, l'imprimeur commandité...»
(Lettre du 22 juin 1803.) « Il y a à Chambéry un prêtre
qui a été pendant la Révolution à la tête du diocèse de
Lyon et qui y a fait tout le mal possible; il s'appelle Linso-
lade : donnez ordre qu'on l'arrête et qu'on le retienne dans
la citadelle de Turin... » (Lettre du 28 juillet 1803.) Et cela
se poursuit jusqu'à la chute finale. Tant et si bien qu'au
lendemain de l'abdication, la première besogne du Gouvernement provisoire fut de faire mettre en liberté le pape
Pie VI, un certain nombre de cardinaux détenus dans différentes villes de France et ces 236 séminaristes légendaires
du diocèse de Gand qu'un ordre impérial avait envoyés
dix-huit mois auparavant à Wesel pour être incorporés dans
un régiment d'artillerie.

En second lieu, l'Église établie par le Concordat n'était
guère en situation d'inquiéter les pouvoirs civils. Ces congrégations d'hommes, que nous avons vues si menaçantes,
ces congrégations de femmes que nous voyons encore si
nombreuses et si riches, n'existaient pas; la loi de 1792 en
avait purgé le territoire. En vain le pape, au cours des

négociations, avait demandé le rétablissement des couvents
de réguliers et des monastères des religieuses[1], sa demandé,
quelque insistance qu'il y mit, n'avait point été accueillie.
Le corps sacerdotal se composait exclusivement d'un clergé
séculier, salarié sur les fonds de l'État. Ce clergé était
réparti entre neuf églises métropolitaines et quarante et un
évêchés[2]. Les évêques, nommés par le Premier Consul,
prêtaient entre ses mains serment de fidélité, lui promet-
taient de ne rien faire contre la tranquillité publique, et
même s'engageaient à lui dénoncer tout ce qui se tramerait
au préjudice de l'État. Les ecclésiastiques de second ordre
prêtaient le même serment entre les mains des autorités civiles. « Pour que la tranquillité fût de plus en plus
assurée, » dit la Bulle de ratification du Concordat, ils
devaient être agréés par le Gouvernement. Un séminaire
et un chapitre par diocèse sans dotation de l'État, tels
étaient les seuls établissements autorisés.

Enfin, on n'ordonnait de prêtres que juste ce qu'il en
fallait pour faire face aux besoins du service paroissial.
Comme on le voit, l'établissement nouveau était réduit au
strict nécessaire. Aussi le premier budget des cultes, celui
de 1802, ne s'éleva-t-il qu'à 1.258.197 francs.

Enfin, dernière et non moins importante raison, l'Église
sentait le prix du service que Bonaparte lui avait rendu.
Elle était reconnaissante à l'illustre capitaine de l'avoir
tirée de la poussière et des ruines, et sa gratitude s'exha-
lait en adulations sans fin. « Même dans la place effacée
qui lui était faite, dit un écrivain catholique, le nouvel
épiscopat aurait pu garder quelque chose de la dignité
d'attitude qui, durant la persécution, lui avait conquis le
respect de l'Europe. Il m'est douloureux de le dire, il ne
sut pas le faire. Il prodigua trop l'encens au nouveau
Cyrus! Certes, une légitime reconnaissance était due à
Napoléon pour avoir voulu le Concordat de 1801; mais en
1802, quand les premiers mandements parurent, comment
ne pas juger l'auteur du Concordat d'après les dispositions

1. Lettre de Pie VII au Premier Consul, 22 floréal an IX,
THEINER, *Histoire des Deux Concordats*, t. I, p. 125.
2. Sont défalqués : l'archevêché de Malines et les évêchés de
Tournai, Gand, Namur, Liège, Aix-la-Chapelle, Trèves et Mayence,
conquêtes de la République perdues depuis par l'Empire.

législatives annexées à ce grand acte? Évidemment il y
avait une mesure à garder dans les louanges. L'histoire ne
saurait taire qu'elle ne fut point gardée par beaucoup
d'évêques. Quelques-uns s'oublièrent à cet égard jusqu'à la
fin, même durant la captivité de Pie VII[1]. »

Comment s'étonner, après cela, que la flatterie ait dégé-
néré en complaisance, la complaisance en servilité? Il est
vraisemblable que l'empereur n'eut pas de grands efforts à
faire pour obtenir qu'on enseignât à la jeunesse ce fameux
catéchisme impérial, où l'amour, l'obéissance et la fidélité
envers Napoléon étaient ordonnés sous peine de damnation
éternelle. Les curés lurent en chaire des bulletins de la
Grande Armée, apprirent à vanter aux populations les
mérites de la conscription militaire. Que le Premier Consul
ait ou non entrevu, en 1801, la possibilité de se faire un
jour du clergé catholique un instrument de règne, il est
certain que l'instrument se façonna vite et on peut dire
qu'il vint s'offrir de lui-même.

Aujourd'hui tout est bien changé. L'arbitraire et la violence sont condamnés comme système répressif. Ils répu-
gnent à nos mœurs autant qu'à nos institutions. Quant à
l'Église, elle n'est plus l'humble servante dont l'Empire
exploitait la reconnaissance. Considérablement accrue en
personnel et en richesse, elle est devenue la rivale, l'anta-
goniste de l'État; elle lutte pour le dominer ou tout au
moins pour partager avec lui les attributs de la puissance
publique.

Comment s'est opérée cette redoutable et périlleuse
transformation?

Le cardinal Consalvi raconte dans ses Mémoires que si,
en 1801, la diplomatie de la Cour romaine s'est contentée
du seul rétablissement du catholicisme en France, sans
aucune des prérogatives dont il avait joui autrefois et qu'il
possédait encore dans les autres États catholiques, c'est
qu'elle avait la certitude d'obtenir tout le reste par la suite
des temps, « une fois que la tempête révolutionnaire serait
calmée »[2].

---

1. SAFRET, *Vie du R. P. Lacordaire*, t. I, p. 12.
2. CONSALVI, *Mémoires*, t. I, p. 299.

Les évènements n'ont que trop prouvé combien cette vue d'avenir était juste.

L'Église n'eut qu'à demander; elle obtint tout ce qu'elle voulut des gouvernements monarchiques.

Bonaparte, le premier, fut plus que prodigue envers elle. Elle était soumise, il la voulut riche et brillante. Les lois concordataires n'avaient pas parlé des cardinaux : il en eut six, largement rétribués. Elles n'avaient pas promis de logement aux évêques, il leur donna des palais. Elles avaient déclaré que le Gouvernement se désintéresserait des séminaristes; il créa des séminaires métropolitains, logés dans dix maisons nationales et entièrement à la charge de l'État; il favorisa de dotations diverses les séminaires diocésains, commençant ainsi cette série d'affectations d'immeubles domaniaux qui devait prendre tant de développement plus tard. A mesure que sa situation se compliquait en Europe et que les difficultés croissaient pour lui, il éprouvait le besoin de s'attacher le clergé inférieur. Il le combla de largesses. Il donna un traitement aux vicaires généraux et aux chapitres, augmenta celui des curés et desservants, porta le chiffre des succursales à 24.000 d'abord, puis à 30.000, accrut le nombre des établissements capables de recevoir, ouvrit la porte aux congrégations d'hommes et de femmes, exempta les séminaristes du service militaire. Le budget des cultes, qui n'était que de 1.200.000 francs au début, grossit d'année en année; porté à 12 millions en 1805, il avait dépassé 17 millions lorsque l'Empire tomba.

Le retour des Bourbons ouvre à la religion des ambitions nouvelles. Le catholicisme devient la religion de l'État; l'Église entre dans le Gouvernement. Dès lors, il n'est question de rien moins que de biffer la Révolution : tel est le sens qu'il faut attacher au rétablissement de la Compagnie de Jésus; on fait la loi sur l'observation du dimanche; on ressuscite la mainmorte ecclésiastique; on porte à quatre-vingts le nombre des diocèses. L'esprit théocratique continue de s'exalter; on fait la loi sur le sacrilège. Le résultat de tout cela est la Révolution de 1830, d'où l'autel sort plus maltraité encore que le trône.

Mais l'Église n'en est pas à une défaite près : c'est la recommenceuse éternelle. Dix ans d'effacement volontaire

lui ont permis de reconstituer ses milices volantes et de
prendre une nouvelle orientation. Instruite par les événements, elle renonce aux revendications immédiates; ce
qu'elle veut maintenant, c'est s'emparer de l'enseignement
et par l'enseignement s'assurer l'avenir. Pour livrer ce
combat nouveau, elle déploie habilement le drapeau de la
liberté.

Les événements semblent s'arranger pour préparer son
succès. La révolution de Février qui éclate brusquement,
amenant le suffrage universel, et laissant entrevoir comme
dans un éclair les masses profondes de la démocratie, lui
jette dans les bras la bourgeoisie effrayée. Un pacte offen-
sif et défensif, inspiré de la peur commune, est conclu dans
les conciliabules de la rue de Poitiers. Les fils des croisés
serrent la main aux fils de Voltaire. Telle est l'origine du
grand parti conservateur, ou, pour l'appeler de son vrai
nom, du parti clérical. C'est ce même parti clérical ou conservateur que nous avons connu et vu manœuvrer sous nos
yeux dans les années qui ont suivi la guerre.

Quand il eut, à vingt-cinq ans de distance, couronné la loi
sur l'instruction secondaire par la loi sur l'enseignement
supérieur, il dut croire qu'il touchait au but suprême : il
ne touchait qu'à sa ruine. De même que son premier acte
avait été un coup d'État, le 2 décembre; son dernier acte
fut un coup d'État, le 16 mai. La Liberté était morte du
premier, la France eût pu mourir du second. Heureusement les élections du 14 octobre 1877 vinrent et chan-
gèrent la face des choses. Ce jour-là, dans le resplen-
dissement du triomphe national, on put voir, spectacle
singulier, d'un côté, la nation républicaine, debout et
victorieuse; de l'autre, l'Église avec les débris des partis
monarchiques en déroute !

Il y a désordre dans un pays, lorsque des congrégations
défendues par les lois s'établissent sans l'assentiment du
pouvoir. Il y a désordre, quand le clergé institué pour le
service du culte descend dans l'arène des partis; quand le
but politique qu'il se propose est contraire aux principes
de nos institutions; quand un évêque, que l'État rétribue
sur les fonds du budget et loge en un palais somptueux,
écrit dans un mandement des phrases de guerre civile ;

quand un curé à qui l'État a donné un titre, constitué un traitement, remis une église et une chaire, retourne contre le Gouvernement ces faveurs mêmes qu'il tient du Gouvernement. Les privilèges, les immunités que l'Église a arrachés à la faiblesse du pouvoir ou s'est attribués à la faveur de nos crises sociales ne font que mettre ce désordre en évidence et le rendre plus périlleux.

La volonté de la nation exprimée par les élections du 14 octobre 1877 et par toutes celles qui ont eu lieu depuis, est qu'il y soit mis fin. La France veut être mise à l'abri des surprises, et que les Seize Mai soient impossibles.

L'exécution des décrets du 29 mars 1880 a donné à cet égard un commencement de satisfaction à l'opinion publique, mais la question du droit d'association reste mêlée à celle des congrégations religieuses : il faut l'en dégager. D'un autre côté, le pays proteste énergiquement contre l'exemption du service militaire qui a été accordée au clergé : il faut supprimer ce privilège. Deux projets de loi préparés par le Gouvernement dont j'avais l'honneur de faire partie, vont saisir le Parlement de ce double et intéressant problème. Il n'en sera donc pas question ici.

Le pays exige, en outre, que le clergé séculier, — le seul que le Concordat reconnaisse, — soit ramené à la réalité de sa mission qui est, non d'intervenir dans la politique, mais de pourvoir aux besoins religieux des populations. Sans doute l'ecclésiastique restera maître de ses opinions politiques, comme il reste maître de ses croyances religieuses. La République ne lui demande ni serment d'obéissance, ni déclaration de fidélité. Elle ne fait violence à la conscience de personne. Comme citoyen, en dehors de son église, l'ecclésiastique est libre. Il peut émettre ses idées en toute sécurité. S'il est tenu à quelque réserve, à cause de son double caractère de prêtre et de salarié du Gouvernement, c'est là un simple devoir de convenance, et non une obligation légale. Mais comme curé, desservant ou vicaire attitré d'une paroisse, disposant d'une église et d'une chaire qui lui ont été remises pour un objet particulier, il ne peut l'appliquer à un autre objet sans trahir en quelque sorte son mandat et sans encourir les plus justes responsabilités.

Le pays demande enfin que toutes les faveurs, concessions, avantages faits au clergé postérieurement au Concordat, soient sévèrement vérifiés, afin d'arriver à dégager, dans la mesure du possible, l'État, les départements et les communes des charges très lourdes qu'ils acquittent bénévolement, sans y être autrement tenus.

On peut donc considérer la proposition de loi qui vous est soumise comme composée de deux ordres de dispositions.

Les unes ramènent l'Église catholique aux conditions qui ont été reconnues comme suffisantes pour sa liberté par son chef infaillible. Elles suppriment tous les avantages que lui a successivement concédés la faiblesse des gouvernements. L'attribution de bâtiments appartenant à l'État, aux départements, aux communes, à des sociétés ecclésiastiques non spécifiées dans la loi organique, est rapportée. Le traitement des chanoines, les bourses des séminaires disparaissent. Les charges non concordataires imposées au budget des communes sont supprimées. Le monopole des pompes funèbres, si blessant pour la liberté de conscience, n'existe plus.

Les autres ont pour objet, en attachant une sanction pénale à la violation d'un certain nombre de prescriptions concordataires, de ramener l'Église à l'observation des conditions qui ont présidé à son établissement.

Nous avons dit plus haut que la seule peine inscrite aux articles organiques était une peine disciplinaire, la déclaration d'abus. Tous les gouvernements ont senti et déploré l'insuffisance d'une telle répression. Dans un projet de loi sur la juridiction administrative préparé en 1833 par une commission spéciale que présidait le duc de Broglie, on proposa de donner au Conseil d'État, dans certains cas où il serait saisi par la voie du recours pour abus, le droit de prononcer une peine pécuniaire. Ce projet malheureusement ne fut point soumis aux Chambres.

Celui que nous présentons aujourd'hui s'inspire des mêmes nécessités. Le système répressif, organisé par la proposition de loi qui nous est soumise, peut être ramené à trois points :

1° Il maintient la procédure d'abus, qui reste, comme par le passé, à la disposition du Gouvernement pour empêcher les usurpations ou excès de pouvoir, et des particuliers pour avoir justice de ces procédés vexatoires et injurieux que vise l'art. 6 de la loi concordataire et qui sont souvent plus graves dans leurs conséquences que des délits caractérisés.

2° Il attache une sanction pénale à un certain nombre de dispositions organiques qui en étaient dépourvues. La publication non autorisée des actes de la Cour de Rome et des décrets des conciles généraux, la non-résidence des titulaires ecclésiastiques, les inculpations de personnes dans les sermons et instructions, les annonces au prône faites sans permission de l'autorité civile, les prédications en vue d'influencer le vote des électeurs, l'ouverture d'un lieu de culte non autorisé, deviennent des délits passibles de l'amende. Dans le système des articles de 1801, ces faits constituaient, pour la majeure partie, des actes blâmables rentrant dans la catégorie des contraventions aux lois et règlements de la République, et, comme tels, pouvaient être poursuivis comme d'abus : le présent projet de loi les fait passer dans la classe des délits passibles des peines de droit commun et rentrant dans la juridiction des tribunaux ordinaires.

En ce qui concerne les contraventions propres à compromettre l'état civil des personnes (Code pénal, art. 199-200), les critiques, censures ou provocations dirigées contre l'autorité publique dans un écrit pastoral (Code pénal 204-206), la correspondance des ministres du culte avec des cours ou puissances étrangères (Code pénal 207-208), les réunions illicites (Code pénal 291-294); tous ces délits tombent sous le coup de la loi pénale ordinaire; nous n'avions pas à nous en préoccuper.

3° Enfin sur la double base de la déclaration d'abus et de la condamnation pénale, le projet de loi fonde le pouvoir du ministre, qui s'exerce par voie disciplinaire.

Vous voyez que notre proposition ne touche en rien au domaine spirituel de l'Église. L'État se déclare hautement incompétent en ces matières. Il ne veut en approcher ni de près ni de loin.

Vous ne trouverez donc dans nos propositions aucune disposition tendant, comme le voudraient certains publicistes, à faire prévaloir un enseignement sur un autre, à assurer à la faiblesse une protection contre la force, à

opérer telle ou telle réforme depuis longtemps réclamée
dans l'Église. Ce sont là des questions intérieures qui peuvent solliciter le zèle des évêques; mais l'État entend y
demeurer absolument étranger. Il restera sur le terrain de
la police extérieure des cultes.

Sur ce terrain, ses droits ne sont ni contestables ni contestés. — L'article 1ᵉʳ du Concordat en est la reconnaissance solennelle. Il soumet l'exercice public du culte catholique à l'observation des « règlements de police que le
Gouvernement juge nécessaire pour la tranquillité publique ». Or, si le Gouvernement peut faire des règlements
de police relatifs à l'exercice du culte, comment pourrait-on dire qu'il n'a pas le droit d'en assurer l'exécution,
en d'autres termes de réprimer au moyen de sanctions
pénales les contraventions qu'il établit?

DEUXIÈME PARTIE

ANALYSE DU PROJET DE LOI

CHAPITRE PREMIER

Le chapitre premier est consacré à l'établissement de
sanctions pénales aux prescriptions établies par les articles
organiques, en application de l'article 1ᵉʳ du Concordat.

Elles frappent les actes caractérisés d'abus, les absences
non autorisées, les prédications et instructions contenant
des inculpations contre les personnes, les publications non
permises d'écrits venant de la Cour de Rome et, en général,
tous les faits délictueux non passibles du Code pénal,
commis par les ecclésiastiques, dans l'exercice de leurs
fonctions.

Recours pour abus. — L'article 1ᵉʳ règle les conditions de
la procédure d'abus et se propose de vider un certain
nombre de difficultés sur lesquelles la jurisprudence hésite
encore.

Tout d'abord, il dégage des cas d'abus tous ceux qui,
par leur nature même, appartiennent au droit commun et
pour lesquels la procédure d'abus constitue souvent un
double emploi, toujours une entrave. En vertu de notre

texte, le recours n'aura plus rien d'obligatoire ; les actions seront libres et indépendantes ; chaque parti restera juge de ses droits et de la juridiction qu'il lui plaira de saisir. En outre, nous avons cru rentrer dans l'esprit du Concordat en limitant l'abus exercé par le pouvoir civil aux seuls ecclésiastiques qui ont reçu l'attache du Gouvernement, qui tiennent leurs pouvoirs temporels de l'État, c'est-à-dire aux évêques, vicaires généraux et curés. Le Concordat, en effet, ne s'occupe des desservants et des vicaires, ou plutôt des « vicaires et des desservants », comme il dit, que pour déclarer qu'ils exercent sous la surveillance et la responsabilité des titulaires de diocèse ou de paroisse. L'évêque les nomme et les révoque. L'État ne les connaît à aucun degré ; il n'y a pas de lien entre lui et eux, par conséquent, pas d'engagement de lui à eux. L'évêque est nommé, les vicaires généraux et les curés sont agréés : l'État, qui les nomme ou les agrée, a ainsi quelque chance de faire qu'ils ne soient pas des adversaires de nos institutions : pour les desservants, il n'en a aucune ; il est à la merci des choix faits par les évêques. C'est pourquoi, dans le système de sanction que nous vous proposons pour rendre la déclaration d'abus efficace, nous laissons en dehors le desservant dont les écarts restent soumis au seul pouvoir disciplinaire du ministre.

La déclaration d'abus, les pénalités pour contraventions édictées dans les articles qui précèdent, celles mêmes qui sont portées pour crimes et délits dans les art. 199-208 du Code pénal, manqueraient d'un complément indispensable si l'ecclésiastique légalement frappé pouvait, une fois revenu dans son église, reprendre paisiblement le cours de ses agressions contre les personnes et contre la loi. Nous ne sommes pas ici, qu'on le remarque bien, en matière ordinaire ; nous avons affaire à des délinquants qui, par la nature même de leur office, échappent à l'autorité gouvernementale. L'État peut se débarrasser d'un fonctionnaire hostile, qui a manqué à l'honneur professionnel ou trahi la confiance qu'on avait placée en lui ; il ne peut, à lui seul, délivrer une paroisse d'un prêtre indigne, ou une commune d'un agitateur incorrigible. Assurer, comme le font les articles que nous venons d'analyser, la répression des actes délictueux, ou simplement abusifs, est certainement une œuvre nécessaire; mais ce serait s'arrêter à mi-chemin que de ne pas mettre le Gouvernement à même, soit par une suspension de traitement, soit par le retrait de certains avantages concordataires, de rendre efficace la répression encourue.

Sans doute il faut se garder de l'arbitraire; mais l'accusation d'arbitraire ne peut s'élever quand le fait qui doit donner lieu à la mesure disciplinaire a été instruit et la culpabilité constatée par les juridictions compétentes.

Nous vous proposons donc de déclarer que, dans le cas de condamnations à des peines de droit commun pour faits commis dans l'exercice des fonctions ecclésiastiques, le prêtre condamné pourra être privé de traitement par simple arrêté ministériel pendant une durée qui n'excédera pas un an. En cas de récidive, la privation des avantages concédés par l'art. 72 de la loi organique du Concordat, c'est-à-dire de l'usage du presbytère, pourra être ajoutée au retrait du traitement. Le ministre doit rester juge de la décision à prendre, en se réglant lui-même d'après la nature et le degré de criminalité des faits visés dans la condamnation.

Les déclarations d'abus, prononcées par le Conseil d'État, visent des faits plus délicats, mais souvent moins graves que les condamnations de droit commun : il est tout juste qu'une déclaration de cette nature puisse également servir de point de départ et de justification à l'action disciplinaire du ministre.

En ce qui concerne les « vicaires et desservants » contre lesquels le recours pour abus ne peut pas être exercé et dont le traitement, non concordataire, a conservé le caractère d'une indemnité bénévolement octroyée par l'État, ils pourront, après faute grave, administrativement constatée, et deux demandes de déplacement non suivies d'effet, être privés par décision du ministre, et sur l'avis du préfet, de l'allocation qui leur est faite sur les fonds de l'État.

Vérification des bulles. — L'indépendance de l'autorité civile est protégée par le droit qui appartient au Gouvernement de vérifier, en Conseil d'État, les bulles et autres actes du saint-siège. Cette pratique, qui a existé en France sous tous les régimes, est fondée sur les véritables principes du droit politique. Elle n'en a pas moins été vivement controversée, et elle figurait dans les premières réclamations que le cardinal Caprara fut chargé de présenter au gouvernement français en 1803. Mais elle fut bientôt retirée par le pape lui-même et on ne la rencontre plus parmi celles sur lesquelles Portalis a rédigé ses observations du 21 ventôse an XII. Certains polémistes cependant continuent la discussion. Soumettre à la puissance temporelle les bulles du pape, les décisions des synodes étrangers et des conciles généraux qui ont en général pour objet des matières de foi, c'est, disent-ils, rendre cette puissance juge en matière religieuse. Il y a là une confusion : la vérification est faite au point de la tranquillité publique, comme le dit expressément l'art. 3. Elle porte, non pas sur le fond, sur les matières religieuses, mais sur la forme, sur la conformité des actes avec les lois de l'État. « Il est difficile, » dit M. Gaudry, dont l'opinion en ces matières ne saurait être suspecte, « de contester ce droit au Gouvernement. »

Et, en effet, il ne s'agit de rien moins ici que de la souveraineté nationale : un peuple est maître chez lui où il n'existe pas.

Résidences. — Nous vous demandons de sanctionner l'obligation de la résidence, à laquelle sont astreints tous les titulaires ecclésiastiques en vertu, non seulement de la loi organique du Concordat, mais encore de nos lois de finances et des principes généraux de la comptabilité.

Inculpations, annonces, prédications. — Aux termes des articles 52 et 53 de la loi organique du Concordat, les curés ne doivent se permettre, dans leurs instructions, aucune inculpation directe ou indirecte, soit contre les personnes, soit contre les autres cultes reconnus; ils ne doivent faire au prône aucune publication étrangère à l'exercice du culte, sauf celles que le Gouvernement aurait ordonnées. Ces dispositions dont l'objet, dans la pensée du législateur, devait être de maintenir les titulaires ecclésiastiques enfermés dans leur mission spirituelle, sont souvent enfreintes. Nous vous proposons de punir toute infraction d'une amende de 100 à 500 francs.

Les prédications énoncées dans l'article 50 de la même

loi méritent plus encore peut-être d'appeler l'attention du magistrat politique. Le nombre des chaires dans lesquelles retentit une parole hostile au Gouvernement, est encore considérable, et la magistrature actuelle ne prête pas toujours à l'ordre de choses établi le concours qui lui est dû. Dans les premiers temps de l'application du Concordat, les prédicateurs étaient agréés par l'autorité civile. Cette manière de procéder qui, alors, ne choquait personne, est aujourd'hui impossible. Il faut s'en tenir au système de la loi qui veut que les prédications solennelles soient autorisées par les évêques seuls. En revanche, il ne paraîtra pas excessif d'exiger que les prédicateurs ainsi autorisés observent la même réserve et soient tenus des mêmes obligations que le titulaire ecclésiastique : sans préjudice, bien entendu, des responsabilités que le prédicateur pourrait en outre encourir, aux termes des articles 201 et suivants du Code pénal.

Des doutes se sont élevés sur le point de savoir si les peines portées par le décret du 2 février 1852, contre le citoyen et le fonctionnaire public qui influencent le vote des électeurs, sont applicables aux ecclésiastiques. Il importe au bon ordre de lever ces doutes, et de ne pas laisser, en dehors de toute répression, des individus qui, sans être précisément fonctionnaires de l'État, ont à leur disposition des moyens d'action, différents sans doute, mais non moins effectifs que ceux dont disposent les fonctionnaires publics.

CHAPITRE II

ÉTABLISSEMENTS ECCLÉSIASTIQUES

D'après le Concordat, les évêques pouvaient avoir un chapitre dans leur cathédrale et un séminaire dans leur diocèse; tous autres établissements ecclésiastiques étaient supprimés.

Cette disposition n'a pas été observée. Le premier Empire n'avait pas encore pris fin que déjà de nombreux établissements ecclésiastiques étaient constitués avec attribution de la capacité civile : menses épiscopales, menses curiales, fabriques, petits séminaires, caisses de retraites pour les prêtres âgés ou infirmes. D'autre part, la porte était largement ouverte aux établissements religieux. Nous n'avons pas à nous occuper de ces derniers dont le sort sera réglé dans la loi sur les associations. Quant aux établissements ecclésiastiques, nous ne pensons pas qu'il y ait lieu de revenir sur un état de choses existant depuis plus d'un demi-siècle. Nous vous proposons de les maintenir, mais sous deux réserves expresses.

La première, c'est que, selon la jurisprudence actuelle du Conseil d'État, leur capacité civile sera strictement limitée à leurs attributions. Depuis une trentaine d'années, en effet, il s'était introduit, sous ce rapport, la confusion la plus singulière. Les personnes et les droits se mêlaient de façon à rendre, sur certains points, les intérêts indiscernables. Les fabriques établissaient des écoles ou créaient des bureaux de bienfaisance; ici, la mense épiscopale servait à entretenir un collège; là, la mense curiale alimentait une œuvre de charité. Il faut qu'à cette confusion succèdent l'ordre et la régularité, et, pour cela, il est nécessaire que chaque établissement s'enferme dans les limites que le législateur lui a tracées, s'occupe des seules choses dont il a reçu mandat de s'occuper, et pour lesquelles seulement la personnalité civile lui a été conférée.

La seconde réserve, c'est que la lumière soit faite dans leurs comptes. Pourquoi, en effet, la comptabilité ecclésiastique échapperait-elle aux dispositions qui règlent l'administration des deniers des autres établissements publics, tels que les communes, les hospices, les bureaux de bienfaisance? Quoi de plus désirable et de plus équitable en même temps que ce bon ordre à introduire dans des budgets auxquels s'inscrivent différentes taxes publiques, comme le produit des chaises, celui des pompes funèbres, et dont les déficits incombent, de par la loi, à une tierce personne? On peut poser le principe dans la loi, sauf à s'en référer, pour l'application, à un règlement d'administration publique.

Grands Séminaires. — Comme nous venons de le dire, l'État a accordé aux évêques le droit d'avoir un séminaire dans leur diocèse; mais il ne s'est pas engagé à le doter, comme le déclare formellement l'article 2 de la convention de messidor. Cela n'a pas empêché l'Empire et la Restauration de créer un certain nombre de bourses dans ces établissements et, par conséquent, de contribuer à leur dotation. Nous proposons de revenir au principe de 1801 et de supprimer les bourses. La question a été débattue plusieurs fois devant le Parlement, et il semble que la solution soit mûre dans l'opinion.

Petits Séminaires. — Les petits séminaires, ou écoles secondaires ecclésiastiques, ont été autorisés dans l'intérêt du recrutement du clergé, et la capacité civile qui leur a été accordée, aussi bien que les immunités dont ils jouissent relativement à l'impôt, ne se peuvent justifier qu'au point de vue de cet intérêt.

Il n'en est pas moins vrai que ces écoles font à nos collèges et à nos lycées une concurrence absolument illégale. M. de Broglie s'en préoccupait déjà en 1828, et cherchait les moyens d'y mettre obstacle. Le mal n'a fait qu'empirer depuis la loi de 1850.

Une première mesure à prendre sera de réduire le chiffre de ces écoles. On en compte aujourd'hui près de cent quatre-vingts. Il y a des diocèses qui en possèdent deux, trois et même quatre. C'est évidemment exagéré et hors de proportion avec les besoins réels. En les ramenant à quatre-vingt-quatre, c'est-à-dire à une par diocèse, ce qui était le chiffre de la Restauration, on donnera amplement satisfaction aux intérêts que les petits séminaires ont mission de conserver, le gouvernement de la République, faisant pour le recrutement du clergé autant que la branche aînée des Bourbons, — tant aimée et tant regrettée de l'Église, — échappera peut-être au reproche de persécution.

Chapitres. — L'allocation accordée aux chanoines par l'État l'est à titre purement gracieux. Nous vous proposons de la supprimer par voie d'extinction, de façon à ménager les droits acquis et à n'apporter aucun trouble dans la situation matérielle des chanoines en exercice.

Titres vacants. — On sait que, depuis trois ans, aucun crédit pour création de nouvelles succursales n'est porté au budget, qui comportait jadis de quoi pourvoir chaque année à la création de 30 titres nouveaux. Il est donc actuellement impossible à l'administration de doter d'un de ces titres aucune localité, même parmi celles nouvellement érigées en commune distincte. Cependant il existe un grand nombre de titres vacants depuis plus de deux ans. Est-ce pénurie de prêtres? Nous ne le pensons pas; car, dans les mêmes diocèses, les vicariats sont abondamment pourvus, alors que certaines succursales ne sont pas desservies. On abuse du *binage*, ou double service, qu'on prolonge à l'excès dans les paroisses pauvres en casuel, quand il ne ne doit exister nulle part qu'à titre accidentel et temporaire.

Nous vous proposons d'autoriser le Gouvernement à retirer les titres devenus ainsi inutiles, de manière à pouvoir soit les transférer là où le besoin s'en ferait sentir, soit diminuer d'autant les prévisions du budget des cultes.

CHAPITRE III

Immeubles affectés au culte. — Tout établissement, être moral, doit avoir son état civil comme tout être réel. L'ordre public l'exige. Cependant un grand nombre de lieux de cultes sont ouverts sans autorisation, en infraction à l'art. 44 de la loi organique, de l'art. 8 du décret de 1812 et même de l'art. 294 du Code pénal. Nous ne ferons pas ressortir les dommages pécuniaires qui en résultent pour les fabriques et subsidiairement pour les communes. L'intérêt est plus haut : tant qu'il n'aura pas été procédé à un recensement exact de tous les lieux de culte à l'effet d'arriver à la fermeture de ceux qui ne sont pas autorisés, l'application du pacte concordataire, dans sa lettre et dans son esprit, restera difficile. A côté du culte célébré dans les églises paroissiales, sous l'autorisation des évêques et la surveillance du Gouvernement, il y aura le culte des chapelles, célébré sans aucun contrôle des pouvoirs publics, sous l'autorité de congrégations non autorisées ou de toutes autres individualités irresponsables. D'où un double clergé, l'un officiel, attitré, légal; l'autre occulte, en quelque sorte, et échappant aux dispositions de la loi. C'est à cette situation qu'il convient d'aviser. La fermeture des lieux de culte non autorisés ne saurait, d'ailleurs, porter atteinte au droit qui appartient à l'autorité diocésaine de fixer le nombre des prêtres dits habitués dans les églises, en sus du clergé salarié par l'État, et, par suite, la liberté d'action de cette autorité n'est point en question.

L'attention publique a été éveillée par les discussions du Parlement sur l'importance et la quantité des immeubles mis, aux différentes époques, à la disposition des évêques ou des congrégations. Ces immeubles, qui appartiennent tantôt à l'État, tantôt aux communes, tantôt aux départements, représentent un capital considérable, et ils sont affectés, la plupart du temps, à des établissements auxquels aucune subvention n'est due : tels sont les grands et les petits séminaires, les congrégations, les maîtrises, etc.

Comment expliquer cette prodigalité quand on songe à la parcimonie avec laquelle certains autres services, notamment l'instruction publique, sont encore dotés ? Comment repousser, d'autre part, les justes réclamations des propriétaires, communes et départements, qui demandent à mettre fin à des concessions faites dans d'autres temps, sous l'empire d'autres idées, avec des clauses résolutoires depuis longtemps arrivées à effet.

Il est temps de mettre un terme à ces anomalies et de permettre qu'il soit donné satisfaction aux besoins nouveaux. Rien que pour les propriétés de l'État, il y a, de ce seul chef, une valeur improductive de plus de 10 millions. C'est d'ailleurs un simple principe que nous vous demandons d'inscrire dans la loi, sauf à l'État, aux départements et aux communes d'en user suivant leurs convenances, ou suivant l'intérêt des services publics auxquels ils auront à pourvoir. Des décrets seront rendus en Conseil d'État provisoirement sur chaque espèce.

Dans le même ordre d'idées, les communes qui seront libres d'affecter comme bon leur semble leurs biens communaux, doivent pouvoir opter, quand il s'agit du logement du prêtre, entre une indemnité en argent et un immeuble. Il ne faut pas que la commune qui possède un presbytère, soit placée dans une situation plus onéreuse que la commune qui n'en a pas. Il y aura cependant une distinction à faire, quand il s'agira d'un presbytère rendu après la mainmise nationale. On se trouve là en présence d'une affectation concordataire, et la commune propriétaire ne peut reprendre que la partie superflue. Toutefois, ce caractère constaté, l'administration municipale doit rester libre

d'assigner tel emploi que bon lui semble à la partie distraite. Nous vous proposons, en conséquence, d'abroger
l'ordonnance du 13 mars 1825, dont les dispositions insou-
tenables ont amené tant de difficultés entre les communes
et les fabriques.

La jurisprudence relative aux conflits qui peuvent s'élever
relativement à la jouissance des édifices consacrée au culte,
église ou presbytère, commence seulement à se fixer,
quoique certains tribunaux retiennent encore, en dépit du
principe de la séparation des pouvoirs, les affaires de cette
espèce, et prétendent interpréter les actes administratifs et
quelquefois concordataires qui sont la base de ces affectations. Nous vous demandons d'affirmer la jurisprudence la
plus rationnelle et aussi la plus répandue. Vous mettrez
ainsi un terme aux nombreux débats, toujours aigres, qui
s'élèvent au sein des populations sur ces questions mixtes,
de clochers et de clefs d'églises.

CHAPITRE V

Fabriques. — La réorganisation des conseils de fabriques préoccupe depuis de longues années l'opinion publique. Le dernier Parlement avait même été saisi de propositions diverses émanées tant de l'initiative individuelle
que de l'initiative gouvernementale. Après avoir inscrit dans
notre projet le droit de révocation partielle qui semblait
contesté, nous avons voulu surtout trancher la question
dominante du débat, qui est la question du recours de la
fabrique aux communes.

Dans la situation actuelle, la commune est tenue obliga-
toirement de suppléer à l'insuffisance des ressources de la
fabrique : 1° pour le logement du curé ou desservant, ou
l'indemnité qui en tient lieu; 2° pour les charges portées
en l'art. 37 du décret du 30 décembre 1809, c'est-à-dire
pour tous les frais du culte.

C'est cette dernière obligation qui soulève des scrupules
de conscience et a donné lieu à de nombreuses réclamations.

Il nous a semblé qu'on ferait un départ exact entre ce
qui est religieux et ce qui doit rester civil, en n'obligeant

les communes que pour les travaux d'entretien, réparations
et reconstructions des églises et des presbytères, qui sont
propriétés communales, et pour l'indemnité de logement
qui tient lieu de presbytère quand la paroisse n'en a pas.

Le surplus des dépenses du culte serait facultatif, et les
communes n'y contribueraient que volontairement.

Pompes funèbres. — Ici encore, nous nous trouvons sur
un terrain familier aux hommes parlementaires. Divers
projets de loi avaient saisi l'ancienne Chambre de la réforme
du monopole des pompes funèbres attribué aux fabriques
et consistoires par les décrets des 23 prairial an XII et
18 mai 1806. La question a été débattue dans la presse, que
divers actes d'intolérance avaient mise en éveil, et l'on peut
dire qu'elle est aujourd'hui tranchée dans l'opinion : le
monopole, tel qu'il a été compris et appliqué jusqu'à ce
jour, est condamné. Quant à la solution du problème, celle
qui consiste à créer deux services au lieu d'un, le service
intérieur laissé aux fabriques et le service extérieur transporté aux communes, semble généralement adoptée. Depuis
que la libre pensée a pris une place si importante dans nos
opinions et que les cérémonies funèbres purement civiles
se multiplient, des motifs de police presque autant que des
raisons de conscience ne permettent plus, en effet, de
laisser le matériel du transport des corps et des cérémonies
extérieures aux mains des représentants des cultes. C'est
là un service purement laïque, une sorte de subdivision du
service des inhumations qui est mis par le Code sous la
responsabilité et la surveillance de l'autorité municipale.

Le produit de cette partie des pompes funèbres nous paraît, en conséquence, devoir être rattaché au budget communal.

Enfin, pour compléter la récente loi du 14 novembre 1881 qui a sécularisé les cimetières par la suppression de l'article 15 du décret du 23 prairial an XII, nous
retirons aux fabriques le produit spontané des cimetières,
revenus insignifiants dans la plupart des localités, mais
dont l'attribution légale autorise le desservant à retenir la
clef du champ de sépulture placée cependant sous la responsabilité unique du maire. Nous supprimons naturellement la charge d'entretien des lieux d'inhumation qui cor-

respondait à cette ressource, ce dont l'article 23 du décret de prairial susdit faisait une obligation à la fabrique.

CHAPITRE VI

Dons et legs. — Fidèles à la tradition de la Révolution française, les rédacteurs des articles organiques n'avaient pas voulu que l'Église, ou, ce qui revient au même, les établissements reconnus pussent posséder et détenir à titre de propriété une partie quelconque du sol national. La Convention de messidor an IX dit, art. 15 : « Le Gouvernement prendra des mesures pour que les catholiques français puissent, s'ils le veulent, faire, en faveur des églises, des fondations. » C'est cette disposition que les rédacteurs des articles organiques avaient à appliquer, et voici comment ils le firent :

« Art. 73. — Les fondations qui ont l'entretien des ministres et l'exercice du culte ne pourront consister qu'en rentes constituées sur l'État; elles seront acceptées par l'évêque diocésain et ne pourront être exécutées qu'avec l'autorisation du Gouvernement.

« Art. 74. — Les immeubles autres que les édifices destinés au logement et les jardins y attenant ne pourront être affectés à des titres ecclésiastiques, ni possédés par les ministres du culte à raison de leurs fonctions. »

Avec une Église douée d'une incomparable puissance d'absorption et qui, douze ans auparavant, possédait les deux tiers du territoire, la précaution était indispensable. Elle fut salutaire et, pendant quinze ans qu'elle fonctionna, elle abrita la propriété immobilière sous son couvert protecteur. Mais, avec la Restauration bourbonienne, la direction générale des affaires étant passée aux mains du clergé et de ses amis, il y eut une volte-face soudaine. Pour que l'Église recouvrât sa puissance et que ses ministres fussent indépendants, il fallait que le clergé redevînt propriétaire. Dans ce but, M. de Castelbajac demanda pour les ecclésiastiques et pour les établissements religieux la faculté de recevoir par donation ou par testament toute espèce de

biens meubles et immeubles. Des applaudissements enthou-
siastes accueillirent cette proposition, et, après un débat
où tous les orateurs furent unanimes pour déclarer que le
salut de la royauté et de la France était attaché à la splendeur de la religion et à l'influence dominante d'un clergé
possédant des terres et des domaines, la Chambre adopta,
à une grande majorité, un projet de loi en 11 articles, portant en substance : que le clergé de chaque diocèse, représenté par l'évêque, les séminaires et les autres établissements « ecclésiastiques autorisés par le roi pourraient
recevoir par donation ou testament tous biens meubles et
immeubles, que la nullité prononcée par l'art. 909 du Code
civil à l'égard des donations faites aux ministres du culte,
ayant assisté le testateur dans sa dernière maladie, ne
s'appliquerait pas à celles de ces dispositions qui seraient
instituées à perpétuité en faveur de ce ministre et de ses
successeurs ; enfin, que les détenteurs d'anciens biens du
clergé qui les restitueraient volontairement dans le délai
d'une année, à dater de la promulgation de la loi, joui-
raient de plein droit de la remise totale des intérêts, des
fruits et fermages perçus et seraient à l'abri de toute indemnité ou dommages et intérêts quelconques résultant soit de
cas fortuit, soit de mauvaise gestion [1] ».

C'était la menace même de la restitution des biens nationaux qui se dressait dans le texte de la loi. La Chambre
des Pairs n'osa pas aller aussi loin. Elle se borna à adopter
le principe de la proposition et en fit cette loi en trois
articles du 2 janvier 1817, dont nous vous demandons l'a-
brogation pure et simple : loi petite de texte, mais grosse
de conséquences, qui rétablissait, dit l'historien Vaulabelle,
« une nature de propriété considérée justement comme une
des plaies de l'ancien régime et que l'on devait croire à
jamais emportée par la Révolution, les biens de mainmorte ».

Quelques modifications demandent à être introduites
dans le mode d'acceptation des dons et legs faits aux établissements ecclésiastiques. L'ordonnance du 2 avril 1817,
en choisissant l'évêque pour les représenter tous indistinc-

[1]. ACH. DE VAULABELLE, *Histoire des deux Restaurations*, t. IV,
p. 202.

tement, devait nécessairement amener de la confusion dans les différents patrimoines. On y remédiera en faisant accepter les dons et legs par le trésorier de chaque établissement.

En outre, une sanction était nécessaire contre les notaires qui oublient que les établissements ecclésiastiques sont en état de tutelle et qu'il leur est défendu de passer aucun acte, en leur nom, sans l'autorisation préalable du Gouvernement. Actuellement, ces infractions se chiffrent par milliers. La nullité des actes est difficile à invoquer quand elle n'est pas rendue impossible par la prescription, et la tutelle administrative n'est qu'un vain mot.

PROPOSITION DE LOI

CHAPITRE PREMIER

DES MINISTRES DU CULTE

ARTICLE PREMIER. — Le recours pour abus, institué par l'art. 6 [1] de la loi organique du Concordat, ne s'applique qu'aux ecclésiastiques nommés ou agréés par le Gouvernement. Il est restreint aux cas qui, n'étant ni contraventions, ni délits, ni crimes, échappent à l'appréciation des tribunaux ordinaires.

Il est porté par la partie intéressée devant le Conseil d'État qui statue, après instruction du ministre des cultes. A défaut de plainte particulière, il pourra être exercé d'office par les préfets. Le recours au Conseil d'État ne fait

---

1. Ainsi conçu : « Il y aura recours au Conseil d'État dans tous les cas d'abus de la part des supérieurs et autres personnes ecclésiastiques. Les cas d'abus sont : l'usurpation ou l'excès de pouvoir, la contravention aux lois et règlements de la République, l'infraction des règles consacrées par les canons reçus en France, l'attentat aux libertés, franchises et coutumes de l'Église gallicane, et toute entreprise ou tout procédé qui, dans l'exercice du culte, peut compromettre l'honneur des citoyens, troubler arbitrairement leur conscience, dégénérer contre eux en oppression ou en injure ou en scandale public. »

pas obstacle à ce que les parties poursuivent, devant les tribunaux ordinaires, les réparations civiles auxquelles elles prétendraient avoir droit.

Le recours institué par l'article 7 [1] de la même loi, en cas d'atteinte portée à la liberté garantie aux ministres du culte, est personnel à l'ecclésiastique qui se prétend atteint dans sa liberté ; nul n'est admis à l'invoquer ni à l'exercer à sa place.

ART. 2. — Tout ecclésiastique qui aura encouru une déclaration d'abus pourra, par mesure disciplinaire, être privé, par arrêté du ministre des cultes, de tout ou partie de son traitement pendant une durée qui ne dépassera pas un an.

En ce qui concerne les desservants et vicaires, contre lesquels le recours pour abus ne peut être exercé, leur déplacement devra être demandé à l'évêque. Après deux demandes restées infructueuses, l'indemnité qui leur est allouée sur les fonds de l'État sera suspendue, sur l'avis du préfet, par décision du ministre des cultes.

ART. 3. — L'ecclésiastique condamné à des peines de droit commun pour faits commis dans l'exercice des fonctions ecclésiastiques, pourra être privé de traitement par arrêté ministériel pendant une durée qui ne dépassera pas une année.

En cas de récidive, les avantages concédés par l'article 72 [2] de la loi organique du Concordat, pourront lui être retirés.

ART. 4. — Toute infraction aux articles 1er [3], modifié par

---

1. Ainsi conçu : « Il y aura pareillement recours au Conseil d'État s'il est porté atteinte à l'exercice public du culte et à la liberté que les lois et les règlements garantissent à ses ministres. »

2. Ainsi conçu : « Les presbytères et les jardins attenants, non aliénés, seront rendus aux curés et aux desservants des succursales. A défaut de ces presbytères, les Conseils généraux des communes sont autorisés à leur procurer un logement et un jardin. »

3. « Ainsi conçu : « Aucune bulle, bref, rescrit, décret, mandat, provision, signature servant de provision, ni autres expéditions de la Cour de Rome, même ne concernant que les particuliers, ne pourront être reçus, publiés, imprimés, ni autrement mis à exécution, sans l'autorisation du Gouvernement. »

le décret [1] du 28 février 1810, 3 [2], 20 [3] de la loi organique du Concordat, sera punie d'une amende de 500 à 1.000 fr.

Celles à l'article 29 [4] d'une amende de 100 à 300 fr.

ART. 5. — En cas de contravention aux articles 52 et 53 [5] de la loi organique du Concordat, le contrevenant sera passible d'une amende de 100 à 500 francs; sans préjudice des autres peines qui pourraient être prononcées en conformité des articles 201 et suivants du Code pénal.

Le prédicateur, autorisé par l'évêque, suivant les prescriptions de l'article 50 [6] de la loi susdite, sera tenu des mêmes obligations, et soumis, en cas d'infractions, aux mêmes pénalités que les curés et les desservants.

ART. 6. — Tout ecclésiastique qui, par des prédications dans son église ou par tout autre moyen tiré de ses fonctions, aura cherché à influencer le vote des électeurs ou à les déterminer à s'abstenir de voter, sera passible des peines portées aux articles 39 et 40 du décret du 2 février 1852.

1. Ce décret excepte les brefs de la pénitencerie qui n'ont pas besoin de l'autorisation.

2. Ainsi conçu : « Les décrets des Synodes étrangers, même ceux des conciles généraux, ne pourront être publiés en France avant que le Gouvernement en ait examiné la forme, leur conformité avec les lois, droits et franchises de la République française et tout ce qui, dans leurs publications, pourrait altérer ou intéresser la tranquillité publique. »

3. Ainsi conçu : « Les évêques seront tenus de résider dans leurs diocèses; ils ne pourront en sortir qu'avec l'autorisation du premier consul. »

4. Ainsi conçu : « Les curés seront tenus de résider dans leurs paroisses. »

5. Ainsi conçus : « Art. 52. — Ils ne se permettront, dans leurs instructions, aucune inculpation directe ou indirecte, soit contre les personnes, soit contre les autres cultes autorisés dans l'État. »

« ART. 53. — Ils ne feront au prône aucune publication étrangère à l'exercice du culte, si ce n'est celles qui seront ordonnées par le Gouvernement. »

6. Ainsi conçu : « Les prédications solennelles appelées sermons, et celles connues sous le nom de stations de l'Avent et du Carême, ne seront faites que par des prêtres qui en auront obtenu une autorisation spéciale de l'évêque.

CHAPITRE II

DES ÉTABLISSEMENTS ECCLÉSIASTIQUES

ART. 7. — Les établissements ecclésiastiques actuellement existants sont maintenus, sauf les restrictions ci-après, et avec la réserve que la capacité civile dont ils jouissent sera strictement limitée à leurs attributions spéciales, et qu'ils seront astreints aux règles générales de la comptabilité publique.

Un règlement d'administration publique, rendu en Conseil d'État, les autorités diocésaines entendues, déterminera l'application de ces règles à chaque établissement ecclésiastique.

ART. 8. — Les bourses actuellement accordées par l'État dans les grands séminaires seront supprimées par voie d'extinction dans un délai de trois ans.

ART. 9. — Les écoles secondaires ecclésiastiques seront réduites, conformément à l'ordonnance du 5 octobre 1814, à un établissement par département.

L'évêque choisira l'école qu'il voudra conserver.

La fermeture des autres devra avoir lieu dans le laps d'un an à partir de la promulgation de la présente loi.

ART. 10. — Le traitement volontairement concédé aux chanoines par l'État, en vertu des lois de finances, sera supprimé par voie d'extinction.

ART. 11. — Les cures et succursales, ainsi que les vicariats rétribués par l'État, actuellement vacants depuis deux années consécutives, ou qui le deviendront, seront supprimés par décret rendu en Conseil d'État après constatation de cette vacance.

Les modifications à apporter aux circonscriptions paroissiales par suite de ces suppressions, auront lieu sur des plans arrêtés de concert entre l'évêque et le préfet et soumis au Gouvernement, conformément à l'art. 61 de la loi organique du Concordat.

CHAPITRE III

IMMEUBLES AFFECTÉS AU CULTE

Art. 12. — Tout lieu de culte dont les propriétaires ne pourraient pas justifier d'un titre légal ou de l'autorisation prévue par l'art. 44 de la loi organique du Concordat et l'art. 8 du décret du 22 décembre 1812, sera fermé à la diligence des procureurs près les cours et tribunaux et des autres officiers de police.

Les contrevenants, en cas d'ouverture ou de réouverture, tomberont sous le coup de l'art. 294 du Code pénal.

Art. 13. — Est abrogée toute disposition législative ou autre, affectant ou obligeant d'affecter, en dehors des prescriptions de la loi organique du Concordat, soit à des services du culte, soit à des établissements ecclésiastiques et religieux, des immeubles appartenant à l'État, aux départements ou aux communes.

Des décrets rendus en Conseil d'État prononceront par espèce les désaffectations totales ou partielles.

Les départements et les communes rentreront immédiatement en possession des immeubles qui leur appartiennent.

Quant aux immeubles domaniaux, ils seront mis à la disposition du ministre de l'instruction publique pour être convertis en établissements d'enseignement, ou aliénés, et, dans ce cas, le produit sera versé dans les caisses des écoles, collèges et lycées.

Art. 14. — L'ordonnance du 3 mars 1825 [1] est rapportée dans toutes ses dispositions.

1. Ordonnance du 3 mars 1825,

« Art. 1er. — A l'avenir, aucune distraction de parties superflues d'un presbytère pour un autre service ne pourra avoir lieu sans notre autorisation spéciale, notre Conseil d'État entendu. Toute demande à cet effet sera revêtue de l'avis de l'évêque et du préfet, et accompagnée d'un plan qui figurera le logement à laisser au curé ou desservant, et la distribution à faire pour isoler ce logement. Toutefois, il n'est point dérogé aux emplois et dispositions régulièrement faits jusqu'à ce jour.

« Art. 2. — Les curés ou leurs vicaires, ainsi que les desservants

Toute partie superflue d'un presbytère pourra être distraite par un décret rendu en Conseil d'État, sous la seule condition que les bâtiments restants seront convenables. Les jardins existants ne pourront être réduits à une étendue inférieure à 6 ares.

Dans les communes où le presbytère aura été légué, acheté ou construit postérieurement à la loi du 18 germinal an X, la municipalité mise en demeure de suppléer à l'insuffisance des ressources de la fabrique, aura toujours le choix, ou de fournir son presbytère, ou de payer une indemnité de logement.

ART. 15. — Toutes les difficultés relatives à l'affectation des propriétés communales consacrées au culte, églises et presbytères, sont du ressort de l'administration. Les questions de propriété seules sont de la compétence de la juridiction ordinaire.

Les cloches ont le caractère d'immeubles par destination et subissent la même règle.

Les clefs de l'église restent entre les mains du desservant tant que la cure ou succursale est occupée. Elles peuvent toujours être requises par la municipalité pour tous les services civils consacrés par l'usage.

En cas de vacances, ces clefs sont déposées chez le maire.

---

autorisés par leur évêque à biner dans les succursales vacantes, ont droit à la jouissance des presbytères et dépendances de ces succursales, tant qu'ils exercent régulièrement ce double service; ils ne peuvent en louer tout ou partie qu'avec l'autorisation de l'évêque.

« ART. 3. — Dans les communes qui ne sont ni paroisses, ni succursales, et dans les succursales où le binage n'a pas lieu, les presbytères et dépendances peuvent être amodiés, mais sous la condition expresse de rendre immédiatement les presbytères et succursales, s'il est nommé un desservant, ou si l'évêque autorise un curé, vicaire ou desservant voisin à y exercer le binage.

« ART. 4. — Le produit de cette location appartient à la fabrique si le presbytère et ses dépendances lui ont été remis en exécution de la loi du 8 avril 1802, de l'arrêté du Gouvernement du 26 juillet 1803, des décrets des 30 mai et 31 juillet 1806; si elle en a fait l'acquisition sur ses propres ressources, ou s'ils lui ont été échus par legs ou donations. Le produit appartient à la commune quand le presbytère et ses dépendances ont été acquis ou construits de ses deniers, ou quand il lui en a été fait legs ou donation.

CHAPITRE V

FABRIQUES, POMPES FUNÈBRES

Art. 16. — Les conseils de fabrique sont révocables, en tout ou en partie, pour défaut de présentation de budget ou de reddition de comptes ou pour toute autre cause grave. La révocation est prononcée par le ministre des cultes, sur la demande des évêques, après avis du préfet ; et sur la demande des préfets, après avis de l'évêque. Les membres révoqués ne pourront être ni réélus ni nommés de nouveau avant un délai de trois ans.

Art. 17. — Les charges pouvant être imposées d'office aux communes, en cas d'insuffisance des ressources de la fabrique, sont seulement :

1° L'indemnité de logement aux curés et desservants, lorsqu'il n'existe pas de presbytère ;

2° Les travaux d'entretien, de réparation et de reconstruction des églises et presbytères.

Néanmoins, pour toutes les autres dépenses du culte, les communes auront toujours la faculté de venir au secours de la fabrique, mais seulement sur leurs ressources disponibles.

Art. 18. — Les fabriques ne jouiront d'aucun produit provenant des lieux d'inhumation, et ne seront tenues à aucune dépense les concernant. Les articles 23 [1] du décret de prairial, an XII et 36 [2], du décret du 30 décembre 1809, sont abrogés en celles de leurs stipulations qui seraient contraires aux dispositions du présent article.

Art. 19. — Le monopole des pompes funèbres, attribué aux fabriques et consistoires, par l'article 22 [3] du décret du

---

1. Décret du 23 prairial an XII, art. 23.
« L'emploi des sommes provenant de l'exercice ou de l'affermage de ce droit (fourniture de voitures, tentures, etc.) sera consacré à l'entretien... des lieux d'inhumation. »

2. Décret du 30 décembre 1809, art. 36 :
« Les revenus de chaque fabrique se forment.... 4° du produit spontané des terrains servant de cimetières. »

3. Décret du 23 prairial an XII, art. 22 :
« Les fabriques des églises et les consistoires jouiront seules du droit de fournir les voitures, tentures, ornements, et de faire

23 prairial an XII, et l'article 7 [1] du décret du 18 mai 1806, est aboli.

Le droit pour les fabriques et consistoires, de fournir les tentures et ornements nécessaires à la pompe des funérailles, est strictement limité au service intérieur de l'église.

Les fournitures nécessaires au service extérieur, c'est-à-dire au transport des corps et à la pompe des convois, seront faites par les communes qui auront toujours le droit de les donner à l'entreprise par voie d'adjudication. Le produit qui en résultera sera inscrit au budget de la commune.

CHAPITRE VI

DONS ET LEGS

ART. 20. — La loi du 3 janvier 1817 [2] est abrogée. En conséquence, les fondations ayant pour objet l'entretien des ministres et l'exercice du culte ne pourront plus consister

générallement toutes les fournitures quelconques nécessaires pour les enterrements et pour la décence ou la pompe des funérailles. Les fabriques et consistoires pourront faire exercer ou affermer ce droit, d'après l'approbation des autorités civiles sous la surveillance desquelles ils sont placés. »

1. Décret du 18 mai 1806, art. 7 :

« Les fabriques feront par elles-mêmes ou feront faire par entreprise aux enchères toutes les fournitures nécessaires au service des morts dans l'intérieur de l'église, et toutes celles qui sont relatives à la pompe des convois, sans préjudice des droits des entrepreneurs qui ont des marchés existants. Elles dresseront à cet effet des tarifs et des tableaux gradués par classe. Ils seront communiqués aux conseils municipaux et aux préfets, pour y donner leur avis et seront soumis par notre ministre des cultes, pour chaque ville, à notre approbation. Notre ministre de l'intérieur nous transmettra pareillement, à cet égard, les avis des conseils municipaux et des préfets. »

2. Loi du 3 janvier 1817 :

« ART. 1er. — Tout établissement ecclésiastique reconnu par la loi pourra accepter, avec l'autorisation du roi, tous les biens, meubles, immeubles ou rentes, qui lui seront donnés par acte de dernière volonté.

« ART. 2. — Tout établissement ecclésiastique reconnu par la loi pourra également, avec l'autorisation du roi, acquérir des biens immeubles ou des rentes.

« ART. 3. — Les immeubles ou rentes appartenant à un établissement ecclésiastique seront possédés à perpétuité par ledit établissement et seront inaliénables, à moins que l'aliénation n'en soit autorisée par le roi. »

qu'en rentes sur l'État français, conformément aux prescriptions des art. 73 [1] et 74 [2] de la loi organique du Concordat.

ART. 21. — Les dons et legs faits au profit des établissements ecclésiastiques seront acceptés par les trésoriers de ces établissements.

L'art. 3 [3] de l'ordonnance du 2 avril 1817 est rapporté en ce qu'il a de contraire à la présente disposition.

Tout notaire qui aura passé un acte en infraction aux prescriptions de l'art. 2 [4] de l'ordonnance du 14 janvier 1831, sera passible d'une amende de 1.000 à 10.000 fr. et, en cas de récidive, de la révocation.

ART. 22. — Indépendamment des abrogations contenues dans la présente loi, sont en outre abrogées toutes les dispositions contraires des :

Décret du 23 prairial an XII. — Décret du 18 mai 1806. — Décret du 30 septembre 1807. — Décret du 30 décembre 1809. — Décret du 28 février 1810. — Décret du 22 décembre 1812. — Décret du 6 novembre 1813. — Ordonnance du 5 octobre 1814. — Loi du 2 janvier 1817. — Ordonnance du 2 avril 1817. — Ordonnance du 12 janvier 1823. — Ordonnance du 3 mars 1825. — Ordonnance du 14 janvier 1831.

---

1. « Les fondations qui ont pour objet l'entretien des ministres et l'exercice du culte ne pourront consister qu'en rentes constituées sur l'Etat; elles seront acceptées par l'évêque diocésain, et ne pourront être exécutées qu'avec autorisation du Gouvernement. »

2. « Les immeubles autres que les édifices destinés au logement et les jardins attenants ne pourront être affectés à des titres ecclésiastiques ni possédés par les ministres des cultes à raison de leurs fonctions. »

3. Ordonnance du 2 avril 1817, art. 3.

« L'acceptation desdits legs ou dons, ainsi autorisée, sera faite par les évêques, lorsque les dons ou legs auront pour objet leur évêché, leur cathédrale ou leur séminaire ; par les doyens des chapitres lorsque les dispositions sont faites au profit des chapitres ; par le curé ou desservant, lorsqu'il s'agit de legs ou dons faits à la cure ou succursale, ou pour la subsistance des ecclésiastiques employés à la desservir ; par les trésoriers des fabriques lorsque les donateurs ou testateurs auront disposé en faveur des fabriques ou pour l'entretien des églises et le service divin... »

4. Ordonnance du 14 janvier 1831, art. 2.

« Aucun notaire ne pourra passer acte de vente, d'acquisition, d'échange, de cession ou transport de constitution de rente de transaction, au nom desdits établissements, s'il n'est justifié de l'ordonnance royale portant autorisation de l'acte et qui devra y être entièrement insérée. »

PROPOSITION DE LOI

RELATIVE AU CONTRAT D'ASSOCIATION

PRÉSENTÉE PAR MM. WALDECK-ROUSSEAU, MARTIN-FEUILLÉE, MARGUE

DÉPUTÉS

Dans la séance du 11 février 1882

EXPOSÉ DES MOTIFS

MESSIEURS,

Dans l'état actuel de notre législation, le droit de mettre un capital en commun pour en retirer des bénéfices et les partager ne rencontre aucune entrave s'il s'agit d'un capital argent, valeur ou industrie, s'il s'agit en un mot de former ce que l'art. 1832 du Code définit une *Société*.

Mais que des citoyens conviennent de mettre en commun leur activité, leurs efforts, leurs facultés dans le but d'en retirer un avantage intellectuel, social ou politique; c'est le Code pénal qui intervient. Il fait à l'association, au *contrat* d'association, cette situation toute spéciale, qu'au-dessous de 20 personnes elle est permise et qu'au-dessus elle devient illicite, ce qui revient à dire qu'elle cesse d'être tolérée aussitôt qu'elle peut être efficace.

Que si, d'ailleurs, du domaine de la loi on passe dans celui de l'économie politique, on verra que ses représentants les plus autorisés, les hommes vraiment attentifs au mouvement des faits et des idées, considèrent le groupement des forces individuelles comme la conséquence nécessaire des transformations subies par notre société, comme l'un des premiers besoins de notre époque.

Ainsi, ce que le Code pénal condamne, la science sociale contemporaine n'hésite pas à le recommander.

Enfin pour quiconque se sera rendu compte du développement qu'a pris, des manifestations qu'a produites l'esprit d'association depuis quelques années, il n'est pas douteux que les restrictions des art. 291 et suivants sont depuis longtemps devenues lettre morte. De toute part, avec le consentement implicite de l'État d'innombrables associations se sont fondées, de telle sorte qu'il s'agit en réalité bien moins d'innover que de reconnaître un état de choses préexistant.

On chercherait vainement une considération juridique qui pût conduire à soustraire le consentement échangé entre plusieurs personnes dans le but de former une association, aux lois générales qui règlent les conventions et qui n'assignent au droit de contracter d'autre limite que le respect des principes supérieurs de moralité, de liberté, d'ordre public.

L'association est un contrat : rien de plus, rien de moins. Il doit avoir un objet licite ; il doit être respectueux de la liberté individuelle ; — pas plus qu'un autre il n'autorise l'abandon des droits attachés à la personne ; un consentement libre doit le former ; il est subordonné à l'observation des engagements pris ; — se propose-t-il un but illicite, il est nul ; délictueux?... il appelle l'application de la loi pénale. Mais toutes ces garanties et toutes ces conditions sont déjà inscrites dans nos lois.

Il faut donc reconnaître que les articles 291 et suivants, en tant qu'ils font résulter la criminalité du fait du nombre plus ou moins grand de ceux qui l'accomplissent, ne correspondent en aucune façon à un principe juridique ; qu'ils procèdent d'un système politique, celui des gouvernements qui pensent qu'il est plus aisé de comprimer et d'éteindre l'activité des sociétés que d'en tirer sa force ; que rien, par conséquent, n'est plus contraire à l'essence même d'une démocratie.

On doit donc proclamer que les citoyens ont, au même titre et sous les mêmes garanties, la faculté d'associer leurs biens et celle d'associer leurs personnes.

Il importait, pour dissiper des confusions qui sont la cause principale des alarmes que le libre exercice de l'association a parfois provoquées, de la définir.

Plusieurs personnes mettent en commun leur bonne

volonté, leurs facultés, leurs connaissances, leur activité dans un but de progrès intellectuel, professionnel, social : il s'agit d'améliorer la condition d'une catégorie de personnes, de développer l'instruction, de propager une doctrine : elles forment une association ;

Que si elles mettent des biens en commun, si elles *acquièrent, possèdent, trafiquent,* augmentent le patrimoine collectif, à côté du contrat d'association se juxtapose un contrat nouveau, non moins licite, non moins réglé par la législation et qui est le contrat de *société.*

Mais de ce fait qu'une double communauté se forme, — association de personnes appuyée sur une société de biens, — de la coexistence de deux contrats de droit commun, on ne pourra jamais conclure à la nécessité d'une législation d'exception.

L'article 1er n'a pas la prétention de donner une énumération limitative des éléments d'un contrat d'association. Les manifestations de l'activité humaine peuvent être infiniment variées, il en résume la donnée fondamentale : à savoir, que *dégagée* de toute autre stipulation, et par opposition au contrat de société, l'association ne porte pas *sur les biens* mais *sur la personne.*

Quant à l'article 2, il ne fait que constater un fait matériel ; mais il était nécessaire que cette constatation fût faite, puisqu'elle conduit à reconnaître que toutes les formes et toutes les complications que peut présenter le contrat d'association sont, dès à présent, prévues et réglées.

Ce qui alarme généralement, dans l'association, c'est moins la perspective de voir des personnes se concerter en vue d'une action commune, que l'idée d'une possession de biens, d'un patrimoine sans cesse grossissant au profit de l'association elle-même.

On confond en cela le régime légal, *de droit commun,* des associations, avec *le régime privilégié* obtenu par certaines d'entre elles ; car ce qui effraye, c'est la perpétuité d'une association survivant à ses membres, distincte de tous et de chacun, possédant pour son propre compte et arrivant, par la pérennité de son institution, à constituer une *mainmorte,* à soustraire ses biens à cette loi économique, fondamentale, essentielle, *le partage, la circulation.*

Or c'est là un danger qui ne résulte nullement de l'application du droit commun aux associations. Il ne se produit que dans le cas où, par une faveur particulière, l'État vient à reconnaître une association comme formant une personne distincte de la collectivité de ses membres. Alors, en effet, ce ne sont pas les sociétaires qui possèdent en commun : c'est cette personne fictive, personne nouvelle, introduite par l'État dans l'État ; — ils ne participent aux avantages de la communauté que par voie d'accession à cette personne. Disparaissent-ils ? elle demeure ; l'un d'eux l'abandonne-t-il ? il le peut, mais il n'emporte aucune parcelle de son patrimoine. Ainsi chaque jour elle reçoit sans rendre et ce qu'elle acquiert est aussitôt frappé d'immobilité.

Mais ce n'est pas là un fait qui se puisse produire par la constitution même d'une association ou d'une société. L'association, formera bien un être collectif ayant des représentants, des mandataires; mais elle ne se perpétuera pas malgré ses membres, l'engagement personnel qui la lie ne saurait être que temporaire; et quant à la société de biens qui se serait juxtaposée à l'association, elle formera bien un être moral, mais le mouvement de ses biens ne sera pas soustrait à la loi générale : aucun des associés ne pourra être privé de sa part sociale, ni disparaître sans qu'il ait le droit de la revendiquer.

Que faut-il donc pour que naisse ce péril d'une fortune toujours grandissante et soustraite à l'action continuelle de la circulation? Il faut qu'à côté des biens et à côté des personnes surgisse un être nouveau susceptible de se perpétuer. Il faut que l'association acquière ce qui, dans le langage du droit, s'appelle la *personnalité civile*. Il nous a paru nécessaire de définir cette personnalité civile, parce que la définir c'est justifier en même temps la nécessité d'une loi pour la concéder.

Si elle ne résulte ni du fait de l'association ni de celui de la société, c'est assez dire qu'une création est nécessaire pour qu'elle existe, et les intérêts que met en jeu cette création sont assez graves pour qu'une loi, et non pas seulement un acte du pouvoir exécutif, soit jugée nécessaire.

Nous avons dit que l'association comme tout autre contrat doit avoir un objet licite. De plus amples dispositions n'eussent peut-être pas été indispensables si certaines associations, par de patients efforts, et secondées par des

tendances contre lesquelles il faut prendre des précautions
nécessaires, n'avaient réussi à jeter sur les notions les plus
simples une très dangereuse obscurité.

Notre droit public, toutes les constitutions républicaines
ont à maintes reprises proscrit tout ce qui constituerait une
abdication des droits de l'individu, une renonciation à
l'exercice des facultés naturelles à tous les citoyens : droit
de se marier, d'acheter, de vendre, de faire le commerce,
d'exercer une profession quelconque, de posséder : en un
mot tout ce qui ressemblerait à une *servitude personnelle*.
De là vient que tout engagement personnel doit être temporaire, et que, même pour un temps, il ne peut être
absolu, porter sur l'ensemble des facultés ou des droits de
la personne. Autrement, loin de tourner au profit de
chacun de ses membres, il le diminue ou l'anéantit.

Or tel est le vice de la *congrégation*.

Elle n'est pas une association formée pour développer
l'individu; elle le supprime; — il n'en profite pas; il s'y
absorbe.

Le pacte formé dans de pareilles conditions, emportant
ouvertement ou par stipulations secrètes la renonciation
aux droits individuels ou à l'un d'eux, subordonnant la
personne pour le tout ou pour partie à une tierce volonté.
est donc illicite.

Il suffit, pour se convaincre du droit de l'État en pareille
matière, d'exagérer par hypothèse ce qui se produit actuellement, de supposer les 3/4 ou les 9/10 des citoyens
renonçant à posséder, à faire le commerce, à conserver
une volonté propre, pour comprendre que c'en serait fait
de l'existence même de la société.

De là l'art. 3 du projet que nous vous soumettons.

L'exactitude et la nécessité des principes que nous venons
d'exposer n'ont jamais été sérieusement contestées. C'est à
les éluder qu'on s'est surtout attaché.

La nullité du pacte d'association est-elle opposée à une
association illicite? elle répond : Nous n'existons pas comme
association, soit! mais chacun de nous a des droits, une vie
propre : il s'est formé entre nous une *société de fait*, ou
même une société conventionnelle, dans laquelle chacun a
pu acquérir, négocier, faire des bénéfices. Ou bien elle
tient un autre langage : Nous n'existons pas comme asso-

ciation, ni même comme société, mais l'un d'entre nous a pu acquérir, posséder, trafiquer. On peut dire que toutes les ressources de la stratégie ont été épuisées.

Mais le vice de tous les systèmes proposés par les associations illicites est le même, il est unique et il est absolu; il a maintes fois été signalé par des arrêts dont il est éminemment utile de faire passer la doctrine dans une loi claire simple, exempte d'ambiguïté.

La logique veut en effet que l'on réponde : non que l'association illicite n'existe point, de telle sorte que son caractère ne puisse plus influer sur la décision à rendre; — mais au contraire qu'elle existe, comme existe le fait illicite, le délit avec toutes les conséquences que produit ce caractère.

Si elle est illicite, c'est précisément parce qu'elle est *destructrice de l'individualité de ses membres..; d'individus*, dans le sens juste et illégal du mot, la congrégation n'en contient pas; ils se sont absorbés en elle. C'est elle, c'est l'association dans laquelle ils ont disparu, qui a voulu recevoir, acquérir; or, elle ne pouvait ni acquérir ni recevoir.

Si donc l'association illicite a réuni des valeurs, cette apparente propriété n'a pu exister réellement un seul instant sur sa tête; elle n'a pu davantage reposer sur celle de ses membres; et s'il arrive que ceux qui avaient prétendu aliéner au profit d'une personne qui ne pouvait acquérir ne veuillent pas reprendre ce qui est sorti de leurs mains sans entrer dans celles de personne, elles tombent dans le domaine de l'État.

L'article 4 modifie les articles 291, 292 et 294 du Code pénal dans le sens indiqué ci-dessus. Le délit ne consiste plus désormais dans le fait de l'association suivant le nombre de ses membres; il n'existe que là où, sous prétexte d'association, s'organise une véritable entreprise contre l'intérêt le plus essentiel de la société : l'existence économique et sociale, si on peut parler ainsi, des individus qui la composent.

Quant à l'article 5, mettant fin à toute controverse, il porte que ni l'association illicite ni ses membres ne peuvent acquérir, posséder, former une société.

L'article 6 organise la liquidation des valeurs qui auraient été mises en commun.

En reconnaissant à tout intéressé le droit de provoquer la déclaration de nullité et la liquidation qui s'ensuit, le projet actuel assure l'efficacité et le respect des dispositions de la loi, par le contrôle toujours vigilant des intérêts particuliers.

Quant aux règles de cette liquidation, elles se déduisent des principes élémentaires du droit.

Les valeurs échues aux membres de l'association avant sa formation, ou depuis sa formation, mais par succession seulement, sont par eux reprises. Ils en avaient la propriété; ils n'ont pu en disposer valablement, ils sont restés propriétaires.

Les valeurs acquises à titre gratuit pendant l'association pourront être revendiquées par le précédent propriétaire ou ses ayants droit pendant le délai de six mois.

Les valeurs acquises à titre onéreux pourront être reprises, moyennant le remboursement du prix en capital, pendant le même délai.

Passé ce temps, les biens demeurent la propriété de l'État.

L'article 7 contient la définition de la personnalité civile et indique comment elle s'acquiert.

L'article 8 est relatif à la publicité à donner aux contrats d'association.

L'article 9 porte abrogation des dispositions contraires à la présente loi.

Telle est dans son ensemble l'économie du projet de loi que nous avons l'honneur de soumettre à la Chambre.

PROPOSITION DE LOI

ARTICLE PREMIER. — L'association est le contrat par lequel deux ou plusieurs personnes conviennent de mettre en commun leurs facultés, leurs connaissances ou leur activité dans un but déterminé.

Le contrat d'association n'est régi pour sa formation, ses conditions ou sa durée que par les principes de droit relatifs à toutes les obligations.

ART. 2. — Les valeurs mises ou laissées en commun par

les membres d'une association sont soumises aux règles générales édictées par le Code civil ou le Code de commerce en matière de sociétés.

ART. 3. — Toute convention ayant pour but ou pour résultat, soit au moyen de vœux, soit par un engagement quelconque, d'emporter renonciation totale ou partielle au libre exercice des droits attachés à la personne ou de subordonner cet exercice à l'autorité d'une tierce personne, est illicite comme contraire à l'ordre public.

ART. 4. — Les articles 291, 292, 294 du Code pénal sont ainsi modifiés :

« Art. 291. — Sera puni d'une amende de 16 à 200 fr. tout membre d'une association formée contrairement aux prescriptions ci-dessus.

« Le jugement à intervenir prononcera la dissolution de l'association illicite et portera défense de la reconstituer en tout ou en partie et sous quelque forme que ce soit.

« En cas de récidive, la peine sera de 15 jours à 6 mois d'emprisonnement et d'une amende de 500 à 2.000 francs.

« Art. 292. — Sera puni des mêmes peines tout individu qui aura accordé ou consenti l'usage de sa maison ou de son appartement en tout ou en partie pour la réunion des membres d'une association illicite. »

ART. 5. — Toute société formée entre les membres d'une association illicite est nulle. Elle ne peut acquérir ou posséder ni par elle ni par ses membres.

La nullité en est prononcée soit à la requête du ministère public, soit à la requête de tout intéressé.

La liquidation des valeurs de la société, ou qui seraient censées appartenir à ses membres est faite conformément aux prescriptions suivantes :

ART. 6. — Dans le cas de nullité, prévue à l'art. 5, les valeurs appartenant aux membres de l'association avant sa formation ou qui leur seraient échues depuis, mais par succession seulement, leur sont restituées.

Les valeurs acquises à titre gratuit pourront être revendiquées par le donateur et ses ayants droit et par les héritiers ou ayants droit du testateur pendant le délai de 6 mois à dater du jugement.

Les valeurs acquises à titre onéreux pourront être reprises moyennant le remboursement du prix en capital par le précédent propriétaire ou ses ayants droit, pendant le délai de six mois.

Passé ce délai, la propriété en sera acquise à l'État. Il en sera de même de l'actif, défalcation faite des valeurs ci-dessus.

Art. 7. — La personnalité civile est la fiction légale par laquelle une association est reconnue comme constituant une personne distincte de la personne de ses membres et en qui réside la propriété des biens de la société.

Elle ne peut être conférée que par une loi.

Art. 8. — Toute convention d'association devra être rendue publique : 1° par affiche au greffe du tribunal civil; 2° par insertion dans l'un des journaux du département.

L'association qui n'aura pas été rendue publique sera réputée illicite jusqu'à preuve contraire.

Art. 9. — Sont abrogées toutes les dispositions contraires au contenu de la présente loi.

PROPOSITIONS DE LOI

TENDANT : 1° A ÉTABLIR ET A RÉGULARISER LA RESPONSABILITÉ EN
MATIÈRE D'ACCIDENTS DE FABRIQUE OU DE TOUTE EXPLOITATION
INDUSTRIELLE, AGRICOLE OU COMMERCIALE ; 2° A ÉTABLIR UNE
CAISSE D'ASSURANCES AYANT POUR OBJET DE GARANTIR LES CHEFS
D'ENTREPRISES INDUSTRIELLES, AGRICOLES OU COMMERCIALES,
CONTRE LES

RISQUES DE LA RESPONSABILITÉ EN MATIÈRE D'ACCIDENTS

(Renvoyées à la Commission relative à la responsabilité
des accidents des ouvriers.)

PRÉSENTÉES PAR M. FÉLIX FAURE

DÉPUTÉ

Dans la séance du 11 février 1882

EXPOSÉ DES MOTIFS

MESSIEURS,

Parmi les questions qui, à juste titre, préoccupent les philanthropes et les économistes, une des premières, à coup sûr, a trait à la situation faite aux ouvriers et à leurs familles par les accidents auxquels le travail les expose.

Le recensement de 1876, le dernier que nous ayons sous les yeux, établit pour l'industrie minière, usinière et manufacturière, une population de 1,382,301 *employés*, ouvriers et journaliers, des deux sexes. La population ouvrière, classée dans la petite industrie s'élève à 1,960,876 employés, ouvriers et journaliers, hommes et femmes.

L'étude à laquelle nous nous livrons intéresse donc 3,343,177 individus qui, vivant de leur salaire, en font vivre également les membres de leur famille, 4,585,398 personnes à ajouter au premier chiffre, soit un total de

7,927,375 hommes, femmes et enfants, représentant, pour l'industrie seulement, la population ouvrière.

Si à ce nombre on ajoute celui des ouvriers de l'agriculture pour lesquels les risques augmentent à mesure que se généralise l'emploi des machines agricoles, on appréciera l'intérêt que comporte l'étude des mesures à prendre pour atténuer, dans une mesure qui sera toujours trop limitée, les résultats des accidents qui frappent une si importante fraction de la famille française.

I

Nous ne possédons pas en France de statistique complète sur le nombre des travailleurs tués ou blessés chaque année, mais il est possible cependant de l'évaluer approximativement.

L'annuaire du ministère des travaux publics de 1879 indique pour les industries extractives les chiffres suivants :

FRANCE ET ALGÉRIE 1879

	Tués	Blessés	Totaux
Accidents signalés dans les mines	186	1,086	1,282
Dans les carrières souterraines. .	27	133	160
Dans les exploitations à ciel ouvert	66	102	168
Ensemble.			1,610

Étant donné le chiffre de 256,600 ouvriers employés dans ces exploitations, la proportionnalité des victimes s'établit entre 6 et 7 *pour mille*.

Il s'agit là, nous le savons, de l'une des exploitations qui offrent le plus de risques; il est à noter toutefois que dans les autres industries le développement du travail mécanique, l'emploi généralisé des machines à vapeur tendent à augmenter le nombre des accidents. Si nous reprenons les chiffres cités plus haut : 1,382,301 employés, ouvriers et journaliers dont 802,262 hommes et 580,034 femmes, tenant compte que ces dernières sont en général employées à des travaux moins dangereux, nous croyons nous rapprocher sensiblement de la vérité en estimant à 5,000 ou 6,000 par année le nombre des victimes.

En Angleterre, où fonctionne un service spécial d'inspection, on relève pour une année moyenne (1879) 5,333 accidents; ce chiffre qui ne porte que sur les fabriques, et qui ne comprend pas les accidents des mines et des autres industries extractives, en admettant même qu'il soit inférieur à la réalité et que beaucoup d'accidents restent ignorés des inspecteurs, corrobore suffisamment celui que nous avons avancé.

C'est donc à ces cinq ou six mille invalides du travail qu'il s'agit chaque année de porter secours, et nous avons la conviction que vous apprécierez qu'il y a lieu de prendre des dispositions nouvelles pour préserver de la misère cette fraction considérable du corps social.

II

Pour arriver à une solution, il importe d'établir, d'une manière précise, à qui incombe la responsabilité des accidents dont les travailleurs sont victimes. Jusqu'à présent, la seule règle en cette matière est l'application du droit commun, c'est-à-dire des dispositions des art. 1382 et suivants du Code civil. L'ouvrier blessé (ou, s'il a été tué, sa famille) actionne devant le tribunal le patron qui l'a employé et doit, pour obtenir une indemnité, établir qu'il y a eu faute de l'employeur.

Cette preuve, le plus souvent, est fort difficile à faire, et il n'y aurait que bien rarement réparation du préjudice causé à l'ouvrier si les tribunaux n'interprétaient la loi dans un esprit souvent favorable à ses intérêts.

Justement frappé de la situation fâcheuse que la loi crée au travailleur en lui donnant, dans le procès qu'il est obligé d'intenter, le rôle toujours défavorable de demandeur, l'honorable M. Martin Nadaud a proposé que les rôles fussent intervertis et que l'obligation de la preuve incombât au défendeur. Ce projet, qui a été pris en considération par votre première Commission d'initiative et renvoyé à l'examen d'une Commission spéciale ne nous paraît pas donner satisfaction aux intérêts qu'il prétend défendre, et il établit sans aucun bénéfice une dérogation fâcheuse aux principes du droit commun.

C'est à notre avis, en matière de travail, une idée erronée de subordonner à la preuve de la faute la réparation du dommage causé par un accident. Dans la plupart des cas, il n'y a, à proprement parler, ni faute du patron, ni faute de l'ouvrier. Tout travail a ses risques, les accidents sont la triste mais inévitable conséquence du travail même. Ce qu'il faut garantir à la victime c'est une réparation prompte et certaine. Or, le système de M. Martin Nadaud la fait toujours dépendre de l'issue d'un procès, où l'ouvrier sera dispensé de la preuve, il est vrai, mais dont le résultat sera loin de lui donner la sécurité qu'il est en droit de réclamer.

L'honorable M. Peulevey, dans la proposition qui est également soumise à l'examen de votre Commission, se borne à poser le principe incontestable « que la société qui profite du travail accompli doit, dans la mesure du possible, alléger les souffrances et les misères qui sont le résultat du fonctionnement même de l'ordre social » et il conclut à la création d'une caisse dite « des accidents du travail » destinée à venir immédiatement au secours de la victime.

Cette caisse existe déjà : elle a été créée par la loi du 11 juillet 1868, et nous allons examiner plus loin pourquoi elle n'a pas rendu et ne rend point les services qu'en attendaient les fondateurs.

Le projet de M. Peulevey, pas plus que la proposition de M. Martin Nadaud, ne supprime l'action judiciaire qui reste toujours nécessaire entre l'ouvrier et le patron, lorsque l'assurance que prévoit M. Peulevey, mais qu'avec raison il ne rend pas obligatoire, n'aura point été souscrite.

L'une et l'autre de ces propositions, en maintenant l'obligation de procès au cours desquels le patron et l'ouvrier s'efforcent de rejeter l'un sur l'autre la responsabilité de l'accident, nous paraissent augmenter plutôt qu'elles ne diminuent l'antagonisme du capital et du travail.

Ces procès, du reste, se poursuivent généralement dans des conditions particulièrement immorales. Le patron contracte avec des sociétés particulières une assurance qui le met à l'abri des condamnations auxquelles il est exposé, s'il se produit un accident dans son usine ; mais la Compagnie d'assurance, par une clause secrète, se réserve le droit d'intervenir elle-même au procès et sa tactique consiste à ralentir l'action de la justice, à traîner l'ouvrier atteint ou ses ayants droit de juridiction en juridiction jusqu'à ce que, de guerre lasse, la victime transige pour une indemnité souvent dérisoire.

L'impossibilité dans laquelle se trouve l'ouvrier de lutter contre la puissance des Compagnies, l'engage à s'adresser le plus souvent à des agents d'affaires qui absorbent, comme rémunération de leur intervention, une large part de l'indemnité qu'obtient enfin la victime.

C'est un tel état de choses qu'il importe de faire cesser en substituant aux lenteurs et aux incertitudes d'une action judiciaire une règle fixe, d'une application facile.

Pour arriver à ce résultat, nous mettons à la charge de l'employeur la réparation du dommage souffert par l'ouvrier, mais nous déterminons exactement les limites de sa responsabilité. L'ouvrier n'aura plus à attendre de la décision d'un tribunal le bénéfice de dommages-intérêts qui parfois atteignent un chiffre considérable, mais il sera certain d'obtenir, dans la limite du nécessaire, l'indemnité qui lui est due. Il pourra toujours, du reste, grâce aux sociétés de secours mutuels, grâce à l'assurance qu'il contractera lui-même, se réserver, en cas d'accident, une situation plus favorable, sans que ces mesures de prévoyance puissent en rien diminuer le chiffre de l'indemnité qui lui sera due.

Il est bien entendu que nous n'établissons et ne limitons la responsabilité qu'en ce qu'elle a de régulier et d'inhérent au travail. Il ne sera rien changé aux dispositions des articles 319 et suivants du Code pénal, et lorsqu'il y aura poursuites correctionnelles suivies de condamnation contre le patron, rien n'empêchera la victime d'exercer les droits que lui confère la loi pour obtenir la réparation légitime qui s'impose à l'auteur de la faute, du délit ou du crime.

III

Ainsi que nous le disions plus haut, les risques auxquels l'ouvrier est exposé ont singulièrement augmenté depuis quelques années et augmentent chaque jour, à mesure que,

dans toutes les branches de l'industrie, le travail mécanique
se substitue au travail manuel. Le nombre de machines à
vapeur employées dans l'industrie pendant la dernière période trentenaire (non compris les machines employées
dans les chemins de fer et pour la navigation) s'établit
comme suit :

1850...	3.125 machines,		64.769 chevaux-vapeur.	
1860...	14.513	—	177.653	—
1868...	24.074	—	301.330	—
1870...	39.559	—	516.461	—

A cette progression constante dans l'emploi des machines
correspond pour l'ouvrier un danger plus grand. Il en résulte pour l'industriel un double devoir : celui de garantir
son employé par toutes les mesures de précaution possibles
et, au cas d'accident, celui d'assurer à l'ouvrier la réparation des risques qu'il lui fait courir en demandant plus
d'aide à la machine et en l'exposant davantage aux bruta-
lités d'une force inconsciente.

Aussi voyons-nous la plupart des nations civilisées se
préoccuper de la précarité des conditions d'existence de
l'ouvrier et demander à la loi des garanties qui lui sont
dues.

L'intervention de l'État est déterminée en cette matière
dans presque tous les pays d'Europe, par des dispositions
législatives.

En Angleterre, où le respect de la liberté individuelle est
compris de la façon la plus large, le contrôle de l'État est
rigoureusement exercé par un service spécial d'inspection.
La législation qui, depuis 1802, régit cette matière, comportait dix-neuf lois qui ont été récemment refondues en une
seule. La nouvelle réglementation, en vigueur depuis le
1er janvier 1879, est connue sous le nom d'*Act to consolidate
and amend the laws relating to factories and workshops.*

Cette loi qui s'occupe dans son ensemble du travail dans
les manufactures, au point de vue des heures de travail, de
l'âge des ouvriers, de l'hygiène, prescrit les mesures à
prendre pour prévenir autant que possible les accidents :
couvrir certaines machines, les treuils, monte-charges, vo-
lants, transmissions, ou les installer de telle sorte que tout
danger soit écarté; fixer solidement les meules à repasser

et les remplacer sur la sommation de l'inspecteur : couvrir les bassins, réservoirs, chaudières, ou tout appareil contenant des liquides bouillants, matières en fusion ou autres, interdire tout nettoyage des machines en marche, tout travail entre les différentes parties d'une machine *self acting;* telles sont, dans leur parties principales, les prescriptions données aux inspecteurs.

En cas d'accident, entraînant la mort ou une incapacité de travail de plus de quarante-huit heures, un procès-verbal doit être immédiatement envoyé à l'inspecteur et au chirurgien assermenté du district, sous peine d'une amende qui peut aller jusqu'à 5 livres. La réparation du dommage causé est déterminée par les tribunaux, mais il est à noter que les indemnités accordées en cas d'accident s'élèvent généralement à des chiffres beaucoup plus élevées en Angleterre que dans les autres pays industriels et qu'il entre beaucoup plus dans les habitudes des ouvriers de ce pays de s'assurer eux-mêmes contre les accidents.

De leur côté, les patrons contractent généralement pour leurs ouvriers une assurance. Une loi récente, en vigueur depuis le 1er janvier 1881, a du reste étendu la responsabilité des chefs d'établissements. D'après la législation précédemment appliquée, ils n'étaient strictement responsables que de leur propre faute. Le bill nouveau met également à leur charge la réparation du dommage causé par la faute ou la négligence des personnes chargées de les remplacer ou obéissant à leurs ordres, comme aussi du dommage résultant du mauvais état du matériel et de l'insuffisance de règlements erronés ou défectueux.

En Allemagne, la première manifestation législative favorable aux intérêts du travail remonte à la loi du 7 juin 1871. Cette loi a déterminé les cas où les patrons doivent être rendus responsables des accidents survenus aux ouvriers qu'ils emploient. Mais elle ne s'applique qu'à certaines industries, et elle n'impose la réparation du dommage causé que s'il y a eu, du fait du patron, négligence dans l'observation des règlements édictés par la police.

La question a été reprise, dans un esprit plus large, par le gouvernement allemand et soumise, en même temps que d'autres réformes économiques, à l'examen du Landstag. A la même époque, un règlement général a été promulgué, qui précise les règles techniques à observer pour prévenir les accidents dans les exploitations industrielles, et protéger la vie et la santé des ouvriers occupés dans les fabriques.

Le projet de loi du 8 mars 1881, résultat d'un compromis entre le projet primitif du gouvernement et les modifications proposées par la Commission de la Chambre allemande posait le principe de l'assurance obligatoire pour tout ouvrier ou employé gagnant moins de 2.000 marks (2.500 francs, par an : l'assurance devrait être contractée auprès d'une caisse fondée et administrée par l'État ; les primes devaient être payées 2/3 par le patron, 1/3 par l'État ou par la Commune pour les ouvriers dont le salaire ne dépassait pas 750 marks ; 2/3 par le patron, 1/3 par l'ouvrier pour ceux qui gagnaient de 750 marks à 1.000 marks ; 1/2 par le patron, 1/2 par l'ouvrier quand il s'agissait de salaires dépassant 1.000 marks. Les indemnités comprenaient le payement des frais de maladie résultant de l'accident, les frais d'inhumation en cas de mort, et variaient, suivant que l'incapacité de travail survenue était totale ou partielle, de 66 2/3 p. 100 à 25 p. 100 du salaire annuel de l'ouvrier. Les rentes au profit de la veuve ou des enfants de la victime pouvaient s'élever jusqu'à 50 p. 100 du salaire annuel.

Le projet du gouvernement allemand a rencontré au sein du Reichstag une opposition assez vive, mais qui portait moins sur l'obligation même de l'assurance que sur le principe de l'intervention de l'État ou de la commune pour le payement des primes. Le contre-projet formulé par les trois grandes fractions du parti libéral laissait entièrement à la charge du patron l'assurance de tous ses employés et, tout en maintenant le principe de l'assurance obligatoire, donnait aux intéressés la faculté de recourir à des sociétés privées.

En présence de cette résistance, le prince de Bismarck a retiré son projet, se réservant toutefois d'apporter prochainement, en avril peut-être, un projet nouveau et. sur cette déclaration, la majorité a décidé de remettre à cette échéance l'exame de la question.

En Suisse, la loi du 25 juin 1881, sur la responsabilité civile des fabricants, est venue confirmer et préciser dans son application le principe déjà posé par la loi du 3 décembre 1877. Cette loi, dont le principal objet était de prescrire les mesures de préservation « dont l'expérience avait démontré l'opportunité et que les progrès de la science avaient rendus possibles », déterminait ainsi la responsabilité du patron en cas d'accidents : « Le propriétaire est responsable des dommages causés, lorsque même, sans qu'il y ait faute spéciale de la part de ses mandataires, représentants, directeurs ou surveillants, l'exploitation de la fabrique a occasionné des lésions ou la mort d'un ouvrier ou employé, à moins qu'il ne prouve que l'accident provient d'un cas de force majeure ou qu'il a été amené par la faute même de la victime. »

Ce principe a été maintenu dans la loi nouvelle, après une discussion approfondie : le projet, repoussé d'abord par la majorité de la Commission du Conseil des États, mis à l'étude, contrairement au rapport de cette Commission par le Conseil, a finalement été adopté. Les dispositions fondamentales de cette loi sont les suivantes :

Le patron est responsable des accidents survenus aux ouvriers qu'il emploie. Il n'y a d'exception que si l'accident a eu pour cause la force majeure, ou des actes criminels ou délictueux imputables à d'autres personnes que le mandataire ou le surveillant désigné par le patron; ou enfin la propre faute de celui-là qui a été tué ou blessé. Pour chacune de ces exceptions l'obligation de la preuve incombe au patron.

Le montant de l'indemnité est fixé par le juge qui apprécie les faits et réduit le chiffre des dommages-intérêts si la mort ou la blessure est le résultat d'un accident fortuit; ou si une partie de la faute qui a provoqué l'accident est imputable à la victime, par exemple si l'ouvrier a contrevenu aux prescriptions des règlements de la fabrique.

Le juge ne peut allouer une somme supérieure en capital à 6 fois le montant du salaire annuel de l'employé ou de l'ouvrier, ni excédant 6.000 francs.

En France, à plusieurs reprises, mais seulement par des dispositions spéciales à certaines exploitations, le législateur s'est préoccupé d'assurer la sécurité du travailleur. C'est ainsi que la loi du 21 avril 1810 et le décret du 3 janvier 1813 prescrivent pour les mines ou carrières certaines mesures de surveillance, et placent les exploitants qui auraient contrevenu à ces prescriptions sous le coup de l'application des articles 319 et 320 du Code pénal, indépendamment des dommages-intérêts qui pourront être alloués à qui de droit.

Citons encore l'ordonnance du 22 mai 1843, réglant la construction, l'emploi et la surveillance des chaudières e machines à vapeur, et, sur le même objet, le décret du 30 avril 1880.

En 1860, une circulaire du ministre de l'agriculture, du commerce et des travaux publics, envoyée à tous les préfets, après avis du Conseil d'État, les invitait à prescrire, par voie d'arrêtés, les mesures de précaution qu'exige dans les ateliers, manufactures et usines la sûreté des ouvriers. Ces arrêtés, dépourvus de sanction efficace, n'ont été que rarement approuvés par le Comité des arts et manufactures auquel ils devaient préalablement être soumis, et qui se fondait, pour les rejeter, sur l'inefficacité d'une réglementation par trop absolue, et sur les entraves que les mesures proposées apporteraient à l'exploitation des usines. C'est par des motifs du même ordre qu'en 1877 le Comité, saisi d'une pétition adressée à la Chambre par M. Oviève, ouvrier de Darnétal, qui depuis 1844 n'a pas cessé d'appeler l'attention des pouvoirs publics sur la question des accidents de fabrique, l'écartait en émettant l'avis « que les accidents auxquels les ouvriers sont exposés dans les usines ne sont ni assez nombreux, ni assez caractéristiques pour motiver des mesures spéciales et dont il pourrait résulter une gêne pour l'industrie ».

Ces mesures ont cependant été déterminées antérieurement à l'avis que nous venons de citer par l'art. 13 de la loi du 28 mai 1874 sur le travail des enfants et des filles mineures employées dans l'industrie, et lorsqu'en 1880 une circulaire du ministre de l'agriculture et du commerce prescrivit aux préfets de faire une enquête sur les accidents de fabrique et sur les moyens préventifs qui pourraient en diminuer le nombre, la plupart répondirent que l'application des dispositions de la loi de 1874 aux adultes, constituerait la plus efficace des garanties. Ces mesures, loin d'être pour les industriels une gêne, seraient en général accueillies avec faveur, puisque ceux-ci, reconnaissant eux-mêmes leur utilité, ont de leur propre initiative organisé dans certaines régions une sorte d'inspection privée, chargée d'étudier les modes de préservation les plus efficaces et d'en assurer l'application. C'est à Mulhouse que la première de ces sociétés de prévoyance et de sécurité a été organisée; l'industrie normande est entrée dans la même voie et la Société de Rouen compte de nombreux adhérents.

En ce qui concerne, non plus les mesures préventives, mais la réparation du dommage causé, en dehors des principes du droit commun, aucune disposition législative n'est intervenue.

Si la loi du 11 juillet 1868 s'est occupée des accidents, ce n'a été que pour créer, en même temps qu'une caisse d'assurance en cas de décès, une caisse d'assurance en cas d'accidents, purement facultative, du reste, et placée sous la garantie de l'État.

Aux termes de cette loi, tout ouvrier, employé à des travaux industriels ou agricoles, peut s'assurer en versant pour chaque année huit, cinq ou trois francs.

Si les blessures dont il est atteint entraînent une incapacité absolue de travail, il a droit à une pension annuelle, variant suivant sa cotisation et suivant son âge et dont le minimum est fixé à 150 fr.

En cas d'incapacité permanente du travail de la profession, cette indemnité est réduite de moitié. La veuve, les enfants, ou à défaut de ceux-ci le père ou la mère sexagénaires de l'assuré, reçoivent en cas de mort un secours équivalent à deux annuités de la pension à laquelle il aurait eu droit. Enfin les administrations publiques, les établissements industriels, les compagnies de chemins de fer, le sociétés de secours mutuels, les communes pour leurs compagnies de pompiers, peuvent contracter une assurance collective.

IV

Il résulte de ce qui précède que l'attention s'est portée sur les deux points suivants :

a. Prévenir les accidents;

b. En atténuer les conséquences.

Ainsi que nous l'avons dit plus haut, on n'arrivera à résoudre ces questions qu'en établissant clairement la responsabilité.

On ne saurait nier que la responsabilité seule de l'in-

dustriel constitue le risque plus ou moins grand. C'est lui
qui décide quel moteur il doit employer, c'est lui qui place
l'ouvrier devant la machine, c'est à lui qu'il appartient de
réglementer et de surveiller le travail dans l'usine.

Il n'est pas contesté qu'il a pour devoir de prendre toutes
les mesures qui sont de nature à sauvegarder la santé et la
vie de ceux qu'il emploie. Non seulement il doit se conformer aux règlements édictés, mais il doit veiller à leur
exécution. Le choix de l'outil, qui lui appartient, augmente
ou diminue le danger du travail. En dehors du salaire, il
doit donc la garantie du risque qu'il crée lui-même, d'où
la conséquence que l'employeur est responsable de l'accident, lorsqu'il est causé par l'outil ou la machine placée
entre les mains ou sous la conduite de l'ouvrier.

On ne saurait objecter la maladresse ou l'imprudence du
travailleur. Qui peut répondre que dans l'entraînement du
travail, un moment de distraction ne se produira pas? En
somme, l'industriel profite de la force de l'ouvrier comme
il profite de la force de la machine. Si par un hasard quelconque la machine se brise ou se détériore, il en supporte
les conséquences, il supporte seul la perte qui en résulte.
N'est-il pas logique de lui faire supporter de même les conséquences d'un accident dont l'ouvrier est victime ?

Nous posons donc le principe suivant : c'est le travail qui
est responsable de tout accident frappant l'ouvrier dans
l'usine ou sur le chantier, alors que cet accident est déterminé *par le bâtiment, par l'outil* ou qu'il résulte du *travail
lui-même.* Nous n'admettons d'exception à cette règle que
si l'accident s'est produit par suite de faits criminels ou
délictueux, qui ne puissent être mis à la charge du patron
ou de ses représentants.

L'imprudence ou la faute de l'ouvrier ne saurait être
invoquée pour supprimer la responsabilité du patron :
l'ouvrier doit être protégé contre sa propre négligence,
car la répétition quotidienne d'un travail dangereux l'habi-
tue insensiblement à négliger les précautions nécessaires ;
c'est au patron qu'il appartient de le défendre contre lui-
même, et il peut toujours le congédier s'il se heurte à un
refus d'obéissance.

Mais, si nous posons le principe de la responsabilité entière
du patron, nous entendons la limiter dans ses conséquences.

Actuellement les condamnations prononcées par les tribunaux, pour des cas semblables, varient du tout au tout : par cette raison qu'il est généralement tenu compte de considérations complètement étrangères au procès : par exemple, de la fortune de l'industriel, de ses propres charges, de ses profits, bien plus que des mesures de précaution observées dans l'usine.

Pour l'évaluation de l'indemnité due à l'ouvrier en cas d'accident, nous prenons le salaire pour base, en établissant, au point de vue des conséquences des accidents, les catégories énumérées dans la proposition que nous avons l'honneur de vous soumettre.

Il nous paraît que ces dispositions, dont l'économie se comprend facilement, sont de nature à garantir à l'ouvrier victime d'un accident, et à sa famille, les moyens de vivre, en même temps qu'elles mettent l'industriel à l'abri des charges trop considérables qui peuvent résulter pour lui d'un sinistre imprévu.

Elles donnent surtout à la société la sécurité qu'elle est en droit d'exiger en évitant de mettre à sa charge le résultat des accidents du travail.

V

Pour permettre à l'industriel de se garantir contre le risque qui naît de son entreprise, nous pensons qu'il est possible d'organiser dans des conditions pratiques une caisse d'assurance contre les risques de la responsabilité.

Le titre II de la loi du 11 juillet 1868 concerne spécialement la Caisse d'assurance en cas d'accidents. Cette caisse a fonctionné régulièrement depuis son origine, mais elle est loin d'avoir rendu les services qu'en attendaient ses fondateurs.

Dotée d'une subvention de l'État qui s'est élevée à 2,000,000 fr., elle a reçu depuis son origine, par l'État.................... 2.000 000 fr. »
Dons et legs...................... 1.000 » »
Cotisations ayant produit.......... 94.008 » 35
Arrérages en rentes des sommes placées 1.252.936 » 50

Ensemble.......... 3.347.944 fr. 85

Les dépenses comprennent :

Sommes allouées en cas de mort,
transports faits à la Caisse des retraites
pour le service des pensions.......... 59.967 fr. 04
  Achat de rentes (147.148 francs)...... 3.385.452 » 75

Ensemble.......... 3.445.419 fr. 79
Solde en caisse au 31 décembre 1880. 2.523 »

Le nombre des assurés qui, en 1874 s'élevait à 2.214, n'é-
tait plus au 31 décembre 1880 que de 1.812, chiffre bien
peu en rapport avec l'importance des services à rendre.

Certains économistes prétendent que cet insuccès est dû
aux difficultés que rencontre généralement l'intervention de
l'État dans le domaine des intérêts privés; nous ne parta-
geons pas cette opinion.

Il faut plutôt chercher la cause de l'indifférence qu'a
rencontrée la loi de 1868 dans les préventions d'un grand
nombre de travailleurs contre des projets imaginés dans un
intérêt purement politique, et qui paraissaient avoir surtout pour objet d'encadrer les ouvriers et d'ajouter aux
formalités de police, qu'on leur imposait déjà, une nouvelle immatriculation sur les registres de l'État.

Les démarches imposées à l'ouvrier pour contracter l'assurance : déclaration des noms, prénoms, âge, profession,
lieu et date de naissance, indication des sommes à assurer,
légalisation du maire de la résidence, constituaient des
dérangements nombreux et une perte de temps relativement considérable. La non-fixité de l'indemnité en cas
d'accident a nui également au fonctionnement de la caisse
d'assurance; de plus, l'ouvrier qui a conscience que la
responsabilité incombe à celui qui l'emploie semblait craindre que l'indemnité pour laquelle il payait lui-même la
prime, ne vint en cas de procès diminuer d'autant l'autorité
de sa réclamation.

Quant aux assurances collectives, la liste nominative des
assurés devant indiquer l'âge de chacun d'eux est fort difficile à fournir, attendu que le personnel peut varier sensiblement dans les établissements, d'une semaine à l'autre.
Il est vrai qu'une disposition postérieure a établi la faculté
de substitution, mais cette opération nécessite de longues
formalités qui en rendent l'application fort difficile.

Enfin, il faut ajouter que l'existence même de la caisse d'assurance en cas d'accidents est peu connue. Aucun rapport n'a été publié depuis 1873 et le conseil supérieur chargé de son administration ne s'est pas réuni depuis plus de huit années.

Ces difficultés et cette indifférence expliquent suffisamment le peu de succès de cette institution, et constituent des raisons bien plus sérieuses que les arguments tirés des prétendus inconvénients de l'intervention de l'État dans le domaine des intérêts privés.

Il est d'ailleurs plus que contestable que les intérêts dont nous nous occupons soient seulement des intérêts privés. L'État peut-il, sans s'en préoccuper, admettre que l'ouvrier infirme, que la veuve ou les orphelins de l'ouvrier tué tombent dans la misère et restent à la charge de la communauté? Un principe moral, humanitaire, d'intérêt général, appelle au contraire la sollicitude de l'État sur ces infortunes. Son devoir impérieux est d'en atténuer les conséquences et de faire en sorte que les victimes du travail, dont profite la société, ne soient pas abandonnées par elle.

Après avoir établi le principe de la responsabilité dans les accidents, l'État a le devoir d'offrir à l'industriel le moyen de se mettre à l'abri des conséquences de cette responsabilité.

Il ne s'agit pas d'établir l'obligation de l'assurance; une fois qu'il connaîtra l'étendue et les limites de sa responsabilité, chaque patron restera libre de se prémunir comme il lui conviendra, soit en restant son propre assureur, soit en s'assurant à des sociétés privées, soit en contractant avec la caisse de l'État.

On pourra objecter que l'État fera ainsi concurrence aux sociétés particulières. Il est vrai que l'État répudie toute idée de lucre. Il doit à l'assuré les meilleures conditions de prix possibles, mais comme avant tout il veut porter remède à une situation qui intéresse la société tout entière, on ne saurait lui reprocher son action. Nous admettons fort bien le principe de la non-intervention de l'État dans les assurances maritimes, dans les assurances contre l'incendie, qui n'ont d'autre objet que de préserver la fortune privée; mais le cas est tout différent lorsqu'il s'agit de la vie et des moyens d'existence des faibles et des malheureux. Nous affirmons alors, non seulement le droit, mais le devoir qui incombe à l'État de s'en préoccuper et d'intervenir.

Le projet que nous vous soumettons ne supprime pas la caisse d'assurance en cas d'accidents instituée par la loi du 11 juillet 1868; il ne touche que les assurances collectives pour en rendre le fonctionnement plus facile et plus pratique.

Il n'apporte aucune modification au dispositif réglant les assurances individuelles qui continueront à être souscrites comme par le passé.

Il importe en effet que l'ouvrier soucieux de l'avenir puisse contracter, de sa propre initiative, une assurance personnelle et augmenter ainsi les ressources qui doivent atténuer les conséquences des accidents auxquels il est exposé.

En ce qui concerne les assurances collectives, le présent projet donne toutes facilités. Il opère sur des moyennes et ne tient plus compte de l'âge de la victime pour établir le montant de la pension.

Nous n'avons pas sous les yeux les tables des sociétés privées touchant les risques d'accidents, mais des documents qui sont annexés à cette proposition il ressort clairement que le fonctionnement régulier de la caisse d'assurance en cas d'accidents est absolument certain, même avec des primes relativement peu élevées.

La moyenne établie par ces documents ne peut que servir de base au classement qui doit être fait des industries par catégories suivant les risques que comporte chacune d'elles.

Un règlement d'administration publique établira cette division.

Ainsi que nous l'avons exposé plus haut, de fréquentes tentatives ont vainement été faites dans le but de forcer les industriels à prendre certaines mesures préservatrices pour diminuer les risques d'accidents de fabrique ou d'exploitation. Un grand nombre de chefs d'établissements n'ont pas attendu cette obligation pour entrer dans cette voie, et il est juste de leur tenir compte des efforts faits, en même temps que de donner une impulsion nouvelle à ces installations de sécurité. C'est pour constituer un intérêt immédiat à ce progrès que nous proposons de répartir en trois classes les établissements qui contracteront l'assurance collective à la caisse de l'État.

La classe A qui comprendra les usines ou chantiers particulièrement bien installés au point de vue de la salubrité et de la sécurité profitera d'une réduction de 25 p. 100 sur la prime moyenne établie par le règlement d'administration publique visé plus haut.

La classe B (conditions ordinaires) payera la prime moyenne.

La classe C (conditions défectueuses), 25 p. 100 en plus de la prime moyenne. Les inspecteurs du travail des enfants et filles mineures dans les manufactures sont suffisamment au courant des questions industrielles pour opérer ce classement. La Caisse des dépôts et consignations continuera à gérer la Caisse d'assurance en cas d'accidents.

Nous avons exposé, Messieurs, quelles sont les raisons qui nous font désirer de voir établir et régulariser la responsabilité en matière d'accidents de fabrique ; l'organisation de la caisse d'assurance contre les risques de cette responsabilité est en quelque sorte le corollaire de ce projet.

Nous joignons aux textes de ces propositions des tableaux indiquant : 1° le salaire moyen des ouvriers en France ; 2° le nombre moyen par année des journées de travail dans les fabriques ; 3° les probabilités de fonctionnement de la caisse d'assurance contre les risques de la responsabilité.

PREMIÈRE PROPOSITION DE LOI

Article premier. — Le chef de toute entreprise industrielle, commerciale ou agricole est responsable, dans les limites de la présente loi, du dommage causé à tout ouvrier ou employé tué ou blessé dans le travail, soit que l'accident qui a amené la mort ou les blessures provienne du bâtiment, de l'installation de l'entreprise ou de l'outil employé, soit qu'il provienne du travail même.

Il ne sera fait d'exception à cette règle que pour les faits criminels ou délictueux, dont l'auteur reste responsable, suivant les principes du droit commun.

Art. 2. — La responsabilité du chef de l'entreprise est établie dans les conditions suivantes :

4° *Pour les hommes :*

a. — En cas de mort survenue au moment même de l'accident ou résultant des suites de cet accident, si l'ouvrier ou employé est marié, il sera attribué :

A sa veuve, une indemnité égale à deux fois le salaire annuel de la victime sans que le montant de cette indemnité puisse dépasser deux mille cinq cents francs;

A chaque enfant légitime, vivant au moment de l'accident ou à naître dans les dix mois qui suivront, une rente annuelle de cent francs, jusqu'à ce qu'il ait atteint l'âge de seize ans;

Si l'ouvrier ou l'employé est veuf, chaque enfant légitime aura droit à une rente annuelle de cent cinquante francs, jusqu'à ce qu'il ait atteint l'âge de seize ans;

Si l'ouvrier ou employé est célibataire ou veuf sans enfants, il sera attribué à ses père et mère sexagénaires, ou à défaut de ceux-ci à ses aïeuls et aïeules sexagénaires, une indemnité égale au salaire annuel de l'ouvrier ou employé décédé, sans que cette indemnité puisse dépasser la somme de douze cents francs, laquelle somme sera, s'il y a plusieurs ayants droit, répartie entre eux par fractions égales.

b. — En cas d'accidents entraînant une incapacité complète de travail,

Il sera attribué :

A l'ouvrier ou employé victime, une rente annuelle et viagère égale au tiers de son salaire annuel, sans que cette rente puisse être inférieure à trois cent soixante-dix francs, ni supérieure à sept cent cinquante francs;

S'il est marié, à sa femme une rente annuelle et viagère de cent francs;

A chaque enfant légitime, vivant ou à naître dans les dix mois qui suivront l'accident, une rente annuelle de cent francs jusqu'à ce qu'il ait atteint l'âge de seize ans.

c. — En cas d'accidents entraînant l'incapacité de la profession ou pouvant diminuer la somme de travail du blessé, l'ouvrier ou employé blessé aura droit à une rente annuelle et viagère variant du dixième au quart de son salaire annuel.

Dans tous les cas où l'indemnité est calculée d'après le salaire annuel, ce salaire sera estimé comme suit : à 300 fois le salaire de la journée, si l'ouvrier ou l'employé est engagé à la journée; s'il est engagé à la semaine, à 52 fois le salaire de la semaine; s'il est engagé à la quinzaine, à 26 fois le salaire du mois, en prenant pour base le prix payé à la victime pour la journée, la semaine, la quinzaine ou le mois, au moment de l'accident.

d. — En cas d'accident entraînant une incapacité temporaire de travail, il sera attribué à l'ouvrier ou employé victime, pour un temps qui en aucun cas ne pourra excéder six mois, une indemnité quotidienne égale à la moitié du salaire de sa journée au moment de l'accident.

2° *Pour les femmes :*

En cas de mort, s'il s'agit d'une veuve, il sera attribué à chaque enfant légitime, jusqu'à ce qu'il ait atteint l'âge de seize ans, une rente annuelle de cent cinquante francs.

Si la victime n'est pas mariée ou est veuve sans enfant, il sera attribué à ses père et mère sexagénaires, ou, à défaut de ceux-ci, à ses aïeuls et aïeules sexagénaires, une indemnité égale au salaire annuel de l'ouvrière ou employée décédée, sans que cette indemnité puisse dépasser la somme de sept cent cinquante francs. Cette somme sera, s'il y a plusieurs ayants droit, répartie entre eux par fractions égales.

En cas d'accident entraînant une incapacité de travail, ou diminuant les forces de la victime dans des conditions telles qu'elle ne puisse se livrer à aucun travail autre que celui du ménage, il lui sera attribué une rente annuelle et viagère, variant du huitième au tiers du salaire d'une année, et qui ne pourra être inférieure à deux cents francs ni supérieure à cinq cents francs.

En cas d'incapacité temporaire de travail, il lui sera attribué, pour un temps qui en aucun cas ne pourra excéder six mois, une indemnité quotidienne égale à son salaire journalier au moment de l'accident, et qui ne pourra être inférieure à un franc ni supérieure à deux francs cinquante centimes.

Art. 3. — En cas d'accident entraînant une incapacité de travail, l'employeur est tenu, sous peine d'une amende de 16 à 100 francs, d'avertir, dans les vingt-quatre heures, le juge de paix du canton où s'est produit l'accident, et ce magistrat devra procéder sans retard à une enquête sur les causes et les circonstances dudit accident.

Il dressera procès-verbal des faits et témoignages recueillis. La minute en sera déposée au greffe de son tribunal et copie en sera envoyée au procureur de la République et à l'inspecteur du travail des enfants et des filles mineures de la région.

Ledit inspecteur enverra chaque semestre, sous forme de rapport, au ministre du commerce, une statistique de tous les accidents de la région.

Art. 4. — A la requête de la victime ou de ses ayants droit, le juge de paix convoquera au chef-lieu du canton, où s'est produit l'accident, un tribunal arbitral composé du juge de paix, président; du maire ou de l'adjoint de la commune où la victime avait son domicile au moment de l'accident; de l'inspecteur du travail des enfants et filles mineures de la région; d'un patron et d'un ouvrier désignés par le conseil des prud'hommes du canton, s'il y en a, sinon par le conseil municipal de la commune où s'est produit l'accident.

Ce tribunal appréciera s'il y a ou non incapacité complète de travail et, en cas d'incapacité partielle, fixera le montant de l'indemnité dans les limites prescrites par l'art. 2.

Il pourra, si, au moment de sa convocation, les conséquences entraînées par l'accident lui paraissent douteuses, ordonner une provision et renvoyer son jugement à une date ultérieure, dans les six mois qui suivront.

Art. 5. — Les décisions du tribunal arbitral sont sans appel.

Art. 6. — Les créances des ouvriers tués ou blessés ou de leurs ayants droits, pour le payement des indemnités qui leur sont dues en raison de l'accident, sont privilégiées au même titre que celles énumérées dans l'art. 2101 du Code civil.

Art. 7. — Les indemnités et rentes établies par la présente loi sont incessibles et insaisissables.

Art. 8. — Les actions en responsabilité prévues par la présente loi se prescrivent par un an, à compter du jour de l'accident.

Art. 9. — Toute convention intervenant entre patrons et ouvriers contrairement aux dispositions de la présente loi est nulle de plein droit.

DEUXIÈME PROPOSITION DE LOI

ARTICLE PREMIER. — Il est créé sous la garantie de l'État une caisse d'assurance contre les risques de la responsabilité en cas d'accidents.

Cette caisse a pour objet de garantir les chefs d'entreprises industrielles agricoles et commerciales des conséquences pécuniaires de la responsabilité mises à leur charge par la loi du...

ART. 2. — L'assurance est contractée collectivement pour tous les ouvriers et employés d'une exploitation et pour une durée de trois ans.

ART. 3. — L'unité du risque qu'assure la caisse étant constituée par une journée de travail, la prime sera calculée sur la somme des journées de travail de tous les ouvriers de l'établissement.

Le nombre des ouvriers et employés et le total des journées de travail seront établis par une déclaration signée du chef de l'établissement, à la fin de chaque trimestre.

C'est sur cette déclaration que les primes seront acquittées par l'assuré, à terme échu.

Les registres portant inscription du nombre de journées de travail et du total des salaires payés par l'établissement assuré sont soumis à la vérification et au contrôle des agents de la caisse.

ART. 4. — Le taux des primes sera établi par un tableau classant les industries en cinq catégories, suivant le degré de danger que présente chacune d'elles.

ART. 5. — Les établissements assurés dans chaque catégorie seront eux-mêmes divisés en trois classes, suivant qu'ils seront plus ou moins bien aménagés, outillés et réglementés, au point de vue de la sécurité et de la salubrité.

La classe A bénéficiera d'une réduction de 25 p. 100 sur le taux de la prime.

La classe B payera la prime suivant le tarif dressé conformément aux dispositions de l'art. 4 ci-dessus.

La classe C subira une majoration de 25 p. 100 sur le taux de la prime.

Ce classement sera établi par les agents délégués par

la caisse avant la signature du contrat et d'accord avec l'assuré.

L'assuré qui, pendant la durée du contrat, améliorera l'outillage et l'installation de son exploitation pourra provoquer un nouveau classement de son établissement.

ART. 6. — Le capital en rentes et en espèces appartenant à la caisse d'assurance en cas d'accidents fondée par la loi du 11 juillet 1868 est désormais commun à ladite caisse et à la caisse d'assurance contre les risques de responsabilité.

ART. 7. — Les ressources de la caisse contre les risques de responsabilité se composent :

1° Du capital appartenant en commun à ladite caisse et à la caisse d'assurance en cas d'accidents prévus par la loi du 11 juillet 1868 ;

2° Des primes payées par les assurés suivant les art. 4 et 5 ci-dessus ;

3° D'une subvention annuelle de l'État, s'il y a lieu.

ART. 8. — Les pensions annuelles et viagères dues aux victimes des accidents, suivant les distinctions établies par la loi du   (sur la responsabilité) seront servies par la Caisse des retraites, moyennant la remise qui lui sera faite par la caisse contre les risques de la responsabilité du capital nécessaire à la constitution desdites pensions, d'après les tarifs de la Caisse des retraites.

ART. 9. — Le règlement des indemnités et des pensions se fait à la demande des intéressés sur la production du procès-verbal dressé par le juge de paix après chaque accident conformément à l'art. 3 de la loi du   , et des autres pièces nécessaires pour la constatation de l'identité et des droits des intéressés.

ART. 10. — Les tarifs de la caisse seront revisés tous les cinq ans à partir de 1885.

ART. 11. — La caisse d'assurance créée par la présente loi est gérée par la Caisse des dépôts et consignations. Toutes les recettes disponibles provenant soit des versements des assurés, soit des intérêts perçus par la caisse, soit des subventions de l'État, sont successivement et dans les huit jours, au plus tard, employées en achat de rentes sur l'État.

Une commission supérieure instituée sur les bases de la loi du 12 juin 1861 sera chargée de l'examen des questions relatives à la caisse.

Elle présentera chaque année au ministre du commerce un rapport sur la situation morale et matérielle de la caisse, lequel sera communiqué au Sénat et à la Chambre des députés.

Art. 12. — Dans les trois mois qui suivront l'homologation de la présente loi, un règlement d'administration publique déterminera, d'après les bases ci-dessus, les catégories d'industries, le taux des primes, les conditions spéciales des polices et la forme des assurances; il désignera les agents de l'État par l'intermédiaire desquels les assurances pourront être contractées.

Les procès-verbaux d'accidents dressés par le juge de paix et toutes les autres pièces seront délivrés gratuitement aux intéressés et dispensés des droits de timbre et d'enregistrement.

PROPOSITION DE LOI

RELATIVE A LA TRANSPORTATION DES RÉCIDIVISTES

PRÉSENTÉE PAR MM. WALDECK-ROUSSEAU ET MARTIN-FEUILLÉE

DÉPUTÉS

Dans la séance du 16 février 1882

EXPOSÉ DES MOTIFS

MESSIEURS,

Si le droit de punir, qui est reconnu à toute société a soulevé des controverses quant à l'application des peines ou au but que la législation pénale doit se proposer, on reconnaît généralement qu'il prend sa source dans le devoir qu'a tout État de protéger l'ensemble de ses membres, dans leurs propriétés et dans leurs personnes.

Il n'entre pas dans les exigences de la proposition de loi actuelle, de rechercher si les peines édictées par notre Code sont suffisamment exemplaires, si elles sont surtout suffisamment moralisatrices. De ce côté, croyons-nous, il y a beaucoup à faire. Nous pensons que le nombre des récidivistes peut être grandement diminué par une réforme intelligente, novatrice, humaine, du régime pénitentiaire. Mais cette réforme est plus particulièrement du domaine du pouvoir exécutif, car elle consisterait, avant tout, à modifier une réglementation résultant d'arrêtés ministériels, qu'il lui est loisible de rapporter, de compléter ou de mettre plus en harmonie avec la pensée de relèvement qui doit de plus en plus se substituer à l'idée d'expiation dans notre organisation sociale.

Mais jusqu'à ce qu'une législation et une réglementation meilleures, venant en aide à une éducation première largement répandue, aient lentement, progressivement, transformé les mœurs, il reste ce fait qui s'impose à l'attention et qui réclame une solution prompte : que dans un grand nombre de cas une première peine demeure stérile; — que le condamné, loin de rentrer dans la société avec des sentiments de repentir, semble n'y revenir que pour chercher une revanche.

Si la question demeurait posée dans ces termes et si elle devait purement et simplement se résoudre entre une société forte, puissante, défendue de toute part, et les condamnés non repentis, elle ne serait pas de nature à préoccuper trop vivement.

Mais quiconque s'est intéressé à ce qu'on pourrait appeler la physiologie de la criminalité, reconnaîtra l'exactitude de l'observation déterminante, à notre point de vue, dans le sens d'une loi spéciale sur la récidive.

C'est qu'il se constitue un enseignement du délit et du crime, qu'il se forme des écoles occultes de dépravation; c'est que la maison centrale ne rend à la liberté certains criminels qu'après qu'ils y ont laissé des élèves et que l'œuvre qu'ils ont commencée dans la prison ils la continuent dehors.

Il y a d'innombrables enfants que l'abandon de la famille, volontaire ou forcé, livre chaque jour à ce hideux embauchage, et s'il est quelque chose qui puisse douloureusement impressionner dans une société qui comprend enfin le devoir de rassembler et de purifier toutes ses forces, c'est la place qu'occupent dans la statistique criminelle les condamnés de 18 à 20 ans. Et si, de la statistique aride on passe à l'enchaînement des faits, on verra que cet enfant de 18 ans qui vient d'être condamné pour meurtre avait déjà pris ses grades auprès de ces maîtres du délit et du crime que d'incessantes condamnations rejettent comme par un roulement régulier de la rue à la prison et de la prison au pavé.

C'est cette contagion, cette inoculation du vice qu'il faut arrêter sans retard.

Si l'on veut juger de l'importance réelle d'une loi sur les récidivistes au point de vue de cette œuvre de sauvegarde, que l'on consulte les comptes rendus annuels de la justice criminelle.

Il en résulte que, sur 100 délits, 80 en moyenne sont commis par des récidivistes, que sur 100 criminels 50 sont récidivistes, et si on remonte aux casiers judiciaires, on verra que la plupart des crimes, presque tous, sont commis par ceux-là mêmes qui avaient déjà subi plusieurs condamnations pour délits : de telle sorte que mettre les récidivistes dans l'impossibilité de nuire, c'est tout à la fois diminuer les délits dans une proportion énorme et diminuer les crimes dans une mesure plus large encore.

La loi que nous proposons n'est pas d'ailleurs une innovation, au moins dans toutes ses parties. Elle marque un retour à la législation prévoyante du Code pénal de 1791 dont l'article 1er, titre II était ainsi conçu : « Quiconque ayant été repris de justice pour crime, viendrait à être convaincu d'un nouvel attentat sera, après avoir subi sa peine, transféré pour le reste de sa vie dans le lieu de déportation des malfaiteurs. »

La loi du 24 vendémiaire an II étendit ces dispositions aux vagabonds de profession, de telle sorte que la législation révolutionnaire avait en réalité embrassé toutes les hypothèses. Toutefois, dans le système que nous proposons, la transportation ne pourra résulter que de la loi ou d'un jugement.

Nous pensons d'ailleurs qu'une loi sur les récidivistes n'est pas seulement dans l'intérêt de l'État et de la partie saine de la population, mais aussi dans l'intérêt du condamné lui-même.

Des sociétés de patronage se sont fondées et nous devons rendre hommage au dévouement avec lequel certains hommes se sont consacrés à cette œuvre difficile qui consiste à négocier la rentrée du condamné dans la société; mais, quoi qu'on fasse, le meilleur et le plus repentant est suspect à tous ceux qui l'environnent; un mot, une révélation qui font connaître son passé, et le travail lui manque; la détresse avec toutes ses tentations et toutes ses souillures le reprend.

Aussi tous ceux qui ont été mêlés à l'administration de la justice peuvent-ils rendre ce témoignage qu'ils ont vu maintes fois les moins endurcis préférer la transportation à la réclusion.

Il suffit d'ailleurs de constater avec quelle énergie une

loi sur les récidivistes a été réclamée dans tous les grands collèges électoraux. Une pétition tendant à l'obtenir s'est couverte de plus de 50,000 signatures.

Nous savons bien qu'avant même qu'aucun texte n'eût été proposé, on a présenté cette réforme comme contenant des embûches et des pièges. C'est une accusation contre laquelle nous rougirions de nous défendre.

Nous ne pensons pas qu'il soit en France un parti qui puisse revendiquer comme siens les malheureux pour lesquels sont faites les prévisions de ce projet de loi.

Le projet d'ailleurs n'embrasse dans ses prévisions que les délits de droit commun; il les sépare de toutes les infractions qui de près ou de loin ressembleraient à un délit politique.

Il n'y a pas à définir la récidive : c'est l'expression légale de la rechute : mais il fallait discerner avec soin les faits dont la répétition engendre la récidivité qui appelle une répression spéciale.

C'est là une œuvre délicate comme tout jugement à rendre sur la moralité d'un acte.

Une première classification est facile. Elle consiste à distinguer la récidive de crime à crime, de crime à délit, de délit à délit, de délit à crime.

En matière de crime, il ne nous a pas paru qu'aucune distinction fût nécessaire. Il en est autrement en matière de délits. Tous ne sont pas également dangereux pour la société.

Nous n'avons admis comme pouvant entraîner les peines de la récidive que le vol, l'abus de confiance, l'escroquerie, l'outrage public à la pudeur, l'excitation des mineurs à la débauche.

Quant aux délits de coups et blessures, doit-on les comprendre parmi ceux dont la constatation répétée entraîne de plein droit les peines de la récidivité? Nous ne le croyons pas et nous proposons de décider que, suivant la nature plus ou moins coupable du fait, les peines en question pourront être appliquées, mais en vertu seulement du jugement prononçant la dernière condamnation.

L'étude des questions que soulève une loi de ce genre nous a conduits à nous occuper des condamnés pour mendicité ou pour vagabondage.

Le fait d'être sans domicile ou d'être réduit à la mendicité peut être le résultat de circonstances indépendantes de la volonté. Une usine se ferme, le travail vient à manquer, les récoltes font défaut, une opération se traduit par un désastre, et alors combien d'hommes parfaitement honnêtes peuvent être exposés à tomber sous l'application de l'art. 278 du Code pénal !

Mais à l'inverse il y a un vagabondage, il y a une mendicité qui, loin de résulter de l'absence du travail, sont à la fois une habitude et une industrie, un état voulu, et nous dirions normal si ce n'était la chose la plus contraire à toute régularité et à toute morale.

Alors le vagabondage et la mendicité sont une de ces écoles de dépravation dont nous parlions plus haut. Bien peu de criminels arrivent à la cour d'assises sans avoir déjà subi plusieurs condamnations de cette nature.

Nous proposons donc de décider que le vagabondage ou la mendicité pourront entraîner l'application des peines de la récidivité, mais que la transportation devra être prononcée par le jugement.

Nous demandons en outre qu'on modifie l'art. 270 du Code pénal. Il classe parmi les vagabonds ceux qui n'ont ni domicile certain ni moyens de subsistance, et qui n'exercent *habituellement ni métier ni profession.*

Ces expressions ont soulevé plus d'une controverse et l'on peut dire que les vagabonds les plus dangereux, ceux qui fournissent le plus fort contingent de criminels échappent à la définition actuelle de l'art. 270.

Elle frappe ceux qui confessent leur misère ; mais atteint-elle cette phalange de déclassés volontaires, chevaliers d'industries inavouables, émigrant chaque nuit de garni en garni, vivant du vice, aujourd'hui du jeu clandestinement organisé dans quelque carrefour, demain de la débauche qu'ils encouragent et dont ils perçoivent les profits ?...

Nous proposons d'ajouter aux expressions de l'art. 270 « qui n'ont ni domicile certain ni moyen de subsistance » ces mots « soit qu'ils n'exercent habituellement aucune profession, soit qu'ils vivent du jeu ou de la prostitution sur la voie publique ».

Quant au régime légal des récidivistes transportés, il ne nous a pas semblé qu'il fût nécessaire de créer une législation nouvelle de toutes pièces. Les raisons qui ont conduit à édicter la loi de 1854 sont précisément celles qu'on invoque pour demander une loi sur les récidivistes.

On a pensé qu'une condamnation aux travaux forcés dénotait une perversité suffisante pour justifier la transportation. Il en est de même de la récidive lorsqu'elle emprunte au nombre et aux circonstances des condamnations une gravité exceptionnelle.

Il était donc parfaitement juste de soumettre à la même peine le condamné qui aura témoigné qu'aucune leçon, aucun exemple ne peuvent l'amender.

Tout en édictant contre les récidivistes la transportation à vie, il importait de leur laisser comme un encouragement et une espérance la faculté de rentrer en France lorsqu'ils auraient mérité cette faveur par leur bonne conduite. C'est ce que nous demandons par l'art. 12, mais après un délai suffisant pour attester la sincérité du repentir.

On s'est demandé si la transportation dans une colonie produirait toutes les conséquences heureuses qu'il serait vraiment consolant d'en attendre. Nous le croyons fermement. Personne n'ignore que cette terre d'Australie, qui alimente aujourd'hui de ses blés et de ses laines toute une partie des grands marchés de l'Europe, a été conquise à la production, à la vie industrielle par les convicts.

Certes, le dévouement des hommes qui, comme le capitaine de vaisseau Philip, jetèrent les bases de cette rénovation de tout un pays par des condamnés et de ces condamnés par ce pays même, a été pour beaucoup dans cette œuvre de civilisation et de relèvement.

Mais pensera-t-on qu'un Philip, un Paterson, un Darling soient introuvables dans un pays comme la France?

D'ailleurs ceux que la justice aura frappés et que la société française aura ainsi exclus du continent, dussent-ils ne pas devenir meilleurs, ce n'est pas d'eux qu'il faut seulement se préoccuper, c'est de toutes ces générations nouvelles qu'il faut, sous peine de décadence, enrôler dans l'armée des travailleurs honnêtes et soustraire à cette gangrène du vice qui énerve, qui corrompt et qui décime ceux-là mêmes auxquels la vie est la plus dure et qui ont plus que tous les autres besoin d'être éclairés, sauvegardés, sauvés.

PROPOSITION DE LOI

ARTICLE PREMIER. — La récidive de crime à crime, de délit à crime, de crime à délit ou de délit à délit, entraîne la transportation à la Nouvelle-Calédonie dans les cas prévus par la présente loi.

ART. 2. — Sera en conséquence transporté à vie :

1° Tout individu qui, ayant été condamné pour crime à la réclusion ou à plus d'un an de prison, par admission des circonstances atténuantes, sera de nouveau condamné dans un intervalle de dix ans à compter de son élargissement, à l'une des mêmes peines pour un fait qualifié crime ;

2° Tout individu qui, ayant subi une des condamnations indiquées au paragraphe précédent pour crime, encourra dans un intervalle de dix ans à compter de son élargissement deux condamnations à trois mois de prison pour l'un des délits suivants :

Vol ;

Abus de confiance ;

Escroquerie ;

Outrage public à la pudeur ;

Excitation habituelle des mineurs à la débauche ;

Coups et blessures.

Dans ce dernier cas, la transportation à vie ne résultera pas de plein droit du jugement portant la dernière condamnation ; elle devra être prononcée.

ART. 3. — Sera également transporté à vie :

1° Tout individu ayant encouru dans un intervalle de dix ans cinq condamnations à la prison pour les délits ci-dessus et dans les conditions fixées audit article ;

2° Tout individu qui dans un intervalle de dix ans aura encouru deux condamnations à trois mois de prison pour l'un des délits ci-dessus et une condamnation pour fait qualifié crime à plus d'un an d'emprisonnement ou à la réclusion.

ART. 4. — Les dispositions qui précèdent ne sont pas applicables aux individus âgés de plus de 60 ans ou de moins de 18 ans. Toutefois les condamnations encourues par le mineur de 18 ans entraîneront la transportation s'il est, après avoir atteint cet âge, de nouveau condamné soit pour crime, soit pour un des délits ci-dessus spécifiés, dans un intervalle de dix ans à partir de la première condamnation.

Art. 5. — Tout individu se trouvant lors de la promulgation de la présente loi dans les conditions prévues comme entraînant la transportation à vie, n'y sera soumis que s'il est de nouveau condamné pour crime ou pour l'un des délits spécifiés par l'article 2.

Art. 6. — Toutes les dispositions relatives à la surveillance de la haute police, et la loi du 9 juillet 1852 sur l'éloignement de Paris et Lyon sont abrogées.

Art. 7. — Seront transportés après la cinquième condamnation, prononcée dans un intervalle de dix ans, les individus qui auront été condamnés pour vagabondage et mendicité. Toutefois la transportation ne résultera pas de plein droit de la condamnation; elle devra être prononcée.

Art. 8. — L'article 270 du Code pénal est ainsi modifié :

« Les vagabonds ou gens sans aveu sont ceux qui n'ont ni domicile certain, ni moyen de subsistance, soit qu'ils n'exercent habituellement aucune profession, soit qu'ils vivent du jeu ou de la prostitution sur la voie publique.

Art. 9. — Le transporté à vie, pourra quitter momentanément la colonie en vertu d'une autorisation expresse du gouverneur. Il ne pourra, en aucun cas, être autorisé à rentrer en France.

Art. 10. — En cas de grâce, le récidiviste condamné à la transportation ne pourra en être dispensé que par une disposition spéciale de la lettre de grâce.

Art. 11. — Tout condamné à la transportation qui se sera rendu coupable d'évasion, sera puni d'un emprisonnement de quinze jours à un an.

Tout condamné qui aura quitté la colonie sans autorisation ou qui aura excédé le délai fixé par l'autorisation sera puni de la peine de huit jours à six mois d'emprisonnement.

Les dispositions de l'article 463 du Code pénal sont applicables dans les cas ci-dessus.

Art. 12. — Après cinq années de séjour dans la colonie, le transporté à vie pourra obtenir la remise de la transportation et être autorisé à revenir en France.

Il pourra également obtenir l'exercice de tout ou partie

des droits dont il aurait été privé par la condamnation prononcée contre lui.

ART. 13. — Un règlement d'administration publique déterminera tout ce qui concerne l'exécution de la présente loi et notamment : l'étendue des concessions de terrains à faire aux transportés et à leurs familles, les avances à leur faire pour premier établissement, leur mode de remboursement, l'étendue des droits de l'époux survivant, des héritiers et des tiers sur les terrains concédés, les conditions auxquelles le conjoint ou les enfants du transporté pourront être autorisés à le rejoindre dans la colonie.

PROPOSITION DE LOI

SUR LA

RETRAITE DES INSTITUTEURS ET INSTITUTRICES PRIMAIRES

(Renvoyée à la Commission de l'enseignement primaire)

PRÉSENTÉE PAR MM. PAUL BERT ET DETHOU

DÉPUTÉS

Dans la séance du 28 février 1882

EXPOSÉ DES MOTIFS

MESSIEURS,

Les Chambres républicaines ont toujours témoigné le plus vif intérêt à l'enseignement primaire, et fait en sa faveur les plus importants sacrifices. Cependant, le personnel enseignant a jusqu'à présent peu profité, au point de vue financier, de ces dispositions généreuses. Sans doute la proposition de loi dont j'ai eu l'honneur de saisir la Chambre le 17 février dernier, et le projet à peu près identique déposé consécutivement par le Gouvernement donneront, quand ils seront votés, satisfaction à des besoins urgents et légitimes, sous le rapport des traitements annuels.

Mais les conditions de la retraite n'ont point été modifiées, et restent ce qu'elles sont depuis la loi du 18 avril 1776; c'est-à-dire que l'instituteur n'a droit à une pension qu'à l'âge de 55 ans, après 25 ans de service.

Cette loi, dont je m'honore d'avoir eu l'initiative, marquait un sensible progrès sur l'état de choses antérieur. Elle a cependant paru insuffisante, non seulement aux intéressés, mais à tous ceux qui s'occupent d'enseignement primaire.

En réalité, l'âge de cinquante-cinq ans correspond généralement à trente-cinq ans de services. Or c'est là trop demander.

La profession d'instituteur est matériellement fort rude. Les organes respiratoires sont particulièrement surmenés. Quantité d'instituteurs succombent à des maladies de poitrine, et celles du larynx atteignent la grande majorité d'entre eux, empoisonnent leur vie, et trop souvent les forcent à quitter l'enseignement bien avant l'époque de la retraite.

D'un autre côté, l'intérêt public n'est point toujours satisfait par ce si long emploi d'un même homme. Les matières de l'enseignement augmentent sans cesse, les méthodes se perfectionnent, les livres et le matériel scolaire changent. Toutes ces améliorations restent trop souvent lettre morte pour le vieil instituteur, qu'a envahi et pétrifié la routine. Et alors on voit ce spectacle lamentable d'un instituteur qui a conquis par son mérite une situation importante, puis qui, devenu insuffisant au bout de vingt-cinq ou trente ans, est renvoyé dans des communes de plus en plus petites, les seules où, dit l'Administration, on puisse encore l'utiliser.

Spectacle lamentable pour un vieux et dévoué serviteur qui n'a eu d'autre tort que de s'être usé au service de la nation, plus lamentable encore pour les enfants confiés à ses soins, alors qu'il est découragé et se sent frappé d'une sorte de dégradation. Or, ces enfants, dans ces pauvres villages où les lectures sont rares, où ne pénètre aucune lumière, auraient plutôt droit encore à un instituteur d'élite que ceux des villes, dont l'intelligence trouve mille occasions de stimulation et de développement.

De tout cela il faut accuser le trop longtemps de services exigé pour la mise à la retraite.

On l'a senti depuis longtemps, car le projet de décret de septembre 1791, rédigé par Talleyrand, disait déjà :

« Tout maître d'école primaire aura, après vingt ans d'exercice, son traitement pour retraite. »

En 1831, le projet de loi déposé par M. Barthe, ministre de l'instruction publique et des cultes, disait dans son article 13 :

« A partir de la promulgation de la loi, les communes verseront annuellement dans les caisses des receveurs d'ar-

rondissement, une somme égale au vingtième du traitement
fixe de chaque instituteur; laquelle somme sera placée en
rentes sur l'État, à l'effet d'assurer les pensions de retraite
aux instituteurs, soit au bout de trente ans de services, soit
après dix ans au moins de services en cas d'infirmités contractées pendant les fonctions. »

Et peu de mois après, le ministère ayant changé, M. Emmanuel Las Cazes, député, déposait une proposition de loi
où la pension de retraite était accordée après vingt années
de services.

La loi du 9 juin 1853 a exigé, pour le droit à la retraite,
30 ans de services et 60 ans d'âge. La pension était basée
sur la moyenne des traitements et émoluments de toute
nature soumis à retenue dont l'ayant droit avait joui pendant les six dernières années d'exercice. Elle était réglée
pour chaque année de services à un soixantième de ce
traitement moyen. Pour avoir droit à une retraite pour
infirmités graves, résultant de l'exercice des fonctions, il
fallait avoir 50 ans d'âge et 30 ans de service.

En un mot, l'enseignement primaire était considéré
comme un service *sédentaire.*

La loi du 17 août 1876 a eu pour but de le faire classer
parmi les services *actifs.* Donc, 55 ans d'âge et 25 ans de
services, pour la retraite régulière; 45 ans d'âge et 15 ans
de services pour la retraite motivée sur des infirmités.

Enfin, comme le règlement des retraites donnait encore
trop souvent des chiffres dérisoires, j'avais demandé et
obtenu que le minimum de la retraite régulière fût de
600 francs pour les hommes et 500 francs pour les femmes.
Au budget de 1881, un amendement signé par moi et par
mes collègues de la Commission de l'instruction primaire a
fait établir à 400 francs le minimum de la retraite pour
infirmités.

Mais ces améliorations successives me paraissent encore
insuffisantes. Exiger d'un instituteur l'âge de cinquante-
cinq ans pour avoir droit à la pension de retraite, c'est contraindre un grand nombre de ces fonctionnaires, épuisés
avant l'âge, à se retirer sans nulle retraite, ou avec la faible
pension motivée sur leurs infirmités.

Il me semble que c'est la durée des services qui doit ici
entrer exclusivement en ligne de compte quand il s'agit de

la retraite, et qu'il était bon de se rapprocher du principe de 1791. Mais j'ai cru devoir porter à vingt-cinq ans la durée exigée.

En présence de cette amélioration considérable, il n'y avait plus lieu de compter, comme l'a fait la loi de 1876, l'avantage donné aux élèves des écoles normales de voir compter pour la retraite leurs années d'études à l'école après l'âge de vingt ans. Ainsi, l'âge de la retraite possible s'abaissera à quarante-cinq ans pour l'instituteur sorti de l'école normale avant vingt ans.

Enfin, il m'a paru nécessaire de supprimer également la condition d'âge pour l'obtention de la retraite liquidée pour infirmités, et de ne garder que la durée des services. C'est une conséquence du principe plus haut posé.

En conséquence, j'ai l'honneur de soumettre à vos délibérations la proposition de loi suivante :

PROPOSITION DE LOI

ARTICLE PREMIER. — Les instituteurs et institutrices primaires auront droit à la pension de retraite après vingt-cinq années de services, sans condition d'âge.

ART. 2. — Les années passées dans d'autres services publics compteront pour les vingt-cinq ans de retraite, pourvu que le fonctionnaire ait exercé vingt ans dans l'enseignement public.

ART. 3. — La pension de retraite sera basée sur la moyenne des traitements et émoluments de toute nature, sujets à retenue, dont l'ayant droit aura joui pendant les six années qui auront produit le chiffre le plus élevé.

ART. 4. — La pension sera de la moitié du traitement moyen établi comme il vient d'être dit, avec accroissement pour chaque année de services, en sus de vingt-cinq, d'un cinquantième de ce traitement.

En aucun cas, elle ne pourra ni excéder les trois quarts de ce traitement moyen, ni être inférieure à 600 francs.

ART. 5. — Peuvent également être mis à la retraite, s'ils comptent dans l'instruction publique ou dans les services actifs quinze ans de services, les instituteurs et institutrices que des infirmités graves, résultant de l'exercice de leurs fonctions, mettent dans l'impossibilité de les continuer.

Dans ce cas, la pension sera liquidée à raison d'un cinquantième du traitement moyen par chaque année de service.

Elle ne pourra, dans aucun cas, être inférieure à 400 francs.

ART. 6. — La loi du 17 août 1876 est abrogée.

Néanmoins, pour toutes les dispositions de la loi du 9 juin 1853 auxquelles il n'est pas dérogé par celles de la présente loi, les instituteurs restent classés dans le service actif.

PROPOSITION DE LOI

PORTANT MODIFICATIONS A LA LOI SUR LES SOCIÉTÉS

PRÉSENTÉE PAR MM. WALDECK-ROUSSEAU ET FÉLIX FAURE

DÉPUTÉS

Dans la séance du 28 février 1882

EXPOSÉ DES MOTIFS

MESSIEURS,

L'expérience de ces dernières années, de ces derniers mois surtout, a prouvé que la loi de 1867, tout en entourant la création des sociétés par actions de très sages précautions, est restée impuissante à empêcher les manœuvres les plus frauduleuses de certains lanceurs d'affaires, dont les agissements constituent pour la fortune publique et surtout pour la petite épargne un véritable danger.

Confiants dans leur habileté, certains spéculateurs ont imaginé de mettre en actions toutes les entreprises et trop souvent celle qui ne reposent que sur des bases chimériques et sur des estimations mensongères.

Les promoteurs de ces opérations savent toujours attirer les capitaux à l'aide d'une publicité très étendue. Ils se conforment à la lettre de la loi de 1867 et atteignent généralement leur but, qui consiste à réaliser des profits considérables sur l'émission même.

La souscription couverte, les actionnaires qui ont apporté leur économies, se trouvent en présence d'une affaire dérisoire, dont la caisse n'a reçu qu'une partie de leurs versements.

On peut dire que toutes les entreprises de ce genre ne sont créées qu'en vue de la seule émission des actions :

l'affaire en elle-même n'est que secondaire, lorsqu'elle n'est pas fantastique; et les souscripteurs s'aperçoivent trop tard que leur apport n'a servi qu'à enrichir des intermédiaires, sans responsabilité ultérieure, qui ont su abuser de leur confiante naïveté.

C'est cet état de choses qui a particulièrement éveillé l'attention et qui appelle un remède.

Dans l'examen des mesures qui peuvent être prises, et si louable que soit le dessein de réagir contre la spéculation malhonnête, il ne faut pas perdre de vue que le crédit est l'instrument indispensable du commerce et de l'industrie, et la difficulté consiste à éviter d'apporter la moindre entrave à la formation de sociétés sérieuses, dont les fondateurs doivent faire appel aux capitaux du public.

L'examen attentif de ce qui constitue la spéculation blâmable et frauduleuse des lanceurs d'affaires, dans le sens large du mot, mettra sur la voie de la solution.

Un groupe de personnes décide de faire une émission. Il s'agit de trouver d'abord sous quelle étiquette on va la présenter au public; la chose est aisée : c'est quelquefois la création d'une banque, d'une compagnie d'assurances; souvent c'est l'exploitation d'une concession illusoire en France ou à l'étranger, d'un établissement industriel qui ne produit plus et que le propriétaire cherche à liquider.

Une fois en possession du nom, le groupe se transforme en syndicat, il se distribue les actions, remplit les conditions exigées par la loi pour que la société soit valablement constituée, et, par la simple présentation à l'officier ministériel chargé de dresser l'acte de société des valeurs représentant le quart du capital social, il établit le versement exigé par la loi.

Or le plus souvent ces valeurs ne font que sortir, moyennant commission, de la caisse d'un banquier, où elles rentrent aussitôt après la numération faite sous les yeux du notaire.

Le moment est venu alors de trouver des actionnaires, ou plutôt des acheteurs, auxquels on cédera les actions suffisamment majorées pour constituer le bénéfice du syndicat créateur.

Une publicité considérable, dont la société doit faire les frais, d'audacieuses réclames, appuyées des noms et des titres de personnages recrutés spécialement pour cet objet, attirent le public, d'autant plus confiant qu'on lui fait payer plus cher son entrée dans la société.

Une fois les actions placées, le syndicat disparaît, gardant comme bénéfice la somme dont les actions ont été majorées, et il reste dans les caisses de la société le versement des acheteurs, diminué, d'une part, du bénéfice des syndicataires; de l'autre, des frais de publicité, d'émission, etc., dont les fondateurs se font largement indemniser. En réalité, le quart du capital n'a jamais intégralement existé autrement que sur le papier.

Si l'affaire est nulle, le souscripteur ne trouve donc plus même son propre apport, puisque l'intermédiaire qui est intervenu en a confisqué une partie.

En dehors de la somme qu'ils ont ainsi gardée, les syndicataires s'attribuent généralement et vendent le plus tôt possible, même avant que la société fonctionne, un certain nombre d'actions entièrement libérées en dehors du capital d'émission, de sorte qu'il faut pourvoir non seulement à la rémunération des capitaux des actionnaires, mais encore à celle d'un capital qui représente de prétendus apports que personne n'a contrôlés au moment de l'émission, et que les actionnaires doivent bien admettre ensuite, sous peine de perdre les frais énormes d'établissement qui, dans la plupart des cas, égalent le montant de ce qui reste en caisse.

Nous n'hésitons pas à penser que les fondateurs de la société, pas plus qu'aucun souscripteur, ne peuvent réaliser un bénéfice qu'ils n'ont pas réellement acquis par un versement à la société. Ils sont en quelque sorte les gérants provisoires de la société en formation, et c'est celle-ci qui doit être considérée comme le vendeur primitif.

Aussi proposons-nous de décider que les membres fondateurs d'une société doivent, avant de vendre les actions qu'ils créent, les avoir réellement acquises, au regard de cette société, par le versement du quantum exigé par les statuts.

Il est nécessaire de préciser les garanties pour assurer la constatation de ce versement, et, à notre avis, il est indispensable d'exiger le dépôt réel et suffisamment prolongé dans les caisses de la Banque de France, d'une somme égale au quart du capital social.

On objectera sans doute qu'une société peut avoir immédiatement besoin des capitaux qu'elle a demandés au public.

Mais le dépôt du quart du capital souscrit étant seul prescrit, rien n'empêchera les sociétés sérieuses de demander un versement plus considérable.

Si les promoteurs d'une entreprise font à celle-ci des apports qui ne consistent pas en numéraire, ils doivent attendre pour en recevoir le prix que la société soit régulièrement et complètement constituée, et que les actionnaires aient pu apprécier le marché offert à la masse. Ils ne doivent pouvoir vendre les actions qu'ils ont ainsi reçues que lorsque la société fonctionne.

Enfin, le montant du prix de ces apports ne saurait figurer dans le capital nominal de garantie que la société annonce au public, sans que celui-ci soit mis au courant de la division du capital, en ce qui touche la part affectée au payement des apports qui ne consistent pas en numéraire.

Nous estimons qu'il est possible de se montrer plus exigeant en ce qui concerne le droit de négociation, et nous proposons de l'admettre seulement pour les actions libérées de 50 p. 100 au lieu de 25 p. 100, chiffre fixé par la loi de 1867.

Nous voulons aussi que les titres nominatifs ne puissent être convertis en titres au porteur qu'après entière libération. En effet, malgré la réserve prévue à l'art. 3 de la loi de 1867, qui rend les souscripteurs primitifs responsables pendant deux ans après la conversion des actions libérées de moitié, il est fort difficile, sinon impossible, de retrouver des souscripteurs en cas d'appel de fonds, s'ils ont cédé leurs titres.

Les récents désastres qui ont provoqué une crise sur les principaux marchés financiers d'Europe sont dus en grande partie à la spéculation de certains établissements sur leurs propres actions, aussi trouvons-nous qu'il est sage d'interdire aux sociétés d'acquérir elles-mêmes ou par des tiers leurs propres titres, à moins que ce ne soit dans un but d'amortissement et comme emploi d'un bénéfice régulièrement constaté au dernier inventaire.

Cette disposition laissera aux sociétés la latitude nécessaire pour faire rentrer dans leur portefeuille des titres qui seraient momentanément ou injustement dépréciés.

On ne s'explique pas qu'un établissement dont les actions

ne sont pas encore entièrement libérées puisse faire un nouvel appel au crédit, au lieu d'avoir recours aux sommes qui, en réalité, sont dues par les actionnaires. Aussi nous considérons qu'il est possible, sans nuire aux opérations des sociétés, d'interdire toute augmentation du capital nominal avant le versement total du capital primitif.

Enfin, pour donner au public tous les renseignements qui doivent lui permettre d'opérer sûrement, nous pensons que, préalablement à la constitution de la société, les fondateurs qui se disposent à faire appel au public dès cette constitution doivent immédiatement faire connaître le nom, l'objet de la société à créer, le nom de ses fondateurs, la part qu'ils prennent dans cette création et le profit qu'ils se proposent d'en tirer en compensation des apports qu'ils font à la société. De plus, par une modification à l'art. 58 de la loi de 1867, l'extrait publié après la constitution de la société doit contenir copie des délibérations prises par l'Assemblée générale de constitution, dans les cas prévus par les art. 4 et 24 de la loi de 1867 relatifs aux apports qui ne consistent pas en numéraire ou aux avantages particuliers faits à l'un des associés, et, pour les sociétés anonymes, la liste nominative des souscripteurs telle qu'elle est prévue par l'art. 55 de la loi du 24 juillet 1867.

Quant aux motifs qui nous conduisent à proposer de déclarer que l'art. 1965 du Code civil n'est pas applicable aux marchés à terme, ils ont été déduits depuis de nombreuses années avec un éclat et une force incomparables, notamment par M. Troplong. L'achat et la vente à terme sont, dans l'état actuel de la société, l'une des formes les plus essentielles et les plus accréditées du négoce.

Ne suffit-il pas d'ailleurs de constater, *en fait*, que l'exception de jeu n'a ni supprimé ni même diminué le jeu et, *en raison*, qu'on ne décourage pas la spéculation en proclamant, que, si l'on peut ne pas gagner par la mauvaise foi de celui qui a perdu, on peut toujours ne pas perdre grâce à sa mauvaise foi propre?

Ce sont ces considérations, Messieurs, qui nous ont conduits à présenter à votre approbation la proposition suivante.

PROPOSITION DE LOI

ARTICLE PREMIER. — Les articles suivants de la loi du 24 juillet 1867 sont modifiés comme suit :

1º ART. 1ᵉʳ. — Remplacer les paragraphes 2 et 3 par les dispositions suivantes :

« ... Elles ne peuvent être régulièrement constituées :

« 1º Qu'après que le fondateur ou le gérant aura fait au greffe de la justice de paix de son canton une déclaration indiquant le titre de la société à créer, son objet, les noms, prénoms, titres, qualités, domicile des fondateurs et la part que chacun d'eux prend dans la société ; les avantages particuliers stipulés en faveur de ceux des fondateurs ou associés dont l'apport ne consiste pas en numéraire, et la désignation de cet apport. Cette déclaration sera portée à la connaissance du public par voie d'affiches, signées du greffier de la justice de paix, et qui seront apposées à la porte de la justice de paix à la porte du tribunal de commerce, à la porte de la mairie et dans la salle publique de la Bourse.

« Il sera justifié de cette publicité par des certificats dûment légalisés, délivrés par les greffiers de la justice de paix et du tribunal de commerce, par le secrétaire de la mairie et le gardien de la Bourse.

« 2º Qu'après la souscription totale du capital et le versement par chaque actionnaire du quart au moins des actions par lui souscrites.

« Cette souscription et ce versement sont constatés dans un acte notarié, par une déclaration du gérant et par la présentation d'un récépissé de la Banque de France, attestant le dépôt à cet établissement, au nom de la société en formation, d'une somme égale au quart du capital social.

« Cette somme ne pourra être retirée des caisses de la Banque de France que sur une délibération prise par l'Assemblée générale de la société et soixante jours après la constitution de la société.

« A cette déclaration du gérant sont annexés......... (le reste comme à l'article 1ᵉʳ). »

2º L'article 2 est remplacé par la disposition suivante :
« Les actions ou coupures d'actions sont négociables après le

versement de moitié et seulement après la constitution définitive de la société. Les actions accordées en compensation
d'apports ne consistant pas en numéraire, ne pourront être
négociées que six mois après la constitution définitive de
la société. »

3° L'art. 3 est remplacé par la disposition suivante :

« *Les actions nominatives ne pourront être converties en
actions au porteur qu'après entière libération.* »

4° Ajouter au paragraphe 2 de l'art. 58 la disposition
suivante, après les mots : *fonds de réserve :*

« *De plus il doit contenir une copie certifiée des délibérations prises par l'assemblée générale dans les cas prévus par
les art. 4 et 24, et la liste nominative, dûment certifiée, des
souscripteurs avec l'indication des noms, prénoms, qualités,
domicile et du nombre d'actions de chacun d'eux.* »

5° Ajouter au paragraphe 1er de l'art. 64, après les mots :
et de l'énonciation du capital social :

« *En spécifiant la part de ce capital représentée par des
apports qui ne consistent pas en numéraire.* »

ART. 2. — Toute augmentation quelconque de capital est
interdite aux sociétés par actions avant la complète libération du capital primitif.

ART. 3. — Il est interdit aux sociétés par actions d'acheter,
elles-mêmes ou par tiers interposés, leurs propres actions
ou obligations, à moins qu'elles ne soient au-dessous du
pair et que ce ne soit comme emploi du bénéfice constaté
au dernier inventaire.

Il est interdit aux sociétés par actions d'acheter, elles-
mêmes ou par tiers interposés, leurs propres actions ou
obligations, sauf dans le but d'amortir leur dette, et au
moyen des bénéfices nets constatés au dernier inventaire.

ART. 4. — Toute infraction aux dispositions des articles 2
et 3 sera punie d'une amende de 500 à 10.000 francs sans
préjudice de l'application de l'art. 405 du Code pénal, s'il
y a lieu.

ART. 5. — L'art. 1965 du Code civil n'est pas opposable
aux obligations résultant de marchés à terme.

Les art. 421 et 422 du Code pénal sont abrogés.

PROPOSITION DE LOI

RELATIVE A LA

CAISSE DES RETRAITES POUR LA VIEILLESSE, AUX CAISSES D'ASSURANCES EN CAS DE DÉCÈS ET D'INCAPACITÉ DE TRAVAIL, ET AUX ASSOCIATIONS DE SECOURS MUTUELS

PRÉSENTÉE PAR M. WALDECK-ROUSSEAU

DÉPUTÉ

Dans la séance du 16 mars 1882

EXPOSÉ DES MOTIFS

MESSIEURS,

Il n'y a pas de problème plus digne de fixer l'attention que celui de l'organisation de l'épargne et de la prévoyance. Divers efforts ont été faits dans ce but. Une loi du 18 août 1850 a créé une *Caisse de retraites pour la vieillesse* : une loi du 11 juillet 1868, deux *Caisses d'assurances en cas de décès* et en cas d'*incapacité de travail*; enfin de nombreuses dispositions ont été consacrés à la fondation et à la réglementation des *associations de secours mutuels*. Ces institutions ont assurément produit des résultats dont on doit s'applaudir, mais il s'en faut de beaucoup qu'elles aient répondu aux espérances qu'elles avaient fait concevoir. La *Caisse des retraites*, malgré des sacrifices fort lourds pour le budget, est restée presque stationnaire, en tant du moins qu'on l'envisage au point de vue des services qu'elle rend à l'épargne laborieuse.

Le nombre des *associations de secours mutuels* a sensiblement augmenté, mais celui des sociétaires qui arrivent à obtenir des retraites est encore fort restreint et le chiffre de ces pensions est de beaucoup au-dessous de ce qu'il pourrait être.

Enfin la *Caisse des assurances* en cas de décès fonctionne à peine, et on peut dire que celle des assurances en cas d'accidents ne fonctionne pas du tout.

En réalité la Caisse des retraites ne sert que fort peu d'instrument d'épargne aux travailleurs. Elle est au contraire devenue pour le placement de certains capitaux et non des petites économies une source de spéculations et de bénéfices.

Il suffit, pour s'en convaincre, de suivre le mouvement des versements reçus par elle depuis sa fondation.

En 1851 les versements s'élevèrent à 1.200.000 francs.

En 1852, à la suite de la conversion, les porteurs de 5 p. 100 furent autorisés à verser jusqu'à 600 francs de rentes à la caisse, les versements s'élevèrent à 31 millions. Ce n'était assurément pas la catégorie des travailleurs, en vue de laquelle cette institution avait été créée, qui avait versé ces 31 millions.

En 1853, l'intérêt servi par la Caisse est réduit à 4 1/2 ; le maximum des versements annuels est fixé à 2.000 francs : immédiatement les recettes tombent à 1.600.000 francs en 1854 et à 1.500.000 francs en 1855.

Le 20 décembre 1872 l'intérêt à 5 p. 100 est rétabli : tout aussitôt la spéculation se rejette sur la caisse qui reçoit 39 millions.

Ces oscillations de 1.500.000 francs à 39 millions prouvent assez que, suivant le cours de la rente ou des valeurs, les détenteurs de capitaux les portent à la Caisse des retraites ; et des variations aussi brusques ne peuvent être le résultat de l'apport mensuel, annuel tout au plus, toujours sensiblement le même, de la petite épargne, de l'épargne ouvrière.

Un autre fait s'est produit, nous le pensons tout au moins, et la vérification en sera facile au Parlement. Nous sommes persuadés que les Compagnies d'assurances sur la vie ont retiré un bénéfice considérable de la Caisse des retraites et que, si elles ne l'ont pas fait, c'est qu'elles auraient volontairement négligé de le faire.

En effet, suivant les tarifs les plus rémunérateurs pour l'assuré, la Compagnie qui reçoit 10.000 francs s'oblige à servir 750 francs de rentes.

Or, en espaçant avec intelligence ses versements de façon à les régler sur le chiffre *maximum* que la Caisse peut recevoir, il dépend d'elle dans une même période de temps, d'obtenir de la Caisse des retraites ces 750 francs de rentes en lui versant 8.700. Différence à son profit, 1.300 francs.

Cependant quels sont les sacrifices imposés à l'État par la Caisse des retraites ? Il résulte du rapport fait en 1879 que durant les cinq dernières années l'État avait perdu, par la différence des intérêts qu'il paye, 5 p. 100, avec ceux qu'il reçoit en plaçant les fonds : 14.338.000 francs, soit 2.877.000 francs par an en chiffres ronds. Actuellement cette perte s'élève graduellement et se chiffre par plus de 10 millions.

Si l'on ajoute à ce premier sacrifice celui qui résulte des subventions versées à la Caisse pour le compte des sociétés de secours mutuels et qui est d'environ 500.000 francs par an, enfin les intérêts de la dotation de 10 millions, on trouve que l'entretien de la Caisse des retraites coûte plus de 12 millions par an à l'État, sans grand profit pour la classe laborieuse, mais avec de grands avantages, au contraire, pour les capitalistes désireux d'un placement à 5 p. 100.

Le décret du 26 avril 1856, dans le but d'encourager les versements pour retraites, accorde aux sociétés une subvention qui se décompose ainsi : le quart du versement opéré par l'association, plus 1 franc par membre participant, plus 1 franc par membre participant âgé de plus de cinquante-cinq ans. Toutefois, la subvention ne doit pas dépasser le versement, elle ne peut non plus excéder le chiffre de 3.000 fr. ou le *nombre des membres participants multiplié par 3.*

En fait, les associations versent en moyenne 1.500.000 fr. et l'État 500.000 francs.

A quel résultat aboutissent ces sacrifices réciproques? Il résulte du compte rendu des opérations de la Caisse que la *moyenne des pensions viagères est de 69 fr. 80 centimes et* qu'en 1879 *onze* pensions seulement atteignaient 600 francs.

En tenant compte des éléments de calcul usités en cette matière, on voit qu'il faudrait plusieurs siècles à une association de secours mutuels pour arriver à constituer à ses membres des pensions de 300 à 400 francs.

Il résulte du même compte rendu de 1879 que le nombre des assurés en cas de décès est de 12.900, alors que le chiffre des membres participants des sociétés est de 869.000 au moins. Il y en aurait donc 857.000 qui ne verseraient pas une obole pour assurer à leur veuve ou à leurs enfants une somme quelconque à leur décès, et cela en supposant que ces 12.000 assurés appartiendraient tous à des sociétés de secours mutuels. Quant à la Caisse d'assurances en cas d'incapacité de travail, son fonctionnement est nul.

Tel est l'état des choses.

D'une part, les administrateurs de la Caisse des consignations et plusieurs membres du Parlement ont proposé d'atténuer les pertes de la Caisse en abaissant le taux de l'intérêt.

De l'autre, on tente de donner un essor nouveau aux sociétés de prévoyance, et plusieurs projets sur l'établissement de caisses de retraites pour la vieillesse ont été formulés.

Nous ne croyons pas que ces diverses solutions puissent conduire à de bons résultats.

L'abaissement du taux de l'intérêt est un expédient qui, sans profiter notablement au Trésor découragera complètement l'épargne : ou l'abaissement ramènera l'intérêt servi par la Caisse à celui de la moyenne des fonds publics, et alors les rentes obtenues, si minimes déjà, seront encore réduites ; ou le taux restera supérieur à celui des fonds publics tout en étant inférieur à 5 p. 100 et alors, tout en diminuant les rentes viagères, on laissera un aliment considérable aux opérations sur capitaux.

Ajoutons que la question est bien moins, suivant nous, de réduire les charges de l'État que d'en obtenir des résultats bienfaisants pour l'intérêt général.

Quant à créer de toutes pièces un système nouveau d'épargne et de caisses pour la vieillesse, c'est un procédé que nous ne croyons pas plus heureux.

Il nous semble bien préférable de remanier ce qui existe et d'arriver à en faire un instrument simple et sûr d'économie, que de superposer de nouvelles institutions sur les anciennes.

Enfin nous ne pensons pas que l'épargne individuelle puisse prendre un développement suffisant. Des sacrifices modestes comme ceux qu'on doit attendre d'employés ou d'ouvriers qui vivent d'un travail quotidien ne permettront pas, s'ils sont isolés, de constituer les ressources les plus nécessaires. Ils peuvent donner les meilleurs résultats s'ils sont collectifs et secondés par l'association.

Partant de là, nous proposons :

En réservant le bénéfice de la Caisse des retraites et des Caisses d'assurances aux associations de secours mutuels,

1º D'assurer à ces associations le produit intégral des sacrifices faits par l'État ;

2º De faire que la subvention fournie par le budget aille directement à la petite épargne, au lieu de servir à certains capitaux des compléments de revenu ;

3º De développer l'esprit de prévoyance et d'économie en poussant à l'association sans laquelle l'esprit de prévoyance ne saurait se répandre, sans laquelle l'économie peut demeurer impuissante.

Il nous a paru qu'il n'y avait pas d'encouragement plus décisif à la création et au développement des associations de secours mutuels, que de leur réserver le bénéfice exclusif des lois de 1850 et de 1868.

Est-ce le droit de l'État ? A coup sûr ! Un sacrifice prélevé sur la contribution publique n'est légitime qu'autant qu'il est fait dans un but d'utilité sociale. On a cru y parvenir en mettant à la disposition des individus une caisse dotée par l'État, alimentée chaque journée par de nouveaux prélèvements. On a pensé généraliser ainsi l'esprit de prévoyance et d'économie, arriver à permettre aux travailleurs de s'assurer une vieillesse moins pénible... L'expérience a démontré qu'ils n'en profitent que faiblement, et que la meilleure part des sacrifices de l'État tourne au profit d'intérêts tout différents ; s'il apparaît qu'on puisse mieux faire, que cet argent pris sur le budget peut être plus utilement placé, son devoir est tout tracé.

Or, il n'y a pas d'œuvre plus utile à l'intérêt social dans ce qu'il a de plus général et de plus élevé que celle qui consiste à enseigner aux travailleurs de tous les ordres que le groupement intelligent et laborieux de leurs forces, l'esprit de prévoyance, la puissance de l'économie multipliée par le fait de l'association, peuvent les soustraire aux épreuves si dures de la vieillesse, de la maladie, de l'incapacité de travail.

Nous demandons en outre qu'au système aujourd'hui pratiqué pour la constitution des rentes viagères au profit des membres des associations de secours mutuels, on substitue *l'Assurance directe avec la Caisse des retraites.*

Actuellement, voici quel est le système suivi :

Une société verse à la *Caisse des dépôts et consignations* au compte « Retraites sur fonds spéciaux » une partie des ressources restées libres en fin d'exercice.

Ce versement, augmenté de la subvention de l'État, est capitalisé à 4 1/2 p. 100. C'est ainsi qu'est constitué le fonds de retraite.

Advenant l'âge auquel un ou plusieurs membres ont droit à une retraite, on fait un virement, c'est-à-dire qu'on prélève sur le *fonds de retraite*, pour le verser à la *Caisse des retraites, un capital suffisant pour obtenir la rente à payer.*

Nous avons déjà dit que la moyenne des retraites ainsi obtenues était en 1879 de 69 fr. 87, et que onze pensions seulement atteignaient 600 fr. Ce résultat peu encourageant vient de la nature même du placement.

Entre ce que fait l'association et ce qu'elle pourrait faire, il y a la même différence qu'entre le placement de 1 franc à intérêt composé, — c'est l'opération qu'elle fait, — et le placement de 1 franc en assurances sur la vie, — c'est l'opération qu'elle ne fait pas.

En d'autres termes, elle perd en rente tout ce qui lui serait acquis dans une opération où il serait tenu compte *des chances de mortalité.*

Il est vrai que la part du capital versé grossi des intérêts, qui appartient à chaque membre, vient, par voie d'accroissement, augmenter le patrimoine des survivants chaque fois que meurt un sociétaire avant l'âge requis ; mais ce mécanisme appliqué à des groupes de cent à cinq cents personnes, correspond à une sorte de système d'hérédité, et ne donne aucun des résultats que produirait le placement avec chances de mortalité opéré au compte individuel de chaque membre à la Caisse des retraites. Un exemple fera saisir très facilement la différence des résultats des deux opérations.

On peut évaluer à 105 francs la part incombant à chaque sociétaire dans le total du fonds de retraite actuellement existant.

Combien d'années faut-il pour que chaque sociétaire, arrive à obtenir 69 francs de retraite ? *Trente-deux ans*, suivant la statistique qui a été faite.

Dans le système que nous proposons, en *dix-huit ans* le

même sociétaire aura obtenu ces 69 francs de retraite, et en trente-deux ans, c'est 200 *francs* de retraite, au lieu de 69 francs qu'il aura. Voir le tableau n° 4.

A ce premier vice, il en faut ajouter d'autres.

Le sociétaire verse une cotisation en bloc; il ignore ce qui, en fin d'année, pourra être affecté au fonds de retraite, première cause d'incertitude et de découragement. Advenant l'âge de la retraite, c'est le plus souvent l'assemblée générale qui détermine et le nombre des bénéficiaires et le chiffre de la pension.

Or, si l'on veut que le travailleur retienne régulièrement sur sa journée un *quantum* pour s'assurer une retraite, il faut qu'il soit *certain de l'obtenir*, qu'il sache *de quel chiffre elle sera;* et si l'on veut que ce quantum s'accroisse, il faut qu'il voie pour ainsi dire grossir sous ses yeux ses droits à la pension.

A ces errements anciens, nous proposons de substituer l'assurance faite par l'intermédiaire de l'association pour le compte individuel de chaque sociétaire directement avec la Caisse des retraites et *moyennant le versement d'une prime connue* donnant droit à une pension également *déterminée à l'avance.*

Dans le système que nous proposons, une association de secours mutuels avec une cotisation mensuelle de deux francs pourra :

1° Payer comme par le passé, et directement à ses membres, la journée de maladie 1 fr. 50;

2° Leur assurer des retraites pour la vieillesse, des indemnités en cas de décès;

Des pensions en cas d'incapacité de travail, variant de 150 à 242 francs.

En effet :

La journée de maladie est généralement fixée à 1 fr. 50 c., la cotisation étant de 2 francs; restent 0,50 c. par mois ou 6 francs par an.

Aujourd'hui, avec une cotisation moyenne de 1 fr. 50 les associations de secours mutuels ont un excédent de 4 fr. 35 par tête, qui, ajoutés aux 6 francs, ci-dessus donnent 10 fr. 35.

Mais elles payent en secours aux veuves, aux orphelins, aux incurables, 899.714 fr. 68, qui, dans notre système, se-

raient désormais payés par la caisse, soit 1 franc par tête,
nous arrivons à 11 fr. 35.

Enfin, le revenu de la dotation qui leur est affecté correspond à 0,57 c. par tête : total, 11 fr. 92 c. ou 12 francs
en chiffres ronds.

Ce versement de 12 francs ne serait pas par lui seul suffisant pour assurer et la retraite prévue au tableau n° 1 et les
indemnités en cas de décès, et les pensions en cas d'accidents prévues aux tableaux 2 et 3.

Les retraites calculées au tableau n° 1 supposent un versement annuel de 10 francs.

Les indemnités en cas de décès, un versement minimum
de 2 francs.

Les pensions en cas d'incapacité de travail, un versement
minimum de 3 francs. Total, 15 francs.

En décidant que l'État versera au compte individuel de
chaque membre la somme de 3 francs on arrive au chiffre
voulu, et on *se tient strictement dans les prévisions de la loi
de* 1850 qui fixe à 3 francs par membre participant le maximum de la subvention.

Ce sacrifice est-il le dernier mot de ce que l'État peut
faire? C'est une question qu'il ne nous appartient pas de
résoudre. Nous ne nous sommes proposé de démontrer
qu'une chose : à savoir que, sans augmenter les sacrifices
des sociétaires ni ceux de l'État, il était facile : 1° d'élever
sensiblement le chiffre des retraites ; 2° *d'assurer, outre une
pension de retraite, une indemnité en cas de décès, une pension en cas d'incapacité de travail.*

C'est déjà un résultat de nature à mériter l'attention. Il
faut remarquer en outre que le sociétaire assuré en cas
d'incapacité de travail verra sa situation singulièrement
améliorée. En effet nous ne changeons rien à cette partie
de la législation qui veut que la retraite soit liquidée par
anticipation *en cas d'incapacité de travail.* D'où suit qu'un
sociétaire obtiendra en même temps et une retraite proportionnelle et une pension pour incapacité de travail.

Quant aux justifications à faire par l'association qui
voudra bénéficier de la loi, nous les avons réduites au minimum nécessaire, à une condition unique : établir qu'elle
s'impose et qu'elle impose à ses membres le versement d'une
cotisation suffisante, pour que le triple contrat de retraite,

d'assurance en cas de décès et d'assurance en cas d'incapacité de travail, puisse se former entre elle et la caisse.

La cotisation totale devra être de 2 francs, et la journée de maladie de 1 fr. 50, parce qu'avec une cotisation moindre l'association ne pourrait verser en fin d'année les 12 francs par tête, nécessaires pour obtenir les bénéfices assurés par la caisse.

Elle devra s'engager à effectuer un versement de 12 francs, parce que cette contribution représente le minimum nécessaire pour assurer au sociétaire des avantages sérieux.

Mais, en dehors de ces conditions essentielles à tout fonctionnement, l'État n'aura point à intervenir dans la rédaction des statuts. Il n'aura plus à les modifier ou à les rejeter.

Le régime des associations, de par la loi générale que nous avons eu l'honneur de déposer sur cet objet, est des plus simples.

Aucune restriction du droit de les former : plus de surveillance ni de tutelle.

Une association veut-elle vivre de ses seules forces, elle peut organiser ses statuts à sa guise, organiser des caisses de retraites et d'assurances suivant sa volonté.

Mais si elle croit que la collaboration de l'État peut lui être utile, elle ne saurait trouver mauvais, sans doute, que celui-ci, en retour des avantages qu'il promet, exige un engagement précis. Si la liberté comporte le *droit de fonder des caisses*, elle ne comporte pas le *droit de se faire admettre aux bénéfices d'une opération avec une caisse déterminée dont on refuserait d'accepter les conditions*.

Il y avait d'ailleurs dans l'intérêt même des sociétaires une nécessité évidente à ce que l'on établît, pour toutes les associations qui traiteront avec la caisse, une *uniformité d'obligations* correspondant à une *uniformité d'avantages*.

Fort peu de travailleurs peuvent accomplir toute leur carrière dans une même commune ou dans un même déparment. Qu'arrive-t-il avec des caisses multiples et différant de conditions ?

Que celui qui doit abandonner l'association dont il faisait partie ne peut la quitter sans perdre une partie des profits qu'il en devait attendre, et que s'il entre dans une association nouvelle, il s'y trouve dans une situation infiniment moins avantageuse que s'il y avait passé les années durant lesquelles il faisait partie de la précédente.

Dans l'organisation nouvelle, le travailleur qui aura passé 10 ans et 3 mois par exemple dans telle association de la Seine, et qui s'inscrira dans telle association de la Gironde, sera pour sa retraite et ses assurances exactement dans la même situation que s'il n'avait pas changé de résidence.

En stipulant que le capital des rentes servies ferait retour à la Caisse des retraites au décès des titulaires, nous n'avons point innové. Dans l'état actuel c'est, comme nous l'avons dit, l'association qui fournit la rente, puisqu'elle l'achète de la caisse des retraites moyennant un capital qu'elle prend sur son fonds spécial à la Caisse des dépôts et consignations. Aussi, l'association servant en réalité la rente, c'est à son fonds de retraite que le capital en fait retour.

Désormais la rente étant servie par la Caisse des retraites, c'est à cette même caisse que le capital doit faire retour.

En maintenant le principe que les rentes viagères et les pensions en cas d'accident sont incessibles et insaisissables, nous avons élevé le chiffre auquel elles cessaient d'avoir ce caractère.

Nous l'avons porté de 360 francs à 600, parce que cette somme ne représente guère en 1882 que ce qui était représenté en 1850 par le chiffre de 360 francs.

Si le projet fixe un minimum de cotisation, il permet en outre les cotisations supplémentaires. Beaucoup de travailleurs peuvent prélever plus de 2 francs par mois sur leur salaire. Ils arriveraient ainsi à doubler ou à tripler la rente viagère prévue au tableau n° 1. De même pour l'indemnité en cas de décès, de même pour la pension en cas d'incapacité de travail.

Nous avons demandé que les associations opérant avec la Caisse des retraites délivrassent à chaque sociétaire un livret constatant l'état de ses versements. Nous voudrions en outre que ce livret remis gratuitement à l'association contînt tous les tarifs et tous les tableaux à l'usage de la Caisse des retraites et qu'on ne saurait trop vulgariser. Chaque sociétaire pourrait ainsi se rendre compte, et des sommes auxquelles il a droit, et des rentes qu'il peut acquérir en s'imposant un surcroît d'économies. Nous osons en effet affirmer qu'il n'y a pas aujourd'hui dix citoyens sur mille qui se soient rendu compte de ce que peut produire un franc placé à 16 ans et réalisable à 65.

Nous avons fixé 65 ans, sauf les cas de liquidation anticipée, parce que c'est à la fois l'âge moyen requis pour la retraite des fonctionnaires et employés d'État, et l'âge requis par le plus grand nombre des associations.

Il restait à déterminer comment se ferait la transition de l'état de choses ancien à l'état nouveau.

Nous avons vu que les prélèvements pour retraites étaient versés par les associations à la Caisse des dépôts à leur compte à elles, et que l'élévation des retraites que nous voulons obtenir suppose le versement direct à la Caisse des retraites au compte individuel de chaque associé.

Il y aura donc lieu de convertir les droits confus de chaque sociétaire sur l'ensemble des fonds de retraites en parts individuelles. Pour cette opération, il doit être tenu compte de l'âge de chacun et du temps passé dans l'association, par rapport à la masse à partager. Nous proposons de confier à un comité d'*actuaires* cette opération d'une nature toute spéciale et tout à fait de leur compétence. Ces comptes particuliers une fois dressés, chaque sociétaire serait immédiatement crédité d'un premier versement à la Caisse des retraites égal au montant de son compte, et de ce chef il aurait droit à une retraite que viendraient accroître ses versements successifs.

C'est ainsi que les versements effectués au nom des titulaires, faisant actuellement partie d'une association de secours mutuels, donneraient droit à une retraite de 612 fr. 45 pour ceux qui auraient 16 ans, de 356 francs pour ceux qui auraient 25 ans, etc... (Voir le tableau n° 4.)

Le même tableau, colonnes 3, 6 et 7, montre en outre qu'il serait possible, grâce aux ressources dont disposent les associations, d'assurer à tous leurs membres, par le versement d'un capital complémentaire et à titre de premier élément de la retraite future, 69 fr. 57 de rente.

La Commission, actuellement saisie de divers projets qui touchent également aux sociétés de secours mutuels, s'est posé la question de savoir si ces associations pourraient acquérir, recevoir, posséder et ester en justice.

Nous n'avons point introduit dans la loi de dispositions

spéciales sur ce point, parce que nous les croyons inutiles et que la solution de ces questions dérive à notre avis des principes généraux.

Toutes les obscurités sur ce sujet viennent d'une perpétuelle confusion entre le fait de constituer *un être collectif* et celui d'acquérir la *personnalité civile*. A moins d'une disposition de loi restrictive du droit, toute collectivité de deux ou plusieurs personnes capables d'acquérir et d'aliéner individuellement, peut acquérir et aliéner en commun. Elle forme un *être moral*. Elle est la raison sociale des membres qui la composent. En eux réside, sous les conditions imposées par le pacte qui les lie, la propriété des biens.

Ce sont eux, personnes déterminées, qui acquièrent ou aliènent en commun.

Il n'est donc pas besoin d'une disposition de loi qui leur confère un droit qu'ils possèdent.

Où une loi deviendrait au contraire nécessaire, ce serait si ces mêmes individus voulaient que la propriété résidât non en eux, mais dans un être distinct d'eux-mêmes, et s'ils voulaient, en un mot, que leur association obtînt la *personnalité civile*.

Quelle sera donc la situation d'une association de secours mutuels suivant qu'elle aura ou qu'elle n'aura pas de personnalité civile? La question, au point de vue des cotisations ne présente pas d'intérêt : les cotisations que l'association verse à la caisse des retraites au compte individuel de chacun, ne tombent dans aucune espèce de communauté : elles demeurent la propriété de chaque titulaire. Que l'un se retire de l'association, la situation des autres n'est pas modifiée.

Quant aux cotisations qu'elle retient, le départ d'un membre ne peut davantage modifier la situation de ses cosociétaires. Ces cotisations ne sont pas en effet mises en commun pour être partagées, elles sont soumises au régime de la mutualité, c'est-à-dire qu'elles appartiennent conditionnellement à celui au profit duquel se produira l'événement d'une condition déterminée.

En d'autres termes et pour revenir à une distinction que nous croyons *fondamentale* : le versement des cotisations n'enlève pas à *l'association* son caractère exclusif et simple : il n'en résulte pas une *société*.

Reste l'hypothèse où l'association aurait acquis des biens, un immeuble par exemple, ou une valeur mobilière.

Alors il n'est pas douteux que si l'association n'a pas la personnalité civile, la propriété en réside dans la personne des membres qui la composent, elle demeurera indivise tant qu'ils demeureront associés, elle sera nécessairement partageable le jour où la société sera rompue.

Que si elle a obtenu la personnalité civile, à côté, au-dessus des membres de l'association, on suppose une personne civile qui en est distincte. C'est cet être de raison qui acquiert, qui possède, qui aliène. Alors, à vrai dire, c'est moins une société de biens qu'une mainmorte qui se forme : privilège redoutable pour les individus, puisqu'il les exclut de la propriété et ne les admet qu'à la jouissance; redoutable pour l'État, puisqu'il tend à immobiliser une partie des biens dont le mouvement incessant est une condition essentielle de sa prospérité.

C'est pourquoi on a toujours pensé qu'un tel privilège doit être accordé, mesuré en connaissance de cause, et qu'il ne pouvait être accordé indistinctement, en masse, à toutes les associations présentes ou futures même d'un genre déterminé.

Ainsi, croyons-nous que de ce chef il convient de laisser les associations de secours mutuels sous le régime du droit commun.

PROPOSITION DE LOI

ARTICLE PREMIER. — A dater de la promulgation de la présente loi, la Caisse des retraites pour la vieillesse, créée par la loi du 18 août 1850 et la Caisse d'assurance en cas de décès et en cas d'incapacité de travail créée par la loi du 11 juillet 1868, demeureront exclusivement affectées au développement et à l'encouragement des *Associations de secours mutuels*.

Les opérations de retraite en cours seront seules continuées.

Aucune nouvelle opération d'assurances ne sera engagée au profit des particuliers.

ART. 2. — Moyennant le versement d'une cotisation

unique qui recevra l'affectation déterminée par l'article 5, l'État assure aux sociétaires :

1° Une pension viagère pour la vieillesse;

2° Une indemnité en cas de décès, payable à leur veuve ou à leurs héritiers;

3° Une pension viagère en cas d'incapacité de travail absolue ou relative.

ART. 3. — Toute association de secours mutuels, qui voudra participer aux avantages résultant de la loi, remettra au percepteur de la commune, où se trouvera le siège de son établissement, un exemplaire de ses statuts justifiant :

1° Que le minimum de la cotisation imposée à ses membres est de 2 francs par mois;

2° Que sur le montant de cette cotisation elle s'engage à verser chaque année une somme de 12 francs par sociétaire.

ART. 4. — Le montant des versements effectués par l'association, pour le compte de ses membres, est accompagné de la liste nominative des sociétaires avec indication de leur âge pour les sociétaires admis dans le courant de l'année.

Il est porté au compte individuel de chacun d'eux, à la Caisse de retraites et d'assurances, et grossi d'une somme de 3 francs versée par l'État.

ART. 5. — La somme de 15 francs ainsi obtenue sera répartie, savoir :

10 francs pour la retraite;

2 francs pour l'assurance en cas de décès;

3 francs pour l'assurance en cas d'incapacité de travail.

ART. 6. — La cotisation de 10 francs pour retraite donne droit aux rentes viagères calculées suivant l'âge du sociétaire conformément au tarif n° 1 ci-annexé, avec jouissance à 65 ans.

La liquidation peut en être faite par anticipation dans le cas d'incapacité absolue de travail.

ART. 7. — Le capital des rentes servies aux sociétaires fera retour à la Caisse des retraites au décès des titulaires.

ART. 8. — Les assurances en cas de décès sont faites collectivement. Le versement de 2 francs donne droit aux indemnités fixées suivant l'âge de l'assuré, conformément au tableau n° 2 ci-annexé.

ART. 9. — Les assurances en cas d'incapacité absolue de travail sont fixées conformément au tarif n° 3.

L'incapacité relative résultant de l'impossibilité de continuer l'usage de la profession exercée donne ouverture à la moitié des mêmes indemnités.

ART. 10. — Tout membre d'une association de secours mutuels pourra en outre, par l'intermédiaire de la société, effectuer en sus de la cotisation imposée des versements supplémentaires soit pour retraites, soit pour assurance en cas d'incapacité de travail ou de décès.

Toutefois, la cotisation supplémentaire pour retraite ne pourra excéder 1,000 francs par an.

La cotisation pour assurance en cas d'incapacité de travail ne pourra excéder 8 francs.

La somme assurée en cas de décès ne pourra excéder 3,000 francs.

L'assuré qui fera des versements supplémentaires pour assurance en cas de décès jouira du tarif de l'assurance collective n° 2.

Ces cotisations supplémentaires feront l'objet d'un état séparé.

ART. 11. — L'association délivrera à chaque sociétaire un livret constatant qu'il fait partie de cette association et contenant l'état des sommes versées à son compte à la Caisse des retraites et d'assurances.

ART. 12. — Tout porteur d'un livret qui changera de domicile sera membre de droit de l'association existant dans la commune, l'arrondissement ou le département de son nouveau domicile.

ART. 13. — Les indemnités assurées en cas de décès pour la totalité, les rentes viagères de retraite et les pensions en cas d'incapacité de travail jusqu'à concurrence de 600 francs, sont incessibles et insaisissables.

ART. 14. — Le compte particulier des membres de toute association actuellement existante qui voudra faire avec la Caisse des retraites et d'assurances les opérations ci-dessus sera établi par un comité d'actuaires désignés par le Gouvernement, proportionnellement à l'âge de chacun d'eux et au temps passé dans la société, par rapport à l'actif de la société au fonds spécial pour retraites.

Le montant de ces comptes particuliers sera versé au compte individuel de chaque sociétaire à la Caisse des retraites pour lui donner droit à la rente calculée suivant le tarif.

PROPOSITION DE LOI

PORTANT MODIFICATION A LA LOI DU 27 JUILLET 1872 SUR LE RECRUTEMENT DE L'ARMÉE

PRÉSENTÉE PAR M. LÉON GAMBETTA

DÉPUTÉ

Dans la séance du 25 mars 1882

EXPOSÉ DES MOTIFS

MESSIEURS,

Le pays réclame depuis longtemps avec insistance la réduction du temps de présence sous les drapeaux à un maximum de trois ans et la répartition plus équitable des charges du service militaire.

La proposition de loi que nous avons l'honneur de vous présenter est destinée à donner, autant que possible, satisfaction à ce vœu.

La durée de trois ans est généralement considérée comme le minimum du temps nécessaire à l'instruction de l'ensemble des classes et à la constitution des cadres inférieurs.

On peut dès lors admettre qu'au lieu de faire partie pendant cinq ans de l'armée active, comme l'édicte la loi du 27 juillet 1872, les contingents ne passent que trois ans sous les drapeaux et deux ans dans la disponibilité. (Article 19 de la présente loi.)

Mais il convient de considérer que les nécessités budgétaires ne permettent d'entretenir sous les drapeaux qu'un effectif inférieur à celui que donneraient trois contingents augmentés de l'effectif permanent, c'est-à-dire de celui qui ne se recrute pas par la voie des appels.

Il y a donc lieu d'opérer, chaque année, une réduction sur le contingent à incorporer, afin de maintenir l'effectif de l'armée dans les limites fixées par le budget.

Avant d'examiner comment pourra se faire cette réduction, il faut rechercher dans les différentes parties de la liste du recrutement, telle qu'elle est établie par la loi du 27 juillet 1872, les éléments pour lesquels la répartition des charges ne paraît pas suffisamment équitable.

Les dispenses de l'art. 17, visées dans la 2e partie de cette liste (fils aînés de veuves, de septuagénaires, etc.), ont toujours été considérées comme venant en aide à certaines situations d'un intérêt incontestable et comme conciliant les sentiments d'humanité avec les exigences du service obligatoire.

Les 4e et 5e parties de la même liste, composées des jeunes gens reconnus incapables de servir dans les services auxiliaires ou ajournés, ne peuvent évidemment apporter aucun appoint nouveau.

Ce n'est que dans la 3e partie de la liste du recrutement (dispensés conditionnels, engagés volontaires, engagés conditionnels, militaires brevetés ou commissionnés, jeunes marins inscrits), que, pour satisfaire aux principes de justice et d'égalité, on trouve des éléments à ajouter à la 1re partie de la liste. (Art. 15, de la présente loi.)

Nous vous proposons, en conséquence, l'abrogation de l'art. 20 de la loi du 27 juillet 1872, relatif aux dispensés conditionnels, et la suppression de l'engagement conditionnel d'un an. (Articles 9, 10 et 29 de la présente loi.)

Pour arriver à ce que l'effectif entretenu ne dépasse pas l'effectif fixé par le budget, trois systèmes d'élimination sont en présence :

1° Les examens;

2° Le sort;

3° Le choix par le conseil de revision.

Le premier système, qui semble donner une prime à l'émulation et au travail, a l'inconvénient très grave, au point de vue de l'armée, d'écarter de ses rangs tous les éléments instruits, et de rendre impossible le recrutement de la partie des cadres inférieurs qui est nécessairement puisée dans les contingents.

Le second laisse le sort répartir d'une manière aveugle les charges du service et peut enlever à l'armée une partie des éléments instruits qui lui sont nécessaires pour sa bonne constitution.

Le troisième ne diminue les charges que pour les jeunes gens qui se trouvent dans les situations de famille les plus nécessiteuses ou les plus dignes d'intérêt.

Il permet surtout, par le maintien dans l'armée d'éléments instruits, de recruter plus facilement et plus rapidement les cadres. Il remédie ainsi à l'un des inconvénients les plus sérieux que présente la réduction du service à trois ans.

C'est ce troisième système que nous vous proposons d'adopter.

En incorporant pour trois ans toute la première partie de la liste du recrutement, augmentée des dispensés conditionnels de l'article 20 et des engagés conditionnels d'un an, et en y ajoutant l'effectif permanent, on obtient un chiffre qui dépasse d'environ 70,000 hommes l'effectif budgétaire.

Si l'on éliminait ces hommes en les laissant dans leurs foyers avant l'incorporation, on aurait, pour trois contingents, 70,000 hommes non exercés.

Afin d'éviter cet inconvénient grave, nous proposons d'en laisser seulement 10,000 dans leurs foyers, d'en renvoyer 10,000 après un an de service et 20,000 après deux ans de service. Le tableau ci-contre qui indique pour une période de trois ans le fonctionnement de l'élimination, fait ressortir comment, pour cette période, on arrive à n'avoir que 30,000 hommes non exercés, les 40,000 autres passant, par moitié, un ou deux ans sous les drapeaux.

ANNÉES des CLASSES	NOMBRE d'hommes laissés dans leurs foyers	NOMBRE d'hommes renvoyés après 1 an de service	NOMBRE d'hommes renvoyés après 2 ans de service	TOTAUX
1882	10.000	10.000	20.000	40.000
1883	10.000	10.000	»	20.000
1884	10.000	»	»	10.000
			Total. . . .	70.000

Dans la proposition soumise à vos délibérations nous avons confié au conseil de revision l'importante mission d'établir, après ses opérations cantonales et quand il est réuni au chef-lieu du département, la liste des jeunes gens qui doivent être éliminés.

Aucune autorité n'est plus compétente que le conseil de revision, pour juger les situations et les titres de chacun des jeunes gens désignés par les conseils municipaux pour bénéficier des réductions de service, puisqu'il est à même de réunir tous les documents d'appréciation qui lui sont nécessaires et qu'il prononce pour ainsi dire sur place.

L'établissement de la liste des jeunes gens à laisser dans leurs foyers ou à renvoyer après un ou deux ans de service, se ferait, à l'issue des opérations cantonales, au chef-lieu du département et dans les mêmes conditions que se fait aujourd'hui la désignation des dispensés provisoires à titre de soutien de famille.

Mais, comme la tâche du conseil se trouve sensiblement accrue, nous proposons de lui adjoindre, au lieu de deux conseillers généraux seulement, les sous-préfets et deux membres du Conseil général par arrondissement. (Art. 11, 16 et 22 de la présente loi.)

· Afin de laisser les membres du conseil de revision en dehors de toute préoccupation sur la catégorie dans laquelle les numéros du tirage au sort auraient placé les jeunes gens qu'ils ont à examiner au point de vue de l'aptitude militaire, nous proposons de fixer la date du tirage après celle des dernières opérations du conseil de revision. Cette mesure offre, en outre, l'avantage d'écarter du tirage les exemptés, dispensés de l'article 17, jeunes gens portés sur les listes d'élimination, etc... et de n'y faire participer que les hommes qui doivent servir trois ans. (Art. 20 de la présente loi.)

Nous ajouterons même que le tirage deviendrait complètement inutile, s'il ne s'imposait par la nécessité de désigner le contingent de l'armée de mer. (Art. 17 et 18 de la présente loi.)

Le renvoi du tirage au sort, après les opérations du conseil de revision, nous a conduit à confier à ce dernier l'examen des tableaux de recensement. L'opération sera faite, au début de la séance, au chef-lieu de chaque canton, et le conseil, après avoir statué sur toutes les réclamations, arrêtera définitivement les tableaux. (Art. 2, 3 et 11 de la présente loi.)

La suppression des dispenses conditionnelles de l'art. 20 et de l'engagement conditionnel d'un an oblige à donner aux jeunes gens certaines facilités qui leur permettent de continuer leurs études, soit avant, soit après la période du temps qu'ils doivent passer sous les drapeaux : c'est cette raison qui nous a fait proposer d'abaisser à 17 ans l'âge auquel on peut contracter l'engagement volontaire et de donner la faculté de renouveler les sursis d'appel pour une 3ᵉ année. (Art. 12 et 25 de la présente loi.)

Par analogie avec les dispositions de la loi du 27 juillet 1872, nous avons cru devoir fixer à trois ans la durée de l'engagement volontaire.

Afin d'obtenir dans la cavalerie un noyau d'hommes spécialement instruits, nous vous proposons de recevoir, dans cette arme, des engagements de quatre ans, et de permettre aux appelés de compléter quatre années de service : dans ce cas, le temps à faire dans la réserve de l'armée active serait réduit pour eux à deux ans, après lesquels ils passeraient dans l'armée territoriale. (Art. 26 et 27 de la présente loi.)

La nécessité de conserver, notamment dans l'armée d'Afrique, un certain nombre de vieux soldats, nous a conduit à autoriser des rengagements jusqu'à 15 ans de service effectif, pour les caporaux ou brigadiers et soldats. Ces rengagements ne pouvant être obtenus qu'au moyen de primes, nous demandons l'abrogation de l'art. 2 de la loi du 27 juillet 1872. (Art. 1 et 28 de la présente loi.)

On ne saurait justifier l'état de choses actuel qui consiste à avoir, pour l'entrée au service, une date purement fictive comme celle du 1ᵉʳ juillet; des considérations militaires justifient, au contraire, l'adoption d'une date coïncidant réellement avec le moment de l'appel sous les drapeaux.

Cet appel ne peut se faire qu'après le départ de la classe la plus ancienne et, par suite, après la fin des grandes manœuvres, et il semble difficile d'adopter une date antérieure au 1ᵉʳ novembre : du reste, en agissant ainsi, on laisse aux jeunes gens toute latitude pour consacrer toute la belle saison à leurs affaires et à leurs familles.

Nous vous demandons, en conséquence, de substituer à la date du 1ᵉʳ juillet celle du 1ᵉʳ novembre,

pour l'entrée au service des classes auxquelles la
nouvelle loi devra s'appliquer.

Dans le projet de loi déposé par le ministre de la
guerre, à la date du 22 janvier 1881, se trouvent diverses
modifications de détail dont l'application de la loi du
27 juillet 1872 a démontré l'utilité. Nous avons cru devoir les introduire dans la présente proposition de loi.

Ces modifications sont relatives :

1° Aux individus nés à l'étranger, aux jeunes gens
réintégrés dans la qualité de Français et aux étrangers naturalisés. (Art. 3 de la présente loi.)

2° A l'application des dispenses aux frères des
militaires présents sous les drapeaux, aux frères d'officiers mariniers, aux petits-fils de septuagénaires, etc.
(Art. 9 de la présente loi.)

3° A l'application à l'ajourné du bénéfice des dispenses de l'art. 17. (Art. 7 de la présente loi.)

4° A l'absence simultanée, dans le conseil de revision, du conseiller général et du conseiller d'arrondissement. (Art. 14 de la présente loi.)

5° Aux omissions qui peuvent se produire dans le
tirage au sort. (Art. 18 de la présente loi.)

6° Aux hommes de la réserve à dispenser des manœuvres à titre de soutiens de famille. (Art. 24 de la
présente loi.)

En résumé, le service de trois ans, appliqué dans
les conditions qui résultent de notre exposé des motifs, respecte aussi complètement que possible le principe d'égalité, tout en assurant à l'ensemble de l'armée
une bonne moyenne d'instruction.

Mais son adoption nécessitera des mesures toutes
spéciales pour la formation de notre armée d'Afrique.

Il faut, en effet, dans une partie de nos possessions
africaines, des soldats ayant un âge plus avancé
et, par suite, un tempérament plus résistant aux
influences du climat que ceux qui sont appelés à
constituer notre armée continentale.

Ces mesures feront l'objet d'une proposition de loi spéciale.

ARTICLE PREMIER. — L'art. 2 de la loi du 27 juillet 1872 est abrogé.

ART. 2. — Est supprimé le dernier paragraphe de la loi du 27 juillet 1872, ainsi conçu : « Un avis publié dans les mêmes formes indique le lieu et le jour où il sera procédé à l'examen desdits tableaux et à la désignation, par le sort, du numéro assigné à chaque jeune homme inscrit. »

ART. 3. — L'art. 9 de la loi du 27 juillet 1872 est modifié ainsi qu'il suit :

« Les individus nés en France de parents étrangers, les individus nés à l'étranger d'un Français qui aurait perdu la qualité de Français, et les individus nés à l'étranger de parents étrangers naturalisés Français et mineurs au moment de la naturalisation de leurs parents, sont portés, dans la commune où ils sont domiciliés, sur les tableaux de recensement de la classe dont la formation suit la déclaration faite par eux en vertu de l'art. 9 du Code civil et de l'art. 2 de la loi du 7 février 1851. Les individus déclarés Français en vertu de l'art. 1er de la loi du 7 février 1851 et de la loi du 16 décembre 1874, sont également portés, dans les communes où ils sont domiciliés, sur les tableaux de recensement de la classe dont la formation suit l'année de leur majorité, s'ils n'ont pas établi leur qualité d'étranger, conformément auxdites lois.

« Enfin, les jeunes gens réintégrés dans la qualité de Français par application de l'art. 18 du Code civil, et les étrangers qui obtiennent la nationalité française par voie de naturalisation, sont portés sur les tableaux de recensement de la première classe formée après leur changement de nationalité.

« Les uns et les autres ne sont assujettis qu'aux obligations de service de la classe à laquelle ils appartiennent par leur âge. »

ART. 4. — L'art. 11 de la loi du 27 juillet 1872 est modifié ainsi qu'il suit :

« Sont, d'après la notoriété publique, considérés comme ayant l'âge requis pour l'inscription sur les tableaux de recensement, les jeunes gens qui ne peuvent produire ou n'ont pas produit, avant la vérification des tableaux de recensement par le conseil de revision, un extrait des registres de l'état civil constatant un âge différent, ou qui, à défaut de registres, ne peuvent prouver ou n'ont pas prouvé leur âge conformément à l'art. 46 du Code civil. »

ART. 5. — L'art. 13 de la loi du 27 juillet 1872 est abrogé et remplacé par le suivant :

« L'examen des tableaux de recensement est fait, en séance publique, au chef-lieu de canton par le conseil de revision à l'ouverture de la séance.

« Les tableaux de recensement de chaque commune sont lus à haute voix. Les jeunes gens, leurs parents ou ayants cause, sont entendus dans leurs observations. Le conseil statue après avoir pris l'avis du sous-préfet et des maires. Le tableau rectifié et définitivement arrêté est revêtu de leurs signatures [1].»

ART. 6. — L'alinéa numéroté : 1°, de l'article 17 de la loi du 27 juillet 1872, est remplacé par le suivant :

« 1° Celui dont un frère sera présent sous les drapeaux, soit comme officier, soit comme engagé volontaire, soit comme jeune soldat accomplissant le service d'activité dont la durée est fixée par le deuxième aliéna de l'article 36 de la loi du 27 juillet 1872, modifié par la présente loi, soit comme engagé breveté ou commissionné, après avoir accompli cette durée de service.

« Ces dispositions sont applicables aux frères des officiers mariniers des équipages de la flotte, appar-

---

1. Pour les modifications apportées aux art. 14 et 15 de la loi du 27 juillet 1872, voir les art. 17 et 18 de la présente loi.

tenant à l'inscription maritime, et servant en qualité de commissionnés. »

Dans le paragraphe du même article commençant par : « Néanmoins, l'appelé, etc... », sont supprimés les mots : « soit au 1er juillet ».

L'avant-dernier paragraphe du même article est complété par l'addition, après ces mots : « par suite du décès d'un frère » de la disposition suivante : « Au petit-fils unique ou à l'aîné des petits-fils d'un septuagénaire qui, par suite de décès survenu depuis l'incorporation de ce petit-fils, n'a plus ni fils ni gendre. »

ART. 7. — Le paragraphe suivant sera ajouté à l'article 18 de la loi du 27 juillet 1872 :

« L'ajourné reconnu propre au service armé, bénéficie des causes de dispense énumérées à l'article 17 qui existaient au jour où il a comparu pour la première fois devant le conseil de revision, et des motifs d'envoi en disponibilité prévus par les dispositions finales dudit article. »

ART. 8. — L'article 19 de la loi du 27 juillet 1872 est modifié ainsi qu'il suit :

« Les élèves de l'École polytechnique et les élèves de l'École forestière sont considérés comme présents sous les drapeaux dans l'armée active pendant tout le temps par eux passé dans lesdites écoles.

« Les lois d'organisation prévues par l'article 45 de la présente loi déterminent pour ceux de ces jeunes gens qui, après avoir satisfait aux examens de sortie, sont placés dans un service public, les emplois auxquels ils peuvent être appelés, soit dans la disponibilité, soit dans la réserve de l'armée active, soit dans l'armée territoriale ou dans les services auxiliaires.

Les élèves de l'École polytechnique et de l'École forestière qui ne satisfont pas aux examens de sortie de ces écoles, ou n'acceptent pas l'emploi mis à leur disposition dans les services publics, suivent les conditions de la classe de recrutement à laquelle ils appartiennent par leur âge; le temps passé par eux à l'École polytechnique ou à l'École forestière est déduit des années de service déterminées par l'article 36 de la présente loi. »

ART. 9. — L'article 20 de la loi du 27 juillet 1872 est abrogé.

ART. 10. — Est supprimée la partie du troisième paragraphe de l'article 21 de la loi du 27 juillet 1872, ainsi conçu :

« Les jeunes gens désignés en l'article 20 ci-dessus, qui cessent d'être dans une des positions indiquées audit article, avant d'avoir accompli les conditions qu'il leur impose... »

Sont supprimés dans l'avant-dernier paragraphe les mots deux fois répétés : « fonctions ou études ».

ART. 11. — L'art. 22 de la loi du 27 juillet 1872 est abrogé et remplacé par le suivant :

« Peuvent être, en temps de paix, dispensés à titre provisoire, ou renvoyés dans la disponibilité, après une ou deux années de service, les jeunes gens appartenant à des familles nécessiteuses ou se trouvant dans des situations dignes d'intérêt.

« La liste des jeunes gens ainsi désignés par les conseils municipaux de la commune où ils sont domiciliés, est présentée par le maire au conseil de revision.

« Tous les ans, le maire de chaque commune fait connaître au conseil de revision la situation des jeunes gens qui ont obtenu la dispense prescrite par le présent article pendant les années précédentes. »

ART. 12. — L'art. 23 de la loi du 27 juillet 1872 est modifié ainsi qu'il suit :

« En temps de paix, il peut être accordé des sursis d'appel aux jeunes gens qui, avant le conseil de revision, en auront fait la demande.

« A cet effet, ils doivent établir que, soit pour leurs

études, soit pour leur apprentissage, soit pour les besoins de l'exploitation agricole, industrielle ou commerciale, à laquelle ils se livrent pour leur compte ou pour celui de leurs parents, il est indispensable qu'ils ne soient pas enlevés immédiatement à leurs travaux.

« Ce sursis d'appel ne confère ni exemption ni dispense.

« Il n'est accordé que pour un an et peut être néanmoins renouvelé pour une seconde ou une troisième année.

« Le jeune homme qui a obtenu un sursis d'appel conserve le numéro qui lui est échu lors du tirage au sort, et, à l'expiration de son sursis, il est tenu de satisfaire à toutes les obligations que lui imposait la loi en raison de son numéro de tirage ou de son classement sur la liste départementale. »

Art. 13. — Dans le premier paragraphe des articles 25 et 26 de la loi du 27 juillet 1872, les mots : « Les jeunes gens dispensés à titre de soutiens de famille » sont supprimés et remplacés par les mots suivants : « Les jeunes gens dispensés aux termes de l'art. 22 de la présente loi ».

Le dernier paragraphe de l'art. 25 de la loi du 27 juillet 1872 est supprimé et remplacé par le suivant :

« Quand les jeunes gens dispensés aux termes de l'article 22 de la présente loi sont reconnus ne plus être dans les conditions qui ont motivé la dispense, ils sont soumis à toutes les obligations de la classe à laquelle ils appartiennent. »

Art. 14. — Le premier paragraphe de l'art. 27 de la loi du 27 juillet 1872 est modifié ainsi qu'il suit :

« L'examen des tableaux de recensement est fait, les opérations du recrutement sont revues, les réclamations auxquelles ces opérations peuvent donner lieu sont entendues, les causes d'exemption et de dispenses prévues par les articles 16 et 17 de la présente loi sont jugées en séance publique par un conseil de revision composé... etc. »

Le dernier paragraphe de l'art. 27 est complété ainsi qu'il suit :

« En cas d'absence simultanée du conseiller général et du conseiller d'arrondissement convoqués, le préfet est autorisé à les faire suppléer d'office. »

ART. 15. — L'alinéa numéroté : 3°, du deuxième paragraphe de l'art. 31 de la loi du 27 juillet 1872, est modifié ainsi qu'il suit :

« 3° Tous les jeunes gens liés au service en vertu d'un engagement volontaire, d'un brevet ou d'une commission, et les jeunes marins inscrits. »

ART. 16. — L'art. 32 de la loi du 27 juillet 1872 est abrogé et remplacé par le suivant :

« Quand les listes de recrutement de tous les cantons du département ont été arrêtées, conformément aux prescriptions de l'article précédent, le conseil de revision auquel sont adjoints les sous-préfets et par arrondissement deux membres du Conseil général désignés par la Commission permanente et réunis au chef-lieu du département, prononce sur les sursis d'appel, et établit, pour le département, la liste définitive et par ordre de préférence des jeunes gens désignés en l'art. 22 de la présente loi.

« Pour la préparation de cette liste, le conseil de revision se partage en autant de sous-commissions qu'il y a d'arrondissements. Ces sous-commissions se composent du préfet ou du sous-préfet de l'arrondissement, président, et de deux conseillers généraux étrangers aux cantons formant l'arrondissement. Le préfet peut être suppléé dans la sous-commission de l'arrondissement du chef-lieu par le conseiller de préfecture, membre du conseil.

« Dès que les opérations des sous-commissions sont terminées, le conseil désigne définitivement les jeunes gens qui, dans les proportions déterminées par le ministre de la guerre, doivent être portés sur la liste dont l'établissement est prescrit par le présent article.

« Dans les départements de la Seine et du Rhône, la composition et le fonctionnement du conseil de revision spécial et des sous-commissions d'arrondissement seront réglés par décision du ministre de la guerre. »

ART. 17. — L'article 14 de la loi du 27 juillet 1872 est abrogé et remplacé par le suivant qui prendra le numéro 32 *bis* :

« Les jeunes gens qui ne sont pas portés sur la liste prescrite par l'article 32 de la loi du 27 juillet 1872, modifiée par la présente loi, prendront part à un tirage au sort, pour la désignation de ceux d'entre eux qui doivent être affectés à l'armée de mer.

« Un avis publié et affiché dans chaque commune dans les formes prescrites par les articles 63 et 64 du Code civil donne les noms des jeunes gens qui doivent prendre part au tirage et indique le lieu et le jour où il sera procédé à cette opération.

« Dans les cantons composés de plusieurs communes, le tirage au sort a lieu au chef-lieu de canton, en séance publique, devant le sous-préfet assisté des maires du canton.

« Dans les communes qui forment un ou plusieurs cantons, le sous-préfet est assisté du maire et de ses adjoints.

« Dans les villes divisées en plusieurs arrondissements, le préfet ou son délégué est assisté d'un officier municipal de l'arrondissement.

« Dans les cantons composés de plusieurs communes, l'ordre dans lequel elles sont appelées pour le tirage est, chaque fois, indiqué par le sort.

« Le sous-préfet inscrit en tête de la liste de tirage

les noms des jeunes gens qui se trouvent dans les cas prévus par l'art. 60 de la présente loi.

« Les premiers numéros leur sont attribués de droit. Ces numéros sont, en conséquence, extraits de l'urne avant l'opération du tirage. »

ART. 18. — L'article 15 de la loi du 27 juillet 1872 est abrogé et remplacé par le suivant qui prendra le numéro 32 *ter*.

« Avant de commencer l'opération du tirage, le sous-préfet compte publiquement les numéros et les dépose dans l'urne, après s'être assuré que leur nombre est égal à celui des jeunes gens qui doivent prendre part au tirage, il en fait la déclaration à haute voix.

« Aussitôt, chacun des jeunes gens appelés, dans l'ordre du tableau de recensement, prend dans l'urne un numéro qui est immédiatement proclamé et inscrit. Les parents des absents, ou, à leur défaut, le maire de leur commune tirent à leur place.

« L'opération du tirage achevée est définitive.

« Elle ne peut, sous aucun prétexte, être recommencée, et chacun garde le numéro qu'il a tiré ou qu'on a tiré pour lui.

« Si, par erreur, et après l'épuisement du nombre des numéros mis dans l'urne, il se trouve encore des jeunes gens inscrits pour prendre part au tirage et qui n'y aient pas participé, le sous-préfet remettra dans l'urne un nombre de numéros égal à celui qu'il y avait d'abord placé et il sera procédé au tirage pour les omis.

« Le numéro qui écherra à chacun d'eux lui donnera rang immédiatement après le numéro semblable dont le sien formera le *bis*.

« La liste par ordre de numéros est dressée à mesure que les numéros sont tirés de l'urne.

« Elle est ensuite lue, arrêtée et signée par le sous-préfet ainsi que par les maires des communes et annexée avec le tableau de recensement au procès-verbal des opérations.

« La liste du tirage est publiée et affichée dans chaque commune du canton. »

Art. 19. — L'article 36 de la loi du 27 juillet 1872 est modifié ainsi qu'il suit :

« Tout Français qui n'est pas déclaré impropre à tout service militaire fait partie :

« De l'armée active et de la disponibilité pendant cinq ans, le temps de séjour sous les drapeaux ne dépassant pas trois ans;

« De la réserve de l'armée active pendant quatre ans;

« De l'armée territoriale pendant cinq ans;

« De la réserve de l'armée territoriale pendant six ans.

« 1° L'armée active est composée... » (Le reste de l'article sans modifications.)

Art. 20. — Le dernier paragraphe de l'article 37 de la loi du 27 juillet 1872 est modifié ainsi qu'il suit :

« Pour les hommes qui ne proviennent pas de l'inscription maritime, le temps de service dans l'armée de mer est de :

« Trois ans dans l'armée active, de deux ans dans la disponibilité et de quatre ans dans la réserve.

« Après avoir accompli ces quatre ans dans la réserve, ces hommes passent immédiatement dans la réserve de l'armée territoriale, où ils restent jusqu'à l'âge de 40 ans. »

Art. 21. — L'article 38 de la loi du 27 juillet 1872 est modifié ainsi qu'il suit :

« La durée du service compte du 1er novembre de l'année du tirage au sort.

« Chaque année, au 31 octobre, en temps de paix, les militaires qui ont achevé le temps de service prescrit dans l'armée active et la disponibilité, ceux qui ont accompli le temps de service prescrit dans la réserve de l'armée active, ceux qui ont terminé le temps de service prescrit pour l'armée territoriale, enfin ceux qui ont terminé le temps de service pour la réserve de cette armée, reçoivent un certificat constatant...» (Le reste de l'article sans modifications.)

Art. 22. — L'article 40 de la loi du 27 juillet 1872 est abrogé et remplacé par le suivant :

« Une décision du ministre, rendue aussitôt après que les opérations des conseils de revision dans les cantons sont terminées, fixe, par département, le nombre des jeunes gens qui peuvent être, en temps de paix, dispensés à titre provisoire et le nombre de ceux qui pourront être renvoyés dans la disponibilité après une ou deux années de service.

« Ils sont pris, suivant l'ordre de leur classement, sur la liste dressée à cet effet par le conseil de revision, et dans la proportion déterminée par la décision du ministre. »

Art. 23. — L'article 41 de la loi du 27 juillet 1872 est abrogé et remplacé par le suivant :

« Les militaires compris dans la catégorie de ceux pouvant être renvoyés dans la disponibilité avant l'expiration de trois ans de service, mais qui, au moment d'être renvoyés, ne savent pas lire et écrire et ne satisfont pas aux conditions de conduite et d'instruction déterminées par le ministère de la guerre, peuvent être maintenus au corps pendant une année supplémentaire. »

Art. 24. — Le paragraphe suivant est ajouté à l'article 43 de la loi du 27 juillet 1872 :

« Peuvent être dispensés de ces manœuvres comme soutiens indispensables de famille, et s'ils en remplissent effectivement les devoirs, les hommes de la réserve désignés par les conseils municipaux de la commune où ils sont domiciliés.

« Les listes en sont envoyées par les maires aux

généraux commandant les subdivisions, qui prononcent.

« Ces dispenses peuvent être accordées, par subdivision de région jusqu'à concurrence de 6 p. 100 du nombre des hommes de la réserve appelés momentanément sous les drapeaux; elles n'ont d'effet que pour la convocation pour laquelle elles sont délivrées.

« Les dispositions relatives à ces dispenses sont également applicables aux hommes de l'armée territoriale. »

ART. 25. — L'article 46 de la loi du 27 juillet 1872 est modifié ainsi qu'il suit :

« L'engagé volontaire doit :

« 1° S'il entre dans l'armée de mer, avoir 16 ans accomplis, sans être tenu d'avoir la taille prescrite par la loi, mais sous la condition qu'à l'âge de 17 ans, il ne pourra être reçu s'il n'a pas cette taille;

« 2° S'il entre dans l'armée de terre, avoir 17 ans accomplis et au moins la taille d'un mètre cinquante-quatre centimètres. »

(Le reste de l'article sans modifications.)

ART. 26. — L'art. 47 de la loi du 27 juillet 1872 est modifié ainsi qu'il suit :

« La durée de l'engagement volontaire est de trois ans.

« Des engagements d'une durée de quatre ans peuvent être reçus dans la cavalerie. »

(Le reste de l'article sans modifications.)

ART. 27. — L'art. 48 de la loi du 27 juillet 1872 est abrogé et remplacé par le suivant :

« Les hommes qui, après avoir satisfait au temps de service pour lequel ils ont été désignés, vont être renvoyés en disponibilité, peuvent être admis à rester dans l'armée active de manière à compléter trois années de service.

« Les hommes renvoyés en disponibilité peuvent

être autorisés à compléter trois années de service sous les drapeaux.

« Les hommes appartenant à la cavalerie peuvent être admis à compléter quatre années de service. Dans ce cas le temps de service qu'ils ont à faire dans la réserve de l'armée active sera réduit à deux ans, après lesquels ils passeront dans l'armée territoriale. »

ART. 28. — L'art. 51 de la loi du 27 juillet 1872 est modifié ainsi qu'il suit :

« Des rengagements peuvent être reçus pour deux ans au moins et cinq ans au plus.

« Ces rengagements ne peuvent être reçus que pendant le cours de la dernière année de service sous les drapeaux.

« Ils sont renouvelables jusqu'à quinze années de service effectif pour les caporaux ou brigadiers et soldats.

« Les autres conditions sont déterminées par un règlement inséré au Bulletin des lois.

« Les rengagements après cinq ans de service sous les drapeaux donnent droit à une haute paye.

ART. 29. — Les articles 53, 54, 55, 56, 57 et 58 de la loi du 27 juillet 1872 sont abrogés.

DISPOSITIONS TRANSITOIRES

ART. 30. — Les dispositions de la présente loi relatives au temps de service seront appliquées à la classe 1882.

Les classes actuellement sous les drapeaux continueront à être régies par la loi du 27 juillet 1872. mais elles pourront être, en tout ou en partie, renvoyées dans leurs foyers après trois ans de service effectif, suivant les exigences du budget et en commençant par la classe la plus ancienne.

DOCUMENTS DIPLOMATIQUES

RELATIFS AU MINISTÈRE DES AFFAIRES ÉTRANGÈRES

DU 14 NOVEMBRE 1881 AU 30 JANVIER 1882

(Extraits des *Livres Jaunes*)

AFFAIRES D'ÉGYPTE

Nº 2.

M. GAMBETTA, ministre des affaires étrangères, à M. SIENKIE-
WICZ, agent et consul général de France en Égypte.

Paris, le 16 novembre 1881.

Le gouvernement anglais a donné communication
à M. Barthélemy Saint-Hilaire, il y a quelques jours,
de la dépêche de lord Granville dont vous m'annoncez
la publication.

GAMBETTA.

Nº 4.

M. SIENKIEWICZ, agent et consul général de France en Égypte,
à M. GAMBETTA, ministre des affaires étrangères.

Le Caire, le 28 novembre 1881.

Monsieur le ministre, la Chambre des notables, qui doit
se réunir le 23 décembre prochain, peut exercer une influence considérable sur les destinées de l'Égypte. Il est
indispensable que les ministres égyptiens prennent, dès
aujourd'hui, toutes les mesures nécessaires pour s'assurer

une majorité respectable et pour éviter que des projets trop aventureux ne soient adoptés. J'ai commencé, il y a plusieurs jours, à appeler sur ce point l'attention des ministres et notamment celle du président du conseil, et je ne cesserai, pendant toute la période qui nous sépare encore du 23 décembre, d'agir dans le même sens.

Chérif-Pacha, que j'ai longuement entretenu aujourd'hui, m'a paru admettre que la responsabilité ministérielle fût votée, non point par la Chambre actuelle, mais par celle qui sera nommée d'après la nouvelle loi électorale qui fera probablement l'objet des premières délibérations des notables.

SIENKIEWICZ.

N° 5.

M. GAMBETTA, ministre des affaires étrangères, à M. CHALLEMEL-LACOUR, ambassadeur de la République française à Londres.

Paris, le 13 décembre 1881.

Monsieur, j'ai eu hier avec l'ambassadeur d'Angleterre un entretien important, dont je crois utile, pour votre information personnelle, de vous faire connaître les traits principaux.

J'ai demandé à lord Lyons si la situation de l'Égypte ne lui paraissait pas de nature à faire naître en ce moment d'assez vives appréhensions. J'ai cru devoir traiter ce point avec quelque insistance, et je n'ai pas caché à mon interlocuteur que l'avenir de l'Égypte me paraissait plein d'incertitude. D'une part, un gouvernement animé de bonnes intentions, mais faible et toujours à la merci d'un mouvement militaire, en raison même de son origine; d'autre part, une armée apaisée en apparence, mais travaillée par des intrigues et toute prête à suivre des chefs ambitieux entre les mains desquels elle forme une force sans doute peu redoutable en elle-même, mais absolument dépourvue de contrepoids. Combien durerait un équilibre aussi instable? Ne serait-il pas troublé demain par les revendications de la Porte, par les convoitises de l'ancien khédive Ismaïl dont on rencontre à chaque instant la main dans les intrigues égyptiennes, ou bien encore par les prétentions du prince Halim qui se présente aux partis comme le sauveur éventuel de l'Égypte? Pour sortir de cette obscurité, on avait fait appel à l'élément national, en convoquant une Chambre des notables. Mais là encore, on se trouvait en face de l'inconnu, et rien ne pouvait faire prévoir ce que produirait en définitive l'assemblage d'hommes inexpérimentés sollicités en sens divers par toutes les rivalités qui se partagent l'Égypte.

J'ai ensuite demandé à lord Lyons si le moment ne lui paraissait pas venu, pour les deux puissances les plus directement intéressées à la tranquillité de l'Égypte, de concerter encore plus étroitement leur action et de se communiquer avec une entière franchise les réflexions que cet état de choses pouvait leur suggérer. Pour aller au plus pressé, ne conviendrait-il pas, quant à présent, de soutenir énergiquement d'un commun accord le gouvernement de Tewfik-Pacha, en nous efforçant de lui inspirer une confiance absolue et exclusive dans notre appui? Mais il pourrait arriver que des circonstances étrangères à notre volonté vinssent ébranler le gouvernement du khédive. Serait-il prudent que la France et l'Angleterre se laissassent prendre au dépourvu par une catastrophe de ce genre?

En un mot, je pensais qu'il serait utile que les deux gouvernements se missent d'accord, sans plus de retard, sur les moyens les plus propres soit à prévenir une crise, s'il est possible d'en empêcher l'explosion, soit à y remédier, si elle est inévitable.

Lord Lyons m'a paru entrer complètement dans ces vues; il m'a dit qu'il partageait mes préoccupations et qu'il s'empresserait d'en faire part à son gouvernement en lui témoignant mon désir de connaître aussi prochainement que possible les réflexions ou les suggestions que l'état de l'Égypte inspirerait aux ministres de la reine.

GAMBETTA.

N° 7.

M. SIENKIEWICZ, agent et consul général de France en Égypte, à M. GAMBETTA, ministre des affaires étrangères.

Le Caire, le 20 décembre 1881.

Monsieur le ministre, il résulte de mes renseignements que la Porte suit avec une certaine attention les affaires d'Égypte. Elle a fait ses réserves, au sujet du droit que prétend avoir le gouvernement égyptien de conclure des traités de commerce, et elle vient encore de rappeler au khédive qu'elle ne saurait admettre que la Chambre des notables prît les allures d'un Parlement. Ce dernier avertissement a eu pour résultat de restreindre les prérogatives accordées à la Chambre par le règlement auquel Chérif-Pacha travaille en ce moment.

Il est, d'ailleurs, d'autant plus difficile de prévoir exactement la tournure que prendront les débats de la Chambre que la plupart des notables délégués sont peu connus.

Les troubles de Suez ont démontré, d'autre part, ce que je n'ai cessé d'affirmer, à savoir que l'ensemble de la population égyptienne est profondément calme et qu'il n'y a à redouter que les excitations des agents de désordre.

En ce qui concerne le budget de l'armée, il sera augmenté d'une somme de 100,000 livres environ. Mais les contrôleurs exigent avec raison que le ministre de la guerre présente un état des dépenses projetées. Il est à craindre, en effet, qu'après avoir dépensé pour l'augmentation de l'effectif tous les crédits votés, le ministre de la guerre ne vienne ensuite réclamer de nouvelles sommes pour l'habillement, la nourriture ou tel autre besoin de l'armée. Il était impossible de ne pas tenir compte des demandes du ministre de la guerre, dans une certaine mesure ; mais il est nécessaire que l'on reste dans les limites fixées par le budget.

La Chambre doit se réunir le 26 de ce mois, et son attitude exercera une grande influence sur la marche des affaires.

Sienkiewicz.

N° 8.

M. Sienkiewicz, agent et consul général de France en Égypte, à M. Gambetta, ministre des affaires étrangères.

Le Caire, le 25 décembre 1881.

Monsieur le ministre, le budget de la guerre vient d'être élevé, pour l'année 1882, à 522,961 livres égyptiennes. Arrêté, pour l'année 1881, à 368,000 livres égyptiennes, l'augmentation de solde accordée aux officiers, dans le courant de cette année, l'a porté d'abord à 422,961 livres égyptiennes. Enfin le vote récent d'un crédit de 100,000 livres égyptiennes motivé par l'insuffisance de l'effectif actuel de l'armée, lui a fait atteindre le chiffre de 522,961 livres égyptiennes.

Les prétentions du ministre de la guerre visaient des crédits bien plus considérables. Il s'était pour ainsi dire engagé envers les colonels à faire admettre par le Conseil que l'effectif serait fixé à 18,000 hommes, se réservant de réclamer ensuite les crédits nécessaires pour armer, vêtir, loger et nourrir les hommes qu'il appellerait sous les drapeaux. Mais les contrôleurs généraux ont évité ce danger en remettant au conseil des ministres une note par laquelle, sans se préoccuper de l'effectif, ils précisent de la manière la plus nette qu'aucun crédit supplémentaire ne pourra être voté pendant l'exercice prochain. Si l'on tient compte des circonstances dans lesquelles se trouve actuellement l'Égypte, on peut considérer comme satisfaisante la solution qui a été donnée à cette question particulièrement délicate de l'effectif de l'armée.

Sienkiewicz.

N° 9.

M. Sienkiewicz, agent et consul général de France en Égypte, à M. Gambetta, ministre des affaires étrangères.

Le Caire, le 25 décembre 1881.

Monsieur le ministre, je suis heureux de pouvoir annoncer

à Votre Excellence que l'incident de Suez est entièrement terminé. Plusieurs soldats, fauteurs de désordre, ont été arrêtés et envoyés au Caire où ils passeront devant un conseil de guerre. Chérif-Pacha m'a même promis que la garnison de Suez serait changée. Il est, d'ailleurs, reconnu que le soldat dont la mort a occasionné tout ce trouble, a été tué par des bédouins.

SIENKIEWICZ.

N° 10.

M. SIENKIEWICZ, agent et consul général de France en Égypte, à M. GAMBETTA, ministre des affaires étrangères.

Le Caire, le 27 décembre 1881.

Monsieur le ministre, j'ai l'honneur d'adresser ci-joint à Votre Excellence le texte du discours que le khédive a prononcé à l'ouverture de la Chambre des délégués des notables égyptiens qui a eu lieu le 26 de ce mois.

SIENKIEWICZ.

ANNEXE A LA DÉPÊCHE DU CAIRE, EN DATE DU 27 DÉCEMBRE 1881

OUVERTURE DE LA CHAMBRE DES DÉLÉGUÉS

DISCOURS DU KHÉDIVE

« MESSIEURS LES DÉLÉGUÉS,

« Je suis venu vous exprimer ma satisfaction de vous voir réunis pour représenter les intérêts du pays.

« Dès mon avènement, j'ai voulu, avec fermeté et sincérité, l'ouverture de la Chambre des délégués ; mais les difficultés qui nous pressaient alors m'ont empêché de réaliser mes intentions. A l'heure actuelle, — nous devons en remercier la Providence, — les questions financières sont résolues, et, dans la mesure du possible, grâce au concours des puissances amies, les charges de l'Égypte ont été allégées.

« Rien ne s'oppose donc plus à l'inauguration de la Chambre, et je viens au milieu de vous, ouvrir sa première session.

« Tous mes efforts et ceux de mon gouvernement, vous le savez, Messieurs, tendent à assurer le bien-être de nos populations et l'ordre dans le règlement de leurs intérêts, en généralisant l'administration de la justice, en pourvoyant à la sécurité de tous les habitants du pays, sans distinction, dans leurs biens et dans leur vie.

« Tel a été le but que je me suis proposé. — Ami de l'instruction et du progrès, je n'ai jamais cessé de le poursuivre au grand jour depuis le moment où j'ai pris les rênes du gouvernement.

« C'est à vous, Messieurs, de me seconder dans cette voie.

« La Chambre des délégués sera dévouée au bien; elle se consacrera tout entière à l'étude des intérêts généraux du pays; elle devra tenir compte des obligations qui résultent de la loi de liquidation, comme aussi de tous autres engagements internationaux; elle ne se départira jamais d'une sage modération, particulièrement nécessaire dans une période de transformation civilisatrice et de progrès.

« Vous devrez être toujours prudents, messieurs les délégués, et nous serons ensemble étroitement unis pour accomplir les réformes utiles à l'Égypte, par la grâce de Dieu, l'aide de son Prophète, avec le puissant appui de Sa Hautesse le Sultan, notre auguste suzerain. »

N° 11.

M. Gambetta, ministre des affaires étrangères, au comte d'Aunay, chargé d'affaires de France à Londres.

Paris, le 27 décembre 1881.

Monsieur, j'ai fait connaître à M. Challemel-Lacour, par ma lettre du 15 décembre courant, les traits principaux d'une conversation au cours de laquelle j'avais été amené à demander à lord Lyons quelles étaient les vues de son gouvernement sur les affaires d'Égypte et quelles mesures le cabinet de Londres serait disposé à prendre en commun avec nous dans le cas où des éventualités que nous devions prévoir viendraient à se produire.

Les observations que j'avais présentées sous cette

forme interrogative ont provoqué de la part de lord Granville une réponse qui a fait l'objet d'un nouvel entretien entre lord Lyons et moi. Le principal secrétaire d'État de la reine admet les avantages, la nécessité même, d'un maintien énergique de l'accord entre la France et l'Angleterre dans les affaires d'Égypte. Mais il lui paraît grave d'examiner dès à présent les mesures à prendre en prévision d'événements qui appartiennent à l'avenir et de hâter peut-être ainsi le péril au lieu de le conjurer.

J'ai fait observer à lord Lyons qu'il était encore plus dangereux de se laisser prendre au dépourvu par les événements, sans avoir rien fait pour en atténuer les conséquences. Reprenant alors un à un les symptômes inquiétants que je lui avais déjà signalés, j'ai insisté de nouveau sur l'effacement plus ou moins volontaire du khédive, sur l'état de fermentation de l'armée, sur les intrigues de la Porte en vue d'étendre son ingérence, et enfin sur les rivalités qui se produisaient, dès à présent, autour du trône égyptien. Si, de l'avis de lord Granville, le remède consistait dans l'entente anglo-française, le moment n'était-il pas venu d'en prouver la valeur en nous montrant prêts à faire face à toutes les difficultés?

Pour que l'accord des deux puissances ne demeurât pas à l'état platonique, il était nécessaire de poursuivre ensemble un but précis et déterminé. D'ailleurs l'occasion s'offrait naturellement de sortir des généralités et de donner à cette action commune un objet immédiat. La convocation de la Chambre des notables avait introduit en Égypte une nouvelle cause d'inquiétude et pouvait d'un jour à l'autre susciter des éléments de trouble. Ne convenait-il pas de les paralyser à l'avance en fortifiant le pouvoir du khédive, et une démarche simultanée et identique des agents des deux puissances, qui seraient chargés de lui renouveler l'assurance de leur appui, ne serait-elle pas très opportune pour dissiper chez ce prince des impressions décourageantes auxquelles il n'était que trop enclin à s'abandonner?

Lord Lyons, sur qui cette suggestion m'a paru produire une impression favorable, m'a dit qu'il en ferait part à son gouvernement; et de votre côté, je vous prie de me faire savoir tout ce qui vous semble de nature à nous éclairer sur les dispositions du cabinet de Londres.

GAMBETTA.

N° 12.

M. GAMBETTA, ministre des affaires étrangères, à M. CHALLEMEL-LACOUR, ambassadeur de la République française à Londres.

Paris, le 30 décembre 1881.

Monsieur, vous avez eu connaissance de la suggestion récente que j'ai cru opportun de présenter au gouvernement anglais, au sujet des affaires d'Égypte, par l'entremise de lord Lyons. L'ambassadeur de la reine est venu hier matin pour me faire part de la réponse du cabinet de Londres; il m'a dit que le comte Granville acceptait volontiers ma proposition de charger concurremment les agents de France et d'Angleterre de donner au khédive, à l'occasion de la réunion de la Chambre des notables, l'assurance officielle de l'appui de leurs deux gouvernements contre toutes les difficultés qui pourraient surgir de la situation actuelle de l'Égypte. Lord Lyons m'a exprimé dans les mêmes termes, de la part du principal secrétaire d'État britannique, le désir que je me chargeasse de la rédaction des instructions communes qui devraient être adressées, suivant ma proposition, à M. Sienkiewicz et à sir Edward Malet.

J'ai remercié l'ambassadeur d'Angleterre de l'accueil fait à mon ouverture, et je ne me suis pas refusé à préparer le projet destiné à nos deux agents en

Égypte. J'ai l'honneur de vous le communiquer ci-joint et je vous serai obligé de le soumettre le plus promptement possible à lord Granville. Si Son Excellence l'approuve, je serais d'avis d'en transmettre le texte par télégraphe à M. Sienkiewicz et à sir Edward Malet, afin qu'ils puissent s'acquitter sans aucun retard de la démarche identique et simultanée qui leur sera prescrite.

Le principal intérêt de cette démarche me paraît être d'affirmer avec plus de précision encore que par le passé la ferme volonté de la France et de l'Angleterre de rester unies, à l'avenir aussi bien que dans le moment présent, pour parer à toutes les complications que nous pouvons redouter de voir se produire en Égypte. Le langage tenu jusqu'ici par le cabinet anglais m'autorise à compter qu'il n'attachera pas un moindre prix que moi-même à cette manifestation nouvelle de notre accord.

GAMBETTA.

ANNEXE A LA DÉPÊCHE A LONDRES DE M. GAMBETTA,
EN DATE DU 30 DÉCEMBRE 1881

A M. SIENKIEWICZ, agent et consul général de France en Égypte

(PROJET)

Paris, le. . . . .

Monsieur, vous avez été chargé à plusieurs reprises déjà de faire connaître au khédive et à son gouvernement la volonté de la France et de l'Angleterre de leur prêter appui contre les difficultés de différente nature qui pourraient entraver la marche des affaires publiques en Égypte. Les deux puissances sont entièrement d'accord à ce sujet, et des circonstances récentes, notamment la réunion de la Chambre des notables convoquée par le khédive, leur ont fourni l'occasion d'échanger leurs vues une fois de plus. Je vous prie de déclarer en conséquence à Tewfik-Pacha, après vous être concerté avec sir Edward Malet qui est invité à faire simultanément avec vous une déclaration identique, que les gouvernements français et anglais considèrent le maintien de Son Altesse sur le trône, dans les conditions qui sont consacrées par les firmans des sultans et que les deux gouvernements ont officiellement acceptées, comme pouvant seul garantir, dans le présent et pour l'avenir, le bon ordre et le développement de la prospérité générale en Égypte, auxquels la France et l'Angleterre sont également intéressées. Les deux gouvernements étroitement associés dans la résolution de parer par leurs communs efforts à toutes les causes de complications intérieures ou extérieures qui viendraient à menacer le régime établi en Égypte, ne doutent pas que l'assurance publiquement donnée de leur intention formelle à cet égard ne contribue à prévenir les périls que le gouvernement du khédive pourrait avoir à redouter, périls qui, d'ailleurs, trouveraient certainement la France et l'Angleterre unies pour y faire face, et ils comptent que Son Altesse elle-même, dans cette assurance, puisera la confiance et la force dont elle a besoin pour diriger les destinées du peuple et du pays égyptiens.

N° 13.

M. Gambetta, ministre des affaires étrangères, à lord Lyons, ambassadeur d'Angleterre à Paris.

Paris, le 30 décembre 1881.

Monsieur l'ambassadeur, vous avez bien voulu me faire savoir hier matin que lord Granville reconnaissait avec moi l'utilité de charger les agents de France et d'Angleterre en Égypte de donner au khédive, à l'occasion de la réunion de la Chambre des notables convoquée par le prince, l'assurance officielle de l'appui de leurs deux gouvernements contre toutes les difficultés qui pouvaient résulter de la situation actuelle du pays. Vous m'avez exprimé en même temps, de la part du principal secrétaire d'État de la reine, le désir que je me chargeasse de la rédaction des instructions communes destinées à M. Sienkiewicz et à sir Edward Malet.

J'ai l'honneur de vous adresser ci-joint un projet que j'ai préparé en conséquence, et que je transmets aujourd'hui même à M. Challemel-Lacour, afin qu'il le soumette au comte Granville.

Dans le cas où Son Excellence approuverait cette rédaction, je serais d'avis d'en envoyer le texte à nos deux agents au Caire par le télégraphe, afin qu'ils puissent s'acquitter sans aucun retard de la démarche identique et simultanée qui leur sera prescrite.

GAMBETTA.

N° 15.

M. CHALLEMEL-LACOUR, ambassadeur de la République française à Londres, à M. GAMBETTA, ministre des affaires étrangères.

Londres, le 4 janvier 1882.

Lord Granville, saisi de votre projet depuis deux jours, n'a pas encore fait connaître son sentiment. Il viendra demain à Londres, et, comme il y a conseil de cabinet vendredi, peut-être voudra-t-il soumettre ce document à ses collègues. J'ai lieu de craindre que certaines expressions ne soulèvent quelques difficultés.

CHALLEMEL-LACOUR.

N° 16.

M. SIENKIEWICZ, agent et consul général de France en Égypte, à M. GAMBETTA, ministre des affaires étrangères.

Le Caire, le 5 janvier 1882.

On se préoccupe beaucoup ici de la note que les cabinets de Paris et de Londres se proposeraient d'adresser au khédive.

La tranquillité règne.

SIENKIEWICZ.

N° 17.

M. Tissot, ambassadeur de la République française à Constantinople, à M. Gambetta, ministre des affaires étrangères.

Constantinople, le 6 janvier 1882.

La Porte croit savoir que les cabinets de Paris et de Londres songeraient à adresser au khédive une note par laquelle ils lui offriraient leur appui matériel dans le cas où son autorité serait menacée. Le ministre des affaires étrangères du Sultan est venu me trouver aujourd'hui pour me prier de faire observer à Votre Excellence que l'envoi de cette note ne semble pas justifié par les circonstances, et me dire que le Sultan verrait avec satisfaction qu'il ne fût pas donné suite au projet.

Je me borne à vous rendre compte de la démarche d'Assim-Pacha.

TISSOT.

N° 18.

M. Challemel-Lacour, ambassadeur de la République française à Londres, à M. Gambetta, ministre des affaires étrangères.

Londres, le 6 janvier 1882.

Lord Granville, arrivé hier assez tard dans la soirée, n'a pu me recevoir que ce matin. Il m'a appris que, pour éviter toute perte de temps, il avait cru devoir charger lord Lyons de vous informer que votre projet était accepté. Il ne m'a pas fait connaître dans quels termes cette acceptation devait être formulée, ni si elle impliquait quelques réserves. Il m'a dit seulement qu'il était bien entendu que les instructions communes n'entraîneraient aucun engagement d'action effective et qu'elles avaient pour unique but d'exercer une action morale sur le khédive en l'assurant une fois de plus de l'accord des deux puissances.

CHALLEMEL-LACOUR.

N° 19.

Lord Lyons, ambassadeur d'Angleterre à Paris, à M. Gambetta, ministre des affaires étrangères.

Paris, le 6 janvier 1882.

Mon cher président du Conseil, je suis autorisé par lord Granville à informer Votre Excellence que le gouvernement de Sa Majesté adhère au projet de déclaration contenu dans votre note du 30 décembre dernier, avec cette réserve qu'il ne doit pas être considéré comme s'engageant par là à quelque mode particulier d'action, si une action devait être trouvée nécessaire.

Sir Ed. Malet recevra des instructions pour faire la communication au Caire de concert avec son collègue français.

Lord Lyons.

N° 20.

M. Gambetta, ministre des affaires étrangères, à lord Lyons, ambassadeur d'Angleterre à Paris.

Paris, le 7 janvier 1882.

Monsieur l'ambassadeur, j'ai l'honneur d'accuser réception à Votre Excellence de la réponse que lord Granville l'a autorisée à faire à la communication contenue dans ma note du 30 décembre dernier.

Je me félicite de voir que le gouvernement de Sa Majesté donne son assentiment au projet de déclaration que vous lui avez transmis, sous la réserve que nous ne devons pas nous considérer comme nous engageant, par là, dans aucun mode d'action particulier.

Nous constatons avec plaisir que le gouvernement de la reine ne se réserve que sur le mode d'action à employer par les deux pays, le jour où l'action serait jugée nécessaire; et c'est une réserve qui nous est commune.

M. Sienkiewicz recevra des instructions pour se

mettre en rapport au Caire avec son collègue d'Angle-terre, et faire la communication de concert avec lui.

GAMBETTA.

N° 21.

M. GAMBETTA, ministre des affaires étrangères, à M. CHALLE-MEL-LACOUR, ambassadeur de la République française à Londres.

Paris, le 7 janvier 1882.

Le projet de déclaration est accepté par lord Gran-ville, lord Lyons me l'a écrit hier au soir. Je télégra-phie à M. Sienkiewicz le texte convenu de la déclara-tion et je l'invite à se concerter avec sir Edward Malet.

GAMBETTA.

N° 22.

M. GAMBETTA, ministre des affaires étrangères, à M. CHAL-LEMEL-LACOUR, ambassadeur de la République française à Londres.

Paris, le 7 janvier 1882.

Je vous transmets ci-joint copie de la lettre que lord Lyons m'a fait remettre hier soir en réponse à notre projet de déclaration, et copie de la lettre que je lui ai fait porter ce matin même pour lui accuser réception.

J'ai à peine besoin de vous faire remarquer que les termes dont se sert lord Lyons n'impliquent pas de la part de lord Granville l'intention d'écarter toute hypothèse d'action commune ultérieure. Il refuse seulement de se considérer comme engagé par la déclaration identique et simultanée sur le mode d'action, au cas où il deviendrait utile et nécessaire d'agir. Il y a, entre la communication adressée par lord Granville à lord Lyons telle que celui-ci nous en expose l'esprit, et l'entretien de lord Granville avec vous, tel que vous l'avez analysé dans votre télé-

gramme du 6 janvier, une nuance qui a son intérêt
et dont vous ne manquerez pas, le cas échéant, de
faire votre profit. Lord Granville me semble admettre
en principe la possibilité d'une action commune, dont
le mode sera à discuter au moment voulu.

J'écris aujourd'hui même à M. Sienkiewicz, par
télégraphe, au Caire, pour lui donner mes instructions
suivant le texte convenu, sur la déclaration qu'il
devra faire au khédive, après s'être concerté avec sir
Edward Malet, et je communique, par télégramme,
le texte de ces instructions à M. Tissot. Vous trouverez
ci-joint communication de deux télégrammes que
j'ai déjà reçus de M. Tissot et de M. Sienkiewicz.
Vous y verrez qu'on se préoccupe à Constantinople et au Caire de la nouvelle qui s'est répandue
d'une démarche concertée entre la France et l'Angleterre. Mais on interprète assez inexactement l'esprit
de la déclaration projetée. J'écrirai à Constantinople
et au Caire, par le prochain courrier, pour renseigner
plus amplement M. Tissot et M. Sienkiewicz sur l'état
réel de la question et sur les vues communes des
deux gouvernements.

GAMBETTA.

N° 23.

M. GAMBETTA, ministre des affaires étrangères, à M. SIENKIE-
wicz, agent et consul général de France en Égypte.

Paris, le 7 janvier 1882.

Les deux gouvernements de France et d'Angleterre
se sont entendus pour charger concurremment leurs
agents au Caire de donner au khédive, à l'occasion
de la réunion de la Chambre des notables, l'assurance
officielle de leur entente commune en ce qui concerne la situation gouvernementale en Égypte. Vous
recevrez, par un second télégramme, le texte des
instructions que je vous adresse à ce sujet.

Des instructions identiques à celles que vous recevrez par mon prochain télégramme, seront adressées par lord Granville, si elles ne l'ont déjà été, à sir Edward Malet. Il est entendu que les deux déclarations, à faire par vous et par sir Edward Malet doivent être identiques et simultanées. Vous n'agirez donc, sur le reçu du télégramme vous portant mes instructions qu'après vous être concerté avec lui.

En attendant, démentez et rectifiez les interprétations malveillantes que vous m'avez annoncées. Notre démarche est faite dans l'intérêt de tout le monde en Égypte.

GAMBETTA.

N° 24.

M. GAMBETTA, ministre des affaires étrangères, à M. SIENKIEWICZ, agent et consul général de France en Égypte.

Paris, le 7 janvier 1882.

Vous avez été chargé à plusieurs reprises déjà de faire connaître au khédive et à son gouvernement la volonté de la France et de l'Angleterre de leur prêter appui contre les difficultés de différente nature qui pourraient entraver la marche des affaires publiques en Égypte.

Les deux puissances sont entièrement d'accord à ce sujet, et des circonstances récentes, notamment la réunion de la Chambre des notables convoquée par le khédive, leur ont fourni l'occasion d'échanger leurs vues une fois de plus.

Je vous prie de déclarer en conséquence à Tewfik-Pacha, après vous être concerté avec sir Edward Malet qui est invité à faire simultanément avec vous une déclaration identique, que les gouvernements français et anglais considèrent le maintien de Son Altesse sur le trône, dans les conditions qui sont consacrées par les firmans des sultans et que les deux gouvernements ont officiellement acceptées, comme pouvant seul garantir, dans le présent et pour l'avenir, le bon ordre et le développement de la prospérité générale en Égypte, auxquels la France et l'Angleterre sont également intéressées. Les deux gouvernements, étroitement associés dans la résolution de parer par leurs communs efforts à toutes les causes de complications intérieures ou extérieures qui viendraient à menacer le régime établi en Égypte, ne doutent pas que l'assurance publiquement donnée de leur intention formelle à cet égard ne contribue à prévenir les périls que le gouvernement du khédive pourrait avoir à redouter, périls qui, d'ailleurs, trouveraient certainement la France et l'Angleterre unies pour y faire face, et ils comptent que Son Altesse elle-même puisera dans cette assurance la confiance et la force dont elle a besoin pour diriger les destinées du peuple et du pays égyptiens.

GAMBETTA.

N° 25.

M. GAMBETTA, ministre des affaires étrangères, à M. TISSOT, ambassadeur de la République française à Constantinople.

Paris, le 7 janvier 1882.

En réponse à votre télégramme du 6 janvier, j'ai l'honneur de vous adresser le texte des instructions que j'envoie aujourd'hui par télégramme à M. Sienkiewicz.

(Suit le texte de la dépêche publiée sous le n° 24.)

Des instructions semblables ont été ou doivent être adressées par lord Granville à sir Edward Malet, à la suite d'une entente qui s'est établie entre la France et l'Angleterre. Je vous communique le texte de mes instructions à M. Sienkiewicz seulement pour votre information personnelle. Pour répondre aux questions qui vous sont adressées par Saïd-Pacha, vous direz qu'en effet vous venez d'être informé que la France et l'Angleterre se sont entendues pour faire au khédive une déclaration identique et simultanée. Vous ajouterez que la Porte ne paraît pas interpréter exactement le caractère de la démarche annoncée des deux gouvernements, qui a pour objet de fortifier l'autorité des firmans en vertu desquels gouverne Tewfik-Pacha.

GAMBETTA.

N° 26.

M. SIENKIEWICZ, agent et consul général de France en Égypte, à M. GAMBETTA, ministre des affaires étrangères.

Le Caire, le 8 janvier 1882.

Conformément à vos instructions, je me suis rendu aujourd'hui avec M. Malet chez le khédive et je lui ai donné lecture de la note identique. Nous avons fait une communication analogue à Chérif-Pacha. La note paraîtra demain au *Moniteur*.

SIENKIEWICZ.

N° 27.

M. CHALLEMEL-LACOUR, ambassadeur de la République française à Londres, à M. GAMBETTA, ministre des affaires étrangères.

Londres, le 9 janvier 1882.

Monsieur le ministre, j'ai lu avec un vif intérêt votre dépêche en date du 7 janvier et les différents documents qui s'y trouvaient annexés, notamment la copie de la réponse de lord Lyons à votre projet de déclaration. Je vous suis d'autant plus obligé de cette communication que les termes dans lesquels l'assentiment du cabinet de Londres vous a été notifié par l'ambassadeur d'Angleterre modifient d'une manière dont nous devons nous féliciter la portée de la réserve que j'avais cru recueillir de la bouche de lord Granville et que je vous avais fait connaître par mon télégramme du 6.

CHALLEMEL-LACOUR.

N° 28.

M. Sienkiewicz, agent et consul général de France en Égypte,
à M. Gambetta, ministre des affaires étrangères.

Le Caire, le 10 janvier 1882.

Hier soir, Chérif-Pacha et M. Malet sont venus me trouver
pour m'entretenir au sujet de la note identique. Elle aurait
été mal comprise, dans certaines sphères. On y verrait une
appréciation défavorable de la Chambre des notables, un
acte de défiance vis-à-vis du parti national et une menace
d'intervention que rien ne justifie en ce moment. Les objections nous ont été nettement formulées par Chérif-Pacha
à M. Malet et à moi. M. Malet m'a proposé même, devant
Chérif-Pacha, de demander à nos gouvernements respectifs
l'envoi d'une nouvelle note explicative destinée à ramener
l'opinion.

SIENKIEWICZ.

N° 30.

M. Gambetta, ministre des affaires étrangères, à M. Sienkiewicz, agent et consul général de France en Égypte.

Paris, le 10 janvier 1882.

Le meilleur moyen de calmer les appréhensions
serait de publier la note du 7 janvier; les interprétations fausses ou exagérées ne rencontreront plus alors
de crédit. Quant à envoyer une seconde note explicative de la première, c'est une démarche que je ne juge
pas opportune.

GAMBETTA.

N° 32.

M. Sienkiewicz, agent et consul général de France en Égypte,
à M. Gambetta, ministre des affaires étrangères.

Le Caire, le 11 janvier 1882.

Ayant appris que le gouvernement du khédive se proposait de répondre à la note pour en contester l'opportu-

nité, j'ai fait ressortir auprès de Chérif-Pacha les dangers d'un pareil procédé.

Votre Excellence voit-elle des inconvénients à promettre le vote du budget à la Chambre pour l'année 1884 ou 1885?

SIENKIEWICZ.

N° 33.

M. GAMBETTA, ministre des affaires étrangères, à M. SIENKIE-WICZ, agent et consul général de France en Égypte.

Paris, le 11 janvier 1882.

Il est inadmissible que le gouvernement du khédive nous fasse une réponse quelconque, surtout avec l'arrière-pensée de provoquer une autre note de notre part.

Je ne puis pas davantage m'engager à promettre le vote du budget à la Chambre pour 1884 ou 1885 : ce serait préjuger des questions et dessaisir des intérêts avant le temps.

J'ai eu, d'ailleurs, aujourd'hui même, avec l'ambassadeur d'Angleterre une conversation à la suite de laquelle le gouvernement de la reine, quand il l'aura connue, enverra sans doute des instructions à M. Malet.

Je vous invite à agir avec la même énergie, et à ne pas vous départir de la ligne de conduite que vous avez suivie.

GAMBETTA.

N° 34.

M. SIENKIEWICZ, agent et consul général de France en Égypte, à M. GAMBETTA, ministre des affaires étrangères.

Le Caire, le 12 janvier 1882.

Les contrôleurs viennent de remettre à M. Malet et à moi la note suivante :

« La Chambre des délégués paraît disposée à exiger que le droit de voter le budget lui soit accordé. Ce droit, restreint même aux administrations non affectées à la dette, compromettrait les garanties assurées aux créanciers, car il aurait pour conséquence nécessaire de faire passer du Conseil des ministres à la Chambre la direction des affaires du pays. Les contrôleurs généraux n'ayant d'autre droit que de signaler par des rapports les actes de mauvaise administration, ce droit, efficace vis-à-vis des ministres que le khédive peut changer, est illusoire vis-à-vis d'une Chambre irresponsable. Cette mesure serait d'autant plus grave que l'inexpérience de la Chambre est incontestablement réputée et que ses dispositions à l'égard de l'élément européen dans l'administration sont certainement hostiles. D'un autre côté, il n'est pas certain qu'on puisse refuser ce droit sans amener une crise.

« Les contrôleurs demandent des instructions sur l'attitude qu'ils doivent prendre ».

Sienkiewicz.

N° 35.

M. Gambetta, ministre des affaires étrangères, à M. Challemel-Lacour, ambassadeur de la République française à Londres.

Paris, le 13 janvier 1882.

Monsieur, je vous ai déjà tenu au courant des incidents qui ont suivi la remise de la note du 7 au gouvernement égyptien. Après vous avoir signalé un certain écart de vues entre les agents des deux puissances au Caire, je vous priais de tâcher de connaître sur ce point les sentiments de lord Granville. Vous me faites part de l'impossibilité où vous êtes d'entretenir en ce moment le principal secrétaire d'État ou l'un de ses collègues au département des affaires étrangères. En attendant que lord Granville soit de retour à Londres, je dois vous avertir que je maintiens mes instructions précédentes, et vous renseigner sur les faits nouveaux qui se sont produits dans la journée du 11.

Vous trouverez ci-joint copie de deux télégrammes

qui m'ont été adressés le 11 par M. Sienkiewicz et de la réponse que je lui ai faite. Ainsi que vous le verrez, le gouvernement égyptien a fait différentes tentatives qui avaient pour objet manifeste d'atténuer la portée de la démarche du 7 : tantôt il insistait pour la rédaction d'une seconde note, explicative de la première, tantôt il parlait de nous adresser une réponse qui n'eût pu qu'être inopportune et regrettable, tantôt enfin il insinuait qu'il serait utile de concéder immédiatement à la Chambre des notables, et sans aucune garantie préalable pour les intérêts légitimes que nous avons à préserver, le droit d'examiner le budget de 1884. J'ai répondu à ces diverses suggestions que le gouvernement français n'avait qu'à se maintenir et se maintiendrait sur le terrain accepté et choisi, après réflexions, par les deux puissances. J'ai envoyé dans ce sens des instructions formelles à M. Sienkiewicz.

Hier, lord Lyons est venu à son tour me présenter, au nom de lord Granville, des réflexions analogues à celles qui se trouvaient consignées dans les communications de notre agent au Caire. Le cabinet de Londres insistait particulièrement sur l'utilité de rédiger en commun une seconde note, explicative de la première. J'ai fait remarquer à l'ambassadeur de la reine qu'une seconde note ne pouvait que répéter nos déclarations antérieures, ce qui était pour le moins inutile; ou bien les contredire, ce qui aurait pour résultat de donner un encouragement presque direct aux adversaires de l'ordre de choses établi en Égypte. Aux craintes que lord Lyons m'exprimait sur les impressions de la Chambre des notables et sur les dispositions du parti national, j'ai opposé ce fait indéniable qu'il n'y avait rien dans la note du 7 qui fût dirigé, soit contre la Chambre, soit contre aucun parti, soit contre les aspirations raisonnables du peuple égyptien; qu'il n'y était parlé d'aucun projet immédiat d'intervention armée, l'état de choses restant ce qu'il est: que le ton n'en était en aucun endroit comminatoire; qu'on n'y faisait aucune opposition aux vœux du pays, en tant que ces vœux portent sur d'utiles réformes et ne tendent pas à ébranler les pouvoirs établis. Si les deux puissances cherchaient à fortifier l'autorité du khédive, c'est qu'elles considéraient que cette autorité serait employée à servir les intérêts généraux de l'Égypte. La note du 7 me paraissait indiquer aussi clairement que possible que tel était l'esprit qui avait inspiré notre action commune. Si des doutes pouvaient subsister, il appartenait aux agents des deux puissances au Caire de les dissiper, lorsque l'occasion s'en présenterait, en concertant leur langage.

L'ambassadeur de la reine a paru frappé des observations que j'ai présentées. Je ne lui ai point caché qu'il se heurtait à une décision déjà prise et que j'avais dû prendre pour me conformer à l'esprit comme au texte de la note du 7 janvier. Je lui ai communiqué le télégramme par lequel j'avais mandé à M. Sienkiewicz de s'en tenir à ses premières instructions. J'ai ajouté d'ailleurs que lord Granville, dans les pourparlers qui ont précédé l'envoi de la note commune, a montré tant de bon vouloir à se prêter aux vues du gouvernement français que je me ferais à mon tour un devoir de courtoisie, s'il avait quelque proposition nouvelle à nous adresser, d'apporter à l'examen de ce qui nous serait proposé par lui l'attention la plus empressée. Je n'en ai pas moins insisté sur ce point fondamental de l'affaire, qu'en attendant qu'un nouvel échange d'observations ait abouti à quelque résultat pratique, je n'avais pas lieu de me départir de la ligne de conduite que j'ai suivie jusqu'à présent. J'ai prié lord Lyons de vouloir bien faire connaître nos mobiles à lord Granville.

Dans tous les cas et quand même une décision

nouvelle des deux puissances devrait intervenir dans un délai plus ou moins rapproché, il me semble dès à présent indispensable qu'aucune divergence ne puisse être relevée dans le langage des agents des deux puissances au Caire. Leur attitude commune doit être telle qu'elle décourage d'avance les tentatives qui pourraient être faites pour les isoler l'une de l'autre. Lord Granville jugera sans doute, comme moi, que, s'il en était autrement, la note commune ne garderait pas un sérieux digne des deux puissances qui se sont entendues pour la présenter au khédive. A la première occasion qui s'offrira à vous de vous entretenir avec les ministres de la reine, je vous prie de vous informer si des instructions ont été envoyées dans ce sens à sir Edward Malet ou si elles le seront le plus tôt possible. J'ai cru comprendre que lord Lyons partageait sur ce point mon avis.

GAMBETTA.

N° 36.

M. SIENKIEWICZ, agent et consul général de France en Égypte, à M. GAMBETTA, ministre des affaires étrangères.

Le Caire, le 14 janvier 1882.

Les contrôleurs et mon collègue d'Angleterre se sont réunis chez moi ce matin. La situation s'aggrave rapidement. Un conflit entre la Chambre et le ministère est imminent. On démontre à l'Université Del-Azhar qu'une intervention de la France et de l'Angleterre est impossible, car les autres puissances s'y opposeraient. M. Malet m'a exprimé en particulier l'opinion qu'une démonstration de toutes les grandes puissances pourrait avoir pour effet de calmer l'armée et les notables. La présence d'un croiseur français serait inopportune en ce moment.

SIENKIEWICZ.

N° 37.

M. GAMBETTA, ministre des affaires étrangères, à M. SIENKIE-
wicz, agent et consul général de France en Égypte.

Paris, le 14 janvier 1882.

J'approuve la note que vous ont remise les contrôleurs, et les conseils que vous donnez à Chérif-Pacha.
Continuez de montrer la même fermeté.

GAMBETTA.

N° 38.

M. SIENKIEWICZ, agent et consul général de France en Égypte,
à M. GAMBETTA, ministre des affaires étrangères.

Le Caire, le 16 janvier 1882.

Monsieur le président, Sultan-Pacha a remis hier au président du conseil un contre-projet d'organisation de la
Chambre des délégués qui modifie en ses dispositions essentielles le projet du gouvernement. Il résulte, en effet,
de ce document que Votre Excellence trouvera ci-joint, que
les délégués veulent donner à leur Chambre les attributions
d'un Parlement. Ils réclament le droit de contrôle sur tous
les fonctionnaires publics, la responsabilité ministérielle,
l'initiative des lois, l'examen et le vote du budget (articles 19,
20, 24, 33 du contre-projet). Ils suppriment, en même temps,
en procédant par voie d'omission, le conseil d'administration et de législation dont la création leur avait été proposée par le gouvernement.

La Chambre, ou pour être plus exact, la commission de
16 membres qui a fonctionné seule jusqu'à présent et dont
les décisions seront aveuglément suivies par tous les délégués, part de cette idée qu'elle a le droit de surveiller, au
nom du pays, l'administration prise dans son ensemble, et
l'emploi des ressources du pays. Elle prétend respecter
toutes les conventions internationales et même les fonctionnaires étrangers; mais elle entend se réserver le droit de
faire des économies qui lui permettent de hâter l'amortissement de la dette publique.

SIENKIEWICZ.

N° 39.

M. Challemel-Lacour, ambassadeur de la République française à Londres, à M. Gambetta, ministre des affaires étrangères.

Londres, le 16 janvier 1882.

Lord Granville est rentré à Londres ce matin. Je l'ai entretenu des affaires d'Égypte en m'inspirant de votre dépêche de samedi. Il m'a dit qu'il attachait la plus grande importance à ce que l'entente de la France et de l'Angleterre fût non seulement réelle, mais apparente. Il a adressé aujourd'hui à lord Lyons un télégramme dans ce sens, dont vous devez avoir connaissance à l'heure qu'il est. Quant aux prétentions de la Chambre des notables en matière de budget, il est d'accord avec vous pour les considérer comme inadmissibles.

CHALLEMEL-LACOUR.

N° 40.

M. Sienkiewicz, agent et consul général de France en Égypte, à M. Gambetta, ministre des affaires étrangères.

Le Caire, le 17 janvier 1882.

Monsieur le ministre, la situation de l'Égypte devient très grave. La Chambre des délégués, dirigée par un comité de seize membres, qui subit lui-même la pression des colonels, veut s'emparer du gouvernement du pays. L'armée appuie et dirige la Chambre. Le ministère n'a pas la confiance du khédive, et le parti national ne cherche qu'une occasion pour le renverser. Déjà certains ministres qui se distinguaient jusqu'à présent par leur esprit de modération se rangent du côté de l'armée, c'est-à-dire du côté de la force. Dans le Soudan règne une anarchie presque complète, et du côté de l'Abyssinie, on peut toujours appréhender quelque difficulté.

Le colonel Arabi n'a point modifié ses allures de prophète et de dictateur, depuis qu'il fait partie du ministère de la guerre. Je suis même assez porté à croire qu'il lui serait impossible de changer d'attitude, les officiers commençant à exercer sur lui une sorte de surveillance.

Chaque soir, depuis l'ouverture de la Chambre, des banquête réunissent les notables et les colonels qui s'encouragent réciproquement à maintenir le programme révolutionnaire de la Chambre. Il faudrait quelque circonstance tout exceptionnelle pour empêcher un conflit entre le ministère et la Chambre.

Je ne crois pas, malgré les menaces des colonels, qu'il y ait à redouter, pour le moment, une nouvelle manifestation de l'armée; mais on peut admettre que les fellahs, qui sont généralement accablés de dettes, et qui, pour acquitter l'impôt, doivent contracter des emprunts à des taux exorbitants, seraient disposés à refuser l'impôt, pour peu qu'on les encourageât dans cette voie.

D'autre part, le parti national se prononce chaque jour d'une manière de plus en plus vive contre les étrangers et contre le khédive, qui passe pour s'appuyer exclusivement sur les deux puissances occidentales.

Le 14 de ce mois, les contrôleurs généraux et sir Edward Malet s'étant réunis chez moi pour examiner la situation, sir Auckland Colvin émit l'opinion qu'il appartenait aux consuls généraux de prendre les mesures nécessaires pour assurer la sécurité des colonies européennes. Je ne partageai point cette manière de voir. La moindre démonstration de la part des Européens pourrait être mal interprétée par les indigènes, et donner lieu à de graves complications. Dans mon opinion, la sécurité publique n'est point menacée, et ce ne serait que dans le cas où une intervention européenne aurait lieu que les Européens qui résident au Caire pourraient être en danger.

Quoi qu'il en soit, nous devons être prêts pour toutes les éventualités que la note du 7 janvier avait en vue. Mais, dans le cas où les deux gouvernements de France et d'Angleterre se décideraient à intervenir d'une manière directe, il serait nécessaire que tout se passât d'une manière très secrète. C'est lorsqu'on saurait ici qu'une intervention se prépare, que les Européens pourraient être sérieusement en danger.

SIENKIEWICZ.

N° 41.

M. Gambetta, ministre des affaires étrangères, à M. Sienkiewicz, agent et consul général de France en Égypte.

Paris, le 17 janvier 1882.

Monsieur, depuis le 10 de ce mois, époque à laquelle
je vous ai adressé des instructions détaillées sur l'action commune de la France et de l'Angleterre en
Égypte, il ne s'est presque point passé de jour que
cette action n'ait donné lieu, de votre part, à quelque
communication importante. Les premières tentatives
que le ministère de Chérif-Pacha a faites auprès de
vous pour atténuer la portée de notre démarche ont
été momentanément écartées, mais d'autres difficultés
subsistaient : d'une part, les différents groupes qui se
disputent le pouvoir en Égypte, un moment intimidés
par la manifestation publique de l'entente franco-
anglaise, pouvaient tirer parti d'une divergence plus
ou moins apparente qu'ils remarquaient dans le langage des deux consuls. D'autre part, la Chambre des
notables prenait des allures inquiétantes et, par ses
prétentions, en matière de budget, justifiait la sage
précaution que nous avions prise de resserrer et d'affirmer l'union des deux puissances qui se sont portées
garantes de la stabilité financière en Égypte. Vous
m'avez communiqué sur ce point les observations
formulées par les membres du contrôle, et je n'ai pas
hésité à les approuver. Je vous prie de bien remarquer
que, sur les deux points les plus essentiels, à savoir
les rapports qui doivent s'établir entre les représentants des deux puissances au Caire et les attributions
de la Chambre en matière de budget, les cabinets de
Paris et de Londres sont pleinement d'accord. Vous
trouverez ci-joint le texte des assurances qui m'ont
été transmises à cet égard, au nom de lord Granville,

par un télégramme de M. Challemel-Lacour du 16 janvier; elles ont été confirmées dans une conversation que j'ai eu aujourd'hui même avec lord Lyons.

Ainsi que vous le verrez, le cabinet de Saint-James n'est pas moins opposé que nous à une extension de pouvoir qui changerait complètement le caractère de la Chambre des notables, et qui troublerait profondément l'ordre financier établi en Égypte. Sans doute, on peut regretter que, dans le passé, la présence d'un contrôle national, exercé sous la forme représentative, n'ait pas doté l'Égypte de finances régulières, et rendu, par là, superflue l'intervention du contrôle européen. Mais l'histoire de ce pays n'offre rien de commun avec celle des nations parlementaires. Il ne doit l'ordre qui règne actuellement dans les finances qu'au régime spécial, créé en vue d'une situation particulière, que la volonté commune de la France et de l'Angleterre a fait établir et durer. Pour maintenir l'équilibre de son budget, ce n'est pas trop des efforts constants des deux contrôleurs européens, de leurs relations quotidiennes avec les ministres du khédive, de leur surveillance incessante sur toutes les branches de l'administration locale. Déléguer une partie de ses pouvoirs à une institution naissante, mal définie, et qui serait, de fait, irresponsable devant les tiers créanciers de l'Égypte, ce serait compromettre toute l'œuvre accomplie, et ramener l'Égypte de trente ans en arrière, sous le prétexte d'une émancipation prématurée. En élucidant les questions administratives qui lui sont soumises, la Chambre des délégués rendra des services plus modestes mais plus réels et plus conformes à son origine.

Lord Granville n'a pas été moins explicite en ce qui touche la nécessité de rendre ostensible l'entente des deux puissances par celle de leurs agents au Caire. Les signes publics qui pourront être donnés de notre accord sont tout aussi importants que cet accord lui-

même; mais si l'entente doit être absolue, soit sur le
but à atteindre, soit sur les démarches principales à
accomplir, lord Granville estime, et je suis d'accord
avec lui, qu'il convient de laisser une certaine latitude
à chacun de vous deux pour le tour à donner aux
explications qu'il peut être amené à fournir au gouvernement égyptien. Les deux nations, en effet, n'ont
pas exactement en Égypte la même situation, et leurs
intérêts, pour être concordants, ne sont pas identiques; il appartient aux deux agents, une fois le concert établi sur l'action commune, de l'appuyer par
des arguments appropriés à la position respective des
deux pays. Il est toutefois bien entendu que M. Malet,
là où il usera de la latitude qui lui sera laissée, ne
devra ni vous tenir secrètes les raisons qui le feront
agir, ni même négliger d'en délibérer d'abord avec
vous. Mes instructions précédentes vous ont d'ailleurs
suffisamment fait connaître quels sont les points
essentiels sur lesquels aucune divergence ne doit
exister. Ils se résument dans le maintien de l'organisation actuelle en Égypte, soit au point de l'équilibre
financier que ¡les puissances sont résolues à défendre
après l'avoir péniblement affermi, soit au point de
vue du régime politique et des situations acquises
qu'il s'agit de protéger contre les compétitions intérieures ou extérieures et dont le maintien nous paraît
lié aux intérêts généraux de l'Égypte et du peuple
égyptien.

Je n'ajoute qu'un mot. Chérif-Pacha est le chef du
ministère; il ne peut échapper à la responsabilité des
événements qui surviendront et il est tenu de déployer
toute la fermeté nécessaire pour prévenir les intrigues, les usurpations ou les complots dont les intérêts défendus par la France et l'Angleterre et le concert anglo-français lui-même auraient à souffrir.
Attachez-vous à lui représenter toute l'étendue de
cette responsabilité. Pesez sur lui, s'il le faut, pour

lui communiquer votre propre énergie; le premier ministre du khédive nous fournirait un grave sujet de plainte contre lui, s'il contrecarrait nos efforts par ses desseins particuliers ou s'il les paralysait par sa faiblesse.

GAMBETTA.

N° 42.

M. GAMBETTA, ministre des affaires étrangères, à M. SIENKIE-
  WICZ, agent et consul général de France en Égypte.

Paris, le 17 janvier 1882.

M. Challemel-Lacour a reçu hier de lord Granville l'assurance que le cabinet anglais persistera, en ce qui concerne l'Égypte, dans la politique d'union avec la France, dont la note identique a été l'expression et le premier acte. Nous sommes d'accord, Angleterre et France, pour juger inadmissibles les prétentions de la Chambre des notables en ce qui concerne le budget. M. Malet recevra ou a reçu des instructions pour que son entente avec nous soit non seulement réelle, mais encore apparente.

GAMBETTA.

N° 43.

M. GAMBETTA, ministre des affaires étrangères, à M. TISSOT,
  ambassadeur de la République française à Constantinople.

Paris, le 17 janvier 1882.

L'union de la France et de l'Angleterre, en ce qui concerne les affaires d'Égypte, persiste et s'accentue. Lord Granville a télégraphié hier à M. Malet pour lui recommander itérativement de concerter ses démar-ches et son langage avec ceux de M. Sienkiewicz. Il a dit à M. Challemel-Lacour : « L'union de la France et de l'Angleterre doit être non seulement réelle, mais encore apparente. » La France et l'Angleterre sont d'accord pour juger inadmissibles les prétentions de la Chambre des notables en matière de budget. Lord Lyons, que je viens de voir, m'a confirmé les déclarations du cabinet de Saint-James.

GAMBETTA.

N° 44.

M. CHALLEMEL-LACOUR, ambassadeur de la République française à Londres, à M. GAMBETTA, ministre des affaires étrangères.

Londres, le 17 janvier 1882.

Aussitôt informé du retour de lord Granville à Londres, je me suis rendu au Foreign Office, et j'ai eu avec le principal secrétaire d'État une conversation dont mon télégramme d'hier soir vous a fait connaître le résumé.

Malgré la déclaration formelle de lord Granville relativement au prix qu'il attache à la bonne entente, non seulement réelle, mais apparente (c'est le mot dont il s'est servi) de la France et de l'Angleterre dans la question égyptienne, je n'ai pas trouvé, je dois l'avouer, ses dispositions entièrement satisfaisantes. Vous en pourrez juger vous-même par certains détails de notre conversation dont je crois utile de vous faire part. Il est à peu près certain aujourd'hui pour moi que, si le cabinet de Londres a envisagé l'éventualité d'une action effective des deux puissances à l'appui de la note collective, ç'a été en fin de compte pour l'écarter. La réserve formulée d'abord par lord Granville et dont je vous avais communiqué le sens par mon télégramme du 6 courant, réserve qui ne nous avait pas paru absolument conforme aux termes dans lesquels lord Lyons vous avait notifié le même jour l'adhésion du principal secrétaire d'État à votre projet, exprimait réellement la vraie pensée du gouvernement de la reine. Lord Granville entendait, en effet, que la note collective ne devait être considérée que comme un encouragement purement platonique[1], qui n'im-

---

1. Cette impression de M. Challemel-Lacour était erronée. Comme la polémique des partis exploita dans la suite, à Londres contre M. Gladstone et à Paris contre M. Gambetta, l'interprétation pessimiste de M. Challemel-Lacour, sir Charles Dilke, sous-

pliquait la promesse d'aucune sanction. Lorsque j'ai exprimé, comme vous m'en aviez chargé, à lord Granville combien vous aviez été touché du bon vouloir avec lequel il s'était prêté à la démarche que vous lui proposiez de faire en commun, il m'a dit « qu'il n'avait jamais pensé que la note proposée par vous pût être d'aucune utilité », mais il avait tenu à vous donner un témoignage du désir qu'avait le gouvernement anglais de se montrer d'accord avec la France. J'ai répondu aussitôt que la manifestation de cet accord était effectivement la seule chose qui pût assurer l'efficacité de la note collective; elle était la condition même de l'influence que la France et l'Angleterre se proposaient d'exercer dans les circonstances actuelles, et c'est pourquoi il était bien regrettable que certaines différences de langage et d'interprétation entre les agents des deux puissances au Caire eussent compromis l'effet de la note et encouragé des prétentions auxquelles on avait l'espérance de couper court. Le principal secrétaire d'État m'a assuré que l'agent anglais n'avait certainement pas encouragé les résistances et que, d'après M. Malet, notre agent avait dû lui-même nous avertir que la note n'avait pas produit, dès le premier moment, une impression favorable.

CHALLEMEL-LACOUR.

N° 46.

M. GAMBETTA, ministre des affaires étrangères, aux ambassadeurs de la République française à Londres et à Constantinople, et à M. SIENKIEWICZ, agent et consul général de France en Égypte.

Paris, le 18 janvier 1882.

Il n'est pas exact de dire, comme le font plusieurs journaux de France et d'Angleterre, qu'Essad-Pacha aurait remis une note au gouvernement français au

secrétaire d'État au Foreign Office, déclara sur une interpellation que lord Granville avait répudié d'une manière formelle, dans une dépêche à lord Lyons, les conclusions de la dépêche de M. Challemel-Lacour à M. Gambetta. (Chambre des Communes, séance du 29 juin 1882.)

nom de la Porte. Essad-Pacha, à la suite d'un télégramme qu'il a reçu de Constantinople et dont il m'a donné connaissance, a eu avec moi un entretien dont l'objet était de me représenter que l'état de l'Égypte est prospère et tranquille, que cet état ne fournissait pas de motif à une démarche semblable à celle qu'ont accomplie la France et l'Angleterre; qu'en tout cas, les observations que nous pourrions avoir à faire auraient dû d'abord être adressées à la Porte, suzeraine de l'Égypte.

J'ai répondu en substance à Essad-Pacha, d'une part, que les deux puissances ne sont intervenues que pour témoigner de leur résolution de maintenir le *statu quo* fixé par les firmans et les traités, et que, ne voulant pas innover en Égypte, nous n'avions pas sujet de recourir à la Turquie; d'autre part, que la prospérité actuelle de l'Égypte tient précisément à une organisation et à des arrangements financiers dont la France et l'Angleterre ont la garde; que nous avions dû prévoir les périls qui pourraient compromettre cette organisation; qu'enfin les prétentions élevées par la Chambre des notables ont assez clairement justifié nos prévisions, nos inquiétude, et nos alarmes.

J'ai ajouté que personnellement je ne verrais aucune objection, loin de là, à faire, *après les faits accomplis* (car je n'en ai jamais admis la communication préalable), une communication simultanée, identique. collective de la note anglo-française à la Porte par l'organe de nos ambassadeurs respectifs à Constantinople. Mais j'ai bien fait remarquer à Essad-Pacha que c'était là une vue personnelle sur laquelle je n'avais fait aucune ouverture à Londres. Il ne m'a pas paru goûter outre mesure cette suggestion qui avait à mon sens l'avantage de lier plus étroitement et plus manifestement encore la partie entre l'Angleterre et la France, aux regards de tout le monde.

Vous pouvez, à ce sujet, vous en ouvrir avec lord Granville.

Je me suis ensuite expliqué avec Essad-Pacha sur les tendances que la Porte témoignait depuis quelque temps, et qui seraient de nature, si elles s'aggravaient, à altérer ses bons rapports avec ses alliés les plus anciens. Je n'ai pu m'empêcher d'exprimer mes regrets et mes appréhensions sur la voie où la Porte paraît vouloir s'engager.

GAMBETTA.

N° 47.

M. CHALLEMEL-LACOUR, ambassadeur de la République française à Londres, à M. GAMBETTA, ministre des affaires étrangères.

Londres, le 19 janvier 1882.

J'ai fait part sans délai à lord Granville de votre conversation avec l'ambassadeur de Turquie. Le principal secrétaire d'État m'a vivement remercié de cette communication, mais il ne m'a pas caché son étonnement d'apprendre que la note turque ne vous avait pas été remise, ladite note lui ayant été présentée dès samedi dernier par Musurus-Pacha. Il n'a pas répondu jusqu'à présent à la Turquie, mais on prépare au Foreign Office une réponse dont lord Granville m'a dit qu'il ne manquerait pas de vous donner connaissance aussitôt qu'elle sera prête. « Il y a, m'a-t-il dit, plusieurs précédents de communications analogues adressées directement par le cabinet de Londres au khédive; le gouvernement de la reine n'estime pas que, la note identique ne mettant pas en question la situation de l'Égypte telle qu'elle est réglée par les firmans, il fût à aucun titre nécessaire soit de la communiquer au préalable à la Porte, soit de la faire parvenir au khédive par son intermédiaire. »

Quant à votre idée de faire donner maintenant à Constantinople par les ambassadeurs des deux puissances communication simultanée de la note identique remise au khédive, le principal secrétaire d'État n'a fait aucune difficulté d'y adhérer. Il ne voit nul inconvénient à cette démarche, si *elle peut faire plaisir à la Porte.*

Lord Granville m'a exprimé à cette occasion l'espoir que nous continuerions à marcher d'accord jusqu'au bout.

Il m'a fait lire une dépêche du Caire qui venait de lui parvenir et d'après laquelle Chérif-Pacha serait décidé, non seulement à repousser les exigences de la Chambre des notables, mais à se rendre auprès d'elle pour lui notifier que la France et l'Angleterre refusent d'accepter ses prétentions en matière de budget. Si la Chambre des notables persiste, Chérif-Pacha ne donnera pas sa démission, la Constitution de l'Égypte n'admettant pas la responsabilité ministérielle.

CHALLEMEL-LACOUR.

N° 48.

M. CHALLEMEL-LACOUR, ambassadeur de la République française à Londres, à M. GAMBETTA, ministre des affaires étrangères.

Londres, le 20 janvier 1882.

Je reçois de lord Granville à l'instant le mot que voici :

« En y regardant de plus près, je m'aperçois que c'est la copie d'un télégramme et non une note que Musurus-Pacha a laissée au Foreign Office la semaine dernière. C'est évidemment le même télégramme qui a été lu à M. Gambetta. »

CHALLEMEL-LACOUR.

N° 49.

M. GAMBETTA, ministre des affaires étrangères, à M. TISSOT, ambassadeur de la République française à Constantinople.

Paris, le 20 janvier 1882.

Monsieur, la démarche simultanée des représentants de France et d'Angleterre en Égypte a donné lieu à une série d'incidents dont vous trouverez les détails dans les extraits de la correspondance diplo

matique que je joins à cette lettre. Ainsi que vous le
verrez, les premières difficultés que nous étions
exposés à rencontrer dans l'entourage même du khédive ont été momentanément écartées. Deux points
essentiels étaient à régler entre les cabinets de Paris
et de Londres. D'une part, il fallait que l'entente des
puissances fût rendue ostensible par celle de leurs
agents au Caire. D'autre part, les deux gouvernements
devaient tomber d'accord sur l'accueil à faire aux
prétentions de la Chambre des notables en matière de
budget.

Sur le premier point, vous apprécierez la portée
des assurances de bonne entente qui nous ont été
données, à deux reprises, par le gouvernement anglais, et les réserves dont il a cru devoir les accompagner. Je dois ajouter que les explications qui m'ont
été transmises par M. Challemel-Lacour, dans sa
lettre du 17 de ce mois, révèlent, de la part de lord
Granville, une certaine hésitation à accepter les conséquences de notre commune démarche et laisse planer quelque incertitude sur l'étendue du concours
que M. Sienkiewicz peut attendre de son collègue.
Cependant, lord Lyons a été beaucoup moins réservé
dans sa lettre du 6, où il n'écartait pas l'hypothèse
d'une action ultérieure, et dans l'entretien qu'il a eu
avec moi le 17, par suite des ordres de lord Granville.
De plus, les derniers renseignements que M. Challemel-Lacour m'a adressés hier me font encore penser
que lord Granville sent de plus en plus fortement la
nécessité de ne point affaiblir l'entente des deux nations. Quant aux prétentions financières de la Chambre
des notables, elles paraissent, au cabinet de Londres
comme à nous-mêmes, incompatibles avec les droits
du contrôle européen. Aucun des deux gouvernements ne laissera compromettre une institution
financière qui a fait ses preuves et qui est la raison
d'être de l'action anglo-française en Égypte. J'ai fait

parvenir, le 17 janvier, à M. Sienkiewicz des instructions conçues dans ce sens, et je vous en adresse également copie.

Le 17 de ce mois, le jour même où lord Lyons me faisait connaître les vues de son gouvernement, Essad-Pacha venait à son tour me demander un entretien sur l'affaire de la note identique.

Je vous ai adressé un compte rendu sommaire de cet entretien dans mon télégramme du 18. L'ambassadeur de Turquie avait reçu de son gouvernement un télégramme qui a été publié depuis par les journaux anglais, et il m'en a lu le texte pour la commodité de la conversation sans m'en remettre copie. Je laisse de côté les affirmations plus ou moins hasardées que renferme ce texte sur le rôle et les droits du gouvernement turc en Égypte. J'aurai, sans doute, l'occasion de revenir sur ce sujet et je m'en tiens aujourd'hui aux deux points principaux sur lesquels ont porté les observations d'Essad-Pacha : la Porte ne pensait pas que l'état de l'Égypte justifiât la précaution qu'ont cru devoir prendre la France et l'Angleterre et elle inclinait à considérer comme une atteinte à son droit de suzeraineté le fait que la note des deux puissances n'ait point passé par Constantinople pour arriver au khédive. J'ai répondu qu'il n'y avait pas même lieu de discuter sur l'existence des périls visibles que font courir à l'ordre de choses établi en Égypte les intrigues de divers prétendants, la formation d'un parti militaire, les impatiences d'une assemblée nouvelle et inexpérimentée. Quant à la procédure suivie par les puissances, j'ai dit que je ne m'expliquais pas qu'elle eût pu éveiller les susceptibilités de la Porte. Sans doute, si nous avions voulu modifier les bases sur lesquelles repose l'organisation actuelle de l'Égypte, soit au point de vue des choses, soit au point de vue des personnes, nous n'aurions pas manqué de nous concerter d'abord avec une puissance qui, comme la Porte, en avait jeté les premiers fondements.

Mais, tout au contraire, la France et l'Angleterre n'ont cessé d'invoquer l'autorité des firmans et c'est, en somme, l'œuvre de la Porte qu'elles défendent en annonçant leur ferme volonté de maintenir les situations acquises contre toutes les compétitions. On ne comprend pas que le gouvernement turc ait pu prendre ombrage d'une déclaration aussi conservatoire et aussi conforme au langage qu'il a tenu lui-même à différentes reprises. Une démarche qui ne visait à aucune innovation et qui, vu les circonstances, devait être accomplie promptement, ne comportait pas une procédure aussi détournée que celle que la Porte eût souhaité nous voir employer.

J'ai dit toutefois à Essad-Pacha que si, après la démarche préalable accomplie en Égypte et en conséquence de cette démarche, la Porte insistait pour recevoir officiellement communication de la note du 7, je n'y verrais, pour ma part, aucun inconvénient, bien au contraire. Mais il faudrait d'abord que l'Angleterre et la France s'entendissent pour que leurs ambassadeurs à Constantinople fussent chargés de remettre au gouvernement turc, chacun de son côté et en même temps, une note de tout point semblable à celle que nous avions adressée aux ministres du khédive.

Essad-Pacha n'a pas accueilli avec beaucoup de chaleur l'ouverture que je lui ai faite à ce sujet et je comprends que vous-même, comme vous m'en avez donné avis par télégramme, vous ne jugiez pas à propos de soulever la question à Constantinople. Néanmoins, en communiquant à M. Challemel-Lacour la substance de mon entretien avec Essad-Pacha, je lui ai fait savoir que, si le cabinet de Saint-James estimait qu'en présence de l'attitude prise par la Porte, une démarche de ce genre pourrait devenir opportune, il serait sûr de mon assentiment.

M. Challemel-Lacour s'est empressé de faire part à lord Granville de ma conversation avec Essad-Pacha, et il m'a communiqué la réponse du principal secrétaire d'État dans un télégramme du 19 de ce mois, dont vous trouverez ci-joint copie. Lord Granville a de nouveau affirmé son désir de marcher d'accord avec nous. D'autre part, les nouvelles d'Égypte qu'il a communiquées à notre ambassadeur sont de nature à nous faire espérer que cet accord aura toute l'efficacité nécessaire.

GAMBETTA.

N° 51.

M. SIENKIEWICZ, agent et consul général de France en Égypte,
à M. GAMBETTA, ministre des affaires étrangères.

Le Caire, le 24 janvier 1882.

Monsieur le ministre, Sultan-Pacha ayant saisi aujourd'hui de sa proposition le président du conseil, celui-ci s'empressa de la communiquer aux contrôleurs généraux qui durent, à leur tour, la transmettre à sir Edward Malet et à moi. Elle avait revêtu, malheureusement, un caractère qui ne la rendait guère acceptable. La Chambre devait nommer des délégués en nombre égal à celui des ministres, et une commission composée de ce double élément serait chargée d'examiner et de voter le budget. Le président du conseil aurait voix prépondérante. La combinaison imaginée par Sultan-Pacha ne tend à rien moins qu'à abandonner indirectement à la Chambre le vote du budget. Dans une réunion qui a eu lieu aujourd'hui chez sir Edward Malet et à laquelle je fus convié par les deux contrôleurs, la question qui nous était posée fut examinée à divers points de vue.

Comme nous n'étions pas en présence d'une proposition écrite, il était difficile de se prononcer d'une manière définitive dans un sens ou dans l'autre. Aussi je crus devoir ne pas repousser la suggestion que me fit mon collègue de consulter nos gouvernements sur la question de savoir s'ils accepteraient en principe une combinaison tendant à admettre des délégués à participer avec les ministres à l'examen et au vote du budget.

Je ne voyais aucun inconvénient à consulter le gouvernement de la République sur l'attitude que je devais prendre. J'émis à mon tour une proposition que M. de Blignières accepta avec empressement et que sir Edward Malet et sir Auckland Colvin ne combattirent point.

« Il est essentiel, dis-je, que le président du conseil fasse connaître le plus tôt possible aux délégués les modifications que doit subir leur contre-projet de règlement organique. Si ces modifications ne sont pas acceptées, il devient entièrement superflu d'étudier les concessions que nous pourrions faire sur la question du budget. En effet, la responsabilité ministérielle, si elle était maintenue, suffirait seule à annuler le rôle des contrôleurs, qui se trouveraient désarmés du moment qu'ils se verraient en présence de ministres qui ne seraient que de dociles instruments de la Chambre. Dans le cas, au contraire, où les délégués accepteraient le programme définitif du Gouvernement sauf le vote du budget, ils devraient faire connaître à Chérif-Pacha, d'une manière précise, dans quel sens il doit négocier avec les agents de France et d'Angleterre. »

Cette ligne de conduite a été adoptée par mon collègue, et les contrôleurs doivent insister auprès de Chérif-Pacha pour qu'il remette aux délégués son projet de règlement concernant les attributions de la Chambre.

De cette conférence est résultée pour moi la conviction que le gouvernement anglais n'entend, en aucune façon, exercer en Égypte une action directe. Et si je dois m'en rapporter aux dispositions de mon collègue, le cabinet de Londres paraîtrait préférer de [beaucoup une action commune des grandes puissances à une intervention qui ne serait que franco-anglaise.

SIENKIEWICZ.

N° 52.

M. SIENKIEWICZ, agent et consul général de France en Égypte.
à M. GAMBETTA, ministre des affaires étrangères.

Le Caire, le 22 janvier 1882.

Votre Excellence est-elle disposée à m'autoriser à engager

le ministère à accueillir les propositions qui lui sont faites officieusement par le président de la Chambre en vue d'un arrangement qui aurait pour effet d'accorder à des délégués de la Chambre le droit de coopérer avec les ministres à l'examen et au vote du budget?

SIENKIEWICZ.

N° 53.

M. GAMBETTA, ministre des affaires étrangères, à M. CHALLEMEL-LACOUR, ambassadeur de la République française à Londres.

Paris, le 23 janvier 1882.

M. Sienkiewicz s'inquiète de plus en plus de la situation. Il me mande par télégrammes du 21 et du 22 qu'il n'espère plus que la Chambre cède sur la question du budget. Il définit ainsi la situation : ou transiger avec la Chambre ou intervenir.

Voyez lord Granville pour lui demander ses vues et s'il ne pense pas que le moment approche de se concerter et de prendre certaines mesures d'action.

GAMBETTA.

N° 54.

M. GAMBETTA, ministre des affaires étrangères, à M. CHALLEMEL-LACOUR, ambassadeur de la République française à Londres.

Paris, le 23 janvier 1882.

Monsieur, je vous adresse ci-inclus copie des derniers télégrammes que j'ai reçus du Caire et dont je vous ai donné la substance par mon télégramme en date de ce jour. Il est visible que la situation au Caire devient pressante et que le moment approche où il faudra aviser. Je vous invitais par mon télégramme à voir le plus tôt que vous pourriez lord Granville. Je vous renouvelle cette invitation. Vous aurez à savoir si l'idée de faire agir la France et l'Angleterre par délégation des grandes puissances préoccupe le cabinet anglais et en général à lui demander ses vues sur le conflit qui menace de passer à l'état aigu entre le khédive et la Chambre des notables. Personne n'est plus spécialement intéressé que la France et l'Angleterre au maintien de la paix publique en Égypte. Les décrets du 18 novembre 1876 et du 15 novembre 1879, relatifs à la création et aux attributions du contrôle anglo-français notamment, constituent pour les deux puissances un titre qui n'appartient qu'à elles. La France et l'Angleterre n'ont pas besoin pour faire valoir ce titre d'une délégation européenne. C'est elles tout particulièrement qui peuvent être atteintes par les prétentions de la Chambres des notables en matière budgétaire. Vous jugerez sans doute à propos de faire valoir ces considérations à lord Granville en lui demandant s'il croit possible que la France et l'Angleterre se dispensent de rechercher de concert ce qu'exige un état de choses qui ne s'améliore pas en se prolongeant.

GAMBETTA.

N° 55.

M. GAMBETTA, ministre des affaires étrangères, à M. SIENKIEWICZ, agent et consul général de France en Égypte.

Paris, le 24 janvier 1882.

Ne conseillez pas pour le moment de concessions; ne parlez pas encore d'intervention; gagnez du temps. Faites remarquer bien haut que le projet d'organisation de la Chambre des notables, présenté par le Gouvernement, confère en matière du budget, comme en toute autre matière, des droits considérables à la Chambre des délégués. Celle-ci émet des avis sur l'ensemble du budget et sur le budget de chaque ministère, section par section. Le tribut seul et le budget de la liquidation lui est soustrait par l'article 33. Nous ne pouvons concéder que les charges résultant de la loi de liquidation et des conventions internationales soient remises en discussion.

GAMBETTA.

N° 56.

M. GAMBETTA, ministre des affaires étrangères, à M. CHALLEMEL-LACOUR, ambassadeur de la République française à Londres.

Paris, le 24 janvier 1882.

Je viens d'avoir une conversation importante avec lord Lyons. Je vous écris pour vous en donner le détail. Elle est favorable au développement de l'entente franco-anglaise sur les affaires d'Égypte.

GAMBETTA.

N° 57.

M. CHALLEMEL-LACOUR, ambassadeur de la République française à Londres, à M. GAMBETTA, ministre des affaires étrangères.

Paris, le 24 janvier 1882.

Je viens d'avoir une conversation avec lord Granville. Il m'a exprimé le désir de voir, avant de me répondre, M. Gladstone, qui doit arriver à Londres aujourd'hui à 4 heures. Je crains que lord Granville ne soit préoccupé à l'excès d'éviter l'apparence d'une immixtion exclusive de la France et de l'Angleterre en Égypte et qu'il n'incline à accepter ou même à provoquer l'intervention de quelque autre puissance, qui se chargerait de proposer je ne sais quel arrangement.

Il a adressé, voici trois jours, à lord Lyons un projet de réponse au télégramme de la Turquie.

Lord Lyons n'a pas cru devoir, en raison de la crise actuelle, vous la communiquer. Lord Granville m'a promis de m'en faire tenir une copie. Je vous l'enverrai ce soir, si elle m'arrive avant l'heure de la poste.

CHALLEMEL-LACOUR.

N° 58.

M. Gambetta, ministre des affaires étrangères, à M. Challemel-Lacour, ambassadeur de la République française à Londres.

Paris, le 24 janvier 1882.

Monsieur, lord Lyons m'est venu trouver aujourd'hui. Il m'a avisé que lord Granville se proposait d'envoyer une dépêche à lord Dufferin en réponse à la communication de la Porte reçue par le cabinet anglais. Lord Lyons m'a déclaré l'intention qu'avait lord Granville de concerter sa démarche avec la France et il m'a lu le texte du projet de dépêche qu'il jugeait à propos d'envoyer à lord Dufferin, afin de savoir s'il aurait mon agrément. Ce projet de dépêche traite de deux points. Lord Granville établit par les précédents que les deux puissances avaient le droit de s'adresser directement au khédive sans passer par l'intermédiaire de la Porte, et il réfute par la citation textuelle d'un passage de la note identique l'opinion erronée que notre démarche avait été une atteinte à la suzeraineté du sultan.

J'ai fait remarquer à lord Lyons que le projet de dépêche, qui venait de m'être lu, contenait une lacune qu'il était nécessaire de remplir. Il me semblait que si l'on jugeait à propos d'envoyer une dépêche à Constantinople, on ne devait pas laisser sans réplique l'assertion de la Porte qu'il n'y avait rien dans la situation de l'Égypte qui pût donner prétexte à l'intervention de l'Angleterre et de la France.

J'ai terminé en exprimant l'avis qu'une dépêche commune des deux puissances ne ferait pas tout l'effet désirable si on ne lui donnait pour conclusion la remise simultanée à la Porte de la note précédemment adressée au khédive. Lord Lyons a adhéré aux avis que je lui exprimais et m'a répondu qu'il allait

en faire part immédiatement à Londres. J'ai tenu à
vous informer tout de suite pour que vous puissiez
vous entretenir et au besoin discuter avec lord Granville sur les bases que m'a paru accepter lord Lyons.

GAMBETTA.

N° 59.

M. CHALLEMEL-LACOUR, ambassadeur de la République française à Londres, à M. GAMBETTA, ministre des affaires
étrangères.

Paris, le 25 janvier 1882.

Monsieur le ministre, comme je vous l'annonçais par
mon télégramme, j'ai pu m'entretenir hier soir quelques
instants avec lord Granville. Il m'a dit tout d'abord que
vous aviez reçu dans la journée communication de son
projet de réponse à la Porte : il examinera sans tarder les
additions dont vous avez signalé à lord Lyons la nécessité,
et il vous fera, je pense, connaître directement sa réponse
à cet égard. Revenant alors sur la question dont nous
avions déjà parlé dans l'après-midi, il m'a laissé entendre,
comme il l'avait fait précédemment, qu'il ne serait pas éloigné de faire à la Chambre des notables quelques concessions.
Il s'est montré très résolu à leur refuser celles qui seraient
de nature à compromettre ou à amoindrir le contrôle financier; il ne consentirait pas, par exemple, à lui reconnaître
le droit de s'immiscer en ce qui concerne les recettes, mais
il ne lui refuserait peut-être pas celui de se prononcer sur
certaines dépenses; il faisait, j'imagine, allusion à celles
que pourrait entraîner, entre autres mesures, une augmentation de l'armée. J'ai cru pouvoir lui donner l'assurance
que vous examineriez avec l'attention la plus empressée
ce qu'il pourrait proposer ou suggérer à cet égard. Mais je
ne pouvais, lui ai-je dit, m'empêcher de lui faire remarquer
qu'en raison des dispositions qu'on attribue à la Chambre
des notables, les moindres concessions présentaient un
grave inconvénient, car elles risquaient fort d'avoir pour
effet d'encourager ses prétentions et celles du parti militaire au lieu de les modérer et de mettre fin à une situation
très tendue, qui ne peut se prolonger sans danger. Lord

Granville a bien voulu le reconnaître. J'ai ajouté aussitôt que la Chambre des notables pouvait persister dans ses prétentions et que c'était même la chance la plus probable, si les renseignements qui nous parvenaient sont exacts, et si, comme il y a lieu de le croire, le but poursuivi par elle n'est autre que la suppression ou l'amoindrissement du contrôle. Il importait donc par-dessus tout de se préoccuper dès à présent, si l'on ne veut pas s'exposer à quelque surprise, des mesures à prendre dans une pareille éventualité. Lord Granville m'a demandé de quelle nature pourraient être les mesures dont je lui parlais. Je lui ai dit que, sans doute, vous y aviez déjà pensé, mais que je n'étais pas à même de répondre à cette question. Ce que je savais, c'est que vous désiriez vivement qu'il portât son attention de ce côté et que, s'il voulait bien vous faire part de ses vues, vous les examineriez d'autant plus volontiers que vous jugiez le moment venu de prendre une décision. Lord Granville m'a dit qu'il ne tarderait pas à s'en entretenir avec M. Gladstone et qu'il serait probablement dans deux ou trois jours en mesure de me faire connaître le résultat de cet entretien et de ses propres réflexions. Il m'a répété alors, ce qu'il m'avait déjà dit une ou deux fois, que toutes les combinaisons étaient également mauvaises. Je lui ai répondu que, sans doute, on pourrait faire à tout des objections, mais que la pire des combinaisons serait certainement celle qui admettait une intervention quelconque soit des puissances, soit de la Porte, au détriment de l'influence anglo-française. Toutes les puissances, lui ai-je dit, ont ou croient avoir le droit de s'occuper de l'Égypte. La question égyptienne est une partie de la question d'Orient, à laquelle personne n'est ou ne veut se reconnaître étranger. Mais cela n'empêche pas l'Angleterre et la France d'avoir en Égypte des intérêts et des titres qui leur assurent le droit d'agir, dans certaines limites, d'une manière indépendante. L'intérêt de l'Angleterre est d'une nature toute spéciale et n'est contesté par personne. Les intérêts de la France pouvant être d'un ordre différent, ne sont ni moins évidents, ni moins considérables ; ce ne sont pas seulement, comme on le dit quelquefois, des intérêts financiers ou sentimentaux, ce sont des intérêts politiques, car il ne faut pas oublier que la France est une puissance africaine. De là, pour la France et l'Angleterre une situation particulière, qui a été reconnue, consacrée par les décrets de 1876 et 1879, en vertu desquels existe le contrôle commun. Ces titres et la situation qu'ils ont consacrée ont été reconnus par l'Europe ; personne, en effet, n'a protesté contre les décrets qui les constituent, et personne, par suite, ne saurait s'étonner ni trouver mauvais que la France et l'Angleterre se chargent elles-mêmes de maintenir la situation qui leur a été faite de conserver purement et simplement le *statu quo*. C'est à elles seules qu'il appartient de s'entendre pour en trouver les moyens. Lord Granville, qui m'avait écouté avec attention, m'a fait répéter une seconde fois les considérations que je venais de lui exposer. Puis il m'a dit qu'il pourrait dans quelques jours reprendre le sujet avec moi.

CHALLEMEL-LACOUR.

N° 60.

NOTE COMMUNIQUÉE AU MINISTRE DES AFFAIRES ÉTRANGÈRES PAR LORD LYONS, AMBASSADEUR D'ANGLETERRE A PARIS,

LE 28 JANVIER 1882

(PROJET)

Je joins ici, pour l'information de Votre Excellence, la copie d'une dépêche télégraphique du ministre des affaires étrangères turc qui m'a été communiquée le 14 de ce mois par Musurus-Pacha et dans laquelle on me demande des explications et des assurances relativement à la communication identique faite récemment par les agents anglais et français en Égypte, au khédive.

La dépêche, après avoir fait mention des rapports qui existent entre la Porte et l'Égypte, déclare qu'il n'y a rien dans la situation intérieure de ce pays qui justifie la démarche faite par la France et l'Angleterre et fait observer que si une communication de ce genre avait été nécessaire, elle aurait dû être transmise par le canal de la Porte et que la façon dont elle a été faite constitue une infraction aux droits souverains du sultan sur l'Égypte.

Le gouvernement de la reine ne peut pas admettre que les objections élevées par Assim-Pacha contre la démarche faite par lui de concert avec la France, soient justes, soit en ce qui regarde la manière dont la déclaration a été transmise, soit en ce qui concerne l'étendue de son action nécessitée par la situation en Égypte.

Ainsi que Votre Excellence le sait bien, j'ai remis à Musurus-Pacha la copie de la déclaration le lendemain du jour où elle a été faite et je suis prêt, conjointement avec la France, à la transmettre officiellement, par l'entremise de Votre Excellence, à la Porte.

J'ai, en même temps, expliqué à Musurus-Pacha que la déclaration n'impliquait nullement un doute quelconque de la part du gouvernement de la reine sur la souveraineté du sultan sur l'Égypte.

La politique du gouvernement de la reine n'a subi aucun changement depuis la date de ma dépêche adressée le 4 novembre à sir E. Malet, et le gouvernement désire toujours, comme il le désirait alors : le progrès et le bien-être de l'Égypte, la continuation de la souveraineté de la Porte sur ce pays et le maintien des libertés et de l'indépendance administrative qui lui ont été garanties par le firman du sultan.

Le gouvernement de la reine désire encourager les améliorations financières et matérielles de ce pays et l'introduction de réformes nécessaires dans les diverses branches de l'administration, mais il ne nourrit aucun dessein d'ambition ni ne désire s'assurer pour lui une influence exclusive; il ne voudrait pas non plus voir une telle influence passer aux mains de toute autre puissance seule.

Il a toute raison de croire que le gouvernement français a des vues analogues et qu'il est également exempt de tout dessein d'agrandissement à son profit.

Mais le gouvernement de la reine ne peut rester indifférent aux événements qui pourraient plonger l'Égypte dans l'anarchie et détruire les résultats des efforts qui ont été faits avec succès pendant les quelques dernières années, dans le but d'améliorer la situation de ce pays; et c'est pour conjurer une telle catastrophe qu'il a jugé à propos de concert avec la France, d'adresser, chacun à ses agents respectifs une déclaration ayant pour objet de montrer le complet accord des deux gouvernements dans l'exécution d'une politique que je viens de définir.

La marche des événements en Égypte pendant les mois derniers a tendu à démontrer que le mouvement récent,

bien qu'il puisse avoir des résultats bienfaisants, s'il était
contenu dans des limites convenables, pourrait, s'il était
poussé trop loin, conduire à la restriction de l'autorité
du khédive telle qu'elle a été définie par les firmans
des sultans et acceptée par les puissances; qu'il pourrait
en outre aboutir à un empiétement sur les arrangements
internationaux dans lesquels l'Angleterre et la France sont
principalement intéressées mais dans lesquels les autres
puissances européennes sont aussi parties.

Même avant que la note à deux fût présentée, il a été
fait des propositions qui prouvaient qu'il y avait des motifs
de concevoir ces appréhensions.

La forme adoptée pour la communication n'avait rien de
nouveau, ainsi que je l'ai fait observer à Musurus-Pacha, dans
une autre occasion; des déclarations analogues avaient été
faites, dans des cas spéciaux, au khédive actuel et à son prédécesseur sans provoquer aucune remontrance de la Porte.

Dans le cas présent, une communication directe faite au
khédive de la part des deux gouvernements qui ont eu le
rôle principal dans la réorganisation des finances de l'Égypte,
a semblé être le moyen le plus propre à atteindre le but
qu'on avait en vue et les premiers mots de ce document
où il est dit « les deux gouvernements considèrent le maintien de Son Altesse sur le trône, dans les termes posés par
les firmans des sultans et reconnus officiellement par les
deux gouvernements, comme pouvant seul garantir, dans
le présent et dans l'avenir, le bon ordre et la prospérité
générale en Égypte » devraient être considérés par la Porte
comme prouvant suffisamment qu'il n'y a eu, soit de la
part de l'Angleterre, soit de la part de la France, aucune
intention de méconnaître ou d'usurper les droits souverains
des sultans.

N° 61.

NOTE VERBALE, REMISE PAR M. LE MINISTRE DES AFFAIRES ÉTRAN-
GÈRES, A LORD LYONS, AMBASSADEUR D'ANGLETERRE A PARIS, LE
29 JANVIER 1882, SUR LE PROJET DE DÉPÊCHE A LORD DUFFERIN.

Le projet revisé de dépêche à lord Dufferin donne
en général satisfaction aux vues que M. le ministre

des affaires étrangères de France avaient exposées à lord Lyons dans sa précédente conversation en date du 24 janvier, et sur lesquelles lord Lyons s'était entendu avec le ministre. Le gouvernement français, cependant, après avoir pris connaissance de ce second projet de dépêche, se croit obligé d'exprimer encore le désir que certaines expressions, qui répondent ici complètement à ses idées, soient corrigées ou remplacées par d'autres.

Tel qu'il est, le projet de dépêche du cabinet anglais tend à donner principalement pour base à l'entente anglo-française la loi de liquidation; le gouvernement français estime que cette entente a pour point d'appui spécial les décrets relatifs à la constitution du contrôle anglo-français (décret du 18 novembre 1876 et du 14 novembre 1879, rescrit du 28 août 1878).

Il serait donné en quelque mesure satisfaction à la manière de voir du gouvernement français, au moyen de deux amendements dans la partie nouvelle de la dépêche que le cabinet anglais soumet à l'appréciation du ministère des affaires étrangères de France; le passage ainsi conçu de la dépêche : « ... conduire à une limitation de l'autorité du khédive, telle qu'elle est établie par les firmans du sultan et acceptée par les puissances » devrait être ainsi modifié : « conduire à une limitation de l'autorité du khédive, telle qu'elle existe en vertu des firmans rendus par le sultan et communiqués aux puissances ». Le dernier membre de phrase de cette même partie de la dépêche devait également être modifié en la forme suivante : « ..... les arrangements internationaux dans lesquels la France et l'Angleterre sont principalement intéressées en raison de leur situation et spécialement intéressées en vertu des décrets du khédive, négociés par elles seules et avec elles seules, qui les ont appelées à réorganiser l'administration des finances en Égypte, mais dans lesquels les autres puissances de l'Europe sont aussi devenues parties ».

Le gouvernement français avait exprimé le vœu que la dépêche qui sera adressée aux ambassadeurs des deux puissances à Constantinople pour être lue et communiquée aux ministres du sultan, eût pour conclusion effective la remise officielle à la Porte de la note identique précédemment adressée au khédive. Mais il semble que le cabinet anglais ne songe à remettre officiellement cette note aux ministres du sultan que parce qu'il suppose que cette démarche leur sera agréable.

Le gouvernement français sera certainement satisfait de tout ce qui pourra contenter la Porte sans diminuer la valeur et la portée de la note du 7 janvier. Mais il tient à remarquer qu'il considère la communication éventuelle de la note du 7 janvier aux ministres du sultan, si elle doit se faire, comme ayant pour objet, non de répondre à aucune exigence de la Porte qui serait contraire aux décrets, conventions et précédents par lesquels sont réglés les rapports de la France et de l'Angleterre avec l'Égypte, mais bien pour maintenir le droit que la France et l'Angleterre ont eu déjà, comme elles l'ont fait en Égypte pour confirmer la procédure qu'elles ont cru devoir suivre et pour accentuer encore, en vue d'événements peut-être imminents, un accord dont la note du 7 janvier est la déclaration publique et l'effet.

AFFAIRES DU TONKIN

N° 97.

M. Gambetta, ministre des affaires étrangères, au marquis
Tseng, ministre de Chine à Paris.

Paris, le 1er janvier 1882.

Je me suis fait représenter dernièrement une lettre
que vous avez adressée, sous la date du 24 septembre 1881, à M. Barthélemy Saint-Hilaire, mon prédécesseur au département des affaires étrangères, en
réponse à sa communication du 27 décembre 1880,
concernant les affaires de la colonie française de
Cochinchine. Vous développiez dans cette lettre différentes considérations relatives à la situation internationale de l'empire d'Annam, et j'ai regretté de
constater une certaine différence entre vos apprécia-
tions à cet égard et celles que M. Barthélemy Saint-
Hilaire vous avait exposées au nom du gouvernement
de la République. Je croirais inopportun d'engager
ici une discussion de principe ; je préfère me borner
à mentionner que la communication qui vous a été
transmise à la date du 27 décembre 1880, contient
l'indication exacte des faits auxquels le gouvernement
français a le devoir de se tenir.

Il est toutefois un point dans votre lettre que je ne
saurais laisser passer sans une observation particulière. Le gouvernement impérial chinois, écriviez-
vous, ne peut pas reconnaître le traité de 1874 conclu
entre la France et l'Annam. Or, ce traité, qui règle
précisément nos rapports avec l'Annam, a été officiellement communiqué au gouvernement chinois, le

25 mai 1875, par le comte de Rochechouart, chargé d'affaires de France à Pékin, et dans la réponse en date du 15 juin suivant, que le prince Kong a envoyée à M. de Rochechouart, il n'a été élevé aucune objection contre la conclusion du traité, ni contre aucune de ses clauses; l'Annam est mentionné simplement comme ayant été autrefois un pays tributaire de la Chine, ce qui ne présente, à vrai dire, qu'un intérêt historique.

Vous comprendrez sans peine que, dans ces conditions, il nous soit malaisé d'admettre que le gouvernement chinois vienne contester aujourd'hui un traité existant et déjà entré dans la période d'application depuis près de huit années; nous ne saurions nous arrêter en tout cas à une réclamation aussi tardive, et le gouvernement de la République hésite d'autant moins à revendiquer l'entière liberté de ses actes en ce qui concerne l'exécution de ses conventions avec l'Annam qu'il ne nourrit, ainsi que M. de Freycinet et M. Barthélemy Saint-Hilaire vous en ont successivement donné l'assurance, aucun dessein qui puisse porter ombrage à la Chine ou qui soit préjudiciable à ses intérêts.

LÉON GAMBETTA.

N° 98.

M. GAMBETTA, ministre des affaires étrangères, à M. BOURÉE, ministre de France en Chine.

Paris, le 4 janvier 1882.

Mon prédécesseur vous a communiqué une lettre dans laquelle le ministre de Chine à Paris déclarait que son gouvernement ne pouvait reconnaître le traité du 15 mars 1874, conclu entre la France et l'Annam. J'ai l'honneur de vous envoyer, ci-joint, copie de ma réponse à cette dépêche. (Voir document n° 97.)

Vous connaissez les difficultés que la cour de Pékin nous a suscitées, à diverses reprises, directement ou indirectement, à l'occasion des affaires annamites ; elles trouvent, pour la plupart, leur explication dans le désaccord que le gouvernement chinois n'avait pas cru nécessaire de marquer lors de la notification des actes de 1874, et que fait aujourd'hui ressortir la correspondance échangée entre mon département et le représentant du Céleste Empire. Les indications très précises que j'ai tenu à donner au marquis Tseng par la lettre ci-jointe auront tout au moins cet avantage de ne laisser aucune place aux illusions que l'on voudrait se former à Pékin, quant à notre manière de comprendre et d'apprécier les traités de 1874.

La dépêche de M. Barthélemy Saint-Hilaire du 26 octobre dernier vous avait déjà fixé quant à notre intention de conserver une entière liberté d'action pour appliquer, au mieux de nos intérêts, nos conventions avec l'Annam. Le gouverneur de la Cochinchine a emporté des instructions tout aussi précises à ce point de vue, et notre résident à Hué ne laissera pas ignorer non plus, à l'occasion, au gouvernement annamite notre désir de préserver de toute atteinte un régime conventionnel dont la mise en pratique exclut des ingérences étrangères qui l'affecteraient dans une de ses clauses essentielles.

LÉON GAMBETTA.

N° 99.

M. Le Myre de Vilers, gouverneur de la Cochinchine française, à M. Rouvier, ministre du commerce et des colonies.

(Télégramme) Saïgon, 16 janvier 1882.

En présence de l'impuissance du gouvernement de Hué et devant l'attitude des Pavillons Noirs, il me paraît indispensable de doubler notre garnison à Hanoï.

Le Drac partira jeudi.

Il n'y aura pas d'opérations militaires ; je prendrai seulement des mesures préventives. Je n'ai pas besoin de crédit.

LE MYRE DE VILERS.

N° 100.

M. GOUGEARD, ministre de la marine, à M. DE VILERS, gouverneur de la Cochinchine française.

(Télégramme) Paris, 17 janvier 1882.

L'amiral Pierre est désigné pour prendre le commandement des forces de terre et de mer en Cochinchine. Je vous prescris de suspendre toute mesure militaire jusqu'à son arrivée à Saïgon.

GOUGEARD.

DISCOURS

Prononcé le 16 avril 1873

AU CIMETIÈRE DU PÈRE LA CHAISE

(OBSÈQUES DE DORIAN) [1]

Que dire, Messieurs, quelles paroles rencontrer qui soient dignes d'une telle mort, d'une telle cause et d'un tel lieu? Aussi, permettez-moi cet aveu, si je m'approche de ce caveau qui va enfermer les derniers restes du grand citoyen, de l'ami fidèle, du patriote inébranlable que vous avez tous connu, tous aimé et que vous n'oublierez jamais, c'est pour céder à une prière dont je me sens d'ailleurs absolument incapable de réaliser les espérances.

Oui, Messieurs, que pourrai-je vous dire, après tout, sur la tombe de cet homme que vous avez tous vu aux prises avec les plus affreuses et les plus effroyables difficultés, que vous avez appris à connaître, pendant le siège, dans cette noble ville attaquée, au moment où tant de cœurs battaient à l'unisson du sien, et où c'était encore le sien qui réglait les battements des vôtres, car lui seul peut-être était à la hauteur de toutes les difficultés. Si bien, Messieurs, que l'on peut affirmer que, si grande qu'ait été la tâche, l'homme s'est montré supérieur à elle.

1. Pierre Dorian, né le 24 février 1814, mort le 14 avril 1873 ingénieur des mines, maître de forges à Unieux, député au Corps législatif pour la 2e circonscription de la Loire (1863 et 1869), ministre des travaux publics le 4 septembre 1870, représentant des départements de la Loire et de la Seine à l'Assemblée nationale. — C'est par suite d'une erreur que le discours prononcé par M. Gambetta aux obsèques de Dorian n'a pas été publié à sa véritable place, au tome III des *Discours et Plaidoyers politiques*.

(*Marques générales d'assentiment.*) Voilà l'homme que vous perdez.

Aussi, Messieurs, quelle que soit l'intime et profonde émotion que cause parmi nous la présence de cette famille vénérée et chérie, qui nous est désormais plus chère que toute autre, car, puisqu'elle a eu l'honneur d'avoir à sa tête un Français comme Dorian, on peut dire maintenant qu'elle appartient à la France... (*Oui! oui!*) qu'elle me permette au moins, dans sa douleur si respectable et si touchante, elle qui connaît la piété filiale que j'avais vouée au noble et généreux ami qui est là et dont le nom doit survivre au vulgaire accident de la mort (*Mouvement*). — je parle ainsi, Messieurs, parce que je crois que c'est le résumé de votre pensée à tous, — qu'elle me permette, dans son deuil et dans son affliction, de proclamer ici la parole d'encouragement, de persévérance et de vaillance qui sort de ce tombeau.

Non, Dorian n'a pas disparu tout entier; il reste au milieu de nous; son souvenir nous soutiendra et nous entraînera aux jours de péril, aux jours de crise ; c'est sur son image douce, souriante, inébranlable, qu'au milieu du danger, nous reporterons notre pensée et nos souvenirs.

Si vous saviez l'utilité, la clairvoyance, la pénétration de ce conseiller intime, au milieu de nos labeurs et de nos inquiétudes! Avec cette modestie charmante qui est le propre des grandes âmes qui aiment à se cacher en attendant l'heure de se dévoiler et de se dévouer, il laissait aux autres l'éclat, la renommée et la popularité; mais il était avec nous, toujours prêt à soutenir la bonne cause. On le sentait plus qu'on ne le voyait. Au milieu de nous, il était une lumière qui nous éclairait et un cœur auquel chacun venait se réchauffer.

Sa vraie récompense, savez-vous quelle elle était? C'était de voir que ceux-là réussissaient dont il avait guidé les premiers pas. Tel était celui que nous avons perdu, grand ami, grand citoyen! Pourquoi insisterais-je? Sa vie se résume dans ces deux mots : la Patrie. Il est mort succombant à l'excès du travail et à la douleur d'avoir vu la patrie abaissée. (*Vive la République!*)

Messieurs, je vous en conjure, restons tous sous l'impression des graves pensées qui naissent dans ce cimetière. Songeons qu'il était la sagesse et la réserve en même temps qu'il était la conscience et la constance inébranlables.

Mais il y a un mot... (*Nouveau mouvement.*) Vous l'avez prononcé, ne le répétez pas... il sortira toujours des portes entr'ouvertes de ce tombeau! c'est pour elle qu'il est mort! Mais, comme Moïse, — permettez-moi cette image, — il n'a pu que saluer de loin la terre promise. Il y aura un jour, nous en avons tous le ferme espoir, pour la reconnaissance nationale; et, ce jour-là, le peuple, la France tout entière portera au Panthéon cette pure gloire que vous avez vue naître sous vos yeux et au milieu de vous et qui restera impérissable comme la République à laquelle il avait attaché sa fortune et son nom, et dévoué tous les siens.

Ah! cher ami, si grand dans ta noble simplicité, homme modeste, dont la modestie, parure de tes vertus, accroissait l'autorité, nous sommes ici tes disciples fidèles et tes amis reconnaissants; et nous prêtons, sur ta tombe, le serment que tu aurais aimé à nous entendre prêter, c'est de rester toujours inflexibles dans cette politique sévère et douce, modérée et ferme, forte et sage, dont tu attendais le salut de ton pays et la régénération de la France. (*Profonde sensation.*)

Une dernière parole, Messieurs, cette tombe doit rester, dans le souvenir de tous ceux qui assistent à ces grandes funérailles, un perpétuel enseignement de sagesse et de concorde, de dévouement et de patriotisme. (*Oui! oui! — Vive la République!*)

TABLE DES MATIÈRES

Paris. — Typ. G. Chamerot, 19, rue des Saints-Pères. — 13629.